**HITP
数学奥林匹克系列**
2011·第四辑(竞赛卷)

数学奥林匹克与数学文化

Mathematical Olympiads and Mathematical Culture

刘培杰　主编

哈尔滨工业大学出版社

图书在版编目(CIP)数据

数学奥林匹克与数学文化. 第四辑/刘培杰主编. —哈尔滨：哈尔滨工业大学出版社,2011.5
ISBN 978-7-5603-2859-1

Ⅰ.①数… Ⅱ.①刘… Ⅲ.①中学数学课-竞赛题-研究 Ⅳ.①G634.505

中国版本图书馆 CIP 数据核字(2011)第 075858 号

策划编辑	刘培杰　张永芹
责任编辑	范业婷
封面设计	孙茵艾
出版发行	哈尔滨工业大学出版社
社　　址	哈尔滨市南岗区复华四道街 10 号　邮编 150006
传　　真	0451-86414749
网　　址	http://hitpress.hit.edu.cn
印　　刷	黑龙江省教育厅印刷厂
开　　本	787mm×1092mm　1/16　印张 29.25　字数 640 千字
版　　次	2011 年 5 月第 1 版　2011 年 5 月第 1 次印刷
书　　号	ISBN 978-7-5603-2859-1
定　　价	58.00 元

(如因印装质量问题影响阅读,我社负责调换)

数学奥林匹克与数学文化

Mathematical Olympiads and Mathematical Culture

2011·第四辑

目 录　CONTENTS

本书特稿　Special Features

1　让寂寞把自我高高供奉于神坛

几何天地　Geometry World

3　关于一道几何竞赛题的证明

8　一道几何题的证明

14　一道与等角共轭点有关的题目

16　射影背景下的一些欧式几何问题

34　一种三角方法证平面几何

数论之角　Number Theory Corner

42　浅谈一道不定方程问题

45　一个判别 F_n 是否为素数的方程

47　单域与欧拉二次式的关系

49　乘方幂等和问题

53　关于单位分数问题

63　华林公式及其在特殊多项式上的应用

71　一个"素数通式"实际是毫无意义的符号游戏

专题讲座   Forums and Lectures

73   用三角、解析几何、复数计算解 IMO 等的几何题

文化杂谈   Culture tittle-tattle

82   数学轶事一束

93   "我证明了哥德巴赫猜想"
      ——民间科学家及其成因分析

高等背景   Senior background

106   代数基本定理的证明

109   某些多项式零点的分布问题

112   多项式零点的模的一个界限

名家选摘   Selected Masterpiece

115   圆的极小性质

解题技巧   Solution of Skill

145   妙题与猜想

182   一道高考试题的另类解法

184   一道数学竞赛试题的另一解法

186   对若干数学竞赛题的研讨

203   简解一道国家集训队测试题

试题赏析   Appreciation of test questions

206   一道 USAMO 试题与 Möbius 函数

212   一道 IMO 妙题的赏析

229   妙题赏析   其乐无穷

234   一个不等式的推广

314   趣味奥数   激发兴趣

不等式研究 — Inequalities Research

- 358　关于两个不等式的补记
- 386　爱尔特希(Erdös)不等式与数奥文化
- 407　应用贝努利不等式解高考题两例
- 410　一个条件不等式的再推广及其他
- 422　从一道莫斯科数学奥林匹克试题谈 Clarkson 不等式

海外译丛 — Overseas collected translation

- 431　卡塔兰(Каталан)假设
- 435　卡塔兰猜想

读者反馈 — Reasder's Feedback

- 440　"一个判别 F_n 是否为素数的方程"一文的问题
- 442　关于"一道数学竞赛试题的注记"的注记
- 446　读者来信(1)
- 450　读者来信(2)
- 452　读者来信(3)

卷首语

　　"**实**用理性"是中国传统文化的基本精神.关注于现实生活,不作纯粹的、抽象的思辨,事事强调"实际实用实行"、"重人事关系,重具体经验".近代以降,西方列强的坚船利炮更是让国人对实用主义顶礼膜拜,深信不疑.从"师夷长技以制夷"的洋务运动到"多研究些问题,少谈些主义"话语权争夺再到"科玄论战"的人生观论战,实用功利主义的魅影在历史的迷雾中不断隐现.本文集要做的是对实用理性的一种反动,极力以宣扬数学之美为己任.随着时代的推移,人们对于崇高的体验几乎被磨灭殆尽了,我们的想象力也已枯竭,只剩下对于庞然大物的些许敬畏之情.在此背景下,康德出版了《批判力批判》(*Critique of Judgement*),其中他区分了两种形式的崇高:数学的崇高与力学的崇高.数学的崇高主要与自然界的奇观相关,比如高山、海洋和太空,这些事物十分广大,超出了我们概念上的理解范围.而力学的崇高,主要与自然界中强大的力量相关,比如暴风.康德声称:面对崇高,起初的震撼会唤醒我们内心更高的体验,即理性.这种升华,最终能带来一种愉快的感觉.

　　当然,在本文集中我们也有大量的内容是与数学奥林匹克相关的.近年来社会思潮对数学奥林匹克愈发不理解,颇有妖魔化的倾向.在此我们的观点是:数学奥林匹克是高深数学的微型化;是初等数学的时装秀;是数学教学改革的催化剂;是超常智力学生的课间操;是选拔特殊人才的星光大道;是全社会数学爱好者的"非诚勿扰"节目.

　　中国社会的传统一贯是人微言轻,言以人重.所以我们要借名人之口说出这层意思.王元先生指出:数学竞赛进入高层次后,试题内容往往是高等数学的初等化.这不仅给中学数学添入了新鲜内容,而且有可能在逐步积累的过程中,促使中学数学教学在一个新的基础上进行反思,由量变转入质变.中学教师也可在参与数学竞赛活动的过程中,学得新知识,提高水平,开阔眼界.事实上,已有一些数学教学工作者在这项活动中逐渐尝到了甜头.

因此,数学竞赛也可能是中学数学课程改革的催化剂之一,似乎比自上而下的"灌输式"办法为好.(20 世纪)60 年代初,西方所谓中学数学教学现代化运动即是企图用某些现代数学代替陈旧的中学数学内容,但采取了由上往下灌输的方法,结果既脱离教师水平,也脱离学生循序学习所需要的直观思维过程.现在基本上被风一吹,宣告失败了.相反的,数学竞赛也许是一条途径.在中国,中学生的高考压力很重,中学教师为此而奔波,确有路子愈走愈窄之感.数学竞赛或许能使中学数学的教学改革走向康庄大道(王元.数学竞赛之我见.自然杂志,1991,13(12):787~790)

本文集的一贯宗旨是"平民化"、"草根化"、"外行化"."平民化"是指我们要给普通数学教师以机会让他们展示他们的数学才华,而大多数数学杂志过于贵族化."草根化"是指我们要给那些体制之外生存的数学爱好者以交流的平台.现在数学资源绝大多数被体制内人士所把持,垄断文化资源令草根们在文化层面上无片瓦,下无立锥之地.这是中国社会缺乏活力的根源之一."外行化"是指要让学数学的人展示点儿数学之外的才华.或让不学数学的人对数学发表点议论,使数学圈成为一个开放系统.

据北京大学孙小礼教授介绍,她的 1950 年清华大学数学系的同学杜珣除了写出《现代数学引论》一书外还写了两个大部头的《阆苑奇葩》(80 万字)和《闺海吟》(上、下册)(时代文化出版社,2010),并且在北大连续 8 年开设了一门全校公共选修课:中国近代妇女文学史,讲述从先秦两汉到辛亥革命前后的妇女文学,选读这门课的文理各科学生,每年都在百人以上.

另外还包括非数学圈内的人展示数学才华.被杜维明赞誉有:博大精深的学问、深厚的文化背景,融会贯通的知识的史学家张绥先生近年出版了一本百万字的大书《中国人的通史》(上海人民出版社),但很少有人知道他还写了一本书叫《数学和哲学》,而且还是谷超豪院士为之作的序.可见数学功力之深.原来张绥先生在 1960 年进入北大历史学系读书的 8 年时间,除了听翦伯赞、邓广铭等大师的历史课,还旁听了 5 年北大数学系的课.

其实到了更高层次上就会出现那种"一切艺术都是相通的"的现象.数学界与物理界有一个大牛人威腾.威腾的经历对我们也很有启发.他大学时学习历史,还参加过美国总统的竞选写作班子,读研究生时才转到物理系而成为数学物理大师.这样的例子还有著名的拓扑学家在证明庞加莱猜想中作出重大贡献的瑟斯顿,他在大学读的是生物系;大数学家鲍特大学时专业是工程.

本文集还有另一个特点是钻"故纸堆",这与本主编的价值取向有关.本主编从不逛大书城只偏爱潘家园.偏狭的认为老的即是好的.有人说拯救遗产是没有必要的.拿音乐来说,现在很多人提倡保护民间的音乐资源,但是如果这种音乐是一种好的东西,自然会被人发掘出来,发扬光大.比如二手玫瑰、山人乐队,那是因为人们骨子里需要这种东西,而花钱整理的许多音乐可能都没有用到,可能是因为这个时代已经不需要它了.有一句话说得好，活着的东西才是真理．虽然这有点极端．只有自发的行为才能让这个东西延续下去．

出版社在大学是个非主流单位，因其名不高，利不厚而不入高层法眼，而作为出版人，我们还是有一份自豪与自傲在．民国十年的春末夏初，高梦旦先生决定辞去商务印书馆编译所所长的工作，希望时在北京大学工作的胡适先生继任．高梦旦对胡适说："北京大学固然重要，我们总希望你不会看不起商务印书馆的事业"．而胡适的回答则是："我决不会看不起商务印书馆的工作．一个支配几千万儿童的知识思想的机关，当然比北京大学重要多了，我所考虑的只是怕我自己干不了了这件事．我们批了多年的胡适先生还是有点儿境界的．

廖廖数语，仅以为序．

刘培杰
2011.5.27

让寂寞把自我高高供奉于神坛
——读《从哥德巴赫到陈景润》

刘金祥[①]

近日阅读了由刘培杰编著、哈尔滨工业大学出版社出版的数学科普著作《从哥德巴赫到陈景润》,使我再次走入那个以一道题目为整个世界、以演算公式为生存方式的数学奇才的精神世界,使我再次对这位誉满全球的科学泰斗获得一种新的理性认知:无论是迎风摇曳的小草,还是参天玉立的大树,人生舞台的角色虽有调整和嬗变,但追求超凡脱俗的生命质量始终不舍不弃、无悔无怨.

个性的发展是人快乐的引擎.陈景润是一位单纯率真、质朴勤勉的科学殉道者,他痴迷科学的苦行僧生活,色调晦暗,鲜有滋润,既呆板乏味又泯灭自我.20世纪70年代末,著名作家徐迟撰写的报告文学《哥德巴赫猜想》曾风靡神州、洛阳纸贵,刮起了一阵尊崇科学的旋风,在一代学子的心灵中催发了刻苦攻读的种子.随着时间的推移,陈景润精神成了一种幽默,他不拘小节、随遇而安甚至庸常寡淡的生活,被一些人打入冷宫、推向边缘.君不见,他为了摘取漫漫长路尽头的一颗"明珠",埋首耕耘,不问收获;他在熙熙攘攘的七彩人生舞台上,默默劳作,无私奉献,甘做一株无人问津的小草.可谁人知道他心中有一个大我,他对生命过程心无旁骛,不以物喜,不以己悲,锁定人生的频道,咬定青山不放松.林语堂说过:"天下大聪明与大糊涂想去只有毫发之差".陈景润是不是天才也许永远会有歧见,天才有多才多艺、颖悟聪慧的天才,有术业精深、成就非凡的天才.陈景润对数学的执着专一、陈景润对生活的一塌糊涂,交汇而成的生命乐章,无疑是大智慧、大聪明的生命强音.

一个人就是一个世界,一个人就是一页历史.陈景润是旷世奇才,然而,沿着他的足迹,我们却可以清晰地倾听到时代前进的脚步声,可以鲜活地领略到岁月风雨的凉热,可以敏感地品味到人生奋斗的艰难和壮美.倘若说,人生是一部教科书,那么,陈景润的一

[①] 作者简介:刘金祥(1967—),男,编审,黑龙江大学客座教授,研究方向为区域文化和文化产业,著有《中国魂》、《解读李泽厚》等专著.
单位:哈尔滨市人大常委会研究室
地址:哈尔滨市友谊路307号
邮编:150018
电话:13936661770

生,便是足以让世世代代皆可细细揣摩、咀嚼、吮吸以至于奉为典范的一部长卷,一部宏篇巨著.陈景润曾经踟蹰街头,备受奚落和白眼,内心的自卑和自强吞噬落魄的"丑小鸭".但他有幸得到著名经济学家王亚南和数学大师华罗庚的提携和栽培,带着攻克"哥德巴赫猜想"的希冀进入中国科学院的殿堂.他蜗居于一间几平方米的斗室,苦思冥想,反复演算,几乎不食人间烟火.在他成名之前,他像无人理睬的小草,纵然不乏阳光雨露的恩泽,但少有关爱和呵护.他是一个独行侠,在科学的路途上斩关夺隘,周遭是如此的冷清和沉寂,他内心里却有一片丰富多彩的求证世界.他对寂寥的赐予称额有加,因为寂寥是创造的忠实伴侣."在科学上是巨人,在生活中是孩子",强烈反差的人格构造,展现出一系列耐人寻味而又充满浓郁生活气息的美学风采.枯燥的数学,被陈景润点化为繁星璀璨的天空、万木葱茏的大地.他的生活中没有柴米油盐的琐碎,没有虚情假意的应酬,有的只是宁静致远的高超志向和淡泊明志的人格操守.外部世界的缤纷喧嚣对他没有构成袭扰和冲击,他摒弃一切世俗的诱惑而独享自己的精神美餐.一首歌唱得好:"寂寞让我如此美丽",这是一份失意失落后的自我安慰,是在百无聊赖中的孤芳自赏.像陈景润那样最后把寂寞作为事业的底色,让寂寞把自我高高供奉于精神祭坛,这才是大聪明者、大仁爱者的诱人之处.反观近日,急功近利成了时尚,实用主义、市场哲学被许多人奉为圭臬,当他们也唱着"寂寞让我如此美丽"时,无非是用老庄哲学疗救失衡病态的心理,而绝非想守住一方寂寞,成就某项造福于社会的事业.

  提升生命质量是人生的内核.搏击风雨,体验争斗,追求激烈与心跳,是一种人生;坐拥书城,品茗听雨,探索新知与奥秘,也是一种人生;声色犬马,灯红酒绿,寻找快乐与享受,也不乏是一种人生.但世俗中的人生更多的是淡泊如水,潺潺有声却罕见电闪雷鸣.这形形色色的生存方式,其生命质量之高低是不言自明的.如何把握生命质量是一种人生艺术.在现实生活中,有的人从容淡定、本色简约、谦逊坦荡,一切顺其自然,不刻意追求;有的人信奉人生能有几回搏,不断地给自己设立冲刺的标杆,锐意进取,屡创新高.这些都是人们生活的常态,只不过前者注重的是过程,后者关注的是结果,而无论哪一种生存方式,只要胸中有一个大我,其生命就会绽放出绚丽的花朵.陈景润就是一个胸中怀有大我意识的科学巨匠,他也许认识到自己的努力不可能获得社会回报,于是摒除了一切人生的享受,在其匪夷所思的日常生活表象下,内心弹奏着美妙的音律,享受着精神的富足.陈景润用生命编织了昨日历史的辉煌,它牵起了今天的绚烂,明天的幽远,它流过炎黄子孙的心田,也流过祖国大地的春夏秋冬.读了这本《从哥德巴赫到陈景润》,我深切地感到:无论是大智者还是平凡人,都有自己独具的生存状态,而提高生存质量这一人生不可回避的课题还有待于每个人自己去求解.

关于一道几何竞赛题的证明

武瑞新[①]

试题 如图 1 所示,已知 $\triangle ABC$,过点 B、C 的圆 O 与 AC、AB 分别交于点 D、E,BD、CE 交于点 F,直线 OF 与 $\triangle ABC$ 的外接圆交于点 P. 求证:$\triangle PBD$ 的内心与 $\triangle PCE$ 的内心重合.

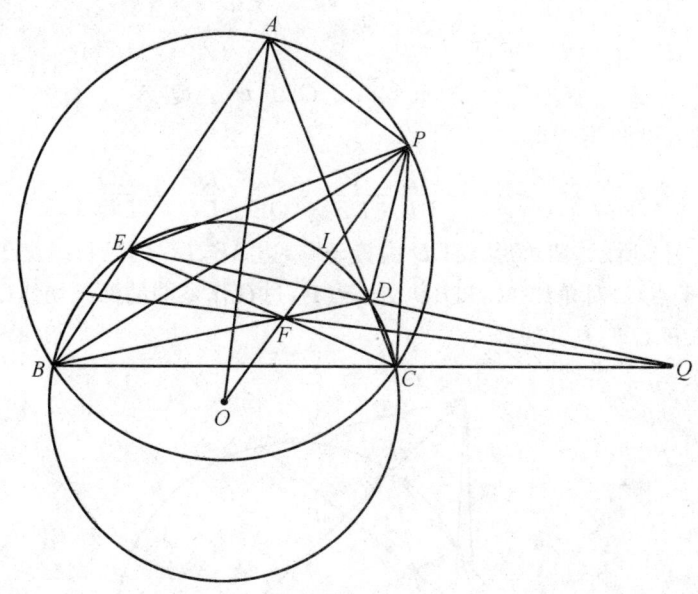

图 1

题说 本题系 2004 年泰国数学奥林匹克试题,在刘培杰主编的《最新世界各国数学奥林匹克中的平面几何问题》一书中给出的证明使用了 4 个引理,涉及角元 Ceva 定理,向量数乘运算,余弦定理,该证明虽堪称精彩,但不易理解,向量的引入略显唐突.

应当指出,在竞赛考场上,硬搏"纯几何法"并不现实,且如田廷彦先生所言"花几个星期,添十几条辅助线也是不足取的"但从研究的角度,应当给出一个纯几何证明并尽量简化.

为清晰起见,我们先证几个辅助命题,作为引理.

引理 1 如图 2 所示,过 $\odot O$ 外一点 Q 作 $\odot O$ 的两条切线 QE、QF 和一条割线 QDA,线段 EF 与 AD 交于 M. 则

[①] 武瑞新,武汉市公安局永丰派出所.

$$\frac{AM}{DM} = \frac{AQ}{DQ}$$

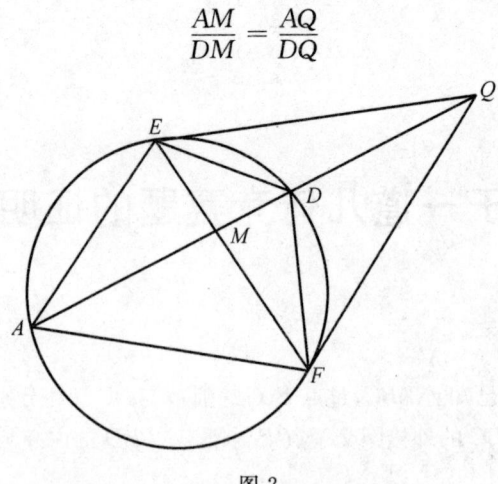

图 2

证明 连 AE、AF、DE、DF，则
$$\triangle QDE \backsim \triangle QEA, \quad \triangle QDF \backsim \triangle QFA$$
由共边定理及共角定理得
$$\frac{AM}{DM} = \frac{S_{\triangle AEF}}{S_{\triangle DEF}} = \frac{AE \cdot AF}{DE \cdot DF} = \frac{AQ}{QE} \cdot \frac{QF}{DQ} = \frac{AQ}{DQ}$$

引理 2 如图 3 所示，四边形 $ABCD$ 内接于圆，边 AB、DC 的延长线交于点 E，AD 和 BC 的延长线交于点 G，对角线 AC 和 BD 交于点 F，过 G 作该圆的两条切线 GP、GQ，切点为 P、Q 则 E、P、F、Q 四点共线.

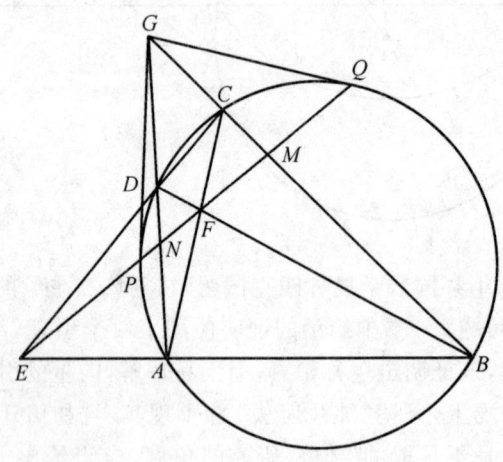

图 3

证明 连 EF 交 AD、BC 于 N、M
对 $\triangle EBC$ 由 Menelaus 定理及 Ceva 定理得
$$\frac{EA}{AB} \cdot \frac{BG}{GC} \cdot \frac{CD}{DE} = 1$$
$$\frac{EA}{AB} \cdot \frac{BM}{MC} \cdot \frac{CD}{DE} = 1$$

对 $\triangle EAD$ 由 Menelaus 定理及 Ceva 定理得

$$\frac{EB}{BA} \cdot \frac{AG}{DG} \cdot \frac{DC}{CE} = 1$$

$$\frac{EB}{BA} \cdot \frac{AN}{ND} \cdot \frac{DC}{CE} = 1$$

故得

$$\frac{BM}{MC} = \frac{BG}{GC} \tag{1}$$

$$\frac{AN}{ND} = \frac{AG}{DG} \tag{2}$$

设 PQ 与 BC 交于 R,与 AD 交于 S,由引理 1 得

$$\frac{BR}{RC} = \frac{BG}{GC}$$

$$\frac{AS}{SD} = \frac{AG}{DG}$$

故

$$\frac{BR}{RC} = \frac{BM}{MC}$$

$$\frac{AS}{SD} = \frac{AN}{ND}$$

故 R 与 M 重合,S 与 N 重合.
故 EF 与 PQ 重合.
所以 E、P、F、Q 四点共线.

引理 3 如图 4 所示,四边形 $ABCD$ 内接于圆 O,对角线 AC、BD 交于 E,直线 BA、CD 交于 F,直线 AD、BC 交于 G. 则 $OE \perp FG$.

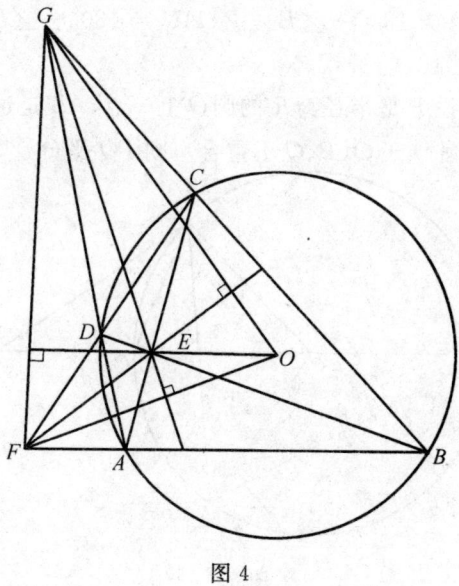

图 4

证明 连 GE、FE、GO、FO,由引理 2 知 $OG \perp EF$,$OF \perp EG$,故 E 为 $\triangle OFG$ 的垂心,故 $OE \perp FG$.

引理 4 如图 5 所示,四边形 $ABCD$ 内接于圆 O,直线 BA、CD 交于 F,$\triangle ADF$ 的外接圆和 $\triangle FBC$ 的外接圆交于点 P(异于 F).则 $OP \perp PF$.

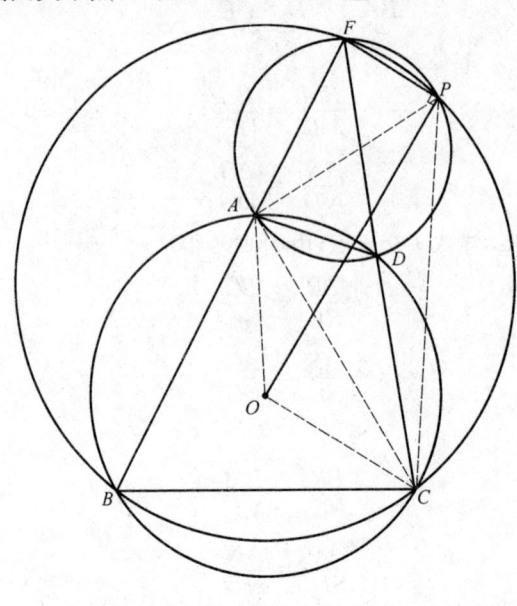

图 5

证明 连 OA、OC,PA、PC 则
$$\angle APC = \angle FPC - \angle FPA = 180° - \angle B - \angle FDA = 180° - 2\angle B = 180° - \angle AOC$$
故 A、P、C、O 共圆.

所以
$$\angle FPO = \angle FPC - \angle CPO = 180° - \angle B - \angle OAC = 180° - \angle B - (90° - \angle B) = 90°$$
故 $OP \perp PF$.

引理 5 如图 6 所示,设 P 是半径为 R 的圆 O 上一点,AB 是过 O 的一条射线上两定点,$OA \cdot OB = R^2$,OA 交圆 O 于 Q(P、Q 不重合),则 PQ 平分 $\angle APB$.

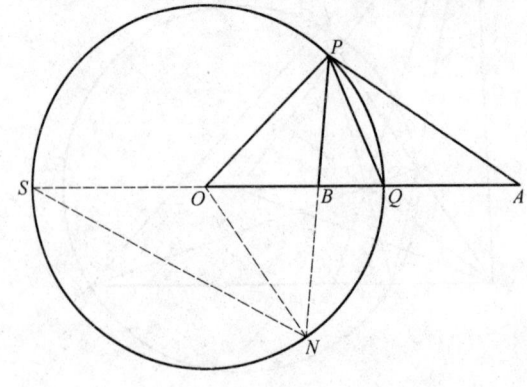

图 6

证明 如图 6 所示,延长 PB 交圆 O 于 N,连 ON、SN,由 $OA \cdot OB = R^2$ 得
$$\triangle OBP \backsim \triangle OPA$$
所以
$$\angle OPB = \angle OPN = \angle ONP = \angle OAP$$
即 O、N、A、P 共圆.
$$\angle BPA = \angle NPA = \angle NOA = 2\angle NSO = 2\angle NPQ = 2\angle BPQ$$
故 PQ 平分 $\angle APB$.

原题的证明

由题述可设 P 与 A 不重合(否则结论易证),故 DE 与 BC 不平行,设 DE 与 BC 的延长线交于 Q,连 AQ 与 ABC 的外接圆交于 M(圆中未标出),则
$$QC \cdot QB = QD \cdot QE = QM \cdot QA$$
故 M、A、D、E 共圆.

由引理 4 知
$$AQ \perp OM$$
又由引理 3 知
$$OF \perp AQ$$
故 M 与 P 重合.

连 QF 与 AO 交于 R,由引理 2 知
$$AO \perp QF$$
又
$$AP \perp PO$$
所以 A、R、F、P 共圆.
所以
$$OF \cdot OP = OR \cdot OA = R^2$$

设 OP 与圆 O 交于 I,则由引理 5 知 BI、DI 分别平分 $\angle PBF$ 及 $\angle PDF$,故 I 为 $\triangle PBD$ 的内心.

同理 I 为 $\triangle PCE$ 的内心.

命题证毕.

附记:本题的证明虽然较长,但不难看到,5 个引理都是"陈题",其中引理 1 和引理 3 的证明可能有别于一般文献.本证明的目的在于提供一种能够为初中读者理解的证明方法,因为平面几何毕竟属于初中数学教材的内容.

参 考 文 献

[1] 刘培杰.最新世界各国数学奥林匹克中的平面几何问题[M].哈尔滨:哈尔滨工业大学出版社,2007.

[2] 周沛耕,王博程.高中数学奥林匹克竞赛标准教材[M].北京:北京教育出版社,2004.

一道几何题的证明

唐传发[①]

如图 1 所示,已知:△ABC,∠A 平分线上取一点 Q,QD⊥BC,∠BAD=∠CAE 且 ∠KBC=2∠BQD,K 在 AE 上,求证:QK 平分 ∠BKC.

此题是叶中豪先生大量发现中的一个小发现,但笔者在做完此题后,感觉此题也很深刻,是一道挑战自我的好题,下面我将给出完整的证明过程.

证明 利用同一法的原理:上述命题等价于下述命题:在 △ABC 的 ∠A 平分线上取一点 Q,作 QD⊥BC,∠KBC=2∠BQD,∠KCB=2∠CQD,求证 ∠BAD=∠CAK.

如图 2 所示,要证 ∠BAD=∠CAK,设 K 在 △ABC 内的等角共轭点为 H,只证 D,H,A 三点共线,于是所证命题转化为:

在 △ABC 的 ∠A 平分线上一点 Q,作 QD⊥BC,∠KBC=2∠BQD,∠KCB=2∠CQD,H,K 为 △ABC 的等角共轭点,求证:A,H,D 三点共线.

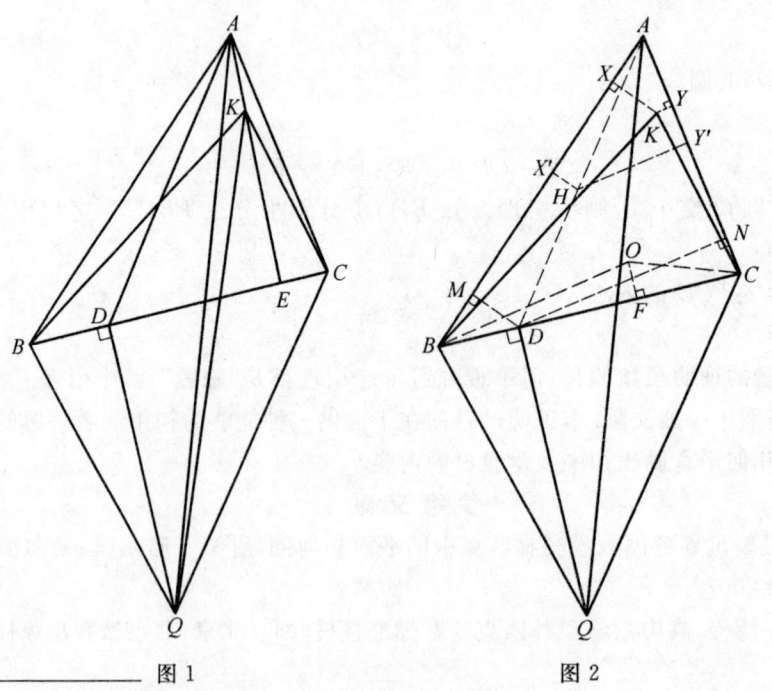

图 1   图 2

---

① 唐传发,安徽省枞阳县汤沟中学.

证明　要证 A, H, D 三点共线，只证
$$\frac{DM}{DN} = \frac{HX'}{HY'}$$

只证
$$\frac{BD \cdot \sin B}{DC \cdot \sin C} = \frac{HX'}{HY'}$$

只证
$$\frac{BD}{DC} \cdot \frac{AC}{AB} = \frac{KY}{KX}$$

取 $\triangle BKC$ 的内心 O，作 $OF \perp BC$，由已知易知
$$\triangle BOF \backsim \triangle QBD, \quad \triangle COF \backsim \triangle QCD$$

由比例易得
$$\frac{BD}{DC} = \frac{CF}{BF}$$

于是只证
$$\frac{CF}{BF} \cdot \frac{AC}{AB} = \frac{KY}{KX}$$

而这可由如下四个引理给出证明.

引理 1　如图 3 所示，已知 $\triangle ABC$，在 $\angle A$ 的平分线上取一点 Q，作 $QD \perp BC$，$\angle KBC = 2\angle BQD$，$\angle KCB = 2\angle CQD$，O 为 $\triangle BKC$ 的内心，$OF \perp BC$，$OU \perp AB$，$OV \perp AC$，则
$$\frac{CF}{BF} = \frac{CV}{BU}$$

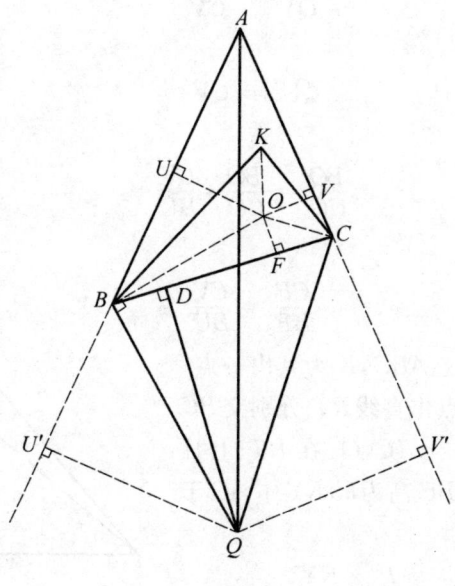

图 3

证明 作 $QU' \perp AB$, $QV' \perp AC$, 连结 BO, CO.

因为
$$\angle OBF = \frac{1}{2}\angle KBC = \angle BQD, BD \perp QD$$

所以
$$\angle OBQ = 90°$$

即 BQ 平分 $\angle KBC$ 的外角,同理 CQ 平分 $\angle KCB$ 的外角,故 Q 为 $\triangle KBC$ 的旁心,从而 K, O, Q 三点共线. 易知 $\triangle BQD \backsim \triangle OBF$, 所以
$$\frac{BQ}{DQ} = \frac{BO}{BF}$$

同理
$$\frac{CQ}{DQ} = \frac{CO}{CF}$$

从而
$$\frac{BQ}{CQ} = \frac{BO}{CO} \cdot \frac{CF}{BF} \qquad ①$$

又易知
$$\triangle BQU' \backsim \triangle OBU$$

所以
$$\frac{BQ}{QU'} = \frac{BO}{BU}$$

同理
$$\frac{CQ}{QV'} = \frac{CO}{CV}$$

且
$$QU' = QV'$$

故
$$\frac{BQ}{CQ} = \frac{BO}{CO} \cdot \frac{CV}{BU} \qquad ②$$

由式①、式②知
$$\frac{CF}{BF} = \frac{CV}{BU}$$

引理 2 如图 4 所示,$\triangle ABC$, K 为其内一点,O 为 $\triangle BKC$ 的内心,过 O 点作直线 RT 分别交 BC 于 R,交 AC 于 T,且 $RC = TC$, O' 在 RT 上且 $OC = O'C$,记 $\triangle ABC$ 的边 BC 高为 h, $KY \perp AC$ 于 Y,则
$$(CF - CV)(CF + CV) = \frac{h}{AC} \cdot \frac{KY}{KC} \cdot OC^2$$

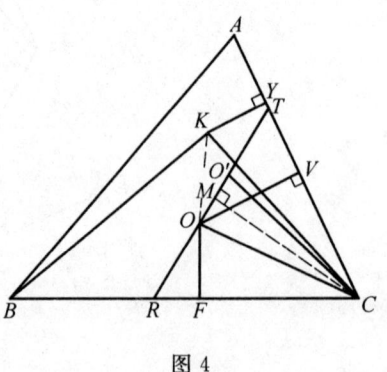

图 4

证明 作 $CM' \perp RT$ 于 M',则

$$(CF - CV) \cdot RC = CF \cdot RC - CV \cdot RC =$$
$$(RC - RF) \cdot RC - (TC - TV) \cdot RC =$$
$$RC^2 - RF \cdot RC - (TC - TV) \cdot TC =$$
$$RC^2 - RF \cdot RC - TC^2 + TV \cdot TC =$$
$$TM' \cdot TO - OR \cdot RM' =$$
$$\frac{RT}{2}(TO - OR) = RT \cdot OM'$$

所以

$$CF - CV = \frac{RT \cdot OM'}{RC}$$

又

$$(CF + CV) \cdot RC = CF \cdot RC + CV \cdot CT =$$
$$(RC - RF) \cdot RC + (CT - TV) \cdot TC =$$
$$2RC^2 - RF \cdot RC - TV \cdot TC =$$
$$2RC^2 - RO \cdot RM' - TM' \cdot OT =$$
$$2RC^2 - 2RM'^2 = 2M'C^2$$

所以

$$CF + CV = \frac{2M'C^2}{RC}$$

从而

$$(CF - CV) \cdot (CF + CV) = \frac{2RT \cdot OM' \cdot M'C^2}{RC^2} = \frac{RT \cdot M'C \cdot OO' \cdot M'C}{RC^2} =$$
$$\frac{RC \cdot h_1 \cdot OC \cdot h_2}{RC^2} = \frac{h_1}{RC} \cdot \frac{h_2}{OC} \cdot OC^2 =$$
$$\frac{h}{AC} \cdot \frac{KY}{KC} \cdot OC^2$$

注 h_1 为 $\triangle CRT$ 的 RC 边上的高,h_2 为 $\triangle CO'O$ 的 OC 边上高,h 为 $\triangle ABC$ 的 BC 边上的高,且 $\angle OCO' = 2\angle OCM' = 2(\frac{1}{2}\angle ACB - \frac{1}{2}\angle KCB) = \angle KCY$.

引理 3 如图 5 所示,已知 O 为 $\triangle KBC$ 的内心,$OF \perp BC$,则

$$\frac{CF}{BF} = \frac{OC^2}{OB^2} \cdot \frac{KB}{KC}$$

证明 作 $CO_1 \parallel OB$ 交 OF 的延长线于 O_1,因为

$$\frac{CF}{BF} = \frac{CO_1}{BO}$$ ①

又因为

$$\angle COO_1 = \angle FO_3O_2, \angle CO_1O_2 = \angle BOF = \angle O_3O_2F$$

所以
$$\triangle OO_1C \backsim \triangle O_3O_2F$$
则
$$\frac{O_1C}{OC} = \frac{O_2F}{O_3F} = \frac{OC\sin C}{OB\sin B} = \frac{OC}{OB} \cdot \frac{BK}{CK}$$
所以
$$CO_1 = \frac{OC^2}{OB} \cdot \frac{BK}{CK} \qquad ②$$

由式①、式②得
$$\frac{CF}{BF} = \frac{OC^2}{OB^2} \cdot \frac{BK}{CK}$$

引理 4 如图 6 所示,已知 O 为 $\triangle BKC$ 的内心,$OF \perp BC$,$OU \perp AB$,$OV \perp AC$,且 $\frac{CF}{BF} = \frac{CV}{BU}$,$KY \perp AC$,$KX \perp AB$. 求证
$$\frac{KY}{KX} = \frac{CF \cdot AC}{BF \cdot AB}$$

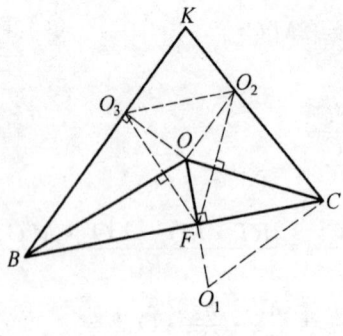

图 5

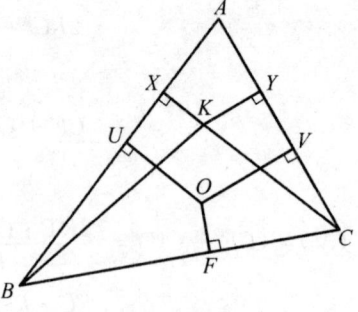

图 6

证明 由引理 2 知
$$(CF - CV)(CF + CV) = \frac{h}{AC} \cdot \frac{KY}{KC} \cdot OC^2$$
同理
$$(BF - BU)(BF + BU) = \frac{h}{AB} \cdot \frac{KX}{KB} \cdot OB^2$$
所以
$$\frac{(CF - CV)(CF + CV)}{(BF - BU)(BF + BU)} = \frac{AB}{AC} \cdot \frac{KY}{KX} \cdot \frac{KB}{KC} \cdot \frac{OC^2}{OB^2}$$
再由引理 3 得
$$\frac{(CF - CV)(CF + CV)}{(BF - BU)(BF + BU)} = \frac{AB}{AC} \cdot \frac{KY}{KX} \cdot \frac{CF}{BF}$$
又因为

$$\frac{CF}{BF} = \frac{CV}{BU} = \frac{CF-CV}{BF-BU} = \frac{CF+CV}{BF+BU}$$

所以
$$\frac{CF^2}{BF^2} = \frac{AB}{AC} \cdot \frac{KY}{KX} \cdot \frac{CF}{BF}$$

故
$$\frac{KY}{KX} = \frac{CF}{BF} \cdot \frac{AC}{AB}$$

一道与等角共轭点有关的题目

唐传发[①]

题目 如图1所示,已知 P,Q 是 $\triangle ABC$ 的两个等角共轭点,A 关于 BC 的对称点 A',$\angle BPC = \alpha$,$\angle APC = \beta$,$\angle APB = \gamma$. 求证:$\dfrac{QA'}{QA}$ 仅与 $\angle A$, α, β, γ 有关.

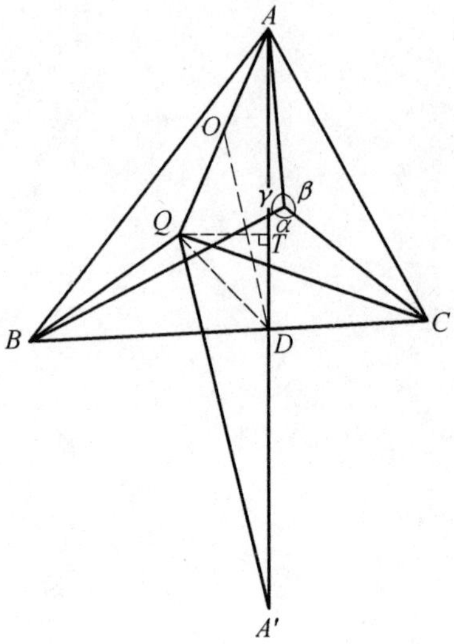

此题是平面几何大师叶中豪所创,下面笔者给出计算式的证明.

证明 取 AQ 中点 O,只需求 $\dfrac{DO}{AO}$,令 $\dfrac{DO}{AO} = k$,则

$$DO^2 = k^2 AO^2$$

所以

$$\frac{1}{4}(2AD^2 + 2QD^2 - AQ^2) = k^2 AO^2$$

即

$$2AD^2 + 2QD^2 - AQ^2 = k^2 AQ^2$$

作 $QT \perp AD$ 于 T,则

$$2AD^2 + 2(AQ^2 + AD^2 - 2AT \cdot AD) - AQ^2 = k^2 AQ^2$$

故

$$4AD^2 + AQ^2 - 4(AD - DT) \cdot AD = k^2 AQ^2$$

从而

$$k^2 - 1 = \frac{4AD \cdot TD}{AQ^2} = \frac{4AB \cdot AC \cdot \sin A}{BC} \cdot \frac{BQ \cdot QC \cdot \sin \angle BQC}{BC \cdot AQ^2} =$$

$$4\sin A \cdot \sin \angle BQC \cdot \frac{AB \cdot AC \cdot BQ \cdot QC}{AQ^2 \cdot BC^2} =$$

$$4\sin A \cdot \sin \angle BQC \cdot \frac{AB}{AQ} \cdot \frac{AC}{AQ} \cdot \frac{BQ \cdot QC}{BC^2} =$$

$$4\sin A \cdot \sin \angle BQC \cdot \frac{\sin \angle AQB}{\sin \angle ABQ} \cdot \frac{\sin \angle AQC}{\sin \angle ACQ} \cdot \frac{BQ \cdot QC}{BC^2} =$$

图1

[①] 唐传发,安徽省枞阳县汤沟中学.

$$4\sin A \cdot \sin \angle BQC \cdot \frac{\sin \angle AQB \cdot \sin \angle AQC}{\sin \angle CBP \cdot \sin \angle BCP} \cdot \frac{BQ \cdot QC}{BC^2} =$$

$$4\sin A \cdot \sin \angle BQC \cdot \frac{BQ \cdot QC \cdot \sin \angle AQB \cdot \sin \angle AQC}{PB \cdot PC \cdot \sin^2 \angle BPC} \quad ①$$

如图 2 所示，P, Q 是 $\triangle ABC$ 的等角共轭点，延长 AQ 作 $BM \perp AQ$ 于 M，$CN \perp AQ$ 于 N；延长 AP，作 $BM' \perp AP$，$CN' \perp AP$ 于 N'。

易知

$$\frac{BQ \cdot QC \cdot \sin \angle AQB \cdot \sin \angle AQC}{PB \cdot PC} = \frac{BM \cdot CN}{PB \cdot PC}$$

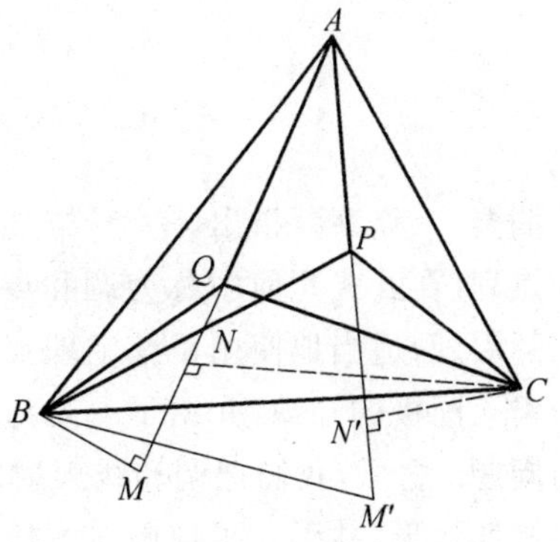

又因为

$$\triangle ABM \backsim \triangle ACN'$$

则

$$\frac{BM}{CN'} = \frac{AB}{AC}$$

同时

$$\triangle ABM' \backsim \triangle ACN$$

则

$$\frac{CN}{BM'} = \frac{AC}{AB}$$

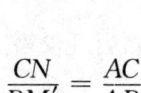

图 2

两式相乘得

$$BM \cdot CN = BM' \cdot CN'$$

则

$$\frac{BM \cdot CN}{PB \cdot PC} = \frac{BM' \cdot CN'}{PB \cdot PC} = \frac{PB \cdot \sin \angle APB \cdot PC \cdot \sin \angle APC}{PB \cdot PC} =$$

$$\sin \angle APB \cdot \sin \angle APC$$

故

$$\frac{BQ \cdot QC \cdot \sin \angle AQB \cdot \sin \angle AQC}{PB \cdot PC} = \sin \angle APB \cdot \sin \angle APC$$

代入式 ① 得

$$k^2 - 1 = 4\sin A \cdot \sin \angle BQC \cdot \frac{\sin \angle APB \cdot \sin \angle APC}{\sin^2 \angle BPC}$$

又 P, Q 是等角共轭点，所以

$$\angle BQC = \angle BPC - \angle BAC$$

则

$$k^2 - 1 = 4\sin A \cdot \sin(\angle BPC - \angle BAC) \cdot \frac{\sin \angle APB \cdot \sin \angle APC}{\sin^2 \angle BPC}$$

所以

$$k = \sqrt{1 + 4\sin A \cdot \sin(\angle BPC - \angle BAC) \cdot \frac{\sin \angle APB \cdot \sin \angle APC}{\sin^2 \angle BPC}}$$

射影背景下的一些欧式几何问题

武炳杰[①]

摘要 克莱因指出,一个群对应一种几何,本文的主旨在于将射影几何中的交比不变的点列(在欧式几何中称为调和点列)引入欧式几何.本文从调和点列出发,配以3个有用的引理,适当地使用正弦定理及三角计算,便能巧妙地解决一系列几何问题.接着,我们引入配极的知识,介绍了一个与圆中极线有关的调和点列引理,运用它解决了不少几何问题.之后,我们把调和线束射影出的调和点列的思想推广到圆中调和点列射影出的调和四边形,并引入了逆中线的概念,引发了更多的试题本质性的妙解与推广.

定义 如果 A, C, B, D 依次分别为直线上的4个点,则当且仅当 $\dfrac{CA}{CB} = -\dfrac{DA}{DB}$(有向线段)时我们就称 $(ABCD)$ 为调和点列.如果不在这条直线上有一点 X,那么我们称 $X(ABCD)$(包含 XA, XB, XC, XD 这四条线段)为调和线束当且仅当 $(ABCD)$ 为调和点列.

特别的,若 C 为 AB 中点,则可以认为 D 是无穷远点.

首先,我们来证明引理1,对于任意一条直线截一个线束于四点,则这四点调和当且仅当此线束是调和的.

证明 如图1所示,由正弦定理,有

$$\frac{AC}{BC} = \frac{\sin\angle 1}{\sin\angle 2} \cdot \frac{XB}{XA}$$

$$\frac{DA}{DB} = \frac{\sin(\angle 1 + \angle 2 + \angle 3)}{\sin\angle 3} \cdot \frac{XA}{XB}$$

从而我们得到 $(ABCD)$ 为调和点列等价于 $\dfrac{\sin\angle 1}{\sin\angle 2} \cdot \dfrac{\sin\angle 3}{\sin(\angle 1 + \angle 2 + \angle 3)} = 1$,这个有关角度的等式恰仅与线束本身的性质有关,而与截的直线无关,故引理得证.

这个引理在求证调和点列时非常有用,通常称为透视变换,当然我们也会在最后几题中看到广义透视变换.

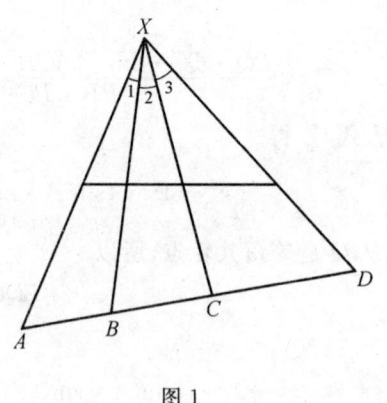

图1

[①] 武炳杰,复旦大学数学科学学院,200433.

下面我们再引入两个有用的引理

引理 1　如图 2 所示,在三角形 ABC 中,X,Y,Z 分别为 BC,CA,AB 上一点,YZ 交 BC 的延长线于 X',则 $(BXCX')$ 为调和点列当且仅当 AX,BY,CZ 共点.

证明　对三角形 ABC 运用梅涅劳斯定理和塞瓦定理易证.

这个引理在寻找图形中的调和点列非常有用.

引理 2　如图 3 所示,A,C,B,D 依次分别为直线上的 4 个点,则以下两个命题成立时,第 3 个命题即能成立.

命题 1:$(ABCD)$ 为调和点列;
命题 2:XB 为 $\angle AXC$ 的内角平分线;
命题 3:$XB \perp XD$.

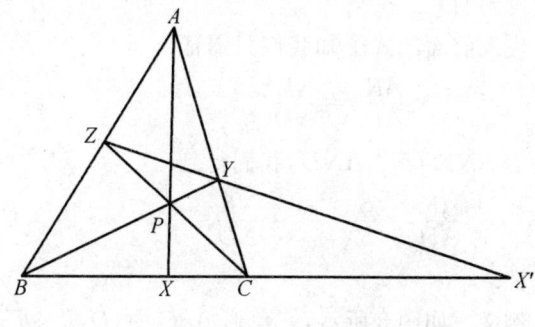

图 2

证明　本引理本质上就是 Appollonius 圆的定义,这部分在 2010 年 2 月的《中等数学》第 2 期黄全福教授的《利用阿波罗尼斯圆解竞赛题》中有相关介绍.

这个引理在证明有关垂直或角平分线时是非常有用.

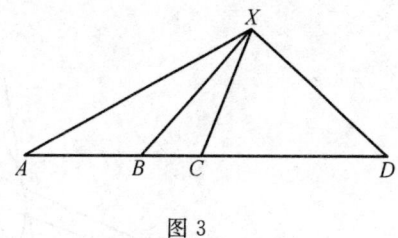

图 3

下面我们先介绍几个与调和点列有关的几何问题:

例 1　如图 4 所示,三角形 ABC 内切圆分别切 AB,BC,CA 于点 N,D,T. 过 AN 上一点 M 作圆的切线,延长交 AT 于点 S,求证:若点 $(AMNB)$ 是调和点列,则 $(ASTC)$ 也是调和点列.

证明　本题是三角形内切圆有关调和点列的一个优美性质,我们设连接 AD 交圆于 K. 如果我们能证明过 K 点的切线交 AB 正好为 M(即交点与 B 调和分割 AN),由调和点列 $(AMNB)$ 的唯一性,则由对称性可知此切线与另一边的交点 S 可以使 A,T,S,C 为调和点列.

我们用面积法解决这个问题

$$\frac{AM}{MN} = \frac{AB}{BN} \Leftrightarrow \frac{S_{\triangle AKM}}{S_{\triangle MKN}} = \frac{S_{\triangle ABD}}{S_{\triangle BND}}$$

由于

$$\frac{S_{\triangle AKM}}{S_{\triangle MKN}} = \frac{AK}{NK} \cdot \frac{\sin\angle AKM}{\sin\angle NKM}$$

$$\frac{S_{\triangle ABD}}{S_{\triangle BND}} = \frac{AD}{ND} \cdot \frac{\sin\angle ADB}{\sin\angle BDN}$$

$$\sin\angle AKM = \sin\angle ADB$$

$$\frac{\sin\angle NKM}{\sin\angle BDN} = \frac{\sin\angle NDK}{\sin\angle NKD} = \frac{NK}{ND}$$

（此式是由弦切角与三角形 NDK 中的正弦定理得到的）

代入前面的式子知我们只需证

$$\frac{AK}{AD} = \frac{NK^2}{ND^2}$$

而由 $\triangle ANK \backsim \triangle AND$，我们得到

$$\frac{AK}{AD} = \frac{S_{\triangle ANK}}{S_{\triangle AND}} = \frac{NK^2}{ND^2}$$

故得证.

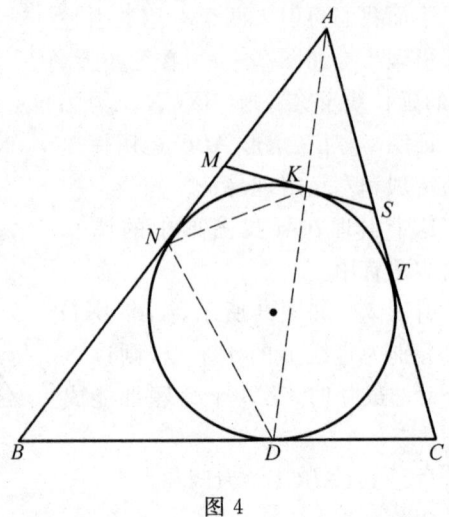

图 4

例 2 如图 5 所示，三角形 ABC 中，D，E，F 分别为内切圆在 BC，AC，AB 上的切点，令 X 为三角形形内一点，设三角形 XBC 的内切圆与 XB，XC，BC 切为 Z，Y，D. 证明：E，F，Z，Y 四点共圆.（1995 年 IMO 预选题）

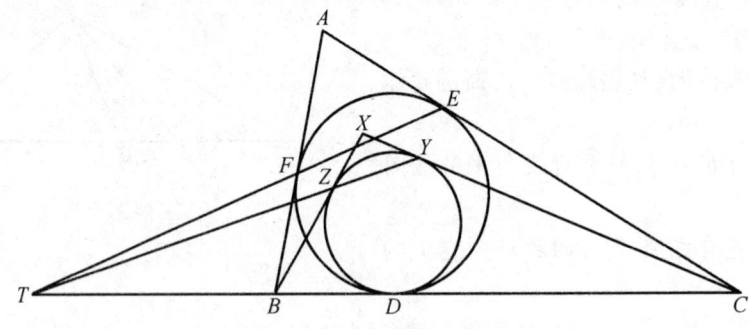

图 5

证明 设 BC 与 EF 交于点 T. 因为 AD，BE，CF 三线共点，由引理 2 知 $(TBDC)$ 为调和点列，而 XD，CZ，BY 三线共点，由调和点列第 4 点的唯一确定性知 T，Z，Y 三点共线.

TD 为两圆的公切线，即根轴，故点 T 到两圆的幂相同，故 $TF \cdot TE = TZ \cdot TY$，故 E，F，Z，Y 四点共圆.

例 3 如图 6 所示，直角三角形 ABC 中，D 为边 AC 上一点，点 E 为点 A 关于 BD 的对称点，点 F 为 CE 与点 D 向 BC 作的垂线的交点，证明：AF，DE，BC 三线共点.（2007 年巴尔干半岛初中竞赛罗马尼亚队选拔赛题）

证明 由引理 2 知我们只需证 $(AYEZ)$ 为调和点列即可. 由 $\angle AXD = \frac{\pi}{2} = \angle DTC$，知 $XYTD$ 四点共圆，故 $\tan\angle XYB = \tan\angle XDZ$，即 $\frac{XB}{XY} = \frac{XZ}{XD}$，从而 $XB \cdot XD = XY \cdot XZ$. 而在直角三角形 ABD 中由射影定理得 $XA^2 = XB \cdot XD$，故 $XA^2 = XY \cdot XZ$.

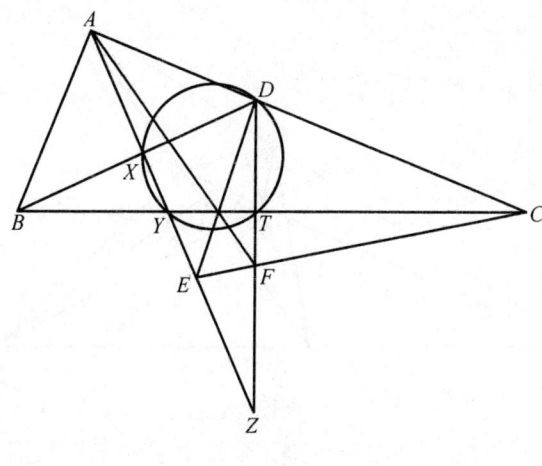

图 6

运用 $XA = XE$,我们计算可得 $\dfrac{YA}{YE} = \dfrac{ZA}{ZE}$,即 $(AYEZ)$ 为调和点列.

例 4 如图 7 所示,已知圆心分别为 O_1, O_2 的圆 ω_1, ω_2 外切于点 D,并内切于圆 ω,切点分别为 E, F,过点 D 作 ω_1, ω_2 的公切线 l.设圆 ω 的直径 AB 垂直于 l,使得 A, E, O_1 在 l 的同侧,证明:AO_1, BO_2, EF 三线交于一点.(第 47 届 IMO 预选题)

证明 设 AB 的中点为 O,E 为圆 ω 与圆 ω_1 的位似中心,由于半径 OB, O_1D 分别垂直于 l,所以 $OB \parallel O_1D$,且有 E, D, B 三点共线.同理 F, D, A 三点共线.

设 AE, BF 交于点 C,由于 $AF \perp BC, BE \perp AC$,所以 D 是 $\triangle ABC$ 的垂心,于是 $CD \perp AB$,这表明 C 在直线 l 上.

设 EF 与直线 l 交于点 P,下面证明点 P 在直线 AO_1 上.设 AC 与圆 ω_1 的第二个交点为 N,则 ND 是圆 ω_1 的直径,由梅涅劳斯定理的逆定理,要证 A, O_1, P 三点共线,只要证 $\dfrac{CA}{AN} \cdot \dfrac{NO_1}{O_1D} \cdot \dfrac{DP}{PC} = 1$.

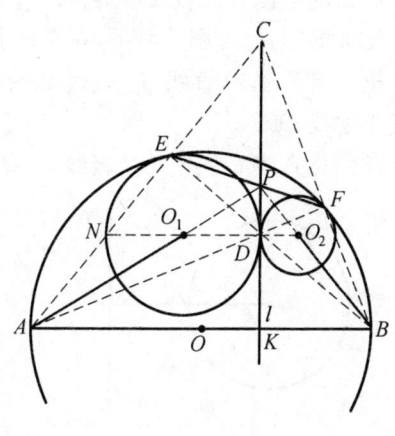

图 7

因为 $NO_1 = O_1D$,所以只要证 $\dfrac{CA}{AN} = \dfrac{CP}{PD}$.设 l 与 AB 交于点 K,则 $\dfrac{CA}{AN} = \dfrac{CK}{KD}$,从而只要证 $\dfrac{CP}{PD} = \dfrac{CK}{KD}$,即证 $(CPDK)$ 是调和点列.连 AP 交 BC 于点 X,在三角形 ACF 中,AX, EF, CD 共点于 P,由引理 2 知则 $(CXFB)$ 是调和点列,因此有 $(CPDK)$ 是调和点列.

例 5 如图 8 所示,四边形 $ABCD$ 为凸四边形,点 E 为 AB 与 CD 的交点,点 F 为 AD 与 BC 的交点,点 P 为 AC 与 BD 的交点,令 O 为点 P 作 EF 垂线的垂足,求证:$\angle BOC = \angle AOD$.(2002 年 IMO 中国队选拔试题)

证明 由于本题是求证角相等,联想到过去的一道加拿大国家队训练题,我们会设

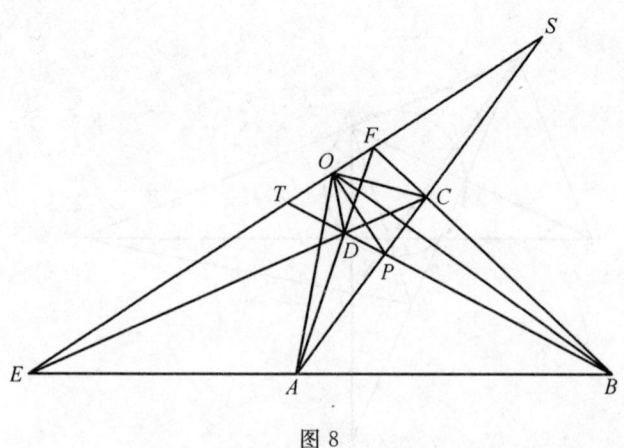

图 8

法去求证 $\angle AOP = \angle COP, \angle DOP = \angle BOP$. 故由引理 3 知我们只需证明 $(APCS)$,$(BPDT)$ 为调和点列即可. 对于三角形 EFB,BT,EC,FA 共点于 D,由引理 2 知 $(ETFS)$ 为调和点列,而以点 B 为透视中心,由引理 1 即得 $(APCS)$ 为调和点列. 对于 $(BPDT)$ 为调和点列,我们可以由延长 OP 与 AB 的交点类似地得证,故 $\angle AOP - \angle DOP = \angle COP - \angle BOP$,从而原命题得证.

下面我们简单地介绍一下配极的性质知识,其中的有关调和点列的性质 3 在高难度的几何试题中占有很重要的地位.

配极的定义:如图 9 所示,在平面上取定一个以 O 为中心,r 为半径的圆. 对于不同于 O 的任一点 P,作一直线过 l 通过 P 的反演像 P'(即 O,P,P' 共线,且 $OP \cdot OP' = r^2$) 且垂直于射线 OP.

我们称直线 l 为点 P 的极线,点 P 为直线 l 的极点.

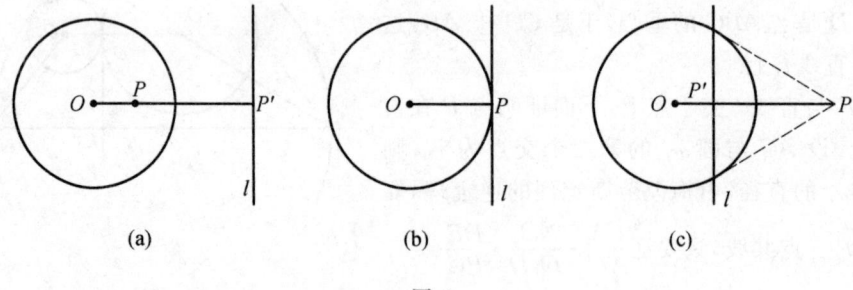

图 9

配极的基本性质:

性质 1 如图 10 所示,若 A 在 B 的极线上,则 B 在 A 的极线上.

证明 设 A' 和 B' 分别为 A 和 B(对于圆 O)的反演像,于是有 $OA \times OA' = OB \times OB'$,从而 A、A'、B、B' 四点共圆. 所以

A 在 B 的极线上 $\Leftrightarrow \angle AB'B = 90° \Leftrightarrow \angle BA'A = 90° \Leftrightarrow B$ 在 A 的极线上

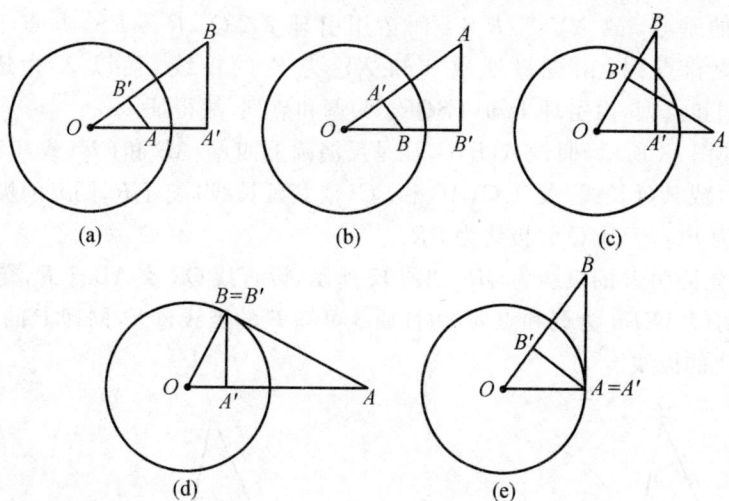

图 10

性质 2 如图 11 所示,若 P 在圆 O 之外,过 P 作圆 O 的两条切线与圆 O 相切于 M,N,则 MN 是 P 的极线.

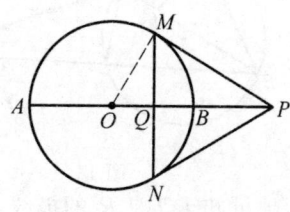

证明 设 Q 为 OP 和切点弦 MN 的交点,留意到 $OP \perp MN$ 且 $OM \perp PM$,由射影定理可知 $OP \cdot OQ = OM^2$,所以 Q 是 P 的反演像,MN 是 P 的极线.

图 11

这里补充一点:若 A,B 是直线 OP 与圆 O 的两个交点,则 $(PBQA)$ 是调和四元组. 反之若直径 AB 上有两点 P,Q 使得 $(PBQA)$ 是调和四元组,则 P,Q 互为反演像.

性质 3 如图 12 所示,若过圆 O 外一点 P 作一直线与圆 O 交于 R,S,线段 RS 和 P 的极线相交于 Q,则 $(PSQR)$ 为调和点列. 即

$$\frac{PR}{RQ} = \frac{PS}{SQ}$$

证明 如图 13 所示,为了证明 PQ 调和分割 RS,我们设 $R'S'$ 为直线 OP 上的直径,记 RR' 和 SS' 的交点为 X(必要时视 X 为无穷远点),RS' 和 $R'S$ 的交点为 Y,所以 Y 为

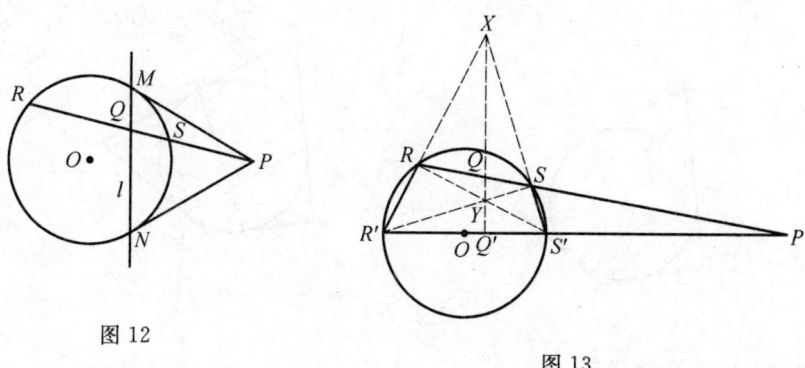

图 12

图 13

三角形 $XR'S'$ 的垂心,故 $XY \perp R'S'$. 而运用引理 2,$XQ',R'S,RS'$ 共点于垂心,故 $(PS'Q'R')$ 为调和点列,由配极性质 2 知 XY 为 P 的极线. 而以 X 为透视中心,$(PS'Q'R')$ 为调和点列,由引理 1 知 $(PSQR)$ 为调和点列,故得证.

性质 4 如图 14 所示,假设 A,B,C,D 是反演圆上四点,AB 和 CD(或其延长线)交于 P,AC 和 BD(或其延长线)交于 Q,AD 和 BC(或其延长线)交于 R,则 P 的极线为 QR. 同理 R 的极线为 PQ,于是 Q 的极线为 PR.

证明 首先证明 P 的极线为 QR. 如图 15 所示,设直线 QR 交 AB 于 E,交 CD 于 F. 由引理 2 可证明 $(PAEB)$ 为调和点列,由性质 3 可知 P 的极线过 E,同理 P 的极线过 F,所以 QR 就是 P 的极线.

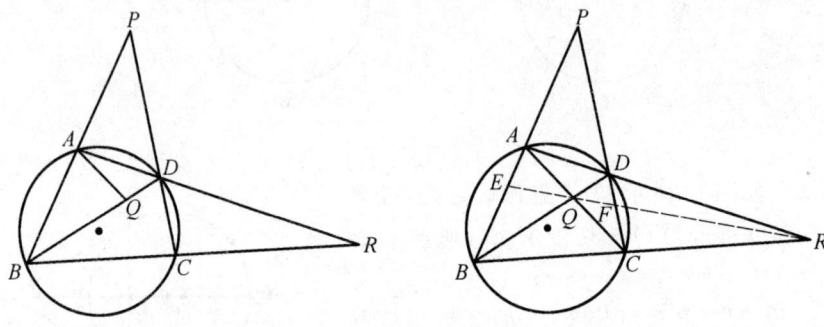

图 14   图 15

类似地可知 PQ 是 R 的极线,于是 Q 的极线过 R(同理亦过 P),PR 是 Q 的极线.

注 其实本性质也可以由角元塞瓦定理证明.(2006 年《中等数学》增刊中《2005 年中国台湾数学奥林匹克选拔考试摘选》的第 5 道几何题就是运用角元塞瓦定理来证明的.)

下面我们举 3 个用配极知识给出问题本质的例子,用来熟悉配极性质的运用. 事实上所熟悉的 1996 年和 1997 年的 CMO 的几何试题都是直接以配极为背景的几何试题.

例 6 如图 16 所示,四边形 $ABCD$ 外切于圆,切点为 E,F,G,H.
求证:直线 AC,BD,EG,FH 共点.

证明 若 $EF \parallel HG$ 且 $HE \parallel GF$,则 $EFGH$ 是矩形,结论显然成立. 不妨假设 EF 与 HG 相交.

如图 17 所示,设 EG 和 FH 交于 X,以下证明 BD 过 X.

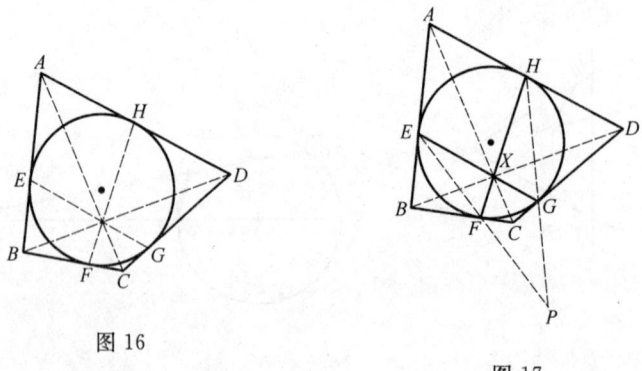

图 16

图 17

记 P 为 EF 和 HG 的交点,则由配极性质 4 知 P(对于已知圆)的极线过 X. 另一方面,B 的极线 EF 过 P,所以 P 的极线过 B.

同理,P 的极线过 D.

由于 P 的极线同时过 B,X,D 三点,故 B,X,D 三点共线.(同理 A,X,C 共线)

例7 如图 18 所示,设 H 是锐角三角形 ABC 的垂心,由 A 向以 BC 为直径的圆作切线 AP,AQ,切点分别为 P,Q. 求证:P,H,Q 三点共线.(1996 中国数学奥林匹克试题)

证明 首先由配极性质 2 注意到点 A 对于已知圆的极线是 PQ.

设 AB,AC 分别与圆交于 X,Y,显然 BY 和 CX 交于三角形 ABC 的垂心 H,于是由配极性质 4 知 A 的极线过 H.

所以 P,H,Q 三点共线.

例8 如图 19 所示,四边形 $ABCD$ 内接于圆,其边 AB 与 DC 的延长线交于点 P,AD 与 BC 的延长线交于点 Q,由 Q 作圆的两条切线 QE 和 QF,切点分别为 E,F.

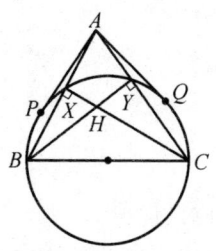

图 18

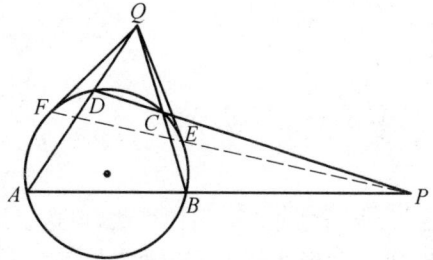

图 19

求证:P,E,F 三点共线.(1997 年中国数学奥林匹克试题)

证明 由配极的性质 2 知道点 Q 对于已知圆的极线是 EF. 另一方面由性质 4 可知 Q 的极线过 P,从而 P,E,F 三点共线.

下面我们运用配极与调和点列的性质,给出许多最新国内外数学竞赛试题的另解.

例9 如图 20 所示,在三角形 ABC 中,$AB > AC$,它的内切圆切边 BC 于点 E,连结 AE 交内切圆于点 D(不同于点 E),在线段 AE 上取不同于点 E 的另一点 F,使得 $CE = CF$,连结 CF 并延长交 BD 于点 G,求证:$CF = FG$(2008 年中国国家队 IMO 选拔试题)

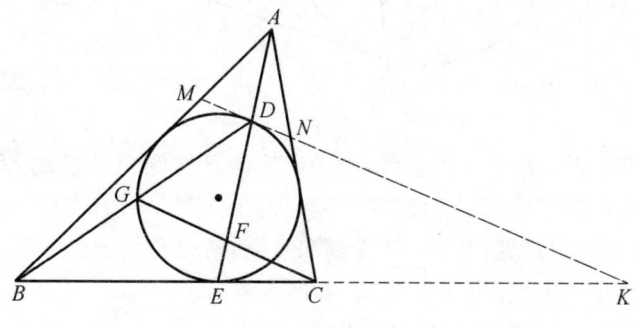

图 20

证明 过点 D 作内切圆的切线,交 AB,AC,BC 于点 M,N,K. $\angle KDE = \angle KED = \angle CFE$,故 $CG \parallel DK$. 由牛顿定理我们可以知道 AE,BN,CM 三线共点,故由引理 2 知 $(BECK)$ 为调和点列. 过点 E 作 DK 的平行线 (图 21),交 BD,DC 于点 S,T,我们可以认为此平行线与 DK 交于无穷远点,那么以 E 为透视中心,由 $(BECK)$ 为调和点列得到 $(SET\infty)$ 为调和点列,故 $SE = ET$,故 $CF = FG$.

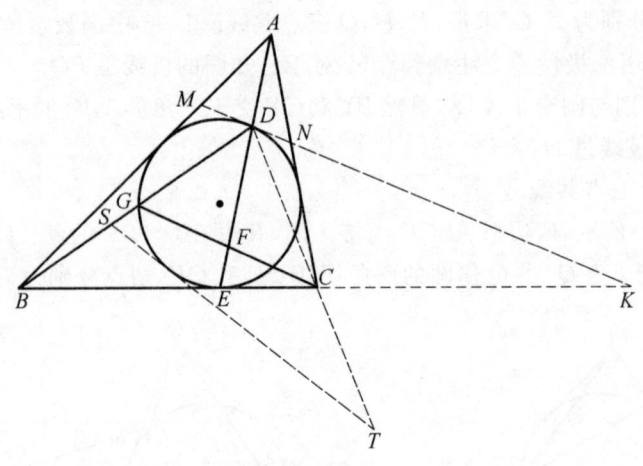

图 21

注 本题也可以运用计算法,但这里给出的解法是本质且优美的.

例 10 如图 22 所示,已知 PA,PB 是由圆 O 外一点 P 引出的两条切线,M,N 分别为线段 AP,AB 的中点,延长 MN 交圆 O 于点 C,点 N 在 M 与 C 之间,PC 交圆 O 于点 D,延长 ND 交 PB 于点 Q. 证明:四边形 $MNQP$ 为菱形. (2007 年泰国数学奥林匹克 (2009 年《中等数学》增刊))

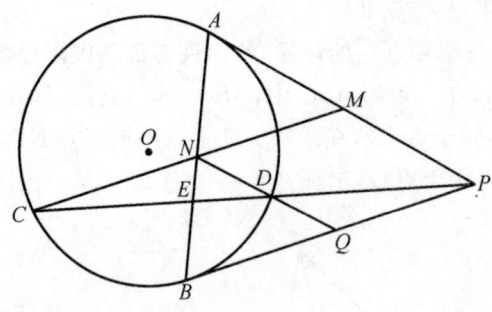

图 22

证明 由于 PA,PB 为圆 O 的切线,故 AB 为点 P 对圆 O 的极线. 设 PC 交 AB 于点 E,故由配极性质 3 知 $(PDEC)$ 为调和点列. 由于 $MN \parallel PB$,以 N 为透视中心,由 $(PDEC)$ 为调和点列可以得到 $(PQB\infty)$ 为调和点列,所以 Q 为 PB 中点. 而 $PB = PA$,M,N,Q 为 PA,AB,PB 中点,故四边形 $MNQP$ 为菱形.

注 本题也可以通过线段计算来证明.

例 11 如图 23 所示,已知圆 O 外一点 X,由 X 向圆 O 引两条切线,切点分别为 A,

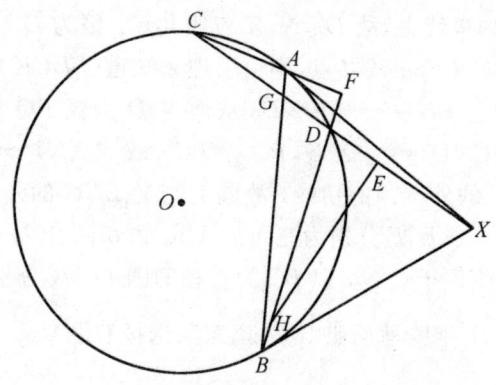

图 23

B，过点 X 作直线，与圆 O 交于两点 C,D，且满足 $CA \perp BD$，若 CA,BD 交于点 F,CD,AB 交于点 G,BD 与 GX 的中垂线交于点 H，证明：X,F,G,H 四点共圆. (2005 年日本数学奥林匹克试题 (2006 年《中等数学》增刊))

证明 由配极性质 3 可知 $(XDGC)$ 为调和点列，而 $CA \perp BD$，故由引理 3 得 $\angle GFD = \angle DFX$. 设 $\triangle GFX$ 的外接圆与 BF 交于点 H'，则有 $GH' = XH'$，即 H' 在 GX 的中垂线上，从而有 $H' = H$，因此 X,F,G,H 四点共圆.

注 本题也可以通过多次同一法来解决.

例 12 如图 24 所示，设三角形 ABC 的内切圆 Γ 与 BC 切于点 D. 点 D' 为圆 Γ 上一点，且 DD' 为直径，过 D' 作圆 Γ 的切线与 AD 交于点 X，过点 X 作圆 Γ 的不同于 XD' 的切线，切点为 N. 证明：三角形 BCN 的外接圆与圆 Γ 切于点 N. (2008 年印度国家队选拔考试试题 (2009 年《中等数学》增刊))

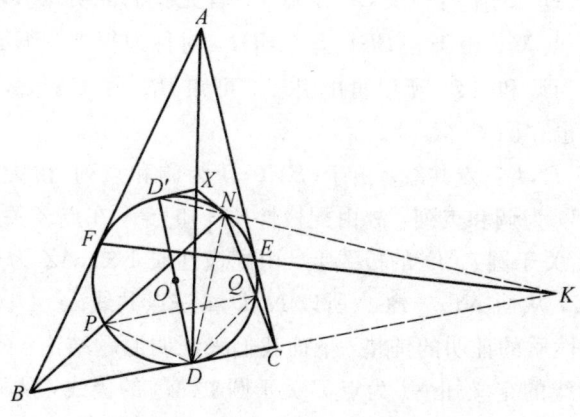

图 24

证明 由于 $AB \neq AC$，故不妨设 $AB > AC$，设圆 Γ 与 AC,AB 分别相切于点 E,F，且设 EF 与 BC 的延长线交于点 K. 首先我们来挖掘一下图形内点与线的关系. 由配极性质 4 (将一点对圆的交点视为重合与一点的不同两点的连线) 知 A 在点 K 关于圆 Γ 的极线上，再由 KD 切圆 Γ 于点 D 知 AD 为点 K 关于圆 Γ 的极线. 由配极性质 1 知点 K 在

AD 上一点 X 关于圆 Γ 的极线上,故 D', N, K 三线共点. 因为 DD' 为圆 Γ 的直径,所以 $DN \perp D'K$. 由于 AD, BE, CF 三线共点,则由引理 2 知道 $(BDCK)$ 为调和点列,再结合 $DN \perp D'K$ 由引理 3 知 $\angle BND = \angle CND$,从而点 D 为弧 PQ 的中点. 因此我们有 $\angle PDB = \angle PND = \angle CND = \angle QPD, PQ \parallel BC$. 故 $\angle XNP = \angle NQP = \angle NCB$. 从而 XN 为三角形 BNC 的外接圆的切线,故圆 Γ 与 $\triangle BNC$ 的外接圆相切于点 N.

例 13 如图 25 所示,令 E, F 分别为三角形 ABC 内切圆 $\Gamma(I)$ 于边 AB, AC 的切点,设 M 为 BC 中点,AM 交 EF 于点 N,以 BC 为直径的圆 $\Upsilon(M)$ 分别交 BI 与 CI 于点 X,Y. 证明:$\dfrac{NX}{NY} = \dfrac{AC}{AB}$. (2007 年罗马尼亚 IMO 国家队选拔赛题)

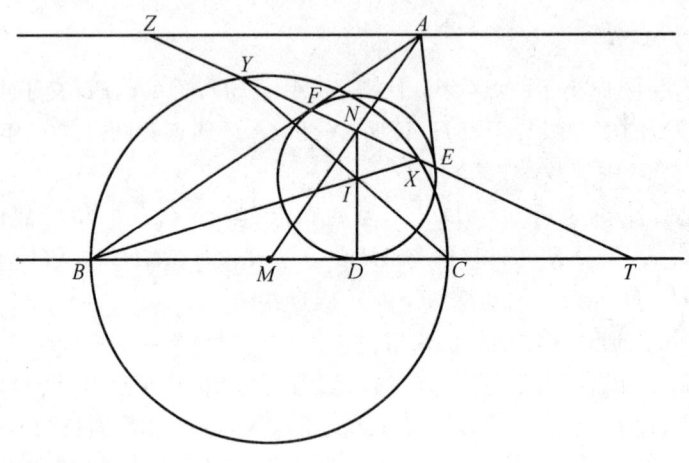

图 25

证明 过点 A 作 BC 的平行线交 EF 于点 T. 首先我们证明点 X, Y 在圆 $\Upsilon(M)$ 上. 不妨设 BI 与 EF 交于点 X'. 由于 $\triangle BFI \cong \triangle BDI$,对称地得到 $\angle FXB = \angle DXB$,由引理 2 知道 $(BDCT)$ 为调和点列,所以再由引理 3 可知 $BX' \perp CX'$,故 X' 即为圆 $\Upsilon(M)$ 上的点 X. 同理点 Y 也在圆 $\Upsilon(M)$ 上.

接着我们证明 N, D, I 三点共线. 由于 $(BMC\infty)$ 为调和点列,由配极性质 1,以点 A 为透视中心知 $(ZFNE)$ 为调和点列,故由配极性质 3 知点 N 在点 Z 关于圆 $\Gamma(I)$ 的极线上. 而点 N 也在点 A 关于圆 $\Gamma(I)$ 的极线上,由配极性质 1 知 AZ 为点 N 关于圆 $\Gamma(I)$ 的极线,故 $NI \perp AZ$,从而 $NI \perp BC$. 所以 N, D, I 三点共线.

有了前面对图形性质的证明的铺垫,下面我们来证明原题结论. $(TCDB)$ 为调和点列且 $NI \perp BC$,由极线的定义知 NI 为点 T 关于圆 $\Upsilon(M)$ 的极线,从而由配极性质 3 知 $(TXNY)$ 为调和点列. 再因为 $NI \perp BC$,由引理 3 可知 $\angle YDN = \angle XDN$,由角平分线定理可得 $\dfrac{NX}{NY} = \dfrac{XD}{DY} = \dfrac{\sin \angle DYX}{\sin \angle DXY}$. 另一方面 $\dfrac{1}{2}\angle ABC = \angle DBI = \angle CYX = \dfrac{1}{2}\angle DYX$,故 $\dfrac{\sin \angle DYX}{\sin \angle DXY} = \dfrac{\sin \angle ABC}{\sin \angle ACB} = \dfrac{AC}{AB}$. 从而得证.

注 本题亦可以通过面积法解决.

下面我们引入三角形的逆中线,介绍一下有关它的性质.

定义　三角形的逆中线为三角形的中线以该角角平分线为对称轴翻折后的直线.

引理 3　如图 26 所示,设点 B,C 对三角形 ABC 的外接圆切线的交点为点 D,则 AD 为三角形的一条逆中线.

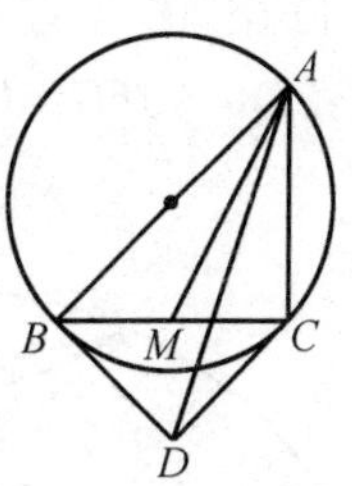

我们用两种办法证明这个命题,第一种是计算,第二种利用了配极与调和点列的性质.

证法 1　设 $\angle DAC = \angle BAM'$,则

$$\frac{BM'}{M'C} = \frac{AM' \cdot \frac{\sin \angle BAM'}{\sin \angle ABC}}{AM' \cdot \frac{\sin \angle CAM'}{\sin \angle ACB}} =$$

$$\frac{\sin \angle BAM' \cdot \sin \angle ABD}{\sin \angle ACD \cdot \sin \angle CAM'} = \frac{\sin \angle CAD \cdot \sin \angle ABD}{\sin \angle ACD \cdot \sin \angle BAD} = \frac{CD \cdot AD}{AD \cdot BD} = 1$$

证法 2　如图 27 所示,过点 A 做已知圆的切线交 BC 的延长线于点 E,BC 与 AD 交于点 F.

因为点 E 在点 D 关于已知圆的极线上,所以由配极性质 1,2 可知 AD 为点 E 关于已知圆的切线. 由配极性质 3 可知 $(ECFB)$ 为调和点列,从而由引理 1 可知 AB,AC,AE,AF 为调和线束. 另一方面,经过 $\angle BAC$ 的平分线反射后,这四条线也成调和线束,而 AE 反射后与 BC 平行,AB 变成了 AC,AC 变成了 AB,AF 变成了 AM',故 $(\infty BM'C)$ 为调和点列,从而推得 M' 为 BC 中点.

图 26

图 27

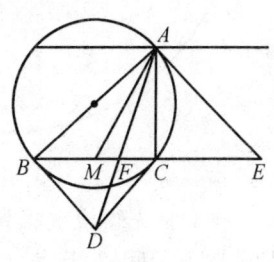

事实上许多平面几何问题都隐藏着三角形逆中线,下面我们举一个训练题简解的例子.

例 14　如图 28 所示,已知 PA,PB 是圆 O 的切线,A,B 为切点,C 为劣弧 AB 上一点,满足 $AC > BC$,PC 的延长线分别交 AB,圆 O 于点 Q,D. 点 E 是 AB 的中点,CI 平分 $\angle ACB$ 交 AB 于点 I. 求证:I 是三角形 CDE 的内心. (数学奥林匹克高中训练题(125)加试第 1 题《中等数学》2010 年第 1 期)

证明　由题意及逆中线的定义可知 CQ 为三角形 ABC 逆中线,故 $\angle ACE = \angle BCQ$,而 CI 平分 $\angle ACB$,故 $\angle ECI = \angle QCI$. 另一方面,由配极性质 3 知 $(PCQD)$ 调和点列,而 $PE \perp AB$,由引理 3 可知 EI 为 $\angle CED$ 的平分线,结合 CI 平分 $\angle ACB$,可知 I 是三角形 CDE 的内心.

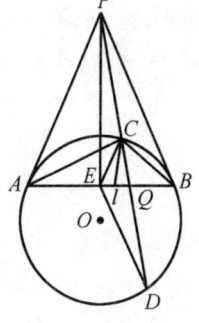

图 28

下面我们举一例逆中线在有关内切圆问题里的运用,这种运用十分巧妙,值得细细

品尝.

例 15 如图 29 所示, $\rho(I)$ 为三角形 ABC 的内切圆, D,E,F 分别为它在 BC,CA,AB 上的切点. 记 $\rho(I)$ 交 AD 于点 M, 点 N 为三角形 CDM 的外接圆与 DF 的交点, CN 与 AB 交于点 G. 证明: $CD = 3FG$. (来自 MathLinks 论坛的一个题目)

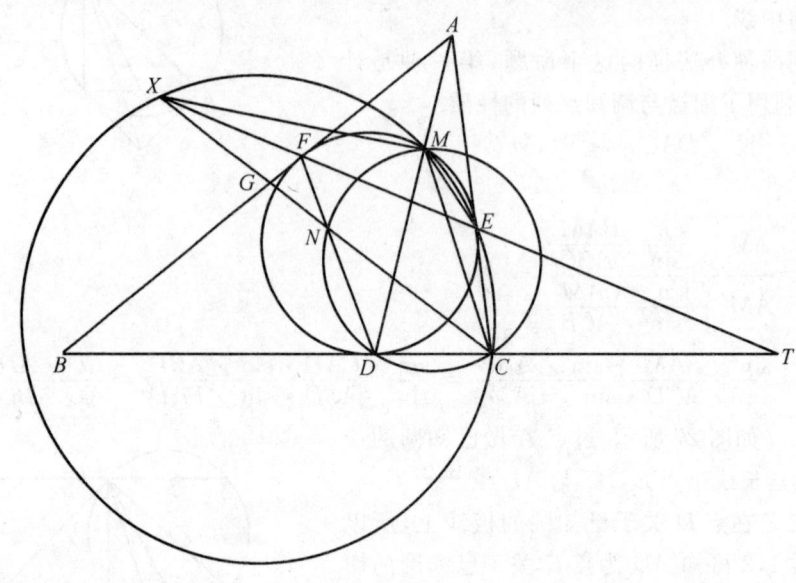

图 29

证明 我们首先得设法找到这两条看似无关的线段间的一些关系. 记 EF 与 CG 交于点 X, EF 与 BC 间交于点 T. 对三角形 BCG 与截线 DNF 用梅涅劳斯定理得 $\dfrac{BF}{FG} \cdot \dfrac{GN}{NC} \cdot \dfrac{CD}{DB} = 1$ 从而推得 $CD = 3GF \Leftrightarrow CN = 3NG$. 而由引理 2 我们知道 $(TCDB)$ 为调和点列, 以点 F 为透视中心, 由引理 1 可得 $(CNGX)$ 为调和点列, 故 $\dfrac{NC}{NG} = \dfrac{XC}{XG}$. 结合前面一个式子可得原题等价于证明点 N 为 XC 中点.

我们发现 $\angle MEX = \angle MDF = \angle MCX$, 推得 M,E,C,X 四点共圆. 故 $\angle MXC = \angle MEA = \angle ADE$, $\angle MCX = \angle MEX = \angle ADF$, $\angle CMN = \angle FDB$ 从而

$$\angle XMN = \angle EDC$$

由正弦定理

$$\frac{NX}{NC} = \frac{\sin\angle MCX}{\sin\angle MXC} \cdot \frac{\sin\angle XMN}{\sin\angle CMN}$$

从而

$$NX = NC \Leftrightarrow \frac{\sin\angle FDA}{\sin\angle EDA} = \frac{\sin\angle BDF}{\sin\angle CDE}$$

另一方面, 由逆中线的定义可得 DA 为三角形 DEF 的逆中线, 故

$$\frac{\sin\angle FDA}{\sin\angle EDA} = \frac{FD}{ED} = \frac{\sin\angle DEF}{\sin\angle DFE} = \frac{\sin\angle BDF}{\sin\angle CDE}.$$

得证.

注 本题也可以通过面积法来解决.

为了挖掘逆中线更深刻的性质,我们引入非常有用的 Steiner 定理:

定理 如图 30 所示,三角形 ABC 中,若线段 BC 上的两点 D, E,满足 $\angle BAD = \angle CAE$,则
$$\frac{BD}{DC} \cdot \frac{BE}{EC} = \frac{AB^2}{AC^2}$$

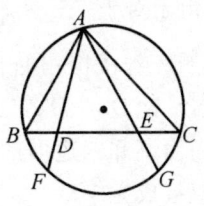

图 30

证明 延长 AD, AE 交外接圆于点 F, G. 因为 $\angle BAD = \angle CAE$,所以 $BF = CG$,所以 $BC \parallel FG$. 由相似三角形我们可以得到一些线段关系,$\frac{BD}{BF} = \frac{AD}{AC}, \frac{CE}{CG} = \frac{AE}{AB}, \frac{BE}{AB} = \frac{EG}{CG}, \frac{CD}{AC} = \frac{DF}{FB}$,利用 $BF = CG$,我们有 $\frac{BD}{DC} \cdot \frac{BE}{EC} = \frac{AB^2}{AC^2} \cdot \frac{AD}{DF} \cdot \frac{EG}{AE}$. 因为 $BC \parallel FG$,所以 $\frac{AD}{DF} = \frac{AE}{EG}$. 代入前式可得
$$\frac{BD}{DC} \cdot \frac{BE}{EC} = \frac{AB^2}{AC^2}$$

特别的,当 D 为 BC 中点时,AE 为三角形的逆中线,此时有 $\frac{BE}{EC} = \frac{AB^2}{AC^2}$.

下面我们回到逆中线的问题. 如图 31 所示,由定义,AD 分别是三角形 ABC 和 BFC 的逆中线. 那么我们分别对两条逆中线利用 Steiner 定理,可以得到 $\frac{AB}{AC} = \frac{BF}{CF}$.

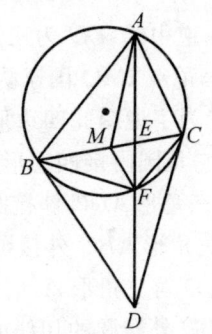

图 31

定义 我们称满足以上边长关系(对边相乘相等)的圆内接四边形为调和四边形.

现在我们来介绍一些调和四边形的性质,如图 32 所示,图形的构造为圆内接四边形 $ABCD$,AC 与 BD 交于点 S,A 的切线与 C 的切线交于点 E,B 的切线与 D 的切线交于点 F,则以下 6 个命题可以互推

命题 1 $AB \cdot CD = BC \cdot DA$.

命题 2 E 在 BD 上.

命题 3 F 在 AC 上.

命题 4 S 至少是三角形 ABD, BCD, ABC, ACD 中至少一对的逆中线与对边的交点.

命题 5 $(FCSA)$ 为调和点列.

命题 6 $(EBSD)$ 为调和点列.

证明 (此处我们仅证明命题 1 推出之后的几个命题,因为命题 1 恰好说明的是四边形为调和四边形) 对于证明命题 2, 3,我们运用同一法,设 EB 交外接圆于点 D'. 由相

似三角形，$\frac{AB}{AD'} = \frac{EB}{EA} = \frac{EB}{EC} = \frac{CB}{CD'}$，所以 $\frac{BA}{BC} = \frac{D'A}{D'C}$. 由于对于 $\frac{BA}{BC} = \frac{XA}{XC}$ 是以 AC 为轴按比例确定的一个 Appollonius 圆，故与原来的圆至多有 2 个交点. 故 $D = D'$.

而由调和四边形的定义和逆中线的定义知命题 4 直接成立.

对于命题 5 和 6，设 AB 与 DC 交于点 M，CB 与 DA 交于点 N. 由配极性质可知 M, N, E, F 都在 S 对圆的极线上. 在三角形 MDN 中，由 AM, CN, ED 共点于点 B，由引理 2 可知 $(MENF)$ 为调和点列. 故由点 B 为透视中心，由引理 1 可知 $(ASCF)$ 为调和点列. 同理可证命题 5，6 成立.

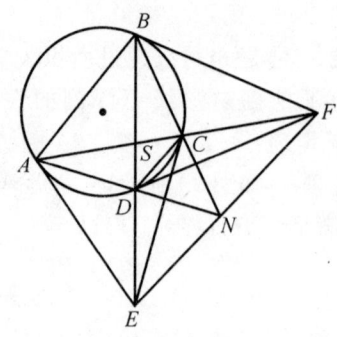

图 32

牵涉了调和四边形以后，我们将引理 1 再一次推广. 对于调和线束，可以将引理 1 中所截的直线视为一个无穷大的圆，反过来就是说，如果一个圆去截调和线束于 4 点，那这 4 点构成的四边形为调和点列.

下面我们就来看一些有关以调和四边形为背景的例题.

例 16 如图 33 所示，$ABCD$ 为凸四边形，记 O 为 AC 与 BD 的交点，如果 BO 为三角形 ABC 的逆中线，DO 为三角形 ADC 的逆中线. 证明：AO 为三角形 ABD 的逆中线. (2006 年罗马尼亚 IMO 国家队集训测验题)

证明 为了说明此四边形为调和四边形，我们首先证明它是圆内接四边形.

记 D 对三角形 ADC 外接圆的切线与 AC 交于点 T_1，B 对三角形 ABC 外接圆的切线与 AC 交于点 T_2. 再设 D 对三角形 ADC 外接圆的切线与 B 对三角形 ABC 外接圆的切线的交点为 T.

由于 BO 为三角形 ABC 的逆中线，所以由引理 4 的证法 2 可知 (T_2COA) 为调和点列. 同理 (T_1COA) 也为调和点列，由调和点列第四点的唯一确定性可知 $T_1 = T_2 = T$. 另一方面，BD 是 T_1 关于三角形 ADC 外接圆的极线，也是 T_2 关于三角形 ABC 外接圆的极线，由于 $T_1 = T_2 = T$，所以 A, B, C, D 四点共圆. 故四边形 $ABCD$ 为调和四边形，所以 AO 为三角形 ABD 的逆中线.

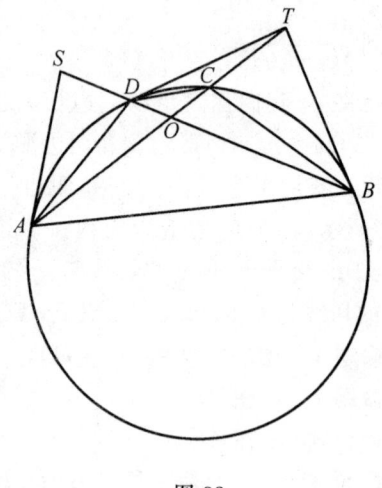

图 33

例 17 如图 34 所示，等腰三角形 ABC 中，$AB = AC$，M 为 BC 中点，请在三角形形内找出满足 $\angle BPM + \angle CPA = \pi$ 的点 P 的轨迹. (2006 年罗马尼亚国家队选拔测试题)

证明 设 AP 交 BC 于点 S. 由于 $\angle SPC = \pi - \angle CPA = \angle BPM$，所以 PS 为三角形 BPC 的逆中线. 由逆中线的定义图形，我们不难猜测出这条轨迹为使 BC 成为点 A

极线的圆在三角形形内的圆弧. 下面我们就来考查它是否有唯一性, 这主要运用一些调和四边形及逆中线的性质即可.

设 AP 与三角形 BPC 的外接圆交于点 D. 对三角形 BPC 的逆中线运用 Steiner 定理, 得 $\frac{SB}{SC} = \frac{PB^2}{PC^2}$. 另一方面我们由正弦定理有 $\frac{SB}{SC} = \frac{DB}{DC} \cdot \frac{\sin\angle SDB}{\sin\angle SDC} = \frac{DB}{DC} \cdot \frac{\sin\angle PCB}{\sin\angle PBC} = \frac{DB}{DC} \cdot \frac{PB}{PC}$, 从而可知四边形 $PBDC$ 为调和四边形. (这一点亦可以由调和四边形命题 4 的逆命题得到) 从而我们可以设 A' 为 B,C 关于此调和四边形外接圆切线的交点, 由调和四边形的性质可知 A' 在 PD 上.

如果 $A' = A$, 则我们的唯一性已证明. 如果 A',A 不是同一点, 则 A' 亦为 AM 与 PD 的交点. 而点 A 为 PS 与 AM 的交点, 所以只可能为 P 在 AM 上. 所以所有的轨迹都已被我们找到.

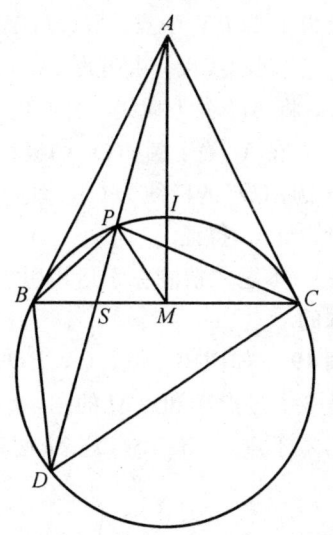

图 34

例 18 如图 35 所示, 点 A 为圆 $\rho(O)$ 外一点, 记点 B,C 为点 A 向 $\rho(O)$ 作的切线的切点, 点 D 为圆上一点, 使得 O 在 AD 上. 点 X 为点 B 向 CD 所作垂线的垂足, 点 Y 为线段 BX 的中点, 点 Z 为 DY 与圆的第二个交点. 试证: $ZA \perp ZC$. (2007 年巴尔干半岛数学奥林匹克候选题)

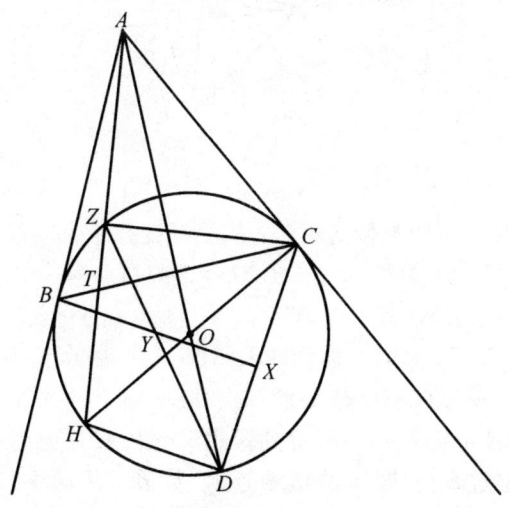

图 35

证明 设点 H 为 CO 与圆 $\rho(O)$ 的交点, 我们只需证明 A,Z,H 三点共线即可. 我们设 ZH 交点 C 关于圆 $\rho(O)$ 的切线为点 A', ZH 与 BC 的交点为点 T, 我们只需证明 $A' = A$ 即可.

因为 Y 为 BX 中点,所以 $(BYX\infty)$ 为调和点列. 由于 $BX \parallel DH$, 以 D 为透视中心,圆 $\rho(O)$ 截调和线束,由引理 1 的推广可得四边形 $HBZC$ 为调和四边形. 再以点 C 为透视中心,将 AH 视为截线, 由引理 1 的推广可知 $(A'ZTH)$ 为调和点列, 由配极的性质 3 可知点 T 在 A' 关于圆 $\rho(O)$ 的极线上, 而由于切点 C 在 A' 关于圆 $\rho(O)$ 的极线上, 所以 A' 关于圆 $\rho(O)$ 的极线为 CT (即 BC). 由于点 T 在 BC (即点 A 关于圆 $\rho(O)$ 的极线) 上, 所以 $A' = A$. 得证.

注 本题的精髓在于运用引理 1 的推广, 即广义的透视变换, 这样的巧用是值得细细品味的.

例 19 如图 36 所示, $(ACBD)$ 为直线 d 上的调和点列. 设点 M 为线段 CD 的中点. 圆 ω 是一个过点 A 和点 M 的圆, 令 NP 为垂直于 AM 的圆 ω 的直径, NC, ND, PC, PD 分别交圆 ω 于点 S_1, T_1, S_2, T_2. 证明: S_1T_1 与 S_2T_2 交于点 B. (MathLinks 论坛上的问题)

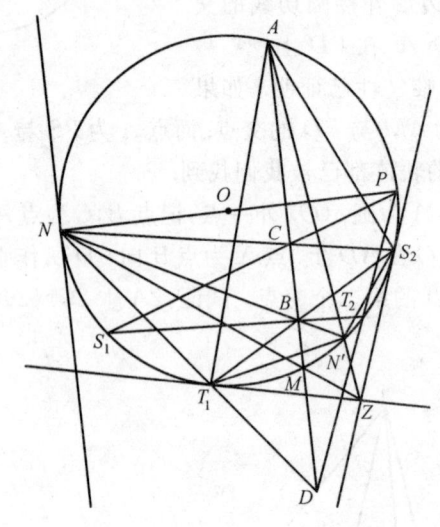

图 36

证明 我们利用与上一题类似的想法, 从透视变换来证明两点同一.

以 N 为透视中心, 圆 ω 为截线, 由于 $(ACBD)$ 为调和点列, 由引理 1 的推广可以知道四边形 $AS_1N'T$ 为调和四边形 (其中点 N' 为 NB 与圆 ω 的交点). 因此, 由调和四边形的性质, S_1 对圆 ω 的切线, T_1 对圆 ω 的切线及 AN 三线共点, 记为点 Z.

由于 M 为 CD 中点, 所以 $(CMD\infty)$ 为调和点列. 又由于过点 N 的切线与 AM 平行, 那么以点 N 为透视中心, 圆 ω 为截线, 可以得到四边形 NT_1MS_1 为调和四边形, 故由调和四边形的性质可知 MN 也过 S_1 对圆 ω 的切线与 T_1 对圆 ω 的切线的交点 Z.

另一方面, 由于四边形 $AS_1N'T_1$ 和四边形 NT_1MS_1 为调和四边形, 故以点 B 为透视中心, 利用引理 1, 可得四边形 MT_3NS_3 与四边形 $N'S_3AT_3$ 分别为调和四边形 (其中点 S_3 表示 BS_1 与圆 ω 的交点, 点 T_3 表示 BT_1 与圆 ω 的交点). 类似上一段推理, 我们可以知道 S_3 对圆 ω 的切线, T_3 对圆 ω 的切线, MN 及 MN' 共点. 此点就是点 Z.

由于点 Z 对圆 ω 的极线只有一条, 所以只可能 $S_1 = S_3$, $T_1 = T_3$. 所以 S_1, B, T_1 三

点共线. 类似可证 S_2, B, T_2 也三点共线, 所以点 B 就是 S_1T_1 与 S_2T_2 的交点.

其实利用本文中牵涉的引理, 调和图形, 配极, 逆中线的性质, 可以简单而又巧妙地化简许许多多几何问题, 就拿近几年来说, 比如 2008 年蒙古国家队选拔考试测试一第 3 题(2009 年《中等数学》增刊), 2008 年罗马尼亚国家队选拔考试第 4 天第 1 题(2009 年《中等数学》增刊), 2007 年第 38 届奥地利数学奥林匹克决赛(2008 年《中等数学》增刊), 2007 年第 21 届北欧数学竞赛(2008 年《中等数学》增刊)等.

本文中选取的例题, 涵盖了点共线, 点共圆, 线共点, 圆相切, 垂直, 角相等, 线段中点等基本的几何问题, 显现出来的基本图形和方法值得细细品尝, 并在更多的几何问题上使用.

参 考 文 献

[1] Cosmin Pohoată(Romania). Harmonic Division and its Applications[J]. Mahtematical Reflections, 2007(4).
[2] 李建泉. 几何讲义[M]. 苏州木渎中学(国家集训队讲座).

一种三角方法证平面几何

潘成华

用 $\dfrac{a}{b} \times \dfrac{b}{c} \times \dfrac{c}{d} \times \cdots \times \dfrac{m}{n} \times \dfrac{n}{a} = 1$ 方法证一类几何题.

例1 （1996年第25届美国数学奥林匹克）如图1所示,P 是 $\triangle ABC$ 中一点，$\angle PAB = 10°$，$\angle PAC = 40°$，$\angle PBA = 20°$，$\angle PCA = 30°$. 求证：$\triangle ABC$ 是等腰三角形.

证明 因为
$$\frac{AP}{PB} \times \frac{PB}{PC} \times \frac{PC}{PA} = 1$$
即
$$\frac{\sin 20°}{\sin 10°} \times \frac{\sin(80° - x)}{\sin x} \times \frac{\sin 40°}{\sin 30°} = 1 \Rightarrow$$
$$4\cos 10° \sin(80° - x) \sin 40° = \sin x \Rightarrow$$
$$4\sin 80° \sin 40° \sin 20° \sin(80° - x) = \sin 20° \sin x$$

应用三倍角公式
$$\sin 3\alpha = 4\sin \alpha \sin(60 + \alpha) \times \sin(60 - \alpha) \Rightarrow$$
$$\sin 60° \sin(80° - x) = \sin 20° \sin x \Rightarrow$$
$$\cos(-20° + x) - \cos(140° - x) = \cos(x - 20°) - \cos(x + 20°) \Rightarrow$$
$$\cos(140° - x) = \cos(x + 20°) \Rightarrow$$
$$140° - x = x + 20° \Rightarrow$$
$$x = 60°$$

所以
$$\angle BCA = 50°$$
故
$$AB = BC$$

例2 $\triangle ABC$ 中，$\angle BAC = 100°$，$\angle ACB = 20°$，$\angle ACP = \angle BCP$，$\angle PAC = 30°$（如图2）. 求：$\angle CBP$.

解 令
$$\angle PBC = \theta, \angle PBA = 60° - \theta$$

因为
$$\frac{BP}{PC} \times \frac{PC}{PA} \times \frac{PA}{BP} = 1$$

所以
$$\frac{\sin 10°}{\sin \theta} \times \frac{\sin 30°}{\sin 10°} \times \frac{\sin(60°-\theta)}{\sin 70°} = 1 \Rightarrow$$
$$\sin(60°-\theta) = 2\sin\theta\sin 70°$$

故
$$\tan\theta = \frac{\sqrt{3}}{4\cos 20° + 1} \qquad ①$$

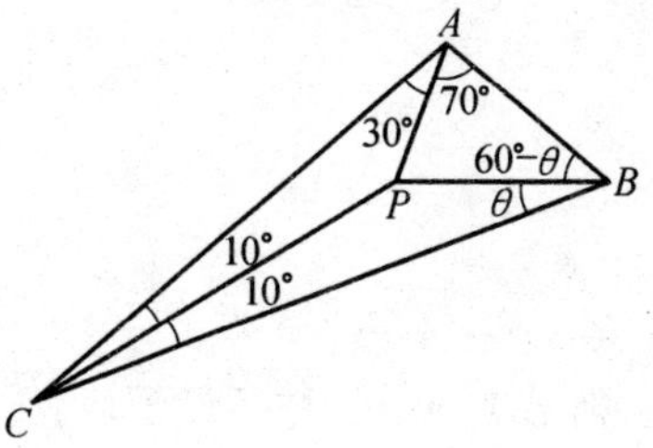

图 2

又因为
$$\sin 40° = 2\sin 20°\cos 20° \Rightarrow$$
$$\sin(60°-20°) = 2\sin 20°\cos 20° \Rightarrow$$
$$\frac{\sqrt{3}}{2}\cos 20° - \frac{1}{2}\sin 20° = 2\sin 20°\cos 20°$$

故
$$\tan 20° = \frac{\sqrt{3}}{4\cos 20° + 1} \qquad ②$$

由式①,②得
$$\theta = 20°$$

所以
$$\angle CBP = 20°$$

(第 60 届俄罗斯圣彼得堡数学奥林匹克)

例3 如图 3 所示,已知,非等腰 $\triangle ABC$,$\angle OBC = \angle OCB = 20°$,$\angle BAO + \angle OCA = 70°$. 求:$\angle A$.

解 令
$$\angle BAO = x, \angle CAO = \alpha$$

因为
$$\frac{AO}{CO} \times \frac{CO}{BO} \times \frac{BO}{AO} = 1$$

所以
$$\frac{AO}{OC} = \frac{AO}{BO}$$

即
$$\frac{\sin(70°-x)}{\sin\alpha} = \frac{\sin(70°-\alpha)}{\sin x} \Rightarrow$$
$$\sin(70°-x)\sin x = \sin(70°-\alpha)\sin\alpha \Rightarrow$$
$$\cos(70°-2x) - \cos 70° = \cos(70°-2\alpha) - \cos 70° \Rightarrow$$
$$\cos(70°-2x) = \cos(70°-2\alpha)$$

解得
$$x = \alpha$$

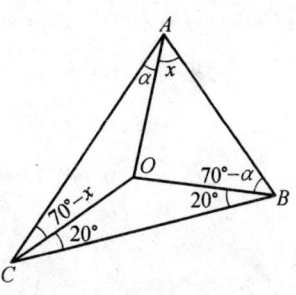

图 3

或
$$70° - 2x = 2\alpha - 70°$$
所以
$$x + \alpha = 70°$$

若 $x = \alpha$,
则 $AB = AC$ 与题设矛盾 } 所以 $\angle A = 70°$.

综上所述 $\angle A = 70°$.

(第 62 届俄罗斯圣彼得堡奥林匹克)

例 4 如图 4 所示,已知 $\angle ABC = 60°$, $CC_1 \perp AB$, $BM \perp A_1C_1$, $AA_1 \perp BC$, $\angle AMC = 60°$. 求证: $\angle AMB = 30°$.

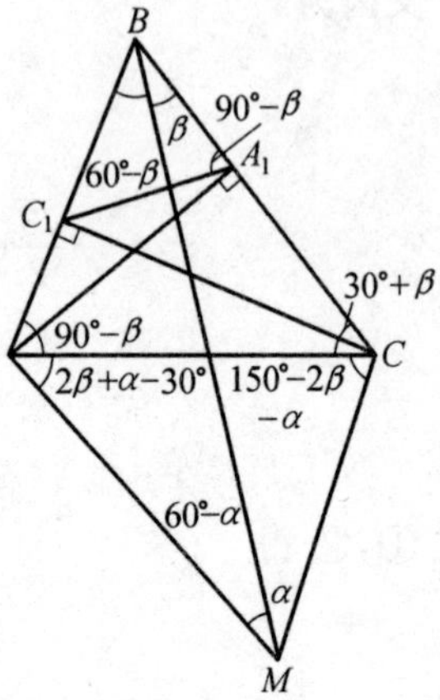

证明 令
$$\angle MBC = \beta, \angle CMB = \alpha$$

由 A_1, C_1, A, C 四点共圆,且
$$\frac{AB}{AM} \times \frac{AM}{MC} \times \frac{MC}{BC} \times \frac{BC}{AB} = 1$$

所以
$$\frac{\sin(60°-\alpha)}{\sin(60°-\beta)} \times \frac{\sin(150°-2\beta-\alpha)}{\sin(2\beta+\alpha-30°)} \times \frac{\sin\beta}{\sin\alpha} \times \frac{\cos\beta}{\sin(30°+\beta)} = 1 \Rightarrow$$

$$\sin(60°-\alpha)\sin(150°-2\beta-\alpha)\sin 2\beta = \sin(60°-\beta)\sin\alpha\sin(60°-\beta) \Rightarrow$$

$$\sin(60°-\alpha)[\cos(30°+\alpha) - \cos(30°+4\beta+\alpha)] = \sin\alpha[\cos(90°-\alpha) - \cos(4\beta+\alpha+30°)] \Rightarrow$$

$$\sin(60°-\alpha)\cos(30°+\alpha) - \sin 2\cos(90°-\alpha) = \cos(30°+4\beta+\alpha)[\sin(60°-\alpha) - \sin\alpha] \Rightarrow$$

$$\sin^2(60°-\alpha) - \sin^2\alpha = \sqrt{3}\cos(30°+4\beta+\alpha)\sin(30°-\alpha) \Rightarrow$$

$$\sin 60°\sin(60°-2\alpha) = \sqrt{3}\cos(30°+4\beta+\alpha)\sin(30°-\alpha) \Rightarrow$$

$$2\sqrt{3}\sin(30°-\alpha)\cos(30°-\alpha) = \sqrt{3}\cos(30°+4\beta+\alpha)\sin(30°-\alpha) \Rightarrow$$

$$\sin(30°-\alpha) = 0$$

或
$$\cos(30°-\alpha) = \cos(30°+4\beta+\alpha)$$

解得
$$\alpha = 30°$$

或
$$30° - \alpha = 30° + 4\beta + \alpha, 30° - \alpha = -30° - 4\beta - \alpha$$

所以
$$\beta = -15°(舍)$$

所以
$$\angle AMB = 30°$$

图 4

(第 29 届加拿大数学奥林匹克 1997)

例 5 如图 5 所示,已知 $\square ABCD$,$\angle BAP = \angle BCP$,P 是 $\square ABCD$ 内一点. 求证: $\angle PBC = \angle PDC$.

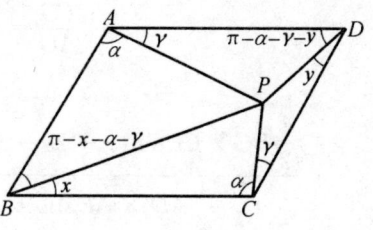

图 5

证明 令 $\angle BAP = \angle PCB = \alpha$,$\angle PBC = x$,$\angle PCD = \gamma$,$\angle PDC = y$.

因为
$$\frac{PC}{BP} \times \frac{BP}{PA} \times \frac{AP}{PD} \times \frac{PD}{PC} = 1$$

所以
$$\frac{\sin x}{\sin \alpha} \times \frac{\sin \alpha}{\sin(x+\alpha+\gamma)} \times \frac{\sin(\alpha+y+\gamma)}{\sin \gamma} \times \frac{\sin \gamma}{\sin y} = 1 \Rightarrow$$
$$\sin x \sin(\alpha+y+\gamma) = \sin y \sin(x+\alpha+\gamma) \Rightarrow$$
$$\cos(\alpha+y+\gamma-x) - \cos(\alpha+y+\gamma+x) = \cos(x+\alpha+\gamma-y) - \cos(x+\alpha+\gamma+y)$$

解得
$$\alpha+y+\gamma-x = x+\alpha+\gamma-y$$

或
$$\alpha+y+\gamma-x = -x-\alpha-\gamma+y$$

即
$$x = y$$

或
$$\alpha+\gamma+x = 0 (\text{舍})$$

所以
$$\angle PBC = \angle PDC$$

(1998 保加利亚数学奥林匹克)

例 6 如图 6 所示,在四边形 $ABCD$ 中,$AD = DC$,$\angle DAB = \angle ABC$,$CM = BM$. 求证:
$$\angle BEC = \angle DAC$$

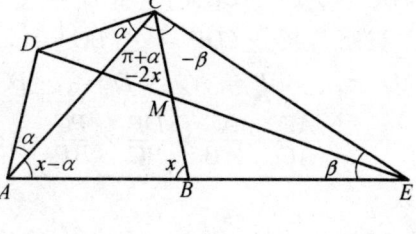

图 6

证明 令 $\angle CBA = \angle DAB = x$,$\angle DAC = \alpha$,$\angle CEB = \beta$.

因为
$$\frac{CG}{AG} \times \frac{AE}{BE} \times \frac{BM}{MC} = 1$$

所以
$$\frac{CG}{AG} = \frac{BE}{AE}$$

因为

$$\frac{CG}{AG} = \frac{S_{\triangle DCE}}{S_{\triangle ADE}} = \frac{BE}{AE} = \frac{S_{\triangle BCE}}{S_{\triangle ACE}}$$

所以

$$\frac{\frac{1}{2}DC \times CE\sin(\pi+2\alpha-x-\beta)}{\frac{1}{2}AD \times AE\sin x} = \frac{\frac{1}{2}CE \times BC\sin(x-\beta)}{\frac{1}{2}AC \times CE\sin(\pi+\alpha-x-\beta)} \Rightarrow$$

$$\frac{\sin(x-\alpha)}{\sin(\pi+\alpha-x-\beta)} \times \frac{\sin(\pi+2\alpha-x-\beta)}{\sin x} = \frac{\sin(x-\alpha)}{\sin x} \times \frac{\sin(x-\beta)}{\sin(\pi+\alpha-x-\beta)} \Rightarrow$$

$$\sin(\pi+2\alpha-x-\beta) = \sin(x-\beta) \Rightarrow$$

$$\sin(x+\beta-2\alpha) = \sin(x-\beta) \Rightarrow$$

$$x+\beta-2\alpha = x-\beta \Rightarrow$$

解得

$$\alpha = \beta$$

或

$$x+\beta-2\alpha+x-\beta = \pi$$

所以

$$x-\alpha = \frac{\pi}{2}$$

即

$$DG \perp AC$$

则

$$DM \parallel AB(舍)$$

(第12届全苏数学奥林匹克)

例7 如图7所示,已知 $ABPD$ 是 $\square$,$\angle PBC = \angle CDP$,求证:$\angle ACD = \angle BCP$.

证明 令 $\angle CDP = \angle PBC = x$,$\angle ACP = \gamma$,$\angle ADP = \angle ABP = y$,$\angle ACD = \alpha$,$\angle BCP = \beta$. 因为

$$\frac{AD}{AC} \times \frac{AC}{AB} \times \frac{DP}{PC} \times \frac{PC}{BP} = 1$$

所以

$$\frac{\sin\alpha}{\sin(x+y)} \times \frac{\sin(x+y)}{\sin(\beta+\gamma)} \times \frac{\sin(\alpha+\gamma)}{\sin x} \times \frac{\sin x}{\sin\beta} = 1 \Rightarrow$$

$$\sin\alpha\sin(\alpha+\gamma) = \sin\beta\sin(\beta+\gamma) \Rightarrow$$

$$\sin\alpha\sin[(\alpha+\beta+\gamma)-\beta] = \sin\beta\sin[(\theta+\beta+\gamma)-\alpha] \Rightarrow$$

$$\sin\alpha[\sin(\alpha+\beta+\gamma)\cos\beta - \cos(\alpha+\beta+\gamma)\sin\beta] = $$
$$\sin\beta[\sin(\alpha+\beta+\gamma)\cos\alpha - \cos(\alpha+\beta+\gamma)\sin\alpha] \Rightarrow$$

$$\sin\alpha\cos\beta = \cos\alpha\sin\beta \Rightarrow$$

$$\tan\alpha = \tan\beta$$

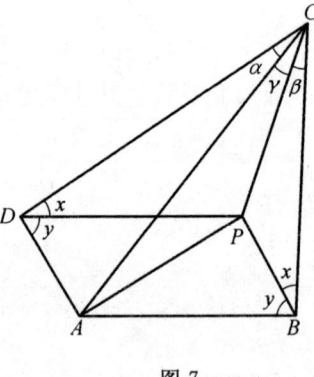

图7

解得
$$\alpha = \beta$$
即
$$\angle ACD = \angle BCP$$

（1998年第30届加拿大数学奥林匹克）

例8 如图8所示，已知 $\triangle ABC$，P 是 $\triangle ABC$ 内一点，且 $\angle BAC = 40°$，$\angle CBD = 40°$，$\angle BCE = 70°$，$\angle ABC = 60°$。求证：$AP \perp BC$。

证明 因为
$$\frac{AP}{BP} \times \frac{BP}{PC} \times \frac{PC}{AP} = 1$$

所以
$$\frac{\sin\theta}{\sin 20°} \times \frac{\sin 40°}{\sin 70°} \times \frac{\sin 10°}{\sin(40°-\theta)} = 1 \Rightarrow$$

$$\frac{2\sin\theta \sin 40° \sin 10°}{\sin 40° \sin(40°-\theta)} = 1 \Rightarrow$$

$$\cos(\theta-10°) - \cos(\theta+10°) = \sin[30° + (10°-\theta)] =$$
$$\frac{1}{2}\cos(10°-\theta) + \frac{\sqrt{3}}{2}\sin(10°-\theta) \Rightarrow$$

$$\frac{1}{2}\cos(\theta-10°) - \frac{\sqrt{3}}{2}\sin(10°-\theta) = \cos(\theta+10°) \Rightarrow$$

$$\cos(60°-\theta+10°) = \cos(\theta+10°)$$

解得
$$70° - \theta = \theta + 10°$$
或
$$70° - \theta = 10° - \theta (舍)$$
$$\theta = 30°$$

所以
$$AP \perp BC$$

（1992年湖北黄冈市初中数学竞赛）

例9 如图9所示，已知 $AC = BC$，$\angle ACB = 80°$，O 为 $\angle ABC$ 内一点，若：$\angle OAB = 10°$，$\angle ABO = 30°$。求：$\angle ACO$。

证明 令
$$\angle BCO = \theta, \quad \angle ACO = 80° - \theta$$
因为
$$\frac{OC}{AO} \times \frac{AO}{BO} \times \frac{OB}{OC} = 1$$

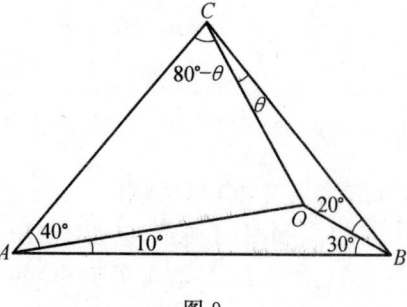

图9

所以
$$\frac{\sin 40°}{\sin(80°-\theta)} \times \frac{\sin 30°}{\sin 10°} \times \frac{\sin \theta}{\sin 20°} = 1 \Rightarrow$$
$$\frac{\sin 20°\cos 20°\sin \theta}{\sin(80°-\theta)\sin 10°\sin 20°} = 1 \Rightarrow$$
$$\sin \theta\cos 20° = \sin 10°\cos(10°+\theta) \Rightarrow$$
$$\sin(\theta+20°) + \sin(\theta-20°) = \sin(20°+\theta) + \sin(-\theta)$$

解得
$$\theta - 20° = -\theta$$
$$\theta = 10°$$

所以
$$\angle ACD = 70°$$

(1991年勤奋杯数学邀请赛)

例10 如图 10 所示,已知在 $\triangle ABC$ 中,$AC = BC$,$\angle C = 20°$,点 D 在 BC 上,E 在 AC 上,且 $\angle BAD = 60°$,$\angle ABE = 50°$.求 $\angle ADE$.

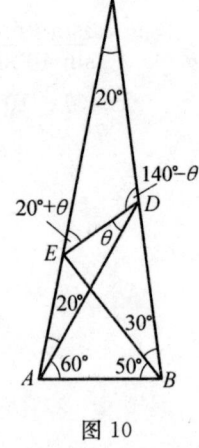

图 10

解
$$\frac{CE}{AC} \times \frac{BC}{CD} \times \frac{CD}{CE} = 1$$

所以
$$\frac{ED\sin(140°-\theta)}{AD\sin 140°} \times \frac{BE\sin 130°}{DE\sin(20°+\theta)} \times \frac{CD}{CE} = 1 \Rightarrow$$
$$\frac{BE}{CE} \times \frac{CD}{AD} \times \frac{\sin(40°+\theta)}{\sin 40°} \times \frac{\sin 50°}{\sin(20°+\theta)} = 1 \Rightarrow$$
$$\frac{\sin 20°}{\sin 30°} \times \frac{\sin(40°+\theta)\sin 50°}{2\sin 20°\cos 20°\sin(20°+\theta)} = 1 \Rightarrow$$
$$\sin 50°\cos(50°-\theta) = \sin(20°+\theta)\cos 20° \Rightarrow$$
$$\sin(100°-\theta) + \sin \theta = \sin(40°+\theta) + \sin \theta \Rightarrow$$
$$100° - \theta = 40° + \theta$$

解得
$$\theta = 30°$$

(第 39 届 IMO 预选题)

例11 如图11所示,已知 $\triangle ABC$ 中,$\angle A = 90°$,$\angle B < \angle C$,AD 切 $\triangle ABC$ 外接圆,交 BC 延长线于 D,E 是 A 关于 BC 的对称点,$AX \perp BE$ 交 BE 于 X,$AY = YX$,Y 在 AX 上,连 BY 交 $\triangle ABC$ 外接圆于 Z.求证:BD 切 $\triangle ADZ$ 外接圆.

证明 令 $\angle ZAD = \alpha$,$\angle ZAC = \beta$,$\angle ZDB = x$,$\angle EBC = \alpha + \beta$,$\angle ADZ = 90° - 2\alpha - \beta - x$. 因为
$$AY = AX$$

所以
$$S_{\triangle ABY} = S_{\triangle XBY}$$

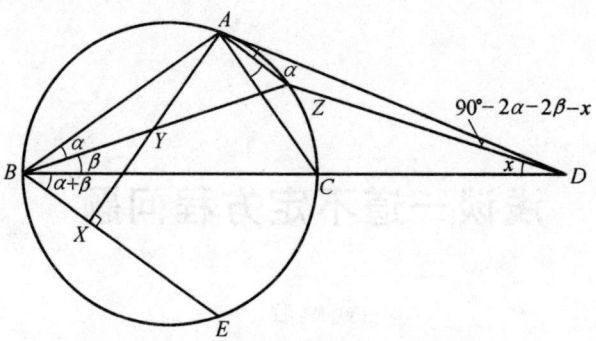

图 11

即
$$AB\sin\alpha = BX\sin(\alpha+2\beta)$$

则
$$\sin\alpha = \cos(2\alpha+2\beta)\sin(\alpha+2\beta) \qquad ①$$

又因为
$$\frac{AZ}{ZD}\times\frac{ZD}{ZB}\times\frac{ZB}{ZA}=1$$

所以
$$\frac{\cos(2\alpha+2\beta+x)}{\sin\alpha}\times\frac{\sin\beta}{\sin x}\times\frac{\cos\beta}{\sin\alpha}=1\Rightarrow$$
$$2\cos(2\alpha+2\beta+x)\sin 2\beta = 4\sin^2\alpha\sin x\Rightarrow$$
$$\sin(4\beta+2\alpha+x)-\sin(2\alpha+x)=2\sin\alpha[\cos(\alpha-\beta)-\cos(\alpha+x)]\Rightarrow$$
$$\sin(4\beta+2\alpha+x)-\sin(2\alpha+x)=\sin(2\alpha-x)+\sin x-\sin(2\alpha+x)+\sin x\Rightarrow$$
$$\sin(4\beta+2\alpha+x)-\sin(2\alpha-x)=2\sin x\Rightarrow$$
$$\cos(2\alpha+2\beta)\sin(2\beta+x)=\sin x \qquad ②$$

由式 ① 得
$$\sin\alpha\sin(2\beta+x)=\sin x\sin(\alpha+2\beta)$$

所以
$$\cos(\alpha-2\beta-x)-\cos(\alpha+2\beta+x)=\cos(x-\alpha-2\beta)-\cos(x+\alpha+2\beta)$$

即
$$\alpha-2\beta-x=x-\alpha-2\beta$$

解得
$$\alpha=x$$

或
$$\alpha-2\beta-x=\alpha+2\beta-x$$

则 $\beta=0$, 即 X、E 重合, 不可能. 所以
$$\alpha=x$$

所以 BD 切 $\triangle ADZ$ 外接圆.

浅谈一道不定方程问题

武鹏程

问题 设 a, b, c 为正实数,试求方程组
$$x + y + z = a + b + c \tag{1}$$
$$4xyz = a^2 x + b^2 y + c^2 z + abc \tag{2}$$
的正实数解 (x, y, z).

解 将(2)变形为
$$\frac{a^2}{yz} + \frac{b^2}{zx} + \frac{c^2}{xy} + \frac{abc}{xyz} = 4$$
令
$$x_1 = \frac{a}{\sqrt{yz}}, \quad y_1 = \frac{b}{\sqrt{zx}}, \quad z_1 = \frac{c}{\sqrt{xy}}$$
则
$$x_1^2 + y_1^2 + z_1^2 + x_1 y_1 z_1 = 4 \tag{3}$$
故
$$0 < x_1, y_1, z_1 < 2$$
视式(3)为关于 z_1 的二次方程,易知
$$\Delta = x_1^2 y_1^2 - 4(x_1^2 + y_1^2 - 4) = (4 - x_1^2)(4 - y_1^2) > 0$$
令
$$x_1 = 2\sin u, \quad y_1 = 2\sin v \quad 0 < u, v < \frac{\pi}{2}$$
易得
$$z_1 = 2(\cos u \cos v - \sin u \sin v) = \cos(u+v)$$
故
$$a = 2\sqrt{yz}\sin u, \quad b = 2\sqrt{zx}\sin v, \quad c = 2\sqrt{xy}\cos(u+v)$$
由
$$x + y + z = a + b + c$$
得
$$(\sqrt{x}\cos v - \sqrt{y}\cos u)^2 + (\sqrt{x}\sin v + \sqrt{y}\sin u - \sqrt{z})^2 = 0$$
得

$$\sqrt{z} = \sqrt{x}\sin v + \sqrt{y}\sin u = \sqrt{x}\,\frac{b}{2\sqrt{zx}} + \sqrt{y}\,\frac{a}{2\sqrt{yz}}$$

得

$$z = \frac{a+b}{2}$$

类似可得

$$x = \frac{b+c}{2}, \quad y = \frac{c+a}{2}$$

故

$$(x,y,z) = \left(\frac{b+c}{2}, \frac{c+a}{2}, \frac{a+b}{2}\right)$$

这是一般文献上的解法(参见[1]和[2]).

应当指出,这种解法使本题成为不折不扣的"偏题",复杂的变形和三角变换技巧扰如从天而降.

下面给出一种简捷的解法:

由式(2)知

$$y = \frac{a^2}{4z} + \frac{b^2 y}{4zx} + \frac{c^2}{4x} + \frac{abc}{4zx} > \frac{a^2}{4z}$$

$$x = \frac{a^2 x}{4yz} + \frac{b^2}{4z} + \frac{c^2}{4y} + \frac{abc}{4yz} > \frac{b^2}{4z}$$

将式(2)视为关于 c 的二次方程,易知

$$\Delta = a^2 b^2 - 4z(a^2 x + b^2 y - 4xyz) = 16z^2\left(x - \frac{b^2}{4z}\right)\left(y - \frac{a^2}{4z}\right) > 0$$

解得

$$c = -\frac{ab}{2z} + 2\sqrt{\left(x - \frac{b^2}{4z}\right)\left(y - \frac{a^2}{4z}\right)} \quad (\text{负根已舍})$$

由

$$x + y + z = a + b + c$$

得

$$x + y + z = a + b - \frac{ab}{2z} + 2\sqrt{\left(x - \frac{b^2}{4z}\right)\left(y - \frac{a^2}{4z}\right)}$$

$$\left(\sqrt{x - \frac{b^2}{4z}} - \sqrt{y - \frac{a^2}{4z}}\right)^2 + \left(\frac{a}{2\sqrt{z}} + \frac{b}{2\sqrt{z}} - \sqrt{z}\right)^2 = 0$$

故

$$\frac{a}{2\sqrt{z}} + \frac{b}{2\sqrt{z}} - \sqrt{z} = 0$$

$$\sqrt{x - \frac{b^2}{4z}} - \sqrt{y - \frac{a^2}{4z}} = 0$$

由此及 $x + y + z = a + b + c$ 可得

$$x=\frac{b+c}{2},\quad y=\frac{c+a}{2},\quad z=\frac{a+b}{2}$$

这是可为初中同学接受的解法.

参 考 文 献

[1] 李胜宏,李名德.高中数学竞赛培优教程[M].杭州:浙江大学出版社,2003.

[2] 李萌.高中数学易错难解题全解[M].太原:山西教育出版社,2005.

一个判别 F_n 是否为素数的方程

周宗奇

定理 1 设 $F_n = 2^{2^n} + 1, n \in \mathbf{N}$,若方程 $x^2 - 2^{2^{n-1}-r}x + 2^{2r}y^2 \pm y = 0$ ①

(注:此处书上[①]印为 $x^2 + 2^{2^{n-1}}x + 2^{2r}y^2 \pm y = 0$)

$(x,y$ 均为正奇数,$r \geqslant 1$ 为整数) 有整数解,则 F_n 为合数;若无整数解,则 F_n 为素数. 在证明定理 1 之前先证明以下定理:

定理 2 方程 $x^2 + 1 = y^2 + z^2$ (x 为偶数,y 为奇数且 $y \neq 1$) 的参数通解为 ②

$$x = 2^{R-r}k(2^R k \pm 1)/q + 2^r q$$
$$y = 2^{R+1}k \pm 1$$
$$z = 2^{R-r}k(2^R k \pm 1)/q - 2^r q$$

(注:书中印为 $z = 2^{R-r}k(2^R k \pm 1)/q + 2^r q$)

其中 $r \geqslant 1, R > r, q \mid k(2^R k \pm 1), k$ 为任意奇数.

证明 设 $x = a + b$,因 y 为奇数且 $y \neq 1$,那么原方程可化为

$$(a+b)^2 + 1 = y^2 + (a+b-s)^2, 0 < s < a+b$$

则有

$$y^2 - 2s(a+b) + s^2 = 1$$

$s_{1,2} = a + b \pm \sqrt{(a+b)^2 - y^2 + 1}$,因 $y > 1$,只能有 $y^2 = 4ab + 1$,得 $ab = \dfrac{y+1}{2} \cdot \dfrac{y-1}{2}$,设 $\dfrac{y+1}{2} = t$,则 $\dfrac{y-1}{2} = t-1, ab = t(t-1)$(此为两连续整数之积),那么,$a,b$ 应均为偶数;若 a,b 一奇一偶,则 $a+b$ 为奇数,与 x 为偶矛盾;若 a,b 均为奇,a,b 之积不为连续数之积,故只能有 a,b 均偶.

有 $s_{1,2} = a+b \pm (a-b), s_1 = 2a, s_2 = 2b$,故方程 ② 的解应为

$$x = a+b, y = \sqrt{4ab+1}, z = \pm(a-b)$$

若设 $a = 2^r q, r \geqslant 1, q$ 为奇数,则

$$b = 2^{R-r}k(2^R k \pm 1)/q \quad R > r, q \mid k(2^R k \pm 1)$$

则方程 ② 的通解形式为

$$x = 2^{R-r}k(2^R k \pm 1)/q + 2^r q$$

[①] 本文中提到的"书上",此书系指本书第一辑·竞赛卷,2008,P463.

$$y = 2^{R+1}k \pm 1$$
$$z = 2^{R-r}k(2^Rk \pm 1)/q - 2^r q$$
(注:书中印为 $z = 2^{R+r}k(2^Rk \pm 1)/q - 2^r q$)

定理 1 的证明:

$F_n = 2^{2^n} + 1 = (2^{2^{n-1}})^2 + 1$,若 F_n 为合数,则必有 $2^{2^{n-1}} = 2^{R-r}k(2^Rk \pm 1)/q + 2^r q$,且 $R = 2r$,即有

$$2^{2^{n-1}-r} = k(2^{2r}k \pm 1)/q + q \qquad ③$$

将 ③ 看做 q 为未知数的方程,并设 $x = q, y = k$,则有

$$x^2 - 2^{2^{n-1}-r}x + 2^{2r}y^2 \pm y = 0 \qquad ④$$

(注:书中印为 $x^2 - 2^{n-1}_{2-r}x + 2^{2r}y^2 \pm y = 0$)

显然,如果 ④ 中有一个方程有整数解,则 F_n 为合数,否则 F_n 为素数,定理 1 证毕.

另一个相关的猜想:由于 $2^{2^n}+1$ 实际属于 x^2+1 形式的数,这种形式的素数是否有无穷多是一个未解决的难题,本人在此提一个猜想,如果此猜想得以证实,则 x^2+1 形式甚至 $x^2 + y^2$ 形式的数中有无穷多个素数问题,自然就解决了.

猜想如下:

设 $0 \leqslant n < 2$,对于(注:书中印为"以于")任意给定的整数 a,若 $b > a$,则必存在一个整数 $k, b \leqslant k \leqslant 2b$,使得 $k^{2^n} + a^{2^n}$ 为一素数.

以上为该稿全文. 其实本人写本稿的目的是想给 F_n 数的研究多提供一个途径. 因当 $n \geqslant 5$ 时,目前尚未找到一个 n 值使 F_n 为素数,如果有人能证明 $x^2 - 2^{2^{n-1}-r}x + 2^{2r}y^2 \pm y = 0$,当 $n \geqslant 5$ 时,总有整数解,则可由此得出结论:当 $n \geqslant 5$ 时,F_n 总为合数. 本人知道:当 $x = 409$ 或 $15\,975$,$n = 5, r = 2, y = 639$ 时,以上方程 $x^2 - 2^{2^{n-1}-r}x + 2^{2r}y^2 + y = 0$ 成立. 即可判定, F_5 为合数.

当 $x = 31\,020\,505$ 或 $1\,042\,721\,319$,$n = 6, r = 2, y = 44\,962\,305$ 时,以上方程 $x^2 - 2^{2^{n-1}-r}x + 2^{2r}y^2 - y = 0$ 成立,即可判断 F_6 为合数.

单域与欧拉二次式的关系

周宗奇[①]

18世纪,伟大的瑞士数学家欧拉发现了公式 $f(n) = n^2 + n + 41$ 有一个相当奇怪的性质:让 n 等于一个 0 到 39 之间的整数时,$f(n)$ 的值总是素数,不仅如此,此式还能产生大量的素数,在前一千万个值中有近 1/3 是素数,这比任何二次式产生的素数都多,这是什么原因呢?本文将论及单域与该式之间的联系.

设 $d = -3, -7, -11, -19, -43, -67, -163$. 显然,对以上诸 d 值,$R(\sqrt{d})$ 均为单域,令 $q = \dfrac{1-d}{4}$,设 $Q_{|d|}$ 为模 $|d|$ 的平方剩余,即 $\left(\dfrac{Q_{|d|}}{|d|}\right) = 1$;又设 $\overline{Q}_{|d|}$ 为模 $|d|$ 的平方非剩余,即 $\left(\dfrac{\overline{Q}_{|d|}}{|d|}\right) = -1$.

定理1 若 $(x, qy) = 1$,则奇素数 p 表示为 $x^2 + xy + qy^2$ 的充分必要条件为
$$p = |d|n + Q_{|d|} \quad n \text{ 为整数}$$

证明 (必要条件)

如果 $x^2 + xy + qy^2 = p, (x, qy) = 1$,则有 $\left(x + \dfrac{y}{2}\right)^2 + (-d)\left(\dfrac{y}{2}\right)^2 = p$,即有
$$\left(x + \dfrac{y}{2}\right)^2 \equiv p \pmod{|d|}$$
必要条件成立.

(充分条件)

若 $p = |d|n + Q_{|d|}$,则 $p = x^2 + xy + qy^2$ 之解数等于 $p \equiv Q_{|d|_1}, Q_{|d|_2}, \cdots, Q_{|d|\frac{|d|-1}{2}}$ 者之个数减去 $p \equiv \overline{Q}_{|d|_1}, \overline{Q}_{|d|_2}, \cdots, \overline{Q}_{|d|\frac{|d|-1}{2}}$ 者之个数之差[②]显然其差为1,即 p 只能唯一地表示为 $p = x^2 + xy + qy^2$,定理得证.

定理2 若正整数 n_1 和 n_2 分别能表示为 $x_1^2 + x_1 y_1 + qy_1^2$ 和 $x_2^2 + x_2 y_2 + qy_2^2$,则 $n_1 n_2$ 也可表示为 $x^2 + xy + qy^2$.

证明 直接验证下面的恒等式便可得定理2.
$$(x_1^2 + x_1 y_1 + qy_1^2)(x_2^2 + x_2 y_2 + qy_2^2) = (x_1 x_2 + x_1 y_2 + qy_1 y_2)^2 +$$
$$(x_1 x_2 + x_1 y_1 + qy_1 y_2)(x_2 y_1 - x_1 y_2) + q(x_2 y_1 - x_1 y_2)^2$$

[①] 周宗奇,作者单位:湖北煤炭地质勘查院;电话:027-87302959,13971060780;地址:武汉市武珞路473号;邮编:430070;E-mail:zhouzongqi1058@163.com.

[②] 华罗庚,数论导引,P343.

定理3 正整数 m 表示为 $x^2+xy+qy^2$ 的充分必要条件为：m 的每个素因子都能表示为 $x_i^2+x_iy_i+qy_i^2$ 的形式，$(x_i,qy_i)=1, i=1,2,\cdots$. 换句话说，$m$ 的每个素因子都有 $p=|d|n+Q_{|d|}$.

证明 （充分性）如果 m 的每个素因子均为 $p=|d|n+Q_{|d|}$，由定理2知，必有
$$m=x^2+xy+qy^2$$

（必要性）若 $m=x^2+xy+qy^2$，则 m 的每个素因子必为 $|d|n+Q_{|d|}$. 下面设 $m=x^2+xy+qy^2$，且 m 有一素因子 $p=|d|n+\overline{Q}_{|d|}$，即 $p\neq x_i^2+x_iy_i+qy_i^2$，那么有
$$x^2+xy+qy^2 = m_1 p = m$$

或
$$\left(x+\frac{y}{2}\right)^2+(-d)\left(\frac{y}{2}\right)^2\equiv 0 \pmod p$$

由于 $(x,qy)=1$，于是 $(p,y)=1$，则有
$$u^2=\left[\frac{x+\dfrac{y}{2}}{\dfrac{y}{2}}\right]^2\equiv d \pmod p$$

因 $u^2\equiv d\pmod p$ 之解数为 $1+\left(\dfrac{d}{p}\right)$，$\left(\dfrac{d}{p}\right)$ 为勒让得符号①.

由原设可知 $|d|$ 为素数，且 $|d|\equiv 3\pmod 4$，而
$$\left(\frac{-1}{p}\right)=(-1)^{\frac{p-1}{2}},\left(\frac{p}{|d|}\right)=\left(\frac{|d|n+\overline{Q}_{|d|}}{|d|}\right)=\left(\frac{\overline{Q}_{|d|}}{|d|}\right)=-1$$

那么
$$\left(\frac{d}{p}\right)=(-1)^{\frac{p-1}{2}}\cdot(-1)^{\frac{p-1}{2}\cdot\frac{|d|-1}{2}}\cdot\left(\frac{p}{|d|}\right)=(-1)^{\frac{p-1}{2}\cdot\left(\frac{|d|+1}{2}\right)}\cdot(-1)=-1$$

所以 $1+\left(\dfrac{d}{p}\right)=0$，即 $u^2\equiv d\pmod p$ 无解. 即 $x^2+xy+qy^2\neq m_1p$，定理得证.

定理4 设 $F(x,y)=x^2+xy+qy^2$，$(x,qy)=1$，若 $F(x,y)<q^2$，则 $F(x,y)$ 的值必为素数.

证明 因 $(x,qy)=1$，则 x,y 均不为零，而 $F(x,y)$ 的最小值为 $(-1)^2+(-1)\times 1+q\times 1^2=q$ 或 $1^2+1\times(-1)+q(-1)^2=q$，即 $F(\pm x,\mp 1)$ 为其最小值，若 $F(x,y)<q^2$，根据定理2，必有 $F(x,y)$ 为素数. 定理得证.

根据定理4，并设 $q=41, y=\pm 1$，那么当 $|x|<40$ 时，$F(\pm x,\pm 1)=x^2+x+41$ 均为素数. 这就是著名的欧拉表素数公式. 当然，若 $q=19$，同样当 $y=\pm 1, |x|<18$ 时，$F(x,y)$ 均表示素数. 若令 $y=2, x=2n-1, q=41$，则有 $F(x,y)=(2n-1)^2+2(2n-1)+164=(2n)^2+163$，若 $(2n)^2+163<41^2$，可得 $n\leq 19$，即当 n 取 $0\sim 19$ 中一数时，$F(x,y)$ 必为素数，且笔者计算过：当 n 取 $0\sim 1\,000$ 的全部数，则 $F(n)=(2n)^2+163$ 的值有 500 多个素数，此也是一高产素数的二次式.

---

① 华罗庚《数论导引》P341.

乘方幂等和问题

蒋远辉

对任一正整数 k,是否存在不同的正整数组 $\{x_i\}$、$\{y_i\}$ $(i=1,2,\cdots,n)$ 使得

$$\sum_{i=1}^{n} x_i^r = \sum_{i=1}^{n} y_i^r \quad (r=1,2,\cdots,k)$$

这是数学中未能完全解决的 k 次幂等和问题. 苏联的 A·O 盖尔冯德教授曾进行研究,得到恒等式

$$a^r + (a+4b+c)^r + (a+b+2c)^r + (a+9b+4c)^r + (a+6b+5c)^r + (a+10b+6c)^r =$$
$$(a+b)^r + (a+c)^r + (a+6b+2c)^r + (a+4b+4c)^r + (a+10b+5c)^r + (a+9b+6c)^r$$
$$(r=1,2,3,4,5) \quad ①$$

本文讨论 $k=5$ 的一般情形,得到以下三个主要结论:① 给出盖氏恒等式的一个推广形式;② 讨论并给出 $\{x_i\}$、$\{y_i\}$ $(i=1,2,\cdots,6)$,满足五次幂等和的充分条件;③ 对任一满足充分条件 ② 的数组 $\{x_i\}$,存在无穷多个数组 $\{y_i\}$ 与 $\{x_i\}$ 幂等和. 有

$$[a+(u+1)b+(v+1)c]^r + [a+(6n-3m+u-2)b+(3n+v)c]^r + [a+(3n+3m+u+1)b+(3m+v+2)c]^r + [a+(3n-3m+u-1)b+(2n-m+v)c]^r + [a+(3m+u+2)b+(2m-n+v+2)c]^r + [a+(6n+u-1)b+(2n+2m+v+1)c]^r =$$
$$[a+(3n-3m+u-1)b+(v+1)c]^r + [a+(3m+u+2)b+(3m+v+2)c]^r + [a+(6n+u-1)b+(3n+v)c]^r + [a+(u+1)b+(2m-n+v+2)c]^r + [a+(6n-3m+u-2)b+(2n-m+v)c]^r + [a+(3n+3m+u+1)b+(2n+2m+v+1)c]^r$$

$$r=1,2,3,4,5 \quad (A)$$

对于任意给定的 a,b,c,m,n,u,v 之值,恒等式 (A) 给出 $r(r=1,2,3,4,5)$ 次方和相等的两个六元数组(证明见后). 令 (A) 中 $u=v=-1, m=1, n=2$ 则得盖尔冯德的恒等式.

对任给的不全相等的数组 $\{x_1, x_2, x_3\}$ 和任意实数 a,存在

$$x_4 = \frac{-a(a+1)x_1 + a(2a+1)x_2 + (a+1)(2a+1)x_3}{3a^2+3a+1}$$

$$x_5 = \frac{a(2a+1)x_1 + (a+1)(2a+1)x_2 - a(a+1)x_3}{3a^2+3a+1}$$

$$x_6 = \frac{(a+1)(2a+1)x_1 - a(a+1)x_2 + a(2a+1)x_3}{3a^2+3a+1}$$

满足

$$x_1^i + x_2^i + x_3^i = x_4^i + x_5^i + x_6^i \quad i = 1, 2 \qquad ②$$

称 $\{x_4, x_5, x_6\}$ 是数组 $\{x_1, x_2, x_3\}$ 在变换 a 下的数组.

引理 若 $\{x_4, x_5, x_6\}$ 是 $\{x_1, x_2, x_3\}$ 在变换 a 下的数组, 则有

(1) $\{x_1, x_2, x_3\}$ 是 $\{x_4, x_5, x_6\}$ 在变换 a 下的数组.

(2) $x_1 x_2 + x_1 x_3 + x_2 x_3 = x_4 x_5 + x_4 x_6 + x_5 x_6$.

(3) $\sum_{i=4}^{3} x_i^4 - \frac{4}{3}\left(\sum_{i=1}^{3} x_i\right)\left(\sum_{i=1}^{3} x_i^3\right) = \sum_{i=4}^{6} x_i^4 - \frac{4}{3}\left(\sum_{i=4}^{6} x_i\right)\left(\sum_{i=4}^{6} x_i^3\right)$.

证明 可直接将 $\{x_4, x_5, x_6\}$ 代入计算公式易证在变换 a 下的数组为 $\{x_1, x_2, x_3\}$, 略.

因为 $\sum_{i=1}^{3} x_i^r = \sum_{i=4}^{6} x_i^r (r = 1, 2)$, 且

$$x_1 x_2 + x_1 x_3 + x_2 x_3 = \frac{1}{2}\left[\left(\sum_{i=1}^{3} x_i\right)^2 - \sum_{i=1}^{3} x_i^2\right]$$

$$x_4 x_5 + x_4 x_6 + x_5 x_6 = \frac{1}{2}\left[\left(\sum_{i=4}^{6} x_i\right)^2 - \sum_{i=4}^{6} x_i^2\right]$$

故有 $x_1 x_2 + x_1 x_3 + x_2 x_3 = x_4 x_5 + x_4 x_6 + x_5 x_6$, (2) 得证.

$$\left(\sum_{i=1}^{3} x_i\right)^4 = \sum_{i=1}^{3} x_i^4 + 4(x_1^3 x_2 + x_1^3 x_3 + x_2^3 x_1 + x_2^3 x_3 + x_3^3 x_1 + x_3^3 x_2) + 6(x_1^2 x_2^2 + x_1^2 x_3^2 + x_2^2 x_3^2) +$$
$$12(x_1^2 x_2 x_3 + x_1 x_2^2 x_3 + x_1 x_2 x_3^2) =$$
$$\sum_{i=1}^{3} x_i^4 + 4\left[\left(\sum_{i=1}^{3} x_i \sum_{i=1}^{3} x_i^3\right) - \sum_{i=1}^{3} x_i^4\right] + 6(x_1 x_2 + x_1 x_3 + x_2 x_3)^2$$
$$3\sum_{i=1}^{3} x_i^4 - 4\left(\sum_{i=1}^{3} x_i\right)\left(\sum_{i=1}^{3} x_i^3\right) =$$
$$-\left(\sum_{i=1}^{3} x_i\right)^4 + 6(x_1 x_2 + x_1 x_3 + x_2 x_3)^2$$
$$\sum_{i=1}^{3} x_i^4 - \frac{4}{3}\left(\sum_{i=1}^{3} x_i\right)\left(\sum_{i=1}^{3} x_i^3\right) = -\frac{1}{3}\left(\sum_{i=1}^{3} x_i\right)^4 + 2(x_1 x_2 + x_1 x_3 + x_2 x_3)^2$$

同理可得

$$\sum_{i=4}^{6} x_i^4 - \frac{4}{3}\left(\sum_{i=4}^{6} x_i\right)\left(\sum_{i=4}^{6} x_i^3\right) = -\frac{1}{3}\left(\sum_{i=4}^{6} x_i\right)^4 + 2(x_4 x_6 + x_4 x_5 + x_5 x_6)^2$$

由 $\sum_{i=1}^{3} x_i = \sum_{i=4}^{6} x_i$ 及引理中的 (2), 得

$$\sum_{i=1}^{3} x_i^4 - \frac{4}{3}\left(\sum_{i=1}^{3} x_i\right)\left(\sum_{i=1}^{3} x_i^3\right) = \sum_{i=4}^{6} x_i^4 - \frac{4}{3}\left(\sum_{i=4}^{6} x_i\right)\left(\sum_{i=4}^{6} x_i^3\right)$$

证毕定理. 设 $\{x_1, x_2, x_3\}$ 是一个不全相等的数组, $\{x_4, x_5, x_6\}$ 是 $\{x_1, x_2, x_3\}$ 在变换 a 下的数组, 则

$$x_1^r + x_2^r + x_3^r + \left(\frac{2}{3}\sum_{i=1}^{3} x_i - x_1\right)^r + \left(\frac{2}{3}\sum_{i=1}^{3} x_i - x_2\right)^r + \left(\frac{2}{3}\sum_{i=1}^{3} x_i - x_3\right)^r =$$

$$x_4^r + x_5^r + x_6^r + \left(\frac{2}{3}\sum_{i=4}^{6}x_i - x_4\right)^r + \left(\frac{2}{3}\sum_{i=4}^{6}x_i - x_5\right)^r + \left(\frac{2}{3}\sum_{i=4}^{6}x_i - x_6\right)^r \quad r=1,2,3,4,5$$

(B)

证明 显然,

$$\left\{\frac{2}{3}\sum_{i=1}^{3}x_i - x_1, \frac{2}{3}\sum_{i=1}^{3}x_i - x_2, \frac{2}{3}\sum_{i=1}^{3}x_i - x_3\right\}, \left\{\frac{2}{3}\sum_{i=4}^{6}x_i - x_4, \frac{2}{3}\sum_{i=4}^{6}x_i - x_5, \frac{2}{3}\sum_{i=4}^{6}x_i - x_6\right\}$$

分别是$\{x_1,x_2,x_3\}$、$\{x_4,x_5,x_6\}$在变换$a = -\frac{2}{3}$下的数组,有

$$\sum_{i=1}^{3}x_i^r = \sum_{i=4}^{6}x_i^r = \sum_{i=1}^{3}\left(\sum_{j=1}^{3}x_j - x_i\right)^r = \sum_{i=4}^{6}\left(\sum_{i=4}^{6}x_j - x_i\right)^r \quad r=1,2$$

故当$r=1,2$时,式(B)成立.

$$x_1^3 + x_2^3 + x_3^3 + \left(\frac{2}{3}\sum_{i=1}^{3}x_i - x_1\right)^3 + \left(\frac{2}{3}\sum_{i=1}^{3}x_i - x_2\right)^3 + \left(\frac{2}{3}\sum_{i=1}^{3}x_i - x_3\right)^3 =$$

$$-\frac{4}{9}\left(\sum_{i=1}^{3}x_i\right)^3 + 2\left(\sum_{i=1}^{3}x_i\right)\left(\sum_{i=1}^{3}x_i^2\right) =$$

$$-\frac{4}{9}\left(\sum_{i=4}^{6}x_i\right)^3 + 2\left(\sum_{i=4}^{6}x_i\right)\left(\sum_{i=4}^{6}x_i^2\right) =$$

$$x_4^3 + x_5^3 + x_6^3 + \left(\frac{2}{3}\sum_{i=4}^{6}x_i - x_4\right)^3 + \left(\frac{2}{3}\sum_{i=4}^{6}x_i - x_5\right)^3 + \left(\frac{2}{3}\sum_{i=4}^{6}x_i - x_6\right)^3$$

故当$r=3$时,(B)式成立.

$$x_1^4 + x_2^4 + x_3^4 + \left(\frac{2}{3}\sum_{i=1}^{3}x_i - x_1\right)^4 + \left(\frac{2}{3}\sum_{i=1}^{3}x_i - x_2\right)^4 + \left(\frac{2}{3}\sum_{i=1}^{3}x_i - x_3\right)^4 =$$

$$\frac{8}{3}\left(\sum_{i=1}^{3}x_i\right)^2\left(\sum_{i=1}^{3}x_i^2\right) - \frac{16}{27}\left(\sum_{i=1}^{3}x_i\right)^4 + 2\left[\sum_{i=1}^{3}x_i^4 - \frac{4}{3}\left(\sum_{i=1}^{3}x_i\right)\left(\sum_{i=1}^{3}x_i^3\right)\right]$$

$$x_4^4 + x_5^4 + x_6^4 + \left(\frac{2}{3}\sum_{i=4}^{6}x_i - x_4\right)^4 + \left(\frac{2}{3}\sum_{i=4}^{6}x_i - x_5\right)^4 + \left(\frac{2}{3}\sum_{i=4}^{6}x_i - x_6\right)^4 =$$

$$\frac{8}{3}\left(\sum_{i=4}^{6}x_i\right)^2\left(\sum_{i=4}^{6}x_i^2\right) - \frac{16}{27}\left(\sum_{i=4}^{6}x_i\right)^4 + 2\left[\sum_{i=4}^{6}x_i^4 - \frac{4}{3}\left(\sum_{i=4}^{6}x_i\right)\left(\sum_{i=4}^{6}x_i^3\right)\right]$$

$$x_1^5 + x_2^5 + x_3^5 + \left(\frac{2}{3}\sum_{i=1}^{3}x_i - x_1\right)^5 + \left(\frac{2}{3}\sum_{i=1}^{3}x_i - x_2\right)^5 + \left(\frac{2}{3}\sum_{i=1}^{3}x_i - x_3\right)^5 =$$

$$-\frac{16}{27}\left(\sum_{i=1}^{3}x_i\right)^5 + \frac{80}{27}\left(\sum_{i=1}^{3}x_i\right)^3\left(\sum_{i=1}^{3}x_i^2\right) + \frac{10}{3}\left(\sum_{i=1}^{3}x_i\right)\left[\sum_{i=1}^{3}x_i^4 - \frac{4}{3}\left(\sum_{i=1}^{3}x_i\right)\left(\sum_{i=1}^{3}x_i^3\right)\right]$$

$$x_4^5 + x_5^5 + x_6^5 + \left(\frac{2}{3}\sum_{i=4}^{6}x_i - x_4\right)^5 + \left(\frac{2}{3}\sum_{i=4}^{6}x_i - x_5\right)^5 + \left(\frac{2}{3}\sum_{i=4}^{6}x_i - x_6\right)^5 =$$

$$-\frac{16}{27}\left(\sum_{i=4}^{6}x_i\right)^5 + \frac{80}{27}\left(\sum_{i=4}^{6}x_i\right)^3\left(\sum_{i=4}^{6}x_i^2\right) + \frac{10}{3}\left(\sum_{i=4}^{6}x_i\right)\left[\sum_{i=4}^{6}x_i^4 - \frac{4}{3}\left(\sum_{i=4}^{6}x_i\right)\left(\sum_{i=4}^{6}x_i^3\right)\right]$$

由$\sum_{i=1}^{3}x_i^r = \sum_{i=4}^{6}x_i^r$及引理中(3)知,当$r=4,5$时,式(B)成立.

证毕.

由引理中(1)知只能有有限个 a 值使得数组 $\{x_1,x_2,x_3\}$ 在变换 a 下为 $\{x_4,x_5,x_6\}$ 或者 $\left\{\dfrac{2}{3}\sum_{i=4}^{6}x_i-x_4,\dfrac{2}{3}\sum_{i=4}^{6}x_i-x_5,\dfrac{2}{3}\sum_{i=4}^{6}x_i-x_6\right\}$, 所以对于数组 …… $\left\{x_1,x_2,x_3,\dfrac{2}{3}\sum_{i=1}^{3}x_i-x_1,\right.$ $\left.\dfrac{2}{3}\sum_{i=1}^{3}x_i-x_2,\dfrac{2}{3}\sum_{i=1}^{3}x_i-x_3\right\}$, 存在无穷多个数组 $\{u_1,u_2,u_3,u_4,u_5,u_6\}$ 使得

$$\sum_{i=1}^{3}x_i^r+\sum_{i=1}^{3}\left(\dfrac{2}{3}\sum_{j=1}^{3}x_j-x_i\right)^r=\sum_{i=1}^{6}u_i^r \quad r=1,2,3,4,5$$

作为特例,令定理中 $\{x_1,x_2,x_3\}=\{a,a+9b+4c,a+6b+5c\}$, 变换值为 $-\dfrac{4}{9}$, 则得盖氏的恒等式. 令定理中 $\{x_1,x_2,x_3\}=\{a+(u+1)b+(v+1)c,a+(6n-3m+u-2)b+(3n+v)c,a+(3n+3m+u+1)b+(3m+v+2)c\}$, 变换值为 $-\dfrac{2b+c}{3b+2c}$ 或者 $-\dfrac{3m+1}{3(m+n)}$ 则得恒等式(A).

关于单位分数问题

刘培杰数学工作室

试题1 求满足 $\dfrac{1}{x}+\dfrac{1}{y}+\dfrac{1}{z}=\dfrac{4}{5}$ 的正整数 x、y、z.（26SI IMO 预选题）

这类问题在竞赛中多见,再如 1991 年日本 MO 预选题中也有

试题2 满足方程 $\dfrac{1}{x+1}+\dfrac{1}{y}+\dfrac{1}{(x+1)y}=\dfrac{1}{1\,991}$ 的正整数解,为了使教练员及选手了解其背景.特介绍如下.

埃及分数问题

埃及分数即单位分数,指分子为 1 的分数,Rhind Papyrus 是流传到今最古老的数学之一,它涉及有理数表成单位分数和的问题:

$$\frac{m}{n}=\frac{1}{x_1}+\frac{1}{x_2}+\cdots+\frac{1}{x_k}$$

在这方面已提出了大量的问题,其中许多尚未解决,并且还继续不断地提出新的问题.因此,对埃及分数的兴趣持久不衰.我们已给出了许多参考文献,但这也只是它的一部分.Bleicher 对这一专题给出了一个详细的综述,且把注意力集中在各种算法上.这些算法被提出来用以构造给定类型的表示,如 Fibonacci – Sylvester 算法,Erdös 算法,Golomb 算法,Bleicher 自己的两个算法,Farey 级数算法及连分数算法等,在曹珍富的书《丢番图方程引论》的第十章中,选择了该专题的几个问题作了专门介绍.

Erdös 和 Straus 猜想:方程

$$\frac{4}{n}=\frac{1}{x}+\frac{1}{y}+\frac{1}{z}$$

对于所有 $n>1$ 有正整数解,后来 Straus 发现,当 $n>2$ 时如果猜想成立,那么 $x\neq y$,$y\neq z,z\neq x$.在 Mordell 的书中,已证明除了 n 为素数且与 $1^2,11^2,13^2,17^2,19^2$ 或 23^2 同余(mod 840) 的情形外,该猜想为真.Bernstein,Obláth,Rosati,Shapiro,Yamamoto 以及 Nicola Franceschine 都对此作了研究,证明了猜想对 $n\leqslant 10^8$ 成立.Schinzel 已注意到人们可表示

$$\frac{4}{at+b}=\frac{1}{x(t)}+\frac{1}{y(t)}+\frac{1}{z(t)}$$

其中 $x(t), y(t), z(t)$ 是关于 t 的整数多项式,且假定 b 不是 a 的二次剩余,以上可参看 Mordell 的书 Diophantine equations.

Sierpinski 对方程

$$\frac{5}{n} = \frac{1}{x} + \frac{1}{y} + \frac{1}{z}$$

作了一个相应的猜想. Palama 证实它对 $n \leqslant 922\,321$ 成立. Stewart 改进到 $n \leqslant 1\,057\,438\,801$ 和所有不具有 $278\,460k + 1$ 形式的 n.

Schinzel 放宽 x, y, z 必须为正的条件,用一般的 m 代替 4 和 5,且要它仅对 $n > n_m$ 成立. n_m 可能比 m 大的例子是 $n_{18} = 23$. 该猜想已相继为 Schinzel, Sierpinski, Sedláček, Palama 和 Stewart 及 Webb 证明对越来越大的 m 成立. 他们还证明了 $m < 36$ 时,该猜想成立. Breusch 和 Stewart 独立地证明了,如果 $\frac{m}{n} > 0$ 且 n 为奇,那么 $\frac{m}{n}$ 是有限个奇整数的倒数和. 请参见 Graham 的论文. Vaughan 已证明,如果 $E_m(N)$ 表不大于 N 且使 $\frac{m}{n} = \frac{1}{x} + \frac{1}{y} + \frac{1}{z}$ 没有解的 n 的个数,那么

$$E_m(N) \ll N \cdot \exp\{-c(\ln N)^{2/3}\}$$

其中 c 仅取决于 m. 后来单墫把这一结果推广到 $s(\geqslant 3)$ 个变元上.

与 Breusch 和 Stewart 的结果相比,由 Stein, Selfridge, Graham 和其他人提出的下列问题仍未获解决:如果有理数 $\frac{m}{n}$ (n 为奇) 能被表成 $\sum \frac{1}{x_i}$,其中 x_i 相继被选做可能的最小正的奇整数,且满足取定每个奇整数后留下的部分是非负的,那么和的项数总是有限的吗?例如:

$$\frac{2}{7} = \frac{1}{5} + \frac{1}{13} + \frac{1}{115} + \frac{1}{10\,465}$$

John Leech 在 1977 年 3 月 14 日给 R. K. Guy 的一封信中问,关于倒数和为 1 的不同奇整数集合,人们知道些什么呢?如:

$$\frac{1}{3} + \frac{1}{5} + \frac{1}{7} + \frac{1}{9} + \frac{1}{15} + \frac{1}{21} + \frac{1}{27} + \frac{1}{35} + \frac{1}{63} + \frac{1}{105} + \frac{1}{135} = 1$$

$$\frac{1}{3} + \frac{1}{5} + \frac{1}{7} + \frac{1}{9} + \frac{1}{11} + \frac{1}{33} + \frac{1}{35} + \frac{1}{45} + \frac{1}{55} + \frac{1}{77} + \frac{1}{105} = 1$$

他说,至少需要集合中的 9 个数,而且最大的分母至少应为 105. 注意此问题与 Sierpinski 伪完全数

$$945 = 315 + 189 + 135 + 105 + 63 + 45 + 35 + 27 + 15 + 9 + 7$$

的联系. 已知 m/n (n 为奇) 总可表为不同奇单位分数的和. Erdös 置 $\frac{1}{2} + \frac{1}{3} + \cdots + \frac{1}{n} = \frac{a}{b}$,其中 $b = [2, 3, \cdots, n]$ 是 $2, 3, \cdots, n$ 的最小公倍数. 他发现 $\frac{1}{2} + \frac{1}{3} = \frac{5}{6}$,且 $\frac{1}{2} + \frac{1}{3} + \frac{1}{4} = \frac{13}{12}$ 使得 $a \pm 1 \equiv 0 \pmod{b}$,因此,他问是否还有这样的情形?他猜想没有. 此外

$(a,b) = 1$ 能出现无穷多次吗?

如果 $\sum_{i=1}^{t}\frac{1}{x_i} = 1$ 且 $x_1 < x_2 < x_3 < \cdots$ 为不同的正整数,Erdös 和 Graham 问 $m(t) = \min \max x_i$ 为多少?其中 min 取遍所有集合 $\{x_i\}$. 例如,$m(3) = 6, m(4) = 12, m(12) = 120$. $m(t) < ct$ 对某些常数 c 成立吗?

借用上一段的符号,那么对所有 $i, x_{i+1} - x_i \leqslant 2$ 可能成立吗?Erdös 猜想它为不可能,并为此问题的解决提出 10 美元的奖金.

给定一有正密率的序列 $x_1, x_2, \cdots$,总存在有限个子集 $\{x_{i_k}\}$ 使得 $\sum \frac{1}{x_{i_k}} = 1$ 吗?如果 $x_i < ci$ 对所有 i 成立,那么存在这样的子集吗?Erdös 再次为此问题的解决提供 10 美元的奖励. 如果 $\liminf \frac{x_i}{i} < \infty$,他强烈地猜想,答案是否定的,并为此问题的解决提供 5 美元的奖励.

定义 $N(t)$ 为使 $\sum_{i=1}^{t}\frac{1}{x_i} = 1$ 的解 $(x_1, x_2, \cdots, x_t)$ 的个数,定义 $M(t)$ 为不同的解满足 $x_1 \leqslant \cdots \leqslant x_t$ 的个数,Singmaster 计算出:

t	1	2	3	4	5	6
$M(t)$	1	1	3	14	147	3 462
$N(t)$	1	1	10	215	12 231	2 025 462

Erdös 问 $M(t)$ 和 $N(t)$ 的渐近式是什么?柯召,孙琦和曹珍富等曾大力地讨论了 x_t 是其他 $t-1$ 个 x_i 乘积的情形,即 $\sum_{i=1}^{s}\frac{1}{x_i} + \frac{1}{x_1 \cdots x_s} = 1$. 其中不失一般地可设 $1 < x_1 < \cdots < x_s$,解的个数用 $\Omega(s)$ 表示. 柯召和孙琦给出 $\Omega(s) = 1 (1 \leqslant s \leqslant 4), \Omega(5) = 3, \Omega(6) = 8$. Janák 和 Skula 也得到当 $s \leqslant 6$ 时的全部解及 $\Omega(7) \geqslant 18$. 曹珍富,刘锐和张良瑞用计算机证明了 $\Omega(7) = 26$.[①] 这个方程是否有素数解(指 $x_1, \cdots, x_s$ 均为素数的解)显然与 Bowen 猜想、Giuga 问题以及素数同余式组等有联系. 1964 年,柯召,孙琦猜想该方程至少有一个素数解;1987 年,曹珍富,刘锐与张良瑞猜想:该方程至多有一个素数解. 当 $1 \leqslant s \leqslant 7$ 时,已知的结果是:该方程恰有一个素数解. 对于 $\Omega(s)$ 的估计也有一系列工作,例如孙琦和曹珍富证明了 $\Omega(s+1) \geqslant \Omega(s) + \sum_{j=1}^{\Omega(s-1)}\left(\frac{d(k_j)}{2} - 1\right)$,这里 $k_j = (x_1^{(j)} \cdots x_{s-1}^{(j)})^2 + 1$,$(x_1^{(j)}, \cdots, x_{s-1}^{(j)})$ 为 $\sum_{i=1}^{s-1}\frac{1}{x_i} + \frac{1}{x_1 \cdots x_{s-1}} = 1$ 的 $\Omega(s-1)$ 个解. 从这个关系,他们先后构造性证明了:当 $s \geqslant 4$ 时,$\Omega(s+1) > \Omega(s)$;当 $s \geqslant 10$ 时 $\Omega(s+1) \geqslant \Omega(s) + 3$;当 $s \geqslant 10$ 时 $\Omega(s+1) \geqslant \Omega(s) + 5$;当 $s \geqslant 10$ 时 $\Omega(s+1) \geqslant \Omega(s) + 8$. 1988 年,曹珍富证明了:当 $s \geqslant 11$ 时,$\Omega(s+1) \geqslant \Omega(s) + 17$,且当 $s \geqslant 11, 2 \nmid s$ 时,$\Omega(s+1) \geqslant \Omega(s) + 23$,并且构造了

---

① 参考文献[15]中漏了三组解.[17]中给出了全部解.

$\Omega(9) \geq 62, \Omega(10) \geq 74$,最近,曹珍富等又证明当 $s \geq 11$ 时,$\Omega(s+1) \geq \Omega(s) + 39$ 且当 $2 \nmid s \geq 11$ 时,$\Omega(s+1) \geq \Omega(s) + 57$. 但是,$\Omega(s)$ 的渐近公式仍未得到. 另外,曹珍富问:方程 $\sum_{i=1}^{s} \frac{1}{x_i} + \frac{1}{x_1 \cdots x_s} = 2 (1 < x_1 < \cdots < x_s)$ 是否有解?是否对任意给定正整数 $x_1 > 1$,都存在正常数 c,当 $n \geq c$ 时,方程 $\sum_{i=1}^{s} \frac{1}{x_i} + \frac{1}{x_1 \cdots x_s} = 1(1 < x_1 < \cdots < x_s,)$ 都有整数解,对 $\Omega(s)$,曹珍富猜想:存在正常数 c,在 $\min(s,t) > c$ 时有 $\Omega(s+t+1) \geq \Omega(s+t) + \Omega(s) + s$.

Graham 已证明,如果 $n > 77$,则可把 n 分成 t 个不同正整数的和,即 $n = x_1 + x_2 + \cdots + x_t$ 使得 $\sum_{i=1}^{t} \frac{1}{x_i} = 1$. 更一般地,对于任意的正有理数 α, β,必存在正整数 $r(\alpha, \beta)$,我们取其为最小数,它使得任意比 r 大的整数都能分成比 β 大的不同整数的和,而其倒数和取 α. 关于 $r(\alpha, \beta)$,除开 D. H. Lehmer 未发表的工作证明了,77 不能以这种方式分解,因而 $r(1,1) = 77$ 外,其他的结果很少.

Graham 猜想,对充分大 $n(10^4$ 左右?),我们类似地能分 $n = x_1^2 + x_2^2 + \cdots + x_t^2$ 使 $\sum_{i=1}^{t} \frac{1}{x_i} = 1$. 我们也能分解 $n = p(x_1) + p(x_2) + \cdots + p(x_t)$,其中 $p(x)$ 是"合理"多项式,例如 $x^2 + x$ 不是合理的,因为它仅取偶数.

L. S. Hahn 问,如果正整数以任意方式分成有限个集合,那么这些集合中总存在 s 个集合,任意的正有理数均能表成 s 个集合中的一个集合的有限个不同元素的倒数和吗?特别地,$s = 1$ 时,此问题是否正确?如果 $s = 1$ 时不正确,那么 s 为多少时问题的回答是肯定的?

Erdös 设

$$1 = \frac{1}{x_1} + \cdots + \frac{1}{x_k}$$

其中 $x_1 < x_2 < \cdots < x_k$.

并且问,如果 k 固定,那么 $\max x_1 = ?$ 如果 k 变化,那么 x_k 的最大值是多少?冯克勤,魏权龄和刘木兰证明了 $\max x_k = M_1 \cdots M_{k-1}$,这里 $M_1 = 2, M_{i+1} = M_1 \cdots M_i + 1 (i \geq 1)$.

Nagell 证明了,算术级数的倒数和决不是整数,参看 Erdös 和 Niven 的论文以及曹珍富编著的讲义《数论及其应用》(哈尔滨工业大学教材,1985).

参考文献

[1] AHO A V, SLOANE N J A. Some Doubly Exponential Sequences[J]. Fibonacci Quart,1973(11),429-438.

[2] AIGNER A. Brüche als Summer von Stammbrüchen[J]. J. reine angew. Math. 1964(214/215):174-179.

[3] ALBADA P J, VAN LINT J H. Reciprocal Bases for the Integers[J]. Amer. Math. Monthly,1963(70):170-174.

[4] BARBEAU E J. Computer Challenge Corner:Problem 477:A Brute Force Program

[J]. J. Recreational Math. ,1976(9):30.

[5] BARBEAU E J. Expressing One as a Sum of Distinct Reciprocals:Comments and a Bibliography[J]. Eureka(Ottawa),1977(3):178-181.

[6] LEON BERNSTEIN. Zur Lösung der Diophantischen Gleichung $m/n=1/x+1/y+1/z$ insbesondere im Falle $m=4$[J]. J. reine angew. Math. ,1962(211):1-10.

[7] BLEICHER M N. A new Algorithm for the Expansion of Egyptian Fractions[J]. J. Number Theory,1972(4):342-382.

[8] BLEICHER M N,ERDÖS P. The Number of Distinct Subsums of $\sum_{i}^{N}\frac{1}{i}$ [J]. Math. Comp. ,1975(29):29-42(and see Notices Amer. Math. Soc. ,20(1973)A・16).

[9] BLEICHER M N,ERDÖS P. Denominators of Egyptian Fractions[J]. J. Number Theory,1976(8):157-168; II. Illinois J. Math. ,1976(20):598-613.

[10] ROBERT BREUSCH. A Special Case of Egyptian Fractions,Solution to Advanced Problem 4512[J]. Amer. Math. Monthly,1954(16):200-201.

[11] BURNSIDE W S. Theory of Groups of Finite Order[M]. 2nd ed. London,Cambridge University Press,1911,reprinted Dover,New York,1955,Note A,461-462.

[12] BURSHTEIN N. On Distinct Unit Fractions Whose Sum Equals 1[J]. Discrete Math. ,1973(5):201-206.

[13] CAMPBELL P J. Bibliography of Algorithms for Egyptian Fractions(preprint)Beloit coll[M]. Beloit W I 53511,U. S. A.

[14] CASSELS J W S. On the Representation of Integers as the Sum of Distinct Summands Taken from a Fixed Set[J]. Acta Sci. Math. Szeged,1960(21):111-124.

[15] 曹珍富,刘锐,张良瑞. On the Equation $\sum_{j=1}^{s}\frac{1}{x_j}+\frac{1}{x_1\cdots x_s}=1$ and Znám's Problem [J]. J. Number Theory,1987,2(27):206-211.

[16] 曹珍富. On the Number of Solutions of the Diophantine Equation $\sum_{j=1}^{s}=\frac{1}{x_j}+\frac{1}{x_1\cdots x_s}=1$ [J]. 北京:纪念华罗庚数论与分析国际学术会议,1988.

[17] 曹珍富,刘锐,张良瑞. 关于不定方程 $\sum_{j=1}^{s}\frac{1}{x_j}+\frac{1}{x_1\cdots x_s}=1$ 和 Znám 问题[J]. 自然杂志,1989,7(12):554-555.

[18] 曹珍富,荆成明. 关于 Znám 问题解数[J]. 哈尔滨工业大学学报(待发表).

[19] CHACE A B. The Rhind Mathematical Papyrus[M]. Oberlin:M. A. A. ,1927.

[20] ROBERT COHEN. Egyptian Fraction Expansions[J]. Math. Mag. ,1973,(46):76-80.

[21] CULPIN D,GRIFFITHS D. Egyptian Fractions[J]. Math. Gaz. ,1979(63):49-51.

[22] CURTISS D R. On Kellogg's Diophantine Problem[J]. Amer. Math. Monthly,

1922(29):380-387.

[23] DICKSON L E. History of the Theory of Numbers[J]. Diophantine Analysis, Chelsea,1952,2:688-691.

[24] ERDÖS P. Egy Kürschák-féle Elemi Számelméleti Tétel Áltadanositasa[J]. Mat. es Phys. Lapok,1932(39).

[25] ERDÖS P. On Arithmetical properties of Lambert Series[J]. J. Indian Math. Soc., 1948(12):63-66.

[26] ERDÖS P. On a Diophantine Equation(Hungarian. Russian and English summaries)[J]. Mat. Lapok,1950(1):192-210.

[27] ERDÖS P. On the Irrationality of Certain Series[J]. Nederl. Akad. Wetensch. (Indag. Math.),1957(60):212-219.

[28] ERDÖS P. Sur Certaines Séries Ávaleur Irrationnelle[J]. Enseignement Math. 1958(4):93-100.

[29] ERDÖS P. Quelques Probléorie des Nombres[J]. Monographie de l'Enseignement Math. No. 6,Geneva,1963,problems 72-74.

[30] ERDÖS P. Comment on Problem E2427[J]. Amer. Math. Monthly,1974(81):780-782.

[31] PAUL ERDÖS. Some Problems and Results on the Irrationality of the Sum of Infinite series[J]. J. Math. Sci.,1975(10):1-7.

[32] PAUL ERDÖS,IVAN NIVEN. Some Properties of Partial Sums of the Harmonic series[J]. Bull. Amer. Math. Soc.,1946(52):248-251.

[33] ERDÖS P,STEIN S. Sums of Distinct Unit Fractions[J]. Proc. Amer. Math. Soc. 1963(14):126-131.

[34] ERDÖS P,STRAUS E G. On the Irrationality of Certain Ahmes series[J]. J. Indian Math. Soc.. 1968(27):129-133.

[35] ERDÖS P,STRAUS E G. Some Number Theoretic Results[J]. Pacific J. Math., 1971(36):635-646.

[36] ERDÖS P,STRAUS E G. Solution of Problem E2232[J]. Amer. Math. Monthly, 1971(78):302-303.

[37] ERDÖS P,STRAUS E G. On the Irratinality of Certain Series[J]. Pacific J. Math.,1974(55):85-92.

[38] ERDÖS P,STRAUS E G. Solution to Problem 387[J]. Nieuw Arch. Wisk.,1975 (23):183.

[39] 冯克勤,魏权龄,刘木兰. 关于 Kulkarni 问题和 Erdös 一个猜想[J]. 科学通报, 1987,3(32):164-168.

[40] NICOLA FRANCESCHINE. Egyptian Fractions,MA Dissertation[M]. Sonoma State Coll. CA,1978.

[41] GOLOMB S W. An Algebraic Algorithm for the Representation Problems of the Ahmes Papyrus[J]. Amer. Math. Monthly,1962(69):785-786.

[42] GOLOMB S W. On the Sums of the Reciprocals of the Fermat Numbers and Related Irrationalities[J]. Canad. J. Math. ,1963(15):475-478.

[43] GRAHAM R L. A Theorem on Partitions[J]. J. Austral. Math. Soc. ,1963(4): 435-441.

[44] GRAHAM R L. On Finite Sums of Unit Fractions[J]. Proc. London Math. Soc. , 1964,3(14):193-207.

[45] GRAHAM R L. On Finite Sums of Reciprocals of Distinct nth Powers[J]. Pacific J. Math. ,1964(14):85-92.

[46] HAHN L S. Problem E2689[J]. Amer. Math. Monthly,1978(85):47.

[47] HILLE J W. Decomposing Fractions[J]. Math. Gaz. ,1978(62):51-52.

[48] LUDWIG HOLZER, ZAHLENTHEORIE TEIL Ⅲ. Ausgewählte Kapitel der Zahlentheorie[J]. Math. -Nat. Bibl. No. 14a,B. G. Teubner-Verlag,Leipzig,1965, Sect. A,1-27.

[49] JANÁK,SKULA L. On the Integers x_i for Which $x_i | x_1 \cdots x_{i-1} x_{i+1} \cdots x_n + 1$ Holds [J]. Math. Slovaca,1978(28):305-310.

[50] DAG MAGNE JOHANNESSEN. On Unit Fractions Ⅱ [J]. Nordisk mat. Tidskr. , 1978(25-26):85-90.

[51] DAG MAGNE JOHANNESSEN,SÖHUS T V. On Unit Fractions Ⅰ [J]. ibid, 1974(22):103-107.

[52] RALPH W JOLLENSTEN. A Note on the Egyptian Problem[J]. Congressus Numerantium XVII,Proc. 7th S E. Conf. Combin. Graph Theory,Comput. ,1976:351-364.

[53] KELLOGG O D. On a Diophantine Problem[J]. Amer. Math. Monthly,1921(28): 300-303.

[54] KISS E. Quelques Remarques Sur une Équation Diophantienne(Romanian. French summary)[J]. Acad. R. P. Romine Fil. Cluj,Stud. Cerc. Mat. ,1959(10):59-62.

[55] KISS E. Remarques Relatives à la Représentation des Fractions Subunitatires en Somme des Fractions Ayant le Numerateur Égal ál'unité(Romanian)[J]. Acad. R. P. Romine Fil. Cluj,Stud. Cerc. Mat. ,1960(11):319-323.

[56] 柯召,孙琦. 关于单位分数表1问题[J]. 四川大学学报(自然科学版),1964(1):13-29.

[57] KOVACH L D. Ancient Algorithms Adapted to Modern Computers[J]. Math. Mag. ,1964(37):159-165.

[58] JÓZSEF KÜRSCHÁK. A Harmonikus Sorról[J]. Mat. es. Phys. Lapok,1918(27): 299-300.

[59] DENIS LAWSON. Ancient Egypt Revisited[J]. Math. Gaz.,1970(54):293-296; MR 58#10697.

[60] MONTGOMERY P. Solution to Problem E2689[J]. Amer. Math. Monthly,1979 (86):224.

[61] MORDELL L J. Diophantine Equtions[J]. London,Academic Press,1969:287-290.

[62] NAGELL T. Skr. Norske Vid. Akad. Kristiania I,1923,no. 1924(13):10-15.

[63] NAKAYAMA M. On the Decomposition of a Rational Number Into "Stammbrüche"[J]. Tôhoku Math. J.,1939(46):1-21.

[64] JAMES R NEWMAN. The Rhind Papyrus[M]. London:The World of Mathematics,Allen and Unwin,1960:169-178.

[65] OBLÁTH R. Sur l'équation diophantienne $4/n = 1/x_1 + 1/x_2 + 1/x_3$[J]. Mathesis, 1950(59):308-316.

[66] OWINGS J C. Another Proof of the Egyptian Fraction Theorem[J]. Amer. Math. Monthly,1968(75):777-778.

[67] PALAMÁ G G. Su di una Congettura di Sierpinski Relativa Alla Possibilità in Numeri Naturali Della $5/n=1/x_1+1/x_2+1/x_3$[J]. Boll. Un. Mat. Ital. 1958,13(3): 65-72.

[68] PALAMÁ G. Su di Una Congettura di Schinzel[J]. Boll. Un. Mat. Ital.,1959,14 (3):82-94.

[69] PEET T E. The Rhind Mathematical Papyrus[J]. London:Univ. Press of Liverpool,1923.

[70] PISANO L. Rome,Scritti,Vol. 1,B. Boncompagni,1857.

[71] RAV Y. On the Representation of a Rational Number as a Sum of a Fixed Number of Unit Fractions[J]. J. reine angew. Math.,1966(222):207-213.

[72] ROSATI L A. Sull'equazione Diofantea $4/n = 1/x_1 + 1/x_2 + 1/x_3$[J]. Boll. Un. Mat. Ital.,1954,9(3):59-63.

[73] RUDERMAN H D. Problem E2232[J]. Amer. Math. Monthly,1970(77):403.

[74] HARRY RUDERMAN. Bounds for Egyptian Fraction Partitions of Unity,Problem E2427[J]. Amer. Math. Monthly,1973(80):807.

[75] SALZER H E. The Approximation of Numbers as Sums of Reciprocals[J]. Amer. Math. Monthly,1947(54):135-142.

[76] SALZER H E. Further Remarks on the Approximation of Numbers as Sums of Reciprocals[J]. Amer. Math. Monthly,1948(55):350-356.

[77] 单墫. On the Diophantine Equation $\sum_{i=0}^{k} \frac{1}{x_i} = \frac{a}{n}$[J]. 数学年刊(B辑),1986,2(7): 213-220.

[78] ANDRZERJ SCHINZEL. Sur Quelques Propriétés des Nombres $3/n$ te $4/n$, Oùn Est un Nombre Impair[J]. Mathesis,1956(65):219-222.

[79] JIRI SEDLÁCEK. Uber die Stammbrüche[J]. Casopis Pést. Mat. ,1959(84):188-197.

[80] ERNEST S. SELMER. Unit Fraction Expansions and a Multiplicative Analog[J]. Nordisk mat. Tidskr. ,1978(25-26):91-109.

[81] SIERPINSKI W. Sur les Décompositions de Nombres Rationnels en Fractions Primaires[J]. Mathesis,1956(65):16-32.

[82] SIERPINSKI W. On the Decomposition of Rational Numbers into Unit Fractions (Polish)[M]. Pánstwowe Wydawnictwo Naukowe,Warsaw,1957.

[83] SIERPINSKI W. Sur une Algorithme Pour le Développer les Nombres Réels en Séries Rapidement Convergentes[J]. Bull. Int. Acad. Sci. Cracovie Ser. A Sci. Mat. ,1911(8):113-117.

[84] DAVID SINGMASTER. The Number of Representations of One as a Sum of Unit Fractions(mimeographed note)[M]. 1972.

[85] SLOANE N J A. A Handbook of Integer Sequences[M]. New York:Academic Press,1973.

[86] STEWART B M. Sums of Distinct Divisors[J]. Amer. J. Math. ,1954(76):779-785;MR16,336.

[87] STEWART B M. Theory of Numbers[J]. Macmillan,N. Y. ,1964:198-207.

[88] STEWART B M. ,Webb W A. Sums of Fractions with Bounded Numerators[J]. Canad. J. Math. ,1966(18):999-1033.

[89] STRAUS E G,SUBBARAO M V. On the Representation of Fractions as Sum and Difference of Three Simple Fractions[C]. Congressus Numeratium XX,Proc. 7th Conf. Numerical Math. Comput. Manitoba,1977:561-579.

[90] 孙琦. 关于单位分数表1的表法个数[J]. 四川大学学报(自然科学版),1978(2-3):15-18.

[91] 孙琦,曹珍富. 关于方程 $\sum_{j=1}^{s} \frac{1}{x_j} + \frac{1}{x_1 \cdots x_s} = 1$ [J]. 数学研究与评论,1987,1(7):125-128.

[92] 孙琦,曹珍富. On the Equation $\sum_{j=1}^{s} \frac{1}{x_j} + \frac{1}{x_1 \cdots x_s} = n$ and the Number of Solutins of Znám's Problem[J]. 数学进展,1986,3(15):329-330.

[93] SYLVESTER J J. On a Point in the Theory of Vulgar Fractions[J]. Amer. J. Math. ,1880(3):332-335,388-389.

[94] TERZI D G. On a Conjecture of Erdös-Straus[J]. BIT,1971(11):212-216.

[95] THEISINGER L. Bemerkung Über die Harmonische Reihe[J]. Monat. für Math.

u. Physik,1915(26):132-134.

[96] VAUGHAN R C. On a Problem of Erdös, Straus and Schinzel[J]. Mathematika, 1970(17):193-198.

[97] VIOLA C. On the Diophantine Equations $\prod_0^k x_i - \sum_0^k x_i = n$ and $\sum_0^k 1/x_i = a/n$[J]. *Acta Arith.*, 1972, 22(73):339-352.

[98] WEBB W A. On $4/n = 1/x + 1/y + 1/z$[J]. *Proc. Amer. Math. Soc.*, 1970(25): 578-584.

[99] WEBB W A. Rationals Not Expressible as a Sum of Three Unit Fractions[J]. Elem. Math., 1974(29):1-6.

[100] WEBB W A. On a Theorem of Rav Concerning Egyptian Fractions[J]. Canad. Math. Bull., 1975(18):155-156.

[101] WEBB W A. On the Unsolvability of $k/n = 1/x + 1/y + 1/z$[J]. Notices Amer. Math. Soc., 1975(22):A-485.

[102] WEBB W A. On the Diophantine Equation $k/n = a_1/x_1 + a_2/x_2 + a_3/x_3$ (loose Russian summary)[J]. Casopis Pěst. Mat., 1976(101):360-365.

[103] WILF H S. Reciprocal Bases for the Integers. Res. Problem 6[J]. Bull. Amer. Math. Soc., 1961(67):456.

[104] WORLEY R T. Signed Sums of Reciprocals Ⅰ, Ⅱ[J]. J. Australian Math. Soc., 1976(21):410-414,415-417.

[105] KOICHI YAMAMOTO. On a Conjecture of Erdös[J]. Mem. Fac. Sci. KyushūUniv. Ser. A,1964(18):166-167.

[106] YAMAMOTO K. On the diophantine equation $4/n = 1/x + 1/y + 1/z$[J].

华林公式及其在特殊多项式上的应用

耿济

编者按：这篇文章是作者将华林公式用初等的方法给以一个新的证明，并利用这公式重新来证明某些已知的定理（如费马定理）；内容虽然都是古典的东西，但方法还好，有参考价值.

1 从牛顿公式到华林公式

设整数 $n \geqslant 1, \alpha_1, \alpha_2, \cdots, \alpha_n$ 为多项式

$$f(x) = x^n + b_1 x^{n-1} + \cdots + b_n \tag{1}$$

的 n 个根.

置 $S_f(m) = \alpha_1^m + \alpha_2^m + \cdots + \alpha_n^m (m = 1, 2, \cdots)$，牛顿公式可以写成

$$\begin{cases} \text{当 } m \leqslant n \text{ 时}, S_f(m) + b_1 S_f(m-1) + \cdots + b_{m-1} S_f(1) + m b_m = 0 \\ m > n \text{ 时}, S_f(m) + b_1 S_f(m-1) + \cdots + b_n S_f(m-n) = 0 \end{cases} \tag{2}$$

分别以 $1, 2, \cdots$ 来代替式(2)中的 m，消去 $S_f(1), S_f(2), \cdots$ 得到

$$\begin{cases} S_f(1) = -b_1 \\ S_f(2) = b_1^2 - 2b_2 \\ S_f(3) = -b_1^3 + 3b_1 b_2 - 3b_3 \\ S_f(4) = b_1^4 - 4b_1^2 b_2 + 2b_2^2 + 4b_1 b_3 - 4b_4 \\ \vdots \end{cases} \tag{3}$$

在式(2)，式(3)内显然 $S_f(m)$ 为 $b_1, b_2, \cdots, b_n$ 及 m 的函数，在 $S_f(m)$ 中各项的符号与 $b_1, b_2, \cdots, b_n$ 的指数和是有关的.

假设

$$S_f(m) = \sum_{m_1 + 2m_2 + \cdots + nm_n = m} (-1)^{m_1 + m_2 + \cdots + m_n} F(m_1, m_2, \cdots, m_n) b_1^{m_1} b_2^{m_2} \cdots b_n^{m_n} \tag{4}$$

函数 $F(m_1, m_2, \cdots, m_n)$ 具有下列性质：

(i) 设 $m_1, m_2, \cdots, m_n$ 是不全为零的整数时，那么 $F(m_1, m_2, \cdots, m_n) \geqslant 0$ 常能成立；若此 n 个数中有一个或数个为负数时，那么 $F(m_1, m_2, \cdots, m_n) = 0$.

---

① 本文原载于《新科学》1955 年第 4 期.

证明 首先我们要证明下面的结论是成立的.

$S_f(m)$ 中任意一项 $b_1^{m_1} b_2^{m_2} \cdots b_n^{m_n} (m_1 + 2m_2 + \cdots + nm_n = m)$ 的系数是与 $(-1)^{m_1+m_2+\cdots+m_n}$ 同号的.

事实上,当 $m=1$ 时显然成立;设 $m=k-1$ 时亦成立. 由式(2)知 $S_f(k)$ 中任意一项 $b_1^{k_1} b_2^{k_2} \cdots b_n^{k_n} (k_1 + 2k_2 + \cdots + nk_n = k)$ 的系数是与 $(-1)^{k_1+k_2+\cdots+k_n}$ 同号的.

从这一结论可知 $F(m_1, m_2, \cdots, m_n) \geqslant 0$.

此外,我们也不难用数学归纳法证明:当 $m_1, m_2, \cdots, m_n$ 中有一个或数个为负数时,那么 $F(m_1, m_2, \cdots, m_n) = 0$ 是成立的.

(ii) $F(m_1, m_2, \cdots, m_n) = F(m_1 - 1, m_2, \cdots, m_n) + F(m_1, m_2 - 1, \cdots, m_n) + \cdots + F(m_1, m_2, \cdots, m_n - 1)$.

证明 以式(4)代入式(2)中比较 $b_1^{m_1} b_2^{m_2} \cdots b_n^{m_n}$ 的各项系数即得此结果.

因此 $F(m_1, m_2, \cdots, m_n)$ 可以展开成下列形式:

$$F(m_1, m_2, \cdots, m_n) = F(m_1 - 1, m_2, \cdots, m_n) + F(m_1, m_2 - 1, \cdots, m_n) + \cdots + F(m_1, m_2, \cdots, m_n - 1) =$$
$$F(m_1 - 2, m_2, \cdots, m_n) + F(m_1 - 1, m_2 - 1, \cdots, m_n) + \cdots + F(m_1, m_2, \cdots, m_n - 2) = \cdots =$$
$$A_1 F(1, 0, \cdots, 0) + A_2 F(0, 1, \cdots, 0) + \cdots + A_n F(0, 0, \cdots, 1)$$

在 $F(m_1, m_2, \cdots, m_n)$ 的展开式中 $m_1, m_2, \cdots, m_n$ 依次减低 $m_1 - 1, m_2, \cdots, m_n$ 次之后出现的 $F(1, 0, \cdots, 0)$ 的总数(即 A_1 的数值),从排列组合中不尽相异的 m 个文字排列的定义可以知道 A_1 的数值等于 $(m_1 - 1) + m_2 + \cdots + m_n$ 个文字内含有 $(m_1 - 1)$ 个相同的文字,m_2 个相同的文字,$\cdots$,m_n 个相同的文字排列的总数. 因此由我们已知的公式得到

$$A_1 = \frac{\overline{(m_1 - 1 + m_2 + \cdots + m_n)!}}{(m_1 - 1)! m_2! \cdots m_n!} = \frac{m_1 (m_1 + m_2 + \cdots + m_n - 1)!}{m_1! m_2! \cdots m_n!}$$

同理得出

$$A_2 = \frac{m_2 (m_1 + \cdots + m_n - 1)!}{m_1! m_2! \cdots m_n!}, \cdots, A_n = \frac{m_n (m_1 + \cdots + m_n - 1)!}{m_1! m_2! \cdots m_n!}$$

事实上,我们还可以用数学归纳法来证明 $A_1, A_2, \cdots, A_n$ 诸值是正确的.

特别当 $m \geqslant n$ 时,由式(2)易知 $S_f(m)$ 中 b_m 一项系数的绝对值为 m,与式(4)比较即得

$$F(1, 0, \cdots, 0) = 1, F(0, 1, \cdots, 0) = 2, \cdots, F(0, 0, \cdots, 1) = n$$

设 $m_1, m_2, \cdots, m_n$ 是不全为零的正整数时,那么

$$F(m_1, m_2, \cdots, m_n) = \sum_{i=1}^{n} \frac{i m_i (m_1 + m_2 + \cdots + m_n - 1)!}{m_1! m_2! \cdots m_n!} = \frac{(m_1 + 2m_2 + \cdots + nm_n)(m_1 + m_2 + \cdots + m_n - 1)!}{m_1! m_2! \cdots m_n!} \tag{5}$$

由式(5)代入式(4)内得到

$$S_f(m) = \sum_{m_1 + 2m_2 + \cdots + nm_n = m} (-1)^{m_1 + m_2 + \cdots + m_n} \frac{m(m_1 + m_2 + \cdots + m_n - 1)!}{m_1! m_2! \cdots m_n!} b_1^{m_1} b_2^{m_2} \cdots b_n^{m_n} \tag{6}$$

式(6)称为华林公式.

2 华林公式中各项系数和及各项系数绝对值之和

设一多项式
$$\varphi(x) = x^n + x^{n-1} + \cdots + 1$$
从式(6)得到
$$S_\varphi(m) = \sum_{m_1+2m_2+\cdots+nm_n=m} (-1)^{m_1 m_2+\cdots+m_n} \frac{m(m_1+m_2+\cdots m_n-1)!}{m_1! m_2! \cdots m_n!}$$
置 $\psi(x) = (x-1)\varphi(x) = x^{n+1}-1$,显然
$$S_\psi(m) = S_\varphi(m) + 1$$
当 $m \equiv 0 \pmod{n+1}$ 时,得 $S_\psi(m) = r_1+1$,即 $S_\varphi(m) = n$;
当 $m \not\equiv 0 \pmod{n+1}$ 时,得 $S_\psi(m) = 0$,即 $S_\varphi(m) = -1$.
因此得到下述定理:

定理 1 $\sum_{m_1+2m_2+\cdots+nm_n=m} (-1)^{m_1+m_2+\cdots+m_n} \cdot \frac{m(m_1+m_2+\cdots+m_n-1)!}{m_1! m_2! \cdots m_n!} =$
$$\begin{cases} -1, \text{当 } m \not\equiv 0 \pmod{n+1} \\ n, \text{当 } m \equiv 0 \pmod{n+1} \end{cases}$$

又设一多项式
$$\varphi(x) = x^n - x^{n-1} - \cdots - 1$$
从式(6)得到
$$S_\varphi(m) = \sum_{m_1+2m_2+\cdots+nm_n=m} \frac{m(m_1+m_2+\cdots+m_n-1)!}{m_1! m_2! \cdots m_n!}$$
置 $\psi(x) = (x-1)\varphi(x) = x^{n+1} - 2x^n + 1$,再从式(6)得到
$$S_\psi(m) = \sum_{m_1+(n+1)m_2=m} (-1)^{m_1+m_2} \frac{m(m_1+m_2-1)!}{m_1! m_2!} (-2)^{m_1} =$$
$$2^m + \sum_{k=1}^{\left[\frac{m}{n+1}\right]} (-1)^k \frac{m}{k} \binom{m-kn-1}{k-1} 2^{m-k(n+1)}$$
又由于 $S_\psi(m) = S_\varphi(m) + 1$,因此得到下述定理:

定理 2 $\sum_{m_1+2m_2+\cdots+nm_n=m} \frac{m(m_1+m_2+\cdots+m_n-1)!}{m_1! m_2! \cdots m_n!} =$
$$2^m - 1 + \sum_{k=1}^{\left[\frac{m}{n+1}\right]} (-1)^k \frac{m}{k} \binom{m-kn-1}{k-1} 2^{m-k(n+1)}$$

3 华林公式中的项数

设一多项式

$$g(x) = x^{n-1} + b_1 x^{n-2} + \cdots + b_{n-1}$$

由式(6)知道 $S_f(m)$ 内除去含有 b_n 的项数之外就是 $S_g(m)$. 这样 $S_f(m)$ 就可以写成

$$S_f(m) = S_g(m) + \sum_{\substack{m_1+2m_2+\cdots+nm_n=m \\ m_n \geq 1}} (-1)^{m_1+m_2+\cdots+m_n} \frac{m(m_1+m_2+\cdots+m_n-1)!}{m_1!m_2!\cdots m_n!} b_1^{m_1} b_2^{m_2} \cdots b_n^{m_n} =$$

$$S_g(m) + b_n \sum_{m'_1+2m'_2+\cdots+nm'_n=m-n} (-1)^{m'_1+m'_2+\cdots+m'_n} \frac{m(m'_1+m'_2+\cdots+m'_n-1)!}{m'_1!m'_2!\cdots m'_n!} b_1^{m'_1} b_2^{m'_2} \cdots b_n^{m'_n}$$

由此可知 $S_f(m)$ 内的项数等于 $S_g(m)$ 与 $S_f(m-n)$ 内项数之和.

设式(6)中的项数为 $\{n,m\}$, 因此就有

$$\begin{cases} \text{当 } m < n \text{ 时}, \{n,m\} = \{n-1,m\} \\ m \geq n \text{ 时}, \{n,m\} = \{n,m-n\} + \{n-1,m\} \end{cases} \tag{7}$$

根据式(7)得到下列项数表:

n \ m	0	1	2	3	4	5	6	7	8	⋯
1	1	1	1	1	1	1	1	1	1	⋯
2	1	1	2	2	3	3	4	4	5	⋯
3	1	1	2	3	4	5	7	8	10	⋯
4	1	1	2	3	5	6	9	11	15	⋯
⋯			⋯			⋯			⋯	

从式(7),式(8)易知

$1°$ $\{1,m\} = 1.$

$2°$ $\{2,m\} = x+1$ $\begin{pmatrix} x = \dfrac{m}{2} \end{pmatrix}$ 当 $m \equiv 0 \pmod{2}$

$\begin{pmatrix} x = \dfrac{m-1}{2} \end{pmatrix}$ 当 $m \equiv 1 \pmod{2}$

当 $n > 2$ 时, 我们可用下法得之.

例 $\{3, 6x\} = \{2, 6x\} + \{2, 6x-3\} + \cdots + \{2, 3\} + \{2, 0\} =$

$$\sum_{k=0}^{x} \{2, 6x-6k\} + \sum_{k=1}^{x} \{2, 6x-6k+3\} =$$

$$\sum_{k=0}^{x} [3(x-k)+1] + \sum_{k=1}^{x} (3x-3k+1) = 3x^2 + 3x + 1.$$

一般而言, 设 l 为 $1,2,\cdots,n$ 的最小公倍数, r 是整数且 $0 \leq r < n$ 时, 由式(7)易得

$$\{n, lx+r\} = \{n-1, lx+r\} + \{n-1, lx+r-n\} + \{n-1, lx+r-2n\} + \cdots + \{n-1, r\}$$

利用这一关系式我们可用数学归纳法来证明下述定理.

定理 3 设 l 是 $1,2,\cdots,n$ 的最小公倍数, 那么一定存在 l 个(不能低于 l 个)以正整数为系数的 $n-1$ 次多项式: $f_0(x), f_1(x), \cdots, f_{l-1}(x)$, 使数列: $f_0(0), f_1(0), \cdots, f_{l-1}(0), f(1), f_1(1), \cdots, f_{l-1}(1), \cdots$ 与数列: $\{n,0\}, \{n,1\}, \cdots, \{n,l-1\}, \{n,l\}, \cdots, \{n, 2l-1\}\cdots$, 诸对应项完全相等.

4　华林公式在特殊多项式上的应用

利用华林公式在特殊多项式上有时亦能获得许多有用的结果,这里应用这一方法可以获得费马定理的别证及贝努利数的公式.

1° **费马定理**　设一多项式

$$\varphi(x) = x^n + \binom{n}{1}x^{n-1} + \binom{n}{2}x^{n-2} + \cdots + \binom{n}{n}$$

但

$$\binom{n}{r} = \frac{n(n-1)(n-2)\cdots(n-r+1)}{r!}$$

由式(6)得到

$$S_\varphi(m) = \sum_{m_1+2m_2+\cdots+nm_n=m} (-1)^{m_1+m_2+\cdots+m_n} \frac{m(m_1+m_2+\cdots+m_n-1)!}{m_1!m_2!\cdots m_n!} \cdot \left[\binom{n}{1}\right]^{m_1}\left[\binom{n}{2}\right]^{m_2}\cdots\left[\binom{n}{n}\right]^{m_n}$$

从牛顿二项式定理知道

$$\varphi(x) = (x+1)^n$$

这样,$\varphi(x)$中的n个根皆为-1,所以直接得到

$$S_\varphi(m) = (-1)^m + \cdots + (-1)^m = (-1)^m \cdot n$$

因此就得恒等式

$$\sum_{m_1+2m_2+\cdots+nm_n=m} (-1)^{m_1+m_2+\cdots+m_n} \frac{m(m_1+\cdots+m_n-1)!}{m_1!\cdots m_n!}\left[\binom{n}{1}\right]^{m_1}\cdots\left[\binom{n}{n}\right]^{m_n} = (-1)^m \cdot n \tag{9}$$

由数论上的知识,我们是不难证明下面的事实:

(i) 设r为一整数,且$0 \leqslant r \leqslant n$时,那么$\binom{n}{r}$是一正整数.

(ii) 设p为素数,$p = p_1 + 2p_2 + \cdots + np_n$ 除去$p = p$的情况以外,那么

$$\frac{p(p_1+\cdots+p_1-1)!}{p_1!\cdots p_n!} \equiv 0(\mathrm{mod}, p)$$

当m为素数且$(n,m)=1$时,从式(9)应用(i),(ii)两结果得到

$$n^{m-1} \equiv 1(\mathrm{mod}, m) \tag{10}$$

通称式(10)为费马定理.

2° **贝努利数字**　由我们已知的恒等式[参看 H. S. Hall & S. R. Knight, Higher Algebra(1927)p336 − 337.]

$$\sum_{t=1}^n r^m = \frac{n^{m+1}}{m+1} + \frac{1}{2}n^m + B_1\frac{m}{2!}n^{m-1} - B_3\frac{m(m-1)(m-2)}{4!}n^{m-3} + $$

$$B_5 \frac{m(m-1)(m-2)(m-3)(m-4)}{6!}n^{m-5} - \cdots$$

其中 $B_1, B_3, B_5, \cdots$ 称为贝努利数.

置
$$H_1 = \frac{1}{2}, \qquad H_{r+1} = \frac{B_r}{(r+1)!} \qquad r = 1, 2, \cdots \tag{11}$$

这里 $B_{2k} = 0, (k = 1, 2, \cdots)$.

把式(11)代入贝努利数的关系式

$$1 = \frac{1}{n+1} + \frac{1}{2} + \frac{\binom{n}{1}}{2}B_1 - \frac{\binom{n}{3}}{4}B_3 + \frac{\binom{n}{5}}{6}B_5 - \cdots \qquad n = 1, 2, \cdots$$

中,经过整理之后,得出

$$-\frac{n}{(n+1)!} + \frac{H_1}{n!} + \frac{H_2}{(n-1)!} - \frac{H_4}{(n-3)!} + \cdots = 0 \tag{12}$$

设一多项式

$$\varphi(x) = x^m - \frac{1}{2!}x^{m-1} + \frac{1}{3!}x^{m-2} - \cdots + (-1)^m \frac{1}{(m+1)!} \tag{13}$$

当 $n < m$ 时,从式(13)应用牛顿公式得出

$$S(n) - \frac{1}{2!}S(n-1) + \frac{1}{3!}S(n-2) - \cdots + (-1)^n \frac{m}{(n+1)!} = 0 \tag{14}$$

在式(12),式(14)中,依次令 $n = 1, 2, 3, \cdots$ 代入,比较得出

$$\begin{cases} S(2k) = H_{2k} & k = 1, 2, \cdots \\ S(4k-3) = H_{4k-3} & 4 \leqslant 4k < m+3 \\ S(4k-1) = -H_{4k-1} & 2 < 4k < m+1 \end{cases} \tag{15}$$

因此就有等式

$$|S(n)| = H_n \qquad n < m \tag{15'}$$

又从我们熟知的公式

$$\frac{\varphi'(x)}{\varphi(x)} = \frac{1}{x-\beta_1} + \frac{1}{x-\beta_2} + \cdots + \frac{1}{x-\beta_n}$$

(这里 $\beta_1, \beta_2, \cdots, \beta_n$ 为多项式 $\varphi(x)$ 的 n 个根.)

则得

$$\frac{x\varphi'(x) - m\varphi(x)}{\varphi(x)} = S(1)x^{-1} + S(2)x^{-2} + \cdots \tag{16}$$

其中

$$x\varphi'(x) - m\varphi(x) = \frac{1}{2!}x^{m-1} - \frac{1}{3!}x^{m-2} + \frac{1}{4!}x^{m-3} - \frac{1}{5!}x^{m-4} + \cdots$$

关于 $B_1, B_3, \cdots$ 的求法,可以应用综合除法作如下的计算.

| $\frac{1}{2!}$ | $\frac{1}{2!} - \frac{2}{3!}$ | $\frac{3}{4!} - \frac{4}{5!}$ | $\frac{5}{6!} - \frac{6}{7!}$ | $\frac{7}{8!} - \frac{8}{9!}$ | $\cdots$ |

$$\begin{vmatrix} -\dfrac{1}{3!} & \dfrac{1}{2\cdot 2!} & -\dfrac{1}{2\cdot 3!} & \dfrac{1}{2\cdot 4!} & -\dfrac{1}{2\cdot 5!} & \dfrac{1}{2\cdot 6!} & -\dfrac{1}{2\cdot 7!} & \dfrac{1}{2\cdot 8!} & \cdots \\ & & -\dfrac{1}{12\cdot 2!} & \dfrac{1}{12\cdot 3!} & -\dfrac{1}{12\cdot 4!} & \dfrac{1}{12\cdot 5!} & -\dfrac{1}{12\cdot 6!} & \dfrac{1}{12\cdot 7!} & \cdots \\ \dfrac{1}{4!} & & & \dfrac{1}{30\cdot 4!2!} & & -\dfrac{1}{30\cdot 4!\cdot 3!} & & \dfrac{1}{30\cdot 4!4!} & -\dfrac{1}{30\cdot 4!\cdot 5!} \\ -\dfrac{1}{5!} & & & & & -\dfrac{1}{42\cdot 6!2!} & & \dfrac{1}{42\cdot 6!3!} & \cdots \\ \vdots & \dfrac{1}{2!}-\dfrac{1}{6\cdot 2!} & 0 & \dfrac{1}{30\cdot 4!} & 0 & -\dfrac{1}{42\cdot 6!} & 0 & \dfrac{1}{30\cdot 8!} & \cdots \end{vmatrix}$$

由式(11),式(15)′知道

$$B_1=\frac{1}{6}, B_3=\frac{1}{30}, B_5=\frac{1}{42}, B_7=\frac{1}{30}, \cdots$$

再从式(13) 应用式(6) 的结果得到

$$S(n+1)=\sum_{n_1+2n_2+\cdots m n_m=n+1}(-1)^{n_1+\cdots+n_m}\frac{(n+1)(n_1+\cdots+n_m-1)!}{n_1!\cdots n_m!}\left(-\frac{1}{2!}\right)^{n_1}\cdots \left[(-1)^m\frac{1}{(m+1)!}\right]^{n_m}$$

又由式(11),式(15)′知道,当 $n < m$ 时就有

$$\frac{B_n}{(n+1)!}\left|\sum_{\sum_{i=1}^{m}in_i=n+1}(-1)^{\sum_{i=1}^{[\frac{m}{2}]}n_{1i}}\frac{(n+1)(\sum_{i=1}^{m}n_i-1)!}{\prod_{i=1}^{m}\{n_i![(i+1)]^{n_i}\}}\right|$$

将 $m\to\infty$ 时,就可以获得

$$B_n=\left|\sum_{\sum in_i=n+1}(-1)^{\sum n_{2i}}\frac{(n+1)(\sum n_i-1)!}{\prod_{i=1}\{n_i![(i+1)!]^{n_i}\}}\right|\cdot(n+1)! \qquad (17)$$
$$(n=1,2,3,\cdots)$$

贝努利数字便可由式(17) 算出

推论 设一行列式

$$\Delta_n=(-1)^{n+1}\begin{vmatrix} \dfrac{1}{2!} & 1 & 0 & \cdots & 0 \\ \dfrac{1}{3!} & \dfrac{1}{2!} & 1 & \cdots & 0 \\ \dfrac{1}{4!} & \dfrac{1}{3!} & \dfrac{1}{2!} & \cdots & 0 \\ \vdots & \vdots & \vdots & & \vdots \\ \dfrac{1}{(n+1)!} & \dfrac{1}{n!} & \dfrac{1}{(n-1)!} & \cdots & \dfrac{1}{2!} \end{vmatrix}$$

从我们已知的结果[注] 和式(11),式(15) 得到

$$\Delta_n = S(n)$$

因此

$$\Delta_n = \sum_{\sum_{i=1}^{\infty} i n_i = n} (-1)^{\sum_{i=1}^{\infty} n_{2i}} \frac{n(\sum_{i=1}^{\infty} n_i - 1)!}{\prod_{i=1}^{\infty} n_i! [(i+1)!]^{n_i}}$$

$$(n = 1, 2, \cdots)$$

注 参见 АИМАРКУШЕВИЧ, ТЕОРИЯ АНАЛИТИЧЕСКИХ ФУНКДИЙ. P256-258.

一个"素数通式"实际是毫无意义的符号游戏

谢彦麟[①]

素数的研究是数论的一大难题,如素数序列有无通项公式,素数分布规律,寻求已知的最大素数,哥德巴赫猜想……,这些问题永远是数论专家的研究课题.

1976 年滑铁卢大学 Ross Honsberger 教授在其所著 *Mathematical Gems II*《数学珍宝》一书中介绍 Wilson 定理时给出一个"素数通式":

$$f(m,n) = \frac{n-1}{2}[\,|\,B^2-1\,|-(B^2-1)\,]+2$$

其中

$$B = m(n+1)-(n!+1), m,n \in \mathbf{Z}^+$$

他证明了 $f(m,n)$ 必为素数,且可等于任何素数,又每个奇素数只取一次. 世界各国数学家十分重视他的这个结果,有些数学专著亦予以介绍,中国科学院数学研究所编译的专门收集国外最新成果的《数学译林》1984 年 3 月亦译载了 Honsberger 书中有关章节. 既然发现了"素数通式",岂非有关素数的一切问题都可迎刃而解了?但是加拿大昆斯(皇后)大学 Paulo Ribenboim 教授于 1996 年发表的综述素数研究成果的专著 *The New Book of Prime Number Records* 虽把《数学珍宝》列为参考书,但对上述"通式"只字不提,这是何故?

本人并不擅长数论,但斗胆发表意见:这个"通式"实际是一个毫无意义的符号游戏!

因 $B=0$ 时

$$|\,B^2-1\,|-(B^2-1) = 2$$
$$f(m,n) = n+1$$

而 $B \neq 0$ 时整数 $B^2 \geqslant 1, B^2-1 \geqslant 0$,

$$|\,B^2-1\,|-(B^2-1) = (B^2-1)-(B^2-1) = 0$$
$$f(m,n) = 2$$

而按 Wilson 定理,当且仅当 $n+1$ 为素数时 $n+1$ 可整除 $n!+1$. 故当且仅当 $n+1$ 为素数且正整数 $m = \dfrac{n!+1}{n+1}$ 时 $B=0, f(m,n) = n+1$. 于是实际上

[①] 谢彦麟,华南师范大学数学科学学院.

$$f(m,n) = \begin{cases} n+1 & \text{当 } n+1 \text{ 为素数且 } m = \dfrac{n!+1}{n+1} \\ 2 & \text{其他情况} \end{cases}$$

这时这个素数"通式"还能有什么意义呢?由上式可知 Honsberger 的上述结论也完全正确,它们实际是 Wilson 定理的推论. $f(m,n)$ 的原表示式看似较复杂,故弄玄虚,实际不过是符号游戏了!如果它在有关素数的理论研究有用的话,实际只不过是 Wilson 定理所起的作用罢了!用 Wilson 定理必更为直接简单!

用三角、解析几何、复数计算解 IMO 等的几何题

谢彦麟[①]

在《历届 IMO 试题集》、《美国大学生数学竞赛试题集》、《中国数学奥林匹克试题集》中,有如下题目可改用三角、解析几何、复数计算解之,计算过程并不繁琐又较易想出解法(或改进了原文的三角、解析几何、复数解法).

IMO-7, No.5(1) 如图 1 所示,$\triangle AOB$ 中 $\angle O$ 为锐角,在 AB 边取动点 M,M 在 OA、OB 的射影分别为 P、Q,求 $\triangle POQ$ 垂心 H 的轨迹.

解 分别以射线 OA,OB 为正半 x,y 轴作斜坐标系,则可设 $A(a,0)$,$B(0,b)$,又设 $\angle O = \theta$,从而 $M(\lambda a, \mu b) \lambda + \mu = 1$. 由图 1 可见 $P(\lambda a + \mu b\cos\theta, 0)$,$Q(0, \mu b + \lambda a\cos\theta)$,作 $\triangle POQ$ 的高 PP_1,QQ_1,则 $P_1(0, (\lambda a + \mu b\cos\theta)\cos\theta, 0)$,$Q_1((\mu b + \lambda a\cos\theta)\cos\theta, 0)$. 从而得方程

$$PP_1 : \frac{x}{\lambda a + \mu b\cos\theta} + \frac{y}{(\lambda a + \mu b\cos\theta)\cos\theta} = 1$$

$$QQ_1 : \frac{x}{(\mu b + \lambda a\cos\theta)\cos\theta} + \frac{y}{\mu b + \lambda a\cos\theta} = 1$$

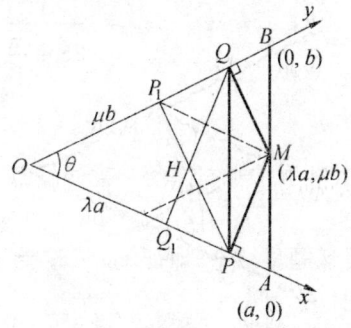

图 1

解得 H 坐标为

$$x = \mu b\cos\theta = (1-\lambda)b\cos\theta$$
$$y = \lambda a\cos\theta$$

此乃直线的参数(λ)方程,H 之轨迹为其在 $\triangle AOB$ 内的线段,令 $\lambda = 0, 1$ 得其二端点为 $A'(b\cos\theta, 0)$,$B'(0, a\cos\theta)$,即分别为 $\triangle AOB$ 的高 AA'、BB' 的垂足.

IMO-17, No.3 如图 2 所示,在 $\triangle ABC$ 的三边向外作 $\triangle ABR$,$\triangle BCP$,$\triangle CAQ$,使 $\angle CAQ = \angle CBP = 45°$,$\angle ACQ = \angle BCP = 30°$,$\angle ABR = \angle BAR = 15°$. 证 $QR = PR$,$QR \perp PR$.

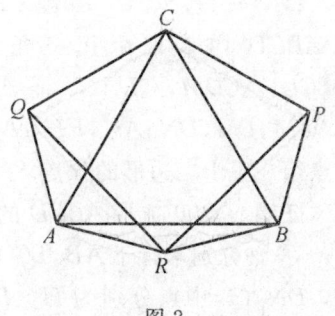

图 2

---

① 谢彦麟,华南师范大学数学系.

证明 任取复平面. 对任一点 M 以 Z_M 表示点 M 在复平面所表示的复数(下题同). 则

$$z_R - z_B = \frac{z_A - z_B}{2\cos\frac{\pi}{12}} e^{\frac{\pi}{12}i} (因 |AB| = |RB| \cdot 2\cos\frac{\pi}{12})$$

$$z_P - z_B = \frac{(z_C - z_B)\sin\frac{\pi}{6}}{\sin\frac{7}{12}\pi} e^{-\frac{\pi}{4}i} =$$

$$\frac{z_C - z_B}{2\cos\frac{\pi}{12}} e^{-\frac{\pi}{4}i} (因 |CB| = |PB| \frac{\sin\frac{7}{12}\pi}{\sin\frac{\pi}{6}})$$

$$z_P - z_R = \frac{1}{2\cos\frac{\pi}{12}} [(z_C - z_B)e^{-\frac{\pi}{4}i} - (z_A - z_B)e^{\frac{\pi}{12}i}]$$

类似的

$$z_Q - z_R = \frac{1}{2\cos\frac{\pi}{12}}[(z_C - z_A)e^{\frac{\pi}{4}i} - (z_B - z_A)e^{-\frac{\pi}{12}i}]$$

于是要证题目结论,即证 $z_Q - z_R = i(z_P - z_R)$

只要证

$$(z_C - z_A)e^{\frac{\pi}{4}i} - (z_B - z_A)e^{-\frac{\pi}{12}i} =$$
$$(z_C - z_B)e^{\frac{\pi}{4}i} - (z_A - z_B)e^{\frac{7}{12}\pi i}$$

即证

$$(e^{-\frac{\pi}{12}i} + e^{\frac{7}{12}\pi i} - e^{\frac{\pi}{4}i})z_A = (e^{\frac{7}{12}\pi i} + e^{-\frac{\pi}{12}i} - e^{\frac{\pi}{4}i})z_B$$

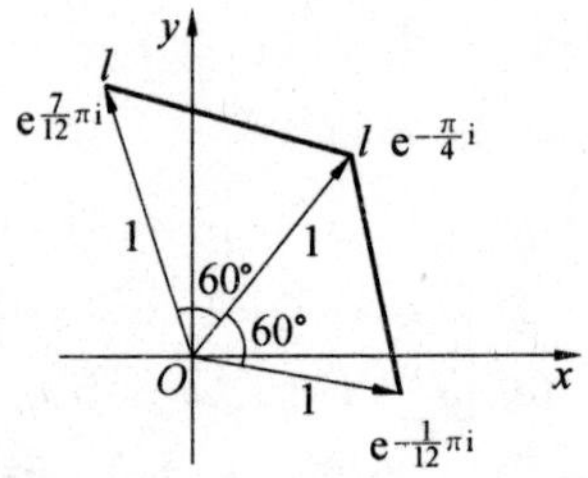

按复数加法的几何意义,如图 3 所示,易见 $e^{\frac{7}{12}\pi i} + e^{-\frac{\pi}{12}i} = e^{\frac{\pi}{4}i}$,故所证成立.

IMO-19, No.1 如图 4 所示,在正方形 $ABCD$ 内作四个正三角形 $\triangle ABK$, $\triangle BCL$, $\triangle CDM$, $\triangle DAN$. 证 AK, BK, BL, CL, CM, DM, DN, AN, KL, LM, MN, NK 中点组成正十二边形的顶点.

证明 以正方形 $ABCD$ 的中心 O 为原点, x, y 轴分别平行于 AB, BC 作复平面. 设 KL, DN, CL 中点分别为 H_1、H_2、H_3,由对称性只要证 $z_{H_3} \cdot e^{\frac{\pi}{6}i} = z_{H_2}, z_{H_2} \cdot e^{\frac{\pi}{6}i} = z_{H_1}$ 即可. 不妨设此正方形边长为 2,则

$$z_A = -1-i, z_B = 1-i$$

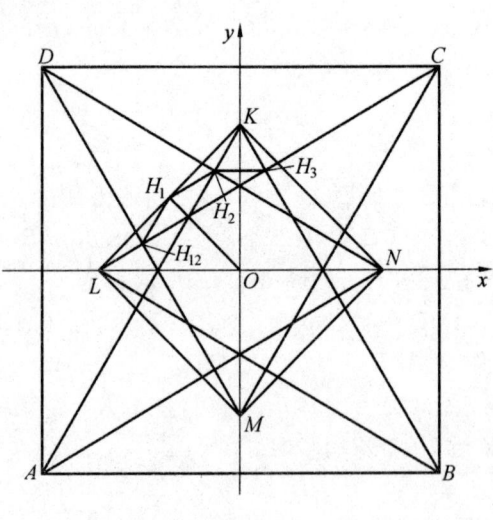

图 3

图 4

$$z_C = 1+i, z_D = -1+i$$

易得

$$z_K = (\sqrt{3}-1)i$$

$$z_N = \sqrt{3}-1$$

$$z_L = -\sqrt{3}+1$$

$$z_{H_1} = \frac{-\sqrt{3}+1}{2} + \frac{\sqrt{3}-1}{2}i$$

$$z_{H_2} = \frac{-2+\sqrt{3}}{2} + \frac{1}{2}i$$

$$z_{H_3} = \frac{2-\sqrt{3}}{2} + \frac{1}{2}i$$

从而

$$z_{H_3} \cdot e^{\frac{\pi}{6}i} = \left(\frac{2-\sqrt{3}}{2} + \frac{1}{2}i\right)\left(\frac{\sqrt{3}}{2} + \frac{1}{2}i\right) = \left(\frac{2\sqrt{3}-3}{4} - \frac{1}{4}\right) + \left(\frac{2-\sqrt{3}}{4} + \frac{\sqrt{3}}{4}\right)i = z_{H_2}$$

$$z_{H_2} \cdot e^{\frac{\pi}{6}i} = \left(\frac{-2+\sqrt{3}}{2} + \frac{1}{2}i\right)\left(\frac{\sqrt{3}}{2} + \frac{1}{2}i\right) = \left(\frac{-2\sqrt{3}+3}{4} - \frac{1}{4}\right) + \left(\frac{-2+\sqrt{3}}{4} + \frac{\sqrt{3}}{4}\right)i = z_{H_1}$$

结论得证.

又解 求得 $z_{H_1}, z_{H_2}, z_{H_3}$ 后只要再证 $|H_1H_2|^2 = |H_2H_3|^2$ 及 $\angle H_1H_2H_3 = \angle H_{12}H_1H_2 = 150°$ (H_{12} 为 DM 中点) 即可.

$$|H_1H_2|^2 = |z_{H_2} - z_{H_1}|^2 = \left(\frac{-3+2\sqrt{3}}{2}\right)^2 + \left(\frac{2-\sqrt{3}}{2}\right)^2 = \left(\frac{2-\sqrt{3}}{2}\right)^2(\sqrt{3}^2+1) = (2-\sqrt{3})^2 = |H_2H_3|^2$$

又斜率

$$k_{H_1H_2} = \frac{\frac{1}{2} - \frac{\sqrt{3}-1}{2}}{\frac{-2+\sqrt{3}}{2} - \frac{-\sqrt{3}+1}{2}} = \frac{2-\sqrt{3}}{-3+2\sqrt{3}} = \frac{1}{\sqrt{3}}$$

因 H_2H_3 平行于 x 轴,直线 H_1H_2 倾斜角为 $30°$,故 $\angle H_1H_2H_3 = 150°$. 又据对称性知 H_1O 向下倾斜 $45°$,故 $\angle OH_1H_2 = 30° + 45° = 75°, \angle H_{12}H_1H_2 = 75° \times 2 = 150°$.

IMO $-$ 20, No. 2(推广,原题三球面重合) 如图 5 所示,以 O 为球心的三球面,最内球面内有定点 P,以 P 为起点任作三条两两垂直的射线,分别交三球面于 A, B, C,以

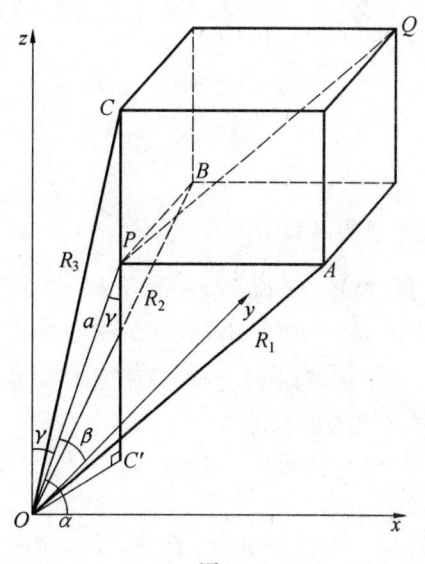

图 5

PA,PB,PC 为棱作长方体，PQ 为其对角线，求 Q 之轨迹.

解 以 O 为原点作活动坐标系，使 x,y,z 轴分别平行于 PA,PB,PC. 设 $\overrightarrow{OP}$ 的方向余弦为 $\cos\alpha,\cos\beta,\cos\gamma$. $|OP|=a$，球面半径 $|OA|=R_1,|OB|=R_2,|OC|=R_3$，则 Q 及 C 的 z 坐标 $\overline{C'C}=\pm\sqrt{R_3^2-a^2\sin^2\gamma}$（$Q,C$ 可能在 xOy 平面下方）. 类似得
$$Q(\pm\sqrt{R_1^2-a^2\sin^2\alpha},\pm\sqrt{R_2^2-a^2\sin^2\beta},\pm\sqrt{R_3^2-a^2\sin^2\gamma})$$
故
$$|OQ|^2=R_1^2+R_2^2+R_3^2-a^2(\sin^2\alpha+\sin^2\beta+\sin^2\gamma)=$$
$$R_1^2+R_2^2+R_3^2-2a^2 \quad (定值)(注意\cos^2\alpha+\cos^2\beta+\cos^2\gamma=1)$$
又 O 为定点，故 P 之轨迹为以 O 为球心 $\sqrt{R_1^2+R_2^2+R_3^2-2a^2}$ 为半径之球面.

IMO—29, No.1(2)（推广）（原题 P 在小圆上） 如图 6 所示，以 O 为圆心的二圆，小圆内或圆上定点 P，以 P 为起点任作相互垂直的二射线，与小圆、大圆分别交于 A,B. 求 AB 中点 M 之轨迹.

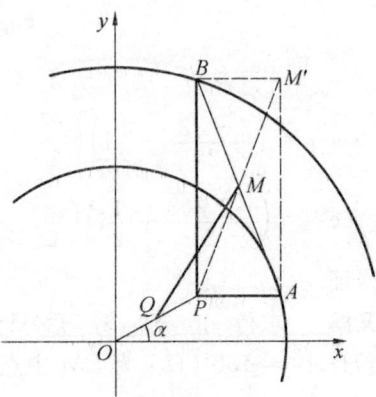

解 以 O 为原点作活动坐标系，使 x,y 轴分别平行于 PA,PB. 设 $|OP|=a$，大、小圆半径分别为 R,r，P 点辐角为 α，则 $P(a\cos\alpha,a\sin\alpha)$，$A(\pm\sqrt{r^2-a^2\sin^2\alpha},a\sin\alpha)$，$B(a\cos\alpha,\pm\sqrt{R^2-a^2\cos^2\alpha})$，$AB$ 中点 M 之坐标为
$$x=\frac{1}{2}a\cos\alpha\pm\frac{1}{2}\sqrt{r^2-a^2\sin^2\alpha}$$
$$y=\frac{1}{2}a\sin\alpha\pm\sqrt{R^2-a^2\cos^2\alpha}$$

图 6

OP 中点 Q（定点）的坐标正是上二式第一项 $(\frac{1}{2}a\cos\alpha,\frac{1}{2}a\sin\alpha)$，于是
$$|MQ|^2=(x-\frac{1}{2}a\cos\alpha)^2+(y-\frac{1}{2}a\sin\alpha)^2=$$
$$\frac{1}{4}(R^2+r^2-a^2)(定值)$$

故 M 之轨迹为以 Q 为圆心，$\frac{1}{2}\sqrt{R^2+r^2-a^2}$ 为半径之圆.

又解（简） 延长 PM 一倍至 M' 得矩形 $PAM'B$，先用类似上题方法求出 M' 之轨迹为以 O 为圆心，$\sqrt{R^2+r^2-a^2}$ 为半径之圆. 以 P 为位似中心，据位似性可知 M 之轨迹如上述.

IMO—29, No.5 如图 7 所示，$Rt\triangle ABC$ 斜边上的高为 AD，$\triangle ABD,\triangle ACD$ 内心分别为 O_1,O_2，直线 O_1O_2 分别与 AB、AC 交于 K、L. 证 $S_{\triangle ABC}\geqslant 2S_{\triangle AKL}$.

证明 以射线 AB,AC 分别为正半 x,y 轴作坐标

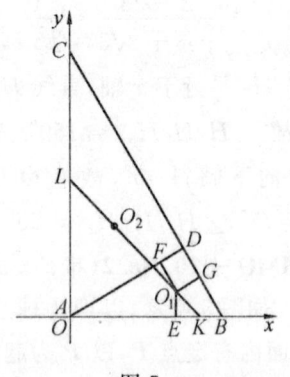

图 7

系. 设 $|AD|=h, O_1(x_1,y_1), O_2(x_2,y_2)$. 设 $\triangle ABD$ 内切圆分别与 AB, AD, BD 相切于 E, F, G. 则
$$x_1+y_1=|AE|+|EO_1|=|AF|+|FD|=h$$
同理
$$x_2+y_2=h$$
于是得直线 O_1O_2 方程为
$$x+y=h$$
从而知 $K(h,0), L(0,h)$, 得
$$|AK|=|AL|=h$$
$$S_{\triangle ABC}=\frac{1}{2}|AB|\cdot|AC|=\frac{1}{2}\frac{h}{\sin B}\cdot\frac{h}{\cos B}=$$
$$\frac{1}{2}h^2\cdot\frac{2}{\sin^2 B}\geqslant S_{\triangle AKL}\cdot 2$$

IMO-24, No.2 如图 8 所示, $\odot O_1, \odot O_2$ 交于 A, B, 其公切线 P_1P_2, Q_1Q_2 分别与 $\odot O_1(\odot O_2)$ 相切于 $P_1, Q_1(P_2, Q_2)$, M_1, M_2 分别为 P_1Q_1, P_2Q_2 中点. 证 $\angle M_1AO_1=\angle M_2AO_2$.

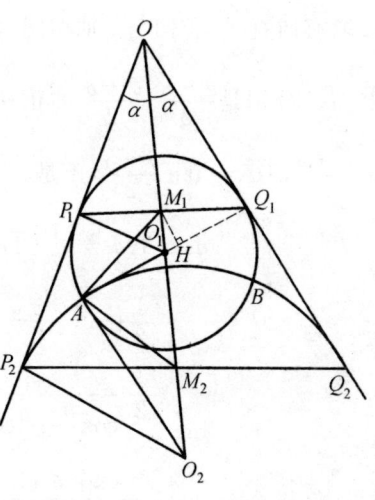

图 8

证明 设 $OO_1=a_1, OO_2=a_2, \angle P_2OO_2=\angle Q_2OO_2=\alpha$. 则 $O_1A=O_1P=a_1\sin\alpha, O_2A=O_2P_2=a_2\sin\alpha, O_1O_2=a_2-a_1$.
$$\cos\angle AO_1O_2=\frac{(a_1\sin\alpha)^2+(a_2-a_1)^2-(a_2\sin\alpha)^2}{2(a_2-a_1)a_1\sin\alpha}=$$
$$\frac{a_2\cos^2\alpha-a_1(1+\sin^2\alpha)}{2a_1\sin\alpha}$$
$$\sin\angle AO_1O_2=\frac{1}{2a_1\sin\alpha}\sqrt{(2a_1\sin\alpha)^2-[a_2\cos^2\alpha-a_1(1+\sin^2\alpha)]^2}=\frac{D}{2a_1\sin\alpha}$$
其中
$$D=\sqrt{2a_1a_2\cos^2\alpha(1+\sin^2\alpha)-(a_2^2+a_1^2)\cos^4\alpha}$$
又 $O_1M_1=O_1P_1\sin\alpha=a_1\sin^2\alpha$, 设 M_1 在直线 AO_1 的射影为 H, 则
$$\tan\angle M_1AO_1=\frac{M_1H}{AO_1+O_1H}=$$
$$\frac{a_1\sin^2\alpha\cdot\dfrac{D}{2a_1\sin\alpha}}{a_1\sin\alpha+a_1\sin^2\alpha\dfrac{a_2\cos^2\alpha-a_1(1+\sin^2\alpha)}{2a_1\sin\alpha}}=$$
$$\frac{D}{2a_1+a_2\cos^2\alpha-a_1(1+\sin^2\alpha)}=$$
$$\frac{D}{(a_2+a_1)\cos^2\alpha}$$

类似亦得 $\tan \angle M_2 AO_2 = \dfrac{D}{(a_2+a_1)\cos^2\alpha}$,故 $\angle M_1 AO_1 = \angle M_2 AO_2$.

IMO－33,No. 4　如图 9 所示,$\odot O$ 切线 l 上定点 M,由动点 P 作 $\odot O$ 二切线与 l 交于 B,C 使 M 为 BC 中点. 求 P 之轨迹.

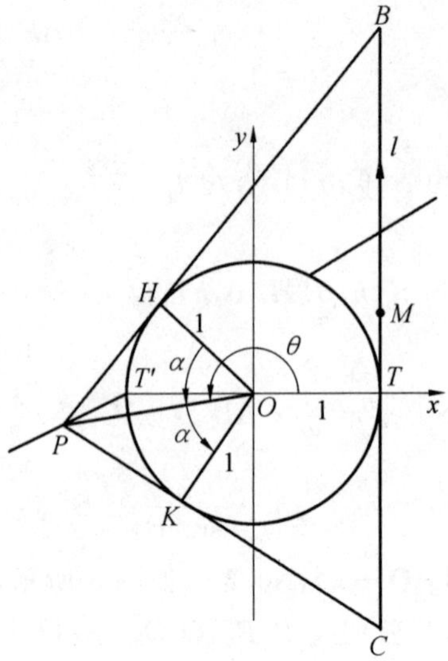

解　设 $\odot O$ 与直线 l,PB,PC 的切点分别是 T,H,K. 以 O 为原点,射线 OT 为正半 x 轴作坐标系. (不妨) 设 $\odot O$ 的半径为 1,$|OP|=\rho$,(有向角) $\angle TOP=\theta$,$\angle HOP=\angle POK=\alpha$,则 $\cos\alpha=\dfrac{1}{\rho}$. 取有向直线 l 正向与 y 轴相同. 设 $\overline{TM}=a$,易见 $\overline{TB},\overline{TC}$ 分别是 $\dfrac{\theta-\alpha}{2},\dfrac{\theta+\alpha}{2}$ 的正切线,从而 $\overline{TB}=\tan\dfrac{\theta-\alpha}{2}$,$\overline{TC}=\tan\dfrac{\theta+\alpha}{2}$,于是

$$a=\overline{TM}=\dfrac{1}{2}(\overline{TB}+\overline{TC})=$$
$$\dfrac{1}{2}\left(\tan\dfrac{\theta-\alpha}{2}+\tan\dfrac{\theta+\alpha}{2}\right)=$$
$$\dfrac{1}{2}\dfrac{\sin\theta}{\cos\dfrac{\theta-\alpha}{2}\cos\dfrac{\theta+\alpha}{2}}=$$
$$\dfrac{\sin\theta}{\cos\theta+\cos\alpha}=\dfrac{\sin\theta}{\cos\theta+\dfrac{1}{\rho}}=\dfrac{\rho\sin\theta}{\rho\cos\theta+1}=\dfrac{y}{x+1}$$

图 9

得直线
$$ax+a=y$$

此直线过直径 TT' 的端点 $T'(-1,0)$ 与 OM 平行,但 P 必在 $\odot O$ 外,故 P 之轨迹为此直线在 $\odot O$ 外的部分. (原文为以 T' 为起点的射线[①])

CMO－11,No. 1(C 表示 China,中国)　如图 10 所示,锐角 $\triangle ABC$ 垂心为 H,由 A 向以 BC 为直径的圆作切线 AP,AQ,P,Q 为切点. 证 P,H,Q 在一直线上.

证明　以直线 BC 为 x 轴,A 在 BC 的射影 D 为原点作坐标系. 可设 $B(-a,0),C(b,0)$,

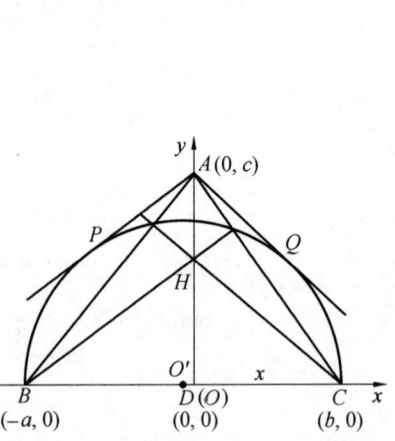

图 10

---

①　原文只考虑 P 在 $\odot O$ 左方情况,实际上 P 在 $\odot O$ 外其他位置亦有同样结论,亦经实践检验.

$A(0,c)$. 于是半圆圆心 $O'\left(\frac{b-a}{2},0\right)$，又由 $\triangle BDH \backsim \triangle ADC$ 得 $H\left(0,\frac{ab}{c}\right)$，故 $\odot O$ 的方程为

$$\left(x-\frac{b-a}{2}\right)^2+y^2=\left(\frac{b+a}{2}\right)^2$$

即

$$x^2-2\cdot\frac{b-a}{2}x+y^2=ab$$

从而 $A(0,c)$ 对 $\odot O$ 极线即 PQ 方程为 $0x-\frac{b-a}{2}(x+0)+cy=ab$，其与 y 轴交点为 $\left(0,\frac{ab}{c}\right)$ 即 H，故 P,H,Q 共线.

CMO－17, No. 1 如图 11 所示，$\triangle ABC$ 的三边长为 $a,b,c,c>b$，AD 为 $\angle BAC$ 平分线.

(1) 求在线段 AB,AC 上分别存在内点 E,F 使 $BE=CF$ 及 $\angle BDE=\angle CDF$ 的充要条件（用 $\angle A,\angle B,\angle C$ 表示）；

(2) 在上述情况下用 a,b,c 表示 BE.

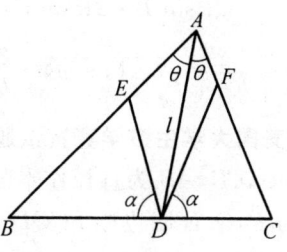

图 11

解 (1) 先求必要条件. 这时可设 $\angle BDE=\angle CDF=\alpha$，又设 $AD=l$，则

$$BE=\frac{BD\sin\alpha}{\sin(B+\alpha)}=\frac{l\sin\theta\sin\alpha}{\sin B\sin(B+\alpha)}, \quad CF=\frac{l\sin\theta\sin\alpha}{\sin C\sin(C+\alpha)}(\text{同理})$$

于是由 $BE=CF$ 得

即

$$\sin B\sin(B+\alpha)=\sin C\sin(C+\alpha)$$

$$\cos\alpha-\cos(2B+\alpha)=\cos\alpha-\cos(2C+\alpha)$$

$$\cos(2B+\alpha)=\cos(2C+\alpha)$$

$$2C+\alpha=2n\pi\pm(2B+\alpha)(n\in\mathbf{Z})$$

$$C+\frac{1}{2}\alpha=n\pi\pm\left(B+\frac{1}{2}\alpha\right)$$

故

（ⅰ）$C-B=n\pi$

或

（ⅱ）$C+B+\alpha=n\pi$

但 $0<B<C<\pi,0<B+C<\pi,0<\alpha<\pi$，故（ⅰ）不可能成立，由（ⅱ）只有 $C+B+\alpha=\pi,\alpha=\pi-B-C=A$. 但 $\alpha<\angle ADC=B+\frac{1}{2}A$，于是 $A<B+\frac{1}{2}A,A<2B$.

仅当 $\angle A<2\angle B$ 时，$\angle BDA>\angle CDA=\angle B+\frac{1}{2}\angle A>\angle A$，可在 $\angle BDA$ 及

$\angle CDA$ 内取 $\angle BDE = \angle CDF = \angle A$,则易见 $BE = CF$(同等于 $\dfrac{l\sin\dfrac{A}{2}\sin A}{\sin B \sin C}$).

所求充要条件为 $\angle A < 2\angle B$.

解(2) 设 $\triangle ABC$ 外接圆半径为 R,面积为 Δ,据角平分线公式 $l = \dfrac{2}{b+c} \cdot \sqrt{bcs(s-a)}$(其中 $s = \dfrac{1}{2}(a+b+c)$),半角公式 $\sin\dfrac{A}{2} = \sqrt{\dfrac{(s-b)(s-c)}{bc}}$,外接圆半径及面积公式 $R = \dfrac{abc}{4\Delta} = \dfrac{abc}{4\sqrt{s(s-a)(s-b)(s-c)}}$ 得

$$BE = \dfrac{l \cdot 2R\sin\dfrac{A}{2} \cdot 2R\sin A}{2R\sin B \cdot 2R\sin C} = \dfrac{2}{b+c}\sqrt{bcs(s-a)}\dfrac{2R\sin\dfrac{A}{2} \cdot a}{bc} =$$

$$\dfrac{2}{b+c}\sqrt{bcs(s-a)} \cdot \dfrac{2a}{bc} \dfrac{abc}{4\sqrt{s(s-a)(s-b)(s-c)}}\sqrt{\dfrac{(s-b)(s-c)}{bc}} = \dfrac{a^2}{b+c}.$$

《美国大学生数学竞赛试题集》培训题 No.77 如图 12 所示,线段 AB 内一点 C,分别以 AC,CB,AB 为直径作半圆 S_1,S_2,S,S_1 与 S_2 的内公切线 CD 交 S 于 D,外公切线的切点为 P,Q.证四边形 $PCQD$ 为矩形.

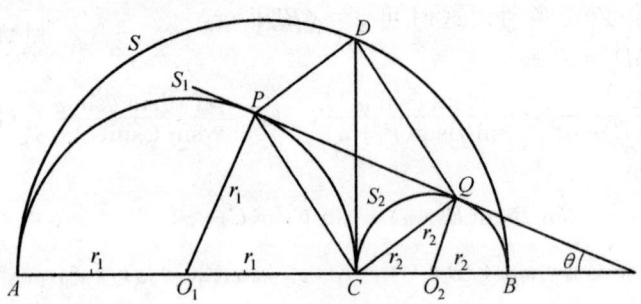

图 12

证明 当 C 为 AB 中点时易见结论成立.下设 C 非 AB 中点.

设 S_1,S_2 的半径分别为 r_1,r_2,直线 PQ 与 AB 相交所得锐角为 θ,不妨设 $r_1 > r_2$,则 $\sin\theta = \dfrac{r_1 - r_2}{r_1 + r_2}$,从而 $\cos\theta = \dfrac{2\sqrt{r_1 r_2}}{r_1 + r_2}$. 又

$$CD^2 = 2r_1 \cdot 2r_2 = 4r_1 r_2$$

$$PQ^2 = (r_1 + r_2)^2 - (r_1 - r_2)^2 = 4r_1 r_2$$

$$PC^2 + QC^2 = \left(2r_1 \sin\dfrac{90°-\theta}{2}\right)^2 + \left(2r_2 \cdot \sin\dfrac{90°+\theta}{2}\right)^2 = 4r_1^2 \dfrac{1-\sin\theta}{2} + 4r_2^2 \dfrac{1+\sin\theta}{2} =$$

$$2r_1^2 + 2r_2^2 + (2r_2^2 - 2r_1^2)\dfrac{r_1 - r_2}{r_1 + r_2} = 2r_1^2 + 2r_2^2 - 2(r_1 - r_2)^2 = 4r_1 r_2 = PQ^2$$

$$PD^2 + PC^2 = [(2\sqrt{r_1 r_2} - r_1\cos\theta)^2 + (r_1 - r_1\sin\theta)^2] + 2r_1^2(1 - \sin\theta) =$$

$$4r_1 r_2 - 4r_1\sqrt{r_1 r_2}\cos\theta + 4r_1^2 - 4r_1^2\sin\theta =$$

$$4r_1r_2 - 4r_1\sqrt{r_1r_2}\frac{2\sqrt{r_1r_2}}{r_1+r_2} + 4r_1^2 - 4r_1^2\frac{r_1-r_2}{r_1+r_2} =$$

$$4r_1r_2 - \frac{8r_1^2r_2}{r_1+r_2} + 4r_1^2\frac{2r_2}{r_1+r_2} = 4r_1r_2 = CD^2$$

故 $\angle CPD = \angle PCQ = 90°$，同理 $\angle CQD = 90°$（或从已证二直角及 $PQ = CD$ 可证 $\angle CQD = \angle PDQ = 90°$），于是证得矩形 $PCQD$。

数学轶事一束

欧阳锋

1. 诗情·画意·琴思

一个数学家,没有点诗人的味道,永远不会成为完善的数学家,这是千真万确的.

—— 魏尔斯特拉斯

(1) 海牙姆和他的《鲁拜集》

海牙姆*(Khayyam,O. 1050—1123)的《鲁拜集》,据费慈吉拉德(1809—1883)说,原文有四五种,各种版本所含首数不同,少的 158 首,多的 516 首.

费慈吉拉德《鲁拜集》的英译是 1857 年 1 月 15 日出版的.第一版只是一本薄薄的小册子,没有署名.出版者伦敦卡里奇(Quaritch)书店把它丢进四便士均一的书摊格子里,甚至减价到一便士,也没人要.1860 年,罗舍蒂(D. G. Rossetti)首先发现了这部译诗的优点,接着斯文邦(Swinbume)何通爵士(Lord Houghton)也极力称赞,一直到 1868 年才又出了第二版.其后,1872 年,1878 年,出了第三、四版.第一版只有七十五首,第二版最多,有一百一十首,第三、四版一百零一首,次序和语句都有些不同.郭沫若译的是他的第四版.

鲁拜是一种诗形.这种诗形,一首四行,第一、第二、第四行押韵,第三行大抵不押韵,和我国的绝句相类似.

现将其中八首录之于后.读者可以在这些诗里,读出我国李太白的韵味来.

(一)

我也学播了智慧之种,
亲手培植它渐渐恩宠,
而今我所获得的收成 ——
只是来如流水,逝如风.

(二)

飘飘入世,如水之不得不流,
不知何故来,也不知来自何处;
飘飘出世,如风之不得不吹,
风过漠地又不知吹向何许.

(三)

我们是活动的幻影之群,
绕着这走马灯儿来去,
在一个夜半深更,
点燃在魔术师的手里.

(四)

我们是可怜的一套象棋,
书与夜便是一张棋局,
任他走东走西或擒或杀,
走罢后又——收归匣里.

(五)

皮球.可也只有唯命是从,
一任那个打球者到处抛弄;
就是他把你抛到地来,
一切的原由只有他懂——他懂!

(六)

昨日已准备就今日的发狂,
明日的沉默,凯旋,失望;
饮罢!你不知何处来,何故来;
饮罢!你不知何故往,何处往.

(七)

奇哉,宁不奇乎?
前乎吾辈而死者万千无数,
欲曾无一人归来,
告诉我们当走的道路.

(八)

古代怪哲的宣传,
不过是痴人说梦,
醒后告了同僚,
匆匆又归大梦.

(2) 哈密顿的诗

哈密顿在他童年就曾把荷马(Homer)的诗译成无韵诗,并且已经开始写他自己的

诗,在韵律方面有一定技巧.标题为《学院雄心》的诗,是他的代表作,那是他18岁在大学一年级时写的,现录之于下:

> 童心不泯志气高,
> 吾以吾生换荣耀.
> 人生短暂如闪电,
> 成功得来终非易.
> 朋友送来了微笑,
> 对手报之以钦羡.
> 最好最亲密的笑,
> 来自美丽的眼睛.
> 悲哀与时光俱逝,
> 记忆欲与日俱增.

诗中"美丽的眼睛"不是诗人的抽象,是哈密顿心目中的一个青年女子.哈密顿是通过她的兄弟认识她的,她当时是三一学院的一名得奖学金的学生.他把对这个青年女子的思慕之情倾泻于诗中.这女子后来爱上了别人,哈密顿感受到失恋的痛苦.一天,在从学校到天文台的路上,他曾有过跳河的念头.

(3) 哈密顿和沃兹沃思

哈密顿(W. R. Hamilton)1827年被任命为都柏林大学天文系主任,当时他仅22岁.在任职之前,他决定周游英格兰和苏格兰.与著名诗人沃兹沃思(Wordsworth)第一次见面,就是在这段时间,那是在赖达尔山沃兹沃思住所.这二人有一次值得回忆的午夜漫步,在赖达尔和安布勒塞之间来回地走,他们俩简直难分难舍.沃兹沃思后来说:库利奇(Coleridge)和哈密顿是他曾见过的两个最令人佩服的人.

1827年10月,哈密顿搬到鄂辛克天文台,开始他新的工作.沃兹沃思是最先来拜访他的卓越的人之一.为了纪念这次来访,他们二人一同散步的林荫道被称做"沃兹沃思道".哈密顿很喜欢写诗,很希望得到他朋友的鼓励.但是,沃兹沃思劝告哈密顿集中主要力量于科学,在这次访问后不久,他给哈密顿写信,有如下的话:

你送我诗,令我欣慰.但是,我很怕:诗把你从科学的道路上勾引走,而命里注定你会在科学上得到荣誉并有益于他人.我必需一再地重复这样一点:写诗所需要的准备,绝不像人们想像得那么简单,……

说到底,哈密顿虽然有诗的想像力,但是,缺少诗的技巧.当然,想像力在诗和数学中,都是重要素质之一.记得魏尔斯特拉斯说过:"一个数学家,没有点诗人的味道,永远不会成为完善的数学家,这是千真万确的."

(4) 一个学生的《静夜思》

麦克斯韦(James Clerk Maxwell,1831—1879)出生于苏克兰的爱丁堡.从小好奇,不到八岁就自己制作科学玩具.麦克斯韦的发现"以太",即传播光和电波的无所不在的空间,后来,被证明只是一种富有诗意的比喻而已.在"以太"的概念上,麦克斯韦将法拉第关于电力线和磁力线的理论推广和数学公式化.由此而知名的电磁方程是19世纪最重要的科学成果之一,推动了电极、收音机、电视、雷达和激光的发展,成为了所有现代电子技术的基础.

麦克斯韦1853年写的一首诗,颇有情趣,现译之于后:

一个学生的《静夜思》

刚才还在
高叠的山峰上玩耍的
最后几缕阳光,
终于退去了.

刚才还在
深红的霞光中闲聊的
最后几朵浮云,
终于回家了.

静静的夜
即将降临山谷,
带着她
柔美的月光衣裳,

为她喝彩的
是那些
跳着华尔兹舞步的星星.

(5) 纸鸢与雪

陈省身1926年(时年15岁)在天津扶轮中学校刊上发表了下面这两首诗:

纸　鸢

纸鸢啊纸鸢!
我羡你高举空中;
可是你为什么东吹西荡的不自在?
莫非是上受微风的吹动,
下受麻线的牵扯,
所以不能干青云而直上,
向平阳而落下,
但是可怜的你!
为什么这样的不自由呢!
原来你没有自动的能力;
才落得这样的苦恼.

雪

> 雪啊!
> 你遮着大地,
> 何等洁白,
> 何等美丽,
> 何以为人们足迹所染污?
> 负了造物者的一片苦心,
> 我为你惜!
> 我替你恨!

—— 这充分显示了其热爱自由、不肯随俗的性格.

2. 道德和友谊

生命短促,只有美德能将它留传到遥远的后世.

—— 莎士比亚

(1) 箴言

有人问泰勒斯,你何以在生活的各个方面有这么快的进展,他答道:"你不要做你谴责别人不应该做的事." 这和孔子说的"己所不欲,勿施于人"一样.

(2) "怪物"

有人问泰勒斯在旅行中见到了什么怪物?他答道:"老而不死的暴君."

(3) 友谊

关于韦达(Viete,F.,1540—1603)有些有趣的故事. 例如,有这么一个故事:一个低地国(指比利时、荷兰、卢森堡等国)的大使向国王亨利四世夸口说,法国没有一个数学家能解决我们国家罗芒乌斯(A. Romanus,1561—1615)1593 年提出的需要解 45 次方程式的问题. 于是,韦达被召,让他看这个方程式. 他认出了潜在的三角学上的联系,几分钟内就给出了两个根,后又求出 21 个根. 他把负根漏掉了. 反过来,韦达向罗芒乌斯挑战,看谁能解阿波罗尼奥斯提出的问题,但是,罗芒乌斯用欧几里得工具得不到解. 后来,当罗芒乌斯得知韦达的天才解法后,长途跋涉去丰特内拜访韦达,他们俩从此建立了亲密的友谊.

(4) 会见

布里格斯(H. Briggs,1561—1631)如此地佩服纳皮尔,因为他发明了对数,以致决定乘坐马车从伦敦出发,不辞劳苦,奔向爱丁堡,去拜访这位天才的苏格兰人. 教授在路上耽误了时间,正在爱丁堡焦急地等待的耐普尔失望了,他向一位朋友抱怨说:"咳!教授不会来了." 可是,就在这时,有人敲门,教授出现在他的面前. 他们在沉默中相互凝视了一刻钟之久. 后来,教授说道:"阁下,我经历长途跋涉专程来看望您,就是想要知道是怎样富有聪明才智的头脑,才使得你首先想出对于天文学有极大帮助的方法. 阁下,你发现了它,现在看来是很容易的,但是我很奇怪,在此之前为什么没有人能够发现它呢?" 布里格斯教授作为贵宾在梅尔契斯顿堡滞留了一个月之久.

(5) 西尔维斯特会见庞加莱

J.J.西尔维斯特对于他第一次会见 H.庞加莱的情景是这样描述的:

"拜访庞加莱时,我深深地感受到布里格斯会见耐普尔时的心情.当这位智力超群的人出现在我面前时,我有两三分钟只顾定神地看着他,说不出话来."

(6) 柯西与忠诚誓言

柯西的麻烦始于 1830 年,当时的革命形势对路易斯·菲力普(Louis Philippe)有利,迫使国王查理(Charles)十世退位.柯西拒绝在向新政府表示忠诚的誓言上签字,不得不辞去其在法国科学院的职位,流亡国外:首先到瑞士,然后到都灵(意),最后到布拉格(捷).

1838 年,柯西大约 50 岁时,回到法国,重新担任法国科学院的职务,因为那时这里不再要求院士签署向政府表示忠诚的誓言.这时,柯西被一致通过担任法国大学的教授空缺职位,但是,他不得不放弃,因为学校还是要教授们在忠诚誓言上签字,而那是他早就拒绝过的.此后,柯西又被一致通过选举担任经纬局局长(Bureau des Longitudes),而当他去就职时,才知道这里也要签署忠诚誓言.于是,政府试图以另外的人来填补被柯西拒绝了的这个局长职务.1843 年,柯西以给人民的公开信的形式公布自己的这段经历.他的这封信是对良心和思想自由的保护,他的思想是崇高的.通过骚乱、暴动和内战,最后于 1848 年,路易斯·菲力普被推翻,获胜的临时政府的第一项法令就是废除忠诚誓言.

1852 年,拿破仑(Napoleon)三世建立第二帝国,效忠帝国的誓言被恢复;但是人们都知道:柯西继续讲他的课,没有理睬这件事.

(7) 利特尔伍德和哈代

利特尔伍德(J.E.Littlewood,1885—1977)在印度著名数学家拉马努金那里读到哈代的一篇论文的"初校".在这篇论文中,哈代写道:"正如某人所说,每一个正整数是他的一位私人朋友."读到此处,利特尔伍德评述说:"我怀疑谁说过这话.我想我说过."在最后一次校样中,利特尔伍德提到:"说'每一个正整数是他的一位私人朋友'的是利特尔伍德."

(8) 英雄行动

庞加莱由于对地质学感兴趣,曾经想成为一名采矿工程师,因此在高等工艺学院毕业后,进入了采矿学校.他实习时,矿井发生了爆炸,16 人丧生.在爆炸后,庞加莱立即下井参加抢救工作.

(9) 库默尔的同情心

跟库默尔学习过的任何人,回忆起他来,总是把他既当做一个好老师,又当做一个好朋友.一次,一个年轻的学生在即将参加博士考试之际,患了痘症(即天花).这个年轻人不得不放弃考试,回到靠近俄国边境的波森.库默尔好久没得到他的消息,知道他贫穷,怕他没钱买药,就找到这个学生的一个朋友,让他拿上钱去波森看他,问他需要什么.

(10) 希尔伯特和第二次国际数学会议

1928 年 8 月,希尔伯特健康状况不佳,仍然率领由 67 人组成的德国代表团去意大利波洛尼亚参加在那里举行的第二次国际数学会议.这是战后德国科学家第一次参加国际会议. 全体出席者为这个代表团热烈鼓掌,表示欢迎. 希尔伯特说:"我非常高兴:在经过漫长的、困难的岁月之后,所有国家的数学家又聚集在一起. 为了我们心爱的科学的进步,应该这样,必须这样,…… 在人种之间制造差别是对我们的科学的完全曲解,那些理由是很卑劣的. 数学不知道人种和地理的边界. 对于数学来说,文明世界是一个国家."

当人们知道我们的数学英雄还是那样美好时,是多么高兴啊!

(11) 无需烤鹅

第一次世界大战期间,德国缺乏食物,尤其是肉类. 一次希尔伯特和哥廷根其他科学界的名流,被校长邀请到大会堂参加晚会(evening gathering). 上次类似的聚会,大学给教授们分了些味道鲜美的烤鹅. 这次,希尔伯特心想:该会分到更多的烤鹅,也许还有别的鲜美的肉. 当这群人到会后,发现什么肉也没有. 校长只不过是要向大家郑重宣布凯泽·威廉(Kaiser Wilhelm)已经向敌人宣战. 其他教授在欢呼,希尔伯特失望而且充满厌恶心地向他旁边的人说:"他们无需烤鹅,他们只喜爱无休止的战争."

(12) 怀念达尔布

1917年,美国加入反对德国的战争,伟大的法国数学家达尔布(G. Darboux, 1842—1917)就在这年逝世. 希尔伯特写了一篇怀念他的文章发表在《消息》(Nachrichten)上,赞扬他在数学上的成就. 当这篇文章发表后,一群学生跑到希尔伯特住所,要求他撤回对敌人数学家的怀念. 希尔伯特拒绝这么做,并且要求学生们向他道歉,否则辞职. 最后,学生们不得不向他道歉,而对达尔布表示怀念的文章照样出版.

(13) 辨认

维纳在《我是一个数学家》一书中讲:当他第一次与数学家布利冈德(G. Bouligand)相见时,是布利冈德手持一篇维纳的论文在火车站等待维纳的到达. 而和利希腾施泰因(L. Lichtenstein)相见时,利希腾施泰因则在火车站手持一篇自己写的关于位势论的主要公式的论文,而这个公式是以维纳的名字命名的. 他们竟如此相似.

(14) "维纳病"

在维纳的《控制论》发表之后,他的一些追随者们把它看做万应灵丹,这样的热情使他局促不安. 记得马克思(Marx)说过,他不是马克思主义者,维纳向他的一个朋友说:"我不是维纳论者." 他的朋友答道:"是的,但是有不少人患'维纳病'."

(15) 陈建功讲真话

陈建功(1893—1971)是一位杰出的数学家,他治学谨严,涉及面广,是我国"三角级数论"、"复变函数论"、"实函数论"、"函数逼近论"等数学分支的学科带头人.

几位熟悉陈建功的学者,在谈起他时,都说他忠厚老实,有什么讲什么. 陈建功的学生们,则以自己的老师不求名利、襟怀坦白、表里一致、肯讲真话而自豪. 他说出话来,直率得简直令人吃惊.

比如说,有一次内部传达毛泽东1964年春节期间对几位干部的谈话,大意是历史上某几个朝代的皇帝书读得很少,皇帝当得很好. 陈建功听了就在课堂上对学生们说:"当皇帝可以不读书,我们不当皇帝的人是要读书的." 陈教授的本意不过是提倡读书,竟因此被上纲上线变成了一条罪状.

3. 学习和研究

学而时习之,不亦乐乎.

—— 孔丘

(1) 几何学中的王者之路

普洛克拉斯(Proclus,410—485)在《欧德姆斯概要》中告诉我们:埃及的第一个国王索特(Soter)是亚历山大博物院的创始人,热心支持博物院,欧几里得就在这里研究几何学.索特发现几何难学,有一天问他的老师:学习几何学,有没有容易的方法;欧几里得答道:"啊!国王.在现实世界中有两种路,一种是普通人走的,另一种专为国王准备的.但是,在几何学中,不存在王者之路."

涉及另一个人,也有同样的故事.斯托比亚斯(Stobaeus)说,梅纳科莫斯当亚历山大大帝的老师时,也有这么一段对话.

(2) 欧几里得和他的学生

斯托比亚斯在他的杂录中说:欧几里得的一个学生,刚学了第一个命题就问他的老师:学这类东西有什么好处?我能得到什么?"欧几里得随即叫过一个奴隶来,说:"给他一个便士,因为他问从学习能得到什么?"

(3) 高斯的萝卜灯

在寒冷的冬夜,高斯(C. F. Gauss,1777—1855)和他哥哥很早就被他父亲送上床,为的是节省光和热.高斯总要拿一个萝卜到他的顶楼小屋,把它中间挖空,捻一根棉花捻子沾上油做灯芯;凭这点昏暗的光学习到深夜,才带着寒冷和疲劳上床.

(4) 探求胜过财富

高斯在1808年9月2日给他的朋友鲍耶(W. Bolyai)的信中写道:

"给我们最大享受的不是知识,而是学习活动本身;不是占有,而是探求它的过程.当我弄明白了一个课题时,我就把它抛开,而再一次进入黑暗;永不满足的人是如此之奇怪 —— 如果他完成了一个建筑物,绝不会住在那里图安逸,而是立即开始另一个.我想:世界侵略者必定是这样的,他在一个王国几乎被占领后,就要把他的臂膀伸向其他的王国."

(5) 高斯和一个学生

一天,高斯遇见一个学生,在哥廷根街上蹒跚地走着.这个学生竭力往直走,但总是歪歪扭扭的.高斯用一个手指头指着他,笑着说:"我年轻的朋友,要是科学能像啤酒那样使你陶醉就好了."

(6) 向大师学习

一次,有人问阿贝尔:他的公式怎么出得这么快,在他所从事的学科中堪称上乘.他答道:"向大师们学习,而不是向他们的学生学习."

(7) 女数学家吉尔曼

吉尔曼(S. Germain,1776—1831)童年并没有显示出非凡的才能.1789年她13岁时,由于偶然的机会,才走上了认真学习数学之路.

1789年7月14日,巴士底监狱陷落,革命的暴力出现在热曼的眼前.她不能出门,只能读她父亲的藏书. 一天,她读到蒙蒂克拉(J. R. Montucla,1725—1799)写的《数学史》讲述阿基米德之死的一段,说他被罗马士兵刺杀时,正全神贯注地研究沙盘上的几何图形. 这故事深深感染了热曼. 她体会到:这就是科学,这就是数学! 它竟然使阿基米德的注意力集中到如此的程度,以致四周发生的一切全被置于脑后. 她想:如此引人入胜的研究工作,一定能帮助她摆脱发生于此时此地的一切烦恼. 于是,她决定研究数学.

(8) 吉尔曼的假名

1794 年高等工艺学院成立,当时不收女生. 热曼只能从别人手中得到几位教授的讲课笔记. 拉格朗日(Lagrange J L,1736—1813)的分析课当然更引起热曼的注意. 课程结束时,她以 M. Le Blanc 这个假名向教授提出了一份书面研究报告. 拉格朗日对此给予了很高的评价. 自此,热曼进入了数学家的行列.

1801 年,高斯发表其《算术研究》. 1804 年,热曼给高斯写信,并把她这方面的研究成果寄给他,署名还是 M. Le Blanc. 写过几封信后,高斯对她的许多观点表示赞赏,认为:她很明智.

(9) 徐光启

徐光启(1562—1633)与意大利传教士利玛宝合译欧几里得《几何原本》(1607)前六卷. 1613 年后,转向农学,编著《农政全书》(1625—1628). 1629 年,领导明代第一次重大的历法改革,编《崇祯历书》.

徐光启读书有个习惯:一篇文章到手,先是手抄一遍,朗读几遍,然后烧掉. 而后又是手抄、朗读、烧掉. 总要这么反复许多遍,做到滚瓜烂熟,才放手. 他觉得一篇文章经过这么多次反复,才能达到心领神会.

1606 年秋,徐光启劝说利玛宝和他一起译欧几里得《几何原本》. 徐光启对待翻译工作,真是一丝不苟. 他总是待利玛宝口译过后,自己一个人再认真思考,反复推敲,直到觉得翻译的内容准确无误,才把译稿誊写清楚. 他常常在烛光下思考,誊稿到深夜. 徐光启就这样日夜不停地翻译,有时还出去实地测量、验证. 到第二年春天,就译完了前六卷. 虽然没有译完全书,不过那时欧洲的学校,也只教这六卷. 后来一位西方传教士承认:"西人欲求此书善本,当反索之中国." 梁启超认为这个译本,"字字精金美玉,为千古不朽之作."

(10) 华蘅芳观书之法

华蘅芳(1833—1902),中国清末数学家、翻译家和教育家.

华蘅芳关于怎样读数学书的论述颇为精辟,现将其要点列之于下. 他说:

"学算不必多书也,惟择其要者观之而已"."凡观算书有数处最难于进步,然不过此关则终身不能再有进境矣."

"学算不必急于求成,遇难通之处,只要将其所言之事置之心中毋忘,阅数月自能通晓.""放过此处而看下处,抛去此书另观他书."

"以我观物,不可反为物所役也. 若入乎其中而不能出乎其外,则如入牛角之中而不得出矣. 观书者亦不可反为书所役也."

算法要有分析."并诸易事作一事则难矣.""譬如数椽之屋入于其中周览而出,可以一目了然也.若遇重楼复阁,则觉千门万户,迷其所向矣.然重楼复阁,乃许多楼阁之合成也;其千门万户,乃无数门户之所辏集也.能记其曲折方向,何难循原路以出哉!"

解题要随机应变,不能"执一而论";死记硬背为"呆法","题目一变则无所用之矣.""泡一法而不思变计,则虽有此理亦终归于处处窒碍也."须"兼综各法"以解之.

"算学之事要去故生新",善学算者"不存先入之见,亦不存中西之见,"否则这些偏见"胶固积滞于胸中,足以蒙蔽心思,而新义不得复入矣."

华蘅芳作为自学成名的数学家和教育家,恳切地教导后继者,对他们寄予很大的希望.他说:"余于算学寝馈者已数十年,此中甘苦知之最悉,故将已历过之境界、已见到之地步,为学者综述之,以助其观书之功,而省枉费之力,俾不致如余之书从暗中摸索得来,则吾愿慰矣."

(11) 江泽涵忆往事

江泽涵(1902—1994)是把拓扑学引进中国的第一个人.20世纪60年代起倡导不动点类的研究,他所领导的研究组取得突破性进展.他为中国拓扑学人才的培养作出了不可磨灭的贡献.

江泽涵回忆起有趣的往事,谈笑风生.他说:"1947年我在瑞士苏黎世高等理工学院进修时,第一次走进该校的数学研究所(也就是该校的参考图书室),就看见门背面挂着一块小硬纸板,板上贴着《怎样解题》(*How to solve it*)中的那张有名的表.霍普夫(H. Hopf)教授的助手们告诉我,这张表是波利亚(G. Polyá)在这里任教时做的.因为他们重视这项工作,总保留这块纸板."

他还说:"波利亚的《怎样解题》和《数学的发现》在美国家喻户晓.每逢中学生解题遇到困难,愁眉不展时,父母往往给孩子几个 quarter(夸特,25美分),让孩子自己到小书摊上买上一本看,并且,告诉他们:波利亚会帮助你解答难题."

[本书作者翻译波利亚著《数学的发现》(*Mathematical discovery*)第一卷的工作,就是在江先生的指导和帮助下完成的.]

(12) 陈省身的治学方法

陈省身,美籍华人,1911年出生于浙江省嘉兴县,是美国科学院院士,并曾任美国国家数学研究所所长.

1944年,他证明了"维的高斯-那尼特式",被誉为"开辟了微分几何的新纪元";1945年他发现复流形上有反映复结构特征的不变量,建立了代数拓扑与微分几何的联系;他还是纤维业理论的创始人之一.1984年获得沃尔夫数学奖.

1989年,他在"陈省身文集首发式"上讲治学方法时,指出下列三点:第一,要练好基本功.对于数学中的种种运算都应该达到熟练的程度:自始至终,每一步都严格、准确,而且,在开始时就能大体上预见其最终结果.第二,要读若干本基本著作.在自己书架上要有50本这样的书.要注意的是:通俗读物不在此列,专题研究也不在此列;指的是:"基本"著作.第三,要敢于提出自己的独特的想法.

(13) 工夫在数外*

南宋诗人陆游写了一首诗："我初学诗日，但欲工藻绘；中年始少悟，渐若窥宏大.……汝果欲学诗，工夫在诗外."读了这首诗，我联想到自己学习数学的经过，竟起了共鸣，甘冒东施笑颦之险，把结尾一句改成"汝果欲学数，工夫在数外".

陆游的"工夫在诗外"包含了三点：一、不要只顾专注文采工夫，单求诗文华茂，更要注意思想境界，诗文才有内涵；二、也要有丰富的生活阅历，诗文才有活力；三、还要注意品德修养，诗文才有风骨.

"工夫在数外"也包含三点：一、不要只顾数学形式，更要注意数学思想方法；二、也要有丰富的数学生活阅历；三、还要注意数学工夫的品德修养.

我之所以说："数外"工夫比"数内"工夫重要，是在"大众数学"的前提下. 八成中学毕业生日后不需要使用很多数学，只有二成中学毕业生可以说是"数学使用者"，但不论对何者而言，通过学习数学得来的"数外"工夫却是同样重要. 这种工夫需要时日浸淫，可惜大部分学生被过量的"数内"工夫吓怕了，早自高小阶段便对数学既厌且惧，平白失掉这个大好机会.

现在，先对"数内"工夫说几句："文采"绝非贬词，不妥当的只是过分专注文采，或者未达领会文采阶段却硬取其外表的作法. 就以六朝骈文为例，为了讲究对仗工整、声律铿锵、辞藻华丽、典故博奥，文章的艺术形式是丰富了，作者的写作技巧是提高了，只是有些作者过分追求对仗声律、堆砌辞藻典故，以致文章晦涩，形式僵化，内容空虚. 数学亦复如是，每位数学教师从教学经验中一定能举出不少数学文采的例子，若运用得宜，收效至大；若不加减裁，效果相反.

注 *：本节作者系香港大学数学系萧文强教授.

"我证明了哥德巴赫猜想"
—— 民间科学家及其成因分析

葛 之

黑格尔有次声称,他可以通过哲学来"证明"太阳系只有七颗行星(当时天王星已发现),一颗不多,一颗不少.当然这只能让人笑话了.黑格尔算是位大哲学家,但他不该去"关心"天文一把,这决不是说他不可以业余研究天文学,也不是说他一定没有研究天文的禀赋,而是说他不能"用哲学"去论证天文问题.

按照今天的说法,黑格尔是当了一回民间"科学家"(简称"民科").民科和迷信不同,民科是一种特别的自信,而迷信则往往相信鬼神的力量.哲学的说法就是,一个主观唯心主义,一个客观唯心主义,当然也不是绝对的.

知名漫画家蔡志忠先生最近在商务印书馆出了一套"思考"物理的结晶——"东方宇宙四部曲",分别为《东方宇宙》《时间之歌》《物理天问》《宇宙公式》.一位外行,在自己已颇有名气的情况下,毅然投身物理达十年之久,他的勇气和热情,比起某些应付考试的物理专业学生强多了.多年前就听说他的作为,颇为敬佩,但今天翻了翻全书,实在不敢恭维.全书除抄了一堆"公式"近乎任意摆放外,还有不少"独创",例如"自体系任何空间位置的真正密度"等于"公转轨道的速度平方/球体表面积",这都随处可见,实在不知其所云.书中还在一个地方竟然推算起某年某月某日是星期几的问题,这是小学奥数问题.即使计算正确,也跟"宇宙真理"毫不沾边,因为一星期七天乃人为之规定,或许《圣经》的信徒会争辩道,不是说上帝规定七天的吗?照这样讲,小学生凡是能做对此题的,都发现了宇宙的真理.书里还有很多科学家的照片,首当其冲的是爱因斯坦、牛顿,且常常动不动就说他们错了.不知科学大师要是今天复活,看到此书会有什么感觉.不得不说,蔡先生与黑格尔一样,也当了民科一回.

从迷信到民间"科学家"

从历史上看,科学出现之前是不存在民科的,但是有迷信.古代的迷信是这样的,主要局限于生老病死、个人或皇权的命运,所以发展了一套巫术、算命、占星学之类的东西.人们大多相信,世道沧桑、人生无常是由于神魔的控制,而那些搞迷信活动、招摇撞骗的人,无一不说自己是大仙、半仙或神灵附体.

不过,即使在有神论大行其道的时候,欧几里得几何和托勒密地心说等也是非常理性、严谨的,人们的经济活动也是井井有条.自文艺复兴以来,从哥白尼到牛顿,人们渐渐相信宇宙可以通过实验和数学加以认识,理性取得了巨大的、空前的胜利,无神论得到了大力弘扬.宗教迷信因此而闻风丧胆、穷途末路.折腾了几个世纪,他们惊喜地发现,其实科学对他们领地的冲击并不是致命的(真正的冲击在于宗教裁判所失去了某些特权).直到今天,科学都不能很好地解决人的生老病死,不能精确地预测天气、地震、心脏病,更不能预测股票、人的命运和行为.我们知道所有原因在于"复杂性",这并未超越科学认识的范围,但大大超过了人们的计算能力,好比大海捞针,并没有否定流体力学和水的化学成分,可瞬息万变的波浪使得我们无法根据针掉落的地方去推算它究竟沉哪里了.所以,凡是相信科学的人,只要不是科学主义者,都明白这个道理,即科学止步或暂时止步的地方,也不是迷信可以解决问题的地方,但至少为迷信留下了"地盘",因此迷信的长期存在也就可以理解.此外,迷信乃至宗教信仰还有一个心理安慰或暗示的作用,"信则灵"本身与实证主义水火不容,但按照霍金的说法,即使心理学(比如心理治疗)也并非严密的、真正的科学,但它的确是一个"有效理论".

民科就不一样了.民科是一群没有科学基础的人,多数既不懂严密的逻辑推理,也不做精密的实验,仅靠自己的冥思苦想就妄图推翻牛顿、爱因斯坦.尤其是在数理科学,全世界都已有定论:三等分任意角不可能,化圆为方不可能,严格证明都摆在那里了,还有人要搞,甚至还闹出为了化圆为方、立法规定圆周率等于某个有理数的笑话.

民科有两种,一种是"草根"的,人微言轻.因为工作关系,我接待的草根民科不在少数,其实这些人从处境来说,甚至有些令人同情,就是无论如何跟他们解释不清楚.而当我收到一份永动机"论文"及一工程院院士的推荐信;当我收到蒋春暄的稿件时,就完全是另一种性质.蒋是具有一定"影响力"的民科(因为有人挺他),连复变量和解析开拓的概念还没搞清楚,就发表了一个几行的"论文",说明黎曼猜想是错误的……这就是另一种民科,具有一定名声.再如有位叫黎鸣的老先生,不知怎地,对儒家十分不满,"批判"起来可谓不遗余力、头头是道.虽然言辞比较偏激,倒也让人觉得似乎有那么点想法(不过孔子关于学习的理论还是十分有道理的,后面我们还会提到),然而,当他声称可以用他所欣赏的老子道学论证四色定理,瞬间让人大跌眼镜.方舟子与之争辩,黎老先生愿意拿命来赌,着实把方舟子也吓了一跳.黎老先生与蔡画家有一点很相似,就是谈起东方哲学来像个专家,一旦触及科学立马现了眼(生活中很多"知性"男女都这个样),南怀瑾就比较"聪明",因为他从不染指科学.我想,之所以会有此类现象,除了说明科学的门槛相当之高,也让人反过来怀疑,很多人"理解"的所谓哲学、佛法,究竟是真理解了,还是在胡闹.

总之,在中西医之争等科学与非科学、简单与复杂的领域内,张悟本们还能迷惑芸芸众生,正是因为科学的证实或证伪的确有困难,但民科真正侵入了本属精密科学的领地,特别是数学和物理学,就纯粹是睁眼说瞎话了.

需要补充说明的是,如果研究的是"初等算术",除了一些基础特差、脑子不太正常者外,不算纯粹的民科,顶多是半个民科,比方说搞幻方的,尽管陈省身等数学家都指出幻方研究价值不大.民科就是只有小学或初高中文化的人,妄图研究高等数学乃至前沿科学的重大问题. 说实在的, 因为除了数学, 其他自然科学前沿研究都需要昂贵的实验经费, 因此一个业余科学爱好者能够做的事儿, 大概也就是初等数学; 以前还能发现点星星什么的, 现在空间望远镜都上天多年, 估计也没希望了.

下面, 让我们深入分析一下民科现象及其社会成因.

生活语言和科学语言

公众基本上是不懂科学的, 其中 99.9% 对科学也没兴趣, 最多了解点皮毛, 如看看科教片而已, 剩下的就是民科, 绝对数字也不算小, 其中包括少数"名人", 说明公众的科学素养很低. 本来在过去, 中国有很多文盲, 迷信盛行似乎还说得过去, 而在今天大家还迷信, 还有民科, 甚至有些高学历的人也相信什么功, 不得不承认是应试教育的失败. 这些人学习科学知识只是为了通过考试, 一考完就忘得精光, 科学对其人生观、世界观没有丝毫指导作用, 他们反而接受一些非常低级粗俗的东西, 无法判定什么是科学, 什么是胡说八道. 前面提到过的、经常发现的一个事实是, 身边每个人都会对文史哲、佛教基督等发一通议论, 而且还有模有样, 专家也未必能驳倒; 但一接触数理化, 马上就原形毕露, 说一些很幼稚的话. 这究竟是为什么?

有人说, 因为文科可以随你怎么说, 不过必须指出, 这也不是"绝对任意"的, 只是文字大家都比较熟悉, 日常生活嘛, 天天在接触, 感觉不到它的限制, 而抽象的概念符号就可以蒙人 (下面就会提到). 诗歌算自由自在了吧? 天马行空地想象, 但这就意味着可以乱写吗? 写日月山川就是美, 就有意境, 你能把激光打印机、核磁共振成像写进去吗? 同样, 人体出水的地方很多, 除了眼泪, 别的就是没诗意 (汗水马马虎虎可以用). 日常语言就更不谈了, 比方说, 你问"饭吃过了吗"? 答"吃过了." 或问"明天有没有空", 答"有空". 普通人包括民科就这么说. 只有大家都接受了同一种语言, 在此基础上, 才可以有历史、哲学或宗教观点上的重大分歧和争论, 才可以有不同题材的文学作品和风格. 所以这就可以解释, 为什么普通老百姓也能对文史哲吹上一通. 如果在日常语言上与人对着干, 比如"痛"说成"痒", "痒"说成"苦", 人家上门做客, 临走时他说"欢迎你上次再来", 甚至干脆发明一套谁也听不懂的语言与人交流, 对方五秒内就断定遇到了精神病. (其实不要说精神病, 即便是仅仅不懂人情世故, 别人也马上可以感觉出来. 还有一种叫"语境". 现在过年和亲戚一起吃饭, 突然有人一本正经地说起 20 世纪六七十年代的革命话语了, 别人马上会觉得这个人怪怪的; 最典型的"语境"的例子, 是现代的父母难以与孩子沟通.)

所以玄学忽悠人, 至少说出的都像人话, 你不说人话就没人理你了. 你有看到哪个民科会说 "啊它很潘发每都好噢空里书将不若才之想" 这样的高级昏话或 "我在大树里吃太阳上生产的复印机和望远镜" 这样的低级昏话? 这说明他们还不是精神病. 但至少可以问这样一个问题, 既然民科多半狂妄自大, 为何不否定日常语言呢? 你自己建立一套啊, 推翻人类的日常语言嘛. 这说明他们也需要一个与人交流的平台, 但奇了怪了, 他们在科学上却偏偏不愿意建立一个交流平台, 企图用自己的妄语推翻全部科学, 连与科学家交流的基础也没有, 却又希望得到科学部门的承认. 所以民科可以这样定义: 他们是科学语言的精神病,但在日常语言方面与常人无明显差异.正是因为现在哪怕是高学历的人的科学素养也很低下,所以民科们甚至还有一些人与之"趣味相投".由于在日常生活中的行为尚能为社会接受,不用担心被关进精神病院.因为工作的关系,我"接待"过不少民科,本来担心他们会动粗,现在看来基本可以放心.

现在想想,其实在抽象概念和符号方面,谁都可以当民科.若将一些公式改成另一种完全错误的形式,很多人看不出来.抽象概念也是如此,试看下面两例:

猜想 1   等距变换的拟保角映射在阿贝尔函数空间上有一个可数的不变子集.

猜想 2   在非奇异复射影代数簇上任一霍奇类是代数闭链类的有理线性组合.

怎么样,都像模像样吧?其实,猜想 1 是笔者随机地找些数学概念拼出来的,与"我在大树里吃太阳上生产的复印机和望远镜"并无本质区别,猜想 2 则是著名的霍奇猜想,解决它可获得 100 万美元.

既然是随机和任意的,要是全世界每个人都"发挥"一下"小宇宙",就都能成为民科.你尽管可以说存在万有斥力,宇宙是 7 维的,夸克由更小的 5 个粒子组成,自然力有 6 种,动物也有哲学思维 …… 只要不骗钱,不犯法,人家能把你怎么办.可是,当有影响力的名人成为民科,就有点说不过去了;有身份地位的"权威"当民科的靠山,也有外行领导内行的影子.

一个被误导的群体

民科与科学家一个很大的区别在于,科学家知道科研的艰辛,比如我搞奥数,非常清楚在数学中即使做点小事也十分困难.科学家都是从小问题开始做的,如有机会再做大问题(例如怀尔斯证明费马大定理).但是民科不知道.对此媒体也有不可推卸的责任,平时只对明星绯闻感兴趣,要对科学感兴趣,只有当灾难发生了或某位科学家做了个很大的问题,让民科误以为科学家都是做大问题或应该做大问题的(比如陈景润研究哥德巴赫猜想,就宣传得比较失败),其实科学家多数时间都在做小问题.由于媒体的误导,加上过度的自恋,民科动不动就要做大问题、终极问题.他们把自己的挫折完全归咎于社会的"不公",而不是自己的无知或天赋的拙劣,这一点与愤青倒是有点像.

民科总是喜欢说大话,什么把前人的工作给彻底推翻之类.诚然,科学是会得到不断的修正,甚至是革命,问题是每次修正或革命的结果不那么简单,哥白尼、牛顿以前的科学好比是竹简,牛顿革命好比发明了纸,这样竹简(地心说等)就淘汰了;爱因斯坦的革命好比是发明了光盘、U 盘和电子书,它们并没有完全淘汰纸,大学里在讲述宏观低速物体的运动时还是运用牛顿定律.

除了媒体,家长们也在无意之中误导孩子,这也是若干民科成长的"环境".我们的学生从小被父母视为天才、神童(因为多数是独生子女嘛,比较宠爱).我们给小学生读的书是《小小牛顿》《小小爱因斯坦》,确有鼓励探索、思考之意.一个不到 10 岁的孩子说自己"长大要当牛顿,当爱因斯坦."大家觉得很好,应该鼓励.

其实早在中学甚至小学高年级时,已经有很多人开始现实了,知道自己不是天才.随着年龄的增长，多数学生对父母亲戚的夸奖逐渐淡化，即对自己是否天才变得越来越不感兴趣，随你们去说. 我常教 14、15 岁的学生奥数. 这些学生几乎没有一个因为自身数学能力不如人而感到自卑，他们一有机会就玩"三国杀"，也跟成绩好的学生玩，不亦乐乎. 因为对自己来说，玩，开心才是最重要的. 很多家长批评孩子幼稚，担心不好好学习，将来要被淘汰. 这话只说对了一半，如果一个教室 50 个 15 岁的学生人人都很在乎自己的分数，一旦考砸就很失落，甚至想自杀；或者 15 岁了还自以为自己是牛顿，这就不太正常了. 所以，玩就是孩子的社交，也是一种成熟. 15 岁左右，如果可以不再生活在父母的交口称赞下，有一个说法就是"天才下凡"或"神童下凡". 多数人可以做到这一点. 只有这样，一旦踏上社会，他们就知道先要夹着尾巴做人. 而某些民科成年了还说幼稚的话，记得一个民科说："我老婆和孩子认为我是与牛顿并列的天才. 我觉得做人还是要谦虚一点，牛顿第一，我第二." 一家子脑残！心理医生真该调查一下他以前的家庭状况. 此外，还有一些民科从小喜欢读科学家传记，亦被严重误导，总认为某科学家没受过正规教育也"修成了正果"，比如爱迪生、华罗庚，所以他本人 —— 尽管只有初中文化 —— 也有成功之可能. 很可惜他没看到，由于书本只宣传成功者，历史上千千万万初中文化的人根本就不可能在科学上取得成功，成功的科学家中，绝大多数也是按正规途径一步步来的，自学成才的可谓凤毛麟角. 而且，在今天大科学时代，已不可能再产生爱迪生这样的人物了.

民科的这种特点也说明了当代社会的"通病"：极端，反精英，挑战底线，无知无畏，好高骛远…… 这是一种自信的过度即自恋的结果. 我是个科学和科普爱好者，非常清楚如果自己好好努力，当上教授、博导还是可能的，但要达到威滕或陶哲轩的高度则绝无可能（民科当然认为自己堪比牛顿、爱因斯坦）. 但是我发现，这个社会对人的价值判断非常粗糙，好像你不是科学家就不能关心科学，就要成天关心鸡毛蒜皮这些没有技术含量的东西，或者就是赚钱，别的领域也差不多. 其实，这背离了孔子的中庸之道，每个人都是丰富的，难道我不顶尖、不是天才，就一定要庸俗吗？社会就不能给平凡而不庸俗的人留个位置？所以我想，正是这个社会缺乏一种对人进行的仔细分层，使得民科看不到自己的参考系、自己的位置，动不动就拿自己与牛顿、爱因斯坦比较. 这使我想起我们的中小学教育也有误导，墙上挂的都是牛顿、居里夫人、爱因斯坦的头像，给人感觉科学家就都是他们这号人，其实多数科技工作者实在是差得远了！这种教育太高太空. 只有看到身边比自己强一点的人，向他学习，才能有所进步. 如果谁都希望自己成为刘翔，那不开玩笑吗？不如去做梦好了，想成为谁就成为谁.

近现代中国"强国梦"之影响

还要说的是，尽管民科全世界都有，中国的民科反映了一个恐怕是独有的"情结".

自朱元璋开始，中国的历代统治者大多采取积极发展经济、严厉打压文化的措施. 所以明清两代各有一段时期国力强盛，十分富有，但宋代乃以前的许多著作失传，甚至要从朝鲜引进，而且明清的学者们也只能做点小心翼翼的考据工作，为皇帝编编大百科词典，就是写部小说也不便公开自己的名字,以至于今天对原作者还要进行考证(这下研究生有活儿干了).对此,统治者却死不承认文化的败落,当然更不会承认是他们自己造成的. 19世纪中叶后,亚洲遭到了西方强势文明的冲击.日本彻底醒悟了,知道要虚心学习西方;中国呢?老大不虚心,挨打了还说,洋人不就是枪炮厉害吗?其他都不如我们,我们泱泱大国五千年文化博大精深.后来,越发觉得不对了,从洋务运动、戊戌变法一直到五四运动,从制度到文化开始一点一点反思我们存在的问题.

这也就是为什么自中国的国门被西方列强炸开,中国的最高统治者或领导人都有一个强国梦.无论是孙中山、蒋介石,还是毛泽东、邓小平,也无论出于什么目的,面对积贫积弱的中国,都希望强国.尽管中国100多年来干了不少欲速则不达的蠢事,走了很多弯路,然而不可否认这也是强国梦的深远影响.即使光绪皇帝、慈禧太后也是如此.慈禧镇压了戊戌变法运动,然后她就拼命变法.老佛爷的意思是,政治上你别动我的,其他好商量.毕竟割地赔款的屈辱、以及被洋人赶出北京城后逃命的那个狼狈相是刻骨铭心的.这一点在后来的文教体育上反映得十分突出.传统的文史哲好像跟强国梦没什么关系,甚至还有反作用,那就让它靠边吧!让新文化取代旧文化.科举也废了.白话文得到了普及,也有利于理工科教材的编写;我们再也不要为了文采而舍不得放弃文言文.体育需要重视些,因为那反映了中华民族的体魄;理科特别是工科最重要.所以过去科学家、运动员一旦取得荣誉,说是"为国争光",有些民科也老喜欢把这句话挂在嘴上.可惜的是五四运动雷声虽大,雨点还是小了点,时间又比较短促,跟西方的文艺复兴不好比.因此,自我陶醉的声音一直存在,一有机会就冒出来,无论是以"爱国"还是以其他任何名义.这样,自然国学、太极科学、东方宇宙学等"学问"跳出来,也就不足为怪.滑稽的是,搞这些东西的人并不愿虚心向西方先进科技文化学习,然而也做着强国的梦想.

当然,我不是说西方就一定好,我想爱因斯坦等平生接触的白种民科也不会少,爱氏早就断言:"我相信人类之愚蠢绵绵不绝."他是针对战争而言,自然也可适用于其他方面.其实,无知并不可怕,有谁样样都懂呢?苏格拉底曾说过,看那些学者自以为自己什么都知道,我和他们不同,我知道自己的无知.真正的愚蠢是不知道自己愚蠢,如果"知之为知之不知为不知",那就不蠢.可怕的是不知道自己无知,尤其可怕的是,一旦背离学习,把自己封闭起来,就有可能越陷越深.民科的道路都是这样的.世界上既没有全才的人,也没有完全正常的人,每个人多少有些荒谬,有些愚蠢,黑格尔不也干过荒唐事么,好在他也没有把过多精力用于此.

学与思必须结合起来

蔡志忠先生应该对孔子和《论语》不会陌生,他怎么就不接受"学而不思则罔,思而不学则殆"这样的真知灼见呢?民科们都是喜欢思考的,但多数属胡思乱想,从不认真学习,一些假专家、伪精英也是如此(尤其活跃于经济、管理和教育界).其实,只看科普如果想入非非,每个人都可以吹上一通,什么黑洞啦、超弦啦、时空啦……殊不知科普书中通俗的语言论断,是依靠强大的实验和严谨的数学建立起来的.就拿《时间简史》说吧,一本薄薄的小册子,似乎一个高年级本科生也写得出来;实际上霍金本人的数学、物理功力是很深厚的,只要去看看他的《时空本性》《时空的大尺度结构》就能明白.

反观我们的学校,课业压力非常大,学生们只知道学习,不愿意思考.这就是目前的现状:学与思分离的后果.因此,不该对民科生太大气,因为很多人的科学认知水平与民科的差不多,只不过他们对科学、对思考(除了"生存技巧",即如何升官发财、娶妻生子、长命百岁)不感兴趣,没有显露出来而已.

中国人学习开车、操作电脑上手很快,这是因为中国的传统价值观念是非常实用、功利的.在理科方面,正如袁腾飞指出的,考试好不代表素养好,中国人真正强的与其说是理科,不如说是工科.所以才有中国式民科滋生的空间.前面提到过,人是社会性动物,如果一个人很幼稚,或性格过于内向,成年了仍不懂人情世故,别人马上就会觉察到,于是这个人就被社会排斥掉;但民科就未必到处遭人诟病,所以民科要消失的唯一途径就是,人人的科学素养都得到了大幅提高,尽管科学语言不可能以近乎日常语言那样普及.

如果普通老百姓只关心日常语言,科学家关心科学语言(也顾及日常语言),倒也相安无事;道听途说三等分任意角、哥德巴赫猜想、宇宙大爆炸……还没弄明白到底怎么回事,就已给一些科研部门带来了不小的麻烦,这都是应试教育环境下科学普及惹的祸.

此外,技术的普及固然可以改进生产力,也使得一些别有用心的人学会制造假冒伪劣.世上所有的事都有利有弊,科学普及在表面上看是一件大好事,但必须要有个前提,就是教育真正跟上去了,真正把学与思结合起来,否则就会产生一群考试机器和胡思乱想者;而且道德人文教育也要跟上,否则就会有更多的人琢磨着干坏事.

还要说的一点是,思考过度其实对任何人的身心都是有害的.思考到一定境界,势必产生怀疑.世界上就两类人"值得"整天怀疑,一类是独裁者,怀疑别人的用心;一类是思想家(包括哲学家、科学家和文学艺术家).普通老百姓要么条件不足,要么天资不够,根本没有必要多疑,否则社会就完蛋了.独裁者与思想家思考的内容是很不一样的,《菜根谭》说过,"君子之心事,天青日白,不可使人不知;君子之才华,玉韫珠藏,不可使人易知."但是,两者的命运显然很相似,即孤独、不太正常,尽管不同人在程度上多少有点差异.所以说,即使是"修成正果"(独裁者至少把对手干掉了)的人,过度思考的代价也很大,那么民科再去思考就更没有意义了.

前些年,我的一个同事老在办公室里播放那么几首喜欢的歌曲,其中一句歌词"你知道我无法后退"深深地触动了我.当一个人发现自己在错误(或可能有点错误)的道路上走了很远的时候,即使想掉头也很艰难.因此,我们也应该同情、理解民科.我本人小时候非常喜欢博物,后来换成了奥数——学这玩意儿的好处是,你懂得了不少东西,再无可能成为"民科",还可以赚钱;坏处是备受打击,自信上受到一点损害.无论是博物还是奥数,姑且统称为(科学)知识.我发现,一个人一旦拥有知识,其实跟拥有权力和金钱一样,势必会跟周遭大众划清界限.他们互相之间也互不买账,前者指责后者腐朽、罪恶,后者指责前者迂腐、自命清高.权力尚能取代金钱,知识和权力却无法相互取代,因此,崇尚知识的人对于一些想搞个人崇拜的独裁者来说,无疑是"眼中钉".由于这个世界上对金钱和权力感兴趣的人远远超过对知识感兴趣的人,因此,当一个普通老百姓说贪官的坏话时,内心可能充满了妒忌或羡慕;而当他说知识分子坏话时,基本上就是发自内心.这也就成全了知识分子的那种"照亮别人、燃烧自己"的蜡烛精神.当然,即使是具有共同价值观或境遇的人的内部也难免争斗,否则你死我活、尔虞我诈、文人相轻这类成语也就不复存在了.

从小学一直到大学,我习惯于泡在阅览室里抄书.选中的著作也越来越高深(当时没有复印机或复印很昂贵),比如爱因斯坦、希尔伯特、薛定谔的作品.我也无数次地为数学难题绞尽脑汁,加上学校和家庭的影响,打上了"崇尚知识"的烙印,其影响力是如此之深远,以至于维持到今天.尽管接受了正规教育,没有成为民科,现在想来,我的价值观其实也是有点偏的(除非这个世界只有阅览室!),当时我要是"务实"一点,也不至于落到今天这个地步.那时的学校里挂的尽是大科学家的头像,家长一听到早恋二字犹如谈虎色变,在那种环境中,尤其是加之长年累月的独特经历,换了谁恐怕都会跟早恋朋友或小市民"划清界限".当然,知识分子都会对人十分客气,但那种眼神就表明绝非发自内心.其实,知识分子那不叫虚伪,真正虚伪的是商人.知识分子就想跟人保持距离,当他觉得你并非同道中人的时候.所以,由于价值观念的影响,我不断购买高深著作,如今却不敢读,生怕读懂会更孤独;也不想认识作者,过去很想认识,后来知道认识了多半会失望(歌星对歌迷的态度就不一样,其实歌星与歌迷也有距离感,否则就不需要保安了).很多知识分子对待我的态度,跟我对待那些小市民的态度是差不多的,我想改都改不掉,因为"我无法后退",无法彻底否定过去.不要说在历经数千年封建专制主义的中国,西方知识分子也在所难免.人们评价玻尔时说,"容易接近,但难以理解";评价爱因斯坦时则说,"越是和他在一起,就越是觉得他与众不同".至于李白、杜甫、胡适、陈独秀们泡妓院,那是因为有自然属性存在.人的重大差异在于社会属性,自然属性不可能有太大差别,否则就不是人了.

庄子看出过度追求知识的危害,爱因斯坦也认为,科学必须是怀疑与信仰的结合.他们没有自杀.也许在遥远的将来世界大同的时候,所有人得到了全面发展,社会属性也会慢慢趋同,我始终认为,人的终极目标应该是自由和幸福,而且以同时顾及别人的自由和幸福为最高级(那时候每个对科学感兴趣的正常人从小就会得到充分的教育,不会变成民科).知识应该是一条通往自由和幸福的好途径.至于权力和金钱,如果在一些人看来是通往自由和幸福的好途径,那么他就有可能为天下人着想,做点慈善事业.到人人平等、共同富裕时慢慢消亡.而一旦将知识、权力或金钱看成是目的,这个人的人生或许就"杯具"了,尤其是目的单一的时候人生愈加不完整.现在人们(或表面上)赞扬知识、贬斥权力和金钱的唯一原因是,崇尚权力和金钱的人太多了.

权力与真理关系之误读

即使一个老百姓只思不学、或只学不思,对社会而言,那还不是最可怕的.真正的危害不在于民科本人,而在于所谓的"权威部门";假千里马不可怕,假伯乐才可怕.怀疑权威不等于外行可以领导内行.比如我不是搞物理的,我说"希格斯粒子不存在",也许最终证明希格斯是错的,我的论断是正确的,但这就说明物理学界要把我的话当回事吗?笑话!

权力与真理,大家谈了好几百年,可很多人未必搞得清楚它们的关系.显然,人类社会需要真理,也充斥着权力.

关于真理,有两句话特别有名,"真理面前人人平等""真理往往在少数人手中".这看上去矛盾的话,曾经被单独使用在数量惊人的文献之中,但是,我们真地很好地理解了吗?先来看一看历史吧.

在中国古代,政治是少数人的政治,科学根本就不入流.

我一向认为,法西斯主义与文艺复兴之间具有某种历史必然性.希特勒和墨索里尼尤其受到了进化论"适者生存"或优生学相当大的影响,他们的一系列"理论"中,有一个是"精英主义":社会应该由精英统治,其余的人只能被他们踩在脚下.希特勒认为,民主政治是错误的,因为在民主社会,精英与非精英平等了,他们就无法发挥出自己的能量,就这样被白白埋没,岂不可惜?日本人那时也是如此,学生冬天都赤膊.所以,希特勒等人认为,政治是少数人的政治,科学是少数人的科学(当然大致上是这个意思).粗看起来似乎有点道理,但希特勒有两大致命伤:第一,他为了维护自己的独裁统治,还是认为政治精英高于其他一切精英.结果是他瞎指挥,造成德国不可避免的损失,一群德国将军(军事精英)老想除掉他;第二,他认为只有日耳曼人才是精英,结果犹太人跑到了美国,和那里的精英联合打败了他,用实践证明了他的错误.可以认为,二战是近现代的精英主义向后现代主义、世俗社会演变的一次撞击.

中国的"激进民主"与"五四"也有历史必然性.结果无限制地提高"劳动人民"的地位.结晶牛胰岛素报诺贝尔奖,几百号人,连扫厕所的也搭上了,说是人民群众的力量,结果瑞典当然不予理会.现在我们才知道,过去人民币上的工人、农民头像确有真人模特,现在换成毛泽东了.西方那时的钱币上画的多数是文化精英:莫扎特、高斯……60年代我国的《高等数学》前言胡说:数学家在数学发展上具有一定历史作用,但真正推动数学发展的是劳动人民.呵呵,医生都去扫地,扫地的则开刀.外行领导内行、亩产万斤、大炼钢铁,黄万里、梁思成等专家统统靠边站!确实令人有点不可思议.

后现代主义则(大致)认为,政治是多数人的政治,科学是多数人的科学.欧元的出现,将高斯等大师赶走了,换成了一些建筑.当然,政治上自由、开明是好的,但是对待科学的态度实在让我有点不好接受.难道科学研究不需要精英吗?当然除了后现代冲击学术价值外,更主要的是理论科学不能马上变成钱.所以真正的科学家对消费至上的商业化社会和后现代主义都是比较反感的,整个社会虽然抛弃了过去的那种虚伪,但是比较媚俗,科学家的工作没有得到充分理解和尊重.这么闹下去,1996年终于爆发了"索卡尔事件".

说到这里,有人很快就会想到,还有一个"排列组合"—— 政治是多数人的政治,科学是少数人的科学,怎么没有提到呢?这在人类历史上出现过吗?无疑这是最佳选择,如果真地选择了这样一条道路,愚昧也许就不存在了.

应该说,不少先进知识分子不止一次地提出过类似的观点,而且这样的理念在人类历史上也时不时地出现过. 孟子的"民为贵,社稷次之,君为轻"就是典型的一个(当然他没有提到科学). 其实好的政治就是为天下人谋利,反映民意,而不是宣扬个人英雄主义. 据说美国总统华盛顿没有什么过人天赋,与雄才大略的曹操不好比. 尽管曹操未必说过"宁可我负天下人,不可天下人负我",但他对人类的贡献远不及华盛顿. 这是一个非常值得人们深思的例子. 对于政治来说,一个好的制度比寻找一个"明君"重要得多.

相比之下,科学研究(还有文学艺术)倒是需要一点天赋,不是谁都可以胜任. 因此,权力和真理的关系,在古希腊首创的竞技体育中有一个完美的对比:体育需要公平、公正的规则,就好比政治;体育比的是各自的实力,就好比科研能力的高低. 但是,将整个社会的所有事务都做到像竞技体育那样,好像也不太可能. 当然无论怎样这都应该成为我们的目标. 在政治上多数人说你错了,你肯定错了;而在科学上多数人说你错了,你未必是错. 民科也不要为后面一句话得意. 科学研究上犯错太司空见惯了,还要看是什么类型的错误,如果是大师的错误,说不定对科学发展很有价值;而一个业余爱好者即便是正确的,比如做出一个有趣的幻方或数独游戏,也未必有多少价值. 因此,"正确与否"与"价值大小"的关系也是很复杂微妙的.

总之,所谓"真理面前人人平等",指的是人的各项基本权利,以及真理的作用上(比如人人都符合惯性定律,这是显然),也包括追求真理的自由,但不代表你有获得真理的能力和坚持真理的胆量. 真理本身也有丰富的含义,科学真理与社会真理还不是一回事. 民科完全混淆了这些差别,独裁者大概是故意将其混淆,为了打击别的掌权者或学术权威,就说"真理面前人人平等",为了树立对自己的个人崇拜,就说"真理往往在少数人手中". 这其实是蛮可怕的.

把话语权还给内行

福柯把知识、科学比作权力. 我觉得科学本身并非权力,科学主义才是追求权力(大概福柯说的就是这个意思,不过此公的科学素养也未必高),它侵入了非科学的领地. 科学主义当然有问题,但是非科学、伪科学侵入科学,就更不能让人接受了. 无论如何,科学是人类伟大的发明,因为它尊重的是事实和真理,而不是权威(当然科学家未必能做到这一点),我们社会的进步离不开科学的变革. 由此我想到方舟子遇袭事件. 方舟子表示,伪科学和迷信活动的恣意横行,正是因为现在广大公众的科学素养还太差所致. 民科或伪科学骗子自己未受过系统训练,或初生牛犊、狂妄自大,或招摇撞骗,社会上总是存在各式各样的人. 骗不骗是他的问题,信不信则是我们的问题. 就好比碰到同样的病毒,抵抗力强的人就没事,体质差的人就要得病. 在西方,有一批人文学者(似乎与民科、伪科学骗子不沾边)不遗余力地批判科学,为科学界所不齿. 1990年两者对抗可谓达到顶峰(现在似乎好一点了),一系列著作出版(如《高级迷信》),还爆发了"索卡尔事件". 这些人文学者固然比一些没文化的人强,但对科学的理解也很难说有多好,他们只看到科学带来的一系列问题如环境问题(这不足以成为否定科学的理由). 但是,一旦有头有脸的人出来表态,他的本意甚至可能是好的,却容易被某些别有用心的人一味地放大、利用. 我不是说科学没有缺陷不能批评,但很少有像科学那样的东西,它被人批评甚至否定时,却最少被那些人了解,所以这种批评本身就存在严重的问题.

当然,外行领导、批判内行最严重的时期,莫过于苏联和中国都曾有过的、那个唯意志论达到顶峰的年代,整个国家都陷入迷信或自恋之中.哲学和社会科学、文学艺术当然全盘否定过去和西方的,完全自己来;生物、医学、农学、工程也遭到了一定程度的干扰,所以才会出现李森科事件,以及亩产万斤、大炼钢铁之类的"革命浪漫主义".但是,这还不至于触动人类思想最坚固、精确的堡垒——逻辑、数学和物理.

不过,灾难和荒谬还是降临了,比如虽没有篡改贝多芬的作品,仍将《英雄交响曲》改名为《贝多芬向红太阳致敬》;虽没有发明牛顿第四定律,还是将其三大定律改为"劳动人民三大运动定律".汉字也差点消失.真可谓空前绝后!即使是历史上修建万里长城、大运河,劳民伤财,但对后世子孙还有点用处;即使是"文化大革命"这么大的劫难,在西方都颇有市场,因为它至少是打着"打倒官僚,打倒权威"的旗号(尽管可能是误读).今天大概不会有哪个国家还说大炼钢铁好吧!现在中国决不会这么做了,不仅不再直接干涉科学家的研究,而且大量引进"西方资产阶级"的哲学、经济学等,对古今中外的人类文明毕竟尊重多了;政治家就关心政治吧,当然还有与之密切的经济、国防和外交,其他方面——文、史、哲、数、理、化、体、美……除非与政策有关,具体内容还由各行专家自己处理,不可能一个人样样都精通,样样都是别人的导师.

那么,谁触动了人类思想最坚固、精确的堡垒呢?就是那些民科,一群极端自恋的家伙.其实自恋并不可怕,自恋的人多的是,民科只是其中一小部分而已,而且没有什么影响力.明星要是自恋,影响就比较大.本来我最恨明星,现在对他们的印象越来越好.不错,明星是俗,否则也不会闹出陈冠希事件.但是,你有看到陈冠希跑到中国科学院胡闹吗?人家是财大气粗,也就做好娱乐圈的事,无论是他的事业还是私生活,对别的领域没有干扰.麦当娜、美国篮球明星,有没有花钱拿个名牌大学的博士学位?比尔·盖茨有没有花钱去得一个美国科学院院士?价值观完全可以不同.我本来很反感问数学有什么用的人,但这仅仅是价值观的不同,所以现在觉得也无所谓.价值观可以自由选择,尽管它有高低贵贱之分.上海马路上有多少漂亮的拜金女,20年前大家都看不惯,现在完全可以接受,缺少这些消费群体还真不行.价值多元化本来就很正常.你可以很俗,甚至热衷迷信、星座、八卦,可以不懂数学,可以说数学没用,只是精神空虚应该自责:凡极端自我者没好处,发展到自恋遭人笑话.无论你改也好,不改也罢,这些都是个人行为,影响不大.但决不可以不懂装懂,或明明很烂却自以为很懂,那就是民科了,即使到这地步还不要紧,自由社会里应该允许我们具有一定表达自己观点和犯错的自由;可怕的是民科成了领导,外行领导内行.

世界上最可怕的错误,是对权力的无限扩大化.我们都知道,无论是权力还是金钱,即使它们何等诱人,也不是万能的.不过,追求金钱的人往往可以认识到这一点,没有一个资本家会说,只要有钱,自己又是科学家、艺术家、哲学家,至少只要去搞就一定能成;拜金女只要物质享受,根本无所谓成为什么大家(虽然嘴上说不屑,但心里也清楚如果去搞科学一定被人骂精神病,所以还是停留在价值观上对立,就像"文革"时期批判数学家

"白专",不敢与数学家讨论细节).至于权力达到至高无上以后,这就难保了.

比起过去,今天虽有很大进步,但真正在高校受过系统科学训练的人有很多仍是没有话语权的.前一阵子有博士批于丹,博士们是否为自己炒作姑且不论,但我相信,这些寒窗苦读过的博士们对孔子庄子的认识应该也不亚于于丹吧(除非是假博士),但我们现在记住这些博士的名字了吗?还有一次,某地高考题目出了点小错,谁都能看出来,但考试部门不予理睬,坚持说没错.最后好像动用了七位数学院士联名写信.有一个加拿大学生胡说圆周率 π 是有理数,我们的报纸上也报道过.其实 π 是无理数的证明就在北大数学系出的《数学分析习题集》里,或在华罗庚先生的《数论导引》中,没几行字(不过比较难).但我们这里的媒体却要采访著名数学家潘承彪先生,这真是拿他们大材小用.你说每每社会上闹出一个笑话,一件蠢事,都要去找最权威的专家澄清,那么比专家地位低的明白人又何来话语权呢?一个不学物理的有名画家却远比一个物理专业的学生更有资格或机会对物理学指手画脚.只可惜,现代世界完全符合尼采的权力说.这种"大材小用,中材无用,无材大用,外才内用"的怪圈,就和"说你坏就是说你好、聪明,夸你好就是笑你憨"的错位道德一样,什么时候可以终结呢?

蔡志忠先生的例子是很深刻的.这说明科学实际上已越来越脱离公众,却又(难免)被错误地普及.科学在抽象上得到了充分肯定,到处都是"科学、科学"的口号,但在具体上却很没市场.科学彷佛排斥了所有科学家圈子以外的人,好像圈外人的科学水准都只有民科级别,圈内人就个个精通科学(也可能是"被排斥"),这是一个极端;而民科在自由社会中发表言论本来就完全可以,他们不知道、不承认自己的错误也很正常,可怕的是与权力或名声、金钱的结合.民科不能拥有话语权,如果他们拥有话语权,就不仅仅回到过去的迷信时代,因为民科对待的是精确严密的数理科学,其荒谬又在封建迷信之上.不过这样的担心纯属多余,因为民科对科学的负面影响毕竟远不如斯大林时代或"文化大革命"时期,把反智、个人崇拜上升到国家意识形态和主流价值观的地步,那时候才是科学和科学家真正的大灾难.当然即使是那个时期至少还没有直接触动数学和物理,最多是些苍白无力的"批判",什么"唯心主义"、"资产阶级学者孤芳自赏,不与工农结合"之类.这些论调用不了多少年很快就灰溜溜地退出历史舞台,相对论、量子力学、控制论等遭到任何外行莫名"质问"的时代一去不复返了.

数学也是如此.我们知道,马克思是赞赏数学的,但因为比较忙,而且基础不太好,没有时间仔细钻研.马克思对微积分的理解就到拉格朗日等人为止(而且甚为肤浅),不了解柯西、魏尔斯特拉斯等人的工作.苏联学者研究了马克思的《数学手稿》,认为价值不大,就这样了结了.斯大林也没有指令大学数学系抛弃高斯、柯西,只学《数学手稿》;也没有将数学、物理公式全部换成新的"共产主义"符号.毛泽东时代也不至于这么做.这说明数学和物理知识本身的研究者和传播者还是科学家和广大教师,外行的批判无非是说些政治口号而已.

我相信,人类历史应该这样进步:丧失自我?极端自我?超越自我."超越自我"是在国际数学家大会上颁发的菲尔兹奖章上刻着的一句话,看上去平淡无奇,现在想想并不简单.

当我第一次听说国际数学家大会的准确翻译是"数学人"的盛会,允许民科参加并演讲时,曾一度不能理解.后来我终于想明白了,这就是真正的自由精神,讲不讲是你的自由,有没有人听是另一回事;而且也体现了数学文化不完全是精英的专利.因此,民科现象也不应是一个完全贬义的词.只可惜民科不能完全理解"超越自我"的真正含义.

数学家一直是我最为向往的精英职业.我相信社会在不断进步,人类费了很大劲,终于告别了那个人奴役人的时代,但愿将来会进入一个对话的、沟通的时代,那个时候每个人的素养都得到很大提高,既知道自由,亦懂得认错,个人的自信、意志与自知之明达到完美的平衡,那时人们也就真正理解了科学精神.

代数基本定理的证明

J. L. Brenner, R. C Lyndon

代数基本定理是说每个非常数的复系数多项式在复平面内都有零点.对于这个定理,已经有许多证明了,几乎每本复分析教科书中都有它的证明.这里给出一个只用到初等代数知识和简单极限的证明.

代数基本定理 设 $P(z)$ 是一个非常数的复系数多项式,则存在复数 z_0 使 $P(z_0) = 0$.

下面先证几个引理.

令 $P(z) = \sum_{j=0}^{n} a_j z^j$,不妨假设 $a_0 \neq 0, a_n = 1$. 置 $A = \sum_{j=0}^{n} |a_j|, R = 2A$.

引理 1 如果 $|z| \geq R$,则

(1) $|P(z)| \geq A$;

(2) $|P(z) - z^n| \leq |z|^n/2$;

(3) $|\arc(P(z)) - \arc(z^n)| \leq \pi/6$,其中 $\arc w$ 表示 w 的主幅角.

证明 (1) $|P(z)| \geq |z|^n - \sum_{j=0}^{n-1} |a_j||z|^j \geq |z|^{n-1}(|z| - A + 1) \geq R^{n-1}(R - A) = R^{n-1}A > A$.

(2) 因为 $|z| \geq 2A - 2$,有

$$|P(z) - z^n| \leq \sum_{j=0}^{n-1} |a_j||z|^j \leq \sum_{j=0}^{n-1} |a_j||z|^{n-1} =$$
$$(A-1)|z|^{n-1} = (A-1)|z|^{-1}|z|^n \leq$$
$$\frac{A-1}{2A-2}|z|^n = |z|^n/2$$

(3) 如图 1 所示,其中 $a = |z^n|, b = |P(z)|$, $c = |P(z) - z^n|$,由 (2) 有 $c \leq \frac{1}{2}a$,而 θ 在 $b \perp c$ 时取极大值,因而有 $\tan \theta \leq \frac{1}{2}, \theta \leq \pi/6$.

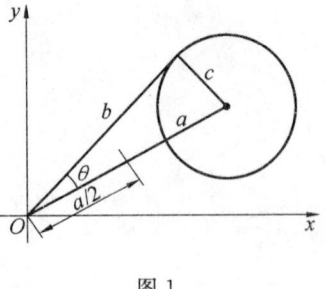

图 1

证毕.

---

① Proof of the Fundamental Theorem of Algebra, Amer. Math. Monthly, 1981(88):253-257.

当 $w \neq 0, (k-1)\pi/2 \leq \arg w < k\pi/2 (k=1,2,3,4)$ 时,称 w 在第 k 象限,记为 $Q(w) = k$. 若 $\frac{1}{2}|Q(z_1) - Q(z_2)| = 1$,称 z_1, z_2 在相对的象限中.

引理 2 如果 z_1, z_2 在相对的象限中,则
$$|z_1| |z_2| \leq |z_2 - z_1|.$$

证明 如图 2 所示.

引理 3 如果 $S > 0$,则存在一个只依赖于 S 和 P 的正整数 K,使当 $|z_1|, |z_2| \leq S$ 时,就有 $|P(z_2) - P(z_1)| \leq K |z_2 - z_1|$.

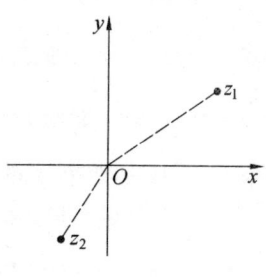

图 2

证明 不妨设 $S > 1$. 则因为
$$P(z_2) - P(z_1) = \sum_{j=0}^{n} a_j \cdot (z_2^j - z_1^j) = (z_2 - z_1) \sum_{j=1}^{n} a_j \sum_{h+k=j-1} z_1^h z_2^k$$

因而
$$|P(z_2) - P(z_1)| \leq |z_2 - z_1| \sum_{j=1}^{n} |a_j| S^{j-1} \leq |z_2 - z_1| S^n A$$

定理的证明 下面取 $K = A\{\max(1, S)\}^n$. 任取一数 ε,使 $0 < \varepsilon < 1$. 选取一包含 $|z| = R$ 的等边三角形 T 和一正整 S,使 T 含于圆 $|z| = S$ 中. 令 $\delta = \varepsilon/K$. 取 Δ 为 T 中的 2 维闭集合. 则由引理 3,有

(4) $z_1, z_2 \in \Delta, |z_1 - z_2| < \delta \Rightarrow |P(z_1) - P(z_2)| < \varepsilon$

现在我们用平行于 T 的边的等距线把 $\triangle$ 等分成一些全等的等边三角形 $\triangle_v$,而得到一网格,如图 3 所示. 下面称同一个小三角形的任意两顶点为相邻点. 把这个网格取得充分小使每个小三角形的边长不大于 δ,这样若 z, z' 是 T 的边上的相邻格点,则 $|\arg z' - \arg z| < \pi/6n$. 如果 z, z' 是任意两个相邻格点,则 $|z' - z| < \delta$,因此由 (4) 有,$|P(z') - P(z)| < \varepsilon$.

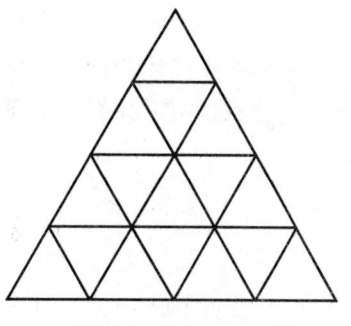

图 3

假设任意相邻点 z, z' 都使 $w = P(z)$ 与 $w' = P(z')$ 不在相对的象限中. 也就是说,$[Q(w') - Q(w)] \pmod{4}$ 的值是 $-1, 0$ 或 1. 下面记 $[Q(w') - Q(w)] \pmod 4$ 为 $d(w, w')$. 我们将导出矛盾.

令 $z_1, z_2, \cdots, z_t$ 是三角形 T 的边上的点按反时针方向取循环次序. 令 $w_j = P(z_j)$. 则由于我们选择的网格充分小,序列
$$Q(z_1^n), Q(z_2^n), \cdots, Q(z_t^n) \qquad (*)$$
除重复的以外,恰好跑过圈 $(1, 2, 3, 4) n$ 次,由 (3) 有,序列
$$Q(w_1), Q(w_2), \cdots, Q(w_t) \qquad (**)$$
与序列 $(*)$ 只在形为 $h, \cdots, h, h', \cdots, h'$,其中 $h' \equiv h + 1 \pmod 4$ 的 (连续的) 子序列处不

相同，把这样的子序列记为 $h,h_1,\cdots,h_m,h'$，其中 h_1 是 h 或 h'. 定义 $D(\Delta) = \sum_{j=1}^{t} d(w_{j+1}, w_j)$，其中 $w_{t+1} = w_1$. 那么，我们有

$$D(\Delta) \equiv \sum_{j=1}^{t} d(w_{j+1}, w_j) = \sum_{j=1}^{t} d(z_{j+1}^n, z_j^n) = 4n$$

令 z', z'', z 是某个 Δ 的顶点，依反时针方向标号. 则由假设，$Q(P(z')), Q(P(z''))$，$Q(P(z))$ 至多有两个相邻的值 k, k'，即 $k' \equiv k+1 \pmod 4$，从而 $D(\Delta_v) = d(w'', w') + d(w''', w'') + d(w', w) = 0$. 因此，$\sum D(\Delta_v) = 0$，其中求和是对此网格中的所有三角形 Δ_v.

假设 z', z'' 是网格的内部相邻点（即不在 T 的边上的点）. 则它们是两个三角形 Δ_v 和 Δ_μ 的顶点，因而 $d(w'', w'), d(w', w'')$ 将各在 $D(\Delta_v), D(\Delta_\mu)$ 之一中出现. 由于 $d(w', w'') = -d(w'', w')$，因而这两项将在求和 $\sum D(\Delta_v)$ 中对消掉. 因此，$\sum D(\Delta_v)$ 只剩下了由 T 的边上的点得到的项 $d(w', w'')$ 之和，即 $\sum D(\Delta_v) = D(\Delta)$.

由于 $D(\Delta) = 4n$，因此 $\sum D(\Delta_v) = 0$ 矛盾. 所以，存在两个相邻点 z, z'，使 $P(z)$，$P(z')$ 位于相对的象限中，则由引理 2，我们有

$$|P(z)| < |P(z') - P(z)| < \varepsilon$$

这样我们就证明了，对任意 $\varepsilon > 0$，如果 z, z' 是两个相邻格点，都有

$$|z - z'| < \varepsilon/K$$

和

$$|P(z)| < |P(z') - P(z)| < \varepsilon$$

由复平面的连续性和柯西收敛准则，我们有，当 $\varepsilon \to 0$ 时，$z \to z_0$ 且 $f(z) \to 0$，即 $f(z_0) = 0$. 这就证明了我们的定理.

(李才恒编译，徐明曜校)

某些多项式零点的分布问题

党诵诗

在 Реферативный Журнал (Математика, 1955, №1) 的第 38 页中介绍了 Singh S. K. 的一篇文章[1], 在这篇文章里, 前两个结果是这样:

(1) 若多项式
$$P(z) = \sum_{v=0}^{n} a_v z^v \quad n \geqslant 2 \tag{1}$$
的系数满足

(a) $\quad |a_0| + |a_1| + \cdots + |a_{n-1}| \leqslant n|a_n|$

(b) $\quad 2^{\frac{n+1}{2}} r^n (n+1) \left|\dfrac{a_n}{a_0}\right| < 1 \quad r \geqslant \dfrac{1}{2}$

则在圆 $|z| \leqslant r$ 之外, 多项式至少有一个零点.

(2) 若 (1) 的系数满足

(a) $\quad \min\{|a_0|, |a_1|, \cdots, |a_n|\} \geqslant 1$

(b) $\quad \max\{|a_0|, |a_1|, \cdots, |a_{n-1}|\} \leqslant |a_n|$

则当 $R = \max\left\{\left|\dfrac{a_{n-1}}{a_n}\right|, \left|\dfrac{a_{n-2}}{a_n}\right|^{\frac{1}{2}}, \cdots, \left|\dfrac{a_0}{a_n}\right|^{\frac{1}{n}}\right\}$ 时, 有
$$n\left(\frac{R}{k}\right) \leqslant \frac{2\ln\{(n+1)|a_n R^n|\}}{\ln k} \quad k > 1$$
而 $n(t)$ 表示 $P(z)$ 在圆 $|z| \leqslant t$ 上零点的个数.

必须注意, 在 (1) 中当 $\left|\dfrac{a_n}{a_0}\right|$ 比较大时, r 就要取得相当微小, 本文的目的是, 在 $r < 1$ 的情况下, 导出一个一般的结果, 并把原来的条件 (b) 加以简化; 对于 (2), 我们将估计出一个更精确的结果, 而只需很少的条件.

(一) 若 (1) 的系数满足

(i) $\quad |a_0| + |a_1| + \cdots\cdots + |a_{n-1}| \leqslant n|a_n| \quad a_n \neq 0$

(ii) $\quad r^{n-m}(n+1)\left|\dfrac{a_n}{a_0}\right| < 1 \quad a_0 \neq 0$

---

① 本文原载于《新科学》, 1955 年第 2 期.
② [ ] 内的文字, 系指文末的参考书籍.

此处,m 为小于 n 的非负整数,$0 < r < 1$. 则在圆 $|z| \leqslant r$ 之外,(1) 至少有 $m+1$ 个零点.

为了证明,先引进两个有用的式子:设以 $n(t)$ 表示正则函数 $P(z)$ 在圆 $|z| \leqslant t$ 上的零点个数,则有下面的所谓 Jensen 公式:

$$\int_0^t \frac{n(\rho)}{\rho} d\rho = \frac{1}{2\pi} \int_0^{2\pi} \ln|P(te^{iq})| dq - \ln|P(0)| \tag{2}$$

当 $k > 1$ 时,还有

$$n\left(\frac{t}{k}\right) < \frac{1}{\ln k} \int_0^t \frac{n(\rho)}{\rho} d\rho \tag{3}$$

关于式(2),式(3)的证明,请参阅马库雪维奇的解析函数论[2].

现在来证明(一):在(3) 中令 $t = kr$,然后取 k 为 $\frac{1}{r}$,则

$$n(r) < \frac{1}{\ln k} \int_0^{kr} \frac{n(\rho)}{\rho} d\rho = \frac{1}{\ln \frac{1}{r}} \int_0^1 \frac{n(\rho)}{\rho} d\rho$$

由式(2),得

$$n(r) < \frac{1}{\ln \frac{1}{r}} \left[\frac{1}{2\pi} \int_0^{2\pi} \ln|P(e^{iq})| dq - \ln|P(0)| \right] \leqslant$$

$$\frac{1}{\ln \frac{1}{r}} [\ln\{|a_0| + |a_1| + \cdots + |a_n|\} - \ln|a_0|]$$

再根据条件(i)和(ii):

$$n(r) < \frac{1}{\ln \frac{1}{r}} \ln \frac{(n+1)|a_n|}{|a_0|} < \frac{1}{\ln \frac{1}{r}} \ln \frac{1}{r^{n-m}} = \frac{1}{\ln r} \ln r^{n-m}$$

于是,得出不等式

$$n(r) < n - m$$

这就证明了(一).

(二)若式(1)的系数满足 $|a_0| \geqslant 1$,则当 $a_0 \neq 0$ 又 $R = \max\left\{\left|\frac{a_{n-1}}{a_n}\right|^1, \left|\frac{a_{n-2}}{a_n}\right|^{\frac{1}{2}}, \cdots, \left|\frac{a_0}{a_n}\right|^{\frac{1}{n}}\right\}$ 时,下面的不等式成立:

$$n\left(\frac{R}{k}\right) < \frac{\ln\{(n+1)|a_n|R^n\}}{\ln k} \quad k > 1 \tag{4}$$

证明 在式(3)中令 $t = R$,并利用式(2),像上面一样,立可证得

$$n\left(\frac{R}{k}\right) < \frac{1}{\ln k} \int_0^R \frac{n(\rho)}{\rho} d\rho \leqslant \frac{1}{\ln k} [\ln\{|a_n|R^n + |a_{n-1}|R^{n-1} + \cdots + |a_0|\} - \ln|a_0|]$$

注意到 $|a_0| \geqslant 1$ 及 R 的性质,便得出

$$n\left(\frac{R}{k}\right) < \frac{1}{\ln k} \ln\left\{|a_n|\left(R^n + \left|\frac{a_{n-1}}{a_n}\right|R^{n-1} + \cdots + \left|\frac{a_0}{a_n}\right|\right)\right\} \leqslant \frac{1}{\ln k} \ln\{|a_n|R(n+1)\}$$

此即不等式(4).

参 考 文 献

[1] S K SINGH. On the Zeros of Class of Polynomials[C]. Proc. Nat. Inst. Sci. ,India, 1953,19,№5:601-603.

[2] МАРКУЩЕВПЧ А И. ТеорпяАналпмпческпхФункнuu[M]. Гπ. Ⅵ,2 • 1;Гπ. Ⅶ, 2 • 2.

多项式零点的模的一个界限[①]

党诵诗

在前一篇文章[①]里,我们对 Singh S. K. 的那篇文章的前面两个结果作了一些研究. 它的第三个结果[②]是这样:

如果多项式
$$P(z) = \sum_{v=0}^{n} a_v z^v \quad n \geqslant 2$$

的系数满足 $R = \left|\dfrac{a_{n-1}}{a_n}\right| > \max\left\{\left|\dfrac{a_{n-2}}{a_n}\right|^{\frac{1}{2}}, \cdots, \left|\dfrac{a_0}{a_n}\right|^{\frac{1}{n}}\right\}$,则 $P(z)$ 的零点全在圆 $|z| < 2R$ 内.

在本文里,我们要导出一个比较精密的结果;并且以 $r = \max\left\{\left|\dfrac{a_{n-1}}{a_n}\right|^1, \left|\dfrac{a_{n-2}}{a_n}\right|^{\frac{1}{2}}, \cdots\cdots, \left|\dfrac{a_0}{a_n}\right|^{\frac{1}{n}}\right\}$ 代替 R. 这样,不但 r 比 R 的意义更为广泛,同时,也解除了原来所给予多项式 $P(z)$ 的限制. 下面要证明:

定理 设以 ξ 表示 n 次多项式 $P(z) = \sum_{v=0}^{n} a_v z^v$ 的最大模零点,则

$$|\xi| < O\left(1 + \sum_{i=1}^{n} \frac{1}{O^{2j}}\right)^{\frac{1}{2}} r \tag{1}$$

其中 O 为任何正数.

把式(1)中的 O 换为 $u^{\frac{1}{2}}$,得

$$|\xi| < \sqrt{u\left(1 + \frac{1}{u} + \cdots + \frac{1}{u^n}\right)} r \tag{2}$$

当 $u > 1$ 时,$u\left(1 + \dfrac{1}{u} + \cdots + \dfrac{1}{u^n}\right) < u\left(1 + \dfrac{1}{u} + \cdots\right) = \dfrac{u^2}{u-1}$,故

$$|\xi| < \sqrt{\frac{u^2}{u-1}} r \tag{3}$$

因为 $\sqrt{\dfrac{u^2}{u-1}}$ 在 $u = 2$ 时,有极小值 2,把 $u = 2$ 代入式(3)就是原来的结果;代入式(2)便

[①] 本文原载《新科学》1955 年第 4 期.
[②] 它的第四个结果,亦即最后一个,是 Hurwitz 定理的一个推论.

得出一个比较精密的结果：

$$|\xi| < \sqrt{2(1 + \frac{1}{2} + \cdots + \frac{1}{2^n})} r \tag{4}$$

现在来证明定理：
因为

$$P(z) | \geqslant |a_n||z|^n - \sum_{j=1}^n |a_{n-j}||z|^{n-j} =$$

$$|a_n||z|^n \left\{ 1 - \sum_{j=1}^n \left|\frac{a_{n-j}}{a_n}\right| \frac{1}{|z|^j} \right\} \geqslant$$

$$|a_n||z|^n \left\{ 1 - \sum_{j=1}^n \gamma^j \frac{1}{|z|^j} \right\} \tag{5}$$

在式(5)中，令 $z = O r \zeta, O > 0$ 得

$$|P(Or\zeta)| \geqslant |a_n||Or\zeta|^n \left\{ 1 - \sum_{j=1}^n \frac{1}{O^j |\zeta|^j} \right\} \tag{6}$$

把著名的 Буняковскпй-Schwarz 不等式用于和式 $\sum_{j=1}^n \frac{1}{O^j |\zeta|^j}$，得

$$\sum_{j=1}^n \frac{1}{O^j |\zeta|^j} \leqslant \left(\sum_{j=1}^n \frac{1}{O^{2j}}\right)^{\frac{1}{2}} \left(\sum_{j=1}^n \frac{1}{|\zeta|^{2j}}\right)^{\frac{1}{2}} \tag{7}$$

于是，当 $|\zeta| \geqslant \left(1 + \sum_{j=1}^n \frac{1}{O^{2j}}\right)^{\frac{1}{2}}$ 时，有

$$1 - \sum_{j=1}^n \frac{1}{O^j |\zeta|^j} \geqslant 1 - \left(\sum_{j=1}^n \frac{1}{O^{2j}}\right)^{\frac{1}{2}} \left(\sum_{j=1}^n \frac{1}{|\zeta|^{2j}}\right)^{\frac{1}{2}} >$$

$$1 - \left(\sum_{j=1}^n \frac{1}{O^{2j}}\right)^{\frac{1}{2}} \left(\sum_{j=1}^\infty \frac{1}{|\zeta|^{2j}}\right)^{\frac{1}{2}} =$$

$$1 - \left(\sum_{j=1}^n \frac{1}{O^{2j}}\right)^{\frac{1}{2}} \cdot \frac{1}{(|\zeta|^2 - 1)^{\frac{1}{2}}} \geqslant 0 \tag{8}$$

从式(6)，式(8)可知，此时 $|P(Or\zeta)| > 0$；即，当 $|z| \geqslant O\left(1 + \sum_{j=1}^n \frac{1}{O^{2j}}\right)^{\frac{1}{2}} \gamma$ 时，$|P(z)| > 0$. 故定理得证.

容易看出：如果以 Cauchy-Hölder 不等式[2] 代替不等式(7)，则尚可得出比(1)更普遍的式子：

$$|\zeta| < O\left\{1 + \left(\sum_{j=1}^n \frac{1}{O^{pj}}\right)^{q/p}\right\}^{1/p} \gamma \tag{9}$$

其中 $O, p, q > 0, \frac{1}{p} + \frac{1}{q} = 1$.

必须指出，如果只是为了证明 $|\xi| < 2r$，则可不必引用 Буняковскпй-Schwarz 不等式. 事实上，只需在式(5)中令 $z = r\zeta$，便得到

$$|P(r\zeta)| \geqslant |a_n||r\zeta|^n \left\{1 - \sum_{j=1}^n \frac{1}{|\zeta|^j}\right\} > |a_n||r\zeta|^n \left\{1 - \sum_{j=1}^\infty \frac{1}{|\zeta|^j}\right\}$$

于是,当 $|\zeta| \geqslant 2$ 时,有

$$|P(r\zeta)| > |a_n||r\zeta|^n\left\{1-\sum_{j=1}^{\infty}\frac{1}{|\zeta|^j}\right\} = |a_n||r\zeta|^n \cdot \frac{|\zeta|-2}{|\zeta|-1} \geqslant 0$$

即是说,当 $|z| \geqslant 2r$ 时,$|P(z)| > 0$. 这就证明了我们的结果.

推论 如果 $a_0 \neq 0$, 即多项式 $P(z) = \sum_{v=0}^{n} a_v z^v$ 的零点全在开的环形域

$$\frac{1}{2}S < |z| < 2r$$

内. 这里的 $S = \min\left\{\left|\frac{a_0}{a_1}\right|^1, \left|\frac{a_0}{a_2}\right|^{\frac{1}{2}}, \cdots, \left|\frac{a_0}{a_n}\right|^{\frac{1}{n}}\right\}$.

证明 取置换 $z = \frac{1}{\zeta}$,把上面的结果用于多项式 $\zeta^n \cdot P\left(\frac{1}{\zeta}\right)$,则立可得出

$$\frac{1}{2}S < |z|$$

最后,关于多项式零点的模的界限问题,读者可参阅复数域中多项式零点的几何[3]一书.

参 考 文 献

[1] 党诵诗. 某些多项式零点的分布问题[J]. 新科学,1955(2):42-43.

[2] Г. М. Фихтенгольч. 微积分学教程[M]. 北京大学高等数学教研室,译. 二卷二分册: 238-290.

[3] MARDEN M. The Geometry of the Zeros of a Polynomial in a Complex variable[J]. 1949:96-98.

圆的极小性质

W. 布拉施克

1 Steiner 的四连杆法

Steiner(实际上 1782 年和华沙 S. Lhuilier 合作)创造出一种简单作图,使我们有可能把任何非圆的闭平曲线 K 变成一个等周的、但有较大面积的闭平曲线 K^*. 从这作图可能性立即得出结论:K 不是"等周"问题的解,就是说,在所有闭平曲线中,要使围成尽可能大的面积. 这样,除了圆,没有别的曲线能够具备这个性质.

所提的 Steiner 作图称"四连杆法",作法如下. 在非圆的 K 上找出这样两点 A 和 B,使得 K 在 A 和 B 被平分为等长弧 K_1 和 K_2(图 1). 我们可以适当地选取记法,以致那两块由 AB 线段界成的面积 F_1 和 F_2 之间成立关系 $F_1 \geqslant F_2$. 现在,削掉 K_2 这段弧而代之以一条 K_1 关于直线 AB 的对称弧 K'_2. 这样,由 K_1 和 K'_2 组成的闭曲线 K' 关于轴 AB 是对称的,而且显然和 K 有同一周长. 两块面积

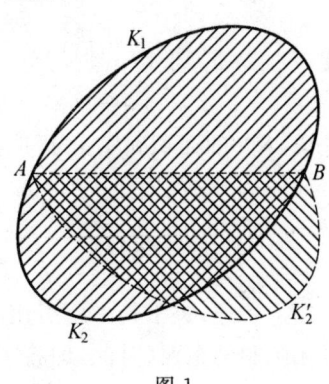

图 1

$$F = F_1 + F_2$$

和

$$F' = 2F_1$$

之间成立关系

$$F \leqslant F'$$

可是我们还不能就此得出结论,因为等式可能要成立. 我们首先指出:K 根据假设原来不是圆. 所以我们可以这样选取分点 A 和 B,使得部分弧 K_1 和 K_2 都不是半圆. 因此,K' 也就不是圆了.

于是我们在对称曲线 K' 上可以如此选出不同于 A 和 B 的一点 C,使三角形 ABC 在 C 的角 γ 不是直角. 设 D 为 C 关于直线 AB 的对称点. 如果从 K' 所围成的面积割开四边形 $ACBD$,那么留下了如图 2(a) 所示的四块"半月形"阴影. 我们把这四块半月形看做被粘贴在硬纸板上的,而且在四角处 $ACBD$ 都被配上铆钉的连杆. 这样,每块的外境界是 K' 的部分弧,内境界则是四边形的一边. 这样,我们获得了"四连杆".

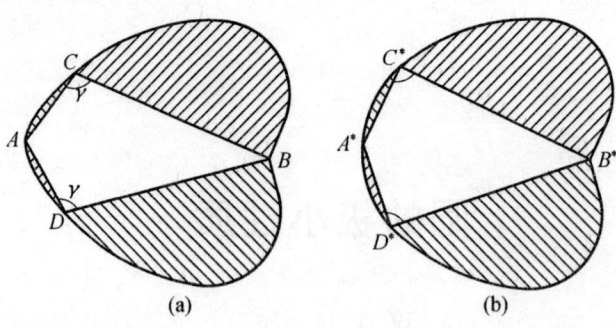

图 2

现在,把这个四连杆变动为 $A^*B^*C^*D^*$,如图 2(b)所示,使新四边形在 C^* 和 D^* 都构成直角. 这样得来的新四边形的对称外围曲线 K^* 就是所求. 实际上, K^* 的全周是由四部分连成的曲线,而且各弧和 K' 的对应弧等同. 所以 K^* 是和 K', K 等周的. 至于 K^* 和 K' 的面积 F^* 和 F' 则不相等,它们之差因为各半月形始终不变而等于两个四边形 $A^*B^*C^*D^*$ 和 $ABCD$ 的面积 Φ^* 和 Φ 之差.

$$F^* - F' = \Phi^* - \Phi$$

设 a 和 b 为三角形 ABC 的二角 A 和 B 的对边,而且 γ 是 C 角,那么

$$\Phi^* - \Phi = ab(1 - \sin\gamma) > 0$$

因此, $F^* > F'$,于是

$$F^* > F$$

就是说, K^* 的面积确实大于 K 的面积.

2 存在问题

据上所述,关于其中所引用的一些概念,如:"闭平曲线"、"弧长"和"面积",都被看做全无限制的东西(对此,即将予以考虑),这估且不论,是不是通过 Steiner 的作法实际上完成了圆的等周性质的证明呢?重复地讲,我们已经阐明了的是:如果 K 是一条闭平曲线,但不是圆,那么我们一定可作一条闭平曲线 K^*,使它有等周而较大的面积. 因此, K 不能是等周问题的解.

假如在等周的所有闭平曲线中存在这样一条,它的面积 $\geqslant$ 其他各条的面积的话,那么它必须是一个圆.

可是所提问题的这样一个解事实上存在着——这个假设从头就被我们看做自明的. 但是,经过深入的探讨,问题的主要难点就在于此.

凡具有一定周长 L 的闭平曲线,它的面积 F 是在有限的界限之下的,比方说:

$$F < L^2$$

对此不等式不在这里详述而将在下文第 5 节加以回顾. 所有数 F 的集合,也就是具有周长 L 的所有曲线的面积的集合简称为"有界"集合. 为了避免引起误解,许多数学家也使

用"界限"的称呼. 如 B. Bolzano 早在 1817 年就知道的[①]术语那样, 人们称大于所有 F 的任何数, 例如 L^2, 为一个"界限", 其中必有一个最小的, 称所有数 F 的上限.

例如, 我们取数列

$$\frac{1}{2}, \frac{2}{3}, \frac{3}{4}, \frac{4}{5}, \cdots$$

便知道它是以 1 为上限的. 从这个例子已经看出, 在一个有界的无穷集合中不一定包括上限, 也就是说, 一个有界的无穷集合不一定包含一个最大数.

因此, 我们必须证明: 在所有数 F 的集合中存在一个最大数 F_0, 然后通过四连杆法才能完全证明圆的极大性质.

Steiner 对存在问题的立场起因于他的论文的不明确. Geiser 在其对 Steiner 的非常值得一读的追悼演讲[②]中说过, 他或许可以说是一个思考多端的奇人, 以致 Dirichlet 尝试说服 Steiner 去认识所作结论的缺陷而以失败告终. 尽管这样, Steiner 有过某些个踌躇不安, 也就是大概由于他把存在性看做自明的缘故吧, 他在某处曾这样写道: "……, 而实际上, 如果假定必有一个最大的图形存在, 那么证明就会变为非常简短的了"[③].

后来, 人们把这些和存在证明相对立的困难看做不可克服, 而且 Weierstrass 首次在他的 20 世纪 70 年代在柏林大学所作的讲义中、应用自己引进于变分法的一般方法, 以严密地奠定圆的极大性质的基础.

在这里, 我们却把证明移到另一途径去, 就是: 先集中力量去对付多角形, 用以代替任意闭曲线, 然后通过多角形来逼近曲线. 这个证法就是关于多角形等周性质的预测法, 是属于古代研究这个问题的工作, 即古希膜人 Zenodor 大约公元前 150 年的著书: περὶ ἰσοπερι-μέτρων σχημάτων.

这样, 不用变分法, 也不用高等分析法, 而单靠 Steiner 的四连杆法, 便可圆满达到目的. 为了多角形的场合的存在证明, 我们需要关于连续函数的 Weierstrass 存在定理, 而对此将在所论的特殊情况下详细地给与奠基(第 5 节). 以后, 我们还要阐明如何更放弃这个方法而可以把多角形存在证明归结到初等基础去(第 6 节).

3 多角形的面积

在平面上设立直角坐标系. 设 O 是坐标原点, T_1、T_2 是坐标 $x_1, y_1; x_2, y_2$ 的两点[④]. 我们定义三角形 OT_1T_2 的面积公式为

---

① "Rein analytische Beweis, dass zwischenje zwei Werten, die ein entgegengesetztes Resultat gewähren, wenigstens eine reelle Wurzel der Gleichung liege"(4 页以降). 关于实数理论可参照 O. Hölder, Die Arithmetik in strenger Begründung, Leipzig, 1914.

② C. F. Geiser: Zur Erinnerung an J. Steiner, Zürich, 1874.

③ 论文全集 II, 197 页. 注记.

④ 这里"点"意味着欧氏空间里的实点而且是真正(即在有限处的)点. 无限远点和虚点的引进, 在这里并不起作用.

$$\text{面积}\{OT_1T_2\} = \frac{1}{2}(x_1y_2 - y_1x_2)$$

如人们容易验算的那样，这个表达式对于坐标系的旋转

$$x = x^* \cos\varphi - y^* \sin\varphi$$
$$y = x^* \sin\varphi - y^* \cos\varphi$$

是不变的：

$$x_1y_2 - y_1x_2 = x_1^* y_2^* - y_1^* x_2^*$$

而且在特殊位置下，比方当 T_1 落在 x 轴上时，我们知道这个表达式的几何意义. 当顶点 OT_1T_2 具有正回转方向时(图3(a))，所定义的面积是正的，而当 OT_1T_2 具有负回转方向时(图3(b))，则是负的.

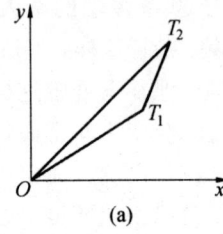 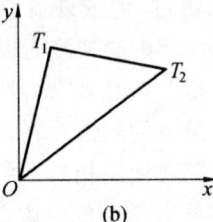

图3

现在我们取有限个分别以 $x_1,y_1;x_2,y_2;\cdots;x_{n+1},y_{n+1}$ 为坐标的点. 以 $OT_1T_2\cdots T_{n+1}$ 为顶点的多边形的面积是指各三角形面积之总和：

$$\text{面积}\{OT_1T_2\cdots T_{n+1}\} = \text{面积}\{OT_1T_2\} + \text{面积}\{OT_2T_3\} + \cdots + \text{面积}\{OT_nT_{n+1}\} =$$
$$\frac{1}{2}\sum_{k=1}^{n}\{x_ky_{k+1} - y_kx_{k+1}\}$$

我们现在特别假定 T_{n+1} 与 T_1 相合致 ($x_{n+1} = x_1, y_{n+1} = y_1$). 那么,这个面积和坐标原点 O 的选择没有关系. 因为,当我们令

$$\begin{cases} x_k = x_k^* + \xi \\ y_k = y_k^* + \eta \end{cases}$$

时，便有

$$\sum_1^n\{x_ky_{k+1} - y_kx_{k+1}\} = \sum_1^n\{x_k^* y_{k+1}^* - y_k^* x_{k+1}^*\} + \xi\sum_1^n\{y_{k+1}^* - y_k^*\} - \eta\sum_1^n\{x_{k+1}^* - x_k^*\}$$

而且最后二和式由于 T_{n+1} 与 T_1 的一致而消失了. 因此，我们将这个表达式定义为以 $T_1T_2\cdots T_n$ 为顶点的闭多边形的面积. 标志如下：

$$\text{面积}\{OT_1T_2\cdots T_nO\} = \text{面积}\{T_1T_2\cdots T_nT_1\} = \frac{1}{2}\sum_1^n\{x_ky_{k+1} - y_kx_{k+1}\} \tag{1}$$

这里，多边形是指有限个数 n 的点 $T_1, T_2, \cdots, T_n, T_{n+1} = T_1$，而这些点不一定是互异的，但必须是在循环顺序下排成的.

如果实施坐标系的上述两种变更即旋转与平移，我们便可看出：每一同向的坐标变更

$$\begin{cases} x = x^* \cos\varphi - y^* \sin\varphi + \xi \\ y = x^* \sin\varphi + y^* \cos\varphi + \eta \end{cases} \quad (2)$$

必使面积的表达式保留着或仍旧不变.

我们对公式(2)作别样解释,就是在固定的坐标架下对所论多角形的一个运动

$$T_1 T_2 \cdots T_n \to T_1^* T_2^* \cdots T_n^*$$

于是我们看出:两个同向而等同的多角形有相等的面积.如果改变一个坐标的符号,同样可见:两个异向而等同的多角形,尤其是两个对称多角形,有相等而异符号的面积.

另一个来自我们的面积公式的推论曾经是这样:如果改变多角形的前进方向,那么面积便改变符号:

$$面积\{T_1 T_2 \cdots T_n T_1\} + 面积\{T_1 T_n \cdots T_2 T_1\} = 0$$

可是对各顶点在保持原有的循环顺序下的改变并没有什么意义:

$$面积\{T_1 T_2 \cdots T_n T_1\} - 面积\{T_2 T_3 \cdots T_1 T_2\} = 0$$

如果两个多角形具有一个共同的而顺序相反的顶点连续序列,那么,如上述公式(1)所示,我们很简单地把它们的面积加起来.例如(参照图4)成立

$$面积\{T_1 T_2 T_3 T_4 T_1\} + 面积\{T_1 T_4 T_3 T_5 T_1\} = 面积\{T_1 T_2 T_3 T_5 T_1\}$$

面积的这个加法性质显示了符号有关的约定的适合性,它在四连杆法中起着重要的作用.

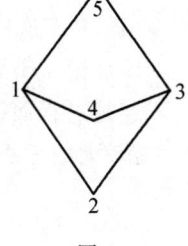

图 4

根据定义,面积可以是正的,也可以是负的,但是多角形的周长总是被取为正的:

$$周长\{T_1 T_2 \cdots T_n T_1\} = \sum_1^n \overline{T_k T_{k+1}}$$

式中,边长在计算里总是看做正数.

4 四连杆法对于多角形的应用

我们现在提出下列课题:决定一个已定偶数 $n\{n=6,8,10,\cdots\}$ 个顶点而具有定周长的等边多角形,使其面积为极大.

当一个等边多角形的顶点都在一个圆上而且在圆的一次回旋中按顺序仅一次回旋时,称它为正多角形.我们根据在第1节应用过的方法有可能证明:只有正(正向回转的)多角形才能成为上述课题的解.

就是说,任何别样的等边 n 角形经过四连杆法有可能使它的面积在保持边长下扩大.为了有一个摆在眼前的具体例子,比方我们假设 $n=6$ (图5).让我们这样对顶点编号码(当然,只有回旋方向是已定的,但定哪一顶点为 T_1 还是自由的),使成立关系:

$$面积\{T_1 T_2 T_3 T_4 T_1\} \geqslant 面积\{T_4 T_5 T_6 T_1 T_4\}$$

现在,我们把所论的等边六角形 V 换作新六角形 V',后者关于

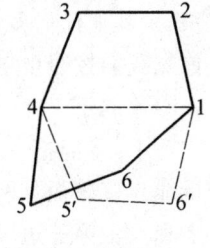

图 5

连线 T_1T_4 是对称的. 设其顶点为 $T_1T_2T_3T_4T_5'T_6'$, 其中, T_5' 与 T_6' 分别对称于 T_5 与 T_6. (在 T_1 与 T_4 合致的特殊场合下, 过这点的任何直线可以看为连线而且用作 V' 的对称轴.)

注意到符号无论在反射下还是在回旋方向变更下的改变, 我们便有:

$$\text{面积}\{T_1T_2T_3T_4T_1\} = -\text{面积}\{T_1T_6'T_5'T_4T_1\} = \text{面积}\{T_1T_4T_5'T_6'T_1\}$$

又从面积的加法性质得知

$$\text{面积}\{T_1T_2T_3T_4T_1\} + \text{面积}\{T_1T_4T_5'T_6'T_1\} = \text{面积}\{V'\}$$

而且从前面的不等式便看出

$$\text{面积}\{V\} \leqslant \text{面积}\{V'\}$$

可是显然成立

$$\text{周长}\{V\} = \text{周长}\{V'\}$$

我们在线段 T_1T_4 上引圆而且假定 T_2 不在这个半圆上; 这里 T_2 就是从 T_1 向正方向回旋而到达的点. 换言之, 有向线段 $\overrightarrow{T_1T_2}$ 和 $\overrightarrow{T_2T_4}$ 不构成正直角. 这样一来, 只要在 $T_1T_2T_4T_6'$ 上作连杆, 就可应用四连杆法了.

如同在第 1 节叙述过的方式一样, 我们在面积的加法性质的基础上断定: 人们从 V' 经过四连杆过程而得来的六角形 V^*, 也就是 $\overrightarrow{T_1^*T_2^*}$ 和 $\overrightarrow{T_2^*T_4^*}$ 在 T_2^* 构成直角的六角形比 V' 有较大的面积. 这样, 我们有

$$\text{面积}\{V\} \leqslant \text{面积}\{V'\} < \text{面积}\{V^*\}$$

$$\text{周长}\{V\} = \text{周长}\{V'\} = \text{周长}\{V^*\}$$

因此, V 不能是所论极大问题的解.

什么时候不能应用这个四连杆法呢? 那只限于: 当 T_2 和 T_3 都不在那个从 T_1 向 T_4 以正向回旋的半圆上时, 我们的扩大过程将失去效用, 当且仅当首先每对对顶点的连线 $(T_1,T_4;T_2,T_5;T_3,T_6)$ 平分面积而且此外所有的顶点都在一个圆上并要有正回旋方向的时候. 可是, 这样一来, 六角形是正的了. 同一结论对于任何偶数 n 都成立.

因此, 我们推导了所主张的结果.

5 多角形的存在证明

为了彻底证明正 n 多角形是第 4 节的课题的解, 我们还必须在第 2 节中反复树立的基础上作出存在性证明: 在所有等周长 Λ 的等边 n 角形中, 一定存在这样一个多角形, 它的面积 $\geqslant$ 其他任何多角形的面积.

首先我们按照极粗糙的估值容易判断: 所有这类可容许的 n 角形的面积都在有限的界限 $\Lambda^2 : 4$ 之下.

实际上, 我们把一个顶点 T_1 放到 O. 那么各距离 $\overline{OT_k} \leqslant \Lambda : 2$, 这是由于: O 与 T_k 是由两条折线连接着而且两条线的长之和等于 Λ; 从而总有一条线的长 $\leqslant \Lambda : 2$; 此外, 三角形两边之和大于第三边, 所以连接线段 $\overline{OT_k}$ 的长也是 $\leqslant \Lambda : 2$. 又因为 $T_kT_{k+1} = \Lambda : n$, 所以有

$$|\text{三角形面积}\{OT_kT_{k+1}\}| < \frac{1}{4n}\Lambda^2$$

另一方面，由于

$$|\Phi| = |\text{面积}\{T_1T_2\cdots T_nT_1\}| < n \cdot \text{最大}|\text{面积}\{OT_kT_{k+1}\}|,$$ 所以我们得到上述估值

$$|\Phi| < \frac{1}{4}\Lambda^2 \qquad (*)$$

而且还可不费力地把它精密化[①].

由此可知，所有可容许的多角形的面积 Φ 构成一个有界集合，从而它有一个最小的上界限或"上限"Φ_0，并且我们仅须证明，这个集合至少有一个可容许的多角形，面积恰恰是这值 Φ_0. 为此，进行证明如下.

因为在可容许的多角形中存在这样一个多角形，使各个面积与上限 Φ_0 相差任意小量，所以我们可作可容许多角形 $V_1, V_2, V_3, \cdots$ 的序列，使得它们的面积 $\Phi_1, \Phi_2, \Phi_3, \cdots$ 随着脚标 k 的无限增大而无限靠近数值 Φ_0，或者用公式表达时，便有

$$\lim_{k \to \infty} \Phi_k = \Phi_0$$

这里，我们通过适当的平移而达到所有这些多角形 $V_1, V_2, V_3, \cdots$ 都有一个公共顶点 O 的目的.

我们将阐明，从这多角形序列 $V_1, V_2, V_3, \cdots$ 可以选出多角形的一个子序列使它收敛于一个以 Φ_0 为面积的可容许多角形.

为此，设 n 多角形 V_k 的顶点都从 O 出发且在正回旋顺序下的顶点表示为 $O = T_{k1}$，$T_{k2}, \cdots, T_{kn}$. 无限点集 $T_{12}, T_{22}, T_{32}, \cdots$ 全落在中心 O 和直径 Λ 的圆内，所以必然至少有一个凝聚点 T_{02}，就是在这点的任意近处必有点集的无限多点存在，这里 T_{02} 可以属于，也可以不属于点集 $T_{12}, T_{22}, T_{32}, \cdots$. 接着，我们从多角形序列 $V_1, V_2, V_3, \cdots$ 选出这样的子序列，使属于这个子序列的顶点 T_{k2} 有唯一的凝聚点 T_{02}，从而如经常所说，收敛于 T_{02}. 为了不使记号复杂化，对所选出的 $V_1, V_2, V_3, \cdots$ 的子序列仍旧用 $V_1, V_2, V_3, \cdots$ 来表达，只要当做从原先序列删掉不需要的多角形 V 就可以了. 新序列的顶点 T_{13}, T_{23}，$T_{33}, \cdots$ 仍旧落在中心 O 和直径 Λ 的圆内，从而也有一个凝聚点 T_{03} 而且通过适当的删去仍旧如前所述，以致仅有一个凝聚点. 把这个删去方法重复进行 $n-1$ 次后，我们最后得到一个多角形序列 $V_1, V_2, V_3, \cdots$，它具有性质：每个点列 $T_{1k}, T_{2k}, T_{3k}, \cdots$ 都有唯一的凝聚点 T_{0k}:

$$\lim_{j \to \infty} T_{jk} = T_{0k} \quad k = 1, 2, \cdots, n$$

这个以 $T_{01}, T_{02}, \cdots, T_{0n}$ 为顶点的极限多角形 V_0 充当了我们所求的多角形. 实际上，从

$$\overline{T_{jk}T_{jk+1}} = \Lambda : n$$

得出

$$\overline{T_{0k}T_{0k+1}} = \Lambda : n$$

[①] 众所周知，$|\Phi|$ 表示一个正数而且按照 $\Phi > 0$ 或 < 0 而等于 Φ 或 $-\Phi$.

也成立,就是说,V_0 也是等边而且有周长 Λ.

现在,我们还须从
$$\lim_{j\to\infty} \Phi_j = \Phi_0$$
导出:V_0 具有面积 Φ_0.对于每个(任意小)正数 ε,我们总是可以这样挑选一个自然数 N,使得所有距离 $T_{jk}T_{0k} < \varepsilon$,只要是 $k = 1, 2, 3, \cdots, n$,而且所有 $j > N$.设 Φ_0^* 是 V_0 的面积,Φ_j 是 V_j 的面积,那么我们有下列公式
$$\Phi_0^* = \frac{1}{2}\sum_{k=1}^{n}(x_{0k}y_{0k+1} - y_{0k}x_{0k+1})$$
$$\Phi_j = \frac{1}{2}\sum_{k=1}^{n}(x_{jk}y_{jk+1} - y_{jk}x_{jk+1})$$
通过减法和两项相抵消的插入法,便有
$$\Phi_0^* - \Phi_j = \frac{1}{2}\sum_{k=1}^{n}[(x_{0k}y_{0k+1} - y_{0k}x_{0k+1}) - (x_{0k}y_{jk+1} - y_{0k}x_{jk+1}) + (x_{0k}y_{jk+1} - y_{0k}x_{jk+1}) - (x_{jk}y_{jk+1} - y_{jk}x_{jk+1})]$$
如果注意到
$$|x_j| < \frac{1}{2}\Lambda, \quad |y_i| < \frac{1}{2}\Lambda$$
$$|x_{0k} - x_{jk}| < \varepsilon, \quad |y_{0k} - y_{jk}| < \varepsilon$$
我们就得出
$$|\Phi_0^* - \Phi_j| < n\Lambda\varepsilon$$
可是从此得到所求的结果
$$\Phi_0^* = \lim_{j\to\infty}\Phi_j = \Phi_0$$
所以 V_0 属于可容许多边形而且具有面积 Φ_0.这样,完成了上述的存在证明.

上述的证明无非是从
$$V_0 = \lim_{j\to\infty} V_j$$
导出
$$\text{面积}\{V_0\} = \lim_{j\to\infty}\text{面积}\{V_j\}$$
或者,也可写成:
$$\text{面积}\lim_{j\to\infty}\{V_j\} = \lim_{j\to\infty}\text{面积}\{V_j\}$$
而证明的根据在于,面积是顶点各坐标的连续函数.我们就这样在所论的特例中找到了著名定理的验证:对于一个连续函数来说,极限记号和函数记号是可交换的.

我们这里彻底证明了的事实,是 Weierstrass 关于单变数的连续函数的存在定理在上述特殊场合的内容,而这个存在定理可以表达如下:如果一个函数在一条包括两端点在内的线段上是连续的,那么它一定取到其最大值和最小值.

按照第 4 节和本节的结果,我们完全证明下列定理:

设 Φ 为一个有偶数边的等边非正多边形的面积,Φ_0 为等周长和同边数的正回旋的正多角形的面积,那么成立

$$\Phi < \Phi_0$$

当然,对多角形添上偶数边和顶点这一限制完全不是主要的并且以后将被取消掉.

在本节里我们应用了极限过程,从而跳出了初等数学的范围,目的是为了后来在空间几何里将作出类似的发展.如同在下一节即将叙述的一样,不仅是上述的一些推导并不需要高等方法,我们还将再度用初等方法推导同一结果.

6 等边多角形和三角法的表示式[①]

用几何方法导出的关于等边多角形的结果,现在还可以用计算来推导,而其实是不用任何极限过程,只凭完全初等方式进行的.为此,我们将采用(有限)三角法的表示式,即如下形式的表示式:

$$f(\varphi) = c_0 + c_1 \cos \varphi + c_2 \cos 2\varphi + \cdots + c_m \cos m\varphi + c_1^* \sin \varphi + c_2^* \sin 2\varphi + \cdots + c_m^* \sin m\varphi$$

我们要使 φ 取等距值

$$\varphi = \frac{2\pi}{n}, 2\frac{2\pi}{n}, 3\frac{2\pi}{n}, \cdots, n\frac{2\pi}{n}$$

而且记 $f(\varphi)$ 的对应值为

$$f(\varphi) = z_1, z_2, z_3, \cdots, z_n$$

首先假定 n 是奇数而且二自然数 m 和 n 之间成立关系

$$n = 2m + 1$$

那么 z 的个数等于系数 c 的个数.把这些 z 写出来,就得到关于 n 个未知数 c 的 n 个线性方程

$$z_p = c_0 + \sum_{k=1}^{m} \left\{ c_k \cos kp \frac{2\pi}{n} + c_k^* \sin kp \frac{2\pi}{n} \right\} \quad p = 1, 2, 3, \cdots, n \tag{1}$$

这个方程组的行列式是由其第 p 列的元素

$$1, \cos 1p \frac{2\pi}{n}, \cos 2p \frac{2\pi}{n}, \cdots, \cos mp \frac{2\pi}{n}$$

$$\sin 1p \frac{2\pi}{n}, \sin 2p \frac{2\pi}{n}, \cdots, \sin mp \frac{2\pi}{n}$$

构成的,如果能证明这行列式不等于零,那么这就等于证明:这个方程组有一个而且只有一个关于各系数 c 的解.我们把这行列式和它本身按列相乘,便由此得知,乘积行列式只有主对角线上的元素不等于零.

实际上,我们即将证明,首先成立下列方程:

$$\sum_{p=1}^{n} \cos kp \frac{2\pi}{n} = 0 \quad \text{当 } k = 1, 2, \cdots, m \tag{2}$$

最方便的是,按照 L. Euler 公式

[①] 可以不读.

$$e^{i\omega} = \cos\omega + i\sin\omega \quad i^2 = -1$$

进行对式(2)的证明,令

$$\varepsilon = e^{ik\frac{2\pi}{n}}$$

就有

$$\varepsilon^n = 1 \tag{3}$$

另一方面,我们有

$$\sum_{p=1}^{n} \cos kp\frac{2\pi}{n} = R\sum_{p=1}^{n} \varepsilon^p$$

其中,$R(\alpha + i\beta) = \alpha$ 表示实部分. 可是成立关于几何级数的总和公式

$$\sum_{1}^{n} \varepsilon^p = \varepsilon\frac{1-\varepsilon^n}{1-\varepsilon} \tag{4}$$

而且按照式(3)必等于零. 这样,证完了式(2). 同样,如果我们观察所述几何级数的虚部分,便得到

$$\sum_{p=1}^{n} \sin kp\frac{2\pi}{n} = 0 \quad k = 1,2,\cdots,m \tag{5}$$

式(2)和式(5)还有更广泛的成立范围:只要(4)中的分母 $1-\varepsilon$ 不是零,也就是 k 非 n 的倍数,对它的推导仍旧有效.

在乘积行列式的元素中,还出现了别的总和式,可是它们通过加法原理

$$\cos(\alpha + \beta) = \cos\alpha\cos\beta - \sin\alpha\sin\beta$$
$$\sin(\alpha + \beta) = \sin\alpha\cos\beta + \cos\alpha\sin\beta \tag{6}$$

都可归纳到总和式(2)和式(5).

实际上,从式(6)得出

$$\begin{cases} \cos kp\frac{2\pi}{n}\cos lp\frac{2\pi}{n} = \frac{1}{2}\left[+\cos(k+l)p\frac{2\pi}{n} + \cos(k-l)p\frac{2\pi}{n}\right] \\ \cos kp\frac{2\pi}{n}\sin lp\frac{2\pi}{n} = \frac{1}{2}\left[+\sin(k+l)p\frac{2\pi}{n} - \sin(k-l)p\frac{2\pi}{n}\right] \\ \sin kp\frac{2\pi}{n}\sin lp\frac{2\pi}{n} = \frac{1}{2}\left[-\cos(k+l)p\frac{2\pi}{n} + \cos(k-l)p\frac{2\pi}{n}\right] \end{cases} \tag{7}$$

所以按照式(2)和式(5)得知

$$\sum_{p=1}^{n} \cos kp\frac{2\pi}{n}\cos lp\frac{2\pi}{n} = \begin{cases} 0 & k \neq l \\ \frac{n}{2} & k = l \end{cases}$$

$$\sum_{p=1}^{n} \cos kp\frac{2\pi}{n}\sin lp\frac{2\pi}{n} = 0$$

$$\sum_{p=1}^{n} \sin kp\frac{2\pi}{n}\sin lp\frac{2\pi}{n} = \begin{cases} 0 & k \neq l \\ \frac{n}{2} & k = l \end{cases}$$

式中,k 和 l 取值 $1,2,3,\cdots,m$.

这样一来，在乘积行列式中，事实上，只有主对角线上的元素不是零，而等于 n 或 $n:2$. 因此，方程组(1) 的行列式平方等于这些元素的乘积，于是不等于零. 从而存在关于 c 的唯一组解. 所述的公式(2)，(5)，(8) 使我们容易获得这组解 —— 这些解以后没有用处. 这样，我们得到

$$\left. \begin{array}{l} c_0 = \dfrac{1}{n}\sum_{p=1}^{n} z_p \\[6pt] c_k = \dfrac{2}{n}\sum_{p=1}^{n} z_p \cos kp \dfrac{2\pi}{p} \\[6pt] c_k^* = \dfrac{2}{n}\sum_{p=1}^{n} z_p \sin kp \dfrac{2\pi}{p} \end{array} \right\} \quad k = 1, 2, \cdots, m \tag{9}$$

公式(1)的内容是所谓将一些 c 和一些 z 联系起来的线性置换. 置换系数表格或者人们称为矩阵的是：

$$\begin{vmatrix} 1; \cos 1 \cdot 1 \cdot \dfrac{2\pi}{n}, \sin 1 \cdot 1 \cdot \dfrac{2\pi}{n}; \cos 2 \cdot 1 \cdot \dfrac{2\pi}{n}, \sin 2 \cdot 1 \cdot \dfrac{2\pi}{n}; \cdots, \cos m \cdot 1 \cdot \dfrac{2\pi}{n}, \sin m \cdot 1 \cdot \dfrac{2\pi}{n} \\ 1; \cos 1 \cdot 2 \cdot \dfrac{2\pi}{n}, \sin 1 \cdot 2 \cdot \dfrac{2\pi}{n}; \cos 2 \cdot 2 \cdot \dfrac{2\pi}{n}, \sin 2 \cdot 2 \cdot \dfrac{2\pi}{n}; \cdots, \cos m \cdot 2 \cdot \dfrac{2\pi}{n}, \sin m \cdot 2 \cdot \dfrac{2\pi}{n} \\ \vdots \qquad \vdots \qquad \vdots \qquad \vdots \qquad \vdots \qquad \vdots \qquad \vdots \qquad \vdots \\ 1; \cos 1 \cdot n \cdot \dfrac{2\pi}{n}, \sin 1 \cdot n \cdot \dfrac{2\pi}{n}; \cos 2 \cdot n \cdot \dfrac{2\pi}{n}, \sin 2 \cdot n \cdot \dfrac{2\pi}{n}; \cdots, \cos m \cdot n \cdot \dfrac{2\pi}{n}, \sin m \cdot n \cdot \dfrac{2\pi}{n} \end{vmatrix}$$

公式(2)，(5)，(8) 中所包括的各系数之间的关系可用语言表达如下：当我们把系数矩阵的各列和它本身组合起来时，结果不等于零（即等于 n 或 $n:2$），而当把两个异列组合起来时，总是等于零. 实质上，这就是所谓正交矩阵的特征.

如果作 z 的平方和，那么我们按照正交性特点(2)，(5)，(8) 便得出所有的基本公式如下：

$$\frac{1}{n}\sum_{1}^{n} z_p^2 = c_0^2 + \frac{1}{2}\sum \{c_k^2 + c_k^{*2}\} \tag{10}$$

这个恒等关系也是置换(1) 成为正交的特征，因为我们不难从式(10) 反过来推出正交关系式(2)，(5)，(8) 的成立.

从式(10) 还可以推导一个更一般的公式，其中包含两个不同的数列. 令

$$z_p = c_0 + \sum_{k=1}^{m}\left(c_k \cos kp \frac{2\pi}{n} + c_k^* \sin kp \frac{2\pi}{n}\right)$$

$$\zeta_p = \gamma_0 + \sum_{k=1}^{m}\left(\gamma_k \cos kp \frac{2\pi}{n} + \gamma_k^* \sin kp \frac{2\pi}{n}\right)$$

而且应用式(10) 到 $z_p + \lambda \zeta_p$，那么通过对 λ 的一次项的比较，我们便有

$$\frac{1}{n}\sum_{j}^{n} z_p \zeta_p = c_0 \gamma_0 + \frac{1}{2}\sum_{1}^{m}\{c_k \gamma_k + c_k^* \gamma_k^*\} \tag{10^*}$$

当 n 是偶数，$n = 2m$ 时，这些公式将变为其他公式.

这时，我们令

$$z_p = c_0 + c_1 \cos p\frac{\pi}{m} + c_2 \cos 2p\frac{\pi}{m} + \cdots + c_{m-1}\cos(m-1)p\frac{\pi}{m} + c_m \cos mp\frac{\pi}{m} +$$
$$c_1^* \sin p\frac{\pi}{m} + c_2^* \sin 2p\frac{\pi}{m} + \cdots + c_{m-1}^* \sin(m-1)p\frac{\pi}{m}$$

这样,z 的个数 n 仍旧和系数 c 的个数相等.方程(2)和(5)成立如前,但式(8)则需少量的改变,那就是

$$\sum_{p=1}^{n} \cos kp\frac{\pi}{m}\cos lp\frac{\pi}{m} = \begin{cases} m & k < m \\ n & k = m \end{cases} \tag{8'}$$

从而,现在代入式(10*)而成立新公式

$$\frac{1}{n}\sum_{p=1}^{n} z_p \zeta_p = c_0 \gamma_0 + c_m \gamma_m + \frac{1}{2}\sum_{k=1}^{m-1}\{c_k \gamma_k + c_k^* \gamma_k^*\} \tag{10'}$$

我们现在必须应用所获得的公式到多角形去.先假设顶点 $x_p, y_p\{p=1,2,\cdots,n\}$ 的个数 n 是奇数.那么,如同上面证明的那样,我们可选取系数 a 和 b 使各坐标被表成为

$$\begin{cases} x_p = a_0 + \sum_{k=1}^{m}\left(a_k \cos kp\frac{2\pi}{n} + a_k^* \sin kp\frac{2\pi}{n}\right) \\ y_p = b_0 + \sum_{k=1}^{m}\left(b_k \cos kp\frac{2\pi}{n} + b_k^* \sin kp\frac{2\pi}{n}\right) \end{cases}$$
$$p=1,2,\cdots,n; n=2m+1 \tag{11}$$

我们将算出多角形的周长和面积由这些常数 a 和 b 所表达的式子.

首先作 $x_{p+1} - x_p$ 而且把它改写成为像 z_p 一样的形式为止.我们获得

$$x_{p+1} - x_p = \sum_{k=1}^{m} a_k \left[\cos(p+1)\frac{2\pi}{n} - \cos kp\frac{2\pi}{n}\right] + a_k^* \left[\sin k(p+1)\frac{2\pi}{n} - \sin kp\frac{2\pi}{n}\right] =$$
$$\sum_{k=1}^{m}\left[a_k\left(\cos k\frac{2\pi}{n} - 1\right) + a_k^* \sin k\frac{2\pi}{n}\right]\cos kp\frac{2\pi}{n} +$$
$$\left[-a_k \sin k\frac{2\pi}{n} + a_k^*\left(\cos k\frac{2\pi}{n} - 1\right)\right]\sin kp\frac{2\pi}{n}$$

把各方括号里的式子看成式(10)的系数一样而应用同公式,结果是

$$\frac{1}{n}\sum_{p=1}^{n}(x_{p+1} - x_p)^2 = \sum_{k=1}^{m}(a_k^2 + a_k^{*2})\left(1 - \cos k\frac{2\pi}{n}\right)$$

如果交换 x, a 与 y, b,则有

$$\frac{1}{n}\sum_{p=1}^{n}(y_{p+1} - y_p)^2 = \sum_{k=1}^{m}(b_k^2 + b_k^{*2})\left(1 - \cos k\frac{2\pi}{n}\right)$$

而且通过边边相加

$$\frac{1}{n}\sum_{p=1}^{n}\{(x_{p+1} - x_p)^2 + (y_{p+1} - y_p)^2\} = \sum_{k=1}^{n}(a_k^2 + a_k^{*2} + b_k^2 + b_k^{*2})2\sin^2 k\frac{\pi}{n}$$

如果多角形的所有边都等长,那么这个表示式等于各边的平方,或者等于 $\Lambda^2 : n^2$,其中 Λ 表示周长.

这样,我们获得了一个等边 $(2m+1)$ 角形的周长公式:

$$\Lambda^2 = n^2 \sum_{k=1}^m (a_k^2 + a_k^{*2} + b_k^2 + b_k^{*2}) 2\sin^2 k\frac{\pi}{n}$$

让我们现在来计算面积 Φ,有

$$2\Phi = \sum_{p=1}^n (x_p y_{p+1} - y_p x_{p+1}) = \sum_{p=1}^n x_p (y_{p+1} - y_p) - \sum_{p=1}^n y_p (x_{p+1} - x_p)$$

把上述的表示式应用到这里来而且将 $y_{p+1} - y_p$ 代入,通过以 x, a 代 y, b 获得的类似式,那么两度反复应用式(10)的结果是

$$2\Phi = n\sum_{k=1}^n (a_k b_k^* - b_k a_k^*) \sin k\frac{2\pi}{n}$$

在正 n 角形里,以 R 表示它的外接圆半径,那么

$$\Lambda = 2nR\sin\frac{\pi}{n}$$

$$\Phi = nR^2 \sin\frac{\pi}{n}\cos\frac{\pi}{n}$$

于是成立关系式

$$\Lambda^2 - 4n\tan\frac{\pi}{n} \cdot \Phi = 0$$

如果我们对其他任何等边多角形证明不等式

$$\Lambda^2 - 4n\tan\frac{\pi}{n} \cdot \Phi > 0$$

那么正多角形的极小性质就得到证明了.

从式(12)和式(13)并通过简单变形便得到

$$\Lambda^2 - 4n\tan\frac{\pi}{n} \cdot \Phi = 2n^2 \sum_{k=1}^m \left[\left(a_k \sin k\frac{\pi}{n} - b_k^* \cos k\frac{\pi}{n}\tan\frac{\pi}{n}\right)^2 + \right.$$
$$\left(a_k^* \sin k\frac{\pi}{n} + b_k \cos k\frac{\pi}{n}\tan\frac{\pi}{n}\right)^2 +$$
$$\left. (b_k^2 + b_k^{*2})\cos^2 k\frac{\pi}{n}\left(\tan^2 k\frac{\pi}{n} - \tan^2 \frac{\pi}{n}\right) \right] \quad (14)$$

然而,当 $k = 1, 2, \cdots, m$ 时,

$$\tan k\frac{\pi}{n} - \tan\frac{\pi}{n} \geqslant 0, n = 2m+1$$

上边右边全是非负的各项构成的,所以事实上,式(14)已蕴涵了关系式

$$\Lambda^2 - 4n\tan\frac{\pi}{n} \cdot \Phi \geqslant 0$$

而且只须断定什么时候才成立等号.

首先从第三总和的观察便得知,在等号成立时对于 $k > 1$ 的所有 b_k 和 b_k^* 都必须消失.又从前两总和的消失得出,当 $k > 1$ 时,所有的 $a_k = 0, a_k^* = 0$ 而且 $a_1 - b_1^* = 0$,$a_1^* + b_1 = 0$. 这样,我们获得各顶点的坐标表示为

$$\begin{cases} x_p - a_0 = a_1 \cos p\dfrac{2\pi}{n} - b_1 \sin p\dfrac{2\pi}{n} \\ y_p - b_0 = a_1 \sin p\dfrac{2\pi}{n} + b_1 \cos p\dfrac{2\pi}{n} \end{cases} \quad p = 1,2,\cdots,n$$

可见以这些顶点坐标组成的 n 角形就是正多角形.

迄今为止,我们假定了顶点个数 n 是奇数 $n = 2m+1$,还须研究当 n 是偶数 $n = 2m$ 时如何变更那些公式的问题. 人们从式 $(10')$ 看出,对于偶数 n 只要在式 $(12) \sim (14)$ 里把 a_m, a_m^*, b_m, b_m^* 按次序换作 $\sqrt{2}a_m, 0, \sqrt{2}b_m, 0$,便容易导出相应的公式. 这样一来,和前面完全一样,我们得到关系

$$\Lambda^2 - 4n\tan\dfrac{\pi}{n} \cdot \Phi \geqslant 0$$

并认识到等号的成立当且仅当各顶点坐标可写成式 (15),也就是多角形为正的时候. 因此,证完了所求的结果(见次页)[①].

7 曲线的弧长

现在,我们准备从两种对正多角形极大性质的不同证明出发,给圆的等周性作出证明,首先必须彻底树立"弧长"和"面积"等概念. 这里需要克服某些困难,而这其实是问题的所在之处. 为此而作的对这些概念的探讨,如人们在阿基米德直到 Lebesgue 的工作中所学到的,形成了微积分的支柱.

在区间 $a \leqslant t \leqslant b$ 里的两个连续函数 $x(t), y(t)$ 给定了起点为 A 和终点为 B 的一条"连续曲线" K 的参数表示

$$x = x(t), \quad y = y(t)$$

我们对这些函数 $x(t), y(t)$ 总是要假定:不存在子区间 $\alpha \leqslant t \leqslant \beta$ 使其中这两个函数都是常数;从而这样假定,没有参数 t 的一个整个区间对应于唯一的曲线点.

在 K 上取若干个点 $T_1, T_2, \cdots, T_{n-1}$,并假定它们的参数值 $t_1, t_2, \cdots, t_{n-1}$ 被列成如下的顺序:

$$a < t_1 < t_2 < \cdots < t_{n-1} < b$$

我们对这些点 $A, T_1, T_2, \cdots, T_{n-1}, B$ 按次序用线段连接起来,于是获得一条"内接于曲线 K 的折线". 设 Λ 是这样的折线段,即所作的一切正线段 $\overline{AT_1}, \overline{T_1T_2}, \cdots, \overline{T_{n-1}B}$ 的总和的长度.

如果所有内接于 K 的折线的长度 Λ 都在一个有限的界限之下,称 K 为可求长的. 所有 Λ 的上限称 K 的弧长 L.

弧长概念的这个定义立足于三角形两边之和大于第三边这一事实,它其实起源于阿

[①] 当我们考虑极限 $n \to \infty$ 时,这些公式 $(12), (13)$ 和 (14) 变为 A. Hurwitz 所获得的一些关系式. Sur quelques applications géométriques de séries de Fourier[J]. Annales de l'école normale supérieure, 1902, 9(3):357-408.

基米德. 到近代,则由 G. Peano 作出.

从"上限"的定义便得知所有的长 Λ 必满足
$$\Lambda \leqslant L$$
而且对于任何正 ε 总有值 Λ 使下面不等式成立
$$\Lambda > L - \varepsilon$$

当我们在 K 的两点 A 和 B 之间插进第三点 M 时,设对应的参数值 $t = m\{a < m < b\}$,那么 K 被 M 所隔开的两部分弧长和全弧长之间的关系可用容易理解的记号表成为
$$L_a^b = L_a^m + L_m^b$$

实际上,首先从弧长的定义立即知道
$$L_a^b \geqslant L_a^m + L_m^b$$
因为人们在 K 的逼近过程中也利用到不以 M 为角点的折线. 另一方面,对于任意给定的正 ε 我们一定能够这样确定一个内接于 K 的折线 V 使它的长 Λ 满足不等式:
$$L_a^b - \Lambda_a^b < \varepsilon$$
如果取 M 作为添到 V 的一个角点,那么我们获得新折线,它的长 $\Lambda_a^m + \Lambda_m^b \geqslant \Lambda_a^b$. 所以又有
$$L_a^b - \Lambda_a^m - \Lambda_m^b < \varepsilon$$
因此,对于任何正 ε 就必须同样成立
$$L_a^b - L_a^m - L_m^b < \varepsilon$$
这给出了
$$L_a^b \leqslant L_a^m + L_m^b$$
并且根据前面证明过的不等式仅仅留下了一个可能性:
$$L_a^b = L_a^m + L_m^b$$
这样,弧长的这个累加性质就成立了.

弧长定义的一个直接推论是直线该为最短:设 K 是连接两点 A 和 B 的一条连续的可求长而非连接线段 $\overline{AB}$ 的曲线,那么它的长度大于这线段.

实际上,如果 K 包含不在线段 $\overline{AB}$ 上的点 M,那么对于 K 的长 L 必成立
$$L \geqslant \overline{AM} + \overline{MB}$$
而且右侧根据三角形两边之和有关的定理 $> \overline{AB}$. 这样,证明了
$$L > \overline{AB}$$
如果相反,K 整个或局部地多重遮盖了线段 $\overline{AB}$,那么定理是自明的.

现在让我们观察一条闭的连续曲线 K
$$x = x(t), \quad y = y(t), \quad a \leqslant t \leqslant b$$
$$x(a) = x(b), \quad y(a) = y(b)$$
我们可以放弃对 t 在区间 $a \leqslant t \leqslant b$ 的限制,只要规定两函数 $x(t), y(t)$ 须有周期 $b - a$,就是说:对于 t 的所有值必须成立
$$x(t + b - a) = x(t), \quad y(t + b - a) = y(t)$$
我们通过线性置换
$$\varphi = pt + q$$

还可到达：区间 $a \leqslant t \leqslant b$ 变换为区间 $0 \leqslant \varphi \leqslant 2\pi$. 如以 φ 代 t, 便获得周期为 2π 的两连续函数

$$x = x(\varphi), \quad y = y(\varphi)$$

此外，令

$$\xi = \cos\varphi, \quad \eta = \sin\varphi$$

点 (ξ, η) 画成单位圆. 这圆的每一点对应于参数 φ 除 2π 的倍数外唯一的数值而且 K 上有唯一点对应于这个 φ 的数值. 所以我们可以如下更加几何地把握我们对连续闭曲线的定义：一条连续而闭的曲线意味着一个圆的唯一而且连续的映象.

这种曲线当然不一定是一个圆的一对一映像, 比如：它可以有 '8' 字形, 从而具有一个二重点 (节点), 或者也可整个重合在一条 (多重遮盖的) 直线上 (例如, $x = \cos\varphi, y = 0$).

现在我们必须定义什么叫做一条闭曲线的周长. 为此, 将所论的闭曲线 K 可看成这样的曲线弧, 它是参数值 $t = a, b$ 所对应的起点 A 和终点 B 合而为一的曲线弧. 这曲线弧的长度 L_a^b 被定义了, 并且应该把它称为 K 的周长 L:

$$L = L_a^b$$

我说, L 是和 K 上的点 $A = B$ 的选取无关, 或者用记号表之：

$$L_a^b = L_a^{b+c}$$

实际上, 我们按照弧长加法有关的前述法则把左右两侧分为两部分, 那么所要证明的是

$$L_a^{a+c} + L_{a+c}^b = L_a^{b} + L_b^{b+c}$$

或者

$$L_a^{a+c} = L_b^{b+c}$$

可是后一方程因为周期性而事实上成立.

人们还可给出周长定义的另一个变形：引任一内接于 K 的多边形, 就是其顶点按正循环方向的顺序落在 K 上的一个多边形. 如果这种所有内接多边形 V 的周长 Λ 的上限 L 是有限的, 那么我们说, K 是可求长的, 而且 L 是 K 的周长.

8 曲线按多角形的逼近

我们现在仍旧取一条可求长的曲线 K

$$x = x(t), \quad y = y(t), \quad a \leqslant t \leqslant b$$

它的起点 A 和终点 B 不一定要合致. 我们阐明, K 通过内接折线长 Λ 的对弧长 L 的逼近, 在某种意义下要求均匀性. 就是说, 设 V 是这样一条内接折线, 它的角点对应于参数值

$$a = t_0 < t_1 < t_2 \cdots < t_n = b$$

于是成立下列定理：

给定了任何正数 ε, 必可确定这样一个正数 δ, 以致任何内接于长为 L 的 K 的折线 V 的长 Λ 比 L 稍小于 ε：

$$L - \Lambda < \varepsilon$$

只要是所有的参数差异
$$t_k - t_{k-1} < \delta \quad k = 1, 2, \cdots, n$$

简括地但稍少严密地表示如下：只要折线的角点充分密布，周长通过内接折线的逼近是任意精确的.

我们可以这样证明.根据 L 的定义得知，有内接于 K 的折线 V' 存在，使其长 Λ' 任意逼近 L:
$$L - \Lambda' < \frac{\varepsilon}{2}$$

设 V' 的角点为 $T_0 = A, T_1', T_2', \cdots, T_m' = B$. 我们先选取小于所有参数差异的 δ,
$$\delta < t_k' - t_{k-1}' \quad k = 1, 2, \cdots, m$$

以致至少有 V 的一个角点 T_r 落在 V' 的两连接角点 T_{k-1}', T_k' "之间". 包括 V 的角点和 V' 的角点一起在内的折线 V'' 有其长 Λ''，且对此成立：
$$\Lambda'' \geqslant \Lambda'$$

从而
$$L - \Lambda'' < \frac{\varepsilon}{2}$$

现在设 T_k' 落在二角点 T_r 和 T_{r+1} 之间. 那么，从 K 的连续性得知，通过 δ 的适当选取，便可使距离 $\overline{T_r T_k'}$ 和 $\overline{T_k' T_{r+1}}$ 都小于事先任意给定的正数 η. 这样一来，
$$\Lambda'' - \Lambda = \sum \{\overline{T_r T_k'} + \overline{T_k' T_{r+1}} - \overline{T_r T_{r+1}}\} < \sum \{\overline{T_r T_k'} + \overline{T_k' T_{r+1}}\} < 2\eta m$$

由此可见
$$L - \Lambda < \frac{\varepsilon}{2} + 2\eta m$$

我们只须选取这样的 δ，以致
$$\eta < \frac{\varepsilon}{4m}$$

且从而成立所欲证明的结果，即
$$L - \Lambda < \varepsilon$$

其次，让我们特别考查曲线通过等边折线的逼近情况. 以 K 的起点为中心作半径为 ρ 的圆周而把 A 围进这个圆周里并选取这么小 ρ，不至于 K 整个被包含在这圆内. K 的第一点，即对应于最小的 t 值而且落在圆周上的点，称为 T_1. 以 T_1 为中心作同一半径为 ρ 的圆周，并最初接 T_1 之后而在第二圆周上的点，称为 T_2. 以下依此类推，终于获得一条边长为 ρ 且内接于 K 的等边折线. 由于这条折线的长必须小于被假设为可求长曲线弧 K 的长 L，所以我们在有限回步骤后必然到达一个具有下述性质的点 $T_p\{p < L : \rho\}$，就是：K 在 T_p 与 B 间的部分弧落在这个中心为 T_p 和半径为 ρ 的圆内. 把这些点 $A, T_1, T_2, \cdots, T_p, B$ 按这顺序并通过直线连接起来，所获得的内接于 K 的折线 V_*. 最初 p 边都是有长度 ρ 的，但最后一边则 $\leqslant \rho$.

我们即将证明下述的事实：可以选取这么小的 ρ，以致那些属于各角点 $A = T_0$, $T_1, \cdots, T_p, T_{p+1} = B$ 的参数差异 $t_{k+1} - t_k$ 都小于一个任意给定的正数 δ:

$$t_{k+1} - t_k < \delta \quad k = 0, 1, 2, \cdots, p$$

人们或可这样阐明它：引角点 $A = T'_0, T'_1, \cdots, T'_{m+1} = B$ 的折线 V'，使所属参数差异 $t'_{k+1} - t'_k < \delta : 2$. 然而我们已经假定不存在部分区间 $\alpha \leqslant t \leqslant \beta$ 对应于 K 的唯一点的，所以我们可这样选取 V'，使得两接连角点 T'_k 和 T'_{k+1} 不相合致. 于是只要采取 2ρ 小于 V' 的最小边，那么在两个接连角点 T' 之间至少有一个角点 T，从而所有差值 $t_{k+1} - t_k < \delta$，即所欲证明的结果.

折线 V_* 因为 $T_p B \leqslant \rho$ 而一般不是等边的. 但是，如果把最后一边换作长为 ρ 的两边或三边，便可获得一条等边折线 V^* 以取代 V_*，而且在这里可以假定边的总数是偶数. 这时，V^* 在以前的意义下不再内接于 K 了，这是因为，V^* 在 T_p 和 B 之间必有一个或两个角点一般不落在 K 上的. 当我们采取 $A = B$，于是 K 是闭曲线时，多边形 V_* 和 V^* 的面积只不过相差以 T_p, B 和 V^* 的其他一个或两个新角点为角点的三角形或四角形的面积，所以按第 5 节的估值公式（＊）得知差值小于 $4\rho^2$，而且它们的周长之差则小于 3ρ.

从本节开篇所述的定理我们立即可作结论：设 ε 为任意给定的小正数，我们总是可以这样选取边长 ρ 和偶数个角点的逼近 K 的等边多角形 V^*，以致所对应的周长之间成立不等式

$$L - \Lambda^* < \varepsilon$$

现在我们已经结束了有关弧长或周长的预备工作，而将转到概念"面积"的研究中去. 为此，我们还须作一个预备.

9 有界跳跃函数

设连续曲线 K

$$x = x(t), \quad y = y(t), \quad a \leqslant t \leqslant b$$

是可求长的. 那么，这些函数 $x(t)$ 和 $y(t)$ 该满足什么条件呢？和式[①]

$$\sum_{k=1}^{n} \sqrt{\{x(t_k) - x(t_{k-1})\}^2 + \{y(t_k) - y(t_{k-1})\}^2}$$

对于所有区间划分

$$a = t_0 < t_1 < t_2 < \cdots < t_n = b$$

必须是有界的. 可是

$$\sqrt{\{x(t_k) - x(t_{k-1})\}^2 + \{y(t_k) - y(t_{k-1})\}^2} \geqslant |x(t_k) - x(t_{k-1})| \geqslant |y(t_k) - y(t_{k-1})|$$

因此，我们见到：函数 $x(t)$ 必须具有这一性质，以致和式

$$\sum_{k=1}^{n} |x(t_k) - x(t_{k-1})|$$

对于所有区间划分是有界的. 这种函数最初为 L. Scheefer 所观察并且由 C. Jordan 命名

[①] 平方根总是取正值的.

为有界跳跃函数.

这样,成立了定理:设一条连续曲线 K
$$x = x(t), \quad y = y(t), \quad a \leqslant t \leqslant b$$
是可求长的,那么连续函数 $x(t), y(t)$ 都必须是有界跳跃的.

可是人们考查到不等式
$$\sqrt{\{x(t_k) - x(t_{k-1})\}^2 + \{y(t_k) - y(t_{k-1})\}^2} \leqslant |x(t_k) - x(t_{k-1})| + |y(t_k) - y(t_{k-1})|$$
的成立,便得知:这个条件也是充分的.

我们现在证明下述的著名定理:任何有界跳跃连续函数 $f(t)$ 可以表示成两个连续而非递减函数之差
$$f(t) = \varphi(t) - \psi(t)$$

设 $\alpha \leqslant t \leqslant \beta$ 是 $a \leqslant t \leqslant b$ 的任意部分区间. 我们划分它为任意多部分
$$a = t_0 < t_1 < t_2 < \cdots < t_n = \beta$$
并且作总和
$$\sum_{k=1}^{n} |f(t_k) - f(t_{k-1})|$$

根据关于 f 的上述假设,我们知道所有这些划分而作成的一切总和有一个有限的上限,记它为
$$S_a^\beta f$$
这不外乎是整个落在 x 轴上的连续曲线
$$x = f(t), \quad y = 0$$
在两点 $t = \alpha$ 与 $t = \beta$ 之间的弧长.

显然
$$S_a^t = \varphi(t)$$
是递增连续函数. 其实,这个递增性直接来自与弧长有关的、证明过的累加性质
$$S_a^t + S_t^{t+h} = S_a^{t+h}$$
又从第 8 节第一段证明的定理看出,当 $h < \delta$ 时
$$S_t^{t+h} - |f(t+h) - f(t)| < \varepsilon$$
这是因为,左边第一位表示一段弧长而且第二位表示单边内接折线的长度. 这样,我们有
$$\varphi(t+h) - \varphi(t) = S_t^{t+h} < \varepsilon + |f(t+h) - f(t)|$$
并且通过 h 充分小的选取可把右边变为任意小. 所以 $\varphi(t)$ 实际上是连续的.

可是人们容易看出,连续函数
$$\psi(t) = \varphi(t) - f(t)$$
同样是非递减的. 这是由于,按照 φ 的定义就有:当 $\alpha < \beta$ 时,
$$\varphi(\beta) - \varphi(\alpha) = S_a^\beta \geqslant |f(\beta) - f(\alpha)|$$
所以我们获得了所求的表示
$$f(t) = \varphi(t) - \psi(t)$$

上证的定理之逆是不言而喻的:单调函数的线性组合是有界跳跃函数.

10　闭曲线的面积

设 K 是闭的连续可求长曲线
$$x = x(t), \quad y = y(t); \quad a \leqslant t \leqslant b$$
$$x(a) = x(b), \quad y(a) = y(b)$$
我们可引曲线的一个内接多边形，它的角点 $A = T_0, T_1, T_2, \cdots, T_n = B = A$ 对应于参数值
$$a = t_0 < t_1 < t_2 < \cdots < t_n = b$$
这些参数值必须满足不等式
$$t_k - t_{k-1} < \delta \quad k = 1, 2, \cdots, n$$
我们证明：对于充分小 δ 所作的内接于 K 的多边形，它的面积 Φ 和一个数 F 相差任意小量，而 F 称 K 的面积。

从第 3 节得出
$$2\Phi = \sum_1^n \{x(t_{k-1})y(t_k) - y(t_{k-1})x(t_k)\} =$$
$$\sum_1^n x(t_{k-1})\{y(t_k) - y(t_{k-1})\} - \sum_1^n y(t_{k-1})\{x(t_k) - x(t_{k-1})\}$$

我们对右边各项本身分别处理。因为 K 是可求长的，函数 $y(t)$ 是有界跳跃的，所以我们按第 9 节可划分它为两单调部分
$$y(t) = \varphi(t) - \psi(t)$$
从而得出
$$\sum_1^n x(t_{k-1})\{y(t_k) - y(t_{k-1})\} =$$
$$\sum_1^n x(t_{k-1})\{\varphi(t_k) - \varphi(t_{k-1})\} - \sum_1^n x(t_{k-1})\{\psi(t_k) - \psi(t_{k-1})\}$$

如同对黎曼的定积分（这将在第 13 节加以回顾）有关的普通存在证明时一样，人们从右边两和式可以证明它们在更精密划分下，即在递减 δ 的情况下，趋近一定的极限值。这对于上列 2Φ 的表示中的第二项完全同样成立，从而证明了我们的定理。

从以上所述和第 8 节的一些结果便可断定：如果 ε 是一个任意小但是正的给定数，那么我们可以这样选取一个逼近 K 的等边（边长为 ρ）多边形 V^*，以致 K 和 V^* 的面积 F 和 Φ^* 满足不等式
$$|F - \Phi^*| < \varepsilon$$
这时，我们可以比方这样改善使得 V^* 的角点个数放弃掉偶数的限制。

在如上对一条连续闭的可求长曲线的面积定义中，主要的仍是曲线的回转方向，即对应于参数值 t 的增加方向。回转方向的改变带来了面积的变号。与多边形面积的场合（第 3 节）相类似地，我们也可建立弯曲境界线的情况下有关面积的累加性质：设有两条连续闭的可求长曲线 K_1 和 K_2 共有一段方向相反的曲线弧，而且它们的面积分别为 F_1

和 F_2，那么从 K_1 和 K_2 的联合和对公共曲线弧的取消所获得的曲线 K 的面积，必等于
$$F = F_1 + F_2$$
这就是对应的多角形性质（参看第 3 节，图 4）的直接推论.

11 平面等周问题的解

一个正向回转的正 n 角形的周长 Λ 和面积 Φ 之间，正如容易计算出的并且在第 6 节曾利用过的一样，存在着关系
$$\Lambda^2 - 4n\tan\frac{\pi}{n} \cdot \Phi = 0$$
又如从第 5 节所给出的并且在第 6 节曾证明过的，对于别的 n 角形来说，至少当 n 是偶数时必有
$$\Lambda^2 - 4n\tan\frac{\pi}{n} \cdot \Phi > 0$$
所以在任何情况下，我们有
$$\Lambda^2 - 4n\tan\frac{\pi}{n} \cdot \Phi \geqslant 0$$

现在，对这不等式可以改变为一个较弱的新不等式，但它具有角点个数 n 不再出现其中的优点. 在因子 $4n\tan\frac{\pi}{n}$ 中，暂且令
$$\frac{\pi}{n} = p$$
那么我们有
$$4n\tan\frac{\pi}{n} = 4\pi\frac{\tan p}{p}$$
可是，当 $0 < p < \frac{\pi}{2}$ 时，显然是（参照图 6）
$$\tan p > p$$

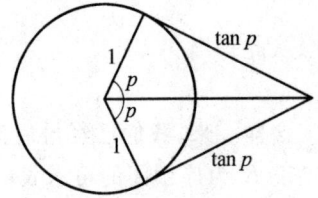

图 6

所以得出
$$4n\tan\frac{\pi}{n} > 4\pi$$
而且我们的不等式变为新的一个
$$\Lambda^2 - 4\pi\Phi > 0 \qquad (*)$$

设 K 为闭的可求长连续曲线，L 为其周长，而且 F 为其面积. 我说：从上面书写的不等式可证明这时也必有
$$L^2 - 4\pi F \geqslant 0$$
我们可以按第 8 节的末段中所描述的方式引一个偶数角点而逼近 K 的等边多角形 V^* 并且根据那里证明的定理和第 10 节的结果选取这么小的 V^* 的边长 ρ，以致 V^* 的周长 Λ^* 和面积 Φ^* 同时和 L,F 相差任意小. 倘若

$$L^2 - 4\pi F < 0$$

就一定可选取 V^* 使得也成立

$$\Lambda^{*2} - 4\pi\Phi^* < 0$$

从而与等边多角形有关的上列不等式(*)发生了矛盾.

剩下的仅仅是如何确定,在关系式

$$L^2 - 4\pi F \geqslant 0$$

中,什么时候会成立等号.如果 K 是正回转的圆,那么

$$L = 2\pi r$$

和

$$F = \pi r^2$$

式中,r 表示半径.

因此实际上

$$L^2 - 4\pi F = 0$$

如果相反,K 是别的闭连续可求长曲线,那么人们就通过在第 1 节所描述的四连杆法可以找出这样的新曲线 K',使它的周长 L' 和面积 F' 满足关系

$$L = L', \quad F < F'$$

从而导致

$$L^2 - 4\pi F > L'^2 - 4\pi F'$$

可是我们已经证明

$$L'^2 - 4\pi F' \geqslant 0$$

所以从此得出

$$L^2 - 4\pi F > 0$$

这样一来,我们已经最后推导了下列结果:

设 K 为连续闭的可求长的平面曲线,L 为它的周长而且 F 为它的面积.那么一定成立

$$L^2 - 4\pi F \geqslant 0$$

而且当且仅当 K 是正向回转的圆时等号才成立.

这就是对圆的等周性质有关定理的严密处理.其实,从此立即得出:

在所有等周的可容许曲线 K 中,正向回转的圆有最大的面积.

换言之:

在给定面积的所有可容许曲线中,圆有最小的周长.

我们已经在最大的一般性下证明了这个定理,因为对于对照曲线 K 仅仅作了这么一点必要的假设,使得"弧长"和"面积"等概念恰好有了意义.证明的指导思想实质上起源于 Steiner 的旧方法.我们仅把它如此转变过来,使存在问题在这里得到完成,并且毫不踌躇地打进"弧长"和"面积"等概念的秘密之中去.当然,对原先的方法在这里必须压进数学分析到无可救药的状态里,使原先的单纯性受到巩固.并不过分谦逊而感到欣欣的老 Steiner,对于这种处理该会讲些什么呢?他恰如其分地引用了《浮士德》:

是啊,要使恶魔欧许很好地就范,
就得把它套进西班牙式的长靴之内来绑绊,
让它今后如此深思远虑,
缓慢地走向思维的道路上去……
谁要想理解和描述生活嘛,
谁就得先牵出恶魔,
然后他把那部分在他的手中抓住,
不幸失误!仅仅是恶魔的枷锁.

12 一些应用

如果给定了四线段 s_1, s_2, s_3, s_4,其中任何一个小于其他三个之和,那么一定存在四角形,使它按这顺序具有这些长度的四边.人们还可找出一个内接于圆的四角形,也简称"弦四角形",它具有按这顺序的预先给定值的边长而且它的角点在一个圆上并在圆的一回正回转中按正确顺序进行着.从两三角形(参照图7)ABE 和 CDE 的相似性实际上成立

$$x : (s_4 + y) = s_3 : s_1$$
$$y : (s_2 + x) = s_3 : s_1$$

式中已令

$$\overline{CE} = x, \quad \overline{DE} = y$$

从此得到

$$x = s_3 \frac{s_1 s_4 + s_2 s_3}{s_1^2 - s_3^2}$$
$$y = s_3 \frac{s_1 s_2 + s_3 s_4}{s_1^2 - s_3^2}$$

这样,一旦给定了四角形的边 s,人们便知道三角形 CDE 的各边而且可以作出这个三角形和其有关的弦四角形.

现在我们将证明:在有预定边长的所有四角形中,所作的弦四角形具有最大的面积.

这是 Steiner 通过四连杆法的逆性质并从已证明了的圆的极大性质直接得来的.实际上,设 $A'B'C'D'$ 为同一边长的其他四角形,我们便可以把那四块由四边 s_1, s_2, s_3, s_4 与 $ABCD$ 的外接圆 K 围成的扇形等同而同向地移动过来,使贴附在 $A'B'C'D'$ 的对应边上,它们在那里互相接成一条四处曲折的曲线 K'(参照图8).按照圆的等周定理得知 K' 的面积小于 K 的面积.因为四块扇形始终不变,所以新的四角形面积一定小于老的四角形面积(证毕).

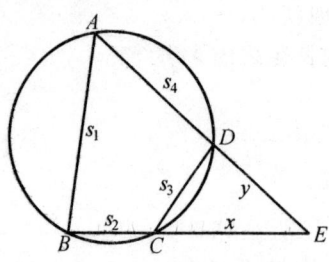
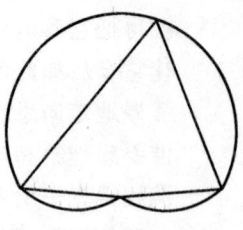

图 7 图 8

自然,人们也可直接计算而不借助于极其复杂化的圆性质这一弯路来推导,比方说,用如下的方式.关于面积 F 成立下列公式:

$$F^2 = (s-s_1)(s-s_2)(s-s_3)(s-s_4) - s_1 s_2 s_3 s_4 \cos^2\theta$$

式中已令

$$s_1 + s_2 + s_3 + s_4 = 2s$$

而且 θ 表示两相对外角的算术平均[①].从这公式得知,F^2 在

$$\theta = \frac{\pi}{2}$$

时,也即在弦四角形时有极大的面积.

如果人们把弦四角形的极大性质看做已证明的,那么便可将第 1 节中所定义的四连杆法稍许扩充一下,用任意的四角形连杆代替那里应用过的对称四角形.这种一般化的四连杆法的应用有一个优点,就是节省掉闭曲线的对称化.与此相反,第 1 节的特殊方法事先却能使那个导致 F^2 的上述公式的冗长计算得以避免.

人们用一般化四连杆法立即可证:在按顺序有预定边长的所有 n 角形中,具有最大面积的只有这样的 n 角形,它的角点都在一个圆上,而且循着圆上按正回转方向并以正确的先后顺序进行着.

可是在这个课题里有一个极大的实际上存在的事,人们对此要通过第 5 节中完全同一的考虑给出证明.这样也就产生了一个具有预定边长的弦 n 角形的存在.

从圆的等周性质还得出下述稍许一般问题的解:设两个不同点 A 和 B 通过一条已知的可求长曲线 K_1 连接着.我们要确定一条连接 A 和 B 且有定长的可求长曲线 K_2,以致闭曲线 $K_1 + K_2 = K$ 尽可能有最大的面积.

人们发现,K_2 是一段圆弧.

13 关于积分概念

我们在 7~10 中曾经完全互相独立地处理了弧长和面积等概念并且导出所谓"积分不变量"的一些性质.可是,如我们现在即将简括分析的那样,人们通过黎曼积分概念的

[①] 关于这公式的推导,读者可参照 G. Hessenberg:《平面和球面三角》(德文) 一书,Göschen 丛书,Berlin 和 Leipzig 1914,96 页.

适当拓广可把这些概念纳入一个寄托之中.

让我们取两个函数 f 和 g 吧!设函数 $f(t)$ 依赖于单变数而且在区间 $a \leqslant t \leqslant b$ 里有着定义,$g(s,t)$ 则含有双变数并且在三角形 $a \leqslant s \leqslant b, s \leqslant t \leqslant b$ 有其定义.我们对这些函数作了下列假设:

I. $f(t)$ 是连续的.

II. $g(s,t)$ 是非负函数:
$$g(s,t) \geqslant 0$$

III. 从 $t_1 < t_2 < t_3$ 必须得出:
$$g(t_1,t_2) + g(t_2,t_3) \geqslant g(t_1,t_3)$$

IV. 对于区间 $a \leqslant t \leqslant b$ 的任意多部分的每一划分
$$a = t_0 < t_1 < t_2 < \cdots < t_n = b$$
必须成立
$$g(t_0,t_1) + g(t_1,t_2) + \cdots + g(t_{n-1},t_n) \leqslant G$$
式中,G 表示有限的限界.

V. $g(s,t)$ 是连续的而且当 $s = t$ 时消失.

在这些假设之下一定成立下列的存在定理:

如果人们对于一个区间划分 z
$$a = t_0 < t_1 < t_2 < \cdots < t_n = b$$
作总和式
$$S_z = \sum_1^n f(\tau_k) g(t_{k-1},t_k)$$
式中
$$t_{k-1} \leqslant \tau_k \leqslant t_k$$

那么,只要 z 的最大部分区间是充分小的话,这个总和式与一个极限值 J 之差就可以变得要多么小就多么小.
$$|S_z - J| < \varepsilon, \quad |t_k - t_{k-1}| < \delta$$

证明是与普通积分的场合基本上相同的.我们将简述如下.

首先,我们以特殊方式选择中间值 τ_k,就是 $f(t)$ 在这点取它在部分区间 $t_{k-1} \leqslant t \leqslant t_k$ 的最小值 $\varphi(t_{k-1},t_k)$.设 $\sum_z$ 表示对应的总和式:
$$\sum_z = \sum_1^n \varphi(t_{k-1},t_k) g(t_{k-1},t_k)$$

如果人们再引进业已存在的划分点 t_k 以外的新点,按照 III 的结论知道 $\sum_z$ 并不减少.

对于所有划分 z 的所有 $\sum_z$ 的上界,根据 I 和 IV 是有限的;设它为 J.我们将阐明,这个 J 具有上述性质.

首先人们按上界的定义必可找出一个划分 z'
$$a = t'_0 < t'_1 < t'_2 < \cdots < t'_{n'} = b$$

使得
$$J - \sum_{z'} < \frac{\varepsilon}{2}$$
式中 $\varepsilon > 0$ 是给定的任意小量. 设 z 是这样调整的第二划分
$$a = t_0 < t_1 < t_2 < \cdots < t_n = b$$
以致 z 的所有部分划分都小于 δ，这里 $\delta > 0$ 是可使之小于 z' 的任何部分区间而确定的，于是至少只有 z' 的一个划分点 t'_k 介于 z 的两个接连 t_{p-1}, t_p 之间：
$$t_{p-1} \leqslant t'_k \leqslant t_p$$
现在让我们作划分 $z + z'$，即把 z 的划分点和 z' 的划分点统统包括在内，于是
$$\sum_{z+z'} \geqslant \sum_{z'}$$
从而也成立
$$J - \sum_{z+z'} < \frac{\varepsilon}{2} \tag{1}$$
这样就有了差式
$$\sum_{z+z'} - \sum_{z'}$$
的估值. 那就是
$$\sum_{z+z'} - \sum_z = \sum \{\varphi(t_{p-1}, t'_k) g(t_{p-1}, t'_k) + \varphi(t'_k, t_p) g(t'_k, t_p) - \varphi(t_{p-1}, t_p) g(t_{p-1}, t_p)\}$$
然而，按 V 可以选取 δ 如此之小，使满足所有的关系
$$g(t_{p-1}, t_p), g(t'_k, t_p), g(t_{p-1}, t_p) < \rho$$
于是我们有
$$\sum_{z+z'} - \sum_z < 3\rho n' \cdot \max |f(t)|$$
由于通过 δ 的适当选择可任意小 ρ，所以我们能把这个差式变为任意小：
$$\sum_{z+z'} - \sum_z < \frac{\varepsilon}{2} \tag{2}$$
由 Ⅰ. 和 Ⅳ. 可见，我们通过充分小量 δ 也可得出
$$S_z - \sum_z < \varepsilon \tag{3}$$
因此，从式(1)，式(2) 和式(3) 便得到所欲求的结果
$$|J - S_z| < \varepsilon$$
对于如此定义起来的极限值 J，如同对于弧长的特殊情况所做的一样，成立容易验证的累加性质
$$J_a^b + J_b^c = J_a^c$$
其实，前面定义的弧长概念是上述"积分概念" J 的特别情况. 就是说，当人们采取两函数 f 和 g 为
$$f(t) = 1$$
和

$$g(s,t) = \sqrt{x(t) - x(s)^2 + (y(t) - y(s))^2}$$

时,式中 $x(t), y(t)$ 是有界跳跃函数,那么前述的所有 Ⅰ.～Ⅴ.假设全部满足而且刚才一般证明的定理通过特殊化而变成弧长有关的前述定理. 倘若我们从一开始就讲刚才所得到的积分概念的话,便可以说是系统地前进了吧. 可是我们所采用的次序可能有较易于理解的优点,不然的话,从头就罗列出 Ⅰ.～Ⅴ.的要求,必然会产生威吓,好像这些都是从天而降似的.

如何将面积的概念纳入我们的积分概念之中呢? 我们仍取任意的连续函数作为 $f(t)$,而对 $g(s,t)$ 则取代以

$$g(s,t) = \varphi(t) - \varphi(s)$$

式中,φ 表示连续的非递减函数. 于是我们的 Ⅰ.～Ⅴ.条件仍旧成立了. 在这场合,人们仿效 Stieltzes 把

$$J_a^b = \lim \sum_1^n f(\tau_k) g(t_{k-1}, t_k) = \lim \sum f(\tau_k)\{\varphi(t_k) - \varphi(t_{k-1})\}$$

简写为

$$J_a^b = \int_a^b f(t) dg(t)$$

我们在第 10 节曾经将面积的概念引导到这种 Stieltzes 积分.

14 历史性的文献

"等周学"的历史远溯到上古加尔塔里狄陶(Dido von Karthago)女王的时代而且必须记载直到柏林的 Hermann Amandus Schwarz 阁下先生为止. 我们并不想过于广泛地固执于我们的目标:为了总结这第一部分必须搜集仅仅一节简短文献记录,而不去提高对完备性的最低要求.

在古代,如前所述,希腊人 Zenodor 掌握了圆的极大性质. 阿基米德也为此而被说为完成了工作,但是在他的研究工作中,什么也找不到. 关于最古老的文献可参阅 W. Schmidt 的一篇注记,*Zur Geschichte der Isoperimetrie im Altertum*(论古代等周问题的历史). 刊在 Bibliotheca mathematica(3)2(1901).

自从变分法被发现以来,那里的指导思想被掌握到所述的"特殊"的等周问题以及密切相联的解析的拓广之中. 最初 Jokob Bernoulli 就这样在 1697 年 5 月出版的 Acta eruditorum 发表了,还有他的兄弟 Johann. 这里,两兄弟之间发生了严酷的和极不愉快的优先权问题. 接着就有最著名的巴士尔(Basle)数学家 Leonhard Euler 在他的变分法例题集的工作:Methodus inveniendi lineas curvas maximi mimimive proprietate gaudentes, sive solutio problematis isoperimetrici latissimo sensu accepti. Lausanne——与 Genf 1744 年版. 部分摘录在 P. Stäckel 的 Ostwald 古典丛书中(Leipzig 1894 年版),最后还有 J. L. Lagrange 1762 年(Misc. Soc. Taur. 2)的工作.

所有这些解析发展如我们前面所提到的,有一个共同的缺陷,即没有存在性证明,而对此 K. Weierstrass 首先完成了. 人们可参阅 H. A. Schwarz 的贡献,见数学论文全集卷

Ⅱ,柏林 1890 年版,232 页以降.按照三角级数的新证明见于 A. Hurwitz 的工作(参照 23 页).

比解析证明更为重要的是上述的从特殊的几何学出发的观点.从事于这个问题工作的要算 G. Cramer(柏林科学院 1752 年). S. Lhuilier(De relatione mutua capacitatiset terminorum figurarum… 华沙 1782 年)和特别是 Steiner.迄今为止,我们利用 Steiner 证明中的"四连杆法". 还有他的第二方法,即"对称化",将见于本书关于球的等周性质的第二部分.

Steiner 把他的方法写进三篇论文里,一部分较为广泛,而三篇全收进他的论文全集第二卷(柏林 1882 年版)之中,而且按照 Weierstrass 的判断被认为这是属于这位富有成果的几何学家最有意义的功绩.第一篇论表题:"Einfache Beweise der isoperimetrischen Hauptsätze,而且从 1836 年开始,其余两篇 "Über Maximum und Minimum bei den Figuren in der Ebene,auf der Kugelfläche und in Raume Überhaupt" 是 Steiner1841 年寄给巴黎科学院的.四连杆法见于这两篇同表题论文的第一篇里,特别是 193 页、194 页. R. Sturm 在 Steiner 的意义下写了一本书 *Maxima und Minima*,*Leipzig* 与 Berlin1910 年版.

在 Steiner 证法的完备化工作,有多方面.特别是 F. Edler 按照后文中(15,Ⅱ)叙述的对称化而以无任何无限过程地完全初等的方法作出了正多角形极值性质的证明 (Vervollständigung der Steinerschen elementargeometrischen Beweise…,Göttinger Nachrichten 1882,73～80 页).现今 C. Carathéodory 和 E. Study 的两个通过无限过程的不同证明补充完备化了 Steiner 的证法[Mathematische Annalen 68(1909),133～140 页:Zwei Beweise der Satzes,dass der Kreis unter allen Figuren gleichen Umfangs den grössten Inhalt hat].

Carathéodory 无限次应用了四连杆法到闭曲线并阐明了,这个过程在适当变更下导致极限下的圆.在这里与我们的研究有不同之处在于:他作了所谓"凸"曲线的限制. Study 的方法则由 H. A. Schwarz 拓广到球面几何去. Study 先生还给出了一个基本上同这里所用的一致的证明,仅以一种收敛的方法代替了 Weierstrass 关于连续函数的极限存在性的定理的应用.

正多角形的极大性质是 Weierstrass 在他的讲义里、以一个创造性的解析方法推导出来的.人们见到它的重现于 E. Study:Geradlinige Polygone extremen Inhalts,Archiv für Mathematik(3)11(1907).还可参考同一表题的拙著,刊于同杂志(3)22(1914).人们还可在 H. Weber 和 J. Wellstein 合著的初等数学百科全书中参考 Weber 写的第二卷第一版中的一篇关于多角形的文章.也可参看 F. Enriques 的新(意大利文)著:Questioni riguardanti lageometria elementare,Bologna1914 年版.其中有 O. Chisini 的一文,Sulla teoria elementare degli isoperimetri,和 Enriques 的一文,Massimie Minimi nell' Analisi moderna.

F. Bernstein 曾通过平行曲线的考察把圆周的等周性质拓广到球面上而且按照球面趋近平面的极限过程解决了平面几何问题[Mathematische Annalen 60(1905),117 页].

为了拓广四连杆法到球面几何去，人们可应用 C. W. Baur 关于球面多角形作为 12 中对应公式的一个三角公式. Baur 公式曾由 G. Hessenberg 以创造性方法推导出来，刊在 Schwarz 纪念文集，柏林(1914)，76～83 页.

Steiner 的四连杆法亦适用于别的课题而获得成果. 例如，人们能借助于此法去发现那些"凸"平曲线，使它在其两平行切线之间的距离中的最小者被预先给定条件下具有最小面积[参阅本书著者论文 "Konvexe Bereiche gegebener konstanter Breite und kleinsten Inhalts", Mathem. Annalen 76(1915)，507～513 页和 "Einige Bemerkungen über Kurven und Flächen konstanter Breite"，Leipziger Berichte(1915)，290～297 页].

H. Minkowski 曾作出圆的等周性质的一个新扩充. 虽然我们将在后文中回到这个事物上，但在这里必须指出，把前述的不等式 $L^2 - 4\pi F \geqslant 0$ 作为特殊情况包括于其中的关于"混合面积"的 Minkowski 不等式，是可以容易证明的. 比方说，人们可把 Steiner 的四连杆法且从而这里叙述的整个证明对偶地搬移过去，如同我所做的那样["Beweise zu Sätzen von Brunn und Minkowski über die Minimaleigenschaft des Kreises", Jahresberichte der D. Mathematiker Vereinigung 23(1914)，210～234 页]. 其中打下了 12 中段所列公式的一个对偶类似的基础. 就是，设 s_1, s_2, s_3, s_4 表示一个四角形的四边长而且 $\varphi_1, \varphi_2, \varphi_3, \varphi_4$ 表示半外角，那么在一定的符号规定下成立四边面积的公式

$$F = \frac{(s_1+s_2+s_3+s_4)^2}{\tan\varphi_1+\tan\varphi_2+\tan\varphi_3+\tan\varphi_4} - \frac{(s_1-s_2+s_3-s_4)^2}{\cot\varphi_1+\cot\varphi_2+\cot\varphi_3+\cot\varphi_4}$$

G. Frobenius 曾作出另外一个较简的证明: "Über den gemischten Flächeninhalt zweier Ovale", Berliner Berichte 28(1915)，387～304 页.

关于初等几何极大极小问题的详尽文献报告可参照 M. Zacharias 在数学科学百科全书中的 Artikel Ⅲ A B9，特别是 28 节.

以这里所应用的形式出现的"弧长"概念，是 G. Peano, L. Scheefer 和 C. Jordan 所开发的. 人们可参照这个和其他文献资料于 H. v. Mangoldt 在百科全书中写的一文: "Anwendung der Differential-und Integralrechnung", Enzyklopädie der Math. Wissenschaften. Ⅲ. D. 1, 2, 20～23 页. 另一个在 Lebesgue 所开创的测度概念的基础上对长度概念进一步的精密化工作是由 Carathéodory 导进的: "Überdas lineare Mass von Punktmengen, eine Verallgemeinerung des Längenbegriffs". Göttinger Nachrichten 1914. 因此，与前面第 13 节叙述的积分概念的拓广有着最密切的联系. 关于初等性的更加同类的问题如圆测度和弧长、面积的近似性确定等，可参阅 Th. Vahlen 的内容丰富的著书: Konstruktionen und Approximationen, Leipzig. Teubner 1911 和 Bieberbach 著书: Theorie geometrischer Konstruktionen. Birkhäuser, Basel 和 Stuttgart.

"面积"则相反地是按照与 Riemann 和 Lebesgue 的积分，以及 Jordan 和 Lebesgue 的测度概念等直接联系以外的另一种方式定义的. 这里所用的定义和 T. J. Stieltjes 发表于 Annales de Toulouse 8(1894) 的积分相联系. M. Fréchet 在 Nouvelles Annales de Mathématiques，(4)10(1910)，241～256 页里发表了对有界跳跃函数和多元函数的 Stieltjes 积分的研究，还在 Transactions of the American Mathematical Society，

16(1915),215～234 页里也发表了. 更可参照 J. Radon,Theorie und Anwendung der absolut additiven Mengenfunktionen,Sitzungsberichte der Akademie,math. -nat. Klasse,122(1913),1～144 页. 关于实变函数论的知识,人们最好是去钻研一本 C. Carathéodory 在 Basel 和 Stüttgart 的 Birkhäuser 出版的综合著作,Vorlesungen über reelle Funktionen.

  为了结束本部分,或许有必要再度指出这一事件:圆线或圆面还是许多其他极大问题或极小问题的解. 这里仅指明两个著名问题,而其中只有第一个是完全被解答了的.

  设一个"单连通"域,即圆面的(1-1)连续映像被共形地映照到另一个同类域去,使得歪度(Verzerrungsverhältnis)在一预定位置是单位,而且使像域尽可能有最小面积. 这个极小是存在的,而且像域是圆域. 这是溯到 B. Riemann(Göttingen 1851) 学位论文中提出的问题之一,参阅 L. Bieberbach 在 Circolo matematico di Palermo,38(1914),98～112 页和 Mathem. Ann. 77(1916),153～172 页的论文.

  如何确定表面积已给定的一个周围框架着的薄膜形状,使得振动薄膜的主调音尽可能变低. 这个课题是 Lord Rayleigh 所提出来的,而 J. Hadamard 对此作了研究,Équilbre des plaques élastiques encastrées,Mémoires présentés par divers savants à l'Académie des Sciences(2)33(1908).

  在圆的等周主要性质为数甚多的新证明中,首先必须陈述的是那些来自"积分几何"的,而基本上起源于 L. A. Santaló 的证明. 对此请参照 W. Blaschke,Integral geometrie,刚出版(1955/56)于 Deutschen Verlag der Wiossenschaften Berlin 第三版. 其他著作:T. Bonnesen,Les problèmes des isopérimètres et des isépiphanes,Gauthier Villars,Paris 1929. E. Steinitz,Raumeinteilungen…,Enzyklopädie der Math. W,Ⅲ AB 12,Nr. 16. 在本书前言中提到的 Bonnesen 和 Fenchel 的书,111～113 页,以及 Fejes Tóth,8 页以降. 最后,W. Blaschke,Einführung in die Differentialgeometrie,Springer-Verlag 1950,32～35 页.

妙题与猜想

邓寿才

1

单墫、熊斌老师主编的巨著《高中数学竞赛多功能题典》(以下简称《题典》)P_{177} 页有一道妙题是：

题1 正实数 x,y,z 满足 $x^2+y^2+z^2=1$，求 $\dfrac{x}{1-x^2}+\dfrac{y}{1-y^2}+\dfrac{z}{1-z^2}$ 的最小值.

若将本题难度稍加降低，题1就演变成一道目标明朗化的

题2 如果正数 x,y,z 满足 $x^2+y^2+z^2=1$，那么

$$\frac{x}{1-x^2}+\frac{y}{1-y^2}+\frac{z}{1-z^2} \geqslant \frac{3\sqrt{3}}{2} \tag{A}$$

放眼展望，式(A) 外观优美，结构紧凑对称，易于记住.

刘培杰老师策划编辑、甘志国老师编写的巨著《初等数学研究(Ⅰ)》(以下简称《研究》)P_{382} 页有一个迷人的猜想：

猜想 若 $\sum_{i=1}^{n} x_i = 1, 0 < r < 1$，则有

$$\sum_{i=1}^{n}\frac{x_i^r}{1-x_i^r} \geqslant \frac{n}{n^r-1} \quad n \geqslant 3 \tag{?}$$

并且，甘老师又在该巨著的 P_{406} 页证明了当 $n=2, r=\dfrac{1}{2}, \dfrac{1}{3}, \dfrac{2}{3}$ 时此猜想成立.

据笔者初探后发现：(i) 式(A) 与式(?) 具有"血缘"关系；(ii) 在一定约束条件下猜想成立；(iii) 式(A) 和式(?) 均有美妙的推广.

2

我们先对式(A) 的证明进行分析：

(i) 如果应用权方和不等式有

$$P = \sum \frac{x}{1-x^2} = \sum \frac{(\sqrt{x})^{1+1}}{1-x^2} \geqslant$$

$$\frac{(\sum \sqrt{x})^{1+1}}{\sum(1-x^2)} = \frac{(\sum \sqrt{x})^2}{3-\sum x^2} = \frac{(\sum \sqrt{x})^2}{3-1} = \frac{1}{2}(\sum \sqrt{x})^2$$

但 $(\sum \sqrt{x})^2 \leqslant 3\sum x \leqslant 3\sqrt{3\sum x^2} = 3\sqrt{3}$，因此直接应用权方和不等式不能证明式(A)成立.

(ii) 根据对称性，设

$$0 < x \leqslant y \leqslant z < 1 \Rightarrow 0 < x^2 \leqslant y^2 \leqslant z^2 < 1 \Rightarrow \frac{1}{1-x^2} \leqslant \frac{1}{1-y^2} \leqslant \frac{1}{1-z^2}$$

应用切比雪夫不等式有

$$P = \sum \frac{x}{1-x^2} \geqslant \frac{1}{3}\left(\sum x\right)\left(\sum \frac{1}{1-x^2}\right)$$

注意到

$$\sum(1-x^2) = 3 - \sum x^2 = 3 - 1 = 2 \Rightarrow$$

$$2\left(\sum \frac{1}{1-x^2}\right) = \sum(1-x^2)\cdot\left(\sum \frac{1}{1-x^2}\right) \geqslant 3^2 \Rightarrow$$

（应用柯西不等式）

$$\sum \frac{1}{1-x^2} \geqslant \frac{9}{2}$$

但

$$\sum x \leqslant \sqrt{3\sum x^2} = \sqrt{3}$$

因此，应用上述方法也不能证明式(A)成立.

由此可见，欲证明式(A)，必须另觅新途. 让我们先欣赏《题典》中美妙的证法.

证法 1 根据柯西不等式有

$$\sum x^3(1-x^2)\cdot\sum \frac{x}{1-x^2} \geqslant \left(\sum \sqrt{x^3(1-x^2)}\cdot\sqrt{\frac{x}{1-x^2}}\right)^2 = \left(\sum x^2\right)^2 = 1 \quad (1)$$

现在只需证明

$$\sum x^3(1-x^2) = x^3(1-x^2) + y^3(1-y^2) + z^3(1-z^2) \leqslant \frac{2}{3\sqrt{3}} \Leftrightarrow$$

$$\sum x^5 + \frac{2}{3\sqrt{3}} \geqslant \sum x^3 \Leftrightarrow$$

$$\sum x^5 + \frac{2}{3\sqrt{3}}\sum x^2 \geqslant \sum x^3 \Leftrightarrow$$

$$\sum \left(x^5 + \frac{2}{3\sqrt{3}}x^2\right) \geqslant \sum x^3 \quad (2)$$

由平均不等式有

$$x^5 + \frac{2}{3\sqrt{3}}x^2 = x^5 + \frac{x^2}{3\sqrt{3}} + \frac{x^2}{3\sqrt{3}} \geqslant 3\left(\sqrt[3]{\frac{x^9}{27}}\right) = x^3$$

因此式(2)成立，于是式(1)成立，从而

$$\frac{2}{3\sqrt{3}} \sum \frac{x}{1-x^2} \geqslant \sum x^3(1-x^2) \cdot \sum \frac{x}{1-x^2} \geqslant 1 \Rightarrow$$

$$\sum \frac{x}{1-x^2} \geqslant \frac{3\sqrt{3}}{2}$$

即式(A)成立,等号成立仅当 $x = y = z = \frac{\sqrt{3}}{3}$.

对于式(A),我们也可以如下妙证:

证法 2 应用平均值不等式有
$$6x^2(3-3x^2)^2 = 6x^2(3-3x^2)(3-3x^2) =$$
$$\left[\frac{6x^2 + (3-3x^2) + (3-3x^2)}{3}\right]^3 = 2^3 \Rightarrow$$
$$x(1-x^2) \leqslant \frac{2}{3\sqrt{3}} \Rightarrow$$
$$P = \sum \frac{x}{1-x^2} = \sum \frac{x^2}{x(1-x^2)} \geqslant \frac{3\sqrt{3}}{2} \sum x^2 = \frac{3\sqrt{3}}{2} \Rightarrow$$
$$P \geqslant \frac{3\sqrt{3}}{2}$$

即式(A)成立,等号成立仅当

$$\left.\begin{array}{l} 6x^2 = 3 - 3x^2 \\ 6y^2 = 3 - 3y^2 \\ 6z^2 = 3 - 3z^2 \end{array}\right\} \Rightarrow x = y = z = \frac{\sqrt{3}}{3}$$

3

当我们回首反顾时,发现上述证法 1 不仅漂亮,而且颇具技巧. 我们希望采用这种技巧能对式(A)进行参数推广.

设 $\lambda \geqslant 1$ 为参数,当 $x = y = z = \frac{\sqrt{3}}{3}$ 时,有

$$\sum \frac{x}{\lambda - x^2} = \frac{3\sqrt{3}}{3\lambda - 1}$$

那么式(A)可参数推广为

$$P_\lambda = \frac{x}{\lambda - x^2} + \frac{y}{\lambda - y^2} + \frac{z}{\lambda - z^2} \geqslant \frac{3\sqrt{3}}{3\lambda - 1} \qquad (?)'$$

吗?设

$$T_\lambda = x^3(\lambda - x^2) + y^3(\lambda - y^2) + z^3(\lambda - z^2)$$

应用柯西不等式有

$$T_\lambda P_\lambda = \sum x^3(\lambda - x^2) \cdot \sum \left(\frac{x}{\lambda - x^2}\right) \geqslant \left(\sum x^2\right)^2 = 1$$

因此,欲使式(?)′成立,需使
$$T_\lambda = \sum x^3(\lambda - x^2) \leqslant \frac{3\lambda - 1}{3\sqrt{3}} \tag{1}$$
成立,即使下式成立
$$\lambda \sum x^3 \leqslant \left(\frac{3\lambda - 1}{3\sqrt{3}}\right)\sum x^2 + \sum x^5 = \sum\left[x^5 + \left(\frac{3\lambda - 1}{3\sqrt{3}}\right)x^2\right] \tag{2}$$
因此必须
$$x^5 + \left(\frac{3\lambda - 1}{3\sqrt{3}}\right)x^2 \geqslant \lambda x^3 \tag{3}$$
但
$$x^5 + \left(\frac{3\lambda - 1}{3\sqrt{3}}\right)x^2 = x^5 + \left(\frac{3\lambda - 1}{6\sqrt{3}}\right)x^2 + \left(\frac{3\lambda - 1}{6\sqrt{3}}\right)x^2 \geqslant$$
$$3\left[x^5 \cdot \left(\frac{3\lambda - 1}{6\sqrt{3}}x^2\right)^2\right]^{\frac{1}{3}} = 3\left(\frac{3\lambda - 1}{6\sqrt{3}}\right)^{\frac{2}{3}} x^3 \tag{4}$$

(3)、(4) 两式相比较,应有
$$3\left(\frac{3\lambda - 1}{6\sqrt{3}}\right)^{\frac{2}{3}} = \lambda \Leftrightarrow \lambda^3 = \left(\frac{3\lambda - 1}{2}\right)^2 \Leftrightarrow$$
$$4\lambda^3 = (3\lambda - 1)^2 \Leftrightarrow$$
$$4\lambda^3 - 9\lambda^2 + 6\lambda - 1 = 0 \Leftrightarrow$$
$$(\lambda - 1)^2(4\lambda - 1) = 0 \tag{5}$$

但 $\lambda \geqslant 1$,因此只有 $\lambda = 1$,这表明只有当 $\lambda = 1$ 时,式(?)′才成立,即应用上述方法不能建立式(A) 的参数推广.

事实上,我们有

推广 1 设正实数 x, y, z 满足 $x^2 + y^2 + z^2 = 1$,参数 $\lambda \geqslant 1$,则有
$$P_\lambda = \frac{x}{\lambda - x^2} + \frac{y}{\lambda - y^2} + \frac{z}{\lambda - z^2} \geqslant \frac{1}{2}\left(\frac{3}{\lambda}\right)^{\frac{3}{2}} \tag{B}$$

显然,当 $\lambda = 1$ 时,式(B) 化为式(A).

证明 应用平均值不等式有
$$(6x^2)(3\lambda - 3x^2)(3\lambda - 3x^2) \leqslant$$
$$\left[\frac{6x^2 + (3\lambda - 3x^2) + (3\lambda - 3x^2)}{3}\right]^3 = (2\lambda)^3 \Rightarrow$$
$$x(\lambda - x^2) \leqslant 2\left(\frac{\lambda}{3}\right)^{\frac{3}{2}} \Rightarrow$$
$$P_\lambda \sum \frac{x}{\lambda - x^2} = \sum \frac{x^2}{x(\lambda - x^2)} \geqslant \frac{1}{2}\left(\frac{3}{\lambda}\right)^{\frac{3}{2}} \sum x^2 = \frac{1}{2}\left(\frac{3}{\lambda}\right)^{\frac{3}{2}} \Rightarrow$$
$$P_\lambda \geqslant \frac{1}{2}\left(\frac{3}{\lambda}\right)^{\frac{3}{2}}$$

即式(B) 成立,等号成立仅当

$$\left.\begin{aligned} 6x^2 &= 3\lambda - 3x^2 \\ 6y^2 &= 3\lambda - 3y^2 \\ 6z^2 &= 3\lambda - 3z^2 \\ x^2 + y^2 + z^2 &= 1 \end{aligned}\right\} \Rightarrow \begin{cases} \lambda = 1 \\ x = y = z = \dfrac{\sqrt{3}}{3} \end{cases}$$

式（B）的证明很轻松，但等号成立的条件与参数 λ 有关（$\lambda = 1$），这点使我们感到它美中不足，白璧微瑕. 那么，我们能建立它的更好更美更妙的参数推广吗？其实，只要增加一点约束条件，前面的猜测是成立的.

推广 2 设参数 $\dfrac{1}{3} < \lambda \leqslant 1, 0 < x, y, z < \sqrt{\lambda}$，且满足 $x^2 + y^2 + z^2 = 1$，则

$$P_\lambda = \frac{x}{\lambda - x^2} + \frac{y}{\lambda - y^2} + \frac{z}{\lambda - z^2} \geqslant \frac{3\sqrt{3}}{3\lambda - 1} \tag{C}$$

可见，当 $\lambda = 1$ 时，式（C）即为式（A）. 其实推广 2 的条件也适合推广 1. 于是，我们设问：式（B）与式（C）相比较，哪个更强呢？由于

$$\frac{3\sqrt{3}}{3\lambda - 1} \geqslant \frac{1}{2}\left(\frac{3}{\lambda}\right)^{\frac{3}{2}} \Leftrightarrow 4\lambda^3 \geqslant (3\lambda - 1)^2 \Leftrightarrow$$
$$4\lambda^3 - 9\lambda^2 + 6\lambda - 1 \geqslant 0 \Leftrightarrow$$
$$(\lambda - 1)^2(4\lambda - 1) \geqslant 0$$

因为

$$\frac{\sqrt{3}}{3} < \lambda \leqslant 1 \Rightarrow$$
$$4\lambda - 1 > 0 \Rightarrow$$
$$(\lambda - 1)^2(4\lambda - 1) \geqslant 0$$

这充分表明式（C）比式（B）强，且等号成立的条件只需 $x = y = z = \dfrac{\sqrt{3}}{3}$，与参数 λ 无关，从而式（C）比式（B）更好更妙更强.

证明 设 $A > 0$ 为待定系数，应用加权不等式有

$$(3\lambda - 3x^2)^A \cdot [3x^2(3\lambda - 1)] \leqslant$$
$$\left[\frac{A(3\lambda - 3x^2) + 3x^2(3\lambda - 1)}{A + 1}\right]^{A+1} =$$
$$\left[\frac{3\lambda A + 3(3\lambda - 1 - A)x^2}{A + 1}\right]^{A+1} \tag{1}$$

为了消去 x^2，使式（1）式右边成为常数，必须且只须令

$$3\lambda - 1 - A = 0 \Rightarrow A = 3\lambda - 1$$

代入式（1）得

$$(3\lambda - 3x^2)^{3\lambda - 1}(3x^2)(3\lambda - 1) \leqslant (3\lambda - 1)^{3\lambda} \Rightarrow$$
$$3^{3\lambda} x^2 (\lambda - x^2)^{3\lambda - 1} \leqslant (3\lambda - 1)^{3\lambda - 1} \Rightarrow$$
$$a = x^{\frac{2}{3\lambda - 1}}(\lambda - x^2) \leqslant (3\lambda - 1) 3^{\frac{-3\lambda}{3\lambda - 1}} \Rightarrow$$
$$P_\lambda = \sum \left(\frac{x}{\lambda - x^2}\right) = \sum \left(\frac{x^{2\theta}}{a}\right) \geqslant M \sum x^{2\theta} \tag{2}$$

其中
$$M = \frac{3^m}{3\lambda-1}, m = \frac{3\lambda}{3\lambda-1}, \theta = \frac{1}{2}\left(1 + \frac{2}{3\lambda+1}\right) = \frac{1}{2}\left(\frac{3\lambda+1}{3\lambda-1}\right) \geq 1$$

应用幂平均不等式有
$$\sum x^{2\theta} \geq 3\left[\frac{\sum x^2}{3}\right]^\theta = 3\left(\frac{1}{3}\right)^\theta = 3^{1-\theta} \Rightarrow$$

$$P_\lambda \geq M\sum x^{2\theta} \geq M \cdot 3^{1-\theta} = \frac{3^t}{3\lambda-1} \tag{3}$$

其中
$$t = m + 1 - \theta = \frac{3\lambda}{3\lambda-1} + 1 - \frac{1}{2}\left(1 + \frac{2}{3\lambda-1}\right) = \frac{3}{2} \Rightarrow$$

$$P_\lambda \geq \frac{3\sqrt{3}}{3\lambda-1}$$

即式(C)成立,等号成立仅当
$$\left.\begin{array}{l} 3\lambda - 3x^2 = 3(3\lambda-1)x^2 \\ 3\lambda - 3y^2 = 3(3\lambda-1)y^2 \\ 3\lambda - 3z^2 = 3(3\lambda-1)z^2 \end{array}\right\} \Rightarrow$$

$$x = y = z = \frac{\sqrt{3}}{3}(与\lambda无关)$$

4

现在我们先从指数方面推广式(C)

推广3 设 $0 < \alpha < 2, \beta > 0, \frac{1}{3} < \lambda \leq \frac{2\beta-\alpha+2}{3(2-\alpha)}$,正数 $x, y, z \in (0, \sqrt{\lambda})$,且满足 $x^2+y^2+z^2=1$,那么

$$P_\lambda(\alpha) = \frac{x^\alpha}{(\lambda-x^2)^\beta} + \frac{y^\alpha}{(\lambda-y^2)^\beta} + \frac{z^\alpha}{(\lambda-z^2)^\beta} \geq \frac{3 \times 3^{(\beta-\frac{\alpha}{2})}}{(3\lambda-1)^\beta} \tag{D}$$

显然,当 $\alpha = \beta = 1$ 时,式(D)化为式(C).

证明 应用式(C)的证明结论有
$$a^\beta = \left[x^{\frac{2}{3\lambda-1}} \cdot (\lambda-x^2)\right]^\beta \leq \left[(3\lambda-1) \cdot 3^{-(\frac{3\lambda}{3\lambda-1})}\right]^\beta \Rightarrow$$

$$P_\lambda(\alpha) = \sum \frac{x^\alpha}{(\lambda-x^2)^\beta} = \sum \left(\frac{x^{2\theta}}{a^\beta}\right) \geq \left(\frac{3^{\frac{3\lambda}{3\lambda-1}}}{3\lambda-1}\right)^\beta \cdot \sum (x^2)^\theta \tag{1}$$

其中
$$\theta = \frac{1}{2}\left(\alpha + \frac{2\beta}{3\lambda-1}\right) \geq \frac{1}{2}\left[\alpha + \frac{2\beta}{\frac{2\beta-\alpha+2}{2-\alpha}-1}\right] = \frac{1}{2}(\alpha+2-\alpha) = 1$$

应用幂平均不等式有

$$\sum (x^2)^\theta \geqslant 3\left[\frac{\sum x^2}{3}\right]^\theta = 3\left(\frac{1}{3}\right)^\theta = 3^{1-\theta} \Rightarrow$$

$$P_\lambda(\alpha) \geqslant \frac{3^t}{(3\lambda-1)^\beta} \tag{2}$$

其中

$$t = \frac{3\lambda\beta}{3\lambda-1} + 1 - \theta = \frac{3\lambda\beta}{3\lambda-1} + 1 - \frac{1}{2}\left(\alpha + \frac{2\beta}{3\lambda-1}\right) = 1 + \beta - \frac{\alpha}{2} \Rightarrow \tag{3}$$

$$P_\lambda(\alpha) \geqslant \frac{3 \times 3^{(\beta-\frac{\alpha}{2})}}{(3\lambda-1)^\beta}$$

即式(D)得证,等号成立仅当 $x = y = z = \frac{\sqrt{3}}{3}$.

上述行之有效的证法启发我们:我们可以再从系数方面将式(D)加权推广为

推广 4 设 $0 < \alpha < 2, \beta > 0, \frac{1}{3} < \lambda < \frac{2\beta-\alpha+2}{3(2-\alpha)}$,正数 $x, y, z \in (0, \sqrt{\lambda})$,且满足 $x^2 + y^2 + z^2 = 1$,那么当 $p, q, r > 0$ 时

$$P_\lambda(\alpha) = \frac{px^\alpha}{(\lambda-x^2)^\beta} + \frac{qy^\alpha}{(\lambda-y^2)^\beta} + \frac{rz^\alpha}{(\lambda-z^2)^\beta} \geqslant$$

$$m\left[\left(\frac{1}{\lambda}\right)^{\frac{1}{\theta-1}} + \left(\frac{1}{u}\right)^{\frac{1}{\theta-1}} + \left(\frac{1}{v}\right)^{\frac{1}{\theta-1}}\right]^{1-\theta} \tag{E}$$

其中

$$\left(\frac{3^{\frac{3\lambda}{3\lambda-1}}}{3\lambda-1}\right)^\beta = m, \quad \theta = \frac{1}{2}\left(\alpha + \frac{2\beta}{3\lambda-1}\right)$$

特别地,当 $p = q = r$ 时,式(E) 化为式(D).

略证 注意到 $\theta > 1$ 有 $\frac{1}{\theta}, \frac{\theta-1}{\theta} \in (0, 1)$ 且 $\frac{1}{\theta} + \frac{\theta-1}{\theta} = 1$,应用赫尔德不等式有

$$\left(\sum px^{2\theta}\right)^{\frac{1}{\theta}} \cdot \left[\sum \left(\frac{1}{q}\right)^{\frac{1}{\theta-1}}\right]^{\frac{\theta-1}{\theta}} \geqslant \sum x^2 = 1 \Rightarrow$$

$$\sum qx^{2\theta} \geqslant \left[\left(\frac{1}{q}\right)^{\frac{1}{\theta-1}}\right]^{1-\theta}$$

应用式(D) 证明中的式(1) 有

$$P_\lambda(\alpha) = \sum \frac{px^\alpha}{(\lambda-x^2)^\beta} \geqslant m\sum px^{2\theta} \geqslant m\left[\left(\frac{1}{p}\right)^{\frac{1}{\theta-1}}\right]^{1-\theta}$$

等号成立仅当 $x = y = z = \frac{\sqrt{3}}{3}$ 及 $p = q = r$.

如果我们将推广 4 的已知条件略加改变,又可建立一个漂亮的平行配对结论:

推广 5 设 $0 < \alpha < 1, \beta > 0, \frac{1}{3} < \lambda \leqslant \frac{2\beta-\alpha+1}{3(1-\alpha)}$,正数 $x, y, z \in (0, \sqrt{\lambda})$,且满足 $xy + yz + zx = 1, p, q, r > 0$,则有

$$T_\lambda(\alpha) = \frac{(q+r)x^\alpha}{(\lambda-x^2)^\beta} + \frac{(r+p)y^\alpha}{(\lambda-y^2)^\beta} + \frac{(p+q)z^\alpha}{(\lambda-z^2)^\beta} \geqslant$$

$$\frac{2\times 3^{(\beta-\frac{\alpha}{2})}}{(3\lambda-1)^{\beta}}\sqrt{3(pq+qr+rp)} \tag{F}$$

证明 注意到 $0<\alpha<1$,有

$$\theta=\alpha+\frac{2\beta}{3\lambda-1}\geqslant \alpha+\frac{2\beta}{\frac{2\beta-\alpha+1}{1-\alpha}-1}=\alpha+1-\alpha=1$$

应用前面的技巧有

$$T_\lambda(\alpha)=\sum\frac{(q+r)x^\alpha}{(\lambda-x^2)^\beta}\geqslant m\sum(q+r)x^\theta \tag{1}$$

其中

$$m=\left(\frac{3^{\frac{3\lambda}{3\lambda-1}}}{3\lambda-1}\right)^\beta,\quad \theta=\alpha+\frac{2\beta}{3\lambda-1}\geqslant 1$$

应用杨克昌不等式,有

$$\sum(q+r)x^\theta\geqslant 2\left(\sum qr\right)^{\frac{1}{2}}\cdot\left[\sum(yz)^\theta\right]^{\frac{1}{2}}\geqslant$$

$$2\left(\sum qr\right)^{\frac{1}{2}}\cdot\left[3\left[\frac{\sum yz}{3}\right]^\theta\right]^{\frac{1}{2}}=$$

$$2\left(\sum qr\right)^{\frac{1}{2}}\cdot\left[3\left(\frac{1}{3}\right)^\theta\right]^{\frac{1}{2}}=$$

$$2\times 3^{\frac{1}{2}(1-\theta)}\cdot\left(\sum qr\right)^{\frac{1}{2}}=$$

$$2\times 3^{-\frac{1}{2}\theta}\cdot\left(3\sum qr\right)^{\frac{1}{2}}\Rightarrow$$

$$T_\lambda(\alpha)\geqslant\frac{2\times 3^k}{(3\lambda-1)^\beta}\left(3\sum qr\right)^{\frac{1}{2}}$$

其中

$$k=\frac{3\lambda\beta}{3\lambda-1}-\frac{1}{2}\theta=\frac{3\lambda\beta}{3\lambda-1}-\frac{1}{2}\left(\alpha+\frac{2\beta}{3\lambda-1}\right)=\beta-\frac{\alpha}{2}\Rightarrow$$

$$T_\lambda(\alpha)\geqslant\frac{2\times 3^{(\beta-\frac{\alpha}{2})}}{(3\lambda-1)^\beta}\left(3\sum qr\right)^{\frac{1}{2}}$$

即式(F)成立,等号成立仅当 $x=y=z=\frac{\sqrt{3}}{3}$ 及 $p=q=r$.

5

现在我们从两个方向上推广式(A).

推广 6 设 $0<\alpha<2,\beta>0,2\leqslant n\in\mathbf{N},\frac{1}{n}<\lambda\leqslant\frac{2\beta-\alpha+2}{n(2-\alpha)},0<x_i<\sqrt{\lambda}$,满足 $\sum_{i=1}^n x_i^2=1$,则 $P_n(\lambda)=\sum_{i=1}^n\frac{x_i^\alpha}{(\lambda-x_i^2)^\beta}\geqslant\frac{n\times n^{(\beta-\frac{\alpha}{2})}}{(n\lambda-1)^\beta}$ \hfill (G)

证明 设

$$\theta = \frac{1}{2}\left(\alpha + \frac{2\beta}{n\lambda - 1}\right) \geqslant \frac{\alpha}{2} + \frac{\beta}{\frac{2\beta - \alpha + 2}{2 - \alpha} - 1} = \frac{\alpha}{2} + \frac{1}{2}(2-\alpha) = 1$$

应用加权不等式有

$$(n\lambda - nx_i^2)^{n\lambda-1} \cdot (n\lambda - 1)nx_i^2 \leqslant$$

$$\left[\frac{(n\lambda-1)(n\lambda - nx_i^2) + (n\lambda-1)nx_i^2}{n\lambda}\right]^{n\lambda} = (n\lambda - 1)^{n\lambda} \Rightarrow$$

$$x_i^2(\lambda - x_i^2)^{n\lambda-1} \cdot n^{n\lambda} \leqslant (n\lambda - 1)^{n\lambda-1} \Rightarrow$$

$$a_i = x_i^{\frac{2}{n\lambda-1}}(\lambda - x_i^2) \leqslant (n\lambda - 1)\left(\frac{1}{n}\right)^{\frac{n\lambda}{n\lambda-1}} \Rightarrow$$

$$P_n(\lambda) = \sum_{i=1}^n \frac{x_i^\alpha}{(\lambda - x_i^2)^\beta} = \sum_{i=1}^n \frac{x_i^{2\theta}}{a_i^\beta} \geqslant \left(\frac{n^{\frac{n\lambda}{n\lambda-1}}}{n\lambda - 1}\right)^\beta \sum_{i=1}^n x_i^{2\theta} \tag{1}$$

注意到 $\theta \geqslant 1$,应用幂平均不等式有

$$\sum_{i=1}^n x_i^{2\theta} \geqslant n\left[\frac{\sum_{i=1}^n x_i^2}{n}\right]^\theta = n\left(\frac{1}{n}\right)^\theta \Rightarrow$$

$$P_n(\lambda) \geqslant \frac{n \times n^t}{(n\lambda - 1)^\beta} \tag{2}$$

其中

$$t = \frac{n\lambda\beta}{n\lambda - 1} - \theta = \frac{n\lambda\beta}{n\lambda - 1} - \frac{1}{2}\left(\alpha + \frac{2\beta}{n\lambda - 1}\right) = \beta - \frac{\alpha}{2} \Rightarrow$$

$$P_n(\lambda) \geqslant \frac{n \times n^{(\beta - \frac{\alpha}{2})}}{(n\lambda - 1)^\beta}$$

即式(G)成立,等号成立仅当 $x_i = \frac{\sqrt{n}}{n}(i = 1, 2, \cdots, n)$.

推广 6 的配对形式为

推广 7 设指数 $0 < \alpha < n-1, \beta > 0$,参数 $\frac{1}{n} < \lambda \leqslant \frac{(n-1)(1+\beta) - \alpha}{n(n-1-\alpha)}$,元数 $0 < x_1, x_2, \cdots, x_n < \sqrt[n-1]{\lambda}(1 \leqslant i \leqslant n, 2 \leqslant n \in \mathbf{N})$.且满足 $\sum_{i=1}^n x_i^{n-1} = 1$,则

$$P'_n(\lambda) = \sum_{i=1}^n \frac{x_i^\alpha}{(\lambda - x_i^{n-1})^\beta} \geqslant \frac{n \times n^{(\beta - \frac{\alpha}{n-1})}}{(n\lambda - 1)^\beta} \tag{H}$$

等号成立仅当 $x_1 = x_2 = \cdots = x_n = \frac{\sqrt[n-1]{n}}{n}$,(证明方法同上).

相应地,我们还有如下结论:

结论 1 设正实数 x, y, z 满足 $x^2 + y^2 + z^2 = 1$,参数 $k \geqslant 1$,正指数 θ, α, β 满足 $\alpha + \beta = 2\theta > 2, \lambda, u, v$ 为正权系数,则有

$$P_\lambda = \frac{\lambda x^\alpha}{(k - x^2)^\beta} + \frac{uy^\alpha}{(k - y^2)^\beta} + \frac{vz^\alpha}{(k - z^2)^\beta} \geqslant m\left[\left(\frac{1}{\lambda}\right)^{\frac{1}{\theta-1}} + \left(\frac{1}{u}\right)^{\frac{1}{\theta-1}} + \left(\frac{1}{v}\right)^{\frac{1}{\theta-1}}\right]^{1-\theta}$$

$$\tag{A_1}$$

其中 $m = \left[\dfrac{1}{2}\left(\dfrac{3}{k}\right)^{\frac{3}{2}}\right]^{\beta}$

等号成立仅当 $k = 1, x = y = z = \dfrac{\sqrt{3}}{3}$ 及 $\lambda = u = v$.

结论 2 设正实数 x, y, z 满足 $yz + zx + xy = 1$，参数 $k \geqslant 1$，正指数 α, β 满足 $\alpha + \beta \geqslant 1, \lambda, u, v$ 为正权系数，那么

$$T_\lambda = \frac{(u+v)x^\alpha}{(k-x^2)^\beta} + \frac{(v+\lambda)y^\alpha}{(k-y^2)^\beta} + \frac{(\lambda+u)z^\alpha}{(k-z^2)^\beta} \geqslant$$
$$2\left[\frac{1}{2}\left(\frac{3}{k}\right)^{\frac{3}{2}}\right]^\beta \cdot \left(\frac{1}{3}\right)^{\frac{\alpha+\beta}{2}} [3(uv + v\lambda + \lambda u)]^{\frac{1}{2}} \tag{B_1}$$

等号成立仅当 $k = 1, x = y = z = \dfrac{\sqrt{3}}{3}$ 及 $\lambda = u = v$.

特别地，当 $\alpha = \beta = 1$ 时，式 (B_1) 化为

$$\frac{(u+v)x}{k-x^2} + \frac{(v+\lambda)y}{k-y^2} + \frac{(\lambda+u)z}{k-z^2} \geqslant 3\left(\frac{uv + v\lambda + \lambda u}{k^3}\right)^{\frac{1}{2}} \tag{C_1}$$

结论 3 设 $x_i > 0 (i \leqslant i \leqslant n, 2 \leqslant n \in \mathbf{N})$，满足 $\sum\limits_{i=1}^{n} x_i^2 = 1$；正指数 θ, α, β 满足 $2\theta = \alpha + \dfrac{2\beta}{n-1} > 2, \lambda_1, \lambda_2, \cdots, \lambda_n$ 为正权系数，参数 $k \geqslant 1$，则有

$$P_n(\lambda) = \sum_{i=1}^{n} \frac{\lambda_i x_i^\alpha}{(k - x_i^2)^\beta} \geqslant e\left[\sum_{i=1}^{n}\left(\frac{1}{\lambda_i}\right)^{\frac{1}{\theta-1}}\right]^{1-\theta} \tag{D_1}$$

其中

$$e = \left[(n-1)^{-1} \cdot \left(\frac{n}{k}\right)^{\frac{n}{n-1}}\right]^\beta$$

结论 4 设正实数 $x_1, x_2, \cdots, x_n$，满足 $\sum\limits_{i=1}^{n} x_i^{n-1} = 1 (2 \leqslant n \in \mathbf{N}), \lambda_1, \lambda_2, \cdots, \lambda_n$ 为正权系数，参数 $k \geqslant 1$；正指数 α, β, θ 满足 $\alpha + \beta = (n-1)\theta > n - 1$，则有

$$P'_n(\lambda) = \sum_{i=1}^{n} \frac{\lambda_i x_i^\alpha}{(k - x_i^{n-1})^\beta} \geqslant m\left[\sum_{i=1}^{n}\left(\frac{1}{\lambda_i}\right)^{\frac{1}{\theta-1}}\right]^{1-\theta} \tag{E_1}$$

其中

$$m = \left[(n-1)^{-1} \cdot \left(\frac{n}{k}\right)^{n}\right]^\beta$$

6

天地运转，日月轮回，此时此刻，我们那飘飞的思绪又回到了开头的猜想. 只要我们奇思妙想，就能靠近它，亲吻它，拥抱它（将猜想中的已知条件略加改动）.

推广 8 设正实数 $x_1, x_2, \cdots, x_n (2 \leqslant n \in \mathbf{N})$ 满足 $\sum\limits_{i=1}^{n} x_i = 1$，正指数 r 满足条件 $1 >$

$r \geqslant 1 - n^{-r}$,则有

$$P_n(r) = \sum_{i=1}^{n} \frac{x_i^r}{1 - x_i^r} \geqslant \frac{n}{n^r - 1} \quad (\text{I})$$

等号成立仅当 $x_1 = x_2 = \cdots = x_n = \frac{1}{n}$.

证明 设

$$\theta = r + \frac{r n^r}{n^r - 1} = \frac{r}{1 - n^{-r}} \geqslant 1$$

注意到当 $x_1 = x_2 = \cdots = x_n = \frac{1}{n}$ 时有 $nx_i = 1 (i = 1, 2, \cdots, n)$ 此时 $n^r - (nx_i)^r = (n^r - 1)(nx_i)^r = n^r - 1$.

设 $\lambda > 0$ 为待定系数,应用加权平均不等式有

$$[n^r - (nx_i)^r]^\lambda \cdot [(n^r - 1)(nx_i)^r] \leqslant$$
$$\left[\frac{\lambda[n^r - (nx_i)^r] + (n^r - 1)(nx_i)^r}{\lambda + 1}\right]^{\lambda + 1} =$$
$$\left[\frac{(n^r - 1 - \lambda)(nx_i)^r + \lambda n^r}{\lambda + 1}\right]^{\lambda + 1} \quad (1)$$

为了消去 $(nx_i)^r$,使式(1) 右边为常数,令

$$n^r - 1 - \lambda = 0 \Rightarrow \lambda = n^r - 1$$

代入式(1) 化简得

$$x_i^r (1 - x_i^r)^{n^r - 1} \leqslant (n^r - 1)^{n^r - 1} / (n^{m^r}) \Rightarrow$$
$$a_i = (1 - x_i^r) \cdot x_i^{(\frac{r}{n^r - 1})} \leqslant \frac{1}{m} \quad (2)$$

其中

$$m = \left[\frac{n^{r n^r}}{(n^r - 1)^{n^r - 1}}\right]^{\frac{1}{n^r - 1}} \quad (3)$$

于是

$$P_n(r) = \sum_{i=1}^{n} \frac{x_i^r}{1 - x_i^r} = \sum_{i=1}^{n} \left(\frac{x_i^\theta}{a_i}\right) \geqslant$$
$$m \sum_{i=1}^{n} x_i^\theta \geqslant mn \left(\frac{\sum_{i=1}^{n} x_i}{n}\right)^\theta = mn \left(\frac{1}{n}\right)^\theta = m \cdot n^{1-\theta} \Rightarrow$$
$$P_n(r) \geqslant m \cdot n^{1-\theta} = \frac{n^t}{n^r - 1} \quad (4)$$

其中

$$t = \frac{r n^r}{n^r - 1} + (1 - \theta) = \frac{r n^r}{n^r - 1} + 1 - \frac{r n^r}{n^r - 1} = 1$$

故有

$$P_n(r) \geqslant \frac{n}{n^r - 1}$$

即式(I) 成立,等号成立仅当 $x_1 = x_2 = \cdots = x_n = \dfrac{1}{n}$.

将式(I) 从参数、指数、系数上综合推广便是:

推广 9 设 $x_i > 0, \lambda_i > 0 (i = 1, 2, \cdots, n; 2 \leqslant n \in \mathbf{N})$ 参数 $k \geqslant 1$,指数 $\alpha, \beta, r, t, \theta$ 满足 $\theta = (a\alpha + r\beta)/(at) > 1$,其中 $a = k\sqrt[t]{n^r} - 1$,且 $\sum_{i=1}^{n} x_i^t = 1$,那么有

$$P_n(t) = \sum_{i=1}^{n} \frac{\lambda_i x_i^\alpha}{(k - x_i^r)^\beta} \geqslant M \left[\sum_{i=1}^{n} \left(\frac{1}{\lambda_i} \right)^{\frac{1}{\theta-1}} \right]^{1-\theta} \tag{J}$$

其中 $M = \left[a^{-1} \cdot n^{\frac{r(a+1)}{at}} \right]^\beta$ (1)

特别地,当 $\lambda_1 = \lambda_2 = \cdots = \lambda_n$ 时,式(I) 化为

$$P_n(t) = \sum_{i=1}^{n} \frac{x_i^\alpha}{(k - x_i^r)^\beta} \geqslant M \cdot n^{1-\theta} = \frac{n \times n^m}{a^\beta} \tag{2}$$

其中

$$m = \frac{r(a+1)\beta}{at} - \theta = \frac{r(a+1)\beta}{at} - \frac{a\alpha + r\beta}{at} = \frac{r\beta - \alpha}{t}$$

即式(2) 化为

$$P_n(t) = \sum_{i=1}^{n} \frac{x_i^\alpha}{(k - x_i^r)^\beta} \geqslant \frac{n \times \sqrt[t]{n^{(r\beta-\alpha)}}}{(k \cdot \sqrt[t]{n^r} - 1)^\beta} \tag{K}$$

式(K) 即为式(I) 的指数推广,这时允许

$$\theta = \frac{a\alpha + r\beta}{at} \geqslant 1 \Rightarrow r\beta \geqslant (t - \alpha)a = (t - \alpha)(k\sqrt[t]{n^r} - 1)$$

如果在式(K) 中取 $k = \lambda, t = \beta = 1, \alpha = r$ 立即得到式(I'),即

$$P_n(\lambda) = \sum_{i=1}^{n} \frac{x_i^r}{\lambda - x_i^r} \geqslant \frac{n}{\lambda n^r - 1} \tag{I'}$$

这便是式(1) 的参数推广,其中

$$r \geqslant (1 - r)(\lambda n^r - 1) \Rightarrow \lambda \leqslant \frac{1}{(1-r)n^r}$$

即

$$\frac{1}{n} < \lambda \leqslant \frac{1}{(1-r)n^r}$$

现在我们证明推广 9.

证明 注意到当 $x_1 = x_2 = \cdots = x_n$ 时,有 $nx_i^t = 1, (n^{\frac{1}{t}} x_i)^r = 1$ 及 $a = kn^{\frac{r}{t}} - 1$ 有

$$a(n^{\frac{1}{t}} x_i)^r = [a + 1 - (n^{\frac{1}{t}} x_i)^r] = a$$

应用加权不等式有

$$[a(n^{\frac{1}{n}} x_i)^r] \cdot [a + 1 - (n^{\frac{1}{t}} x_i)^r]^a \leqslant$$

$$\left\{ \frac{a(n^{\frac{1}{t}} x_i)^r + a[a + 1 - (n^{\frac{1}{t}} x_i)^r]}{a + 1} \right\}^{a+1} =$$

$$\left[\frac{a(a+1)}{a+1}\right]^{a+1} = a^{a+1} \Rightarrow$$

$$(n^{\frac{1}{t}}x_i)^r \cdot [a+1-(n^{\frac{1}{t}}x_i)^r]^a \leqslant a^a \Rightarrow$$

$$(n^{\frac{1}{t}}x_i)^{\frac{r}{a}} \cdot [kn^{\frac{r}{t}} - (n^{\frac{1}{t}}x_i)^r] \leqslant a \Rightarrow$$

$$n^{\frac{r}{t}(1+\frac{1}{a})} \cdot x_i^{\frac{r}{a}} \cdot (k - x_i^r) \leqslant a \Rightarrow$$

$$b_i = [x_i^{\frac{r}{a}}(k - x_i^r)]^{\beta} \leqslant [a \cdot n^{-\frac{r(a+1)}{at}}]^{\beta} = \frac{1}{M} \Rightarrow$$

$$P_n(t) = \sum_{i=1}^{n} \frac{\lambda_i x_i^a}{(k-x_i^r)^{\beta}} = \sum_{i=1}^{n} \left(\frac{\lambda_i x_i^{t\theta}}{b_i}\right) \geqslant M \sum_{i=1}^{n} \lambda_i (x_i^t)^{\theta}$$

注意到 $\theta > 1$,有 $\frac{1}{\theta} + \frac{\theta-1}{\theta} = 1$,且 $\frac{1}{\theta}, \frac{\theta-1}{\theta} \in (0,1)$. 应用赫尔德不等式有

$$\left[\sum_{i=1}^{n} \lambda_i(x_i^t)^{\theta}\right]^{\frac{1}{\theta}} \cdot \left[\sum_{i=1}^{n} \left(\frac{1}{\lambda_i}\right)^{\frac{1}{\theta-1}}\right]^{\frac{\theta-1}{\theta}} \geqslant \sum_{i=1}^{n} x_i^t = 1 \Rightarrow$$

$$P_n(t) \geqslant M \sum_{i=1}^{n} \lambda_i(x_i^t)^{\theta} \geqslant M \left[\sum_{i=1}^{n} \left(\frac{1}{\lambda_i}\right)^{\frac{1}{\theta-1}}\right]^{1-\theta}$$

即式(J)成立,等号成立仅当 $k=1, x_1 = x_2 = \cdots = x_n = \left(\frac{1}{n}\right)^{\frac{1}{t}}, \lambda_1 = \lambda_2 = \cdots = \lambda_n$.

采用同样的技巧,甘志国,《初等数学研究(Ⅰ)》P 383 页的定理 3 可以推广为

结论 5 设正数 $x_1, x_2, \cdots, x_n$ 满足 $\sum_{i=1}^{n} x_i = 1, \lambda_1, \lambda_2, \cdots, \lambda_n$ 为正的权系数,指数 $r \geqslant 1, \theta \geqslant 0$,参数 $m \geqslant 1$,则有

$$\sum_{i=1}^{n} \frac{\lambda_i}{(m-x_i^r)^{\theta}} \geqslant \frac{\left(\sum_{i=1}^{n} \lambda_i^{\frac{1}{1+\theta}}\right)^{1+\theta}}{[n(m-n^{-r})]^{\theta}} \tag{F_1}$$

当取 $m=1, \theta=1, \lambda_1, \lambda_2, \cdots, \lambda_n$ 时,式(F_1)即为研究中的定理 3:

$$\sum_{i=1}^{n} \frac{1}{1-x_i^r} \geqslant \frac{n^{r+1}}{n^r - 1} \tag{G_1}$$

8

第 36 届 IMO 中的第 2 题是俄罗斯提供的一道名题:

题目 设 a, b, c 为正实数,且满足 $abc = 1$,试证

$$\frac{1}{a^3(b+c)} + \frac{1}{b^3(c+a)} + \frac{1}{c^3(a+b)} \geqslant \frac{3}{2} \tag{a}$$

自从此题问世至今,许多数奥书刊上都以此妙题作为例题或习题,笔者对之更是情有独钟,偏爱有加,写成长文荣载本刊 2008 年第二辑(竞赛卷)P 13~P 29 页("关于一道 IMO 名题的推广")限于篇幅,只在 P 20 页介绍了式(a)的间接加强:

$$T = \frac{a^3}{(a+b)(a+c)} + \frac{b^3}{(b+c)(b+a)} + \frac{c^3}{(c+a)(c+b)} \geqslant \frac{3}{4} \tag{b}$$

下面我们先补充式(b)的三种证法,供广大数奥参赛者参考:

另证 1 应用幂平均不等式有

$$\sum a^{\frac{3}{2}} = 3\left(\frac{\sum a^{\frac{3}{2}}}{3}\right) \geqslant 3\left(\frac{\sum a}{3}\right)^{\frac{3}{2}} \tag{1}$$

应用三元对称不等式有

$$\sum (a+b)(a+c) \leqslant \frac{1}{3}\left[\sum(b+c)\right]^2 = \frac{4}{3}\left(\sum a\right)^2 \tag{2}$$

应用均方根不等式,有

$$T = \sum \frac{a^3}{(a+b)(a+c)} = \sum \frac{(a^{\frac{3}{2}})^{1+1}}{(a+b)(a+c)} \geqslant$$

$$\frac{(\sum a^{\frac{3}{2}})^{1+1}}{\sum (a+b)(a+c)} \geqslant \frac{\left[3\left(\frac{\sum a}{3}\right)^{\frac{3}{2}}\right]^2}{\frac{4}{3}(\sum a)^2} =$$

$$\frac{1}{4}\left(\sum a\right) \geqslant \frac{3}{4}(abc)^{\frac{1}{3}} = \frac{3}{4} \Rightarrow$$

$$T \geqslant \frac{3}{4}$$

即式(b)成立.等号成立仅当 $a=b=c=1$.

证法 2 设

$$\left.\begin{array}{l} b+c = 2x_1 > 0 \\ c+a = 2y_1 > 0 \\ a+b = 2z_1 > 0 \end{array}\right\} \Rightarrow \sum x_1 = \sum a \Rightarrow$$

$$\left(\sum a\right)^2 = \left(\sum x_1\right)^2 \geqslant 3\sum y_1 z_1 \Rightarrow$$

$$\left(\sum a\right)^2 T \geqslant 3\left(\sum y_1 z_1\right)T = \frac{1}{4}\left(\sum y_1 z_1\right)\left(\sum \frac{a_3}{y_1 z_1}\right) \geqslant \frac{3}{4}\left(\sum a^{\frac{3}{2}}\right)^2 \geqslant$$

(应用柯西不等式)

$$\frac{3}{4}\left[3\left(\frac{\sum a}{3}\right)^{\frac{3}{2}}\right]^2 \geqslant \frac{1}{4}\left(\sum a\right)^3 \Rightarrow$$

$$T \geqslant \frac{1}{4}\sum a \geqslant \frac{3}{4}\sqrt[3]{abc} = \frac{3}{4}$$

即式(b)成立,等号成立仅当 $a=b=c=1$.

证法 3 设

$$x = \frac{1}{a}, y = \frac{1}{b}, z = \frac{1}{c}, \text{则}$$

$$abc = 1 \Leftrightarrow xyz = 1 \Rightarrow$$

$$T = \sum \frac{a^3}{(a+b)(a+c)} = \sum \frac{y^2 z^2}{(x+y)(x+z)}$$

于是
$$T \geq \frac{3}{4} \Leftrightarrow \sum x^2 y^2 (x+y) \geq \frac{3}{4} \prod (x+y) \tag{1}$$

记式(1)左边为 R,根据对称性,不妨设

$$x \geq y \geq z \Rightarrow \begin{cases} (xy)^2 \geq (zx)^2 \geq (yz)^2 \\ x+y \geq z+x \geq y+z \end{cases} \Rightarrow$$

$$R = \sum x^2 y^2 (x+y) \geq \frac{1}{3} \alpha \beta \tag{2}$$

（应用切比雪夫不等式）

其中

$$\begin{cases} \alpha = \sum (xy)^2 \\ \beta = \sum (x+y) \geq 3[\prod (x+y)]^{1/3} \end{cases} \tag{3}$$

于是

$$\alpha \geq \frac{1}{3} \left(\sum xy \right)^2 = \frac{1}{12} \left(\sum 2xy \right)^2 =$$

$$\frac{1}{12} \left[\sum (xy + yz) \right]^2 = \frac{1}{12} \left[\sum x(y+z) \right]^2 \geq$$

$$\frac{1}{12} \{ 3[xyz \prod (x+y)]^{\frac{1}{3}} \}^2 =$$

$$\frac{3}{4} [(x+y)(y+z)(z+x)]^{\frac{2}{3}} \Rightarrow$$

$$R \geq \frac{1}{3} \alpha \beta \geq \frac{3}{4} \prod (x+y) \Rightarrow$$

$$T \geq \frac{3}{4}$$

即式(b)成立,等号成立仅当 $x=y=z=1 \Leftrightarrow a=b=c=1$.

式(a)不仅有多种证法,多种推广(见笔者拙文),它还有多种加强,如:

$$P \geq \frac{3}{2} + \frac{\sum a^2 (b-c)^2}{2(\sum bc)} \tag{c}$$

$$P \geq \frac{3}{2} + \frac{1}{4} \sum \left(\frac{bca^2}{b+c} \right) \tag{d}$$

其中

$$P = \sum \frac{1}{a^3(b+c)}$$

$$\begin{cases} \alpha = \frac{2}{a} - \frac{1}{b} - \frac{1}{c} \\ \beta = \frac{2}{b} - \frac{1}{c} - \frac{1}{a} \\ \gamma = \frac{2}{c} - \frac{1}{a} - \frac{1}{b} \end{cases}$$

$$P \geq \frac{3}{2} + \frac{3}{4} \sum \left(\sqrt[3]{\frac{1}{a}} - \sqrt[3]{\frac{1}{b}}\right)^2 \tag{e}$$

$$P \geq \frac{3}{2} \cdot \sqrt{1 + \frac{1}{2} \sum (\sqrt[3]{a} - \sqrt[3]{b})^2} \tag{f}$$

$$P \geq \frac{3}{2}\left[1 + \left(\prod \frac{a-b}{a+b}\right)^{\frac{2}{3}}\right]^{\frac{1}{2}} \tag{g}$$

$$P \geq \left[\frac{9}{4} + [(p-q)^2 + (q-r)^2 + (r-p)^2]^2/2\right]^{\frac{1}{2}} \tag{h}$$

其中
$$\frac{1}{p} = a^3(b+c), \quad \frac{1}{q} = b^3(c+a), \quad \frac{1}{r} = c^3(a+b)$$

并且,式(b)还可加强成:
$$T \geq \frac{3}{4} + \frac{3}{4}\left(\prod \frac{a-b}{a+b}\right)^{\frac{2}{3}} \tag{i}$$

特别地,在巨著《多功能题典》(单墫,熊斌著)P 164 页中,有式(a)的最妙加强:
$$P \geq \frac{3}{2} + \frac{1}{4}\left[\frac{a(b-c)}{b+c} + \frac{b(c-a)^2}{c+a} + \frac{c(a-b)^2}{a+b}\right] \tag{j}$$

如果我们具有足够的耐心,就有执着的精神,将式(j)加权推广成一个雄伟壮观的推广式.

推广 10 设正实数 a,b,c 满足 $abc = 1$;λ, u, v 为正权系数,满足
$$\sqrt{\frac{\delta}{3}} > \max\left(\frac{2u+2v-\lambda}{4}, \frac{2v+2\lambda-u}{4}, \frac{2\lambda+2u-v}{4}\right)$$

其中
$$\delta = 2(uv + v\lambda + \lambda u) - (\lambda^2 + u^2 + v^2) > 0$$

(即以 $\sqrt{\lambda}, \sqrt{u}, \sqrt{v}$ 为边可构成三角形),再记
$$P_\lambda = \frac{\lambda}{a^3(b+c)} + \frac{u}{b^3(c+a)} + \frac{v}{c^3(a+b)}$$
$$Q_\lambda = \frac{1}{4}\left[\frac{\lambda a(b-c)^2}{b+c} + \frac{ub(c-a)^2}{c+a} + \frac{vc(a-b)^2}{a+b}\right]$$
$$M_\lambda = 6\left[\left(\sqrt{\frac{\delta}{3}} - \frac{2u+2v-\lambda}{4}\right)\left(\sqrt{\frac{\delta}{3}} - \frac{2v-2\lambda+u}{4}\right) \cdot \left(\sqrt{\frac{\delta}{3}} - \frac{2\lambda+2u-v}{4}\right)\right]^{\frac{1}{3}}$$

那么有
$$P_\lambda \geq M_\lambda + Q_\lambda \tag{k}$$

显然,当取 $\lambda = u = v = 1$ 时,$P_\lambda = P$,$\delta = 3$,$Q_\lambda = \frac{1}{4}\sum \frac{a(b-c)^2}{b+c}$,$M_\lambda = \frac{3}{2}$.

证明 令
$$ab + ca = \alpha > 0, \quad bc + ab = \beta > 0, \quad ca + bc = \gamma > 0$$
则有

$$ab = \frac{1}{2}(\alpha+\beta-\gamma), \quad bc = \frac{1}{2}(\beta+\gamma-\alpha), \quad ca = \frac{1}{2}(\gamma+\alpha-\beta)$$

$$ac - ab = \gamma - \beta, \quad bc - ab = \gamma - \alpha, \quad bc - ca = \beta - \alpha$$

$$P_\lambda = \frac{\lambda}{a^3(b+c)} + \frac{u}{b^3(c+a)} + \frac{v}{c^3(a+b)} =$$

$$\frac{\lambda(bc)^2}{ab+ca} + \frac{u(ca)^2}{bc+ab} + \frac{v(ab)^2}{ca+bc} =$$

$$\frac{\lambda(\beta+\gamma-\alpha)^2}{4\alpha} + \frac{u(\gamma+\alpha-\beta)^2}{4\beta} + \frac{v(\alpha+\beta-\gamma)^2}{4\gamma} \tag{1}$$

$$Q_\lambda = \frac{1}{4}\left[\frac{\lambda a(b-c)^2}{b+c} + \frac{ub(c-a)^2}{c+a} + \frac{vc(a-b)^2}{a+b}\right] =$$

$$\frac{1}{4}\left[\frac{\lambda(ca-ab)^2}{ca+ab} + \frac{u(bc-ab)^2}{bc+ab} + \frac{v(bc-ca)^2}{bc+ca}\right] =$$

$$\frac{\lambda(\beta-\gamma)^2}{4\alpha} + \frac{u(\gamma-\alpha)^2}{4\beta} + \frac{\gamma(\alpha-\beta)^2}{4\gamma} \tag{2}$$

于是

$$P_\lambda - Q_\lambda = \frac{\lambda}{4\alpha}[(\beta+\gamma-\alpha)^2 - (\beta-\gamma)^2] +$$

$$\frac{u}{4\beta}[(\gamma+\alpha-\beta)^2 - (\gamma-\alpha)^2] + \frac{v}{4\gamma}[(\alpha+\beta-\gamma)^2 - (\alpha-\beta)^2] =$$

$$\frac{\lambda}{4\alpha}(2\beta-\alpha)(2\gamma-\alpha) + \frac{u}{4\beta}(2\alpha-\beta)(2\gamma-\beta) + \frac{v}{4\gamma}(2\alpha-\gamma)(2\beta-\gamma) =$$

$$\lambda\left(\frac{\beta\gamma}{\alpha} - \frac{\gamma}{2} - \frac{\beta}{2} + \frac{\alpha}{4}\right) + u\left(\frac{\gamma\alpha}{\beta} - \frac{\alpha}{2} - \frac{\gamma}{2} + \frac{\beta}{4}\right) +$$

$$v\left(\frac{\alpha\beta}{\gamma} - \frac{\alpha}{2} - \frac{\beta}{2} + \frac{\gamma}{4}\right) = A + B \tag{3}$$

其中

$$\begin{cases} A = \lambda\left(\frac{\beta\gamma}{\alpha}\right) + u\left(\frac{\gamma\alpha}{\beta}\right) + v\left(\frac{\alpha\beta}{\gamma}\right) \\ B = \frac{\alpha}{4}(\lambda - 2u - 2v) + \frac{\beta}{4}(u - 2v - 2\lambda) + \frac{\gamma}{4}(v - 2u - 2\lambda) \end{cases} \tag{4}$$

但应用杨克昌不等式有

$$A \geq \left[\delta\left(\frac{\beta\gamma}{\alpha} \cdot \frac{\gamma\alpha}{\beta} + \frac{\gamma\alpha}{\beta} \cdot \frac{\alpha\beta}{\gamma} + \frac{\alpha\beta}{\gamma} \cdot \frac{\beta\gamma}{\alpha}\right)\right]^{\frac{1}{2}} =$$

(注意 $\delta = (2uv + v\lambda + \lambda u) - (\lambda^2 + u^2 + v^2) > 0$)

$$\sqrt{(\alpha^2 + \beta^2 + \gamma^2)\delta} \geq \sqrt{\frac{\delta}{3}}(\alpha + \beta + \gamma) \tag{5}$$

于是有

$$A + B = P_\lambda - Q_\lambda =$$

$$\left(\sqrt{\frac{\delta}{3}} - \frac{2u + 2v - \lambda}{4}\right)\alpha + \left(\sqrt{\frac{\delta}{3}} - \frac{2v + 2\lambda - u}{4}\right)\beta +$$

$$\left(\sqrt{\frac{\delta}{3}} - \frac{2\lambda + 2u - v}{4}\right)\gamma \geq \frac{1}{2}M_\lambda(\alpha\beta\gamma)^{\frac{1}{3}} \tag{6}$$

又

$$\alpha\beta\gamma = abc(a+b)(b+c)(c+a) \geq 8abc(\sqrt{ab})(\sqrt{bc})(\sqrt{ca}) = 8(abc)^2 = 8$$

所以

$$P_\lambda - Q_\lambda \geq \frac{1}{2}(8)^{\frac{1}{3}}M_\lambda = M_\lambda \Rightarrow$$

$$P_\lambda \geq M_\lambda + Q_\lambda$$

即式(k)成立,等号成立仅当 $a = b = c = 1$ 且 $\lambda = u = v$.

9

《多功能题典》在 P195 页将前面名题中的已知条件"$abc = 1$"略加改变,又变成一道焕然一新的题目:

题目 正实数 a,b,c 满足: $abc \geq 1$,求证:

$$\frac{1}{a+b^{2008}+c^{2008}} + \frac{1}{b+c^{2008}+a^{2008}} + \frac{1}{c+a^{2008}+b^{2008}} \leq 1 \tag{A_1}$$

推而广之,式(A_1)便成了更美更妙的:

推广1 设正实数 $a_1, a_2, \cdots, a_n (2 \leq n \in \mathbf{N})$ 满足 $a_1 a_2 \cdots a_n \geq 1$,设 $k > 1, S = \sum_{i=1}^{n} a_i^k$,则有

$$T_n(k) = \sum_{i=1}^{n}\left(\frac{1}{S + a_i - a_i^k}\right) \leq 1 \tag{B_1}$$

当取 $n = 3, k = 2008$ 时,式(B_1)化为式(A_1)的等价形式.

证明:设正数 p, r 满足

$$k - p = 1 + \frac{p}{n-1} = r \Rightarrow \begin{cases} p = \frac{(n-1)(k-1)}{n} \in (0, k) \\ r > 1 \end{cases}$$

运用平均值不等式有

$$\left(\sum_{i=1}^{n} a_i^p\right) - a_i^p = a_1^p + \cdots + a_{i-1}^p + a_{i+1}^p + \cdots + a_n^p \geq$$

$$(n-1)(a_1 a_{i-1} a_{i+1} \cdots a_n)^{\frac{p}{n-1}} =$$

$$(n-1)\left(\frac{a_1 a_2 \cdots a_n}{a_i}\right)^{\frac{p}{n-1}} \geq (n-1)\left(\frac{1}{a_i}\right)^{\frac{p}{n-1}}$$

不妨设 $a_1 \geq a_2 \geq \cdots \geq a_n > 0 \Rightarrow$

$$\begin{cases} a_1^p \geq a_2^p \geq \cdots \geq a_n^p \\ a_1^{k-p} \geq a_2^{k-p} \geq \cdots \geq a_n^{k-p} \end{cases} \Rightarrow$$

$$s - a_i^k = a_1^p \cdot a_1^{k-p} + \cdots + a_{i-1}^p \cdot a_{i-1}^{k-p} + a_{i+1}^p \cdot a_{i+1}^{k-p} + \cdots + a_n^p \cdot a_n^{k-p} \geq$$

$$\frac{1}{n-1}(a_1^p + \cdots + a_{i-1}^p + a_{i+1}^p + \cdots + a_n^p) \cdot$$
$$(a_1^{k-p} + \cdots + a_{i-1}^{k-p} + a_{i+1}^{k-p} + \cdots + a_n^{k-p}) =$$
（应用切比雪夫不等式）
$$\frac{1}{n-1}\left(\sum_{i=1}^n a_i^p - a_i^p\right)\left(\sum_{i=1}^n a_i^{k-p} - a_i^{k-p}\right) \geqslant$$
$$\left(\sum_{i=1}^n a_i^{k-p} - a_i^{k-p}\right) \cdot \left(\frac{1}{a_i}\right)^{\frac{p}{n-1}} \Rightarrow$$
$$s + a_i - a_i^k \geqslant \left(\sum_{i=1}^n a_i^r - a_i^r + a_i^{1+\frac{p}{n-1}}\right)\left(\frac{1}{a_i}\right)^{\frac{p}{n-1}} = \left(\sum_{i=1}^n a_i^r\right)/a_i^{r-1} \Rightarrow$$
$$\frac{1}{s + a_i - a_i^k} \leqslant \frac{a_i^{r-1}}{\sum_{i=1}^n a_i^r} \quad (r > 1) \Rightarrow$$
$$T_n(k) = \sum_{i=1}^n \left(\frac{1}{s + a_i - a_i^k}\right) \leqslant \frac{\sum_{i=1}^n a_i^{r-1}}{\sum_{i=1}^n a_i^r} \tag{1}$$

又因为
$$a_1 \geqslant a_2 \geqslant \cdots \geqslant a_n \quad (r > 1) \Rightarrow$$
$$a_1^{r-1} \geqslant a_2^{r-1} \geqslant \cdots \geqslant a_n^{r-1} \Rightarrow$$
$$\sum_{i=1}^n a_i^r = \sum_{i=1}^n a_i \cdot a_i^{r+1} \geqslant$$
（应用切比雪夫不等式）
$$\frac{1}{n}\left(\sum_{i=1}^n a_i\right)\left(\sum_{i=1}^n a_i^{r-1}\right) \geqslant \left(\prod_{i=1}^n a_i\right)^{\frac{1}{n}} \cdot \left(\sum_{i=1}^n a_i^{r-1}\right) \geqslant \sum_{i=1}^n a_i^{r-1} \Rightarrow$$
$$T_n(k) \leqslant 1$$

即式（B_1）成立，等号成立仅当 $a_1 = a_2 = \cdots = a_n = 1$.

如果再应用赫尔德不等式和切比雪夫不等式的加权推广，不难将式（B_1）再度推广为

推广 2 设 $a_i, \lambda_i, u_i > 0 (i = 1, 2, \cdots, n; 2 \leqslant n \in \mathbf{N}), \theta \in (0, 1), m > 0, k > 1$，记 $s = \sum_{i=1}^n u_i a_i^k, x_i = s + u_i a_i^m - u_i a_i^{mk} (1 \leqslant i \leqslant n)$，那么当 $a_1^{u_1} a_2^{u_2} \cdots a_n^{u_n} \geqslant 1$ 时，有结论
$$\sum_{i=1}^n \frac{\lambda_i}{x_i^\theta} \leqslant \left(\sum_{i=1}^n \lambda_i^{\frac{1}{1-\theta}}\right)^{1-\theta} \tag{C_1}$$
等号成立仅当 $a_1 = a_2 = \cdots = a_n = 1, u_1 = u_2 = \cdots = u_n = 1, \lambda_1 = \lambda_2 = \cdots = \lambda_n$.

10

甘志国老师的巨著《初等数学研究（Ⅰ）》P 603 页中的：

定理 2 若 $x, y, z \in \mathbf{R}^+$，则

$$\frac{(x+y+z)^3}{27xyz}(x+y-z)(y+z-x)(z+x-y) \leqslant xyz \qquad (\mathrm{I}_1)$$

一看便知，式（I_1）结构对称，外观优美壮观，使我们联想到：如果作置换
$$(x,y,z) \longrightarrow (a,b,c)$$

式（I_1）便化为
$$\frac{abc}{a+b+c} \geqslant \frac{\sqrt{3}}{9}\sqrt{(a+b+c)(b+c-a)(c+a-b)(a+b-c)}$$

如果设 $\triangle ABC$ 的三边长为 a,b,c，面积为 Δ，应用海伦公式
$$4\Delta = \sqrt{(a+b+c)(b+c-a)(c+a-b)(a+b-c)} \qquad (2)$$

式（1）等价于
$$\frac{abc}{a+b+c} \geqslant \frac{4}{9}\sqrt{3}\Delta \qquad (3)$$

这便是著名的"波利亚-舍贵"不等式
$$abc \geqslant \left(\frac{4\Delta}{\sqrt{3}}\right)^{\frac{3}{2}} \qquad (4)$$

的一个加强．

应用三角不等式
$$\sin^2 A + \sin^2 B + \sin^2 C \leqslant \frac{9}{4} \Leftrightarrow \qquad (5)$$

$$a^2 + b^2 + c^2 \leqslant 9R^2 = 9\left(\frac{abc}{4\Delta}\right)^2 \Leftrightarrow$$

$$\frac{abc}{\sqrt{a^2+b^2+c^2}} \geqslant \frac{4}{3}\Delta \qquad (6)$$

式（6）又是式（3）的一个加强，再作反置换
$$(a,b,c) \longrightarrow (x,y,z).$$

便得到式（I_1）的加强
$$M(x+y-z)(y+z-x)(z+x-y) \leqslant xyz \qquad (\mathrm{I}_2)$$

其中
$$M = \frac{(x+y+z)(x^2+y^2+z^2)}{9xyz} \qquad (7)$$

下面我们再建立式（I_1）的指数推广：

推广 设 $\alpha,\beta,\gamma \in (0,1)$ 且 $\alpha+\beta+\gamma=1$，正数 x,y,z 满足三角形三边关系，则有
$$(x+y+z)(y+z-x)^\alpha (z+x-y)^\beta (x+y-z)^\gamma \leqslant$$
$$2m(x^{1-\alpha} \cdot y^{1-\beta} \cdot z^{1-\gamma}) \qquad (\mathrm{I}_3)$$

其中
$$m = 1 + \frac{1}{2}\left(\frac{\beta\gamma}{\alpha} + \frac{\gamma\alpha}{\beta} + \frac{\alpha\beta}{\gamma}\right) \qquad (8)$$

显然，当取 $\alpha=\beta=\gamma=\frac{1}{3}$ 时，式（I_3）化为式（I_1）．

证明 应用三角母不等式有
$$\prod(1+\cos A)^\alpha \leqslant \sum \alpha(1+\cos A) =$$
（应用加权不等式）
$$\sum \alpha + \sum \alpha\cos A = 1 + \sum \alpha\cos A \leqslant 1 + \frac{1}{2}\sum \frac{\beta\gamma}{\alpha} = m \Rightarrow$$
$$\prod(1+\cos A)^\alpha \leqslant m \Rightarrow$$
（结合余弦定理）
$$\prod\left(1 + \frac{y^2+z^2-x^2}{2yz}\right)^\alpha \leqslant m \Rightarrow$$
$$\prod\left[\frac{(y+z)^2-x^2}{2yz}\right]^\alpha \leqslant m \Rightarrow$$
$$\frac{\prod(x+y+z)^\alpha \cdot \prod(y+z-x)^\alpha}{\prod(2yz)^\alpha} \leqslant m \Rightarrow$$
$$\left(\frac{x+y+z}{2}\right)\prod(y+z-x)^\alpha \leqslant m\left(\prod x^{\beta+\gamma}\right) \Rightarrow$$
$$(x+y+z)\prod(y+z-x)^\alpha \leqslant 2m(x^{1-\alpha} \cdot y^{1-\beta} \cdot z^{1-\gamma})$$

即式(I_3)成立,等号成立仅当$x=y=z, \alpha=\beta=\gamma=\frac{1}{3}$.

此外,我们再建立式(I_1)的一个配对结论：

设正数x,y,z满足三角形三边关系,则有
$$(y+z-x)^2(z+x-y)^2(x+y-z)^2 \geqslant$$
$$(y^2+z^2-x^2)(z^2+x^2-y^2)(x^2+y^2-z^2) \quad (I_4)$$

证明 设以x,y,z构成$\triangle ABC$,当$\triangle ABC$为钝角或直角三角形时,式(I_4)右边$\leqslant 0$,显然成立.

当$\triangle ABC$为锐角三角形时,参照《数学奥林匹克与数学文化(文化卷)》P 245 页笔者的结论：
$$(\sec A - 1)(\sec B - 1)(\sec C - 1) \geqslant 1 \quad (9)$$

应用余弦定理有
$$\prod\left(\frac{2yz}{y^2+z^2-x^2} - 1\right) \geqslant 1 \Rightarrow$$
$$\prod[x^2-(y-z)^2] \geqslant \prod(y^2+z^2-x^2) \Rightarrow$$
$$\prod(x+y-z)(x-y+z) \geqslant \prod(y^2+z^2-x^2) \Rightarrow$$
$$\prod(y+z-x)^2 \geqslant \prod(y^2+z^2-x^2)$$

即式(I_4)成立,等号成立仅当$x=y=z$.

相应地,应用三角不等式
$$\begin{cases} x\sin A + u\sin B + v\sin C \leqslant m_1 \\ \lambda\sin^2 A + u\sin^2 B + v\sin^2 C \leqslant m_2 \end{cases}$$

(其中 λ, u, v 为正实数，m_1, m_2 为关于 λ, u, v 的代数表达式）进行加权推广.

11

《多功能题典》P 159 页有妙题：

设 $a, b, c \in \mathbf{R}^+$，记
$$M = \sqrt[4]{\frac{a}{b+c}} + \sqrt[4]{\frac{b}{c+a}} + \sqrt[4]{\frac{c}{a+b}} + \sqrt{\frac{b+c}{a}} + \sqrt{\frac{c+a}{b}} + \sqrt{\frac{a+b}{c}}$$

求 M 的最小值.

虽然 M 的表达式结构对称，但外形庞大，对普通中学生而言，有点畏惧它. 显然，欲求 M 的最小值，只能智取，不可硬攻. 我们先学习欣赏《多功能题典》中的漂亮解法，再加强它，推广它，研究它.

解 因为
$$\frac{\sqrt[4]{2}}{4} \cdot \sqrt{\frac{b+c}{a}} + \sqrt[4]{\frac{a}{b+c}} = \frac{\sqrt[4]{2}}{4}\left(\sqrt{\frac{b+c}{a}} + \frac{\sqrt[4]{2}}{2}\sqrt[4]{\frac{a}{b+c}} + \frac{\sqrt[4]{2}}{2}\sqrt[4]{\frac{a}{b+c}}\right) \geqslant$$
$$\frac{\sqrt[4]{2}}{4} \times 3\left[\sqrt{\frac{b+c}{a}} \cdot \left(\frac{\sqrt[4]{2}}{2}\sqrt[4]{\frac{a}{b+c}}\right)^2\right]^{\frac{1}{3}} = 3\sqrt{2} \cdot \frac{\sqrt[4]{2}}{4} = \frac{3\sqrt[4]{8}}{4}$$

所以
$$M \geqslant \frac{3 \cdot 3\sqrt[4]{8}}{4} + \left(1 - \frac{\sqrt[4]{2}}{4}\right)\left(\sqrt{\frac{b+c}{a}} + \sqrt{\frac{c+a}{b}} + \sqrt{\frac{a+b}{c}}\right) \tag{1}$$

因为
$$\sqrt{\frac{b+c}{a}} + \sqrt{\frac{c+a}{b}} + \sqrt{\frac{a+b}{c}} \geqslant$$
$$3\left[\frac{(b+c)(c+a)(a+b)}{abc}\right]^{\frac{1}{6}} \geqslant$$
$$3\left[\frac{8(\sqrt{bc})(\sqrt{ca})(\sqrt{ab})}{abc}\right]^{\frac{1}{6}} = 3\sqrt{2} \tag{2}$$

由式(1) 和式(2) 可得
$$M \geqslant \frac{9\sqrt[4]{8}}{4} + \left(1 - \frac{\sqrt[4]{2}}{4}\right) \cdot 3\sqrt{2} = 3\sqrt{2} + \frac{3\sqrt[4]{8}}{2}$$

等号成立当且仅当 $a = b = c$，所以 M 的最小值为 $3\sqrt{2} + \frac{3\sqrt[4]{8}}{2}$.

从上述证法可知，技巧性较强.

现在，我们设 $a_1, a_2, \cdots, a_n (3 \leqslant n \in \mathbf{N})$ 为任意 n 个正实数，α, β 为正指数，并记
$$s = \sum_{i=1}^{n} a_i$$
$$M_n(\alpha, \beta) = \sum_{i=1}^{n}\left(\frac{s-a_i}{a_i}\right)^{\alpha} + \sum_{i=1}^{n}\left(\frac{a_i}{s-a_i}\right)^{\beta} = \sum_{i=1}^{n}\left[\left(\frac{s-a_i}{a_i}\right)^{\alpha} + \left(\frac{a_i}{s-a_i}\right)^{\beta}\right]$$

$$T_n(\alpha,\beta) = \prod_{i=1}^{n}\left[\left(\frac{s-a_i}{a_i}\right)^{\alpha} + \left(\frac{a_i}{s-a_i}\right)^{\beta}\right]$$

$$P_n(\alpha,\beta) = \left[\prod_{i=1}^{n}\left(\frac{s-a_i}{a_i}\right)^{\frac{\alpha}{n}}\right] + \left[\prod_{i=1}^{n}\left(\frac{a_i}{s-a_i}\right)\right]^{\frac{\beta}{n}}$$

那么应用平均值不等式和赫尔德不等式有

$$M_n(\alpha,\beta) \geqslant n[T_n(\alpha,\beta)]^{\frac{1}{n}} \geqslant nP_n(\alpha,\beta) \tag{1}$$

因此,只要求出 $P_n(\alpha,\beta)$ 的最小值,就可求出 $M_n(\alpha,\beta), T_n(\alpha,\beta)$ 的最小值,而反之则不能. 于是,我们有

推广 设 $a_1, a_2, \cdots, a_n$ 为任意 $n(3 \leqslant n \in \mathbf{N})$ 个正数,正指数 α, β 满足条件 $(n-1)^{\alpha+\beta} > (\beta/\alpha)$. 求证

$$\left[\prod_{i=1}^{n}\left(\frac{s-a_i}{a_i}\right)\right]^{\frac{\alpha}{n}} + \left[\prod_{i=1}^{n}\left(\frac{a_i}{s-a_i}\right)\right]^{\frac{\beta}{n}} \geqslant (n-1)^{\alpha} + (n-1)^{-\beta} \tag{A_1}$$

举目一看,式(A_1) 的结构对称,外观优雅.

证明 为了简便起见,我们记

$$A = \prod_{i=1}^{n}\left(\frac{s-a_i}{a_i}\right)$$

那么

$$P_n(\alpha,\beta) = A^{\frac{\alpha}{n}} + A^{-\frac{\beta}{n}} \tag{2}$$

应用平均值不等式有(记 $G = \prod_{i=1}^{n} a_i$)

$$s - a_i = a_1 + \cdots + a_{i-1} + a_{i+1} + \cdots + a_n \geqslant$$
$$(n-1)(a_1 a_{i-1} a_{i+1} \cdots a_n)^{\frac{1}{n-1}} = (n-1)\left(\frac{G}{a_i}\right)^{\frac{1}{n-1}} \Rightarrow$$
$$\prod_{i=1}^{n}(s-a_i) \geqslant (n-1)^n \prod_{i=1}^{n}\left(\frac{G}{a_i}\right)^{\frac{1}{n-1}} =$$
$$(n-1)^n G^{\frac{n}{n-1}} / \left(\prod_{i=1}^{n} a_i\right)^{\frac{1}{n-1}} =$$
$$(n-1)^n G^{\frac{n}{n-1}} / G^{\frac{1}{n-1}} = (n-1)^n G \Rightarrow$$
$$A = \prod_{i=1}^{n}\left(\frac{s-a_i}{a_i}\right) = \frac{1}{G}\prod_{i=1}^{n}(s-a_i) \geqslant (n-1)^n \Rightarrow$$
$$A \geqslant (n-1)^n$$

等号成立仅当 $a_1 = a_2 = \cdots = a_n$. 此时

$$A^{\frac{\alpha}{n}} = (n-1)^{\alpha+\beta} \cdot A^{-\frac{\beta}{n}}$$

设 λ 为待定正系数,应用加权不等式有

$$\lambda\left(\frac{A^{\frac{\alpha}{n}}}{(n-1)^{\alpha+\beta}}\right) + A^{-\frac{\beta}{n}} \geqslant (\lambda+1)\left\{\left[\frac{A^{\frac{\alpha}{n}}}{(n-1)^{\alpha+\beta}}\right]^{\lambda} \cdot A^{-\frac{\beta}{n}}\right\}^{\frac{1}{\lambda+1}} = (\lambda+1)\left[\frac{A^{\frac{1}{n}(\alpha\lambda-\beta)}}{(n-1)^{(\alpha+\beta)\gamma}}\right]^{\frac{1}{\lambda+1}} \tag{3}$$

令

$$\alpha\lambda - \beta = 0 \Rightarrow \lambda = \frac{\beta}{\alpha} \Rightarrow$$

$$\frac{\beta A^{\frac{\alpha}{n}}}{\alpha(n-1)^{\alpha+\beta}} + A^{-\frac{\beta}{n}} \geqslant (\lambda+1)(n-1)^{-\frac{(\alpha+\beta)\lambda}{\lambda+1}} = \left(\frac{\alpha+\beta}{\alpha}\right)(n-1)^{-\beta} \Rightarrow$$

$$P_n(\alpha,\beta) = A^{\frac{\alpha}{n}} + A^{-\frac{\beta}{n}} = \left(\frac{\beta A^{\frac{\alpha}{n}}}{\alpha(n-1)^{\alpha+\beta}} + A^{-\frac{\beta}{n}}\right) + \left(1 - \frac{\beta}{\alpha(n-1)^{\alpha+\beta}}\right) A^{\frac{\alpha}{n}} \geqslant$$

$$\left(\frac{\alpha+\beta}{\alpha}\right)(n-1)^{-\beta} + \left[1 - \frac{\beta}{\alpha(n-1)^{\alpha+\beta}}\right](n-1)^{\alpha} =$$

(注意 $(n-1)^{\alpha+\beta} > \frac{\beta}{\alpha}$)

$$\left(1+\frac{\beta}{\alpha}\right)(n-1)^{-\beta} + (n-1)^{\alpha} - \frac{\beta}{\alpha}(n-1)^{-\beta} = (n-1)^{\alpha} + (n-1)^{-\beta}$$

即式 (A_1) 成立,等号成立仅当 $a_1 = a_2 = \cdots = a_n$.

如果我们设 $\alpha, \beta, k, x > 0$,且 $x \geqslant k$ 或 $x \leqslant k$,对 $p > 0, q > 0$,只要给足一定条件,就可用导数法和初等方法求出函数 $f(x) = px^{\alpha} + qx^{-\beta}$ 的最小值. 从而类似地可求下列函数

$$P_1 = (\lambda\sin^p A + u\csc^{-q} A)^{\alpha} \cdot (\lambda\sin^p B + u\csc^{-q} B)^{\beta} \cdot (\lambda\sin^p C + u\csc^{-q} C)^{\gamma}$$

$$P_2 = (\lambda\tan^p A + u\cot^{-q} A)^{\alpha} \cdot (\lambda\tan^p B + u\cot^{-q} B)^{\beta} \cdot (\lambda\tan^p C + u\cot^{-q} C)^{\gamma}$$

(其中 $\triangle ABC$ 为锐角三角形)

$$P_3 = \prod_{i=1}^{n}(\lambda\sin A_i + u\csc A_i)^{\alpha_i}$$

(其中 $A_1 A_2 \cdots A_n$ 为凸 n 边形,$\alpha_i \in (0,1)$,且 $\sum_{i=1}^{n}\alpha_i = 1$)

的最小值.

12

在本小节,我们先做一个趣味几何游戏:

问题1 如图 1(a) 所示,将一块正方形小木板 $A_1 B_1 C_1 D_1$ "啪"地一声放在一个正方形大桌面 $ABCD$ 内(不出边界),连接 AA_1、BB_1、CC_1、DD_1,并依次找出中点 A_2、B_2、C_2、D_2,那么 $A_2 B_2 C_2 D_2$ 是正方形.

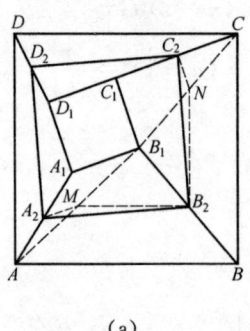

(a)

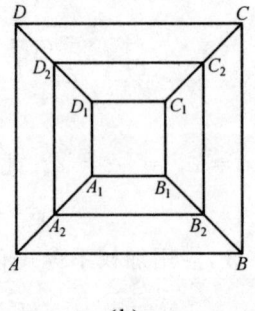

(b)

图 1

证明 (i) 当 $A_1B_1C_1D_1$ 的边与 $ABCD$ 的边平行时,如图1(b)所示,应用梯形中位线定理可证得 $A_2B_2C_2D_2$ 为正方形.

(ii) 当 $A_1B_1C_1D_1$ 的边与 $ABCD$ 的边不平行时,设其夹角为 $\theta \in \left(0, \dfrac{\pi}{2}\right)$,连 AB_1,设其中点为 M,连 CB_1,设其中点为 N,应用三角形中位线定理易证

$$\left.\begin{aligned} A_2M &= C_2N \\ B_2M &= B_2N \\ \angle A_2MB_2 &= \angle C_2NB_2 = 180° - \theta \end{aligned}\right\} \Rightarrow$$

$$\triangle A_2MB_2 \cong \triangle C_2NB_2 \Rightarrow \begin{cases} A_2B_2 = B_2C_2 \\ \angle A_2B_2M = \angle C_2B_2N \end{cases} \Rightarrow$$

$$\angle A_2B_2C_2 = \angle MB_2N + \angle A_2B_2M - \angle C_2B_2N = \angle MB_2N = 90°$$

即

$$A_2B_2 = B_2C_2, \quad \angle A_2B_2C_2 = 90°$$

同理可证:

$$B_2C_2 = C_2D_2, \quad \angle B_2C_2D_2 = 90°$$
$$C_2D_2 = D_2A_2, \quad \angle C_2D_2A_2 = 90°$$
$$D_2A_2 = A_2B_2, \quad \angle D_2A_2B_2 = 90°$$

所以 $A_2B_2C_2D_2$ 是正方形.

可见,问题1确实是一个美妙趣味的几何游戏,如果将正方形改为正三角形,结论仍然成立,且证法相似,更简单.如图2所示.

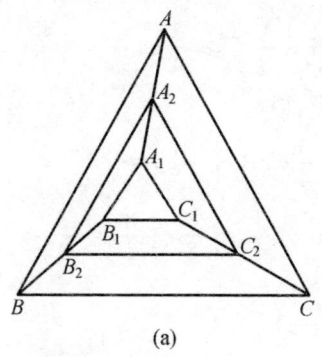 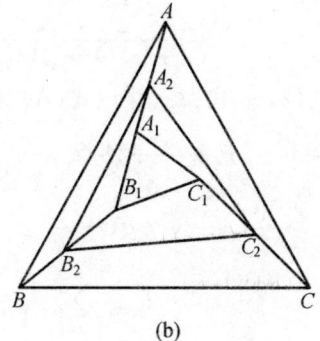

图 2

并且,将上述结论推而广之,即有

推广 1 将小正 n 边形 $B_1B_2 \cdots B_n$ 任意放进大正 n 边形 $A_1A_2 \cdots A_n$ 内,设 A_iB_i ($i = 1, 2, \cdots, n; 3 \leqslant n \in \mathbf{N}$) 中点为 C_i,那么 $C_1C_2 \cdots C_n$ 仍然是正 n 边形.

如果将推广1中的边数 $n \to +\infty$,那么正 n 边形演变成圆,那么我们又得

推广 2 将小圆 O_1 随机放进大圆 O 内,射线 O_1x 交圆 O_1 于 M,交圆 O 于 N,设 MN 的中点为 P,那么当射线 O_1x 围绕圆心 O_1 转动一周时,P 点的轨迹是一个圆.

并且,我们还可将推广1从平面推广到立体空间:

推广 3 将小正 n 面体 V_1 随机放进大正 $n(4 \leqslant n \in \mathbf{N})$ 面体 V 内部,设 V 与 V_1 相应顶点连线中点组成的 n 面体为 V_2,那么 V_2 也是正 n 面体.

13

第 31 届 IMO 预选题之一有一道非常漂亮的题.

题目 设正实数 x,y,z 满足 $xyz=1$,则

$$\frac{x^3}{(1+y)(1+z)}+\frac{y^3}{(1+z)(1+x)}+\frac{z^3}{(1+x)(1+y)} \geqslant \frac{3}{4} \quad (\text{A})$$

式(A)的结构对称,形态优美. 笔者曾给出了式(A)的五种证法,并建立了式(A)的一系列推广结论,以《一道 IMO 预选题的探讨》为题登载在本刊 2008 年第二辑(文化卷)P 191 页上. 最近,笔者发现式(A)还有一个简妙的证法,并新建立了式(A)的两个推广.

证明 应用平均值不等式有

$$\frac{x^3}{(1+y)(1+z)}+\frac{1+y}{8}+\frac{1+z}{8} \geqslant$$

$$3 \cdot \sqrt[3]{\frac{x^3}{(1+y)(1+z)} \cdot \left(\frac{1+y}{8}\right) \cdot \left(\frac{1+z}{8}\right)} = \frac{3}{4} x \quad (1)$$

同理可得

$$\frac{y^3}{(1+z)(1+x)}+\frac{1+z}{8}+\frac{1+x}{8} \geqslant \frac{3}{4} y \quad (2)$$

$$\frac{z^3}{(1+x)(1+y)}+\frac{1+x}{8}+\frac{1+y}{8} \geqslant \frac{3}{4} z \quad (3)$$

式(1)+式(2)+式(3),并记式(A)左边为 P,得

$$P+\frac{3}{4}+\frac{1}{4}(x+y+z) \geqslant \frac{3}{4}(x+y+z) \Rightarrow$$

$$P \geqslant \frac{1}{2}(x+y+z)-\frac{3}{4} \geqslant \frac{3}{2}\sqrt[3]{xyz}-\frac{3}{4}=\frac{3}{2}-\frac{3}{4}=\frac{3}{4} \Rightarrow$$

$$P = \sum \frac{x^3}{(1+y)(1+z)} \geqslant \frac{3}{4}$$

即式(A)成立,等号成立仅当 $x=y=z=1$.

仿照上述方法,我们易建立式(A)的两个配对结论:

$$P' = \frac{y^3}{(1+y)(1+z)}+\frac{z^3}{(1+z)(1+x)}+\frac{x^3}{(1+x)(1+y)} \geqslant \frac{3}{4} \quad (\text{A}')$$

$$P'' = \frac{z^3}{(1+y)(1+z)}+\frac{x^3}{(1+z)(1+x)}+\frac{y^3}{(1+x)(1+y)} \geqslant \frac{3}{4} \quad (\text{A}'')$$

受上述证法的启示:我们可先建立式(A)的新的加权推广:

推广 1 设正数 x,y,z 满足 $xyz=1$,正权系数 λ,u,v 满足 $\lambda+u+v=3$,且 $\lambda,u,v \in \left(\frac{3}{7},3\right)$,则有

$$P_\lambda = \frac{\lambda x^3}{(1+y)(1+z)} + \frac{uy^3}{(1+z)(1+x)} + \frac{vz^3}{(1+x)(1+y)} \geq$$
$$\frac{3}{8}\sqrt[3]{(7\lambda-3)(7u-3)(7v-3)} - \frac{3}{4} \tag{B'}$$

特别地,当取 $\lambda = u = v = 1$ 时,式(B')立即化为式(A).

证明 由前面的式(1)有
$$\frac{x^3}{(1+y)(1+z)} \geq \frac{1}{8}(6x-y-z) - \frac{1}{4} \Rightarrow$$
$$\frac{\lambda x^3}{(1+y)(1+z)} \geq \frac{\lambda}{8}(6x-y-z) - \frac{\lambda}{4}$$

同理可得
$$\frac{uy^3}{(1+z)(1+x)} \geq \frac{u}{8}(6y-z-x) - \frac{u}{4}$$
$$\frac{vz^3}{(1+x)(1+y)} \geq \frac{v}{8}(6z-x-y) - \frac{v}{4}$$

将以上三式相加得
$$P_\lambda = \frac{1}{8}[\lambda(6x-y-z) + u(6y-z-x) +$$
$$v(6z-x-y)] - \frac{1}{4}(\lambda+u+v) =$$
$$\frac{1}{8}[(6\lambda-u-v)x + (6u-v-\lambda)y + (6v-\lambda-u)z] - \frac{3}{4} =$$
$$\frac{1}{8}[(7\lambda-3)x + (7u-3)y + (7v-3)z] - \frac{3}{4} \geq$$
$$\frac{3}{8}\sqrt[3]{(7\lambda-3)(7u-3)(7v-3)} - \frac{3}{4} \Rightarrow$$
$$P_\lambda \geq \frac{3}{8}\sqrt[3]{(7\lambda-3)(7u-3)(7v-3)} - \frac{3}{4}$$

即式(B')成立.等号成立仅当 $x = y = z = 1$ 及 $\lambda = u = v = 1$.

应用上述技巧,我们不难将式(A)从元数、系数、参数三个方面推广为

推广 2 设 $n(3 \leq n \in \mathbf{N})$ 个正实数 $x_1, x_2, \cdots, x_n$ 满足 $x_1 x_2 \cdots x_n = 1$,参数 $k > 0$,正权系数 $\lambda_i > n/(nk+n+1)(i=1,2,\cdots,n)$,满足 $\sum_{i=1}^{n} \lambda_i = n$.简记
$$D_i = \frac{(k+x_1)(k+x_2)\cdots(k+X_n)}{k+x_i}$$
$(1 \leq i \leq n)$,那么有
$$P_n(\lambda) = \sum_{i=1}^{n} \frac{\lambda_i x_i^n}{D_i} \geq \frac{n}{(k+1)^n}\left\{\prod_{i=1}^{n}[(nk+n+1)\lambda_i - n]\right\}^{\frac{1}{n}} - \frac{kn(n-1)}{(k+1)^n} \tag{C'}$$

证明 我们简记 $s = \sum_{i=1}^{n} x_i$,应用平均值不等式有
$$\frac{x_i^n}{D_i} + \frac{k+x_1}{(k+1)^n} + \cdots + \frac{k+x_{i-1}}{(k+1)^n} + \frac{k+x_{i+1}}{(k+1)^n} + \cdots + \frac{k+x_n}{(k+1)^n} \geq$$

(约定 $x_0 \equiv x_1$)

$$n \cdot \sqrt[n]{\frac{x_i^n}{D_i}} \cdot \frac{D_i}{(k+1)^{n(n-1)}} = \frac{nx_i}{(k+1)^{n-1}} \Rightarrow$$

$$\frac{x_i^n}{D_i} + \frac{\sum_{i=1}^{n}(k+x_i) - (k+x_i)}{(k+1)^n} \geqslant \frac{n(k+1)x_i}{(k+1)^n} \Rightarrow$$

$$\frac{(k+1)^n x_i^n}{D_i} \geqslant n(k+1)x_i + (k+x_i) - \sum_{i=1}^{n}(k+x_i) =$$

$$[n(k+1)+1]x_i - k(n-1) - s \Rightarrow$$

$$\frac{(k+1)^n \lambda_i x_i^n}{D_i} \geqslant (nk+n+1)\lambda_i x_i - k(n-1)\lambda_i - s\lambda_i \Rightarrow$$

$$(k+1)^n P_n(\lambda) = (k+1)^n \sum_{i=1}^{n} \frac{\lambda_i x_i^n}{D_i} \geqslant$$

$$\sum_{i=1}^{n}(nk+n+1)\lambda_i x_i - k(n-1)\sum_{i=1}^{n}\lambda_i - s\sum_{i=1}^{n}\lambda_i =$$

$$\sum_{i=1}^{n}(nk+n+1)\lambda_i x_i - \sum_{i=1}^{n}nx_i - kn(n-1) =$$

$$\sum_{i=1}^{n}[(nk+n+1)\lambda_i - n]x_i - kn(n-1) \geqslant$$

(应用平均值不等式)

$$n\Big\{\prod_{i=1}^{n}[(nk+n+1)\lambda_i - n]x_i\Big\}^{\frac{1}{n}} - kn(n-1) =$$

$$n\Big\{\prod_{i=1}^{n}[(nk+n+1)\lambda_i - n]\Big\}^{\frac{1}{n}} \cdot \Big(\prod_{i=1}^{n}x_i\Big)^{\frac{1}{n}} - kn(n-1) =$$

$$n\Big\{\prod_{i=1}^{n}[(nk+n+1)\lambda_i - n]\Big\}^{\frac{1}{n}} - kn(n-1) \Rightarrow$$

$$P_n(\lambda) \geqslant \frac{n}{(k+1)^n}\Big\{\prod_{i=1}^{n}[(nk+n+1)\lambda_i - n]\Big\}^{\frac{1}{n}} - kn(n-1)/(k+1)^n$$

即式(C')成立,等号成立仅当 $x_i = 1, \lambda_i = 1 (1 \leqslant i \leqslant n)$.

特别地,当取 $\lambda_i = 1 (1 \leqslant i \leqslant n)$ 时,式(C')化为

$$P_n = \sum_{i=1}^{n} \frac{x_i^n}{D_i} \geqslant \frac{n(nk+1)}{(k+1)^n} - \frac{kn(n-1)}{(k+1)^n} = \frac{n}{(k+1)^{n-1}}$$

14

在关于3个基本正元数 x,y,z(或 a,b,c)的不等式题型中,已知条件最多的是 $x+y+z=1$,其次是 $xyz=1$(如上题),也有的是 $yz+zx+xy=1$,但巨著《多功能题典》中 P 189 页却奇异创新:

题目 正实数 x,y,z 满足 $\sqrt{x}+\sqrt{y}+\sqrt{z}=1$,求证:

$$\frac{x^2+yz}{\sqrt{2x^2(y+z)}} + \frac{y^2+zx}{\sqrt{2y^2(z+x)}} + \frac{z^2+xy}{\sqrt{2z^2(x+y)}} \geq 1 \qquad (A)$$

1° 在《多功能题典》中,将 CMO、IMO 的题目分在难度为"3 ~ 4"星级(最高为 4 星级),鉴于本题的难度与结构,被列为 4 星级. 让我们先来欣赏《多功能题典》中的优美证法(略有改动):

证明 记式(A) 左边为 P,由柯西不等式有

$$P\sum \sqrt{2(y+z)} = \left[\sum \frac{x^2+yz}{\sqrt{2x^2(y+z)}}\right]\sum \sqrt{2(y+z)} =$$

$$\left(\sum \frac{x^2}{\sqrt{2x^2(y+z)}}\right)\left(\sum \sqrt{2(y+z)}\right) +$$

$$\left(\sum \frac{yz}{\sqrt{2x^2(y+z)}}\right)\left(\sum \sqrt{2(y+z)}\right) \geq$$

$$\left(\sum \sqrt{x}\right)^2 + \left(\sum \sqrt{\frac{yz}{x}}\right)^2 =$$

$$1 + \left(\sum \sqrt{\frac{yz}{x}}\right)^2 \geq 2\sum \sqrt{\frac{yz}{x}} \qquad (1)$$

由于

$$\left(\sum \sqrt{\frac{yz}{x}}\right)^2 = \sum \frac{yz}{x} + 2\sum x =$$

$$\frac{1}{2}\sum \left(\frac{xz}{y} + \frac{xy}{z}\right) + 2\sum x \geq$$

$$\frac{1}{2}\sum 2x + 2\sum x = 3\sum x =$$

$$\frac{3}{2}\sum (y+z) \geq \frac{1}{2}\left(\sum \sqrt{y+z}\right)^2 =$$

$$\frac{1}{4}\left(\sum \sqrt{2(x+y)}\right)^2 \Rightarrow$$

$$\sum \sqrt{\frac{yz}{x}} \geq \frac{1}{2}\sum \sqrt{2(y+z)} \qquad (2)$$

由式(1) 和式(2) 得

$$P\sum \sqrt{2(y+z)} \geq 2\sum \sqrt{\frac{yz}{x}} \geq \sum \sqrt{2(y+z)} \Rightarrow$$

$$P \geq 1 \qquad (3)$$

即式(A) 成立,等号成立仅当 $x = y = z = \frac{1}{9}$.

2° 现在,我们先从指数方面考虑式(A) 的

推广 1 设正实数 x, y, z 满足 $\sqrt{x} + \sqrt{y} + \sqrt{z} = 1$,指数 $0 < \theta \leq \frac{1}{4}$,或 $\theta = \frac{1}{2}$ 则有

$$P(\theta) = \frac{x^2+yz}{x(y+z)^\theta} + \frac{y^2+zx}{y(z+x)^\theta} + \frac{z^2+xy}{z(x+y)^\theta} \geq \frac{2}{3}\left(\frac{9}{2}\right)^\theta \qquad (B)$$

证明 注意到 $0<\theta\leqslant\dfrac{1}{4}$ 有 $1-2\theta\geqslant\dfrac{1}{2}>0$ 及 $2(1-2\theta)\geqslant 1$,应用平均值不等式有

$$P(\theta)=\sum\dfrac{x^2+yz}{x(y+z)^\theta}=\sum\dfrac{x}{(y+z)^\theta}+\sum\dfrac{yz}{x(y+z)^\theta}\geqslant$$

$$2\Big[\Big(\sum\dfrac{x}{(y+z)^\theta}\Big)\cdot\Big(\sum\dfrac{yz}{x(y+z)^\theta}\Big)\Big]^{\frac{1}{2}} \tag{1}$$

应用柯西不等式和已知条件有

$$\Big[\sum\dfrac{x}{(y+z)^\theta}\Big]\cdot\sum(y+z)^\theta\geqslant\Big(\sum\sqrt{x}\Big)^2=1 \tag{2}$$

$$\Big[\sum\dfrac{yz}{x(y+z)^\theta}\Big]\cdot\sum(y+z)^\theta\geqslant\Big(\sum\sqrt{\dfrac{yz}{x}}\Big)^2\geqslant$$

$$3\sum x=\dfrac{3}{2}\sum(y+z)=\dfrac{3}{2}\sum(y+z)^{2\theta}\cdot(y+z)^{1-2\theta}\geqslant$$

(应用切比雪夫不等式)

$$\dfrac{1}{2}\sum(y+z)^{2\theta}\cdot\sum(y+z)^{1-2\theta}\geqslant$$

$$\dfrac{3}{2}\Big[\dfrac{\sum(y+z)^\theta}{3}\Big]^2\cdot\sum\Big[\dfrac{(\sqrt{y}+\sqrt{z})^2}{2}\Big]^{1-2\theta}=$$

$$\dfrac{[\sum(y+z)^\theta]^2}{3\times 2^{2(1-\theta)}}\cdot\sum(\sqrt{y}+\sqrt{z})^{2(1-2\theta)} \tag{3}$$

式(2)×式(3)得

$$\Big[\sum\dfrac{x}{(y+z)^\theta}\Big]\Big[\sum\dfrac{yz}{x(y+z)^\theta}\Big]\Big[\sum(y+z)^\theta\Big]^2\geqslant$$

$$\dfrac{1}{3}\Big[\dfrac{\sum(y+z)^\theta}{2^{1-\theta}}\Big]^2\cdot\sum(\sqrt{y}+\sqrt{z})^{2(1-2\theta)}\Rightarrow$$

$$P(\theta)\geqslant\dfrac{2^\theta}{\sqrt{3}}\Big[\sum(\sqrt{y}+\sqrt{z})^{2(1-2\theta)}\Big]^{\frac{1}{2}}\geqslant$$

$$\dfrac{2^\theta}{\sqrt{3}}\Big[3\Big(\dfrac{\sum(\sqrt{y}+\sqrt{z})}{3}\Big)^{2(1-2\theta)}\Big]^{\frac{1}{2}}=$$

$$2^\theta\cdot\Big[\dfrac{2\sum\sqrt{x}}{3}\Big]^{1-2\theta}=2^\theta\Big(\dfrac{2}{3}\Big)^{1-2\theta}\Rightarrow$$

$$P(\theta)\geqslant\dfrac{2}{3}\Big(\dfrac{9}{2}\Big)^\theta$$

即式(B) 成立,等号成立仅当 $x=y=z=\dfrac{1}{9}$.

如果我们跨越界线 $(0,\dfrac{1}{4}]$ 取 $\theta=\dfrac{1}{2}$,式(B) 恰好化为式(A).

3° 下面我们从参数、系数方面建立(A)式的漂亮推广:

推广 2 设正实数 x,y,z 满足 $\sqrt{x}+\sqrt{y}+\sqrt{z}=1$，正权系数 λ,u,v 满足 $\lambda+u+v=3$，$p \geqslant 1, q>0$ 为正参数，则

$$P_\lambda = \frac{\lambda(x^2+pyz)}{\sqrt{x^2(y+qz)}} + \frac{u(y^2+pzx)}{\sqrt{y^2(z+qx)}} + \frac{v(z^2+pxy)}{\sqrt{z^2(x+qy)}} \geqslant$$

$$\frac{\lambda uv(p+1)}{\sqrt{(q+1)(3-2\lambda uv)}} \quad \text{(C)}$$

等号成立仅当 $x=y=z=\dfrac{1}{9}, \lambda=u=v=1$（与 p,q 无关）。

特别地，当 $x=y=z=\dfrac{1}{9}$ 时，式(C) 化为

$$\frac{\lambda+u+v}{3} \geqslant \frac{\lambda uv}{\sqrt{3-2\lambda uv}} \Leftrightarrow$$

$$\sqrt{3-2\lambda uv} \geqslant \lambda uv \Leftrightarrow$$

$$3-2\lambda uv \geqslant (\lambda uv)^2 \Leftrightarrow$$

$$(\lambda uv - 1)(\lambda uv + 3) \leqslant 0 \Leftrightarrow$$

$$\lambda uv \leqslant 1$$

从 $x+u+v=3 \Rightarrow \lambda uv \leqslant 1$ 知式(C) 正确。

当 $p=q=1$ 时，式(C) 简化为

$$\frac{\lambda(x^2+yz)}{\sqrt{x^2(y+z)}} + \frac{u(y^2+zx)}{\sqrt{y^2(z+x)}} + \frac{v(z^2+xy)}{\sqrt{z^2(x+y)}} \geqslant \frac{\sqrt{2}\lambda uv}{\sqrt{3-2\lambda uv}} \quad \text{(C')}$$

证明 (i) 首先注意到

$$\sqrt{\frac{yz}{x}} + \sqrt{\frac{zx}{y}} + \sqrt{\frac{xy}{z}} = \frac{1}{2}\sum\left(\sqrt{\frac{zx}{y}}+\sqrt{\frac{xy}{z}}\right) \geqslant \sum \sqrt{x} = 1 \Rightarrow$$

$$\sum \sqrt{\frac{yz}{x}} \geqslant 1 \qquad (1)$$

应用 3 元对称不等式有

$$\left(\sum \sqrt{\frac{yz}{x}}\right)^2 \geqslant 3\sum \left(\sqrt{\frac{zx}{y}}\right)\cdot\left(\sqrt{\frac{xy}{z}}\right) = 3\sum x \Rightarrow$$

$$\sum \sqrt{\frac{yz}{x}} \geqslant \sqrt{3\sum x} \qquad (2)$$

又由于

$$\sum(y+qz) = \sum y + q\sum z = \sum x + q\sum x = (q+1)\sum x \qquad (3)$$

$$u^2v^2 + v^2\lambda^2 + \lambda^2 u^2 =$$
$$(uv+v\lambda+\lambda u)^2 - 2\lambda uv(\lambda+u+v) =$$
$$(uv+v\lambda+\lambda u)^2 - 6\lambda uv \leqslant$$
$$\left[\frac{1}{3}(\lambda+u+v)^2\right]^2 - 6\lambda uv =$$

$$\left(\frac{1}{3}\times 3^2\right)^2 - 6\lambda uv \Rightarrow$$

$$\sum u^2 v^2 \leqslant 9 - 6\lambda uv \tag{4}$$

(ii) 应用柯西不等式有

$$\left(\sum \frac{\lambda x^2}{\sqrt{x^2(y+qz)}}\right) \cdot \left(\sum \frac{\sqrt{y+qz}}{\lambda}\right) \geqslant \left(\sum \sqrt{x}\right)^2 = 1 \tag{5}$$

$$\left(\sum \frac{p\lambda yz}{\sqrt{x^2(y+qz)}}\right)\left(\sum \frac{\sqrt{y+qz}}{\lambda}\right) = \tag{6}$$

$$p\left(\sum \frac{\lambda yz}{\sqrt{x^2(y+qz)}}\right)\left(\sum \frac{\sqrt{y+qz}}{\lambda}\right) \geqslant \left(\sum \sqrt{\frac{yz}{x}}\right)^2 p$$

记式(C)左边为 P_λ,即

$$P_\lambda = \sum \frac{\lambda(x^2 + pyz)}{\sqrt{x^2(y+qz)}} = \sum \frac{\lambda x^2}{\sqrt{x^2(y+qz)}} + \sum \frac{p\lambda yz}{\sqrt{x^2(y+qz)}}$$

式(5)+式(6) 得

$$P_\lambda \left(\sum \frac{\sqrt{y+qz}}{\lambda}\right) \geqslant 1 + p\left(\sum \sqrt{\frac{yz}{x}}\right)^2 \geqslant$$

(应用加权不等式)

$$(p+1)\left(\sum \sqrt{\frac{yz}{x}}\right)^{\frac{2p}{p+1}} = (p+1)\left(\sum \sqrt{\frac{yz}{x}}\right) \cdot \left(\sum \sqrt{\frac{yz}{x}}\right)^{\frac{p-1}{p+1}} \geqslant$$

(注意 $p \geqslant 1$ 应用式(1))

$$(p+1)\left(\sum \sqrt{\frac{yz}{x}}\right) \geqslant (p+1)\sqrt{3\sum x} =$$

(应用式(2))

$$(p+1) \cdot \sqrt{\frac{3\sum(y+qz)}{q+1}} =$$

(应用式(3))

$$\frac{(p+1)\sqrt{3}}{\sqrt{q+1}}\sqrt{\sum(y+qz)} \tag{7}$$

又应用柯西不等式有

$$\left(\sum \frac{1}{\lambda^2}\right)\sum(y+qz) \geqslant \left(\sum \frac{\sqrt{y+qz}}{\lambda}\right)^2 \Rightarrow$$

$$\sum(y+qz) \geqslant \frac{(\lambda uv)^2}{\sum u^2 v^2}\left(\sum \frac{\sqrt{y+qz}}{\lambda}\right)^2 \geqslant$$

(应用式(4))

$$\frac{(\lambda uv)^2}{9 - 6\lambda uv}\left(\sum \frac{\sqrt{y+qz}}{\lambda}\right)^2 \Rightarrow \tag{8}$$

(代入式(7))

$$P_\lambda \left(\sum \frac{\sqrt{y+qz}}{\lambda}\right) \geq \frac{(p+1)\lambda uv}{\sqrt{(q+1)(3-2\lambda uv)}} \left(\sum \frac{\sqrt{y+qz}}{\lambda}\right) \Rightarrow$$

$$P_\lambda \geq \frac{\lambda uv(1+p)}{\sqrt{(q+1)(3-2\lambda uv)}}$$

即式(C)成立,等号成立仅当 $x = y = z = \frac{1}{9}$ 及 $\lambda = u = v = 1$(与 p,q 无关).

4° 现在我们先将式(A)从3个基元推广到4个基元:

推广3 设正实数 a,b,c,d 满足 $\sqrt{a}+\sqrt{b}+\sqrt{c}+\sqrt{d}=1$,则有

$$\frac{a^3+bcd}{a^2\sqrt{b+c+d}} + \frac{b^3+cda}{b^2\sqrt{c+d+a}} + \frac{c^3+dab}{c^2\sqrt{d+a+b}} + \frac{d^3+abc}{d^2\sqrt{a+b+c}} \geq \frac{2}{\sqrt{3}} \quad (D)$$

证明 (i) 记 $S = a+b+c+d, G = abcd$,应用均方根不等式有

$$\left[\sum \frac{\sqrt{S-a}}{4}\right]^2 \leq \frac{\sum(S-a)}{4} = \frac{4S-\sum a}{4} = \frac{4S-S}{4} = \frac{3}{4}S \Rightarrow$$

$$4S \geq \frac{1}{3}\left(\sum \sqrt{S-a}\right)^2 \quad (1)$$

应用4元对称不等式有

$$\left(\sum \sqrt{\frac{G}{a^3}}\right)^3 = G^{\frac{3}{2}}\left(\sum a^{-\frac{3}{2}}\right)^3 \geq$$

$$16 G^{\frac{3}{2}} \sum (bcd)^{-\frac{3}{2}} = 16 \sum \left(\frac{G}{bcd}\right)^{\frac{3}{2}} =$$

$$16 \sum a^{\frac{3}{2}} \geq 4^3 \left[\frac{\sum a}{4}\right]^{\frac{3}{2}} = 4^3 \left(\frac{S}{4}\right)^{\frac{3}{2}} \Rightarrow$$

$$\left(\sum \sqrt{\frac{G}{a^3}}\right)^2 \geq 4S \geq \frac{1}{3}\left(\sum \sqrt{S-a}\right)^2 \quad (2)$$

(应用式(1))

(ii) 设

$$P = \sum \frac{a^3+bcd}{a^2\sqrt{S-a}} = \sum \frac{a}{\sqrt{S-a}} + \sum \frac{G}{a^3\sqrt{S-a}} \geq$$

$$2\left[\left(\sum \frac{a}{\sqrt{S-a}}\right) \cdot \left(\sum \frac{G}{a^3\sqrt{S-a}}\right)\right]^{\frac{1}{2}} \quad (3)$$

应用柯西不等式有

$$\left(\sum \frac{a}{\sqrt{S-a}}\right)\left(\sum \sqrt{S-a}\right) \geq \left(\sum \sqrt{a}\right)^2 = 1 \quad (4)$$

$$\left(\sum \frac{G}{a^3\sqrt{S-a}}\right)\left(\sum \sqrt{S-a}\right) \geq \left(\sum \sqrt{\frac{G}{a^3}}\right)^2 \geq \frac{1}{3}\left(\sum \sqrt{S-a}\right)^2 \quad (5)$$

(应用式(2))

式(4)×式(5)得

$$\left(\sum \frac{a}{\sqrt{S-a}}\right)\left(\sum \frac{G}{a^3\sqrt{S-a}}\right)\left(\sum \sqrt{S-a}\right)^2 \geqslant \frac{1}{3}\left(\sum \sqrt{S-a}\right)^2 \Rightarrow$$

$$\left(\sum \frac{a}{\sqrt{S-a}}\right)\left(\sum \frac{G}{a^3\sqrt{S-a}}\right) \geqslant \frac{1}{3} \Rightarrow \tag{6}$$

（结合式(3)）

$$P \geqslant \frac{2}{\sqrt{3}}$$

等号成立仅当 $a = b = c = d = \frac{1}{16}$.

5° 式(D)的左边虽然略显庞大壮观，但我们还可给它化妆打扮：

推广 4 设正实数 a,b,c,d 满足 $\sqrt{a}+\sqrt{b}+\sqrt{c}+\sqrt{d}=1$，正权系数 λ,u,v,t 满足 $\lambda+u+v+t=4$；参数 $k \geqslant 1, p > 0, q > 0$，记 $m = \lambda uvt \leqslant 1$，则有

$$P_\lambda = \frac{\lambda(a^3+kbcd)}{a^2\sqrt{b+pc+qd}} + \frac{u(b^3+kcda)}{b^2\sqrt{c+pd+qa}} +$$

$$\frac{v(c^3+kdab)}{c^2\sqrt{d+pa+qb}} + \frac{t(d^3+kabc)}{d^2\sqrt{a+pb+qc}} \geqslant$$

$$\frac{m(k+1)}{\sqrt{4-3m}} \cdot \left(\frac{1}{\sqrt{1+p+q}}\right) \tag{E}$$

证明 (i) 应用 4 元对称不等式有

$$\sum (uvt)^2 = \left(\sum uvt\right)^2 - 2\lambda uvt \sum \lambda u \leqslant$$

$$\left[4\left(\frac{\sum \lambda}{4}\right)^3\right]^2 - 2 \times 6m\left(\frac{\sum \lambda}{4}\right)^2 = 16 - 12m$$

记

$$S = a+b+c+d \Rightarrow$$

$$\sum (uvt)^2 \leqslant 16 - 12m \tag{1}$$

$$\sum (b+pc+qd) = (1+p+q)S \tag{2}$$

应用柯西不等式

$$\left(\sum \frac{1}{\lambda^2}\right)\sum(b+pc+qd) \geqslant \left(\sum \frac{\sqrt{b+pc+qd}}{\lambda}\right)^2 \Rightarrow$$

$$\frac{\sum(uvt)^2}{(\lambda uvt)^2}(1+p+q)S \geqslant \left(\sum \frac{\sqrt{b+pc+qd}}{\lambda}\right)^2 \Rightarrow$$

$$\frac{16-12m}{m^2}(1+p+q)S \geqslant \left(\sum \frac{\sqrt{b+pc+qd}}{\lambda}\right)^2 \tag{3}$$

(ii) 应用柯西不等式

$$\left(\sum \frac{\lambda a}{\sqrt{b+pc+qd}}\right)\left(\sum \frac{\sqrt{b+pc+qd}}{\lambda}\right) \geqslant \left(\sum \sqrt{a}\right)^2 = 1 \tag{4}$$

$$\left(\sum \frac{\lambda bcd}{a^2\sqrt{b+pc+qd}}\right)\cdot\left(\sum \frac{\sqrt{b+pc+qd}}{\lambda}\right)\geqslant \tag{5}$$
$$\left(\sum \sqrt{\frac{bcd}{a^2}}\right)^2=\left(\sum \sqrt{\frac{G}{a^3}}\right)^2$$

于是有

$$P_\lambda\left(\sum \frac{\sqrt{b+pc+qd}}{\lambda}\right)=\left(\sum \frac{\lambda a}{\sqrt{b+pc+qd}}+k\sum \frac{\lambda bcd}{a^2\sqrt{b+pc+qd}}\right)\cdot$$
$$\sum\left(\frac{\sqrt{b+pc+qd}}{\lambda}\right)\geqslant 1+k\left(\sum\sqrt{\frac{G}{a^3}}\right)^2\geqslant$$

（应用加权不等式）

$$(1+k)\left(\sum\sqrt{\frac{G}{a^3}}\right)^{\frac{2k}{k+1}}=$$
$$(k+1)\left(\sum\sqrt{\frac{G}{a^3}}\right)\left(\sum\sqrt{\frac{G}{a^3}}\right)^{\frac{k-1}{k+1}}\geqslant$$
$$(k+1)\left(\sum\sqrt{\frac{G}{a^3}}\right)\geqslant(k+1)\sqrt{4S}=2(1+k)\sqrt{S}\geqslant$$

（应用式(3)）

$$\frac{2m(k+1)}{\sqrt{16-12m}}\cdot\frac{1}{\sqrt{1+p+q}}\left(\sum\frac{\sqrt{b+pc+qd}}{\lambda}\right)\Rightarrow$$
$$P_\lambda\geqslant\frac{m(k+1)}{\sqrt{4-3m}}\cdot\left(\frac{1}{\sqrt{1+p+q}}\right)$$

即式(E)成立,等号成立仅当

$$a=b=c=d=\frac{1}{16},\lambda=u=v=t=1(m=1)(与 k,p,q 无关)$$

6° 在最后,我们抛出式(A)的多元推广:

推广 5 设 $k\geqslant 1, a_i>0(i=1,2,\cdots,n;3\leqslant n\in\mathbf{N})$,且 $\sum_{i=1}^{n}\sqrt{a_i}=1$,记 $S=\sum_{i=1}^{n}a_i$, $m_i=(a_1a_2\cdots a_n)/a_i(1\leqslant i\leqslant n)$,则有

$$P_n=\sum_{i=1}^{n}\left(\frac{a_i^{n-1}+km_i}{a_i^{n-2}\sqrt{S-a_i}}\right)\geqslant\frac{k+1}{\sqrt{n-1}} \tag{F}$$

证明 记 $G=a_1a_2\cdots a_n$,则 $m_i=G/G_i(i=1,2,\cdots,n)$.

$$\left[\frac{\sum_{i=1}^{n}\sqrt{S-a_i}}{n}\right]^2\leqslant\frac{\sum_{i=1}^{n}(S-a_i)}{n}=\frac{nS-\sum_{i=1}^{n}a_i}{n}=\frac{nS-S}{n}\Rightarrow$$

$$\left(\frac{S}{n}\right)^{\frac{1}{2}}\geqslant\frac{\sum_{i=1}^{n}\sqrt{S-a_i}}{n\sqrt{n-1}} \tag{1}$$

应用多元对称不等式有

$$\left[\frac{\sum_{i=1}^{n}\sqrt{\frac{G}{a_i^{n-1}}}}{n}\right]^{n-1} \geqslant \frac{\sum_{i=1}^{n}\sqrt{\frac{G^{n-1}}{(G/G_i)^{n-1}}}}{n} = \frac{\sum_{i=1}^{n} a_i^{\frac{n-1}{2}}}{n} \geqslant \left[\frac{\sum_{i=1}^{n} a_i}{n}\right]^{\frac{n-1}{2}} = \left(\frac{S}{n}\right)^{\frac{n-1}{2}} \geqslant$$

注意$(n \geqslant 3 \Rightarrow \frac{n-1}{2} \geqslant 1)$

$$\left[\frac{\sum_{i=1}^{n}\sqrt{S-a_i}}{n\sqrt{n-1}}\right]^{n-1} \Rightarrow$$

$$\sum_{i=1}^{n}\sqrt{\frac{G}{a_i^{n-1}}} \geqslant \frac{\sum_{i=1}^{n}\sqrt{S-a_i}}{\sqrt{n-1}} \tag{2}$$

且

$$\frac{S}{n} = \frac{\sum_{i=1}^{n} a_i}{n} \geqslant \left[\frac{\sum_{i=1}^{n}\sqrt{a_i}}{n}\right]^2 = \left(\frac{1}{n}\right)^2 \Rightarrow$$

$$\sum_{i=1}^{n}\sqrt{\frac{G}{a_i^{n-1}}} \geqslant 1 \tag{3}$$

应用柯西不等式有

$$\begin{cases} \left(\sum_{i=1}^{n}\frac{a_i}{\sqrt{S-a_i}}\right)\left(\sum_{i=1}^{n}\sqrt{S-a_i}\right) \geqslant \left(\sum_{i=1}^{n}\sqrt{a_i}\right)^2 = 1 \\ \left(\sum_{i=1}^{n}\frac{G}{a_i^{n-1}\sqrt{S-a_i}}\right)\left(\sum_{i=1}^{n}\sqrt{S-a_i}\right) \geqslant \left(\sum_{i=1}^{n}\sqrt{\frac{G}{a_i^{n-1}}}\right)^2 \end{cases} \Rightarrow \tag{4}$$

$$P_n\left(\sum_{i=1}^{n}\sqrt{S-a_i}\right) = \left(\sum_{i=1}^{n}\frac{a_i^{n-1}+km_i}{a_i^{n-2}\sqrt{S-a_i}}\right)\left(\sum_{i=1}^{n}\sqrt{S-a_i}\right) =$$

$$\left(\sum_{i=1}^{n}\frac{a_i}{\sqrt{S-a_i}}\right)\left(\sum_{i=1}^{n}\sqrt{S-a_i}\right) + k\left(\sum_{i=1}^{n}\frac{G}{a_i^{n-1}\sqrt{S-a_i}}\right)\left(\sum_{i=1}^{n}\sqrt{S-a_i}\right) \geqslant$$

$$1 + k\left(\sum_{i=1}^{n}\sqrt{\frac{G}{a_i^{n-1}}}\right)^2 \geqslant$$

（应用加权不等式）

$$(k+1)\left(\sum_{i=1}^{n}\sqrt{\frac{G}{a_i^{n-1}}}\right)^{\frac{2k}{k+1}} =$$

$$(k+1)\left(\sum_{i=1}^{n}\sqrt{\frac{G}{a_i^{n-1}}}\right) \cdot \left(\sum_{i=1}^{n}\sqrt{\frac{G}{a_i^{n-1}}}\right)^{\frac{k-1}{k+1}} \geqslant$$

$$(k+1)\left(\sum_{i=1}^{n}\sqrt{\frac{G}{a_i^{n-1}}}\right) \geqslant \frac{k+1}{\sqrt{n-1}}\left(\sum_{i=1}^{n}\sqrt{S-a_i}\right) \Rightarrow$$

$$P_n \geqslant \frac{k+1}{\sqrt{n-1}}$$

即式(F)成立,等号成立仅当 $a_1 = a_2 = \cdots = a_n = \dfrac{1}{n^2}$.

$7°$ 法无定法,当式(F)中 $k = 1$ 时,简化为

$$P_n = \sum_{i=1}^{n} \frac{a_i^{n-1} + m_i}{a_i^{n-2}\sqrt{S - a_i}} \geqslant \frac{2}{\sqrt{n-1}} \tag{G}$$

式(G)也可以这样简证:

证明 应用平均值不等式有

$$\sum_{i=1}^{n}\left(\frac{a_i^{n-1}}{a_i^{n-1}\sqrt{S-a_i}}\right) + \sum_{i=1}^{n}\frac{\sqrt{S-a_i}}{n-1} =$$

$$\sum_{i=1}^{n}\left[\frac{a_i}{\sqrt{S-a_i}} + \frac{\sqrt{S-a_i}}{n-1}\right] \geqslant$$

$$2\sum_{i=1}^{n}\sqrt{\frac{a_i}{n-1}} = \frac{2}{\sqrt{n-1}}\sum_{i=1}^{n}\sqrt{a_i} = \frac{2}{\sqrt{n-1}} \tag{1}$$

$$\sum_{i=1}^{n}\left(\frac{m_i}{a_i^{n-2}\sqrt{S-a_i}}\right) + \sum_{i=1}^{n}\frac{\sqrt{S-a_i}}{n-1} =$$

$$\sum_{i=1}^{n}\left[\frac{G}{a_i^{n-1}\sqrt{S-a_i}} + \frac{\sqrt{S-a_i}}{n-1}\right] \geqslant$$

$$\frac{2}{\sqrt{n-1}}\sum_{i=1}^{n}\sqrt{\frac{G}{a_i^n}} \geqslant \frac{2}{\sqrt{n-1}} \cdot \frac{\sum_{i=1}^{n}\sqrt{S-a_i}}{\sqrt{n-1}} \tag{2}$$

(应用前面的式(2))

式(1)+式(2)得

$$P_n + \frac{2}{n-1}\sum_{i=1}^{n}\sqrt{S-a_i} \geqslant \frac{2}{\sqrt{n-1}} + \frac{2}{n-1}\sum_{i=1}^{n}\sqrt{S-a_i} \Rightarrow$$

$$P_n \geqslant \frac{2}{\sqrt{n-1}}$$

这正好是式(G).

如果我们应用推广1的方法,不难将式(G)指数推广为

推广6 设 $n(3 \leqslant n \in \mathbf{N})$ 个正实数 $a_1, a_2, \cdots, a_n$ 满足 $\sqrt{a_1} + \sqrt{a_2} + \cdots + \sqrt{a_n} = 1$, 指数 $\theta = \dfrac{1}{2}$ 或 $0 < \theta \leqslant \dfrac{1}{4}$, 记 $S = \sum_{i=1}^{n} a_i$, $m_i = (a_1 a_2 \cdots a_n)/a_i (1 \leqslant i \leqslant n)$, 则有

$$P_n(\theta) = \sum_{i=1}^{n} \frac{a_i^{n-1} + m_i}{a_i^{n-2}(S - a_i)^{\theta}} \geqslant \frac{2n^{2\theta-1}}{(n-1)^{\theta}} \tag{H}$$

等号成立仅当 $a_1 = a_2 = \cdots = a_n = \left(\dfrac{1}{n}\right)^2$.

显然,当 $\theta = \dfrac{1}{2}$ 时,式(H)化为式(G).

一道高考试题的另类解法

武瑞新

试题 已知二次函数 $f(x) = ax^2 + bx + c, a, b, c \in \mathbf{R}, a > 0$,方程 $f(x) - x = 0$ 的两根 x_1, x_2 满足 $0 < x_1 < x_2 < \dfrac{1}{a}$.

(1) 若 $0 < x < x_1$,求证:$x < f(x) < x_1$;

(2) 若函数 $f(x)$ 的图像关于 $x = x_0$ 对称,求证 $x_0 < \dfrac{x_1}{2}$.

题说 本题系 1997 年高考试题,题目干净漂亮. 据说这题的得分率很低,当年没有几个考生能给出完整解答. 有人质疑本题难度过高,以致在数学界引发一场热烈的讨论. 但从公布的标准答案看,初三的同学即可解答本题. 因此,今天我们仍可以这样说:应当质疑的是我们的数学教育.

本题的"出镜"率很高,几乎各种竞赛及高考的著述在讲述函数时都不免要引为例题或习题,但提供的解法却是千篇一律的,即标准答案的解法. 当年本题受到热议时,一定给出了很多的解法,可惜没能予以普遍介绍. 本文向同学们介绍一种有趣的解法,是笔者当年在报纸上看到题目后,独立给出的.

① 如图 1 所示,设 $F(x) = f(x) - x$,依题设可知 $0 < x < x_1$ 时 $F(x)$ 为单调递减函数,故
$$F(x) > F(x_1) = 0$$

故
$$x < f(x)$$

且
$$c = F(0) > F(x_1) = 0$$

如图 1 所示,若
$$b \geqslant 0$$

则
$$x_0 = -\dfrac{b}{2a} \leqslant 0$$

故 $f(x)$ 在 $0 < x < x_1$ 时单调递增,故 $f(x) < f(x_1) = x_1$.

如图 2 所示,若 $b < 0$,由 $0 < x_1 < x_2 < \dfrac{1}{a}$ 知
$$F\left(\dfrac{1}{a}\right) > 0$$

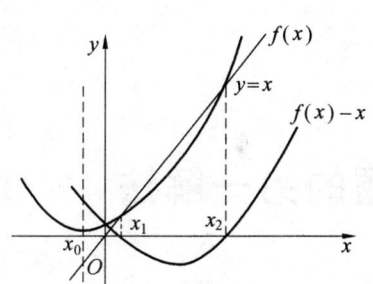

图 1

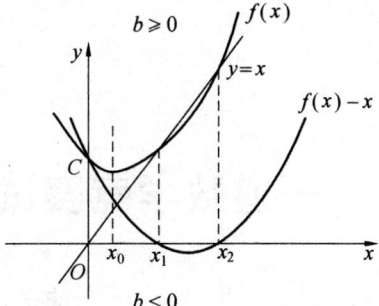

图 2

即

$$a \cdot \left(\frac{1}{a}\right)^2 + (b-1) \cdot \frac{1}{a} + c > 0$$

得

$$-b < ac$$

$$x_1 x_2 = \frac{c}{a} < \frac{1}{a^2}$$

故

$$ac < 1$$

$$x_0 = -\frac{b}{2a} < \frac{ac}{2a} = \frac{c}{2}$$

$$x_1 - x_0 = \frac{1 - b - \sqrt{(1-b)^2 - 4ac}}{2a} + \frac{b}{2a} = \frac{1 - \sqrt{(1-b)^2 - 4ac}}{2a} >$$

$$\frac{1 - \sqrt{(1+ac)^2 - 4ac}}{2a} = \frac{1 - \sqrt{(1-ac)^2}}{2a} = \frac{c}{2}$$

由二次函数的性质知 $f(x)$ 在 $[0, x_1]$ 上的最大值为 $f(x_1)$. 故 $0 < x < x_1$ 时

$$f(x) < f(x_1) = x_1$$

综上,$0 < x < x_1$ 时 $x < f(x) < x_1$ 成立.

② 由 ① 可知

若 $b < 0$,则

$$x_1 - x_0 > x_0$$

故

$$x_0 < \frac{x_1}{2}$$

若 $b \geqslant 0$,则

$$x_0 = -\frac{b}{2a} \leqslant 0$$

$x_0 < \frac{x_1}{2}$ 显然成立. 证毕.

一道数学竞赛试题的另一解法

陶芳宽[①]

文献[1] 中有一题：

求下列方程的实根：$x = \sqrt{1 + \sqrt{1 + \sqrt{1 + x}}}$

笔者认为可以用构造数列的方法解决之，解决过程如下：

由算术根的定义可知，若上述方程有实根 x_0，则必须 $x_0 > 0$

构造数列 $a_0 = x_0, a_n = \sqrt{1 + a_{n-1}}, n = 1, 2, 3$，则 $a_i > 0 (i = 0, 1, 2, 3)$

由 x_0 是方程的实根知 $x_0 = \sqrt{1 + \sqrt{1 + \sqrt{1 + x_0}}}$，于是 $a_0 = a_3$

令 $f(t) = \sqrt{1+t}, g(t) = \sqrt{1+t} - t, t \in (0, +\infty)$

在 $(0, +\infty)$ 上，$f'(t) = \dfrac{1}{2\sqrt{1+t}} > 0, g'(t) = \dfrac{1 - 2\sqrt{1+t}}{2\sqrt{1+t}} < 0$

此时 $g(t)$ 的零点存在且唯一，为 $t_0 = \dfrac{1+\sqrt{5}}{2}$，且 $f(t_0) = t_0$，由此可知，若 $a_0 > t_0$，则

$$g(a_0) = a_1 - a_0 < g(t_0) = 0, a_1 = f(a_0) > f(t_0) = t_0, t_0 < a_1 < a_0$$
$$g(a_1) = a_2 - a_1 < g(t_0) = 0, a_2 = f(a_1) > f(t_0) = t_0, t_0 < a_2 < a_1$$
$$g(a_2) = a_3 - a_2 < g(t_0) = 0, a_3 < a_2$$

故 $a_3 < a_0$，这与 $a_3 = a_0$ 相矛盾.

于是 $a_0 > t_0$ 不成立. 若 $a_0 \leqslant t_0$，若 $0 < a_0 < t_0$，则

$$g(a_0) = a_1 - a_0 > g(t_0) = 0, a_1 = f(a_0) < f(t_0) = t_0, a_0 < a_1 < t_0$$
$$g(a_1) = a_2 - a_1 > g(t_0) = 0, a_2 = f(a_1) < f(t_0) = t_0, a_1 < a_2 < t_0$$
$$g(a_2) = a_3 - a_2 > g(t_0) = 0, a_2 < a_3$$

故 $a_0 < a_3$，这与 $a_3 = a_0$ 相矛盾.

于是 $a_0 < t_0$ 不成立.

若 $a_0 = t_0$，则

$$f(t_0) = t_0, a_1 = f(a_0) = f(t_0) = t_0, a_2 = f(a_1) = f(t_0) = t_0, a_3 = f(a_2) = f(t_0) = t_0$$

[①] 陶芳宽，电话：15905606033；
E-mail：tfk888@yahoo.com.cn；
地址：安徽省合肥工业学翡翠湖校区 06 级数学 2 班 150 信箱.

故
$$a_3 = a_0 = t_0$$

因此 $a_0 = t_0 = \dfrac{1+\sqrt{5}}{2}$，即原方程的解为 $x_0 = \dfrac{1+\sqrt{5}}{2}$.

参 考 文 献

[1] 许以超,陆柱家. 全国大学生数学夏令营数学竞赛试题及解答[M]. 哈尔滨:哈尔滨工业大学出版社,2007.

对若干数学竞赛题的研讨

蒋明斌[①]

本文给出若干数学竞赛题的的证明、加强或推广.

1 第 42 届 IMO 第二题的加强与推广

第 42 届 IMO(2001 年) 第二题为:对所有正实数 a,b,c,证明

$$\frac{a}{\sqrt{a^2+8bc}}+\frac{b}{\sqrt{b^2+8ca}}+\frac{c}{\sqrt{c^2+8ab}} \geqslant 1 \tag{1}$$

文献[1] 将式(1) 加强为:若 a,b,c 为正实数,则

$$\frac{a}{\sqrt{a^2+2(b+c)^2}}+\frac{b}{\sqrt{b^2+2(c+a)^2}}+\frac{c}{\sqrt{c^2+2(a+b)^2}} \geqslant 1 \tag{2}$$

文献[2]、[3]、[4] 分别用不同方法证明了式(2) 的推广(也就是文献[1] 的猜想):若 a,b,c 为正实数,$\lambda \geqslant 2$,则

$$\frac{a}{\sqrt{a^2+\lambda(b+c)^2}}+\frac{b}{\sqrt{b^2+\lambda(c+a)^2}}+\frac{c}{\sqrt{c^2+\lambda(a+b)^2}} \geqslant \frac{3}{\sqrt{4\lambda+1}} \tag{3}$$

文献[5] 将式(3) 加强为:若 a,b,c 为正实数,$\lambda \geqslant 2$,则

$$\frac{a}{\sqrt{a^2+\lambda(3b^2+2bc+3c^2)}}+\frac{b}{\sqrt{b^2+\lambda(3c^2+2ca+3a^2)}}+$$
$$\frac{c}{\sqrt{c^2+\lambda(3a^2+2ab+3b^2)}} \geqslant \frac{3}{\sqrt{8\lambda+1}} \tag{4}$$

下面给出式(1) ~ (4) 的统一推广.

推广 若 a,b,c 为正实数,$k \geqslant 2$ 且 $4-\frac{1}{2}k \leqslant t \leqslant \frac{7}{4}k-\frac{1}{2}$,则

$$\frac{a}{\sqrt{a^2+t(b^2+c^2)+kbc}}+\frac{b}{\sqrt{b^2+t(c^2+a^2)+kca}}+$$
$$\frac{c}{\sqrt{c^2+t(a^2+b^2)+kab}} \geqslant \frac{3}{\sqrt{1+2t+k}} \tag{5}$$

[①] 蒋明斌,四川省蓬安中学,637851.

注记：在推广中，取 $t=\lambda, k=2\lambda$，由 $4-\frac{1}{2}k \leqslant t \leqslant \frac{7}{4}k-\frac{1}{2}$ 及 $k \geqslant 2$ 得 $\lambda \geqslant 2$，即当 $\lambda \geqslant 2$ 时，由式(5)即得式(3)，在式(3)取 $\lambda=2$ 即得式(2)；取 $t=3\lambda, k=2\lambda$，由 $4-\frac{1}{2}k \leqslant t \leqslant \frac{7}{4}k-\frac{1}{2}$ 及 $k \geqslant 2$，得 $\lambda \geqslant 1$，即当 $\lambda \geqslant 1$ 时，由式(5)即得式(4)；取 $t=0$，$k=8$，显然满足 $4-\frac{1}{2}k \leqslant t \leqslant \frac{7}{4}k-\frac{1}{2}$ 及 $k \geqslant 2$，由式(5)即得式(1). 可见不等式(5)是不等式(1)～(4)的统一推广.

证明 记式(5)左边为 P，由柯西不等式有

$$P \cdot [a\sqrt{a^2+t(b^2+c^2)+kbc}+b\sqrt{b^2+t(c^2+a^2)+kca}+c\sqrt{c^2+t(a^2+b^2)+kab}] \geqslant (a+b+c)^2 \Leftrightarrow$$

$$P \geqslant \frac{(a+b+c)^2}{a\sqrt{a^2+t(b^2+c^2)+kbc}+b\sqrt{b^2+t(c^2+a^2)+kca}+c\sqrt{c^2+t(a^2+b^2)+kab}}$$

又由柯西不等式有

$$a\sqrt{a^2+t(b^2+c^2)+kbc}+b\sqrt{b^2+t(c^2+a^2)+kca}+c\sqrt{c^2+t(a^2+b^2)+kab}=$$
$$\sqrt{a}\sqrt{a^3+ta(b^2+c^2)+kabc}+\sqrt{b}\sqrt{b^3+tb(c^2+a^2)+kabc}+\sqrt{c}\sqrt{c^3+tc(a^2+b^2)+kabc} \leqslant$$
$$\sqrt{a+b+c}\sqrt{a^3+ta(b^2+c^2)+kabc+b^3+tb(c^2+a^2)+kabc+c^3+tc(a^2+b^2)+kabc}$$

所以

$$P \geqslant \frac{(a+b+c)^2}{\sqrt{a+b+c}\sqrt{a^3+b^3+c^3+ta(b^2+c^2)+tb(c^2+a^2)+tc(a^2+b^2)+3kabc}} =$$
$$\frac{\sqrt{(a+b+c)^3}}{\sqrt{a^3+b^3+c^3+ta(b^2+c^2)+tb(c^2+a^2)+tc(a^2+b^2)+3kabc}} \quad (6)$$

要证不等式(6)，只需证

$$\frac{\sqrt{(a+b+c)^3}}{\sqrt{a^3+b^3+c^3+ta(b^2+c^2)+tb(c^2+a^2)+tc(a^2+b^2)+3kabc}} \geqslant \frac{3}{\sqrt{1+2t+k}} \Leftrightarrow$$
$$(1+2t+k)(a+b+c)^3 \geqslant 9[a^3+b^3+c^3+ta(b^2+c^2)+tb(c^2+a^2)+tc(a^2+b^2)+3kabc] \Leftrightarrow$$
$$(1+2t+k)[a^3+b^3+c^3+3(a^2b+b^2c+c^2a)+3(ab^2+bc^2+ca^2)+6abc] \geqslant$$
$$9[a^3+b^3+c^3+t(a^2b+b^2c+c^2a)+t(ab^2+bc^2+ca^2)+3kabc] \Leftrightarrow$$
$$(2t+k-8)(a^3+b^3+c^3)+3(k-t+1)(a^2b+b^2c+c^2a+ab^2+bc^2+ca^2) \geqslant 3(7k-4t-2)abc \Leftrightarrow$$
$$\left(t+\frac{k}{2}-4\right)\{[a^3+b^3-ab(a+b)]+[b^3+c^3-bc(b+c)]+[c^3+a^3-ca(c+a)]\} \cdot$$
$$\left[3(k-t+1)+\left(t+\frac{k}{2}-4\right)\right](a^2b+b^2c+c^2a+ab^2+bc^2+ca^2)-3(7k-4t-2)abc \geqslant 0 \Leftrightarrow$$
$$\left(t+\frac{k}{2}-4\right)[(a+b)(a-b)^2+(b+c)(b-c)^2+(c+a)(c-a)^2]+$$
$$\left(\frac{7k}{2}-2t-1\right)[c(a^2+b^2-2ab)+a(b^2+c^2-2bc)+a(b^2+c^2-2bc)] \geqslant 0 \Leftrightarrow$$
$$\left(t+\frac{k}{2}-4\right)[(a+b)(a-b)^2+(b+c)(b-c)^2+(c+a)(c-a)^2]+$$

$$\left(\frac{7k}{2}-2t-1\right)[c(a-b)^2+b(c-a)^2+a(b-c)^2]\geq 0 \tag{7}$$

由 $k\geq 2$ 且 $4-\frac{1}{2}k\leq t\leq \frac{7}{4}k-\frac{1}{2}$,有 $t+\frac{k}{2}-4\geq 0$ 及 $\frac{7k}{2}-2t-1\geq 0$,所以不等式(7)成立,故不等式(5)成立.

注记:取 $t=\lambda+\mu,k=2(\lambda-\mu)$,由条件"$4-\frac{1}{2}k\leq t\leq \frac{7}{4}k-\frac{1}{2}$ 及 $k\geq 2$"得 $\lambda\geq 2,\mu\leq \frac{5\lambda-1}{9}$,则式(5)等价于:若 a,b,c 为正实数,当 $\lambda\geq 2,\mu\leq \frac{5\lambda-1}{9}$ 时,有

$$\frac{a}{\sqrt{a^2+\lambda(b+c)^2+\mu(b-c)^2}}+\frac{b}{\sqrt{b^2+\lambda(c+a)^2+\mu(c-a)^2}}+\frac{c}{\sqrt{c^2+\lambda(a+b)^2+\mu(a-b)^2}}\geq \frac{3}{\sqrt{4\lambda+1}} \tag{8}$$

特别地,当 $\mu\geq 0$ 时,式(8)加强了式(4).

参 考 文 献

[1] 宋庆. 一道第42届IMO试题的加强[J]. 数学通讯(下半月),2009(5).
[2] 杨志明. IMO42-2加强的推广[J]. 数学通讯(下半月),2009(10).
[3] 何灯. IMO42-2加强的推广[J]. 数学通讯(下半月),2010(2).
[4] 蒋明斌. 关于IMO42-2加强的推广的证明与注记[J]. 数学通讯(下半月),2010(4).
[5] 侯典峰. 一道IMO试题加强的加强与推广[J]. 中学数学(上半月),2009(12).

2 2008年江西预赛第14题的证法分析与推广

2008年全国高中数学联赛江西预赛第14题为

设 x,y,z 为非负实数,满足 $xy+yz+zx=1$,证明:

$$\frac{1}{x+y}+\frac{1}{y+z}+\frac{1}{z+x}\geq \frac{5}{2} \tag{1}$$

命题人给出的证明(见文献[1])十分繁冗,用了差不多5个版面.

此题为一陈题,其另一形式"设 x,y,z 为非负实数,满足 $xy+yz+zx=1$,求 $f(x,y,z)=\frac{1}{x+y}+\frac{1}{y+z}+\frac{1}{z+x}$ 的最小值."为2003年数学奥林匹克中国国家队培训题,文献[2]中给出了两种解法,一种属调整法,通过证明 $f(x,y,z)\geq f(0,x+y,\frac{1}{x+y})$ 求得;另一种是通过消元、变形化为一元函数,利用单调性求得最小值.

对如此简单的一个不等式的证明,为什么首先想到的是调整法而不是常规方法?能否用一般中学生熟悉的常规方法给出其证明?下面对此作些探讨并顺便给出式(1)的推广与加强.

分析1 对原不等式先作等价变形,设 $p=x+y+z$,注意到

$$\frac{1}{x+y} + \frac{1}{y+z} + \frac{1}{z+x} - \frac{5}{2} = \frac{1}{p-a} + \frac{1}{p-b} + \frac{1}{p-c} - \frac{5}{2} =$$

$$\frac{(p-x)(p-y) + (p-y)(p-z) + (p-z)(p-x)}{(p-x)(p-y)(p-z)} - \frac{5}{2} =$$

$$\frac{p^2 - (x+y)p + xy + p^2 - (y+z)p + yz + p^2 - (z+x)p + zx}{p^3 - (x+y+z)p^2 + (xy+yz+zx)p - xyz} - \frac{5}{2} =$$

$$\frac{3p^2 - 2(x+y+z)p + xy + yz + zx}{p - xyz} - \frac{5}{2} =$$

$$\frac{2p^2 - 5p + 2 - 5xyz}{2(p - xyz)}$$

则不等式(1)等价于

$$2p^2 - 5p + 2 + 5xyz \geqslant 0 \tag{2}$$

可以考虑对 $2p^2 - 5p + 2 + 5xyz$ 配方,是将其配成 $2\left(p - \dfrac{5}{4}\right)^2 + 5xyz - \dfrac{9}{8}$,还是配成其他形式?这一步是证明的关键.

考虑式(1)等号成立的条件是 x, y, z 中一个为 0,其余两个为 1,此时 $p = 2$,所以,应当配成

$$2p^2 - 5p + 2 + 5xyz = 2(p-2)^2 + 3p + 5xyz - 6$$

因此要证式(2),只须证

$$3(x+y+z) + 5xyz - 6 \geqslant 0 \tag{3}$$

式(3)左边已最简,不好再作其他变形,可以考虑利用已知条件消去一元,由 $xy + yz + zx = 1$,得 $x = \dfrac{1 - yz}{y + z}$,代入得

$$t = 3(x+y+z) + 5xyz - 6 = 3 \times \frac{1-yz}{y+z} + 3(y+z) + 5yz \times \frac{1-yz}{y+z} - 6 =$$

$$\frac{3(y+z)^2 - 6(y+z) + 3 + 2yz - 5(yz)^2}{y+z} = \frac{3(y+z-1)^2 + 2yz - 5(yz)^2}{y+z}.$$

得到这一步后,有以下几种处理:

① 不妨设 $x \geqslant y \geqslant z \geqslant 0$,则由 $xy + yz + zx = 1$,有 $0 \leqslant yz \leqslant \dfrac{1}{3} \Leftrightarrow \dfrac{5}{2} yz \leqslant \dfrac{5}{6} < 1$,所以 $2yz - 5(yz)^2 = 2yz\left(1 - \dfrac{5}{2}yz\right) \geqslant 0 \Rightarrow t \geqslant 0$(注:这正是文献[3]或[4]的证明思路).

② 由 $t = 3(x+y+z) + 5xyz - 6 = \dfrac{3(y+z-1)^2 + 2yz - 5(yz)^2}{y+z}$,有

$$x(y+z)t = 3x(y+z-1)^2 + xyz(2 - 5yz) \geqslant xyz(2 - 5yz)$$

同理,有

$$y(z+x)t \geqslant xyz(2 - 5zx), \quad z(x+y)t \geqslant xyz(2 - 5xy)$$

三式相加并注意到 $xy + yz + zx = 1$,有

$$2(xy + yz + zx)t \geqslant xyz[6 - 5(xy + yz + zx)] = xyz \Rightarrow t \geqslant \frac{1}{2}xyz \geqslant 0$$

③ 由 ② 有
$$x(y+z)t = 3x(y+z-1)^2 + xyz(2-5yz)$$
同理可得
$$y(z+x)t = 3y(z+x-1)^2 + xyz(2-5zx)$$
$$z(x+y)t = 3z(x+y-1)^2 + xyz(2-5xy)$$
三式相加并注意到 $xy+yz+zx=1$,有
$$2(xy+yz+zx)t = 3x(y+z-1)^2 + 3y(z+x-1)^2 + 3z(x+y-1)^2 + xyz \Leftrightarrow$$
$$t = \frac{3}{2}x(y+z-1)^2 + \frac{3}{2}y(z+x-1)^2 + \frac{3}{2}z(x+y-1)^2 + \frac{1}{2}xyz \geq 0 \quad (4)$$

由以上三种处理都可以得到 $t = 3(x+y+z) + 5xyz - 6 \geq 0$,即式(3)成立,故式(1)成立.

注记:由 $2p^2 - 5p + 2 + 5xyz = 2(p-2)^2 + 3p + 5xyz - 6$ 及 ③ 中的恒等式(4),可以得到本题的配方证法:
$$\frac{1}{x+y} + \frac{1}{y+z} + \frac{1}{z+x} - \frac{5}{2} =$$
$$\frac{4(x+y+z-2)^2 + 3x(y+z-1)^2 + 3y(z+x-1)^2 + 3z(x+y-1)^2 + xyz}{4(x+y)(y+z)(z+x)} \geq 0$$

由此可到式(1)的推广:设 x,y,z 为满足 $xy+yz+zx=1$ 的实数,则
$$\frac{1}{x+y} + \frac{1}{y+z} + \frac{1}{z+x} \geq \frac{5}{2} + \frac{xyz}{4(x+y)(y+z)(z+x)} \quad (5)$$

特别地,当 x,y,z 为满足 $xy+yz+zx=1$ 的非负实数时式(5)是式(1)的加强.

分析2 由分析1知,要证式(1)只需证式(2),注意到 $2p^2 - 5p + 2 + 5xyz = 2(p-2)^2 + 3(p-2) + 5xyz$,则

① 当 $p \geq 2$ 时,$2p^2 - 5p + 2 + 5xyz = 2(p-2)^2 + 3(p-2) + 5xyz \geq 5xyz \geq 0$,此时式(2)成立;

② 当 $p < 2$ 时,考虑将 xyz 缩小,想到了用 Schur 不等式:
$$x(x-y)(x-z) + y(y-z)(y-x) + z(z-x)(z-y) \geq 0 \Leftrightarrow p^3 - 4pq + 9r \geq 0 \quad (6)$$

其中 $p = x+y+z, q = xy+yz+xy = 1, r = xyz$,注意到 $q=1$,则 $xyz = r \geq \frac{4p-p^3}{9}$,所以
$$2p^2 - 5p + 2 + 5xyz \geq 2p^2 - 5p + 2 + \frac{5}{9}(4p - p^3) = -\frac{1}{9}(5p^3 - 18p^2 + 25p - 18) =$$
$$\frac{1}{9}(2-p)(5p^2 - 8p + 9) = \frac{5}{9}(2-p)\left[\left(p - \frac{4}{5}\right)^2 + \frac{29}{5}\right] > 0$$

此时式(2)亦成立,故式(1)成立.

参考文献

[1] 中国数学会普及工作委员会组编. 高中数学联赛备考手册[M]. 上海:华东师范大学出版社,2009.

[2] 走向 IMO——数学奥林匹克试题集锦(2003)[M].上海:华东师范大学出版社,2003,8.

[3] 黎金传,宋庆.一道预赛题的简证与推广[J].数学通讯(学生),2010(1-2).

[4] 蒋明斌.一道数学竞赛题的直接证明[J].不等式研究通讯,2010(1).

3 一道2009年伊朗国家队选拔考试题的证明与推广

问题1 设正实数 a,b,c 满足 $a+b+c=3$,求证

$$\frac{1}{2+a^2+b^2}+\frac{1}{2+b^2+c^2}+\frac{1}{2+c^2+a^2}\leqslant\frac{3}{4} \tag{1}$$

这是2009年伊朗数学奥林匹克国家队选拔考试中的一个试题,最近文献[1]给出了一种证法,这种证法是如何想到的?还有没有其他证法?下面对此作些分析.

分析1 本题是一个三元问题,一个很自然的思路是"以退求进",先考虑二元问题:

问题2 设正实数 a,b 满足 $a+b=s$,则

$$\frac{1}{2+a^2}+\frac{1}{2+b^2}\leqslant\frac{2}{2+\left(\frac{s}{2}\right)^2}=\frac{8}{8+s^2} \tag{2}$$

令 $a=\sqrt{2}x, b=\sqrt{2}y, t=x+y=\frac{\sqrt{2}}{2}s$,则式(2)可以化为

问题3 设正实数 x,y 满足 $x+y=t$,则

$$\frac{1}{1+x^2}+\frac{1}{1+y^2}\leqslant\frac{2}{1+\left(\frac{t}{2}\right)^2}=\frac{8}{4+t^2} \tag{3}$$

显然式(2)中的 s、式(3)中的 t 仅能在一定范围内的取值(范围将在下面的证明中给出).

式(3)的证明:

式(3)等价于

$$(4+t^2)(2+x^2+y^2)\leqslant 8(1+x^2)(1+y^2)\Leftrightarrow 8x^2y^2-(4-t^2)(x^2+y^2)-2t^2\geqslant 0\Leftrightarrow$$
$$8x^2y^2-(4-t^2)(t^2-2xy)-2t^2\geqslant 0\Leftrightarrow 8x^2y^2-2(4-t^2)xy+2t^2-t^4\geqslant 0 \tag{4}$$

易知二次函数 $f(z)=8z^2-2(4-t^2)z+2t^2-t^4$ 在 $\left(0,\frac{1}{8}(4-t^2)\right]$ 上是减函数,而

$0<xy\leqslant\left(\frac{x+y}{2}\right)^2=\frac{t^2}{4}$,所以,当 $\frac{t^2}{4}\leqslant\frac{1}{8}(4-t^2)\Leftrightarrow 0<t\leqslant\frac{2\sqrt{3}}{3}$ 时,有 $f(xy)\geqslant f\left(\frac{t^2}{4}\right)=0$,即式(4)成立.故当 $0<t\leqslant\frac{2\sqrt{3}}{3}$ 时式(3)成立.

注 显然当 $0<s\leqslant\frac{2\sqrt{6}}{3}$ 时,式(2)成立.另外,式(3)并不是新的,笔者最早于2002年在文献[2]中见到,文献[2]为证明下面的问题4而先证证明问题3.

问题4 设正数 a,b,c,满足 $a+b+c=1$,则

$$\frac{1}{1+a^2}+\frac{1}{1+b^2}+\frac{1}{1+c^2}\leqslant\frac{27}{10}$$

现在回到问题 1 的证明：先应用式(3)将 $\dfrac{1}{2+b^2+c^2}+\dfrac{1}{2+c^2+a^2}$ 放大成仅含 c 或 $a+b$ 的式子，在式(3) 中取 $x=\dfrac{a}{\sqrt{2+c^2}}$，$y=\dfrac{b}{\sqrt{2+c^2}}$，要应用式(3)，须满足

$$x+y=\frac{a+b}{\sqrt{2+c^2}}=\frac{3-c}{\sqrt{2+c^2}}\leqslant\frac{2\sqrt{3}}{3}\Leftrightarrow c^2+18-19\geqslant0\Leftrightarrow(c+9)(c-1)\geqslant0\Leftrightarrow c\geqslant1$$

这只要对 a,b,c 作优化假设就可以办到，不妨设 $a\leqslant b\leqslant c$，由 $a+b+c=3$ 有 $1\leqslant c\leqslant 3$，由式(3)，并注意到 $a+b=3-c$，有

$$\frac{1}{1+\left(\frac{a}{\sqrt{2+c^2}}\right)^2}+\frac{1}{1+\left(\frac{a}{\sqrt{2+c^2}}\right)^2}\leqslant\frac{2}{1+\frac{1}{4}\left(\frac{a+b}{\sqrt{2+c^2}}\right)^2}$$

即

$$\frac{1}{2+b^2+c^2}+\frac{1}{2+c^2+a^2}\leqslant\frac{8}{4(2+c^2)+(3-c)^2}=\frac{8}{5c^2-6c+17} \tag{5}$$

又由 $a^2+b^2\geqslant\dfrac{1}{2}(a+b)^2=\dfrac{1}{2}(3-c)^2$，有

$$\frac{1}{2+a^2+b^2}\leqslant\frac{1}{2+\frac{1}{2}(3-c)^2}=\frac{2}{c^2-6c+13} \tag{6}$$

由此可得

$$\frac{1}{2+a^2+b^2}+\frac{1}{2+b^2+c^2}+\frac{1}{2+c^2+a^2}\leqslant\frac{2}{c^2-6c+13}+\frac{8}{5c^2-6c+17}$$

要证式(1)只要证

$$\frac{2}{c^2-6c+13}+\frac{8}{5c^2-6c+17}\leqslant\frac{3}{4}\Leftrightarrow$$
$$8(5c^2-6c+17)+32(c^2-6c+13)\leqslant3(5c^2-6c+17)(c^2-6c+13)\Leftrightarrow$$
$$g(c)=15c^4-108c^3+282c^2-300c+111\geqslant0$$

由于当 $c=1$ 时，式(1)取等号，所以当 $c=1$ 时 $g(c)=0$，因此 $g(c)$ 必含因式 $c-1$，用带余除法容易将 $g(c)$ 分解因式，所以 $g(c)=3(c-1)^2(5c^2-26c+37)=3(c-1)^2\left[5\left(c-\dfrac{13}{5}\right)^2+\dfrac{16}{5}\right]\geqslant0$，故(1)得证.

分析 2 我们从整体上来分析式(1)，由式(1)是分式，希望能用柯西不等式的分式形式

$$\frac{x^2}{u}+\frac{y^2}{v}+\frac{z^2}{w}\geqslant\frac{(x+y+z)^2}{u+v+w} \quad x,y,z,u,v,w>0 \tag{7}$$

来处理，需将式(1)变形，注意到 $\dfrac{1}{2+a^2+b^2}=\dfrac{1}{2}\left(1-\dfrac{a^2+b^2}{2+a^2+b^2}\right)$ 及类似的另两式，知式(1)等价于

$$\frac{1}{2}\left(1-\frac{1}{2+a^2+b^2}\right)+\frac{1}{2}\left(1-\frac{1}{2+b^2+c^2}\right)+\frac{1}{2}\left(1-\frac{1}{2+c^2+a^2}\right)\leqslant\frac{3}{4}\Leftrightarrow$$

$$\frac{a^2+b^2}{2+a^2+b^2}+\frac{b^2+c^2}{2+b^2+c^2}+\frac{c^2+a^2}{2+c^2+a^2}\geqslant\frac{3}{2} \qquad (8)$$

应用柯西不等式的分式形式(7)有

$$\frac{a^2+b^2}{2+a^2+b^2}+\frac{b^2+c^2}{2+b^2+c^2}+\frac{c^2+a^2}{2+c^2+a^2}\geqslant\frac{(\sqrt{a^2+b^2}+\sqrt{b^2+c^2}+\sqrt{c^2+a^2})^2}{6+2(a^2+b^2+c^2)}$$

要证式(8),只需证

$$(\sqrt{a^2+b^2}+\sqrt{b^2+c^2}+\sqrt{c^2+a^2})^2\geqslant 9+3(a^2+b^2+c^2)\Leftrightarrow$$

$$2(a^2+b^2+c^2)+2[\sqrt{(a^2+b^2)(b^2+c^2)}+\sqrt{(a^2+b^2)(c^2+a^2)}+\sqrt{(b^2+c^2)(c^2+a^2)}]\geqslant$$

$$9+3(a^2+b^2+c^2)\Leftrightarrow$$

$$2[\sqrt{(a^2+b^2)(b^2+c^2)}+\sqrt{(a^2+b^2)(c^2+a^2)}+\sqrt{(b^2+c^2)(c^2+a^2)}]\geqslant 9+a^2+b^2+c^2 \qquad (9)$$

由柯西不等式有

$$2[\sqrt{(a^2+b^2)(b^2+c^2)}+\sqrt{(a^2+b^2)(c^2+a^2)}+\sqrt{(b^2+c^2)(c^2+a^2)}]\geqslant$$

$$2(b^2+ca+c^2+ab+a^2+bc)=(a+b+c)^2+(a^2+b^2+c^2)=9+a^2+b^2+c^2$$

即式(9)成立,所以式(8)成立,故式(1)成立.

(1)可以推广为

命题 设正实数 a,b,c 满足 $a+b+c=3$,当 $\lambda\geqslant 2$ 时,有

$$\frac{1}{\lambda+a^2+b^2}+\frac{1}{\lambda+b^2+c^2}+\frac{1}{\lambda+c^2+a^2}\leqslant\frac{3}{\lambda+2} \qquad (10)$$

证明 注意到 $\frac{1}{\lambda+a^2+b^2}=\frac{1}{\lambda}\left(1-\frac{a^2+b^2}{\lambda+a^2+b^2}\right)$ 及类似的另两式,知式(10)等价于

$$\frac{1}{\lambda}\left(1-\frac{1}{\lambda+a^2+b^2}\right)+\frac{1}{\lambda}\left(1-\frac{1}{\lambda+b^2+c^2}\right)+\frac{1}{\lambda}\left(1-\frac{1}{\lambda+c^2+a^2}\right)\leqslant\frac{3}{\lambda+2}\Leftrightarrow$$

$$\frac{a^2+b^2}{\lambda+a^2+b^2}+\frac{b^2+c^2}{\lambda+b^2+c^2}+\frac{c^2+a^2}{\lambda+c^2+a^2}\geqslant\frac{6}{\lambda+2} \qquad (11)$$

应用柯西不等式的分式形式(7)有

$$\frac{a^2+b^2}{\lambda+a^2+b^2}+\frac{b^2+c^2}{\lambda+b^2+c^2}+\frac{c^2+a^2}{\lambda+c^2+a^2}\geqslant$$

$$\frac{(\sqrt{a^2+b^2}+\sqrt{b^2+c^2}+\sqrt{c^2+a^2})^2}{3\lambda+2(a^2+b^2+c^2)}=$$

$$\frac{2(a^2+b^2+c^2)+2(\sqrt{a^2+b^2}\sqrt{b^2+c^2}+\sqrt{b^2+c^2}\sqrt{c^2+a^2}+\sqrt{c^2+a^2}\sqrt{a^2+b^2})}{3\lambda+2(a^2+b^2+c^2)}\geqslant$$

$$\frac{2(a^2+b^2+c^2)+2(b^2+ca+c^2+ab+a^2+bc)}{3\lambda+2(a^2+b^2+c^2)}=$$

$$\frac{4(a^2+b^2+c^2)+2(ab+bc+ca)}{3\lambda+2(a^2+b^2+c^2)}$$

要证式(11),只需证

$$\frac{4(a^2+b^2+c^2)+2(ab+bc+ca)}{3\lambda+2(a^2+b^2+c^2)} \geqslant \frac{6}{\lambda+2} \Leftrightarrow$$

$$2(\lambda+2)(a^2+b^2+c^2)+(\lambda+2)(ab+bc+ca) \geqslant 9\lambda+6(a^2+b^2+c^2) \Leftrightarrow$$

$$2(\lambda+2)(a^2+b^2+c^2)+(\lambda+2)(ab+bc+ca) \geqslant \lambda(a+b+c)^2+6(a^2+b^2+c^2) \Leftrightarrow$$

$$(\lambda-2)(a^2+b^2+c^2) \geqslant (\lambda-2)(ab+bc+ca)$$

由 $\lambda \geqslant 2$ 及 $a^2+b^2+c^2 \geqslant ab+bc+ca$ 知后一不等式成立,所以式(11)成立,故(10)成立.

参 考 文 献

[1] 侯典峰. 一道 2009 年伊朗国家队选拔考试题的证明[J]. 数学通讯(教师),2010(3).
[2] 安振平,梁丽萍. 精彩问题来自不断的反思与探索[J]. 中学数学教师参考,2002(8).

4　一道 2008 年新加坡国家队选拔考试题的证明与推广

2008 年新加坡数学奥林匹克国家队选拔考试第一天第二题为

设正实数 $x_1, x_2, \cdots, x_n$ 满足 $x_1 x_2 \cdots x_n = 1$,求证

$$\frac{1}{n-1+x_1} + \frac{1}{n-1+x_2} + \cdots + \frac{1}{n-1+x_n} \leqslant 1 \tag{1}$$

本题为一成题,曾作为 1999 年罗马尼亚数学奥林匹克国家队选拔考试第一天第四题,笔者见到的证明都很繁琐,下面给出三个证明并给出其推广.

注意到 $\frac{1}{n-1+x_i} = \frac{1}{n-1}\left(1 - \frac{x_i}{n-1+x_i}\right) (i=1,2,\cdots,n)$ 易知,式(1)等价于

$$\frac{x_1}{n-1+x_1} + \frac{x_2}{n-1+x_2} + \cdots + \frac{x_n}{n-1+x_n} \geqslant 1 \tag{2}$$

下面证明不等式(2).

证法 1　(齐次化,应用柯西不等式)

由 $x_1 x_2 \cdots x_n = 1$,可令 $x_i = \frac{y_i^2}{T_n}$,$T_n = \sqrt[n]{(y_1 y_2 \cdots y_n)^2}$,$y_i > 0$,$(i=1,2,\cdots,n)$,应用柯西不等式有

$$\frac{x_1}{n-1+x_1} + \frac{x_2}{n-1+x_2} + \cdots + \frac{x_n}{n-1+x_n} =$$

$$\frac{y_1^2}{(n-1)T_n+y_1^2} + \frac{y_2^2}{(n-1)T_n+y_2^2} + \cdots + \frac{y_n^2}{(n-1)T_n+y_n^2} \geqslant$$

$$\frac{(y_1+y_2+\cdots+y_n)^2}{n(n-1)T_n+y_1^2+y_2^2+\cdots+y_n^2}$$

要证式(2),只须证

$$(y_1+y_2+\cdots+y_n)^2 \geqslant n(n-1)T_n+y_1^2+y_2^2+\cdots+y_n^2 \tag{3}$$

将 $(y_1+y_2+\cdots+y_n)^2$ 展开(同类项不合并)共有 n^2 项,每个字母出现 $\frac{2n^2}{n} = 2n$ 次,

设 $(y_1+y_2+\cdots+y_n)^2 = y_1^2+y_2^2+\cdots+y_n^2+\sum x_i x_j$,在 $\sum y_i y_j$ 中共有 n^2-n 项,每个字母出现 $2n-2$ 次,由 $2n-2$ 元均值不等式有

$$\sum y_i y_j \geqslant (n^2-n)(y_1 y_2 \cdots y_n)^{\frac{2n-2}{n^2-n}} = \sqrt[n]{(y_1 y_2 \cdots y_n)^2} = n(n-1)T_n$$

所以式(3)成立,故不等式(2)成立,不等式(1)得证.

证法 2(反证法) 设 $y_i = \dfrac{x_i}{n-1+x_i} > 0$,则 $\dfrac{n-1}{x_i} = \dfrac{1}{y_i} - 1 (i=1,2,\cdots,n)$,由 $x_1 x_2 \cdots x_n = 1$,有

$$\left(\frac{1}{y_1}-1\right)\left(\frac{1}{y_2}-1\right)\cdots\left(\frac{1}{y_n}-1\right) = (n-1)^n \qquad (*)$$

式(2)等价于:对满足 $(*)$ 的任意正实数 $y_1, y_2, \cdots, y_n$,有 $y_1+y_2+\cdots+y_n \geqslant 1$.

假设存在正实数 $y_1, y_2, \cdots, y_n$ 满足式 $(*)$,但 $y_1+y_2+\cdots+y_n < 1$,则

$$1-y_i > \sum_{j=1,j\neq i}^{n} y_j \geqslant (n-1)\sqrt[n-1]{\prod_{j=1,j\neq i}^{n} y_j}$$

所以

$$\left(\frac{1}{y_1}-1\right)\left(\frac{1}{y_2}-1\right)\cdots\left(\frac{1}{y_n}-1\right) = \frac{1}{y_1 y_2 \cdots y_n}\prod_{i=1}^{n}(1-y_i) \geqslant$$

$$(n-1)^n \cdot \sqrt[n-1]{(y_1 y_2 \cdots y_n)^{n-1}} = (n-1)^{n-1}$$

这与式 $(*)$ 矛盾,故对任意满足式 $(*)$ 的正实数 $y_1, y_2, \cdots, y_n$,有 $y_1+y_2+\cdots+y_n \geqslant 1$,所以式(2)成立,即式(1)成立.

证法 3(构造零件不等式) 由 $x_1 x_2 \cdots x_n = 1$,有

$$\frac{x_i}{n-1+x_i} = \frac{x_i}{x_i+(n-1)(x_1 x_2 \cdots x_n)^{\frac{n-1}{n}}} =$$

$$\frac{\sqrt[n]{x_i}}{\sqrt[n]{x_i}+(n-1)\left(\prod_{j=1,j\neq i}^{n}\sqrt[n]{x_j}\right)^{\frac{1}{n-1}}} \geqslant$$

$$\frac{\sqrt[n]{x_i}}{\sqrt[n]{x_i}+\sum_{j=1,j\neq i}^{n}\sqrt[n]{x_j}} = \frac{\sqrt[n]{x_i}}{\sum_{j=1}^{n}\sqrt[n]{x_j}}$$

故

$$\frac{x_1}{n-1+x_1} + \frac{x_2}{n-1+x_2} + \cdots + \frac{x_n}{n-1+x_n} \geqslant \sum_{i=1}^{n}\frac{\sqrt[n]{x_i}}{\sum_{j=1}^{n}\sqrt[n]{x_j}} = 1$$

因此式(1)成立.

评述 这三种证都比较简捷,证法 3 最简,构造零件不等式很巧妙,由证法 3 知,条件 "$x_1 x_2 \cdots x_n = 1$" 可放宽为 "$x_1 x_2 \cdots x_n \geqslant 1$" 式(1)、式(2)仍然成立;证法 2 属反证法,也很简捷,源于 IMO42－2 的反证法证明;证法 1 先齐次化,再应用柯西不等式,属常规方法,这种方法便于将式(1)、式(2)推广.

下面来推广不等式(1)、(2).

命题 1 设正数 $x_1, x_2, \cdots, x_n$ 满足 $x_1 x_2 \cdots x_n = 1$,则
当 $\lambda \geqslant n-1$ 时,有
$$\frac{1}{\lambda+x_1}+\frac{1}{\lambda+x_2}+\cdots+\frac{1}{\lambda+x_n} \leqslant \frac{n}{1+\lambda} \tag{4}$$
当 $0 < \lambda < n-1$,有
$$\frac{1}{\lambda+x_1}+\frac{1}{\lambda+x_2}+\cdots+\frac{1}{\lambda+x_n} < \frac{n-1}{\lambda} \tag{5}$$

注 当 $\lambda = n-1$ 时,由式(4)即得式(1),可见式(4)是式(1)的推广.

由 $\frac{1}{\lambda+x_i} = \frac{1}{\lambda}\left(1 - \frac{x_i}{\lambda+x_i}\right)$,知式(4)、式(5)分别等价于

当 $\lambda \geqslant n-1$ 时,有
$$\frac{x_1}{\lambda+x_1}+\frac{x_2}{\lambda+x_2}+\cdots+\frac{x_n}{\lambda+x_n} \geqslant \frac{n}{1+\lambda} \tag{6}$$

当 $0 < \lambda < n-1$ 时,有
$$\frac{x_1}{\lambda+x_1}+\frac{x_2}{\lambda+x_2}+\cdots+\frac{x_n}{\lambda+x_n} > 1 \tag{7}$$

显然式(6)是式(2)的推广. 下面先证明式(6):

由 $x_1 x_2 \cdots x_n = 1$,可令 $x_i = \frac{y_i^2}{T_n}, T_n = \sqrt[n]{(y_1 y_2 \cdots y_n)^2}, y_i > 0, (i = 1, 2, \cdots, n)$,则

$$\frac{x_1}{\lambda+x_1}+\frac{x_2}{\lambda+x_2}+\cdots+\frac{x_n}{\lambda+x_n} = \frac{y_1^2}{\lambda T_n + y_1^2}+\frac{y_2^2}{\lambda T_n + y_2^2}+\cdots+\frac{y_n^2}{\lambda T_n + y_n^2} \geqslant \frac{(y_1+y_2+\cdots+y_n)^2}{n\lambda T_n + y_1^2 + y_2^2 + \cdots + y_n^2}$$

要证式(6),只须证
$$(1+\lambda)(y_1+y_2+\cdots+y_n)^2 \geqslant n(n\lambda T_n + y_1^2 + y_2^2 + \cdots + y_n^2) \tag{8}$$

由前述证法 2 中的式(3):$(y_1+y_2+\cdots+y_n)^2 \geqslant n(n-1)T_n + y_1^2 + y_2^2 + \cdots + y_n^2$,
要证式(8)只须证
$$(1+\lambda)[n(n-1)T_n + y_1^2 + y_2^2 + \cdots + y_n^2] \geqslant n(n\lambda T_n + y_1^2 + y_2^2 + \cdots + y_n^2) \Leftrightarrow$$
$$[\lambda-(n-1)][y_1^2 + y_2^2 + \cdots + y_n^2 - nT_n] \geqslant 0$$

由 $\lambda \geqslant n-1$ 及 $y_1^2 + y_2^2 + \cdots + y_n^2 \geqslant n\sqrt[n]{(y_1 y_2 \cdots y_n)^2} = nT_n$ 知后一不等式成立,故不等式(6)成立,因而不等式(4)成立.

当 $\lambda = n-1$ 时,由式(6)即得式(2),所以,当 $0 < \lambda < n-1$ 时,应用式(2)有
$$\frac{x_1}{\lambda+x_1}+\frac{x_2}{\lambda+x_2}+\cdots+\frac{x_n}{\lambda+x_n} > \frac{x_1}{n-1+x_1}+\frac{x_2}{n-1+x_2}+\cdots+\frac{x_n}{n-1+x_n} \geqslant 1$$
即式(7)成立,因而式(5)成立.

注记 1 作替换 $x_i \to \frac{1}{x_i}$,则式(6)、式(7)分别等价于:
$$\frac{1}{1+\lambda x_1}+\frac{1}{1+\lambda x_2}+\cdots+\frac{1}{1+\lambda x_n} \geqslant \frac{n}{1+\lambda} \quad \lambda \geqslant n-1 \tag{9}$$

$$\frac{1}{1+\lambda x_1}+\frac{1}{1+\lambda x_2}+\cdots+\frac{1}{1+\lambda x_n}>1 \quad 0<\lambda<n-1 \tag{10}$$

作替换 $\lambda \to \frac{1}{\lambda}$,则式(4)、式(5) 分别等价于:

$$\frac{1}{1+\lambda x_1}+\frac{1}{1+\lambda x_2}+\cdots+\frac{1}{1+\lambda x_n}\leqslant \frac{n}{1+\lambda} \quad 0<\lambda\leqslant\frac{1}{n-1} \tag{11}$$

$$\frac{1}{1+\lambda x_1}+\frac{1}{1+\lambda x_2}+\cdots+\frac{1}{1+\lambda x_n}<n-1 \quad \lambda>\frac{1}{n-1} \tag{12}$$

其中式(9)~式(11) 中 $x_1,x_2,\cdots,x_n$ 为正数且满足 $x_1 x_2 \cdots x_n=1$,这几式完全给出了 $\sum_{i=1}^{n}\frac{1}{1+\lambda x_i}$ 的上下界.

命题 2 设正数 $x_1,x_2,\cdots,x_n$ 满足 $x_1 x_2 \cdots x_n=1$,$P=\sum_{i=1}^{n}\frac{1}{1+\lambda x_i}$,则当 $0<\lambda\leqslant\frac{1}{n-1}$ 时,$1<P\leqslant\frac{n}{1+\lambda}$;当 $\frac{1}{n-1}<\lambda<n-1$ 时,$1<P<n-1$;当 $\lambda\geqslant n-1$ 时,$\frac{n}{1+\lambda}\leqslant P<n-1$.

特别地,当 $n=3,\lambda=1$ 时,由此即得 2009 全国高中数学联赛年山东预赛第 17 题:已知正数 x,y,z 满足 $xyz=1$,求证:$1<\frac{1}{1+x}+\frac{1}{1+y}+\cdots+\frac{1}{1+z}<2$.

注记 2 由前面的证法 3,可对式(2) 作如下推广:

命题 3 设正数 $x_1,x_2,\cdots,x_n$ 满足 $x_1 x_2 \cdots x_n \geqslant 1$,则当 $0\leqslant\alpha\leqslant 1$ 时,有

$$\frac{x_1}{x_1+x_2^\alpha+\cdots+x_n^\alpha}+\frac{x_2}{x_1^\alpha+x_2+x_3^\alpha+\cdots+x_n^\alpha}+\cdots+\frac{x_n}{x_1^\alpha+x_2^\alpha+\cdots+x_{n-1}^\alpha+x_n}\geqslant 1 \tag{13}$$

证明 当 $\alpha=0$ 时,式(13) 为式(2) 前面已证;当 $\alpha\neq 0$ 时,令 $y_i=x_i^\alpha$,$p=\frac{1}{\alpha}$,则 $x_i=y_i^p(i=1,2,\cdots,n)$,由 $0<\alpha\leqslant 1 \Rightarrow p\geqslant 1$,又 $x_1 x_2\cdots x_n\geqslant 1 \Leftrightarrow y_1 y_2\cdots y_n\geqslant 1 \Rightarrow (y_1 y_2\cdots y_n)^{\frac{p-1}{n}}\geqslant 1$,因此

$$\frac{x_i}{x_i+\sum_{j=1,j\neq i}^{n}x_j^\alpha}=\frac{y_i^p}{y_i^p+\sum_{j=1,j\neq i}^{n}y_j}\geqslant\frac{y_i^p}{y_i^p+(y_1 y_2\cdots y_n)^{\frac{p-1}{n}}\sum_{j=1,j\neq i}^{n}y_j}=\frac{y_i^k}{y_i^k+(\prod_{j=1,j\neq i}^{n}y_j)^{\frac{p-1}{n}}\sum_{j=1,j\neq i}^{n}y_j}$$

其中

$$k=\frac{(n-1)p+1}{n}\geqslant 1$$

由均值不等式及幂平均不等式有

$$(\prod_{j=1,j\neq i}^{n}y_j)^{\frac{p-1}{n}}\cdot\sum_{j=1,j\neq i}^{n}y_j\leqslant\left[\frac{\sum_{j=1,j\neq i}^{n}y_j}{n-1}\right]^{\frac{(n-1)(p-1)}{n}}\cdot\sum_{j=1,j\neq i}^{n}y_j=\left(\frac{1}{n-1}\right)^{\frac{(n-1)(p-1)}{n}}\cdot\left(\sum_{j=1,j\neq i}^{n}y_j\right)^{\frac{(n-1)(p-1)}{n}+1}=$$

$$(n-1)\left[\frac{\sum_{j=1,j\neq i}^{n}y_j}{n-1}\right]^k\leqslant(n-1)\frac{\sum_{j=1,j\neq i}^{n}y_j^k}{n-1}=\sum_{j=1,j\neq i}^{n}y_j^k$$

所以

$$\frac{x_i}{x_i + \sum_{j=1, j\neq i}^{n} x_j^a} \geq \frac{y_i^k}{y_i^k + \left(\prod_{j=1, j\neq i}^{n} y_j\right)^{\frac{p-1}{n}} \sum_{j=1, j\neq i}^{n} y_j} \geq \frac{y_i^k}{y_i^k + \sum_{j=1, j\neq i}^{n} y_j^k} = \frac{y_i^k}{\sum_{j=1}^{n} y_j^k}$$

于是

$$\frac{x_1}{x_1 + x_2^a + \cdots + x_n^a} + \frac{x_2}{x_1^a + x_2 + x_3^a + \cdots + x_n^a} + \cdots + \frac{x_n}{x_1^a + x_2^a + \cdots + x_{n-1}^a + x_n} \geq \sum_{i=1}^{n} \frac{y_i^k}{\sum_{j=1}^{n} y_j^k} = 1$$

即不等式(13)成立.

注 用类似方法可证,当 $\alpha \geq 1$ 或 $\alpha \leq 1-n$ 时,不等式(13)反向成立.

5 几道竞赛题的统一形式

题 1 设 $a,b,c > 0$,且 $abc \geq 1$,求证

$$\frac{1}{1+a+b} + \frac{1}{1+b+c} + \frac{1}{1+c+a} \leq 1$$

(2005,罗马尼亚奥林匹克)

题 2 设 $p,q,r > 0$,$pqr = 1$,$n \in \mathbf{N}$,求证

$$\frac{1}{p^n + q^n + 1} + \frac{1}{q^n + r^n + 1} + \frac{1}{r^n + p^n + 1} \leq 1$$

(2004,波罗地海奥林匹克)

题 3 设 $a,b,c > 0$,且 $abc = 1$,求证:

$$\frac{ab}{a^5 + b^5 + ab} + \frac{bc}{b^5 + c^5 + bc} + \frac{ca}{c^5 + a^5 + ca} \leq 1$$

并指出等号成立的条件.

(1996,第 37 届 IMO 备选题)

题 4 设 $a,b,c > 0$,求证

$$\frac{1}{b^3 + c^3 + abc} + \frac{1}{c^3 + a^3 + abc} + \frac{1}{a^3 + b^3 + abc} \leq \frac{1}{abc}$$

(1997,美国数学奥林匹克)

下面给出以上几题的统一形式:

命题 1 设 $a,b,c > 0$,则

(i) 当 $abc \geq 1$ 且 $-2 < p < 1$ 时,有

$$\frac{a^p}{a^p + b + c} + \frac{b^p}{a + b^p + c} + \frac{c^p}{a + b + c^p} \leq 1 \qquad (1)$$

(ii) 当 $abc \geq 1$ 且 $p \geq 1$ 或 $abc = 1$ 且 $p \leq -2$ 时,有

$$\frac{a^p}{a^p + b + c} + \frac{b^p}{a + b^p + c} + \frac{c^p}{a + b + c^p} \geq 1 \qquad (2)$$

证明 (i) 由 $a,b,c > 0$,$abc \geq 1$,$p < 1$,知 $0 < (abc)^{\frac{p-1}{3}} < 1$,所以

$$\frac{a^p}{a^p+b+c} \leqslant \frac{a^p}{a^p+(abc)^{\frac{p-1}{3}}(b+c)} = \frac{a^{\frac{2p+1}{3}}}{a^{\frac{2p+1}{3}}+(bc)^{\frac{p-1}{3}}(b+c)}$$

由 $-2<p<1$,有 $\frac{p+2}{3} \cdot \frac{p-1}{3} < 0$,所以函数 $x^{\frac{p+2}{3}}$ 与 $x^{\frac{p-1}{3}}$ 在 $(0,+\infty)$ 的增减性相反,因而 $b^{\frac{p+2}{3}}-c^{\frac{p+2}{3}}$ 与 $b^{\frac{p-1}{3}}-c^{\frac{p-1}{3}}$ 异号. 所以

$$(b^{\frac{p+2}{3}}-c^{\frac{p+2}{3}})(b^{\frac{p-1}{3}}-c^{\frac{p-1}{3}}) \leqslant 0 \Leftrightarrow (bc)^{\frac{p-1}{3}}(b+c) = b^{\frac{p+2}{3}}c^{\frac{p-1}{3}}+b^{\frac{p-1}{3}}c^{\frac{p+2}{3}} \geqslant b^{\frac{2p+1}{3}}+c^{\frac{2p+1}{3}}$$

于是

$$\frac{a^p}{a^p+b+c} \leqslant \frac{a^{\frac{2p+1}{3}}}{a^{\frac{2p+1}{3}}+b^{\frac{2p+1}{3}}+c^{\frac{2p+1}{3}}}$$

同理有

$$\frac{b^p}{a+b^p+c} \leqslant \frac{b^{\frac{2p+1}{3}}}{a^{\frac{2p+1}{3}}+b^{\frac{2p+1}{3}}+c^{\frac{2p+1}{3}}}, \quad \frac{c^p}{a+b+c^p} \leqslant \frac{c^{\frac{2p+1}{3}}}{a^{\frac{2p+1}{3}}+b^{\frac{2p+1}{3}}+c^{\frac{2p+1}{3}}}$$

三式相加即得式(1).

式(2)的证明与式(1)类似,从略.

注记 1 在(1)中取 $p=0$,即得题 1;

在题 2 中记 $p^n=a,q^n=b,r^n=c,abc=1$,则原不等式等价于

$$\frac{1}{a+b+1}+\frac{1}{b+c+1}+\frac{1}{c+a+1} \leqslant 1 (a,b,c>0, abc=1)$$

这就是题 1;

在题 3 中的不等式可化为 $\frac{c^{-1}}{a^5+b^5+c^{-1}}+\frac{a^{-1}}{b^5+c^5+a^{-1}}+\frac{b^{-1}}{c^5+a^5+b^{-1}} \leqslant 1$,式(1)取 $p=-\frac{1}{5}, a \to a^5, b \to b^5, c \to c^5$ 即得.

在题 4 中令 $x=\frac{a^3}{abc}, y=\frac{b^3}{abc}, z=\frac{c^3}{abc}$,原不等式可化为

$$\frac{1}{1+x+y}+\frac{1}{1+y+z}+\frac{1}{1+z+x} \leqslant 1 \quad xyz=1, x,y,z>0$$

这显然是题 1.

注记 2 美国 *Mathematical Reflections* 2008 年第 6 期有如下一题目:

设 a,b,c 为正数, $abc=1$,则

$$\frac{a^2+b^2}{a^2+b^2+1}+\frac{b^2+c^2}{b^2+c^2+1}+\frac{c^2+a^2}{c^2+a^2+1} \geqslant \frac{a+b}{a^2+b^2+1}+\frac{b+c}{b^2+c^2+1}+\frac{c+a}{c^2+a^2+1}$$

证明 所证不等式即

$$\frac{a+b+1}{a^2+b^2+1}+\frac{b+c+1}{b^2+c^2+1}+\frac{c+a+1}{c^2+a^2+1} \leqslant 3$$

利用柯西不等式得

$$\frac{a+b+1}{a^2+b^2+1}+\frac{b+c+1}{b^2+c^2+1}+\frac{c+a+1}{c^2+a^2+1} \leqslant$$

$$\frac{\sqrt{3(a^2+b^2+1)}}{a^2+b^2+1}+\frac{\sqrt{3(b^2+c^2+1)}}{b^2+c^2+1}+\frac{\sqrt{3(c^2+a^2+1)}}{c^2+a^2+1}=$$

$$\sqrt{3}\left(\frac{1}{\sqrt{a^2+b^2+1}}+\frac{1}{\sqrt{b^2+c^2+1}}+\frac{1}{\sqrt{c^2+a^2+1}}\right)\leqslant$$

$$\sqrt{3}\cdot\sqrt{3\left(\frac{1}{a^2+b^2+1}+\frac{1}{b^2+c^2+1}+\frac{1}{c^2+a^2+1}\right)}\leqslant 1$$

(最后一步用到了题 1 中的不等式).

下面给出式(1)、式(2) 的 n 元推广,我们有

命题 2 设 $x_i>0(i=1,2,\cdots,n), x_1 x_2 \cdots x_n \geqslant 1$,则

(I) 当 $p \geqslant 1$ 时,有

$$\sum_{i=1}^{n}\frac{x_i^p}{x_i^p+\sum_{j=1,j\neq i}^{n}x_j}\geqslant 1 \tag{3}$$

(II) 当 $\dfrac{1}{1-n}<p<1$ 时,有

$$\sum_{i=1}^{n}\frac{x_i^p}{x_i^p+\sum_{j=1,j\neq i}^{n}x_j}\leqslant 1 \tag{4}$$

证明 当 $p \geqslant 1$ 时,由 $x_1 x_2 \cdots x_n \geqslant 1, p \geqslant 1$,有 $(x_1 x_2 \cdots x_n)^{\frac{p-1}{n}} \geqslant 1$,因此

$$\frac{x_i^p}{x_i^p+\sum_{j=1,j\neq i}^{n}x_j}\geqslant \frac{x_i^p}{x_i^p+(x_1 x_2 \cdots x_n)^{\frac{p-1}{n}}\sum_{j=1,j\neq i}^{n}x_j}=\frac{x_i^k}{x_i^k+(\prod_{j=1,j\neq i}^{n}x_j)^{\frac{p-1}{n}}\sum_{j=1,j\neq i}^{n}x_j}$$

其中

$$k=\frac{(n-1)p+1}{n}\geqslant 1$$

由均值不等式及幂平均不等式有

$$\left(\prod_{j=1,j\neq i}^{n}x_j\right)^{\frac{p-1}{n}}\cdot\sum_{j=1,j\neq i}^{n}x_j \leqslant \left[\frac{\sum_{j=1,j\neq i}^{n}x_j}{n-1}\right]^{\frac{(n-1)(p-1)}{n}}\cdot\sum_{j=1,j\neq i}^{n}x_j=\left(\frac{1}{n-1}\right)^{\frac{(n-1)(p-1)}{n}}\cdot$$

$$\left(\sum_{j=1,j\neq i}^{n}x_j\right)^{\frac{(n-1)(p-1)}{n}+1}=$$

$$(n-1)\left[\frac{\sum_{j=1,j\neq i}^{n}x_j}{n-1}\right]^{k}\leqslant (n-1)\frac{\sum_{j=1,j\neq i}^{n}x_j^k}{n-1}=$$

$$\sum_{j=1,j\neq i}^{n}x_j^k$$

即

$$\left(\prod_{j=1,j\neq i}^{n} x_j\right)^{\frac{p-1}{n}} \sum_{j=1,j\neq i}^{n} x_j \leqslant \sum_{j=1,j\neq i}^{n} x_j^k$$

所以

$$\frac{x_i^p}{x_i^p + \sum_{j=1,j\neq i}^{n} x_j} \geqslant \frac{x_i^k}{x_i^k + \sum_{j=1,j\neq i}^{n} x_j^k} = \frac{x_i^k}{\sum_{j=1}^{n} x_j^k}$$

于是

$$\sum_{i=1}^{n} \frac{x_i^p}{x_i^p + \sum_{j=1,j\neq i}^{n} x_j} \geqslant \sum_{i=1}^{n} \frac{x_i^k}{\sum_{j=1}^{n} x_j^k} = 1$$

即不等式(3)成立.

当 $-\frac{1}{n-1} < p < 1$ 时,由 $x_1 x_2 \cdots x_n \geqslant 1, p < 1$,有 $0 < (x_1 x_2 \cdots x_n)^{\frac{p-1}{n}} < 1$,因此

$$\frac{x_i^p}{x_i^p + \sum_{j=1,j\neq i}^{n} x_j} \leqslant \frac{x_i^p}{x_i^p + (x_1 x_2 \cdots x_n)^{\frac{p-1}{n}} \sum_{j=1,j\neq i}^{n} x_j} = \frac{x_i^k}{x_i^k + \left(\prod_{j=1,j\neq i}^{n} x_j\right)^{\frac{p-1}{n}} \sum_{j=1,j\neq i}^{n} x_j}$$

其中 $k = \frac{(n-1)p+1}{n}$(由 $-\frac{1}{n-1} < p < 1$,知 $0 < k < 1$).

由均值不等式,并注意到 $\frac{p-1}{n} < 0$,有

$$\prod_{j=1,j\neq i}^{n} x_j \leqslant \frac{\sum_{j=1,j\neq i}^{n} x_j}{n-1} \Leftrightarrow \left(\prod_{j=1,j\neq i}^{n} x_j\right)^{\frac{p-1}{n}} \geqslant \left[\frac{\sum_{j=1,j\neq i}^{n} x_j}{n-1}\right]^{\frac{(n-1)(p-1)}{n}}$$

又 $0 < k < 1$,由幂平均不等式有

$$\left[\frac{\sum_{j=1,j\neq i}^{n} x_j^k}{n-1}\right]^{\frac{1}{k}} \leqslant \frac{\sum_{j=1,j\neq i}^{n} x_j}{n-1} \Leftrightarrow \frac{\sum_{j=1,j\neq i}^{n} x_j^k}{n-1} \leqslant \left[\frac{\sum_{j=1,j\neq i}^{n} x_j}{n-1}\right]^k$$

所以

$$\left(\prod_{j=1,j\neq i}^{n} x_j\right)^{\frac{p-1}{n}} \cdot \sum_{j=1,j\neq i}^{n} x_j \geqslant \left[\frac{\sum_{j=1,j\neq i}^{n} x_j}{n-1}\right]^{\frac{(n-1)(p-1)}{n}} \cdot \sum_{j=1,j\neq i}^{n} x_j =$$

$$\left(\frac{1}{n-1}\right)^{\frac{(n-1)(p-1)}{n}} \cdot \left(\sum_{j=1,j\neq i}^{n} x_j\right)^{\frac{(n-1)(p-1)}{n}+1} =$$

$$(n-1)\left[\frac{\sum_{j=1,j\neq i}^{n} x_j}{n-1}\right]^k \geqslant (n-1)\frac{\sum_{j=1,j\neq i}^{n} x_j^k}{n-1} = \sum_{j=1,j\neq i}^{n} x_j^k$$

即

$$\left(\prod_{j=1,j\neq i}^{n} x_j\right)^{\frac{p-1}{n}} \sum_{j=1,j\neq i}^{n} x_j \geqslant \sum_{j=1,j\neq i}^{n} x_j^k$$

所以
$$\frac{x_i^p}{x_i^p + \sum_{j=1, j\neq i}^{n} x_j} \leqslant \frac{x_i^k}{x_i^k + \sum_{j=1, j\neq i}^{n} x_j^k} = \frac{x_i^k}{\sum_{j=1}^{n} x_j^k}$$

于是
$$\sum_{i=1}^{n} \frac{x_i^p}{x_i^p + \sum_{j=1, j\neq i}^{n} x_j} \leqslant \sum_{i=1}^{n} \frac{x_i^k}{\sum_{j=1}^{n} x_j^k} = 1$$

即不等式(4)成立.

注记 对比 $n=3$ 时的结论,我们猜测:

(1) 当 $x_i > 0 (i=1,2,\cdots,n)$,$x_1 x_2 \cdots x_n = 1$,$p \leqslant \dfrac{1+n}{1-n}$ 时,不等式(3)成立;

(2) 当 $x_i > 0 (i=1,2,\cdots,n)$,$x_1 x_2 \cdots x_n \geqslant 1$,$\dfrac{1+n}{1-n} < p < -\dfrac{1}{n-1}$ 时,不等式(3)反向成立.

简解一道国家集训队测试题

武瑞新[①]

如图1所示,半圆 ω 的直径为 AB,两个互相外切的圆 ω_1,ω_2 均与半圆 ω 相内切,且与线段 AB 相切,圆 ω_1 与半圆 ω 切于点 C,圆 ω_2 与线段 AB 切于点 Q,求 $\tan \angle ACQ$ 的值. (2010 年国家集训队第 6 次测试第一题)

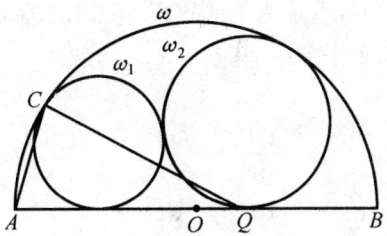

图1

解 如图2所示,将半圆 ω 补成全圆,仍记为 ω,设 ω 不含点 C 的弧 AB 的中点为 E,圆 ω_1 与线段 AB 切于点 P,圆 ω_2 与 ω 切于点 D,圆 ω 的半径为 R,圆心为 O,圆 ω_1 的圆心为 O_1,半径为 R_1,圆 ω_2 的圆心为 O_2,半径为 R_2.

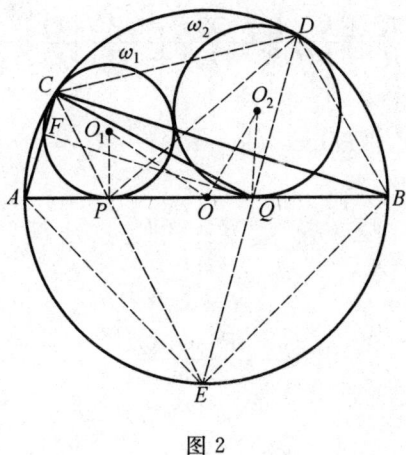

图2

---

① 武瑞新,武汉市汉阳区永丰街派出所.

下面的引理是熟知的：

引理 如图 3 所示，设两圆 ω_1 及 ω_2 内切于 A，圆 ω_1 的弦 BC 与圆 ω_2 切于点 D，而 AD 平分 $\angle BAC$.

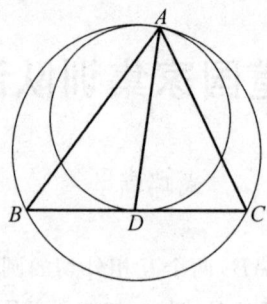

图 3

证明从略.

联结 B、C，作 QF 垂直于 AC，垂足为 F，则 $QF \parallel BC$. 设 CP 与圆 ω 交于 E，由引理知 E 为弧 AB（不含 C）的中点，CP 平分 $\angle ACB$.

所以
$$\frac{QF}{BC} = \frac{AQ}{AB}$$
$$\frac{CF}{BQ} = \frac{AC}{AB}$$

所以
$$\tan \angle ACQ = \frac{QF}{CF} = \frac{BC}{AC} \cdot \frac{AQ}{BQ} = \frac{BP}{AP} \cdot \frac{AQ}{BQ} =$$
$$\frac{(R+OP)(R+OQ)}{(R-OP)(R-OQ)} =$$
$$\frac{R^2 + R(OP+OQ) + OP \cdot OQ}{R^2 - R(OP+OQ) + OP \cdot OQ} \qquad (*)$$

易知
$$OP^2 = OO_1^2 - PO_1^2 = (R-R_1)^2 - R_1^2 = R^2 - 2RR_1$$

所以
$$2R_1 = \frac{R^2 - OP^2}{R}$$

同理
$$2R_2 = \frac{R^2 - OQ^2}{R}$$

熟知
$$PQ^2 = 4R_1 R_2$$

所以
$$(OP+OQ)^2 = 2R_1 \cdot 2R_2 = \frac{(R^2-OP^2)(R^2-OQ^2)}{R^2}$$

所以
$$R^2(OP+OQ)^2 = (R^2-OP^2)(R^2-OQ^2)$$

变形得
$$2R^2(OP+OQ)^2 = (R^2+OP\cdot OQ)^2$$

所以
$$\sqrt{2}R(OP+OQ) = R^2+OP\cdot OQ$$

将此结果代入式(*)得
$$\tan\angle ACQ = \frac{(\sqrt{2}+1)(OP+OQ)}{(\sqrt{2}-1)(OP+OQ)} = 3+2\sqrt{2}$$

说明：由上面的解答可知,本题并不需要将半圆 ω 补成全圆,这里的目的是为证明 P、Q、O、C 四点共圆给出辅助线. 命题者给出的是解析法,计算量很大,且用到两角和的正切公式,笔者认为平面几何问题,应尽可能用初等的解法(初中生能接受的). 由对称性可知 $\tan\angle ACQ = \tan\angle BDP$,即知 $\angle PCQ = \angle PDQ$,故 P、Q、D、C 四点共圆,但这一结论有一巧妙的证法,留给读者作为练习(图 2 中已给出辅助线).

一道 USAMO 试题与 Möbius 函数

刘培杰

1 问题的提出

试题 多项式 $(1-z)^{b_1}(1-z^2)^{b_2}\cdots(1-z^{32})^{b_{32}}$,其中 b_i 为正整数,具有以下性质:将它乘开后,如果忽略 z 的高于 32 次的那些项,留下的是 $1-2z$. 试求 b_{32}.

这是第 17 届美国数学奥林匹克竞赛第 5 题. 这个试题的解答是比较容易想到的:

$$(1-z)^{b_1}(1-z^2)^{b_2}\cdots(1-z^{32})^{b_{32}} \equiv 1-2z \pmod{z^{33}}$$

所以比较 z 的系数得 $b_1 = 2$. 将上式左边的多项式 $f(z)$ 乘以 $f(-z)$ 产生

$$(1-z^2)^{b_1+2b_2}(1-z^4)^{2b_4}(1-z^6)^{b_3+2b_6}\cdots(1-z^{32})^{2b_{32}} \equiv 1-4z^2 \pmod{z^{34}}$$

即

$$g(w) = (1-w)^{b_1+2b_2}(1-w^2)^{2b_4}(1-w^3)^{b_3+2b_6}(1-w^4)^{2b_8}\cdots(1-w^{16})^{2b_{32}} \equiv 1-4w \pmod{w^{17}}$$

比较 w 的系数得 $b_1 + 2b_2 = 4$,从而 $b_2 = 1$

$$g(w)g(-w) \equiv (1-w^2)^{b_1+2b_2+4b_4}(1-w^4)^{4b_8}\cdots(1-w^{16})^{4b_{32}} \equiv 1-16w^2 \pmod{w^{18}} \Rightarrow$$

$$b_1 + 2b_2 + 4b_4 = 16$$

从而

$$b_4 = \frac{16-4}{4} = 3$$

如此继续下去,依次得出

$$b_8 = 30, b_{16} = 2^{12} - 2^4 = 4\,080$$

最后由方程

$$b_1 + 2b_2 + 4b_4 + 8b_8 + 16b_{16} + 32b_{32} = 2^{32}$$

得

$$b_{32} = \frac{2^{32} - 2^{16}}{32} = 2^{27} - 2^{11}$$

现在的问题是:如何能得到 b_n 的一般表达式. 我们说如果利用数论中著名的麦比乌斯函数 $\mu(d)$,可将一般式表达为 $b_h = \dfrac{1}{h}\sum_{d\mid h}\mu(d)2^{\frac{h}{d}}\,(1 \leqslant h \leqslant 32)$ 其中 $\sum_{d\mid h}$ 表对 h 的所有正因数 d 求和.

2 麦比乌斯其人及以他命名的函数

德国数学家麦比乌斯(Augustus Ferdinand Möbius)1790年11月17日生于舒尔福特. 早年在莱比锡大学求学,1816年起任天文学教授,后转至哥廷根大学,成为高斯的得意门生和得力助手. 1844年升任莱比锡天文台台长. 他一生中花了大量的时间和精力从事数学研究.

一般读者知晓麦比乌斯是通过所谓的麦比乌斯带,它既被埃舍尔制成了版画,也被瑞士建筑师比尔做成了雕塑,名为"连续",现在还竖立在法兰克福德意志银行的门前,由一整块80吨重的花岗岩雕刻而成.

在数论中麦比乌斯提出了一个以他的名字命名的函数——麦比乌斯函数 $\mu(n)$. (从Landau的著作中可知函数 $\mu(n)$ 早在1748年就已经隐含地出现在欧拉的著作中了,但是麦比乌斯是系统研究其性质的第一人)

当 $n = 1$ 时 $\mu(1) = 1$;

当 $n > 1$ 时,设 $n = p_1^{l_1} \cdots p_s^{l_s}$ 为 n 的标准分解式,则 $\mu(n)$ 定义为

$$\mu(n) = \begin{cases} (-1)^s & l_1 = \cdots = l_s = 1 \\ 0 & \text{有某个 } l_j > 1 \quad (1 \leqslant j \leqslant s) \end{cases}$$

(注:$\mu(n)$ 也可表示成如下形式 $\mu(n) = \sum_{(m,n)=1} e^{\frac{2\pi i m}{n}}$,就是说 $\mu(n)$ 是1的 n 次原根之和)$\mu(n)$ 有如下性质.

3 两个性质

定理1 如果 $n \geqslant 1$,则有

$$\sum_{d/h} \mu(d) = \left[\frac{1}{n}\right] \tag{1}$$

证明 当 $n = 1$ 时,(1) 式显然成立.

现设 $n > 1$, n 的标准分解式为 $n = p_1^{l_1} \cdots p_s^{l_s}$,则

$$\sum_{d/h} \mu(d) = \mu(1) + \mu(p_1) + \cdots + \mu(p_s) + \mu(p_1 p_2) + \cdots +$$
$$\mu(p_{s-1} p_s) + \cdots + \mu(p_1 \cdots p_s) =$$
$$1 + C_s^1(-1) + C_s^2(-1)^2 + \cdots + C_s^s(-1)^s = (1-1)^s = 0 \text{ (证毕)}$$

利用 $\mu(n)$ 可以将欧拉(Euler)函数 $\varphi(n)$ 表示为 $\varphi(n) = \sum_{d|n} \mu(d) \frac{n}{d}$.

用定理1还可以得到如下 E. Meissel 公式.

定理2 若 α 是大于等于1的任何实数时,则

$$\sum_{n=1}^{[\alpha]} \mu(n) \left[\frac{\alpha}{n}\right] = 1$$

证明 由定理1有

$$\sum_{n=1}^{[\alpha]} \sum_{d|n} \mu(d) = 1$$

但又得

$$\sum_{a=1}^{[\alpha]} \sum_{d|a} \mu(d) = \sum_{d=1}^{[\alpha]} \mu(d) \left[\frac{\alpha}{d}\right]$$

这是因为从 1 到 $[\alpha]$ 这 $[\alpha]$ 个数都有做约数的机会,而且每个数恰好是 $\left[\frac{\alpha}{d}\right]$ 个数的约数,因为不大于 α 的 d 的倍数恰好有 $\left[\frac{\alpha}{d}\right]$ 个,所以

$$\sum_{d=1}^{[\alpha]} \mu(d) \left[\frac{\alpha}{d}\right] = 1$$

即

$$\sum_{n=1}^{[\alpha]} \mu(n) \left[\frac{\alpha}{n}\right] = 1$$

其他更多性质可参见文献[5],[12～16].

4 反演定理

定理 1 设 $F(a)$ 是一个数论函数,若用 $G(a)$ 表示下列的数论函数

$$G(a) = \sum_{d|a} F(d)$$

则

$$F(a) = \sum_{d|a} \mu(d) G\left(\frac{a}{d}\right)$$

这个式子称为麦比乌斯的反演式,这个反演式的可能性是容易看出的.因为由于

$$G(1) = F(1)$$
$$G(2) = F(2) + F(1)$$
$$G(3) = F(3) + F(1)$$
$$\vdots$$

可以得

$$F(1) = G(1)$$
$$F(2) = G(2) - G(1)$$
$$F(3) = G(3) - G(1)$$
$$\vdots$$

证明 若 $d > 0, d \mid a$,则

$$G\left(\frac{a}{d}\right) = \sum_{b \mid \frac{a}{d}} F(b)$$

$$\mu(d) G\left(\frac{a}{d}\right) = \sum_{b \mid \frac{a}{d}} \mu(d) F(b)$$

所以
$$\sum_{d|a}\mu(d)G\left(\frac{a}{d}\right) = \sum_{d|a}\sum_{b|\frac{a}{d}}\mu(d)F(b)$$

（因为,既然对于一个固定的 d,有一些固定的 b,就是 $\frac{a}{d}$ 的全体的约数,那么对于一个固定的 b,也恰好只有那些固定的 d,就是 $\frac{a}{b}$ 的全体约数,所以

$$\sum_{d|a}\mu(d)G\left(\frac{a}{d}\right) = \sum_{b|a}\sum_{d|\frac{a}{b}}\mu(d)F(b)$$

又因为

$$\sum_{d|\frac{a}{b}}\mu(d) = \begin{cases} 1 & \text{若 } b = a \\ 0 & \text{若 } b \mid a, b < a \end{cases}$$ （证毕）

$$\sum_{d|a}\mu(d)G\left(\frac{a}{d}\right) = \sum_{b|a}F(b)\sum_{d|\frac{a}{b}}\mu(d) = F(a)$$

下面应用定理 3 来推导文章开头提到试题的一般结论：

取 $F(n) = nb_n$, $G(n) = 2^n$,则易知

$$G(n) = \sum_{d|n}F(d) = \sum_{d|n}db_d$$

则由[定理 3]知

$$F(n) = nb_n = \sum_{d|n}\mu(d)G\left(\frac{n}{d}\right) = \sum_{d|n}\mu(d)2^{\frac{n}{d}}$$

故

$$b_n = \frac{1}{n}\sum_{d|n}\mu(d)2^{\frac{n}{d}}$$

1968 年 Berlekamp 在其著作中曾给出了一个类似前面提到的试题的解法,逐次解出的过程中自然地引出了麦比乌斯函数,这种富于启发式的推理值得借鉴.

当然还有包含 $\mu(n)$ 的其他的不同类型的反演公式存在.

如下面的 Hardy - Wright 定理

定理 4 如果对所有正数 x

$$G(x) = \sum_{n=1}^{[x]}F\left[\frac{x}{n}\right]$$

那么

$$F(x) = \sum_{n=1}^{[x]}\mu(n)G\left[\frac{x}{n}\right]$$

详细证明见参考文献[13].

定理 4 的一个重要特例为所谓的 Dedekind - Liouville 公式

$$n = \sum_{d|n}\phi(d), \quad \varphi(n) = \sum_{d|n}\frac{n}{d}\mu(d)$$

5 两个练习

利用麦比乌斯反演定理还可证解决如下两个《美国数学月刊》的征解问题.

问题1 证明
$$D(n) = \begin{vmatrix} (1,1)^\lambda & (1,2)^\lambda & \cdots & (1,n)^\lambda \\ (2,1)^\lambda & (2,2)^\lambda & \cdots & (2,n)^\lambda \\ \vdots & \vdots & & \vdots \\ (n,1)^\lambda & (n,2)^\lambda & \cdots & (n,n)^\lambda \end{vmatrix} =$$
$$(n!)^\lambda \left(1 - \frac{1}{2^\lambda}\right)^{\left[\frac{n}{2}\right]} \left(1 - \frac{1}{3^\lambda}\right)^{\left[\frac{n}{3}\right]} \left(1 - \frac{1}{5^\lambda}\right)^{\left[\frac{n}{5}\right]} \cdots$$

其中 (i,j) 表示整数 i,j 的最大公因数.

问题2 假设关于非负整数 $x_1, x_2, \cdots, x_n$ 的两个 n 元对称函数 $M(x_1, x_2, \cdots, x_n)$ 和 $S(x_1, x_2, \cdots, x_n)$ 定义如下:$M(x_1, x_2, \cdots, x_n) \equiv M'(x_1) M'(x_2) \cdots M'(x_n)$,在这个恒等式中,$M'(x) = 1, -1, 0$,对应于 $x = 0, x = 1, x > 1$;若 $S_j(x_1, x_2, \cdots, x_n)$ 是关于 $x_1, x_2, \cdots, x_n$ 的 j 次初等对称函数,则

$$S_j(x_1, x_2, \cdots, x_n) \equiv 1 + \sum_{j=1}^{n} j S_j(x_1, x_2, \cdots, x_n)$$

试证明 $\sum M(x_1 - b_1, \cdots, x_n - b_n) S(b_1, \cdots, b_n)$ 等于集合 $x_1, x_2, \cdots, x_n$ 中正整数的个数,如果 $x_1 = x_2 = \cdots = x_n = 0$,则和等于1,和式中的 b_i 取所有使得 $0 \leqslant b_i \leqslant x_i (i=1,2,\cdots,n)$ 的整数.

以上两问题的解答可参见文献[4]P318～320.

6 其他应用

数学中许多著名的及有用的函数都可以用麦比乌斯函数表示,举例如下.

(1) 在复分析中,最有名的函数之一是所谓的黎曼 ζ-函数. 即
$$\zeta(s) = \sum_{n=1}^{\infty} n^{-s}$$
它定义在 $\mathrm{Re}(s) > 1$ 的复平面上,我们可以证明:
$$\frac{1}{\zeta(s)} = \sum_{n=1}^{\infty} \mu(n) \eta^{-s}$$

(2) 设 $f_n(z)$ 是这样一个函数,它把使得 $\eta^n = 1$ 但对一切 $1 \leqslant k \leqslant \eta, \eta^k \neq 1$ 的所有数作为它的零点,则 $f_n(z)$ 可表示为
$$f_n(z) = \prod_{k \mid n} (z^k - 1)^{\mu\left(\frac{n}{k}\right)}$$

1930 年 Vaidyanthaswamy 曾证明了

$$\sigma_k(m,n) = \sum_{d \mid (m \cdot n)} \sigma_k\left(\frac{m}{d}\right)\sigma_k\left(\frac{n}{d}\right)d^k\mu(d)$$

  前面提到的修正的麦比乌斯变换及其反演公式,虽在一些关于数论和组合数学的著作中经常出现(见文献[1～3,6～11,18]在 Cesáro(1887);H.F.Baker(1889);Gegenbauer,(1893);E.T.Bell(1926)等人的著作中可以看到麦比乌斯反演式的各种推广,但长期以来并未得到重视与广泛应用.1990 年,我国北京科技大学的陈难先教授成功地将其应用于凝聚态物理中的两个重要问题:声子态密度和黑体辐射的反问题.出人意料而恰到好处地给出了问题的精确解,开辟了应用纯粹数学工具解决物理问题的新途径.此后,陈难先等还讨论了其他一些物理问题中的反演问题.

参 考 文 献

[1] I TOMESCU.组合学引论[M].清华大学应用数学系离散数学教研组,译.北京:高等教育出版社,1985.

[2] 潘永亮,徐俊明.组合数学[M].北京:科学出版社,2006.

[3] VAN LINT J H,WILSON R M.组合数学教程[M].刘振宏,赵振江,译.北京:机械工业出版社,2007.

[4] 国际最佳数学组解问题分析[M].际湘能,等,译.长沙:湖南科学技术出版社,1983.

[5] 任承俊.数论导引提要及习题解答[M].柯召,审定.成都:四川科学技术出版社,1986.

[6] 屠规彰.组合计数方法及其应用[M].北京:科学出版社,1981.

[7] 徐利治,蒋茂森,朱自强.计算组合数学[M].上海:上海科学技术出版社,1983.

[8] 柯召,孙琦.数论讲义[M].北京:高等教育出版社,1986.

[9] 李乔.组合学讲义[M].北京:高等教育出版社,1993.

[10] 张文鹏.初等数论[M].西安:陕西师范大学出版社,2007.

[11] 乐茂华.初等数论[M].广州:广东高等教育出版社,2002.

[12] л я 奥库涅夫.数论简明教程[M].洪波,译.上海:上海科学技术出版社,1959.

[13] HARDY G H,WRIGHT E M.数论导引[M].5 版.张明尧,张凡,译.北京:人民邮电出版社,2008.

[14] 潘承洞,潘承彪.初等数论[M].北京:北京大学出版社,1992.

[15] 潘承洞,潘承彪.哥德巴赫猜想[M].北京:科学出版社,1981.

[16] 张德馨.整数论(第一卷)[M].北京:科学出版社,1981.

[17] 彼得曼遗稿编辑部.高级超越函数[M].张致中,译.上海:上海科学技术出版社,1959.

[18] 谭明术.组合序列与矩阵[M].北京:科学出版社,2008.

一道 IMO 妙题的赏析

邓寿才

1

1981，第 22 届 IMO 在美国举行，其中第 1 题是英国提供的：

题目 如图 1 所示，已知 P 是 $\triangle ABC$ 内的一点，从点 P 向 BC, CA, AB 作垂线，垂足分别为 D, E, F，找到所有的点 P，使

$$\frac{BC}{PD} + \frac{CA}{PE} + \frac{AB}{PF}$$

为极小值．

当你翻开红色巨著《历届 IMO 试题集》（刘培杰主编）第 365 页时，上述妙题那两种优美的解法立即映入你的眼帘，使你爱不释手，陶醉其间．

解法 1 设 BC、CA、AB 依次为 a, b, c，PD, PE, PF 依次为 x, y, z，$\triangle ABC$ 的面积为 S，周长为 L，那么应用柯西（Cauchy）不等式有

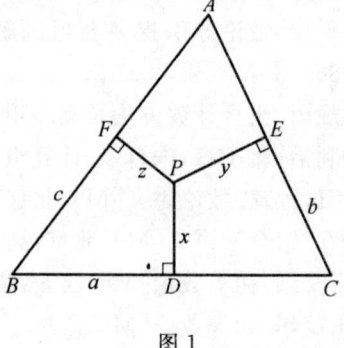

图 1

$$2S\left(\frac{a}{x} + \frac{b}{y} + \frac{c}{z}\right) = (ax + by + cz)\left(\frac{a}{x} + \frac{b}{y} + \frac{c}{z}\right) \geqslant$$

$$\left(\sqrt{ax \cdot \frac{a}{x}} + \sqrt{by \cdot \frac{b}{y}} + \sqrt{cz \cdot \frac{c}{z}}\right)^2 =$$

$$(a+b+c)^2 = L^2 \Rightarrow$$

$$\frac{a}{x} + \frac{b}{y} + \frac{c}{z} \geqslant \frac{L^2}{2S} \Rightarrow$$

$$\left(\frac{BC}{PD} + \frac{CA}{PE} + \frac{AB}{PF}\right)_{\min} = \frac{L^2}{2S} \quad (A)$$

其中式（A）等号成立仅当

$$ax : \frac{a}{x} = by : \frac{b}{y} = cz : \frac{c}{z} \Rightarrow$$

$$x = y = z \Rightarrow PD = PE = PF = r$$

（这里 r 为 $\triangle ABC$ 的内切圆半径）即当 P 为 $\triangle ABC$ 的内心时，$\dfrac{BC}{PD}+\dfrac{CA}{PE}+\dfrac{AB}{PF}$ 取到极小值 $\dfrac{L^2}{2S}$.

解法 2 如图 2 所示，联结 PA, PB, PC，并设 $\angle PBC = \alpha, \angle PCA = \beta, \angle PAB = \gamma$，则有

$$\begin{cases} BD = PD \cdot \cot \alpha \\ DC = PD \cdot \cot(C-\beta) \end{cases} \Rightarrow$$

$$BC = PD[\cot \alpha + \cot(C-\beta)] \Rightarrow$$

$$\dfrac{BC}{PD} = \cot \alpha + \cot(C-\beta)$$

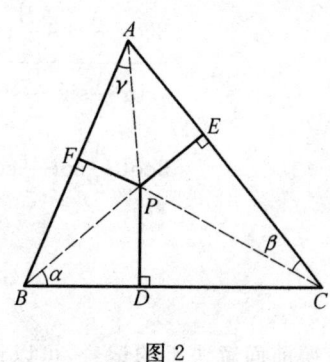

图 2

同理

$$\begin{cases} \dfrac{AC}{PE} = \cot \beta + \cot(A-\gamma) \\ \dfrac{AB}{PF} = \cot \gamma + \cot(B-\alpha) \end{cases} \Rightarrow$$

$$\dfrac{BC}{PD}+\dfrac{CA}{PE}+\dfrac{AB}{PF} =$$

$$[\cot \alpha + \cot(B-\alpha)] + [\cot \beta + \cot(C-\beta)] + [\cot \gamma + \cot(A-\gamma)] =$$

$$\dfrac{\sin B}{\sin \alpha \cdot \sin(B-\alpha)} + \dfrac{\sin C}{\sin \beta \sin(C-\beta)} + \dfrac{\sin A}{\sin \gamma \cdot \sin(A-\gamma)} =$$

$$\dfrac{2\sin B}{\cos(2\alpha - B) - \cos B} + \dfrac{2\sin C}{\cos(2\beta - C) - \cos C} + \dfrac{2\sin A}{\cos(2\gamma - A) - \cos A} \geqslant$$

$$\dfrac{2\sin A}{1 - \cos A} + \dfrac{2\sin B}{1 - \cos B} + \dfrac{2\sin C}{1 - \cos C} =$$

$$2\left(\cot \dfrac{A}{2} + \cot \dfrac{B}{2} + \cot \dfrac{C}{2}\right) \Rightarrow$$

$$\left(\dfrac{BC}{PD}+\dfrac{CA}{PE}+\dfrac{AB}{PF}\right)_{\min} = 2\left(\cot \dfrac{A}{2} + \cot \dfrac{B}{2} + \cot \dfrac{C}{2}\right) =$$

$$2\cot \dfrac{A}{2} \cot \dfrac{B}{2} \cot \dfrac{C}{2}$$

从上述推导知，所求极小值为 $2\cot \dfrac{A}{2} \cot \dfrac{B}{2} \cot \dfrac{C}{2}$.

当 $2\alpha - B = 2\beta - C = 2\gamma - A = 0$ 时，$\Rightarrow$

$$(\alpha, \beta, \gamma) = \left(\dfrac{A}{2}, \dfrac{B}{2}, \dfrac{C}{2}\right)$$

即当 P 为 $\triangle ABC$ 的内心时，所求表达式取到极小值.

从表象看来，上述两种解法分别是代数法和三角法，得到的结果不同，但它们的实质是一致的，具有异曲同工之妙. 这是因为应用熟知的三角恒等式有

$$\dfrac{L^2}{2S} = \dfrac{(a+b+c)^2}{2S} =$$

$$\dfrac{4(\sin A + \sin B + \sin C)^2}{4\sin A \sin B \sin C} =$$

$$\frac{16\left(\cos\frac{A}{2}\cos\frac{B}{2}\cos\frac{C}{2}\right)^2}{8\left(\sin\frac{A}{2}\sin\frac{B}{2}\sin\frac{C}{2}\right)\left(\cos\frac{A}{2}\cos\frac{B}{2}\cos\frac{C}{2}\right)} =$$

$$\frac{2\cos\frac{A}{2}\cos\frac{B}{2}\cos\frac{C}{2}}{\sin\frac{A}{2}\sin\frac{B}{2}\sin\frac{C}{2}} =$$

$$2\cot\frac{A}{2}\cot\frac{B}{2}\cos\frac{C}{2}$$

2

依照前面解法 1 的记号,可以将本题结论改写成一个不等式

$$\frac{a}{x}+\frac{b}{y}+\frac{c}{z}\geqslant\frac{L^2}{2S} \tag{A}$$

且式(A)的左边恰似三位亭亭玉立的少女,她们心连心,手拉手,笑脸如花,楚楚动人.

在几何不等式的探讨中,应用代数方法,常常会将所探讨的几何不等式装扮得花枝招展,风采迷人.

我们知道,在前面的证明中应用了公式

$$ax+by+cz=2S$$

对此公式作变换

$$ax+by+cz=2S$$
$$\downarrow \quad \downarrow \quad \downarrow \quad \downarrow$$
$$\frac{a}{x}+\frac{b}{y}+\frac{c}{z}\geqslant\frac{L^2}{2S} \tag{A}$$

就得到了式(A),这就是式(A)的来历.

现在,对上述公式作第二次变换:

$$ax \quad by \quad cz = 2S$$
$$\downarrow \quad \downarrow \quad \downarrow$$
$$\frac{b+c}{x}+\frac{c+a}{y}+\frac{a+b}{z}\geqslant 6\left[\frac{\sqrt{3}(bc+ca+ab)}{S}\right]^{\frac{1}{2}} \tag{B}$$

证明 应用公式有

$$2S = ax+by+cz \geqslant$$
$$\left[\left(2\sum bc - \sum a^2\right)\left(\sum yz\right)\right]^{\frac{1}{2}} \geqslant$$
(应用杨克昌不等式)
$$\left[4\sqrt{3}S\left(\sum yz\right)\right]^{\frac{1}{2}}$$
(应用"费-哈"不等式)⇒

$$\sum yz = yz + zx + xy \leqslant \frac{S}{\sqrt{3}} \Rightarrow \qquad (1)$$

$$\sum \frac{1}{yz} \geqslant \frac{9}{\sum yz} \geqslant \frac{9\sqrt{3}}{S} \Rightarrow \qquad (2)$$

$$\frac{b+c}{x} + \frac{c+a}{y} + \frac{a+b}{z} \geqslant$$

$$2\left[(bc + ca + ab)\left(\frac{1}{yz} + \frac{1}{zx} + \frac{1}{xy}\right)\right]^{\frac{1}{2}} \geqslant$$

$$2\left[(bc + ca + ab) \cdot \frac{9\sqrt{3}}{S}\right]^{\frac{1}{2}} =$$

$$6[\sqrt{3}(bc + ca + ab)/S]^{\frac{1}{2}}$$

即式(B)成立. 等号成立仅当 $\triangle ABC$ 为正三角形,且 P 为其内心.

我们知道,三角形的等周不等式是

$$L^2 \geqslant 6\sqrt{3} S$$

因此式(A)有推论

$$\frac{a}{x} + \frac{b}{y} + \frac{c}{z} \geqslant 3\sqrt{3} \qquad (A')$$

而且式(A')有系数推广：

$$\lambda \frac{a}{x} + u \frac{b}{y} + v \frac{c}{z} \geqslant 2\sqrt{3}(\sqrt{uv} + \sqrt{v\lambda} + \sqrt{\lambda u}) \qquad (A'')$$

显然,当 $\lambda = u = v$ 时,式(A'')即为式(A).

证明 应用杨克昌不等式、"费-哈"不等式、柯西不等式有

$$\lambda \frac{a}{x} + u \frac{b}{y} + v \frac{c}{z} = a\left(\frac{\lambda}{x}\right) + b\left(\frac{u}{y}\right) + c\left(\frac{v}{z}\right) \geqslant$$

$$\left[\left(2\sum bc - \sum a^2\right)\left(\sum \frac{uv}{yz}\right)\right]^{\frac{1}{2}} \geqslant$$

$$\left[4\sqrt{3} S \left(\sum \frac{uv}{yz}\right)\right]^{\frac{1}{2}} \geqslant$$

$$\left[4\sqrt{3} S \cdot \frac{(\sum \sqrt{uv})^2}{\sum yz}\right]^{\frac{1}{2}} \geqslant$$

$$\left[4\sqrt{3} S \cdot \frac{\sqrt{3}}{S} (\sum \sqrt{uv})^2\right]^{\frac{1}{2}} \Rightarrow$$

$$\sum \lambda \frac{a}{x} \geqslant 2\sqrt{3}(\sum \sqrt{uv})$$

即式(A'')成立.

同理,我们可将式(B)系数推广为

$$\lambda\left(\frac{b+c}{x}\right) + u\left(\frac{c+a}{y}\right) + v\left(\frac{a+b}{z}\right) \geqslant$$

$$2(\sqrt{uv} + \sqrt{v\lambda} + \sqrt{\lambda u})\left[\frac{\sqrt{3}(bc+ca+ab)}{S}\right]^{\frac{1}{2}} \quad \text{(C)}$$

3

至今，我们还未建立式(A)的系数推广，为此，我们先建立式(A)的指数推广．

推广 1 设 $\triangle ABC$ 的三边长为 a,b,c，周长为 L，面积为 S，其内任一点 P 到三边 a，b，c 的距离为 x,y,z，指数 $\alpha \geqslant 1, \beta > 0$，则有

$$\frac{a^\alpha}{x^\beta} + \frac{b^\alpha}{y^\beta} + \frac{c^\alpha}{z^\beta} \geqslant \frac{3^{1-\alpha} \cdot L^{\alpha+\beta}}{(2S)^\beta} \quad \text{(D)}$$

特别地，当 $\alpha = \beta = 1$ 时，式(D) 化为式(A)．

证明 我们有

$$\alpha \geqslant 1 \Rightarrow \theta = \frac{\alpha + \beta}{1 + \beta} \geqslant 1 \Rightarrow$$

$$\sum \frac{a^\alpha}{x^\beta} = \sum \frac{a^{\alpha+\beta}}{(ax)^\beta} = \sum \frac{(a^\theta)^{1+\beta}}{(ax)^\beta} \geqslant$$

（应用权方和不等式）

$$\frac{(\sum a^\theta)^{1+\beta}}{(\sum ax)^\beta} = \frac{(\sum a^\theta)^{1+\beta}}{(2S)^\beta} \geqslant$$

$$\frac{1}{(2S)^\beta} \cdot \left[3\left(\frac{\sum a}{3}\right)^{\frac{\alpha+\beta}{1+\beta}}\right]^{1+\beta} =$$

$$(2S)^{-\beta} \cdot 3^{1+\beta} \cdot \left(\frac{L}{3}\right)^{\alpha+\beta} \Rightarrow$$

$$\sum \frac{a^\alpha}{x^\beta} \geqslant \frac{3^{1-\alpha} \cdot L^{\alpha+\beta}}{(2S)^\beta}$$

即式(D) 成立，等号成立仅当 $\triangle ABC$ 为正三角形，且 P 为其内心．

有了式(D) 做基石，我们建立式(A) 的系数推广就有了保证．

推广 2 设 $\triangle ABC$ 的三边长为 a,b,c，其内任一点 P 到 a,b,c 边的距离依次为 x,y,z，指数 $K \in (0,1)$，系数 $\lambda, u, v > 0$，$\triangle ABC$ 的周长为 L，面积为 S，则有

$$\lambda \frac{a}{x} + u \frac{b}{y} + v \frac{c}{z} \geqslant \frac{L^{\frac{1+K}{K}}}{2S}\left(\frac{a}{\sqrt[1-K]{\lambda^K}} + \frac{b}{\sqrt[1-K]{u^K}} + \frac{c}{\sqrt[1-K]{v^K}}\right)^{\frac{K-1}{K}} \quad \text{(E)}$$

特别地，当 $\lambda = u = v$ 时，式(E) 化为式(A)．

证明 注意到 $K \in (0,1) \Rightarrow 1 - K \in (0,1)$ 且 $K + (1-K) = 1$，应用赫尔德（hölder）不等式有

$$\left(\sum \lambda \frac{a}{x}\right)^K \cdot \left(\sum \frac{a}{\sqrt[1-K]{\lambda^K}}\right)^{1-K} \geqslant$$

$$\sum\left[\left(\lambda \frac{a}{x}\right)^K \cdot \left(\frac{a}{\sqrt[1-K]{\lambda^K}}\right)^{1-K}\right] =$$

$$\sum \frac{a}{x^K} \geq \frac{L^{1+K}}{(2S)^K} (应用式(D)) \Rightarrow$$

$$\sum \lambda \frac{a}{x} \geq \frac{L^{\frac{1+K}{K}}}{2S} \cdot \left(\sum \frac{a}{\sqrt[K]{\lambda^K}}\right)^{\frac{K-1}{K}}$$

即式(E)成立,等号成立仅当 $\triangle ABC$ 的内心为 P,且 $\lambda = u = v$.

我们仔细观察式(E),发现它美中不足的是:不仅仅 a,b,c 与 λ,u,v 在右边纠缠在一起,难分难舍,而且指数 k 也和它们搅和在一起凑热闹.如果我们能将式(E)右边的 a,b,c 与 λ,u,v 分离出来,那就再好不过了.然而,我们能梦想成真吗?"有人告诉我,月宫有嫦娥".

推广 3 设 $\triangle ABC$ 的三边长为 a,b,c,周长为 L,面积为 S,P 为其内任意一点,P 到边 a,b,c 的距离为 x,y,z,指数 $\alpha > 1, \beta > 0, \lambda, u, v$ 为正系数,则有

$$\lambda\left(\frac{a^\alpha}{x^\beta}\right) + u\left(\frac{b^\alpha}{y^\beta}\right) + v\left(\frac{c^\alpha}{z^\beta}\right) \geq \frac{L^{\alpha+\beta}}{(2S)^\beta}\left[\left(\frac{1}{\lambda}\right)^{\frac{1}{\alpha-1}} + \left(\frac{1}{u}\right)^{\frac{1}{\alpha-1}} + \left(\frac{1}{v}\right)^{\frac{1}{\alpha-1}}\right]^{1-\alpha} \quad (F)$$

显然,当 $\lambda = u = v$ 时,式(F) 化为式(D).

证明 注意到

$$\left.\begin{array}{c}\alpha > 1 \\ \beta > 0\end{array}\right\} \Rightarrow \begin{cases} \dfrac{1}{\alpha+\beta} + \dfrac{\beta}{\alpha+\beta} + \dfrac{\alpha-1}{\alpha+\beta} = 1 \\ \dfrac{1}{\alpha+\beta}, \dfrac{\beta}{\alpha+\beta}, \dfrac{\alpha-1}{\alpha+\beta} \in (0,1)\end{cases}$$

及 $ax + by + cz = 2S, a+b+c = L$. 应用赫尔德不等式有

$$(2S)^{\frac{\beta}{\alpha+\beta}} \cdot \left(\sum \lambda \frac{a^\alpha}{x^\beta}\right)^{\frac{1}{\alpha+\beta}} \cdot \left[\sum \left(\frac{1}{\lambda}\right)^{\frac{1}{\alpha-1}}\right]^{\frac{\alpha-1}{\alpha+\beta}} =$$

$$\left(\sum ax\right)^{\frac{\beta}{\alpha+\beta}} \cdot \left[\sum \lambda \frac{a^{\alpha+\beta}}{(ax)^\beta}\right]^{\frac{1}{\alpha+\beta}} \cdot \left[\sum \left(\frac{1}{\lambda}\right)^{\frac{1}{\alpha-1}}\right]^{\frac{\alpha-1}{\alpha+\beta}} \geq$$

$$\sum \left[\left(\lambda \frac{a^{\alpha+\beta}}{(ax)^\beta}\right)^{\frac{1}{\alpha+\beta}} \cdot (ax)^{\frac{\beta}{\alpha+\beta}} \cdot \left(\frac{1}{\lambda}\right)^{\frac{1}{\alpha-1} \cdot \frac{\alpha-1}{\alpha+\beta}}\right] =$$

$$\sum a = a + b + c = L \Rightarrow$$

$$(2S)^\beta \left(\sum \lambda \frac{a^\alpha}{x^\beta}\right) \cdot \left[\sum \left(\frac{1}{\lambda}\right)^{\frac{1}{\alpha-1}}\right]^{\alpha-1} \geq L^{\alpha+\beta} \Rightarrow$$

$$\sum \lambda \frac{a^\alpha}{x^\beta} \geq \frac{L^{\alpha+\beta}}{(2S)^\beta} \cdot \left[\sum \left(\frac{1}{\lambda}\right)^{\frac{1}{\alpha-1}}\right]^{1-\alpha}$$

即式(F)成立,等号成立仅当

$$ax : by : cz =$$

$$\lambda \frac{a^\alpha}{x^\beta} : u \frac{b^\alpha}{y^\beta} : v \frac{c^\alpha}{z^\beta} =$$

$$\left(\frac{1}{\lambda}\right)^{\frac{1}{\alpha-1}} : \left(\frac{1}{u}\right)^{\frac{1}{\alpha-1}} : \left(\frac{1}{v}\right)^{\frac{1}{\alpha-1}} \Rightarrow$$

$$\begin{cases} a = b = c \\ x = y = z \\ \lambda = u = v \end{cases}$$

即 $\triangle ABC$ 为正三角形，P 为其内心，且 $\lambda = u = v$.

上面的式(E)和式(F)的证明均应用了赫尔德不等式，但式(F)应用得最成功，也显得更优美.

4

我们在前面得到了式(A)的推论

$$\frac{a}{x} + \frac{b}{y} + \frac{c}{z} \geqslant 3\sqrt{3} \tag{A'}$$

将式(A')的字母换写成：

$$\begin{cases} (a,b,c) \longrightarrow (a_1, a_2, a_3) \\ (x,y,z) \longrightarrow (d_1, d_2, d_3) \end{cases} \Rightarrow$$

$$\frac{a_1}{d_1} + \frac{a_2}{d_2} + \frac{a_3}{d_3} \geqslant 3\sqrt{3} \tag{A'}$$

喜欢数学的人常说：数学是万花筒，它变化多端，五彩缤纷. 如果我们让式(A')从数学万花筒通过，那么式(A')会立刻摇身一变，焕然一新，光彩照人.

Hetomg 不等式：设 d_1, d_2, d_3 分别表示 $\triangle A_1 A_2 A_3$ 内任意一点 P 到边 $A_2 A_3, A_3 A_1$, $A_1 A_2$ 的距离，$A_2 A_3 = a_1, A_3 A_1 = a_2, A_1 A_2 = a_3$，则有不等式

$$\frac{1}{d_1} + \frac{1}{d_2} + \frac{1}{d_3} \geqslant 2\sqrt{3}\left(\frac{1}{a_1} + \frac{1}{a_2} + \frac{1}{a_3}\right) \tag{G}$$

式(G)是分式和几何不等式，既有吸引力，又有一定难度，证明它和研究它均要应用我们以前曾介绍过的引理.

引理 设 $\triangle A_1 A_2 A_3$ 的三边长为 a_1, a_2, a_3，面积为 Δ；$0 \leqslant \theta \leqslant 1$，则以 $a_1^\theta, a_2^\theta, a_3^\theta$ 为边可以作面积为 $\Delta(\theta)$ 的三角形（约定 $\Delta(1) = \Delta$），

且

$$\Delta(\theta) \geqslant \frac{\sqrt{3}}{4}\left(\frac{4}{\sqrt{3}}\Delta\right)^\theta \tag{a}$$

显然，当 $\theta = 0$ 和 1 时，式(a)化为等式 $\Delta(0) = \frac{\sqrt{3}}{4}, \Delta = \Delta$；当 $0 < \theta < 1$ 时，式(a)等号成立仅当 $\triangle A_1 A_2 A_3$ 为正三角形.

特别地，当 $\theta = \frac{1}{2}$ 时，式(a)即为"费-哈"不等式

$$2\sum bc - \sum a^2 \geqslant 4\sqrt{3}\Delta \Leftrightarrow$$

$$\sum a^2 \geqslant 4\sqrt{3}\Delta + \sum(b-c)^2 \tag{b}$$

的等价形式

$$\Delta\left(\frac{1}{2}\right) \geqslant \frac{\sqrt{3}}{4}\left(\frac{4}{\sqrt{3}}\Delta\right)^{\frac{1}{2}} = \frac{\sqrt{3}}{2}\left(\frac{\Delta}{\sqrt{3}}\right)^{\frac{1}{2}} \qquad (c)$$

现在我们证明式(G).

证明 （ⅰ）我们先证

$$(\sum a_1)a_1a_2a_3 \geqslant 4(\sqrt{\sum a_2^2 a_3^2})\Delta \Leftrightarrow \qquad (1)$$

$$(\sum a_1)^2 a_1^2 a_2^2 a_3^2 \geqslant 16(\sum a_2^2 a_3^2)\Delta^2 \Leftrightarrow$$

$$(\sum a_1)^2 a_1^2 a_2^2 a_3^2 \geqslant (\sum a_2^2 a_3^2)(\sum a_1)\prod(a_2+a_3-a_1) \Leftrightarrow$$

$$\sum a_1 \geqslant (\sum \frac{1}{a_1^2})\prod(a_2+a_3-a_1) \qquad (2)$$

令 $\begin{cases} x = a_2+a_3-a_1 > 0 \\ y = a_3+a_1-a_2 > 0 \\ z = a_1+a_2-a_3 > 0 \end{cases} \Rightarrow \begin{cases} a_1 = (y+z)/2 \\ a_2 = (z+x)/2 \\ a_3 = (x+y)/2 \end{cases}$

代入式(2)得

$$\sum x \geqslant xyz \sum \left(\frac{z}{y+z}\right)^2 \qquad (3)$$

但

$$xyz \sum \left(\frac{z}{y+z}\right)^2 \leqslant xyz \sum \left(\frac{1}{\sqrt{yz}}\right)^2 = xyz \sum \frac{1}{yz} = \sum x$$

即式(3)成立,等号成立仅当 $x = y = z \Rightarrow a_1 = a_2 = a_3$.

（ⅱ）根据面积公式和柯西不等式有

$$2\Delta\left(\frac{1}{d_1}+\frac{1}{d_2}+\frac{1}{d_3}\right) = (\sum a_1 d_1)\left(\sum \frac{1}{d_1}\right) \geqslant (\sum \sqrt{a_1})^2 \Rightarrow$$

$$\sum \frac{1}{d_1} \geqslant \frac{(\sum \sqrt{a_1})^2}{2\Delta} \qquad (4)$$

由式(4)知,欲证明式(G),须证明

$$\frac{(\sum \sqrt{a_1})^2}{2\Delta} \geqslant 2\sqrt{3} \sum \frac{1}{d_1} \Leftrightarrow \qquad (5)$$

$$(\sum \sqrt{a_1}) \cdot (\sqrt{a_1} \cdot \sqrt{a_2} \cdot \sqrt{a_3}) \geqslant$$

$$(2\sqrt[4]{3}) \cdot \sqrt{\sum (a_2 a_3)^2} \cdot \sqrt{\Delta} \qquad (6)$$

利用式(1)有

$$(\sum \sqrt{a_1}) \cdot \sqrt{a_1 a_2 a_3} \geqslant 4\sqrt{\sum a_2 a_3} \cdot \Delta\left(\frac{1}{2}\right) \geqslant$$

$$4\sqrt{\sum a_2 a_3}\left[\sqrt{\frac{3}{4}} \cdot \sqrt{\frac{4\Delta}{\sqrt{3}}}\right] =$$

$$2(\sqrt[4]{3}) \cdot \sqrt{\sum a_2 a_3} \cdot \sqrt{\Delta}$$

即式(6)成立,逆推之,式(G)成立,等号成立仅当 $\triangle A_1A_2A_3$ 为正三角形.

由平均值不等式易得

$$2\sqrt{3}\sum\frac{1}{a_1}=\frac{\sqrt{3}}{R}\sum\csc A_1 \geqslant \frac{6}{R}\Rightarrow$$

$$\sum\frac{1}{d_1}\geqslant 2\sqrt{3}\sum\frac{1}{a_1}\geqslant\frac{6}{R} \tag{7}$$

因此式(7)是式(G)的推论,而式(G)是式(7)的加强,但这一加强来之不易.

下面我们先从指数方面将式(G)推广为:

推广 4 设 d_1,d_2,d_3 分别为 $\triangle A_1A_2A_3$ 内任意一点 P 到三边 A_2A_3,A_3A_1,A_1A_2 的距离,设 $A_2A_3=a_1,A_3A_1=a_2,A_1A_2=a_3$,指数 $\theta\in[0,1]$,求证:

$$d_1^{-\theta}+d_2^{-\theta}+d_3^{-\theta}\geqslant(2\sqrt{3})^\theta(a_1^{-\theta}+a_2^{-\theta}+a_3^{-\theta}) \tag{H}$$

显然,当 $\theta=0$ 时,式(H)化为等式 $3=3$,成立;当 $\theta=1$ 时,式(H)化为式(F),成立;因此,下面我们只须证明当 $0<\theta<1$ 时式(H)成立即可.

证明 当 $0<\theta<1$ 时,由前面的式(6)有

$$\left(\sum\sqrt{a_1}\right)\sqrt{a_1a_2a_3}\geqslant(2\sqrt[4]{3})\cdot\left(\sqrt{\sum a_2a_3}\right)\cdot\sqrt{\Delta} \tag{8}$$

应用前面的引理有

$$\left(\sum\sqrt{a_1^\theta}\right)\cdot\sqrt{(a_1a_2a_3)^\theta}\geqslant$$

$$2\sqrt[4]{3}\cdot\sqrt{\sum(a_2a_3)^\theta}\cdot\sqrt{\Delta(\theta)}\geqslant$$

$$\sqrt{3\left(\frac{4}{\sqrt{3}}\Delta\right)^\theta}\cdot\sqrt{\sum(a_2a_3)^\theta}\Rightarrow$$

$$\left(\sum\sqrt{a_1^\theta}\right)^2\geqslant 3\left(\frac{4}{\sqrt{3}}\Delta\right)^\theta\cdot\frac{\sum(a_2a_3)^\theta}{(a_1a_2a_3)^\theta}=$$

$$3\left(\frac{4}{\sqrt{3}}\Delta\right)^\theta\cdot\sum a_1^{-\theta} \tag{9}$$

又

$$2\Delta=\sum(a_1d_1)=a_1d_1+a_2d_2+a_3d_3$$

由 $0<\theta<1$ 应用幂平均不等式有

$$\frac{2}{3}\Delta\geqslant\frac{\sum(a_1d_1)}{3}\geqslant\left[\frac{\sum(a_1d_1)^\theta}{3}\right]^{\frac{1}{\theta}}\Rightarrow$$

$$3\left(\frac{2}{3}\Delta\right)^\theta\geqslant(a_1d_1)^\theta+(a_2d_2)^\theta+(a_3d_3)^\theta\Rightarrow$$

(应用柯西不等式)

$$3\left(\frac{2}{3}\Delta\right)^\theta\cdot\sum d_1^{-\theta}\geqslant\left(\sum(a_1^\theta d_1^\theta)\right)\cdot\left(\sum d_1^{-\theta}\right)\geqslant$$

$$\left(\sum\sqrt{a_1^\theta}\right)^2(\text{应用式}(9))\geqslant$$

$$3\left(\frac{4}{\sqrt{3}}\right)^\theta \cdot \left(\sum a_1^{-\theta}\right) \Rightarrow$$

$$\sum d_1^{-\theta} \geqslant (2\sqrt{3})^\theta \left(\sum a_1^{-\theta}\right)$$

即式(H)成立,等号成立仅当 $\triangle A_1A_2A_3$ 为正三角形,且 P 为其内心.

许多优美的几何不等式和代数或三角不等式一样,也有漂亮的系数推广,使之显得更加优美,令人偏爱.

推广 5 设 d_1, d_2, d_3 分别为 $\triangle A_1A_2A_3$ 内任意一点 P 到三边 A_2A_3, A_3A_1, A_1A_2 的距离,设 $A_2A_3 = a_1, A_3A_1 = a_2, A_1A_2 = a_3$. 系数 $t_1, t_2, t_3 \in (0,3), t_1 + t_2 + t_3 = 3$,则有

$$\frac{t_1^2}{d_1} + \frac{t_2^2}{d_2} + \frac{t_3^2}{d_3} \geqslant 2\sqrt{3} K \left(\frac{t_1}{a_1} + \frac{t_2}{a_2} + \frac{t_3}{a_3}\right) \tag{I}$$

其中

$$K = \left[\frac{t_1\sqrt{a_1} + t_2\sqrt{a_2} + t_3\sqrt{a_3}}{\sqrt{a_1} + \sqrt{a_2} + \sqrt{a_3}}\right]^4$$

显然,当 $t_1 = t_2 = t_3 = 1$ 时,$K = 1$,式(I) 化为式(G).

当 $\triangle A_1A_2A_3$ 为正三角形时,$a_1 = a_2 = a_3 = a, d_1 = d_2 = d_3 = r = \dfrac{a}{2\sqrt{3}}, K = \left(\dfrac{t_1 + t_2 + t_3}{3}\right)^4 = 1$. 式(I) 化为

$$t_1^2 + t_2^2 + t_3^2 \geqslant t_1 + t_2 + t_3 = 3$$

显然成立.

证明 (i) 我们先证明

$$\left(\sum a_1\right) \sum t_1(a_2 + a_3 - a_1) \cdot a_1^2 a_2^2 a_3^2 \geqslant$$
$$4\left(\sum t_1 a_2^2 a_3^2\right) \Delta^2 \tag{1}$$

令
$$\begin{cases} x = a_2 + a_3 - a_1 > 0 \\ y = a_3 + a_1 - a_2 > 0 \\ z = a_1 + a_2 - a_3 > 0 \end{cases} \Rightarrow \begin{cases} a_1 = (y+z)/2 \\ a_2 = (z+x)/2 \\ a_3 = (x+y)/2 \end{cases}$$

代入式(1) 得

$$\left(\sum x\right)\left(\sum t_1 x\right) \geqslant 4\left(\sum \frac{t_1}{a_1^2}\right)\Delta^2 =$$
$$4\left(\sum \frac{t_1}{(y+z)^2}\right) \cdot \left(\sum x\right) xyz \Rightarrow$$
$$\sum t_1 x \geqslant 4xyz \left(\sum \frac{t_1}{(y+z)^2}\right) \tag{2}$$

但

$$4xyz\left(\sum \frac{t_1}{(y+z)^2}\right) \leqslant xyz \left(\sum \frac{t_1}{yz}\right) = \sum t_1 x$$

即式(2) 成立,从而式(1) 成立.

应用引理,对式(1)作置换

$$(a_1, a_2, a_3, \Delta) \to \left(\sqrt{a_1}, \sqrt{a_2}, \sqrt{a_3}, \sqrt{\frac{\sqrt{3}}{4}\Delta}\right) \Rightarrow$$

$$\left(\sum \sqrt{a_1}\right) \sum t_1 (\sqrt{a_2} + \sqrt{a_3} - \sqrt{a_1}) \cdot a_1 a_2 a_3 \geqslant$$

$$4\left(\sum t_1 a_2 a_3\right) \cdot \frac{\sqrt{3}}{4}\Delta = \sqrt{3}\left(\sum t_1 a_2 a_3\right)\Delta \Rightarrow \quad (3)$$

$$\left(\sum \sqrt{a_1}\right)\left[\sum (t_2 + t_3 - t_1)\sqrt{a_1}\right] \cdot a_1 a_2 a_3 \geqslant$$

$$\sqrt{3}\left(\sum t_1 a_2 a_3\right)\Delta$$

又

$$2\Delta \cdot \left(\sum \frac{t_1^2}{d_1}\right) = \left(\sum a_1 d_1\right) \cdot \left(\sum \frac{t_1^2}{d_1}\right) \geqslant \left(\sum t_1 \sqrt{a_1}\right)^2 \Rightarrow$$

$$\sum \frac{t_1^2}{d_1} \geqslant \frac{\left(\sum t_1 \sqrt{a_1}\right)^2}{2\Delta} \quad (4)$$

因此,欲证明式(I),须证明

$$\frac{\left(\sum t_1 \sqrt{a_1}\right)^2}{2\Delta} \geqslant 2\sqrt{3}K\left(\sum \frac{t_1}{a_1}\right) \Leftrightarrow$$

$$\left(\sum t_1 \sqrt{a_1}\right)^2 a_1 a_2 a_3 \geqslant 4\sqrt{3}K\left(\sum t_1 a_2 a_3\right)\Delta \quad (5)$$

由式(3)知,欲证明式(5),须证明

$$\left(\sum t_1 \sqrt{a_1}\right)^2 a_1 a_2 a_3 \geqslant K\left(\sum \sqrt{a_1}\right)\left(\sum (t_2 + t_3 - t_1)\sqrt{a_1}\right) \cdot a_1 a_2 a_3 \Leftrightarrow$$

$$\left(\sum t_1 \sqrt{a_1}\right)^2 \geqslant K\left(\sum \sqrt{a_1}\right) \cdot \sum (t_2 + t_3 - t_1)\sqrt{a_1} \quad (6)$$

但

$$\left(\sum t_1 \sqrt{a_1}\right)^2 \sum (t_2 + t_3 - t_1)\sqrt{a_1} \leqslant$$

$$\left[\frac{2\sum t_1 \sqrt{a_1} + \sum (t_3 + t_2 - t_1)\sqrt{a_1}}{3}\right]^3 =$$

$$\left[\frac{\sum (t_1 + t_2 + t_3)\sqrt{a_1}}{3}\right]^3 = \left(\sum \sqrt{a_1}\right)^3 \Rightarrow$$

$$K\left(\sum \sqrt{a_1}\right) \sum (t_2 + t_3 - t_1)\sqrt{a_1} \leqslant \left(\sum t_1 \sqrt{a_1}\right)^2$$

即式(6)成立,逆推之,式(I)成立.等号成立仅当 $\triangle A_1 A_2 A_3$ 为正三角形,P 为其内心,且 $t_1 = t_2 = t_3 = 1$.

特别地,当 t_1, t_2, t_3 与 a_1, a_2, a_3 大小同序时

$$K = \left[\frac{\sum t_1 \sqrt{a_1}}{\sum \sqrt{a_1}}\right]^4 \geqslant \left[\frac{\sum t_1}{3}\right]^4 = 1 \Rightarrow$$

$$\frac{t_1^2}{d_1} + \frac{t_2^2}{d_2} + \frac{t_3^2}{d_3} \geqslant 2\sqrt{3}\left(\frac{t_1}{a_1} + \frac{t_2}{a_2} + \frac{t_3}{a_3}\right) \quad (\text{I}')$$

一看便知,式(I′)外观简洁紧凑.

将式(H)与式(I)合并,便可综合推广为:

推广 6 设 $\triangle A_1A_2A_3$ 内任意一点 P 到三边 A_2A_3,A_3A_1,A_1A_2 的距离为 d_1,d_2,d_3,且 $A_2A_3 = a_1$,$A_3A_1 = a_2$,$A_1A_2 = a_3$. 指数 $0 \leqslant \theta \leqslant 1$,系数 $t_1,t_2,t_3 \in (0,3)$,且 $t_1 + t_2 + t_3 = 3$,则有

$$\frac{t_1^2}{d_1^\theta} + \frac{t_2^2}{d_2^\theta} + \frac{t_3^2}{d_3^\theta} \geqslant (2\sqrt{3})^\theta K(\theta) \cdot \left(\frac{t_1}{a_1^\theta} + \frac{t_2}{a_2^\theta} + \frac{t_3}{a_3^\theta}\right) \tag{J}$$

其中

$$K(\theta) = \left[\frac{t_1 a_1^{\frac{\theta}{2}} + t_2 a_2^{\frac{\theta}{2}} + t_3 a_3^{\frac{\theta}{2}}}{a_1^{\frac{\theta}{2}} + a_2^{\frac{\theta}{2}} + a_3^{\frac{\theta}{2}}}\right]^4$$

提示:应用我们在前面得到的结论

$$\left(\sum \sqrt{a_1}\right) \sum (t_2 + t_3 - t_1)\sqrt{a_1} \cdot a_1 a_2 a_3 \geqslant \sqrt{3}\left(\sum t_1 a_2 a_3\right)\Delta \tag{1}$$

应用引理作置换

$$(a_1, a_2, a_3, \Delta) \to (a_1^\theta, a_2^\theta, a_3^\theta, \Delta(\theta)) \Rightarrow$$

$$\left(\sum a_1^{\frac{\theta}{2}}\right) \sum (t_2 + t_3 - t_1) a_1^{\frac{\theta}{2}} \cdot (a_1 a_2 a_3)^\theta \geqslant$$

$$\sqrt{3}\left(\sum t_1 (a_2 a_3)^{\frac{\theta}{2}}\right) \Delta(\theta) \geqslant$$

$$\frac{3}{4}\left(\frac{4}{\sqrt{3}}\Delta\right)^\theta \cdot \sum t_1 a_2^\theta a_3^\theta \Rightarrow$$

$$\left(\sum a_1^{\frac{\theta}{2}}\right) \sum (t_2 + t_3 - t_1) a_1^{\frac{\theta}{2}} \geqslant$$

$$\frac{3}{4}\left(\frac{4}{\sqrt{3}}\Delta\right)^\theta \cdot \left(\sum \frac{t_1}{a_1^\theta}\right) \tag{2}$$

又

$$3\left(\frac{2}{3}\Delta\right)^\theta \cdot \left(\sum \frac{t_1^2}{d_1^\theta}\right) \geqslant \left(\sum a_1 d\right)^\theta \cdot \left(\sum \frac{t_1^2}{d_1^\theta}\right) \geqslant \left(\sum t_1 a_1^{\frac{\theta}{2}}\right)^2 \tag{3}$$

以下仿照式(I)的证明即可.

最后,再将式(I)从一个三角形推广到多个三角形,便是

推广 7 设 $\triangle A_i B_i C_i$ 的三边长为 a_i, b_i, c_i,其内任意一点 P 到边 $B_i C_i, C_i A_i, A_i B_i$ 的距离为 x_i, y_i, z_i,系数 $\lambda, u, v \in (0,3)$,且 $\lambda + u + v = 3$. 指数 $\theta \in [0,1]$,$K_i \in (0,1)$($i = 1, 2, \cdots, n; 1 \leqslant n \in \mathbf{N}$),$\sum_{i=1}^n K_i = 1$,则有

$$\prod_{i=1}^n (\lambda \cdot x_i^{-\theta} + u y_i^{-\theta} + v z_i^{-\theta})^{K_i} \geqslant$$

$$(2\sqrt{3})^\theta \cdot K_n^{(\theta)} \left[\lambda\left(\prod_{i=1}^n a_i^{K_i}\right)^{-\theta} + u\left(\prod_{i=1}^n b_i^{K_i}\right)^{-\theta} + v\left(\prod_{i=1}^n c_i^{K_i}\right)^{-\theta}\right] \tag{K}$$

其中

$$K_n^{(\theta)} = \sum_{i=1}^n \left[\frac{\lambda a_i^{\frac{\theta}{2}} + u b_i^{\frac{\theta}{2}} + v c_i^{\frac{\theta}{2}}}{a_i^{\frac{\theta}{2}} + b_i^{\frac{\theta}{2}} + c_i^{\frac{\theta}{2}}}\right]^4$$

提示 注意到
$$\prod_{i=1}^n t^{k_i} = t^{\sum_{i=1}^n k_i} = t$$

应用赫尔德不等式有
$$\prod_{i=1}^n (\lambda x_i^{-\theta} + u y_i^{-\theta} + v z_i^{-\theta})^{K_i} \geqslant$$
$$(2\sqrt{3})^\theta K_n^{(\theta)} \prod_{i=1}^n (\lambda a_i^{-\theta} + u b_i^{-\theta} + v c_i^{-\theta})^{K_i} \geqslant$$
$$(2\sqrt{3})^\theta K_n^{(\theta)} \left[\prod_{i=1}^n (\lambda a_i^{-\theta})^{K_i} + \prod_{i=1}^n (u b_i^{-\theta})^{K_i} + \prod_{i=1}^n (v c_i^{-\theta})^{K_i}\right] =$$
$$(2\sqrt{3})^\theta K_n^{(\theta)} \left[\lambda \left(\prod_{i=1}^n a_i^{K_i}\right)^{-\theta} + u \left(\prod_{i=1}^n b_i^{K_i}\right)^{-\theta} + v \left(\prod_{i=1}^n c_i^{K_i}\right)^{-\theta}\right]$$

这即为式(K).

5

不等式(A)

$$\frac{a_1}{d_1} + \frac{a_2}{d_2} + \frac{a_3}{d_3} \geqslant \frac{L^2}{2S} \tag{A}$$

本生就是一个优美的分式型几何不等式,我们在前面只是从代数方面去研究它,推广它,并得了几个漂亮的结论. 现在,我们从几何方面去推广它.

首先,我们将式(A)从三角形推广到任意凸多边形.

推广8 设凸 n 边形 $A_1 A_2 \cdots A_n$ 的周长为 L,面积为 S,边长 $A_i A_{i+1} = a_i$ ($i = 1, 2, \cdots, n; 3 \leqslant n \in \mathbf{N}$,约定 $A_{n+1} \equiv A_1$),其内任意一点 P 到边 $A_i A_{i+1}$ 的距离为 d_i,指数 $\alpha > 1$,$\beta > 0, \lambda_i > 0 (i = 1, 2, \cdots, n)$ 为正系数,则有

$$\sum_{i=1}^n \frac{a_i}{d_i} \geqslant \frac{L^2}{2S} \tag{L}$$

$$\sum_{i=1}^n \lambda_i \left(\frac{a_i^\alpha}{d_i^\beta}\right) \geqslant \frac{L^{\alpha+\beta}}{(2S)^\beta} \left[\sum_{i=1}^n \left(\frac{1}{\lambda_i}\right)^{\frac{1}{\alpha-1}}\right]^{1-\alpha} \tag{M}$$

显然,当 $n = 3$ 时,式(L)即为式(A),式(M)等价于式(F).

证明 注意到 $\sum_{i=1}^n a_i d_i = 2S$ 及 $L = \sum_{i=1}^n a_i$,应用赫尔德不等式,且

$$\begin{cases} \alpha > 1 \\ \beta > 0 \end{cases} \Rightarrow \begin{cases} \dfrac{1}{\alpha+\beta}, \dfrac{\beta}{\alpha+\beta}, \dfrac{\alpha-1}{\alpha+\beta} \in (0, 1) \\ \dfrac{1}{\alpha+\beta} + \dfrac{\beta}{\alpha+\beta} + \dfrac{\alpha-1}{\alpha+\beta} = 1 \end{cases} \Rightarrow$$

$$(2S)^{\frac{\beta}{\alpha+\beta}} \left(\sum_{i=1}^n \lambda_i \frac{a_i^\alpha}{d_i^\beta}\right)^{\frac{1}{\alpha+\beta}} \cdot \left[\sum_{i=1}^n \left(\frac{1}{\lambda_i}\right)^{\frac{1}{\alpha-1}}\right]^{\frac{\alpha-1}{\alpha+\beta}} =$$

$$\left(\sum_{i=1}^n a_i d_i\right)^{\frac{\beta}{\alpha+\beta}} \cdot \left[\sum_{i=1}^n \lambda_i \frac{a_i^{\alpha+\beta}}{(a_i d_i)^\beta}\right]^{\frac{1}{\alpha+\beta}} \cdot \left[\sum_{i=1}^n \left(\frac{1}{\lambda_i}\right)^{\frac{1}{\alpha-1}}\right]^{\frac{\alpha-1}{\alpha+\beta}} \geqslant$$

$$\sum_{i=1}^n \left[(a_i d_i)^{\frac{\beta}{\alpha+\beta}} \cdot \left(\lambda_i \frac{a_i^{\alpha+\beta}}{(a_i d_i)^\beta}\right)^{\frac{1}{\alpha+\beta}} \cdot \left(\left(\frac{1}{\lambda_i}\right)^{\frac{1}{\alpha-1}}\right)^{\frac{\alpha-1}{\alpha+\beta}}\right] = \sum_{i=1}^n a_i = L \Rightarrow$$

$$(2S)^\beta \left(\sum_{i=1}^n \lambda_i \frac{a_i^\alpha}{d_i^\beta}\right)^{\frac{1}{\alpha+\beta}} \cdot \left[\sum_{i=1}^n \left(\frac{1}{\lambda_i}\right)^{\frac{1}{\alpha-1}}\right]^{\alpha-1} \geqslant L^{\alpha+\beta} \Rightarrow$$

$$\sum_{i=1}^n \left(\lambda_i \frac{a_i^\alpha}{d_i^\beta}\right) \geqslant \frac{L^{\alpha+\beta}}{(2S)^\beta} \cdot \left[\sum_{i=1}^n \left(\frac{1}{\lambda_i}\right)^{\frac{1}{\alpha-1}}\right]^{1-\alpha}$$

即式(M)成立,等号成立仅当

$$a_1 d_1 : a_2 d_2 : \cdots : a_n d_n =$$
$$\lambda_1 \frac{a_1^\alpha}{d_1^\beta} : \lambda_2 \frac{a_2^\alpha}{d_2^\beta} : \cdots : \lambda_n \frac{a_n^\alpha}{d_n^\beta} =$$
$$\left(\frac{1}{\lambda_1}\right)^{\frac{1}{\alpha-1}} : \left(\frac{1}{\lambda_2}\right)^{\frac{1}{\alpha-1}} : \cdots : \left(\frac{1}{\lambda_n}\right)^{\frac{1}{\alpha-1}} \Rightarrow$$
$$\begin{cases} a_1 = a_2 = \cdots = a_n \\ d_1 = d_2 = \cdots = d_n \\ \lambda_1 = \lambda_2 = \cdots = \lambda_n \end{cases}$$

即 $A_1 A_2 \cdots A_n$ 为正 n 边形,P 为其中心,且 $\lambda_1 = \lambda_2 = \cdots = \lambda_n$.

又应用柯西不等式有

$$2S \sum_{i=1}^n \frac{a_i}{d_i} = \left(\sum_{i=1}^n a_i d_i\right)\left(\sum_{i=1}^n \frac{a_i}{d_i}\right) \geqslant \left(\sum_{i=1}^n a_i\right)^2 = L^2 \Rightarrow$$

$$\sum_{i=1}^n \frac{a_i}{d_i} \geqslant \frac{L^2}{2S}$$

即式(L)成立,等号成立仅当

$$a_1 : \frac{a_1}{d_1} = a_2 : \frac{a_2}{d_2} = \cdots = a_n : \frac{a_n}{d_n} \Rightarrow d_1 = d_2 = \cdots = d_n$$

即当 $A_1 A_2 \cdots A_n$ 存在内切圆,且 P 为其内切圆圆心.

式(A) 不仅可以在平面上无限推广,而且还可以在立体空间无限推广为:

推广 9 设凸多面体 U_n 的体积为 V,具有 n 个面,每个面的面积为 $S_1, S_2, \cdots, S_n$,U_n 的表面积为 S,U_n 内任意一点 P 到面 S_i 的距离为 d_i,指数 $\alpha > 1, \beta > 0$,系数 $\lambda_i > 0 (i = 1, 2, \cdots, n; 4 \leqslant n \in \mathbf{N})$ 则有

$$\sum_{i=1}^n \frac{S_i}{d_i} \geqslant \frac{S^2}{3V} \tag{N}$$

$$\sum_{i=1}^n \left(\lambda_i \frac{S_i^\alpha}{d_i^\beta}\right) \geqslant \frac{S^{\alpha+\beta}}{(3V)^\beta} \cdot \left[\sum_{i=1}^n \left(\frac{1}{\lambda_i}\right)^{\frac{1}{\alpha-1}}\right]^{1-\alpha} \tag{P}$$

注意到

$$3V = \sum_{i=1}^n S_i d_i \text{ 及 } S = \sum_{i=1}^n S_i$$

仿照式(L)、式(M)的证法技巧即可.

特别地,当 $n=4$ 时,U_4 是四面体.

6

有许多趣味优美的不等式,不仅可以推广,还可以加强、完善、配对. 比如,从外形结构上讲,推广 6 中的式(J)

$$\frac{t_1^2}{d_1^\theta}+\frac{t_2^2}{d_2^\theta}+\frac{t_3^2}{d_3^\theta}\geqslant (2\sqrt{3})^\theta K(\theta)\left(\frac{t_1}{a_1^\theta}+\frac{t_2}{a_2^\theta}+\frac{t_3}{a_3^\theta}\right) \tag{J}$$

(其中 $\theta\in[0,1]$)也并非孤单寂寞,独守空房. 它也有个如花似玉,貌若天仙的配对:

推广 10 设 P 为 $\triangle A_1A_2A_3$ 内任意一点,P 到边 $A_2A_3(=a_1)$、$A_3A_1(=a_2)$、$A_1A_2(=a_3)$ 的距离为 d_1,d_2,d_3,指数 $0\leqslant K\leqslant 2$,正系数 $\lambda,u,v\in(0,3)$,且 $\lambda+u+v=3$. 则有

$$\frac{\lambda}{(d_2d_3)^K}+\frac{u}{(d_3d_1)^K}+\frac{v}{(d_1d_2)^K}\geqslant$$
$$(\sqrt{3})^{K-2}\cdot m\left[\frac{\lambda}{(a_2a_3)^K}+\frac{u}{(a_3a_1)^K}+\frac{v}{(a_1a_2)^K}\right] \tag{Q}$$

其中

$$m=p\cdot q \tag{1}$$

$$p=\left(\frac{2\sqrt{3\lambda uv}}{wv+v\lambda+\lambda u}\right)^K \tag{2}$$

$$q=(\lambda^{\frac{1}{1+K}}+u^{\frac{1}{1+K}}+v^{\frac{1}{1+K}})^{1+K} \tag{3}$$

特别地,当 $K=0$ 时,$m=\lambda+u+v=3$. 式(Q) 化为等式
$$\lambda+u+v=\lambda+u+v$$

成立.

当 $K=2$ 时,式(Q) 化为

$$\sum\frac{\lambda}{(d_2d_3)^2}\geqslant m\sum\frac{\lambda}{(a_2a_3)^2} \tag{R}$$

当 $K=1$ 时,式(Q) 化为

$$\sum\frac{\lambda}{d_2d_3}\geqslant\frac{m}{\sqrt{3}}\sum\frac{\lambda}{a_2a_3} \tag{S}$$

证明 我们只须证明当指数 $0<K\leqslant 2$ 时式(Q) 成立即可.

(i) 我们知道,对于任意正数 x,y,z 与任意 $\triangle ABC$,有三角母不等式

$$2\sum yz\cos A\leqslant\sum x^2 \tag{4}$$

由于

$$(\pi-2A)+(\pi-2B)+(\pi-2C)=\pi$$

在式(4) 中作置换

$A,B,C) \to (\pi-2A, \pi-2B, \pi-2C) \Rightarrow$

$2\sum yz\cos(\pi-2A) \leqslant \sum x^2 \Rightarrow$

$-2\sum yz\cos 2A \leqslant \sum x^2 \Rightarrow$

$-2\sum yz(1-2\sin^2 A) \leqslant \sum x^2 \Rightarrow$

$4\sum yz\sin^2 A \leqslant \sum x^2 + 2\sum yz = (\sum x)^2 \Rightarrow$ \hfill (5)

$\sum yz a^2 \leqslant (\sum x)^2 R^2 = (\sum x)^2 \left(\dfrac{abc}{4S}\right)^2 \Rightarrow$

$\dfrac{1}{S} \geqslant \left[\dfrac{2}{\sum x}\right] \cdot \left(\sum \dfrac{yz}{b^2 c^2}\right)^{\frac{1}{2}} \Rightarrow$

$\dfrac{1}{S} \geqslant \left[\dfrac{2}{\sum x}\right] \left(\sum \dfrac{yz}{a_2^2 a_3^2}\right)^{\frac{1}{2}}$

设

$\begin{cases} yz = \lambda \\ zx = u \\ xy = v \end{cases} \Rightarrow \begin{cases} x = (\sqrt{\lambda u v})/\lambda \\ y = (\sqrt{\lambda u v})/u \\ z = (\sqrt{\lambda u v})/v \end{cases} \Rightarrow$

$\dfrac{2}{\sum x} = \dfrac{2\sqrt{\lambda u v}}{\sum uv} \Rightarrow$

$\dfrac{1}{S} \geqslant \left[\dfrac{2\sqrt{\lambda u v}}{\sum uv}\right] \cdot \left(\sum \dfrac{\lambda}{a_2^2 a_3^2}\right)^{\frac{1}{2}}$ \hfill (6)

（ii）应用杨克昌不等式和"费-哈"不等式有

$2S = \sum a_1 d_1 \geqslant [(2\sum a_2 a_3 - \sum a_1^2)(\sum d_2 d_3)]^{\frac{1}{2}} \geqslant [4\sqrt{3} S(\sum d_2 d_3)]^{\frac{1}{2}} \Rightarrow$

$\sum d_2 d_3 \leqslant \dfrac{S}{\sqrt{3}}$ \hfill (7)

由于

$K > 0 \Rightarrow \begin{cases} \dfrac{1}{1+K}, \dfrac{K}{1+K} \in (0,1) \\ \dfrac{1}{1+K} + \dfrac{K}{1+K} = 1 \end{cases} \Rightarrow$

$\left(\dfrac{S}{\sqrt{3}}\right)^{\frac{K}{1+K}} \cdot \left[\sum \dfrac{\lambda}{(d_2 d_3)^K}\right]^{\frac{1}{1+K}} \geqslant$

$(\sum d_2 d_3)^{\frac{K}{1+K}} \cdot \left[\sum \dfrac{\lambda}{(d_2 d_3)^K}\right]^{\frac{1}{1+K}} \geqslant$

（应用赫尔德不等式）

$$\sum \left[(d_2 d_3)^{\frac{K}{1+K}} \cdot \left(\frac{\lambda}{(d_2 d_3)^K}\right)^{\frac{1}{1+K}} \right] = \sum \lambda^{\frac{1}{1+K}} \Rightarrow$$

$$\sum \frac{\lambda}{(d_2 d_3)^K} \geqslant \left(\frac{\sqrt{3}}{S}\right)^K \cdot \left(\sum \lambda^{\frac{1}{1+K}}\right)^{1+K} \geqslant$$

$$\left[\left[\frac{2\sqrt{3}\lambda uv}{\sum uv}\right] \cdot \left(\sum \frac{\lambda}{a_2^2 a_3^2}\right)^{\frac{1}{2}}\right]^K \left(\sum \lambda^{\frac{1}{1+K}}\right)^{1+K} =$$

$$p \cdot q \left(\sum \frac{\lambda}{a_2^2 a_3^2}\right)^{\frac{K}{2}} =$$

$$p \cdot q \left[\sum \frac{\left(\frac{\lambda}{3}\right)}{[(a_2 a_3)^K]^{\frac{2}{K}}}\right]^{\frac{K}{2}} \cdot (\sqrt{3})^K$$

注意到 $\frac{\lambda}{3} + \frac{u}{3} + \frac{v}{3} = 1$ 及 $0 < K \leqslant 2 \Rightarrow \frac{2}{K} \geqslant 1$.

应用加权幂平均不等式有

$$\sum \frac{\lambda}{(d_2 d_3)^K} \geqslant pq(\sqrt{3})^K \sum \frac{\frac{\lambda}{3}}{(a_2 a_3)^K} = (\sqrt{3})^{K-2} \cdot m \sum \frac{\lambda}{(a_2 a_3)^K}$$

即式(Q)成立,易推得等号成立仅当 $K=0$ 或 $\triangle A_1 A_2 A_3$ 为正三角形,P 为其中心,且 $\lambda = u = v$.

而事实上,当 $\triangle A_1 A_2 A_3$ 为正三角形,P 为其中心时,$d_1 = d_2 = d_3 = \frac{a}{2\sqrt{3}}$,$a_1 = a_2 = a_3 = a$,此时,式(Q)化为关于系数 λ, u, v 的代数不等式

$$m \leqslant \frac{(\sqrt{3})^{K+2}}{4^K} \tag{8}$$

妙题赏析　其乐无穷

邓寿才

1

1° 当我们翻阅了许多中学数奥书籍和资料时,发现几乎都有著名的"三角母不等式"(有的资料上称为"三角嵌入不等式").

定理　对于任意实数 x,y,z 和任意 $\triangle ABC$,有不等式

$$x^2+y^2+z^2 \geqslant 2yz\cos A + 2zx\cos B + 2xy\cos C \tag{A}$$

等号成立时仅当

$$\frac{x}{\sin A} = \frac{y}{\sin B} = \frac{z}{\sin C}$$

在阳光灿烂的去年夏季,笔者将式(A)的几种证法、加强、变化及一系列推广行文投向了贵刊,现在,笔者再对式(A)作几点探索补充.

2° (当 $x,y,z > 0$ 时)让我们先增加式(A)的两种新证法.

新证 1　令

$$(\alpha,\beta,\gamma) = (A+60°, B+60°, C+60°) \Rightarrow \alpha+\beta+\gamma = A+B+C+180° = 360°$$

如图 1 所示,以 O 为出发点,在平面内作三条线段 OA', OB', OC', 使 $\angle B'OC' = \alpha = A+60°$, $\angle C'OA' = \beta = B+60°$, $\angle A'OB' = \gamma = C+60°$, 应用余弦定理及三角形面积公式得

$$\begin{cases} a'^2 = y^2+z^2-2yz\cos\alpha \\ b'^2 = z^2+x^2-2zx\cos\beta \\ c'^2 = x^2+y^2-2xy\cos\gamma \end{cases} \Rightarrow$$

$$a'^2+b'^2+c'^2 = 2(x^2+y^2+z^2) - 2(yz\cos\alpha + zx\cos\beta + xy\cos\gamma)$$

设 $\triangle A'B'C'$ 的面积为 Δ,那么

$$4\sqrt{3}\Delta = 2\sqrt{3}(yz\sin\alpha + zx\sin\beta + xy\sin\gamma) \Rightarrow$$

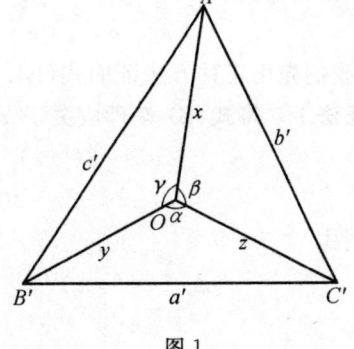

图 1

$$a'^2 + b'^2 + c'^2 - 4\sqrt{3}A = 2[\sum x^2 - \sum yz(\cos\alpha + \sqrt{3}\sin\alpha)] =$$
$$2[\sum x^2 - 2\sum yz\cos(\alpha - 60°)] =$$
$$2(\sum x^2 - 2\sum yz\cos A)$$

应用外森比克(weitenbock)不等式有
$$a'^2 + b'^2 + c'^2 \geq 4\sqrt{3}\Delta \Rightarrow \sum x^2 \geq 2\sum yz\cos A$$

即式(A)成立.

新证 2 如图 2 所示,以 O 为始点,在平面内作向量 $\overrightarrow{OA'} = x, \overrightarrow{OB'} = y, \overrightarrow{OC'} = z$,使 $\angle B'OC' = \alpha = \pi - A, \angle C'OA' = \beta = \pi - B, \angle A'OB' = \gamma = \pi - C$,则有
$$\alpha + \beta + \gamma = 3\pi - (A+B+C) = 3\pi - \pi = 2\pi = 360°$$
由于

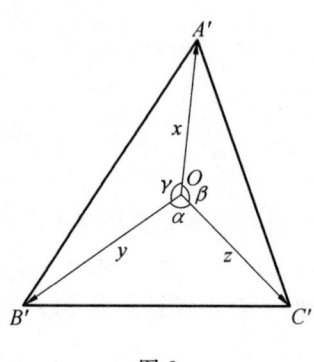

图 2

$$(\overrightarrow{OA'} + \overrightarrow{OB'} + \overrightarrow{OC'})^2 \geq 0 \Rightarrow$$
$$\sum \overrightarrow{OA'}^2 + 2\sum \overrightarrow{OB'} \cdot \overrightarrow{OC'} \geq 0 \Rightarrow$$
$$\sum x^2 + 2\sum yz\cos\alpha \geq 0 \Rightarrow$$
$$\sum x^2 + 2\sum yz\cos(\pi - A) \geq 0 \Rightarrow$$
$$\sum x^2 \geq 2\sum yz\cos A$$

即式(A)成立.

3° 式(A)有几个推广,其中,在国外已有人建立了它的一个新奇的推广:

推广 设 n 为任意正整数,x, y, z 为任意实数,则对任意 $\triangle ABC$ 有
$$x^2 + y^2 + z^2 \geq 2(-1)^{n+1}(yz\cos nA + zx\cos nB + xy\cos nC) \quad (B)$$

等号成立仅当
$$x : y : z = \sin nA : \sin nB : \sin nC$$

下面,我们先用三种方法证明式(B).

证法 1 将式(B)整理成关于 x 的不等式
$$x^2 - 2(-1)^{n+1} \cdot (z\cos nB + y\cos nC)x + (y^2 + z^2 - 2(-1)^{n+1}yz\cos nA) \geq 0 \quad (1)$$

其判别式
$$\Delta_x = 4(-1)^{2(n+1)} \cdot (z\cos nB + y\cos nC)^2 - 4(y^2 + z^2) + 8(-1)^{n+1}yz\cos nA \Rightarrow$$
$$\frac{1}{4}\Delta_x = (z\cos nB + y\cos nC)^2 - y^2 - z^2 + 2(-1)^{n+1}yz\cos nA \quad (2)$$

(i) 当 n 为偶数时,由于
$$\cos nA = \cos[n\pi - (nB + nC)] = \cos(nB + nC)$$
代入式(2)得

$$\frac{1}{4}\Delta_x = (z\cos nB + y\cos nC)^2 - y^2 - z^2 - 2yz\cos(nB + nC) =$$
$$-(1-\cos^2 nC)y^2 - (1-\cos^2 nB)z^2 + 2yz\cos nB\cos nC -$$
$$2yz(\cos nB\cos nC - \sin nB\sin nC) =$$
$$-(y^2\sin^2 nC - 2yz\sin nB\sin nC + z^2\sin^2 nB) =$$
$$-(y\sin nC - z\sin nB)^2 \leqslant 0$$

(ii) 当 n 为奇数时,有
$$\cos nA = -\cos(nB + nC)$$

代入式(2)得
$$\frac{1}{4}\Delta_x = (z\cos nB + y\cos nC)^2 - y^2 - z^2 - 2yz\cos(nB + nC) =$$
$$-(y\sin nC - z\sin nB)^2 \leqslant 0$$

综合(i)和(ii)知,恒有 $\Delta_x \leqslant 0$,即式(1)恒成立,从而式(B)成立. 其中等号成立的条件是
$$\begin{cases} x = (-1)^{n+1} \cdot (z\cos nB + y\cos nC) \\ z\sin nB - y\sin nC = 0 \end{cases}$$

设将 $y = \lambda\sin nB, z = \lambda\sin nC$ 代入上式
$$x = (-1)^{n+1} \cdot \lambda(\sin nC\cos nB + \sin nB\cos nC) =$$
$$(-1)^{n+1}\lambda\sin(nB + nC) = (-1)^{n+1}\lambda\sin(n\pi - nA)$$

当 n 为偶数时
$$x = \lambda\sin nA$$

当 n 为奇数时,同理有
$$x = \lambda\sin nA$$

因此,式(B) 等号成立的条件是
$$x : y : z = \sin nA : \sin nB : \sin nC$$

证法 2 将式(B) 整理成
$$x^2 - 2(-1)^{n+1} \cdot (z\cos nB + y\cos nC)x + y^2 + z^2 - 2(-1)^{n+1}yz\cos nA \geqslant 0$$

配方为
$$[x - (-1)^{n+1}(z\cos nB + y\cos nC)]^2 + M \geqslant 0 \quad (3)$$

其中
$$M = y^2 + z^2 - 2(-1)^{n+1}yz\cos nA - (-1)^{2(n+1)}(z\cos nB + y\cos nC)^2 =$$
$$y^2 + z^2 - 2(-1)^{n+1}yz\cos nA - (z\cos nB + y\cos nC)^2$$

即
$$M = -\frac{1}{4}\Delta_x \geqslant 0 (应用证法 1 的结果) 因此式(3) 成立,从而式(B) 成立.$$

证法 3 设关于 x 的函数为
$$f(x) = \sum x^2 - 2(-1)^{n+1}\sum yz\cos nA =$$
$$x^2 - 2(-1)^{n+1} \cdot (z\cos nB + y\cos nC)x + [y^2 + z^2 - 2(-1)^{n+1}yz\cos nA]$$

对 x 求导得
$$f'(x) = 2x - 2(-1)^{n+1}(z\cos nB + y\cos nC)$$
$$f''(x) = 2 > 0$$

解方程
$$f'(x_0) = 0$$

得
$$x_0 = (-1)^{n+1}(z\cos nB + y\cos nC)$$

代入 $f(x)$ 得
$$f(x_0) = (-1)^{2(n+1)}(z\cos nB + y\cos nC)^2 - 2(-1)^{2(n+1)}(z\cos nB + y\cos nC)^2 +$$
$$y^2 + z^2 - 2(-1)^{n+1}yz\cos nA =$$
$$y^2 + z^2 - 2(-1)^{n+1}yz\cos nA - (z\cos nB + y\cos nC)^2 = M =$$
$$(z\sin nB - y\sin nC)^2 \geqslant 0$$

由于 $f''(x) = 2 > 0$,因此函数 $f(x)$ 有最小值 $f(x_0) = M \geqslant 0$. 即
$$f(x) \geqslant f(x)_{\min} = f(x_0) = M \geqslant 0$$

这表明式(B)成立.

4° 从上面证法可知,有
$$\sum x^2 - 2(-1)^{n+1}\sum yz\cos nA \geqslant (y\sin nC - z\sin nB)^2$$

同理可得
$$\sum x^2 - 2(-1)^{n+1}\sum yz\cos nA \geqslant (z\sin nA - x\sin nC)^2$$
$$\sum x^2 - 2(-1)^{n+1}\sum xy\cos nA \geqslant (x\sin nB - y\sin nA)^2$$

将以上三个不等式相加,再除以 3 得
$$\sum x^2 \geqslant 2(-1)^{n+1}\sum yz\cos nA + Q_1 \tag{C}$$

其中
$$Q_1 = \frac{1}{3}\sum(y\sin nC - z\sin nB)^2$$

这便是式(B)的加强.

同理,从证法 2 我们易得式(B)的第二个加强:
$$\sum x^2 \geqslant 2(-1)^{n+1}\sum yz\cos nA + Q_2 \tag{D}$$

其中
$$Q_2 = \frac{1}{3}\sum[x - (-1)^{n+1}(z\cos nB + y\cos nC)]^2$$

5° 前面的式(A)的证法 2 显得图文并茂,新奇独特,应用此法,可证如下妙题:

题目 设 x, y, z 为任意正数,则有
$$(x^2 + xy + y^2)(y^2 + yz + z^2) \cdot (z^2 + zx + x^2) \geqslant$$
$$(xy + yz + zx)^3 \tag{a}$$

证明 如图 3 所示,以 F 为始点,在平面内作线段 $FA = x, FB = y, FC = z$,连 A, B, C,并设 $\angle BFC = \angle CFA = \angle AFB = 120°$(即 F 为 $\triangle ABC$ 内的费马 Fermat 点).应用余弦定理和三角形面积公式,有

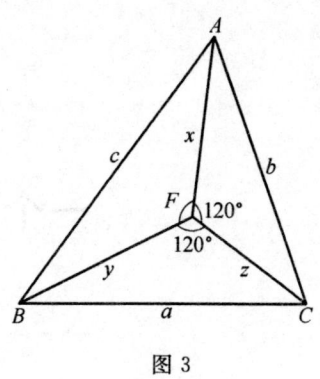

图 3

$$\begin{cases} a^2 = y^2 + z^2 + yz \\ b^2 = z^2 + x^2 + zx \\ c^2 = x^2 + y^2 + xy \\ \Delta = \dfrac{\sqrt{3}}{4}(xy + yz + zx) \end{cases}$$

代入"波-舍"不等式

$$abc \geqslant \left(\frac{4}{\sqrt{3}}\Delta\right)^{\frac{3}{2}} \tag{b}$$

立即得式(a).

有趣的是,如果我们在式(a)中作置换

$$(x, y, z) \to \left(\tan\frac{A}{2}, \tan\frac{B}{2}, \tan\frac{C}{2}\right)$$

并应用三角恒等式

$$\tan\frac{B}{2}\tan\frac{C}{2} + \tan\frac{C}{2}\tan\frac{A}{2} + \tan\frac{A}{2}\tan\frac{B}{2} = 1$$

有

$$\prod\left(\tan^2\frac{B}{2} + \tan\frac{B}{2}\tan\frac{C}{2} + \tan^2\frac{C}{2}\right) \geqslant 1 \tag{c}$$

另外,笔者曾经建立了式(b)的两个推广,其形态结构是

$$a^\alpha b^\beta c^\gamma \geqslant K\left(\frac{4\Delta}{\sqrt{3}}\right)^{\frac{3}{2}} \tag{d}$$

其中 $\alpha, \beta, \gamma > 0, \alpha + \beta + \gamma = 3$. K 是关于 α, β, γ 外加参数 λ, u, v 的代数表达式.这样,(a),(c) 两式又可推广为

$$\prod (y^2 + yz + z^2)^\alpha \geqslant K(yz + zx + xy)^3 \tag{e}$$

$$\prod\left(\tan^2\frac{B}{2} + \tan\frac{B}{2}\tan\frac{C}{2} + \tan^2\frac{C}{2}\right)^\alpha \geqslant K \tag{f}$$

显然,这是两个很漂亮的结果.

2

2009 年中秋佳节,笔者去大福源书楼买了三本数学书,其中一本是《全国高中数学联赛预测卷》(以下简称《预测卷》),这是一本很好的书,令人偏爱.其中第 19 页有一妙题(50 分):

一个不等式的推广

邓寿才

原题 设 $x_i \in \mathbf{R}^+ (i=1,2,\cdots,n)$，且 $x_1 x_2 \cdots x_n = 1$，n 为给定的正整数，试求最小的正数 λ，使得不等式

$$\frac{1}{\sqrt{1+2x_1}} + \frac{1}{\sqrt{1+2x_2}} + \cdots + \frac{1}{\sqrt{1+2x_n}} \leqslant \lambda \tag{A_1}$$

恒成立.

观察式(A_1)左边(记为 P_n)的结构知，用常规方法是很难求出 λ 的. 但我们可以猜测，当 $x_1, x_2, \cdots, x_{n-1} \to 0$ 时，$x_n \to +\infty$，此时，$P_n \to n-1$，即 $\lambda \to n-1$.

让我们先欣赏漂亮的参考解答：

解 令 $2x_1 = \tan^2\theta_1, 2x_2 = \tan^2\theta_2, \cdots, 2x_n = \tan^2\theta_n$，其中 $\theta_i \in (0, \frac{\pi}{2})(i=1,2,\cdots,n)$，将此 n 式相乘得

$$\tan^2\theta_1 \cdot \tan^2\theta_2 \cdot \cdots \cdot \tan^2\theta_n = 2^n$$

原式 $\Leftrightarrow \cos\theta_1 + \cos\theta_2 + \cdots + \cos\theta_n \leqslant \lambda \Leftrightarrow$

$$\lambda \geqslant \max\{\cos\theta_1 + \cos\theta_2 + \cdots + \cos\theta_n\}$$

当 $n=1$ 时，由 $\tan^2\theta_1 = 2$ 得

$$\cos\theta_1 = \frac{\sqrt{3}}{3}$$

当 $n=2$ 时

$$\tan\theta_1 \tan\theta_2 = 2 \Leftrightarrow$$
$$\sin^2\theta_1 \sin^2\theta_2 = 4\cos^2\theta_1 \cos^2\theta_2 \Leftrightarrow$$
$$\cos^2\theta_1 + \cos^2\theta_2 = 1 - 3\cos^2\theta_1 \cos^2\theta_2 \Leftrightarrow$$
$$(\cos\theta_1 + \cos\theta_2)^2 = -3\cos^2\theta_1 \cos^2\theta_2 + 2\cos\theta_1 \cos\theta_2 + 1$$

当 $\cos\theta_1 \cos\theta_2 = \frac{1}{3}$ 时

$$(\cos\theta_1 + \cos\theta_2)_{\max} = \frac{2\sqrt{3}}{3}$$

当 $n \geqslant 3$ 时，现证

$$\cos\theta_1 + \cos\theta_2 + \cdots + \cos\theta_n < n-1 \qquad ①$$

不妨设 $\theta_1 \geqslant \theta_2 \geqslant \cdots \geqslant \theta_n$，则要证式①，只要证 $\cos\theta_1 + \cos\theta_2 + \cos\theta_3 < 2$

因为
$$\tan^2\theta_1 + \tan^2\theta_2 + \cdots + \tan^2\theta_n = 2^n$$
所以
$$\tan^2\theta_1 \tan^2\theta_2 \tan^2\theta_3 \geqslant 2^3$$
$$\tan^2\theta_1 \geqslant 2^3/(\tan^2\theta_2 \tan^2\theta_3)$$
$$\cos\theta_1 = \frac{1}{\sqrt{1+\tan^2\theta_1}} \leqslant \frac{\tan\theta_2 \tan\theta_3}{\sqrt{2^3 + \tan^2\theta_1 \tan^2\theta_2}} = \frac{\sin\theta_2 \sin\theta_3}{\sqrt{2^3 \cos^2\theta_1 \cos^2\theta_3 + \sin^2\theta_2 \sin^2\theta_3}}$$

因为
$$\cos\theta_i = \sqrt{1-\sin^2\theta_i} < 1 - \frac{1}{2}\sin^2\theta_i$$
所以
$$\cos\theta_2 + \cos\theta_3 < 2 - \frac{1}{2}(\sin^2\theta_2 + \sin^2\theta_3) \leqslant 2 - \sin\theta_2 \sin\theta_3$$
$$\cos\theta_1 + \cos\theta_2 + \cos\theta_3 < 2 - \sin\theta_1 \sin\theta_3\left(1 - \frac{1}{\sqrt{2^3 \cos^2\theta_2 \cos^2\theta_3 + \sin^2\theta_2 \sin^2\theta_3}}\right) \leqslant 2 \Leftrightarrow$$
$$2^3 \cos^2\theta_2 \cos^2\theta_3 + \sin^2\theta_2 \sin^2\theta_3 \geqslant 1 \Leftrightarrow$$
$$8 + \tan^2\theta_2 \tan^2\theta_3 \geqslant (1+\tan^2\theta_2)(1+\tan^2\theta_3) \Leftrightarrow$$
$$\tan^2\theta_2 + \tan^2\theta_3 \leqslant 7 \qquad ②$$

若式 ② 成立,则式 ① 成立;若式 ② 不成立,即
$$\tan^2\theta_2 + \tan^2\theta_3 > 7$$
则
$$\tan^2\theta_1 \geqslant \tan^2\theta_2 > \frac{7}{2}$$
所以
$$\cos\theta_1 \leqslant \cos\theta_2 < \frac{\sqrt{2}}{3}$$
$$\cos\theta_1 + \cos\theta_2 + \cos\theta_3 < \frac{2\sqrt{2}}{3} + 1 < 2$$

故式 ① 总成立.

再证 $n-1$ 为不等式 ① 左端的最小上界:

若 $0 < r < n-1$ 使得
$$\cos\theta_1 + \cos\theta_2 + \cdots + \cos\theta_n \leqslant r$$
则取 $\alpha = \dfrac{r}{n-1}$,从而存在 $\theta_i \in (0, \dfrac{\pi}{2})(i=1,2,\cdots,n)$,使得
$$\cos\theta_i = \alpha \quad, \quad \tan\theta_i = \frac{\sqrt{1-\alpha^2}}{\alpha} \quad i=1,2,\cdots,n-1$$
$$\tan\theta_n = \sqrt{2^n}\left(\frac{\alpha}{\sqrt{1-\alpha^2}}\right)^{n-1}$$

从而

$$\tan^2\theta_1 \cdot \tan^2\theta_2 \cdot \cdots \cdot \tan^2\theta_n = 2^n$$

但
$$\cos\theta_1 + \cos\theta_2 + \cdots + \cos\theta_{n-1} + \cos\theta_n > \cos\theta_1 + \cos\theta_2 + \cdots + \cos\theta_{n-1} = r$$

矛盾!所以 $n-1$ 为不等式 ① 的左端的最小上界.

当 $n \geqslant 3$ 时,最小的正数 $\lambda = n-1$.

综上所求,最小的正数
$$\lambda = \begin{cases} \dfrac{\sqrt{3}n}{3}, & n=1,2 \\ n-1, & n \geqslant 3 \end{cases}$$

从上述证法可见,本题既有美处,也有难处,应用平均值不等式,可以扩写成

$$\prod_{i=1}^n \left(\frac{1}{\sqrt{1+2x_i}}\right) \leqslant \left(\frac{1}{n}\sum_{i=1}^n \frac{1}{\sqrt{1+2x_i}}\right)^n < \left(\frac{n-1}{n}\right)^n \tag{1}$$

一方面,由于

$$\prod_{i=1}^n (1+2x_i) \geqslant \left[1+2\left(\prod_{i=1}^n x_i\right)^{\frac{1}{n}}\right]^n = 3^n \Rightarrow$$

$$\prod_{i=1}^n \sqrt{1+2x_i} \geqslant \sqrt{3^n} \Rightarrow$$

$$\prod_{i=1}^n \left(\frac{1}{\sqrt{1+2x_i}}\right) \leqslant \frac{1}{\sqrt{3^n}} \tag{2}$$

可见,若将题中的 $\sum_{i=1}^n \dfrac{1}{\sqrt{1+2x_i}}$ 改为 $\prod_{i=1}^n \dfrac{1}{\sqrt{1+2x_i}}$ 那将简单多了.

另一方面,如果我们调过头来,能求出 $\sum_{i=1}^n \dfrac{1}{\sqrt{1+2x_i}}$ 的最小值吗?于是,我们首先想到应用平均值不等式或权方和不等式

$$\sum_{i=1}^n \frac{1}{\sqrt{1+2x_i}} = \sum_{i=1}^n \frac{1^{1+\frac{1}{2}}}{\sqrt{1+2x_i}} \geqslant \frac{n^{\frac{3}{2}}}{\sqrt{\sum_{i=1}^n (1+2x_i)}} = \frac{n^{3/2}}{\sqrt{n+2\sum_{i=1}^n x_i}} \tag{3}$$

由于

$$\sum_{i=1}^n x_i \geqslant n\left(\prod_{i=1}^n x_i\right)^{\frac{1}{n}} = n$$

因此现在已经"此路不通"了,即 $\sum_{i=1}^n \dfrac{1}{\sqrt{1+2x_i}}$ 的最小值难求.这充分表明本题是一道独具匠心的不平凡题.

但"行到水穷处,坐看云起时",我们可以保留已知条件,改变结论,以旧翻新出新题来.

新题 1 设 $x_i \in \mathbf{R}^+$ $(i=1,2,\cdots,n)$ 满足 $x_1 x_2 \cdots x_n = 1$,则有

$$\prod_{i=1}^n \left[\sqrt{(a+b)(a+bx_i)} - a\right] \geqslant b^n \tag{A_2}$$

其中 a,b 为正常数.

特别地,当 $a=1,b=2$ 时,式(A_2) 化为

$$\prod_{i=1}^{n}[\sqrt{3(1+2x_i)}-1] \geqslant 2^n \tag{A_2'}$$

证明 设 $y_i = \sqrt{a+bx_i}(i=1,2,\cdots,n)$. 则有 $bx_i = y_i^2 - a$,代入已知条件得

$$b^n = b^n x_1 x_2 \cdots x_n = \prod_{i=1}^{n}(y_i^2 - a) \Rightarrow$$

$$b^n(\sqrt{a+b}+\sqrt{a})^n \cdot (\sqrt{a+b}-\sqrt{a})^n =$$

$$\prod_{i=1}^{n}[(\sqrt{a+b}-\sqrt{a})(y_i+\sqrt{a}) \cdot (\sqrt{a+b}+\sqrt{a}) \cdot (y_i-\sqrt{a})] \leqslant$$

$$\frac{1}{2^{2n}} \prod_{i=1}^{n}[(\sqrt{a+b}-\sqrt{a})(y_i+\sqrt{a})+(\sqrt{a+b}+\sqrt{a}) \cdot (y_i-\sqrt{a})]^2 =$$

$$\prod_{i=1}^{n}(\sqrt{a+b}y_i - a)^2 \Rightarrow$$

$$b^{2n} \leqslant [\prod_{i=1}^{n}(\sqrt{a+b}y_i - a)]^2 \Rightarrow$$

$$\prod_{i=1}^{n}(\sqrt{a+b} \cdot y_i - a) \geqslant b^n$$

即式(A_2)成立. 等号成立仅当

$$(\sqrt{a+b}-\sqrt{a})y_i + \sqrt{a}(\sqrt{a+b}-\sqrt{a}) =$$
$$(\sqrt{a+b}+\sqrt{a})y_i - \sqrt{a}(\sqrt{a+b}+\sqrt{a}) \Rightarrow$$
$$2\sqrt{a}y_i = 2\sqrt{a(a+b)} \Rightarrow y_i^2 = a+b \Rightarrow$$
$$a+bx_i = a+b \Rightarrow x_i = 1 (1 \leqslant i \leqslant n)$$

相应地,还有第二个

新题 2 设 $a,b>0, 2 \leqslant k \in \mathbf{N}$,正数 $x_1,x_2,\cdots,x_n$ 满足 $x_1 x_2 \cdots x_n = 1$. 则有

$$\prod_{i=1}^{n}(\sqrt[k]{a+bx_i} - \sqrt[k]{a}) \leqslant (\sqrt[k]{a+b} - \sqrt[k]{a})^n \tag{A_3}$$

证明 我们令

$$m_i = \sqrt[k]{a+bx_i} \Rightarrow \prod_{i=1}^{n} m_i = [\prod_{i=1}^{n}(a+bx_i)]^{\frac{1}{k}} \geqslant$$

(应用赫尔德不等式)

$$[a+b(\prod_{i=1}^{n}x_i)^{\frac{1}{n}}]^{\frac{n}{k}} = (a+b)^{\frac{n}{k}} \Rightarrow$$

$$\prod_{i=1}^{m} m_i \geqslant (a+b)^{\frac{n}{k}} \tag{1}$$

又

$$m_i = \sqrt[k]{a+bx_i} \Rightarrow bx_i = m_i^k - a \Rightarrow$$

$$b^n = \prod_{i=1}^{n} bx_i = \prod_{i=1}^{n} [m_i^k - (\sqrt[k]{a})^k] = T \cdot \prod_{i=1}^{n} (m_i - \sqrt[k]{a}) \tag{2}$$

其中

$$T = \prod_{i=1}^{n} [m_i^{k-1} + m_i^{k-2} \cdot (\sqrt[k]{a}) + \cdots + m_i(\sqrt[k]{a})^{k-2} + (\sqrt[k]{a})^{k-1}] \geqslant$$

（应用赫尔德不等式）

$$[(\prod_{i=1}^{n} m_i)^{\frac{k-1}{n}} + (\prod_{i=1}^{n} (m_i^{k-2} \sqrt[k]{a}))^{\frac{1}{n}} + \cdots + (\prod_{i=1}^{n} m_i(\sqrt[k]{a})^{k-2})^{\frac{1}{n}} + (\prod_{i=1}^{n} (\sqrt[k]{a})^{k-1})^{\frac{1}{n}}]^n =$$

$$[(\prod_{i=1}^{n} m_i)^{\frac{k-1}{n}} + a^{\frac{1}{k}} (\prod_{i=1}^{n} m_i)^{\frac{k-2}{n}} + \cdots + a^{\frac{k-2}{k}} \cdot (\prod_{i=1}^{n} m_i)^{\frac{1}{n}} + a^{\frac{k-1}{k}}]^n \geqslant$$

$$[(a+b)^{\frac{k-1}{k}} + a^{\frac{1}{k}}(a+b)^{\frac{k-2}{k}} + \cdots + a^{\frac{k-2}{k}}(a+b)^{\frac{1}{k}} + a^{\frac{k-1}{k}}]^n =$$

$$\left[\frac{(\sqrt[k]{a+b})^k - (\sqrt[k]{a})^k}{\sqrt[k]{a+b} - \sqrt[k]{a}}\right]^n = \left(\frac{b}{\sqrt[k]{a+b} - \sqrt[k]{a}}\right)^n \Rightarrow$$

$$T \geqslant \left(\frac{b}{\sqrt[k]{a+b} - \sqrt[k]{a}}\right)^n \Rightarrow \tag{3}$$

$$b^n \geqslant \left(\frac{b}{\sqrt[k]{a+b} - \sqrt[k]{a}}\right)^n \cdot \prod_{i=1}^{n} (m_i - \sqrt[k]{a}) \Rightarrow$$

$$\prod_{i=1}^{n} (m_i - \sqrt[k]{a}) \leqslant (\sqrt[k]{a+b} - \sqrt[k]{a})^n \Rightarrow$$

$$\prod_{i=1}^{n} (\sqrt[k]{a+bx_i} - \sqrt[k]{a}) \leqslant (\sqrt[k]{a+b} - \sqrt[k]{a})^n$$

即式 (A_3) 成立,等号成立仅当 $x_1 = x_2 = \cdots = x_n = 1$.

当我们取 $k=2, a=1, b=2$ 时,式 (A_3) 化为

$$\prod_{i=1}^{n} (\sqrt{1+2x_i} - 1) \leqslant (\sqrt{3} - 1)^n \tag{A'_3}$$

从结构上讲,式 (A'_3) 与式 (A'_2) 交相辉映,互相配对.

现在,让我们回首反顾:从式 (A_1) 的证明过程知,可将原题转化成

新题 3 给定正整数 n,求最小的正数 λ,使得对于任意 $\theta_i \in (0, \frac{\pi}{2}) (i=1,2,\cdots,n)$,只要 $\tan \theta_1 \cdot \tan \theta_2 \cdots \tan \theta_n = 2^{n/2}$,就有 $\cos \theta_1 + \cos \theta_2 + \cdots + \cos \theta_n$ 不大于 λ.

其实,本题正是 2003CMO 第 3 题. 按照上述"代数 ↔ 三角"转化,在条件

$$\prod_{i=1}^{n} \tan \theta_i = \sqrt{2^n}, \theta_i \in (0, \frac{\pi}{2})(i=1,2,\cdots,n)$$

下,式 (A'_2) 转化为

$$\prod_{i=1}^{n} (\sqrt{3} \sec \theta_i - 1) \geqslant 2^n \tag{A''_2}$$

式 (A'_3) 转化为

$$\prod_{i=1}^{n} (\sec \theta_i - 1) \leqslant (\sqrt{3} - 1)^n \tag{A''_3}$$

且从式(A_3)知,式(A''_3)还可从指数方面推广为

$$\prod_{i=1}^{n}\left[(\sec\theta_i)^{\frac{2}{k}}-1\right]\leqslant(\sqrt[k]{3}-1)^n \qquad (A'''_3)$$

如果我们反向思考问题,将新题 3 中的题设与结论互换,结论还成立吗?即设 $\theta_i\in(0,\frac{\pi}{2})(i=1,2,\cdots,n)$. $\cos\theta_1+\cos\theta_2+\cdots+\cos\theta_n=\lambda$(正常数). 求 $\tan\theta_1\cdot\tan\theta_2\cdot\cdots\cdot\tan\theta_n$ 的极值.

首先,我们联想到

$$\prod_{i=1}^{n}\tan^2\theta_i=\prod_{i=1}^{n}(\sec^2\theta_i-1)\leqslant\left[\left(\prod_{i=1}^{n}\sec\theta_i\right)^{\frac{2}{n}}-1\right]^n=\left[\left(\prod_{i=1}^{n}\cos\theta_i\right)^{-\frac{2}{n}}-1\right]^n$$

但

$$\left(\prod_{i=1}^{n}\cos\theta_i\right)^{-\frac{2}{n}}\geqslant\left(\frac{\sum_{i=1}^{n}\cos\theta_i}{n}\right)^{-2}$$

这表明,如此互换行不通.

尽管如此,我们更新思路,变通一下,自会"月照清江水,嫦娥下凡来".

新题 4 设 $\theta_i\in(0,\frac{\pi}{2}),K_i\in(0,1)(i=1,2,\cdots,n;2\leqslant n\in\mathbf{N})$. $\cos\theta_1+\cos\theta_2+\cos\theta_n\leqslant\lambda,K_1+K_2+\cdots+K_n=1$,则有

$$\sum_{i=1}^{n}K_i\tan^2\theta_i\geqslant\left[\frac{1}{\lambda}\left(\sum_{i=1}^{n}\sqrt{K_i}\right)^2\right]^2-1 \qquad (A_4)$$

证明 注意到应用加权幂平均不等式与柯西不等式,有

$$\sum_{i=1}^{n}K_i\tan^2\theta_i=\sum_{i=1}^{n}K_i(\sec^2\theta_i-1)=$$

$$\sum_{i=1}^{n}K_i\sec^2\theta_i-\sum_{i=1}^{n}K_i=$$

$$\sum_{i=1}^{n}K_i\sec^2\theta_i-1\geqslant$$

$$\left(\sum_{i=1}^{n}K_i\sec\theta_i\right)^2-1\geqslant$$

$$\left[\left(\sum_{i=1}^{n}\sqrt{K_i\sec\theta_i\cos\theta_i}\right)^2\bigg/\sum_{i=1}^{n}\cos\theta_i\right]^2-1=$$

$$\left[\left(\sum_{i=1}^{n}\sqrt{K_i}\right)^2\bigg/\sum_{i=1}^{n}\cos\theta_i\right]^2-1\geqslant$$

$$\left[\frac{1}{\lambda}\left(\sum_{i=1}^{n}\sqrt{K_i}\right)^2\right]^2-1$$

即式(A_4)成立.

3

在许多数奥资料上,都有如下一道妙题:

题目 已知 a,b,c 为正实数,求证

$$\frac{(b+c-a)^2}{(b+c)^2+a^2} + \frac{(c+a-b)^2}{(c+a)^2+b^2} + \frac{(a+b-c)^2}{(a+b)^2+c^2} \geq \frac{3}{5} \quad (A)$$

1° **分析**:观察式(A)的左边(记为 P),它是关于正实数 a,b,c 的齐次对称分式和,因此可设 $a+b+c=1$,这样式(A)简化为等价的

$$\frac{(1-2a)^2}{(1-a)^2+a^2} + \frac{(1-2b)^2}{(1-b)^2+b^2} + \frac{(1-2c)^2}{(1-c)^2+c^2} \geq \frac{3}{5} \quad (A')$$

观察式(A')左边,使我们联想到设函数

$$f(x) = \frac{(1-2x)^2}{(1-x)^2+x^2} \quad (\text{其中 } x \in (0,1))$$

希望能证明函数 $f(x)$ 是凸函数,于是将问题转化为证明 $f''(x) > 0$,这样应用凸函数性质有

$$f(a)+f(b)+f(c) \geq 3f\left(\frac{a+b+c}{3}\right) = 3f\left(\frac{1}{3}\right) = 3 \times \frac{\left(1-2\times\frac{1}{3}\right)^2}{\left(1-\frac{1}{3}\right)^2+\left(\frac{1}{3}\right)^2} = \frac{3}{5}$$

以达到证明式(A)的目的

$$\sum \frac{(1-2a)^2}{(1-a)^2+a^2} \geq \frac{3}{5}$$

但是

$$f(x) = \frac{(1-2x)^2}{(1-x)^2+x^2} = \frac{1-4x+4x^2}{1-2x+2x^2} = 2 - \frac{1}{2x^2-2x+1}$$

于是

$$f'(x) = -\frac{2(2x-1)}{(2x^2-2x+1)^2}$$

$$f''(x) = \frac{4[1-6x(1-x)]}{(2x^2-2x+1)^2} < \frac{4}{(2x^2-2x+1)^2}$$

这一结果不能断定 $f''(x) > 0$,这让我们很失望. 可见,本题是一只烫手的"山芋".

另一方面,如果能找到一个增函数 $f(x)$,并设 $a+b+c=3 \Rightarrow \frac{1}{3}(a+b+c)=1$,那么有

$$\begin{cases}(a-1)(f(a)-f(1)) \geq 0\\(b-1)(f(b)-f(1)) \geq 0\\(c-1)(f(c)-f(1)) \geq 0\end{cases} \Rightarrow$$

$$af(a)+bf(b)+cf(c)-(a+b+c)f(1)-(f(a)+f(b)+f(c)+3f(1)) \geq 0 \Rightarrow$$

$$\sum af(a) \geq \sum f(a)$$

但是,我们怎样去寻找这样的增函数 $f(x)$ 呢?可见,至今函数也未帮助我们,式(A) 呢? 它"居高临下,易守难攻".

2° 现在,让我们先欣赏参考答案吧!

证明 不妨设 $a+b+c=1$,则 $a,b,c \in (0,1)$,所以

$$\frac{(b+c-a)^2}{(b+c)^2+a^2} = \frac{(1-2a)^2}{(1-a)^2+a^2}$$

下证

$$\frac{(1-2a)^2}{(1-a)^2+a^2} \geqslant \frac{23-54a}{25} \Leftrightarrow \tag{1}$$

$$25(1-2a)^2 \geqslant (23-54a)(1-2a+2a^2) \Leftrightarrow$$

$$108a^3 - 54a^2 + 2 \geqslant 0 \tag{2}$$

证

$$f(x) = 108x^3 - 54x^2 + 2 \, (x \in (0,1))$$

则

$$f'(x) = 108x(3x-1), \, f''(x) = 108(6x-1)$$

可知当 $x = \frac{1}{3}$ 时,$f(x)$ 取得最小值,且 $f\left(\frac{1}{3}\right) = 0$,所以式(2) 成立,从而有

$$\frac{(1-2a)^2}{(1-a)^2+a^2} \geqslant \frac{23-54a}{25}$$

所以

$$\frac{(b+c-a)^2}{(b+c)^2+a^2} + \frac{(c+a-b)^2}{(c+a)^2+b^2} + \frac{(a+b-c)^2}{(a+b)^2+c^2} \geqslant \frac{23-54a}{25} + \frac{23-54b}{25} + \frac{23-54c}{25} = \frac{3}{5}$$

上述证明简洁明快,优美无比,其关键是构造不等式

$$\frac{(1-2a)^2}{(1-a)^2+a^2} \geqslant \frac{23-54a}{25} \tag{1}$$

作为转折点.也许有人会问:式(1) 是从天而降吗?为了使式(A) 的证明轻松自然,我们用待定系数法证明它.

新证 由于式(A) 的左边关于 a,b,c 齐次轮换对称,因此我们可设 $a+b+c=3$,那么 $a,b,c \in (0,3)$,这样式(A) 化为

$$\frac{(3-2a)^2}{(3-a)^2+a^2} + \frac{(3-2b)^2}{(3-b)^2+b^2} + \frac{(3-2c)^2}{(3-c)^2+c^2} \geqslant \frac{3}{5}$$

再设 p,q 为实数,$x \in (0,3)$,关于 x 的分式为

$$f(x) = \frac{(3-2x)^2}{(3-x)^2+x^2} = 2 - \frac{9}{9-6x+2x^2} \tag{2}$$

且待定系数 p,q 满足

$$\frac{1}{9-6x+2x^2} \leqslant px + q \Leftrightarrow \tag{3}$$

$$(px+q)(9-6x+2x^2) \geqslant 1 \tag{4}$$

等号成立仅当 $x=1 \Rightarrow$

$$p+q=\frac{1}{5} \tag{5}$$

又式(4)展开整理为

$$T(x)=2px^3-2(3p-q)x^2+(9p-6q)x+(9q-1)\geqslant 0 \tag{6}$$

为了达到证明式(A)的目的,我们希望可将关于 x 的多项式 $T(x)$ 分解成

$$T(x)=(x-l)^2(x+m)\geqslant 0(m>0) \tag{7}$$

即 l 和 $-m$ 是方程

$$T(x)=2px^3-2(3p-q)x^2+(9p-6q)x+(9q-1)=0 \tag{8}$$

的三个根,由韦达定理有

$$\begin{cases} 2-m=\dfrac{3p-q}{p} \\ -(-m)=\dfrac{9q-1}{2p} \end{cases} \Rightarrow$$

$$\dfrac{3p-q}{p}+\dfrac{9q-1}{2p}=2 \Rightarrow$$

$$\left.\begin{array}{l} 2p+7q=1 \\ p+q=\dfrac{1}{5} \end{array}\right\} \Rightarrow \begin{cases} p=\dfrac{2}{25} \\ q=\dfrac{3}{25} \\ m=\dfrac{7}{2}>0 \end{cases}$$

于是

$$\sum\frac{(3-2a)^2}{(3-a)^2+a^2}=\sum f(a)=\sum\left(2-\frac{9}{9-6a+2a^2}\right)=$$

$$6-9\sum\left(\frac{1}{9-6a+2a^2}\right)\geqslant$$

$$6-9\sum(pa+q)=$$

$$6-9[p(\sum a)+3q]=$$

$$6-9(3p+3q)=$$

$$6-27(p+q)=6-\frac{27}{5}=\frac{3}{5}\Rightarrow$$

$$\sum\frac{(b+c-a)^2}{(b+c)^2+a^2}=\sum\frac{(3-2a)^2}{(3-a)^2+a^2}\geqslant\frac{3}{5}$$

即式(A)成立,等号成立仅当 $a=b=c$.

上述两种证法各有特色:参考证法是先构造不等式

$$\frac{(1-2a)^2}{2a^2-2a+1}\geqslant\frac{23-54a}{25}$$

然后证明上式成立,最后推证出式(A).

新证法是先设想有不等式

$$\frac{1}{q-6x+2x^2} \leqslant px+q$$

然后求出 $p=\frac{2}{25}, q=\frac{3}{25}$ 确实存在，并以此为转机推证出式(A).

3° 现在我们再进一步讨论式(A).

如果我们设
$$s=a+b+c, p=a^2+b^2+c^2$$

且
$$a \geqslant b \geqslant c > 0 \Rightarrow (s-2a)^2 \leqslant (s-2b)^2 \leqslant (s-2c)^2 \tag{1}$$

又
$$a \geqslant b \geqslant c > 0 \Rightarrow 2bc \leqslant 2ca \leqslant 2ab \Rightarrow$$
$$p+2bc \leqslant p+2ca \leqslant p+2ab \Rightarrow$$
$$(b+c)^2+a^2 \leqslant (c+a)^2+b^2 \leqslant (a+b)^2+c^2 \Rightarrow$$
$$\frac{1}{(b+c)^2+a^2} \geqslant \frac{1}{(c+a)^2+b^2} \geqslant \frac{1}{(a+b)^2+c^2} \tag{2}$$

由式(1)和式(2)及切比雪夫不等式有
$$\frac{1}{3}\sum(b+c-a)^2 \cdot \sum \frac{1}{(b+c)^2+a^2} \geqslant$$
$$\sum \frac{(b+c-a)^2}{(b+c)^2+a^2} \geqslant \frac{3}{5} \tag{B}$$

这是式(A)的第一个推论.

又
$$(b+c)^2+a^2 = 4\left(\frac{b+c}{2}\right)^2+a^2 \geqslant$$
$$\frac{1}{5}\left[4\left(\frac{b+c}{2}\right)+a\right]^2 = \frac{1}{5}(a+2b+2c)^2$$

即
$$(b+c)^2+a^2 \geqslant \frac{1}{5}(2b+2c+a)^2$$

同理可得
$$(c+a)^2+b^2 \geqslant \frac{1}{5}(2c+2a+b)^2$$
$$(a+b)^2+c^2 \geqslant \frac{1}{5}(2a+2b+c)^2$$

于是我们又得到式(A)的第二个推论：
$$5\sum \frac{(b+c-a)^2}{(2b+2c+a)^2} \geqslant \sum \frac{(b+c-a)^2}{(b+c)^2+a^2} \geqslant \frac{3}{5} \tag{C}$$

从强弱上讲，一个命题的推论比原命题要弱一些，证明的难度也要小一点. 那么，我们能绕过式(A)的证明，而直接证明推论

$$\sum \left(\frac{b+c-a}{2b+2c+a}\right)^2 \geqslant \frac{3}{25} \qquad (C')$$

吗?

思路 1 由于

$$\frac{s-2a}{2s-a} = \frac{2(s-2a)}{4s-2a} = 2 - \frac{6s}{4s-2a} \Rightarrow$$

$$\sum \frac{s-2a}{2s-a} = \sum \left(2 - \frac{6s}{4s-2a}\right) = 6 - 3s\left(\sum \frac{1}{2s-a}\right)$$

又

$$\sum (2s-a) = 6s - \sum a = 6s - s = 5s \Rightarrow$$

$$\sum \frac{s-2a}{2s-a} = 6 - \frac{3}{5}\sum (2s-a) \cdot \left(\sum \frac{1}{2s-a}\right) \leqslant$$

(应用柯西不等式)

$$6 - \frac{3}{5} \times 3^2 = \frac{3}{5}$$

可见此思路行不通.

思路 2 设

$$\begin{cases} 2s-a = 5x > 0 \\ 2s-b = 5y > 0 \\ 2s-c = 5z > 0 \end{cases} \Rightarrow \begin{cases} a+b+c = x+y+z \\ a = 2(x+y+z) - 5x \\ b = 2(x+y+z) - 5y \\ c = 2(x+y+z) - 5z \end{cases} \Rightarrow$$

$$\begin{cases} s-2a = 10x - 3(x+y+z) \\ s-2b = 10y - 3(x+y+z) \\ s-2c = 10z - 3(x+y+z) \end{cases} \Rightarrow$$

$$\sum \frac{s-2a}{2s-a} = \sum \left[\frac{10x - 3(x+y+z)}{5x}\right] =$$

$$\sum \left[2 - \frac{3}{5}\left(\frac{x+y+z}{x}\right)\right] = \sum \left[\frac{7}{5} - \frac{3}{5}\left(\frac{y}{x} + \frac{z}{x}\right)\right] =$$

$$\frac{21}{5} - \frac{3}{5}\sum \left(\frac{y}{x} + \frac{z}{x}\right) = \frac{21}{5} - \frac{3}{5}\sum \left(\frac{x}{y} + \frac{y}{x}\right) \leqslant$$

$$\frac{21}{5} - \frac{3}{5} \times 6 = \frac{3}{5}$$

此时,尽管有

$$3\sum \left(\frac{s-2a}{2s-a}\right)^2 \geqslant \left(\sum \left|\frac{s-2a}{2s-a}\right|\right)^2 \geqslant \left(\sum \frac{s-2a}{2s-a}\right)^2$$

而用此思路也行不通.

不过,风雨过后,却见彩虹:

$$5\sum \left(\frac{b+c-a}{2b+2c+a}\right)^2 \geqslant \sum \frac{(b+c-a)^2}{(b+c)^2+a^2} \geqslant \frac{3}{5} \geqslant \frac{5}{3}\left(\sum \frac{b+c-a}{2b+2c+a}\right)^2 \qquad (D)$$

这又是一条"闪光"的不等式"金项链".

4° 如果我们设系数 $\lambda, u, v > 0$,且 $\lambda + u + v = 3$.那么

$$\frac{(1-2a)^2}{(1-a)^2 + a^2} \geqslant \frac{23 - 54a}{25} \Rightarrow$$

$$\frac{\lambda(1-2a)^2}{(1-a)^2 + a^2} \geqslant \frac{\lambda}{25}(23 - 54a) \Rightarrow$$

$$\sum \frac{\lambda(1-2a)^2}{(1-a)^2 + a^2} \geqslant \sum \frac{\lambda}{25}(23 - 54a) =$$

$$\frac{23}{25}\sum \lambda - \frac{54}{25}\sum \lambda a =$$

$$\frac{23}{25} \times 3 - \frac{54}{25}\sum \lambda a \Rightarrow$$

$$\sum \frac{\lambda(1-2a)^2}{(1-a)^2 + a^2} \geqslant \frac{69}{25} - \frac{54}{25}\sum \lambda a \tag{1}$$

注意到表达式 $\sum \lambda a$ 的意义,再增设条件:λ, u, v 与 a, b, c 反序,应用切比雪夫不等式有

$$\sum \lambda a \leqslant \frac{1}{3}\left(\sum \lambda\right) \cdot \left(\sum a\right) = \frac{1}{3} \times 3 \times 1 = 1 \Rightarrow$$

$$\sum \frac{\lambda(1-2a)^2}{(1-a)^2 + a^2} \geqslant \frac{69}{25} - \frac{54}{25} = \frac{3}{5} \Rightarrow$$

$$\sum \frac{\lambda(b+c-a)^2}{(b+c)^2 + a^2} \geqslant \frac{3}{5}$$

这样,我们建立了式(A)的系数推广:

推广 1 设正数 λ, u, v 与 a, b, c 反序,且 $\lambda + u + v = 3$,则有

$$\frac{\lambda(b+c-a)^2}{(b+c)^2 + a^2} + \frac{u(c+a-b)^2}{(c+a)^2 + b^2} + \frac{v(a+b-c)^2}{(a+b)^2 + c^2} \geqslant \frac{3}{5} \tag{E}$$

如果我们又设 $0 < \beta \leqslant 1$ 为指数,应用幂平均不等式有

$$\frac{(b+c)^2 + a^2}{5} = \frac{4\left(\frac{b+c}{2}\right)^2 + a^2}{5} \geqslant$$

$$\left[\frac{4\left(\frac{b+c}{2}\right)^{2\beta} + a^{2\beta}}{5}\right]^{\frac{1}{\beta}} \Rightarrow$$

$$(b+c)^2 + a^2 \geqslant 5^{1-\frac{1}{\beta}} \cdot [2^{2(1-\beta)} \cdot (b+c)^{2\beta} + a^{2\beta}]^{\frac{1}{\beta}} \Rightarrow$$

$$\sum \frac{(b+c-a)^2}{\sqrt[\beta]{2^{2(1-\beta)} \cdot (b+c)^{2\beta} + a^{2\beta}}} \geqslant \frac{3}{\sqrt[\beta]{5}} \tag{F}$$

这又是式(A)的第二个推广.

推广 2 设 a, b, c 为正实数,指数 $0 < \beta \leqslant 1$,则有式(F)成立.

5° 如果我们有耐心,就能从参数方面推广式(A).

推广 3 设 a, b, c 为正实数,参数 λ 满足 $\frac{1}{14}(\sqrt{53} + 2) < \lambda < 2$,则有

$$\frac{(b+c-\lambda a)^2}{(b+c)^2+a^2}+\frac{(c+a-\lambda b)^2}{(c+a)^2+b^2}+\frac{(a+b-\lambda c)^2}{(a+b)^2+c^2}\geqslant \frac{3}{5}(2-\lambda)^2 \tag{G}$$

显然,当 $\lambda = 1$ 时,式(G) 化为式(A).

证明 令 $a+b+c=3$,式(G) 化为

$$\frac{[3-(\lambda+1)a]^2}{(3-a)^2+a^2}+\frac{[3-(\lambda+1)b]^2}{(3-b)^2+b^2}+\frac{[3-(\lambda+1)c]^2}{(3-c)^2+c^2}\geqslant \frac{3}{5}(2-\lambda)^2 \tag{1}$$

设 $x \in (0,3)$,且关于 x 的不等式为

$$\frac{[3-(\lambda+1)x]^2}{(3-x)^2+x^2}\geqslant B-Ax \tag{2}$$

其中 A,B 为待定系数,等号成立仅当 $x=1$,即 $B-A=\frac{1}{5}(2-\lambda)^2$. (3)

式(2) 整理即为

$$f(x)=2Ax^3-[6A+2B-(\lambda+1)^2]x^2+(9A+6B-6\lambda-6)x+9(1-B)\geqslant 0 \tag{4}$$

我们希望式(4) 能配方成

$$(x-1)^2(x+m)\geqslant 0 \text{(其中 } m>0) \tag{5}$$

即方程 $f(x)=0$ 有三个根 $1,1,-m$,应用韦达定理得

$$\left.\begin{array}{l} 2-m=\dfrac{6A+2B-(\lambda+1)^2}{2A}\\[2mm] -m=-\dfrac{9(1-B)}{A\times 2} \end{array}\right\} \Rightarrow \tag{6}$$

$$\left.\begin{array}{l} -2A+7B=9-(\lambda+1)^2\\ -A+B=\dfrac{1}{5}(2-\lambda)^2 \end{array}\right\}\Rightarrow$$

$$\left.\begin{array}{l} A=\dfrac{6}{25}(2-\lambda)(2\lambda+1)>0\\[2mm] B=\dfrac{1}{25}(2-\lambda)(7\lambda+16)>0 \end{array}\right\}\Rightarrow$$

$$\left.\begin{array}{l} m=\dfrac{9(1-B)}{2A}=\dfrac{3}{4}\cdot \dfrac{7\lambda^2+2\lambda-7}{(2-\lambda)(2\lambda+1)}\\[2mm] \dfrac{2+\sqrt{53}}{14}<\lambda<2 \Rightarrow \begin{cases}2-\lambda>0\\ 7\lambda^2+2\lambda-7>0\end{cases}\end{array}\right\}\Rightarrow$$

$$m>0$$

这表明我们希望的配方式(5) 成立,从而式(4) 成立,所以构造式(2) 成立.

应用式(2) 有

$$\sum \frac{[3-(\lambda+1)a]^2}{(3-a)^2+a^2}\geqslant \sum(B-Aa)=$$

$$3B-A\sum a=3B-3A=\frac{3}{5}(2-\lambda)^2$$

故式(1) 成立,从而式(G) 成立,等号成立仅当 $a=b=c$.

式(G) 中只有一个参数 λ,我们能通过努力,建立式(A) 的双参数 $\lambda,u(\lambda,u>0)$ 推广

吗?
$$\sum \frac{(b+c-\lambda a)^2}{(b+c)^2+ua^2} \geqslant \frac{3(2-\lambda)^2}{u+4} \tag{H}$$

如果能,那么参数 λ, u 应满足什么条件呢?

分析 仿照式(G)的证明技巧,我们构造不等式,令 $a+b+c=3, x \in (0,3)$.
$$\frac{[3-(\lambda+1)x]^2}{(3-x)^2+ux^2} \geqslant B-Ax \tag{7}$$

等号成立仅当 $x=1$,即
$$B-A = \frac{(2-\lambda)^2}{u+4} \tag{8}$$

于是
$$\sum \frac{[3-(\lambda+1)a]^2}{(3-a)^2+ua^2} \geqslant \sum (B-Aa) = 3B-A\sum a = 3B-3A = \frac{3(2-\lambda)^2}{u+4}$$

但是构造式(7)正确吗?式(7)展开整理为
$$f(x) = (u+1)Ax^3 - [6A+(u+1)B-(\lambda+1)^2]x^2 + (9A+6B-6\lambda-6)x + 9(1-B) \geqslant 0 \tag{8}$$

同样将式(8)配方成
$$(x-1)^2(x+m) \geqslant 0 \ (m>0) \tag{9}$$

即我们仍希望 $1, 1, -m$ 是方程 $f(x)=0$ 的三个实根,即有
$$\left.\begin{aligned} 2-m &= \frac{6A+(u+1)B-(\lambda+1)^2}{(u+1)A} \\ -m &= \frac{9(1-B)}{(u+1)A} \end{aligned}\right\} \tag{10}$$

$$2 = \frac{6A+(u+1)B-(\lambda+1)^2}{(u+1)A} + \frac{9(1-B)}{(u+1)A} \Rightarrow$$

$$\left.\begin{aligned} (2u-4)A-(u-8)B &= 9-(\lambda+1)^2 \\ -A+B &= \frac{(2-\lambda)^2}{u+4} \end{aligned}\right\} \Rightarrow$$

$$\left.\begin{aligned} A &= \frac{6(2-\lambda)(2\lambda+u)}{(u+4)^2} \\ B &= \frac{(2-\lambda)(8\lambda+8u-\lambda u+8)}{(u+4)^2} \end{aligned}\right\} \tag{11}$$

当 $0 < \lambda < 2$ 时,欲使配方式(9)中的 $m > 0$,即使
$$m = \frac{9(1-B)}{(u+1)A} > 0$$

须使
$$B < 1 \Rightarrow v \Rightarrow$$
$$(u+4)^2 > (2-\lambda)(8\lambda+8u-\lambda u+8) \tag{12}$$

这即为参数 λ, u 应满足的关系.

如当 $u=1$ 时,式(12)化为

$$7\lambda^2 + 2\lambda - 7 > 0 \tag{13}$$

这恰好是前面的结果.

当 $\lambda = 1$ 时,式(12)化为

$$(u+4)^2 > 7u + 16 \Rightarrow \tag{14}$$

$$u(u+1) > 0 \tag{15}$$

由于 $u > 0$,式(15)显然成立.

由于

$$m = \frac{9[(u+4)^2 - (2-\lambda)(8\lambda + 8u - \lambda u + 8)]}{6(u+1)(2-\lambda)(2\lambda + u)} \tag{16}$$

因此,所求参数 λ, u 应满足的关系是

$$\frac{(u+4)^2 - (2-\lambda)(8\lambda + 8u - \lambda u + 8)}{(u+1)(2-\lambda)(2\lambda + u)} > 0 \tag{17}$$

这样,我们建立起式(A)的双参数推广:

推广 4 设 a, b, c 为实数,参数 λ, u 满足式(17),那么式(I)成立.

6° 如果设系数 $K_1, K_2, K_3 \in (0, 3)$ 且 $K_1 + K_2 + K_3 = 3$,且 K_1, K_2, K_3 与 a, b, c 反序,则当参数 $\frac{1}{7}(5\sqrt{2} - 1) < \lambda < 2$ 时,有

$$\sum K_1 \frac{(b+c-\lambda a)^2}{(b+c)^2 + a^2} \geq \frac{3}{5}(2-\lambda)^2 \tag{I}$$

等号成立仅当 $a = b = c$,且 $K_1 = K_2 = K_3 = 1$.

进一步地,如果应用赫尔德不等式,又可以从系数、指数两个方面将式(A)推广为

推广 5 设元数 $a, b, c \in \mathbf{R}^+$,参数 $\lambda \in \left(\frac{5\sqrt{2}-1}{7}, 2\right)$,指数 $\theta > 1$,系数 $p, q, r \in \mathbf{R}^+$,则有

$$p\left[\frac{(b+c-\lambda a)^2}{(b+c)^2 + a^2}\right]^\theta + q\left[\frac{(c+a-\lambda b)^2}{(c+a)^2 + b^2}\right]^\theta + r\left[\frac{(a+b-\lambda c)^2}{(a+b)^2 + c^2}\right]^\theta \geq$$

$$\left[\frac{3(2-\lambda)^2}{5}\right]^\theta \cdot (p^{\frac{1}{1-\theta}} + q^{\frac{1}{1-\theta}} + r^{\frac{1}{1-\theta}})^{1-\theta} \tag{J}$$

提示:注意到 $\theta > 1$ 有 $\frac{1}{\theta} \in (0,1), \frac{\theta-1}{\theta} \in (0,1)$,且 $\frac{1}{\theta} + \frac{\theta-1}{\theta} = 1$,应用赫尔德不等式有

$$\left\{\sum p\left[\frac{(b+c-\lambda a)^2}{(b+c)^2 - a^2}\right]^\theta\right\}^{\frac{1}{\theta}} \cdot \left\{\sum \left(\frac{1}{p}\right)^{\frac{1}{\theta-1}}\right\}^{\frac{\theta-1}{\theta}} \geq$$

$$\sum \left\{p\left[\frac{(b+c-\lambda a)^2}{(b+c)^2 + a^2}\right]^\theta\right\}^{\frac{1}{\theta}} \cdot \left[\left(\frac{1}{p}\right)^{\frac{1}{\theta-1}}\right]^{\frac{\theta-1}{\theta}} =$$

$$\sum \frac{(b+c-\lambda a)^2}{(b+c)^2 + a^2} \geq \frac{3}{5}(2-\lambda)^2 \Rightarrow$$

$$\sum p\left[\frac{(b+c-\lambda a)^2}{(b+c)^2 + a^2}\right]^\theta \geq \left[\frac{3(2-\lambda)^2}{5}\right]^\theta \cdot \left[\sum \left(\frac{1}{p}\right)^{\frac{1}{\theta-1}}\right]^{1-\theta} =$$

$$\left[\frac{3(2-\lambda)^2}{5}\right]^\theta \cdot \left(\sum p^{\frac{1}{1-\theta}}\right)^{1-\theta}$$

等号成立仅当 $a=b=c, p=q=r$,且 $\lambda=1$.

$7°$ 式(A)是一个结构对称美观、外形庞大的分式形不等式,且颇具难度和挑战性. 现在,我们先将它从三个元数 a,b,c 推广到 n 个元数 $a_1,a_2,\cdots,a_n (3 \leqslant n \in \mathbf{N})$ 的情形.

推广 6 设 $a_i \in \mathbf{R}^+ (i=1,2,\cdots,n; 3 \leqslant n \in \mathbf{N})$,记 $s=\sum_{i=1}^n a_i$,则有

$$P_n = \sum_{i=1}^n \frac{(s-2a_i)^2}{(s-a_i)^2+a_i^2} \geqslant \frac{n(n-2)^2}{n^2-2n+2} \tag{K}$$

显然,当取 $n=3$ 时,式(K)化为式(A).

证明 由于 P_n 关于 $a_1,a_2,\cdots,a_n$ 齐次轮换对称,因此可设 $s=n$. 那么 $a_i \in (0,n)$ $(i=1,2,\cdots,n)$. 又设关于 $x \in (0,n)$ 的分式为

$$f(x) = \frac{(n-2x)^2}{(n-x)^2+x^2} = \frac{n^2-4nx+4x^2}{n^2-2nx+2x^2} = 2 - \frac{n^2}{n^2-2nx+2x^2} \tag{1}$$

现在,我们构造不等

$$\frac{1}{n^2-2nx+2x^2} \leqslant Ax+B \tag{2}$$

等号成立仅当 $x=1$,即有

$$A+B = \frac{1}{n^2-2n+2} \tag{3}$$

由于

$$n^2-2nx+2x^2 = (n-x)^2+x^2 > 0$$

因此式(2)等价于

$$(Ax+B)(n^2-2nx+2x^2) \geqslant 1 \Leftrightarrow \tag{4}$$

$$T(x) = 2Ax^3 - 2(nA-B)x^2 + (n^2A-2nB)x + (n^2B-1) \geqslant 0 \tag{5}$$

我们的目的是希望将式(5)分解配方成:

$$(x-1)^2(x+m) \geqslant 0 \tag{6}$$

其中

$$m > 0$$

即 $1,1,-m$ 是方程 $T(x)=0$ 的三个根,由韦达定理得

$$\left.\begin{array}{l} 2-m = \dfrac{nA-B}{A} \\ -m = -\dfrac{n^2B-1}{2A} \end{array}\right\} \tag{7}$$

$$\left.\begin{array}{l} \dfrac{n^2B-1}{2A} + \dfrac{nA-B}{A} = 2 \Rightarrow \\ (n^2-2)B + (2n-4)A = 1 \\ A+B = \dfrac{1}{n^2-2n-2} \end{array}\right\}$$

$$\left.\begin{array}{l} A = (2n-4)/(n^2-2n+2)^2 \\ B = (n^2-4n+6)/(n^2-2n+2)^2 \\ m = \dfrac{n^2+4n-14}{2(n-2)} = \dfrac{(n+2)^2-18}{2(n-2)} \end{array}\right\}$$

注意到 $3 \leqslant n \in \mathbf{N}$,所以

$$2(n-2) \geqslant 2$$
$$(n+2)^2 - 18 \geqslant (3+2)^2 - 18 = 7 > 0$$
$$n^2 - 4n + 6 = (n-2)^2 + 2 \geqslant (3-2)^2 + 2 > 0$$

即 $A, B, m > 0$,所以有

$$P_n = \sum_{i=1}^n f(a_i) = \sum_{i=1}^n \left(2 - \frac{n^2}{n^2 - 2na_i + 2a_i^2}\right) =$$
$$2n - n^2 \sum_{i=1}^n \left(\frac{1}{n^2 - 2na_i + 2a_i^2}\right) \geqslant$$
$$2n - n^2 \sum_{i=1}^n (Aa_i + B) =$$
$$2n - n^2 \left(A \sum_{i=1}^n a_i + nB\right) =$$
$$2n - n^2 (nA + nB) =$$
$$n\left(2 - \frac{n^2}{n^2 - 2n + 2}\right) = \frac{n(n-2)^2}{n^2 - 2n + 2} \Rightarrow$$
$$P_n \geqslant \frac{n(n-2)^2}{n^2 - 2n + 2}$$

即式(K)成立,等号成立仅当 $a_1 = a_2 = \cdots = a_n (= 1)$.

另一方面,注意到 $s > a_i (i = 1, 2, \cdots, n)$ 有

$$(s - 2a_i)^2 - (s^2 - 2sa_i + 2a_i^2) = a_i(a_i - s) < 0 \Rightarrow$$
$$\frac{(s - 2a_i)^2}{(s - a_i)^2 + a_i^2} < 1 \Rightarrow$$
$$P_n = \sum_{i=1}^n \frac{(s - 2a_i)^2}{(s - a_i)^2 + a_i^2} < n$$

因此式(K)可以完善成

$$n > \sum_{i=1}^n \frac{(s - 2a_i)^2}{(s - a_i)^2 + a_i^2} \geqslant \frac{n(n-2)^2}{n^2 - 2n + 2} \tag{L}$$

8° 推广6虽然有点难,但只要我们信心百倍,智勇双全,就能建立式(K)的参数推广:

推广7 设 $a_i \in \mathbf{R}^+ (i = 1, 2, \cdots, n; 3 \leqslant n \in \mathbf{N})$,记 $s = \sum_{i=1}^n a_i$,参数 λ 满足

$$\lambda_0 < \lambda < n - 1 \tag{1}$$

其中

$$\lambda_0 = \frac{(2n^2 - 8n + 4) + \sqrt{\Delta}}{2(n^2 - 2)} \tag{2}$$

$$\Delta = (2n^2 + 8n - 4)^2 + (n^2 - 2)^2 \tag{3}$$

那么有

$$\sum_{i=1}^{n} \frac{[s - (\lambda + 1)a_i]^2}{(s - a_i)^2 + a_i^2} \geqslant \frac{n(n - 1 - \lambda)^2}{n^2 - 2n + 2} \tag{M}$$

特别地,当 $n = 3$ 时,式(M) 化为式(G);当 $n = 4$ 时,参数 λ 满足 $\frac{1 + \sqrt{53}}{7} < \lambda < 3$.

证明 令 $s = n$,构造不等式

$$\frac{[n - (\lambda + 1)x]^2}{(n - x)^2 + x^2} \geqslant B - Ax \tag{4}$$

其中 $x \in (0, n)$. A, B 为待定系数,式(4) 等号成立仅当 $x = 1$,即有

$$B - A = \frac{(n - 1 - \lambda)^2}{n^2 - 2n + 2} \tag{5}$$

又式(4) 等价于

$$(Ax - B)(2x^2 - 2nx + n^2) + [n - (\lambda + 1)x]^2 \geqslant 0 \Leftrightarrow$$
$$2Ax^3 - [(2nA + 2B) - (\lambda + 1)^2]x^2 +$$
$$[n^2A + 2nB - 2n(\lambda + 1)]x +$$
$$n^2(1 - B) = T(x) \geqslant 0 \tag{6}$$

将式(6) 分解配方成

$$(x - 1)^2(x + m) \geqslant 0 \tag{7}$$

(其中 $m > 0$),即 $1, 1, -m$ 是方程 $T(x) = 0$ 的三个根,由韦达定理得

$$\left. \begin{array}{l} 2 - m = \dfrac{2nA + 2B - (\lambda + 1)^2}{2A} \\ -m = -\dfrac{n^2(1 - B)}{2A} \end{array} \right\} \Rightarrow \tag{8}$$

$$2 = \frac{2nA + 2B - (\lambda + 1)^2}{2A} + \frac{n^2(1 - B)}{2A} \Rightarrow$$

$$(n^2 - 2)B - (2n - 4)A = n^2 - (\lambda + 1)^2$$

$$B - A = \frac{(n - 1 - \lambda)^2}{n^2 - 2n + 2} \Biggr\} \Rightarrow$$

$$A = \frac{(n - 1 - \lambda)[(2n^2 - 2n)\lambda + 2n]}{(n^2 - 2n + 2)^2} > 0$$

$$B = \frac{(n - 1 - \lambda)[(n^2 - 2)\lambda + (n^3 - 3n^2 + 6n - 2)]}{(n^2 - 2n + 2)^2} > 0 \Biggr\} \Rightarrow$$

$$m = \frac{n^2(1 - B)}{2A} =$$

$$\frac{n[(n^2 - 2)\lambda^2 - (2n^2 - 8n + 4)\lambda - (n^2 - 2)]}{4(n - 1 - \lambda)[(n - 1)\lambda + 1]} \tag{9}$$

当 $0 < \lambda < n - 1$ 时,欲使 $m > 0$,必须 $(n^2 - 2)\lambda^2 - (2n^2 - 8n + 4)\lambda - (n^2 - 2) > 0$

$$\tag{10}$$

注意到当 $n \geqslant 4$ 时,

$$\lambda_1 = \frac{(2n^2 - 8n + 4) - \sqrt{\Delta}}{2(n^2 - 2)} < 0$$

因此

$$n - 1 > \lambda > \lambda_0 = \frac{2n^2 - 8n + 4 + \sqrt{\Delta}}{2(n^2 - 2)}$$

其中

$$\Delta = (2n^2 - 8n + 4)^2 + (n^2 - 2)^2$$

注意到 $a_i \in (0, n)(i = 1, 2, \cdots, n)$,应用式(4) 和式(5) 有

$$\sum_{i=1}^{n} \frac{[n - (\lambda + 1)a_i]^2}{(n - a_i)^2 + a_i^2} \geqslant \sum_{i=1}^{n}(B - Aa_i) =$$

$$nB - A\sum_{i=1}^{n} a_i = nB - nA =$$

$$\frac{n(n - 1 - \lambda)^2}{n^2 - 2n + 2} \tag{11}$$

用 $s = n$ 返代回式(11) 式,即得式(M),等号成立仅当 $a_1 = a_2 = \cdots = a_n$.

9° 在式(K) 的证明中,我们建立了构造不等式

$$\frac{1}{n^2 - 2na_i + 2a_i^2} \leqslant A'a_i + B'$$

其中

$$A' + B' = \frac{1}{n^2 - 2n + 2}$$

求和得

$$\sum_{i=1}^{n} \left(\frac{1}{n^2 - 2na_i + 2a_i^2}\right) \leqslant \sum_{i=1}^{n}(A'a_i + B') =$$

$$A'\sum_{i=1}^{n} a_i + nB = nA' + nB' = \frac{n}{n^2 - 2n + 2}$$

于是,我们得到一个漂亮的推论:

推论 I 设 $a_i \in (0, n)(i = 1, 2, \cdots, n; 3 \leqslant n \in \mathbf{N})$,且 $\sum_{i=1}^{n} a_i = n$,则有

$$\sum_{i=1}^{n} \frac{1}{(n - a_i)^2 + a_i^2} \leqslant \frac{n}{n^2 - 2n + 2} \tag{N}$$

推论 II 如果 $a_i \in (0, \frac{n}{2})(i = 1, 2, \cdots, n; 3 \leqslant n \in \mathbf{N})$,且 $\sum_{i=1}^{n} a_i = n$,指数 $\theta \in (0, L)$,则有

$$\sum_{i=1}^{n} \frac{(n - 2a_i)^\theta}{[(n - a_i)^2 + a_i^2]^{1-\theta}} \leqslant \frac{n(n - 2)^\theta}{(n^2 - 2n + 2)^{1-\theta}} \leqslant$$

$$\frac{[(n - 2)(n^2 - 2n + 2)]^\theta}{(n - 2)^2} \sum_{i=1}^{n} \frac{(n - 2a_i)^2}{(n - a_i)^2 + a_i^2} \tag{O}$$

特别地,当 $\theta = \dfrac{1}{2}$ 时,有特例

$$\sum_{i=1}^{n}\sqrt{\dfrac{n-2a_i}{(n-a_i)^2+a_i^2}} \leqslant \sqrt{\dfrac{n-2}{n^2-2n+2}} \tag{O'}$$

这是一个不错的结论.

略证 应用过去的结论有

$$\dfrac{1}{(n-a_i)^2+a_i^2} \leqslant A'a_i + B'$$

其中

$$A' > 0, B' > 0, A' + B' = \dfrac{1}{n^2-2n+2}$$

注意到 $\theta \in (0,1) \Rightarrow 1-\theta \in (0,1)$ 且 $\theta + (1-\theta) = 1$,应用赫尔德不等式有

$$\sum_{i=1}^{n}\dfrac{(n-2a_i)^\theta}{[(n-a_i)^2+a_i^2]^{1-\theta}} \leqslant$$

$$\sum_{i=1}^{n}(n-2a_i)^\theta \cdot (A'a_i + B')^{1-\theta} \leqslant$$

$$\left[\sum_{i=1}^{n}(n-2a_i)\right]^\theta \cdot \left[\sum_{i=1}^{n}(A'a_i + B')\right]^{1-\theta} =$$

$$\left(n^2 - 2\sum_{i=1}^{n}a_i\right)^\theta \cdot \left(A'\sum_{i=1}^{n}a_i + nB'\right)^{1-\theta} =$$

$$(n^2 - 2n)^\theta \cdot (nA' + nB')^{1-\theta} =$$

$$n(n-2)^\theta \cdot (A' + B')^{1-\theta} =$$

$$\dfrac{n(n-2)^\theta}{(n^2-2n+2)^{1-\theta}}$$

即式(O) 成立,等号成立仅当 $a_1 = a_2 = \cdots = a_n$.

相应地,如果在推广 7 中增设条件:系数 $K_i \in (0,n)(i=1,2,\cdots,n; 3 \leqslant n \in \mathbf{N})$,且 $\sum_{i=1}^{n} K_i = n; K_1, K_2, \cdots, K_n$ 与 a_1 与 $a_2, \cdots, a_n$ 反序,那么式(Ⅰ) 与式(M) 均可共同推广为

$$\sum_{i=1}^{n} K_i \dfrac{[s-(\lambda+1)a_i]^2}{(s-a_i)^2+a_i^2} \geqslant \dfrac{n(n-1-\lambda)^2}{n^2-2n+2} \tag{P}$$

若在推广 7 中增设条件:指数 $\theta > 1$,系数 $p_i > 0 (i=1,2,\cdots,n; 3 \leqslant n \in \mathbf{N})$,则有

$$\sum_{i=1}^{n} p_i \dfrac{[s-(\lambda+1)a_i]^2}{(s-a_i)^2+a_i^2} \geqslant \left[\dfrac{n(n-1-\lambda)^2}{n^2-2n+2}\right]^\theta \cdot \left(\sum_{i=1}^{n} p_i^{\frac{1}{1-\theta}}\right)^{1-\theta} \tag{Q}$$

10° 回顾推广 6,它已将式(A) 从 3 元正数 a,b,c 推广到了 n 元正数

$$\sum_{i=1}^{n}\dfrac{(s-2a_i)^2}{(s-a_i)^2+a_i^2} \geqslant \dfrac{n(n-2)^2}{(n-1)^2+1} \tag{K}$$

其中

$$s = \sum_{i=1}^{n} a_i \quad 3 \leqslant n \in \mathbf{N}$$

但是,指数 2 却仍然是 2,没有随元数 $3 \to n$ 而改变. 现在,我们能更新思路,让式(K)的指数也"与时俱进"变为

猜想 设 $a_i > 0 (i = 1, 2, \cdots, n; 3 \leqslant n \in \mathbf{N})$,是否成立不等式

$$\sum_{i=1}^{n} \frac{(s - 2a_i)^{n-1}}{(s - a_i)^{n-1} + a_i^{n-1}} \geqslant \frac{n(n-2)^{n-1}}{(n-1)^{n-1} + 1} \tag{?}$$

显然,当 $n = 3$ 时,式(?)化为式(A)的等价形式.

假如式(?)成立,那么它与式(K)相比,双龙争雄,谁强谁弱呢?

当 $4 \leqslant n \in \mathbf{N} \Rightarrow 3 \leqslant n-1 \in \mathbf{N}$ 时,应用由加权幂平均不等式有

$$\left[\frac{(n-1)^{n-1} \cdot \left(\frac{s-a_i}{n-1} \right)^{n-1} + a_i^{n-1}}{(n-1)^{n-1} + 1} \right]^{\frac{1}{n-1}} \geqslant$$

$$\left[\frac{(n-1)^{n-1} \cdot \left(\frac{s-a_i}{n-1} \right)^{2} + a_i^{2}}{(n-1)^{n-1} + 1} \right]^{\frac{1}{2}} \Rightarrow$$

$$(s - a_i)^{n-1} + a_i^{n-1} \geqslant$$

$$\left[(n-1)^{n-1} + 1 \right]^{1 - \frac{n-1}{2}} \cdot \left[(n-1)^{n-3} \cdot (s - a_i)^2 + a_i^2 \right]^{\frac{n-1}{2}} \Rightarrow$$

$$\sum_{i=1}^{n} \frac{(s - 2a_i)^{n-1}}{(s - a_i)^{n-1} + a_i^{n-1}} \leqslant \left[(n-1)^{n-1} + 1 \right]^{\frac{n-3}{2}} \cdot \sum_{i=1}^{n} \left[\frac{(s - 2a_i)^2}{(n-1)^{n-3}(s - a_i)^2 + a_i^2} \right]^{\frac{n-1}{2}} <$$

$$\left[(n-1)^{n-1} + 1 \right]^{\frac{n-3}{2}} \cdot \sum_{i=1}^{n} \left[\frac{(s - 2a_i)^2}{(s - a_i)^2 + a_i^2} \right]^{\frac{n-1}{2}}$$

由此可见,如果式(?)成立,则它比式(K)强.

此外,对式(?)而言,显然,当 $n = 3$ 时成立,那么,当 $n = 4$ 时,它还成立吗?

分析 当 $n = 4$ 时,设 $a_1 + a_2 + a_3 + a_4 = 4$,须验证

$$\sum_{i=1}^{4} \frac{(4 - 2a_i)^3}{(4 - a_i)^3 + a_i^3} \geqslant \frac{2}{7} \tag{1}$$

其中 $a_i \in (0, 4) (i = 1, 2, 3, 4)$.

设 $x \in (0, 4)$,构造不等式

$$\frac{(4 - 2x)^3}{(4 - x)^3 + x^3} \geqslant Ax + B \tag{2}$$

其中 A, B 为待定系数,等号成立仅当 $x = 1$,即 $A + B = \frac{2}{7}$.

由于 $(4 - x)^3 + x^3 > 0$,因此式(2)等价于

$$(Ax + B)[(4 - x)^3 + x^3] \leqslant (4 - 2x)^3 \Leftrightarrow 4(3A + 2) T(x) \leqslant 0 \tag{4}$$

其中

$$T(x) = x^3 + \frac{3(B - 4A - 4)}{3A + 2} x^2 + \frac{4(4A - 3B + 6)}{3A + 2} x - \frac{16(B - 1)}{3A + 2} \tag{5}$$

现在,我们将 $T(x)$ 分解配方成

$$T(x) = (x - 1)^2 (x + m) \tag{6}$$

即 $1,1,-m$ 是方程
$$T(x) = 0 \tag{7}$$
的三个实根，由韦达定理有

$$\left.\begin{aligned} 2-m &= -\frac{3(B-4A-4)}{3A+2} \\ -m &= -\left(-\frac{16(B-1)}{3A+2}\right) \end{aligned}\right\} \Rightarrow$$

$$2 = -\frac{3(B-4A-4)}{3A+2} - \frac{16(B-1)}{3A+2} \Rightarrow$$

$$\left.\begin{aligned} 6A-19B &= -24 \\ A+B &= \frac{2}{7} \end{aligned}\right\} \Rightarrow \begin{cases} A = -\frac{26}{35} \\ B = \frac{36}{35} \end{cases} \Rightarrow$$

$$\left.\begin{aligned} 3A+2 &= -\frac{8}{35} < 0 \\ m &= -\frac{16(B-1)}{3A+2} = 2 > 0 \end{aligned}\right\} \tag{8}$$

$$T(x) = (x-1)^2(x+m) = (x-1)^2(x+2) \geqslant 0 \Rightarrow$$
$$4(3A+2)T(x) \leqslant 0 \Rightarrow$$
$$(Ax+B)[(4-x)^3 + x^3] \leqslant (4-2x)^3 \Rightarrow$$
$$\frac{(4-2x)^3}{(4-x)^3 + x^3} \geqslant Ax + B \Rightarrow$$
$$\frac{(4-2a_i)^3}{(4-a_i)^3 + a_i^3} \geqslant Aa_i + B \Rightarrow$$
$$\sum_{i=1}^{4} \frac{(4-2a_i)^3}{(4-a_i)^3 + a_i^3} \geqslant \sum_{i=1}^{4}(Aa_i + B) = A\sum_{i=1}^{4} a_i + 4B = 4A + 4B = \frac{8}{7}$$

这表明式(1)成立，即当 $n=3$ 与 4 时，式(?)成立，那么当 $n \geqslant 5$ 时，式(?)还成立吗？显然，随着指数 n 的增大，欲构造不等式

$$\frac{(n-2x)^{n-1}}{(n-x)^{n-1} + x^{n-1}} \leqslant Ax + B$$

谈何容易.

尽管如此，我们没有白费力，新编了结论：

$$\frac{(s-2a)^3}{(s-a)^3 + a^3} + \frac{(s-2b)^3}{(s-b)^3 + b^3} + \frac{(s-2c)^3}{(s-c)^3 + c^3} + \frac{(s-2d)^3}{(s-d)^3 + d^3} \geqslant \frac{8}{7} \tag{R}$$

其中 $s = a+b+c+d \, (a,b,c,d > 0)$.

11° 探讨至此，我们还不罢休，希望继续努力，得到比式(R)更好的结果.

首先，我们设参数 $\lambda > 0$，指数 $K \geqslant 2$，应用加权幂平均不等式有

$$\left[\frac{(n-1)^k \left(\frac{s-a_i}{n-1}\right)^k + a_i^k}{(n-1)^k + 1}\right]^{\frac{1}{k}} \geqslant \left[\frac{(n-1)^k \left(\frac{s-a_i}{n-1}\right)^2 + a_i^2}{(n-1)^k + 1}\right]^{\frac{1}{2}} \Rightarrow$$

$$(s-a_i)^k + a_i^k \geq [(n-1)^k+1]^{1-\frac{k}{2}} \cdot [(n-1)^{k-2} \cdot (s-a_i)^2 + a_i^2]^{\frac{1}{2}}$$

注意到

$$\left.\begin{array}{r} n \geq 3 \\ k \geq 2 \end{array}\right\} \Rightarrow (n-1)^{k-2} \geq 1 \Rightarrow$$

$$(s-a_i)^k + a_i^k \geq [(n-1)^k+1]^{1-\frac{k}{2}}[(s-a_i)^2 + a_i^2]^{\frac{1}{2}} \Rightarrow$$

$$\sum_{i=1}^n \frac{[s-(\lambda+1)a_i]^k}{(s-a_i)^k + a_i^k} \leq$$

$$[(n-1)^k+1]^{\frac{k-2}{2}} \cdot \left[\sum_{i=1}^n \frac{(s-(\lambda+1)a_i)^2}{(s-a_i)^2 + a_i^2)}\right]^{\frac{k}{2}} \tag{1}$$

式(1)启发我们思考:能否将不等式

$$\sum_{i=1}^n \frac{[s-(\lambda+1)a_i]^2}{(s-a_i)^2 + a_i^2} \geq \frac{n(n-1-\lambda)^2}{(n-1)^2+1}$$

加强,推广为

$$\sum_{i=1}^n \frac{[s-(\lambda+1)a_i]^k}{(s-a_i)^k + a_i^k} \geq \frac{n(n-1-\lambda)^k}{(n-1)^k+1} \tag{?'}$$

呢?回顾式(R),只要能分析

$$\sum_{i=1}^n \frac{[s-(\lambda+1)a_i]^3}{(s-a_i)^3 + a_i^3} \geq \frac{n(n-1-\lambda)^3}{(n-1)^3+1} \tag{?''}$$

也是一种进步.

分析 (i) 我们仍然设 $s = \sum_{i=1}^n a_i = n, x \in (0,n), A, B$ 为待定系数,构造不等式

$$f(x) = \frac{[n-(\lambda+1)x]^3}{(n-x)^3 + x^3} \geq Ax + B \tag{2}$$

等号成立仅当 $x=1$,即

$$A+B = \frac{(n-1-\lambda)^3}{(n-1)^3+1} \tag{3}$$

由于 $(n-x)^3 + x^3 > 0$,式(2)等价于

$$(Ax+B)[(n-x)^3 + x^3] - [n-(\lambda+1)x]^3 \leq 0 \Leftrightarrow$$
$$[3nA + (\lambda+1)^3]T(x) \leq 0 \tag{4}$$

其中

$$T(x) = x^3 + px^2 + qx + r \tag{5}$$

这里

$$\begin{cases} p = \dfrac{3nB - 3n^2A - 3(\lambda+1)^2 n}{3nA + (\lambda+1)^3} \\ q = \dfrac{n^3 A - 3n^2 B + 3(\lambda+1)n^2}{3nA + (\lambda+1)^3} \\ r = \dfrac{n^3(B-1)}{3nA + (\lambda+1)^3} \end{cases} \tag{6}$$

同样,希望能将 $T(x)$ 分解配方为

$$T(x) = (x-1)^2(x+m) \tag{7}$$

(m 为待定系数) 即 $1, 1, -m$ 是方程

$$T(x) = 0 \tag{8}$$

的三个根，由韦达定理得

$$\begin{cases} 2 - m = -p \\ -m = -r \end{cases} \Rightarrow \tag{9}$$

$$\begin{cases} (3n^2 - 6n)A + (n^3 - 3n)B = n^3 + 2(\lambda+1)^3 - 3(\lambda+1)^2 n \\ [(n-1)^3 + 1](A+B) = (n-1-\lambda)^3 \end{cases} \tag{10}$$

显然，欲从式 (10) 解出 A, B，判定 $m > 0$，或 $m < 0$ 方可.

(ii) 不妨先取特例 $n = 3, \lambda = 1$，有

$$\frac{(3-2x)^3}{(3-x)^3 + x^3} \geqslant Ax + B \Leftrightarrow$$

$$(3-2x)^3 \geqslant (Ax+B)(27 - 27x + 9x^2) \Leftrightarrow$$

$$(9A+8)T(x) \leqslant 0 \tag{11}$$

其中

$$T(x) = x^3 + \frac{-(27A - 9B + 36)}{9A + 8} x^2 + \frac{27A - 27B + 54}{9A + 8} x + \frac{27(B-1)}{9A + 8}$$

仍设

$$T(x) = (x-1)^2(x+m) \Rightarrow$$

$$\begin{cases} 2 - m = \dfrac{27A - 9B + 36}{9A + 8} \\ -m = -\dfrac{27(B-1)}{9A + 8} \end{cases} \Rightarrow$$

$$\begin{cases} A + 2B = \dfrac{7}{9} \\ A + B = \dfrac{1}{9} \end{cases} \Rightarrow \begin{cases} A = -\dfrac{5}{9} \\ B = \dfrac{2}{3} \end{cases} \Rightarrow$$

$$m = \frac{27(B-1)}{9A + 8} = -3 < 0 \Rightarrow$$

$$(9A + 8)T(x) = 3T(x) =$$

$$3(x-1)^2(x-3) \leqslant 0 \Rightarrow$$

$$\sum \frac{(3-2a)^3}{(3-a)^3 + a^3} \leqslant \sum (Aa + B)$$

$$A \sum a + 3B = 3A + 3B = \frac{1}{3} \Rightarrow$$

$$\sum \frac{(b+c-a)^3}{(b+c)^3 + a^3} \geqslant \frac{1}{3} \tag{S}$$

同样，如果在式 (6) 中取 $n = 3$，有

$$\begin{cases} A + 2B = [2(\lambda+1)^3 - 9(\lambda+1)^2 + 27]/9 \\ A + B = (2-\lambda)^3/9 \end{cases} \Rightarrow$$

$$\begin{cases} A = [2(2-\lambda)^3 - 2(\lambda+1)^3 + 9(\lambda+1)^2 - 27]/9 \\ B = [2(\lambda+1)^3 - 9(\lambda+1)^2 + 27 - (2-\lambda)^3]/9 \end{cases} \Rightarrow$$

$$m = r = \frac{2(B-1)}{9A + (\lambda+1)^3} =$$

$$\frac{3[2(\lambda+1)^3 - 9(\lambda+1)^2 + 18 - (2-\lambda)^3]}{2(2-\lambda)^3 - (\lambda+1)^3 + 9(\lambda+1)^2 - 27}$$

从上面的推导知,欲使 $9A + (\lambda+1)^3 > 0$,及 $T(x) \leqslant 0$,必须 $m \leqslant -3$,即

$$2(\lambda+1)^3 - 9(\lambda+1)^2 + 18 - (2-\lambda)^3 \leqslant$$
$$-[2(2-\lambda)^3 - (\lambda+1)^3 + 9(\lambda+1)^2 - 27] \Rightarrow$$
$$(2-\lambda)^3 + (\lambda+1)^3 - 9 \leqslant 0 \Rightarrow$$
$$\lambda(\lambda-1) \leqslant 0 \Rightarrow 0 \leqslant \lambda \leqslant 1$$

因此,当 $0 \leqslant \lambda \leqslant 1$ 时,式(S)有参数推广

$$\sum \frac{(b+c-\lambda a)^3}{(b+c)^3 + a^3} \geqslant \frac{1}{3}(2-\lambda)^3 \tag{T}$$

显然,当 $\lambda = 1$ 时,式(T)化为式(S),当 $\lambda = 0$ 时,式(T)化为

$$\sum \frac{(b+c)^3}{(b+c)^3 + a^3} \geqslant \frac{8}{3} \tag{T'}$$

12° 最近,我在朱华伟,钱展望两位老师出版的一本数学书里,发现有许多道妙题,其中一道是:

设 $a, b, c \in \mathbf{R}^+$,则有

$$\frac{(b+c)^2}{bc+a^2} + \frac{(c+a)^2}{ca+b^2} + \frac{(a+b)^2}{ab+c^2} \geqslant 6 \tag{A_1}$$

由于

$$\sum(bc+a^2) = \sum a^2 + \sum bc =$$
$$\left(\sum a\right)^2 - \sum bc \geqslant \left(\sum a\right)^2 - \frac{1}{3}\left(\sum a\right)^2 = \frac{2}{3}\left(\sum a\right)^2$$

因此不能直接用柯西不等式证明式(A_1).

让我们先欣赏两位老师的高超证法.

证明 应用柯西不等式有

$$\sum \frac{(b+c)^2}{bc+a^2} = \sum \frac{(b+c)^4}{(b+c)^2(bc+a^2)} \geqslant \frac{\left[\sum(b+c)^2\right]^2}{\sum(b+c)^2(bc+a^2)} \tag{1}$$

因此,欲证式(A_1),须证

$$\left[\sum(b+c)^2\right]^2 \geqslant 6\sum(b+c)^2(bc+a^2) \Leftrightarrow \tag{2}$$

$$2\sum a^4 + 2abc\sum a + \sum ab(a^2+b^2) \geqslant 6\sum a^2 b^2 \tag{3}$$

由于

$$\sum ab(a^2+b^2) \geqslant 2\sum a^2 b^2$$

因此,欲证式(3),须证

$$2\sum a^4 + 2abc\sum a \geqslant 4\sum a^2b^2 = 4\sum b^2c^2 \Leftrightarrow$$
$$abc\sum a \geqslant 2\sum b^2c^2 - \sum a^4 = \left(\sum a\right)\prod(b+c-a) \Leftrightarrow$$
$$abc \geqslant \prod(b+c-a) \tag{4}$$

当 $b+c-a, c+a-b, a+b-c$ 均大于 0 时,应用平均值不等式有
$$\left.\begin{array}{r}\sqrt{(c+a-b)(a+b-c)} \leqslant a \\ \sqrt{(a+b-c)(b+c-a)} \leqslant b \\ \sqrt{(c+a-b)(a+b-c)} \leqslant c\end{array}\right\} \Rightarrow$$
$$abc \geqslant \prod(b+c-a)$$

此时式(4)成立;

当 $b+c-a, c+a-b, a+b-c$ 中两个为正,一个为负时,$\prod(b+c-a) < 0 < abc$,式(4)仍然成立;

当 $b+c-a, c+a-b, a+b-c$ 中有两个为负,一个为正时,不妨设 $a+b-c > 0$,
$$\left.\begin{array}{r}b+c-a < 0 \\ c+a-b < 0\end{array}\right\} \Rightarrow 2c < 0, 矛盾.$$

因此 $b+c-a, c+a-b, a+b-c$ 中只能是三个均为正,或两正一负,式(4)成立,逆推之式(A_1)成立,等号成立仅当 $a=b=c$.

上述证法巧用柯西不等式及我们所熟知的不等式
$$abc \geqslant (b+c-a)(c+a-b)(a+b-c)$$
显得美妙无比. 如果将式(A)与式(A_1)并排比较:
$$\frac{(b+c-a)^2}{(b+c)^2+a^2} + \frac{(c+a-b)^2}{(c+a)^2+b^2} + \frac{(a+b-c)^2}{(a+b)^2+c^2} \geqslant \frac{3}{5} \tag{A_0}$$
$$\frac{(b+c)^2}{bc+a^2} + \frac{(c+a)^2}{ca+b^2} + \frac{(a+b)^2}{ab+c^2} \geqslant 6 \tag{A_1}$$

会发现式(A_1)比式(A)结构更紧凑.

如果记式(A_1)左边为 P,即
$$P = \sum \frac{(b+c)^2}{bc+a^2} = \sum \frac{4(b+c)^2}{4bc+4a^2} \geqslant$$
$$\sum \frac{4(b+c)^2}{(b+c)^2+4a^2} =$$
$$\sum \left[4 - \frac{16a^2}{(b+c)^2+4a^2}\right] =$$
$$12 - 16\sum \frac{a^2}{(b+c)^2+4a^2} \tag{5}$$

观察式(5)右边,欲证式(A_1),须证
$$12 - 16\sum \frac{a^2}{(b+c)^2+4a^2} \geqslant 6 \Leftrightarrow$$

$$\sum \frac{a^2}{(b+c)^2+4a^2} \leqslant \frac{3}{8} \tag{6}$$

我们仍然用待定系数法,令 $a+b+c=3, a,b,c \in (0,3), A, B$ 为待定系数,构造不等式

$$\frac{a^2}{(b+c)^2+4a^2} = \frac{a^2}{(3-a)^2+4a^2} \leqslant Aa+B \tag{7}$$

等号成立仅当 $a=1$,即

$$A+B=\frac{1}{8} \tag{8}$$

式(7)等价于

$$(Aa+B)(5a^2-6a+9) \geqslant a \Leftrightarrow AT(a) \geqslant 0 \tag{9}$$

其中

$$T(a) = a^3 - \left(\frac{6A-5B+1}{5A}\right)a^2 + \left(\frac{9A-6B}{5A}\right)a + \frac{9B}{5A} \tag{10}$$

如果 $T(a)$ 能分解配方为

$$T(a) = (a-1)^2(a+m) \tag{11}$$

那么 $1, 1, -m$ 是方程 $T(a)=0$ 的三个根,由韦达定理有

$$\begin{cases} 2-m = \frac{6A-5B+1}{5A} \\ -m = -\frac{9B}{5A} \end{cases} \Rightarrow \tag{12}$$

$$\left.\begin{matrix} A-B=\frac{1}{4} \\ A+B=\frac{1}{8} \end{matrix}\right\} \Rightarrow \begin{cases} A=\frac{3}{16} \\ B=-\frac{1}{16} \end{cases} \Rightarrow$$

$$m = \frac{9B}{5A} = -\frac{3}{5} \Rightarrow$$

$$AT(a) = \frac{3}{16}(a-1)^2\left(a-\frac{3}{5}\right)$$

可见,欲保证 $AT(a) \geqslant 0$,须 $\frac{3}{5} \leqslant a < 3$. 同理, $\frac{3}{5} \leqslant b < 3$, $\frac{3}{5} \leqslant c < 3$.

在此约束条件下,

$$P = \sum \frac{(b+c)^2}{bc+a^2} \geqslant 12 - 16\sum \frac{a^2}{(3-a)^2+a^2} \geqslant$$

$$12 - 16\sum(Aa+B) =$$

$$12 - 16(A\sum a + 3B) =$$

$$12 - 16(3A+3B) =$$

$$12 - 16 \times 3 \times \frac{1}{8} = 6 \Rightarrow$$

$$P \geqslant 6$$

通过上述推证,我们可建立式(A_1)的带约束条件的加强:

设 $a,b,c \in \mathbf{R}^+, s = a+b+c, \min(a,b,c) \geq \dfrac{3}{5}s$,则有

$$\frac{4(b+c)^2}{(b+c)^2+4a^2} + \frac{4(c+a)^2}{(c+a)^2+4b^2} + \frac{4(a+b)^2}{(a+b)^2+4c^2} \geq 6 \qquad (A_2)$$

如果将式(A)的各分子与式(A_1)的各分母"张冠李戴"巧妙结合,就可得到一个新奇的结果:

$$\frac{(b+c-a)^2}{bc+a^2} + \frac{(c+a-b)^2}{ca+b^2} + \frac{(a+b-c)^2}{ab+c^2} \geq \frac{3}{2} \qquad (A_3)$$

证明 记

$$F = \sum \frac{(b+c-a)^2}{bc+a^2} = \sum \frac{4(b+c-a)^2}{4bc+4a^2} \geq 4 \sum \frac{(b+c-a)^2}{(b+c)^2+4a^2} \qquad (13)$$

令 $a+b+c=3, a,b,c \in (0,3)$. 设 A, B 为待定系数,构造不等式

$$\frac{(b+c-a)^2}{(b+c)^2+4a^2} = \frac{(3-2a)^2}{(3-a)^2+4a^2} \geq Aa + B \Leftrightarrow \qquad (14)$$

$$(Aa+B)[(3-a)^2+4a^2] \leq (3-2a)^2 \Leftrightarrow$$

$$AT(a) \leq 0 \qquad (15)$$

其中

$$T(a) = a^3 - \left(\frac{6A-5B+4}{5A}\right)a^2 + \left(\frac{9A-6B+12}{5A}\right)a + \frac{9(B-1)}{5A} \qquad (16)$$

将 $T(a)$ 分解配方为

$$T(a) = (a-1)^2(a+m) \qquad (17)$$

即 $1, 1, -m$ 是方程 $T(a) = 0$ 的三个根,由韦达定理有

$$\begin{cases} 2-m = \dfrac{6A-5B+4}{5A} \\ -m = -\dfrac{9(B-1)}{5A} \end{cases} \Rightarrow$$

$$\left.\begin{aligned} A-B &= -\frac{5}{4} \\ A+B &= \frac{1}{8} \end{aligned}\right\} \Rightarrow \begin{cases} A = -9/16 \\ B = 11/16 \end{cases} \Rightarrow$$

$$m = \frac{9(B-1)}{5A} = 1 \Rightarrow$$

$$AT(a) = -\frac{9}{16}(a-1)^2(a+1) \leq 0$$

即式(15)成立,从而式(14)成立,于是

$$F = \sum \frac{(b+c-a)^2}{bc+a^2} \geq 4 \sum \frac{(b+c-a)^2}{(b+c)^2+4a^2} \geq$$

$$4 \sum (Aa+B) = 4\left(A\sum a + 3B\right) =$$

$$4(3A+3B) = \frac{3}{2}$$

即式(A_3)成立,等号成立仅当 $a=b=c$,相应地式(A_3)也有参数推广

$$\sum \frac{(b+c-\lambda a)^2}{bc+a^2} \geqslant \frac{3}{2}(2-\lambda)^2 \qquad (A_4)$$

最后,我们提出式(A_1)的两个猜想:

猜想 设 $a_i>0(i=1,2,\cdots,n;3\leqslant n\in \mathbf{N})$,记 $s=\sum_{i=1}^{n}a_i, G_i=\frac{a_1 a_2 \cdots \cdot a_n}{a_i}$ 则有

$$\sum_{i=1}^{n}\frac{(s-a_i)^{n-1}}{G_i+a_i^{n-1}} \geqslant \frac{n}{2}(n-1)^{n-1} \qquad (?_1)$$

$$\sum_{i=1}^{n}\frac{(s-a_i)^2}{\sqrt[n-1]{G_i^2}+a_i^2} \geqslant \frac{n}{2}(n-1)^2 \qquad (?_2)$$

仿效式(A_3)的证法,式($?_2$)是可以证明的.

13° 当我们冷静下来仔细回顾时,发现在对式(A)进行探讨时,重点关注它的分子,并渗入了参数 λ,而对式(A)分母却关注太少.

如果仍然设 $a_i>0(i=1,2,\cdots,n;3\leqslant n\in \mathbf{N})$,并记 $s=\sum_{i=1}^{n}a_i, t\geqslant -1$ 为参数,那么,显然,当 $t=-1$ 时,

$$P_n=\sum_{i=1}^{n}\frac{(s-2a_i)^2}{(s-a_i)^2+ta_i^2}=$$

$$\sum_{i=1}^{n}\frac{(s-2a_i)^2}{(s-a_i)^2-a_i^2}=\sum_{i=1}^{n}\frac{s-2a_i}{s}=$$

$$\frac{1}{s}\left(ns-2\sum_{i=1}^{n}a_i\right)=\frac{1}{s}(ns-2s)\Rightarrow$$

$$P_n=n-2$$

那么,当参数 $t\geqslant -1$ 时,不等式

$$\sum_{i=1}^{n}\frac{(s-2a_i)^2}{(s-a_i)^2+ta_i^2} \geqslant \frac{n(n-2)^2}{(n-1)^2+t} \qquad (U)$$

成立吗?下面,我们只须讨论 $t>-1$ 时的情况.

为了简便起见,令 $s=n, a_i \in (0,n)(i=1,2,\cdots,n;3\leqslant n\in \mathbf{N})$,这样,式(U)简化为

$$\sum_{i=1}^{n}\frac{(n-2a_i)^2}{(n-a_i)^2+ta_i^2} \geqslant \frac{n(n-2)}{(n-1)^2+t} \qquad (U)'$$

现设 $x=a_i \in (0,n)$,构造不等式

$$\frac{(n-2x)^2}{(n-x)^2+tx^2} \geqslant Ax+B \qquad (1)$$

其中 A,B 为待定系数,等号成立仅当 $x=1$,即

$$A+B=\frac{(n-2)^2}{(n-1)^2+t} \qquad (2)$$

又式(1)化为

$$4x^2-4nx+n^2 \geqslant (Ax+B)[(t+1)x^2-2nx+n^2] \Leftrightarrow$$

$$A(t+1)P(x) \leqslant 0 \qquad (3)$$

其中
$$P(x) = x^3 - px^2 + qx + r \tag{4}$$

$$\begin{cases} p = \dfrac{2nA - B(t+1) - 4}{A(t+1)} \\ q = \dfrac{n^2 A - 2nB + 4n}{A(t+1)} \\ r = \dfrac{n^2(B-1)}{A(t+1)} \end{cases} \tag{5}$$

此时，我们仍然希望能将 $P(x)$ 分解配方为
$$P(x) = (x-1)^2(x+m) \tag{6}$$
即 $1,1,-m$ 是方程 $P(x) = 0$ 之三实根，由韦达定理有
$$\begin{cases} 2-m = p \\ -m = -r \end{cases} \Rightarrow$$

$$\begin{cases} (2n - 2t - 2)A + (n^2 - t - 1)B = n^2 + 4 \\ [(n-1)^2 + t](A+B) = (n-2)^2 \end{cases} \tag{7}$$

为了降低难度，我们取 $n = 3$ 进行初探：
$$\begin{cases} (4 - 2t)A + (8 - t)B = 13 \\ (4 + t)A + (4 + t) = 1 \end{cases} \Rightarrow$$

$$\begin{cases} A = -2(7t - 22)/(t+4)^2 \\ B = 3(5t + 16)/(t+4)^2 \end{cases} \Rightarrow \tag{8}$$

$$m = r = -\frac{9(t^2 - 7t - 32)}{2(t+1)(7t - 22)} \tag{9}$$

注意到 $t > -1$ 及式(3)
$$A(t+1)P(x) \leqslant 0 \tag{3}$$
只能有 $A < 0, P(x) \geqslant 0$ 与 $A > 0, P(x) \leqslant 0$ 两种情况．

(i) 当 $A < 0, P(x) \geqslant 0$ 时，由于
$$A < 0 \Rightarrow 7t - 22 > 0 \Rightarrow t > \frac{22}{7}$$
$$P(x) \geqslant 0 \Rightarrow m > 0 \Rightarrow t^2 - 7t - 32 < 0 \Rightarrow$$
$$\frac{1}{2}(7 - \sqrt{177}) < t < \frac{1}{2}(7 + \sqrt{177})$$

于是
$$\frac{22}{7} < t < \frac{1}{2}(7 + \sqrt{177}) \tag{10}$$

(ii) 当 $A > 0, P(x) \leqslant 0$ 时，由于
$$A > 0 \Rightarrow 7t - 22 < 0 \Rightarrow -1 < t < \frac{22}{7}$$
$$P(x) \leqslant 0 \Rightarrow x + m < 3 + m < 0 \Rightarrow (注意 7t - 22 < 0)$$
$$9(t^2 - 7t - 32) < 6(t+1)(7t - 22) \Rightarrow$$

$$33t^2 - 27t + 156 > 0 \tag{11}$$

由于 $\Delta_x = (-27)^2 - 4 \times 33 \times 156 = -19\,863 < 0$,即式(11)恒成立,故此时

$$-1 < t < \frac{22}{7} \tag{12}$$

综合上述式(10)与式(12),结合 $t \geqslant -1$,有结论:当 $-1 \leqslant t < \frac{1}{2}(7+\sqrt{177})$ 时,不等式 $\frac{(b+c-a)^2}{(b+c)^2+ta^2} + \frac{(c+a-b)^2}{(c+a)^2+tb^2} + \frac{(a+b-c)^2}{(a+b)^2+tc^2} \geqslant \frac{3}{4+t}$,等号成立只当 $t=-1$ 或 $a=b=c$.

由于 $\left[\frac{7+\sqrt{177}}{2}\right] = 10$,这表明参数 t 的活动空间较小.

最后,顺便指出,推广6中的(K)式可以再度推广为:

综合推广 设 $a_{ij} \in \mathbf{R}^+$($i=1,2,\cdots,n;3 \leqslant n \in \mathbf{N};j=1,2,\cdots,m;1 \leqslant m \in \mathbf{N}$),$\{a_{1m}\},\{a_{2m}\},\cdots,\{a_{nm}\}$ 同序,那么(记 $s_j = \sum\limits_{i=1}^{n} a_{ij}$)

$$\sum_{i=1}^{n}\prod_{j=1}^{m}\frac{(s_j-2a_{ij})^2}{(s_j-a_{ij})^2+a_{ij}^2} \geqslant n\left[\frac{(n-2)^2}{n^2-2n+2}\right]^m \tag{W}$$

特别地,当 $m=1$ 时,式(W)与式(K)等价.

提示 应用切比雪夫不等式的推广有

$$\sum_{i=1}^{n}\left[\frac{1}{n}\prod_{j=1}^{m}\frac{(s_j-2a_{ij})^2}{(s_j-a_{ij})^2+a_{ij}^2}\right] \geqslant \prod_{j=1}^{m}\left[\frac{1}{n}\sum_{i=1}^{n}\frac{(s_j-2a_{ij})^2}{(s_j-a_{ij})^2+a_{ij}^2}\right] \geqslant$$

$$\prod_{j=1}^{m}\left[\frac{1}{n} \cdot \frac{n(n-2)^2}{n^2-2n+2}\right] = \left[\frac{(n-2)^2}{n^2-2n+2}\right]^m \Rightarrow$$

$$\sum_{i=1}^{n}\prod_{j=1}^{m}\frac{(s_j-2a_{ij})^2}{(s_j-a_{ij})^2+a_{ij}^2} \geqslant n\left[\frac{(n^2-2)^2}{n^2-2n+2}\right]^m$$

等号成立仅当 $a_{1j} = a_{2j} = \cdots = a_{nj}$($j=1,2,\cdots,m$).

本篇我们用了较长的篇幅探讨了式(A),并且主要应用的方法是构造法,可见构造法在不等式的证明和研究中,效果颇佳.

4′

在本小节,我们探讨几道小题目,使之加工铸造成几粒闪光的小珍珠.

题1 已知正数 a,b,c 满足 $ab+bc+ca = \frac{1}{3}$,求证

$$\frac{a}{a^2-bc+1} + \frac{b}{b^2-ca+1} + \frac{c}{c^2-ab+1} \geqslant \frac{1}{a+b+c} \tag{a_1}$$

分析 从外形与结构上观察,式(a_1)是传统型分式和不等式,如果欲利用已知条件先去分母,希望配方证明显然工作量大得惊人,因此本题宜智取,不宜强攻.

注意到式(a_1)左边各分母之和

$$s = \sum(a^2 - bc + 1) = \sum a^2 - \sum bc + 3 =$$
$$\sum a^2 - \frac{1}{3} + 3 = \sum a^2 + \frac{8}{3} = \sum a^2 + 8\sum bc =$$
$$\left(\sum a^2 + 2\sum bc\right) + 6\sum bc =$$
$$\left(\sum a\right)^2 + 6\sum bc \leqslant$$
$$\left(\sum a\right)^2 + 2\left(\sum a\right)^2 \Rightarrow$$
$$s \leqslant 3\left(\sum a\right)^2 \Rightarrow$$
$$3\left(\sum a\right)^2 \cdot \sum \frac{a}{a^2 - bc + 1} \geqslant$$
$$\sum(a^2 - bc + 1) \cdot \sum \frac{a}{a^2 - bc + 1} \geqslant$$
（应用柯西不等式）
$$\left(\sum \sqrt{a}\right)^2 \Rightarrow$$
$$\sum \frac{a}{a^2 - bc + 1} \geqslant \frac{\left(\sum \sqrt{a}\right)^2}{3\left(\sum a\right)^2}$$

因此,此思路不能证明式(a_1). 但是,却启发了我们,应用上述思路,能推导出新结果

$$\sum \frac{a^2}{a^2 - bc + 1} \geqslant \frac{1}{3} \tag{1}$$

现在,我们改变思路,仔细观察式(a_1)左边各式的分子与分母的结构,发现如果设

$$a \geqslant b \geqslant c > 0 \Rightarrow \begin{cases} a^2 \geqslant b^2 \geqslant c^2 \\ bc \leqslant ca \leqslant ab \end{cases} \Rightarrow$$
$$a^2 - bc + 1 \geqslant b^2 - ca + 1 \geqslant c^2 - ab + 1 > 0 \Rightarrow$$
$$\left. \begin{aligned} \frac{1}{a^2 - bc + 1} \leqslant \frac{1}{b^2 - ca + 1} \leqslant \frac{1}{c^2 - ab + 1} \\ a \geqslant b \geqslant c \end{aligned} \right\} \Rightarrow$$

（应用切比雪夫不等式）

$$\sum \frac{a}{a^2 - bc + 1} \leqslant \frac{\sum a}{3}\left(\sum \frac{1}{a^2 - bc + 1}\right)$$

此思路虽然不能证明式(a_1),却意外地将式(a_1)完善成一个双向不等式.

$$\frac{1}{3}\left(\sum a\right)\left(\sum \frac{1}{a^2 - bc + 1}\right) \geqslant \sum \frac{1}{a^2 - bc + 1} \geqslant \frac{1}{a + b + c} \tag{2}$$

现在,我们作代换

$$\begin{cases} bc = x > 0 \\ ca = y > 0 \\ ab = z > 0 \end{cases} \Rightarrow \begin{cases} a = \sqrt{yz/x} \\ b = \sqrt{zx/y} \\ c = \sqrt{xy/z} \end{cases}$$

代入式(a_1) 得

$$\sum\left[\frac{\sqrt{\frac{yz}{x}}}{\frac{yz}{x}-x+1}\right] \geqslant \frac{1}{\sqrt{xyz}\left(\frac{1}{x}+\frac{1}{y}+\frac{1}{z}\right)} \Leftrightarrow$$

$$\sum \frac{1}{yz-x^2+x} \geqslant \frac{1}{xyz\left(\frac{1}{x}+\frac{1}{y}+\frac{1}{z}\right)} \Leftrightarrow$$

$$\sum \frac{1}{yz-x^2+x} \geqslant \frac{1}{yz+zx+xy} \tag{3}$$

式(3) 即为式(a_1) 的转化式,其中 $x+y+z=\frac{1}{3}$.

观察式(3) 知,它的外形同样庞大复杂,证明不易.

另一方面,我们观察已知条件

$$ab+bc+ca=\frac{1}{3} \Leftrightarrow$$

$$(\sqrt{3}a)(\sqrt{3}b)+(\sqrt{3}b)(\sqrt{3}c)+(\sqrt{3}c)(\sqrt{3}a)=1$$

立刻使我们联想到三角恒等式

$$\tan\frac{A}{2}\tan\frac{B}{2}+\tan\frac{B}{2}\tan\frac{C}{2}+\tan\frac{C}{2}\tan\frac{A}{2}=1$$

(其中 A,B,C 为 $\triangle ABC$ 的三内角).

作转化

$$(\sqrt{3}a,\sqrt{3}b,\sqrt{3}c)=(\tan\frac{A}{2},\tan\frac{B}{2},\tan\frac{C}{2}) \Rightarrow$$

$$\sum \frac{a}{a^2-bc+1} \geqslant \frac{1}{\sum a} (式(a_1)) \Leftrightarrow$$

$$\sum \frac{\frac{1}{\sqrt{3}}\tan\frac{A}{2}}{\frac{1}{3}\left(\tan\frac{A}{2}\right)^2-\frac{1}{3}\tan\frac{B}{2}\tan\frac{C}{2}+1} \geqslant \frac{1}{\frac{1}{\sqrt{3}}\sum\tan\frac{A}{2}} \Leftrightarrow$$

$$\sum \frac{\tan\frac{A}{2}}{\left(\tan\frac{A}{2}\right)^2-\tan\frac{B}{2}\tan\frac{C}{2}+3} \geqslant \frac{1}{\tan\frac{A}{2}+\tan\frac{B}{2}+\tan\frac{C}{2}} \tag{4}$$

上面的式(3) 是式(a_1) 的代数转化式,式(4) 是式(a_1) 式的三角转化式.
现在,我们不畏失败,而且还要更新思路,证明式(a_1).

证明 应用已知条件 $ab+bc+ca=\frac{1}{3}$ 与公式

$$\sum a^3-3abc=\left(\sum a\right)\left(\sum a^2-\sum bc\right)=\left(\sum a\right)\left(\sum a^2-\frac{1}{3}\right) \Rightarrow$$

$$\sum\left(\frac{a}{a^2-bc+1}\right)=\sum\frac{a^2}{a^3-abc+a} \geqslant$$

$$\frac{(a+b+c)^2}{\sum(a^3-abc+a)}=$$

$$\frac{(a+b+c)^2}{\sum a^3-3abc+\sum a}=$$

$$\frac{\sum a^2+2\sum bc}{\sum a+(\sum a)(\sum a^2-\frac{1}{3})}=$$

$$\frac{\sum a^2+\frac{2}{3}}{(\sum a)(\sum a^2+\frac{2}{3})}\Rightarrow$$

$$\sum\left(\frac{a}{a^2-bc+1}\right)\geqslant\frac{1}{\sum a}$$

即式(a_1)成立,等号成立仅当$a=b=c=\frac{1}{3}$.

上述证法启示我们,式(a_1)可以强化为

结论 1 设正数a,b,c满足:

(i) 当$ab+bc+ca=m\leqslant\frac{1}{3}$时,

$$\sum\frac{a}{a^2-bc+1}\geqslant\frac{3m}{\sum a} \tag{a_2}$$

(ii) 当$ab+bc+ca=\lambda$时,

$$\sum\left(\frac{a}{a^2-bc+3\lambda}\right)\geqslant\frac{1}{a+b+c} \tag{a_3}$$

显然,当$m=\frac{1}{3}$及$\lambda=\frac{1}{3}$时,式(a_2)、式(a_3)均化为式(a_1).

证明(i) 记$s=\sum a$,注意到

$$\sum a^2\geqslant\sum bc=m$$

$$\sum\left(\frac{a}{a^2-bc+1}\right)=\sum\frac{a^2}{a^3-abc+a}\geqslant$$

$$\frac{(a+b+c)^2}{\sum(a^3-abc+a)}=$$

$$\frac{\sum a^2+2m}{\sum a^3-3abc+\sum a}=$$

$$\frac{(\sum a^2+1-m)+(3m-1)}{s(\sum a^2-m)+s}=$$

$$\frac{1}{s}\left[1-\frac{1-3m}{\sum a^2+1-m}\right]\geqslant$$

$$\frac{1}{s}\left(1-\frac{1-3m}{m+1-m}\right)=\frac{3m}{s}\Rightarrow$$

$$\sum\left(\frac{a}{a^2-bc+1}\right)\geqslant\frac{3m}{s}$$

即式(a_2)成立,等号成立仅当 $a=b=c=\sqrt{\frac{m}{3}}\leqslant\frac{1}{3}$.

(ii) 注意到

$$\sum a^3-3abc=\left(\sum a\right)\left(\sum a^2-\sum bc\right)=\left(\sum a\right)\left(\sum a^2-\lambda\right)\Rightarrow$$
$$\sum(a^3-abc+3\lambda a)=\sum a^3-3abc+3\lambda\sum a=$$
$$\left(\sum a\right)\left(\sum a^2+2\lambda\right)=$$
$$\left(\sum a\right)\left(\sum a^2+2\sum bc\right)=\left(\sum a\right)^3\Rightarrow$$
$$\sum\left(\frac{a}{a^2-bc+3\lambda}\right)=\sum\left(\frac{a^2}{a^3-abc+3\lambda a}\right)\geqslant$$
$$\frac{(a+b+c)^2}{\sum(a^3-abc+3\lambda a)}=\frac{\left(\sum a\right)^2}{\left(\sum a\right)^3}\Rightarrow$$
$$\sum\left(\frac{a}{a^2-bc+3\lambda}\right)\geqslant\frac{1}{\sum a}$$

即式(a_3)成立,等号成立仅当 $a=b=c=\sqrt{\frac{\lambda}{3}}$.

上面的式(a_3)是式(a_1)的参数推广,我们再给它加上指数,让它如虎添翼,飞向蓝天.

推广 2 正数 a,b,c 满足 $ab+bc+ca=\lambda$,指数 $\alpha\geqslant\beta\geqslant 0$,则有

$$\sum\frac{a^\alpha}{(a^2-bc+3\lambda)^\beta}\geqslant\frac{3^{1-\alpha}}{s^{2\beta-\alpha}} \tag{a_4}$$

显然,当 $\alpha=\beta=1$ 时,式(a_4)化为式(a_3);当 $\alpha=\beta=0$ 时,式(a_4)为等式 $3=3$;当 $\alpha>1>\beta=0$ 时,式(a_4)为

$$\sum a^\alpha\geqslant 3^{1-\alpha}\cdot s^\alpha=3\left(\frac{s}{3}\right)^\alpha=3\left[\frac{\sum a}{3}\right]^\alpha$$

由幂平均不等式知,上式成立.

当 $\alpha=\beta=K\in(0,1)$ 时,式(a_3)被加强为

$$\sum\left(\frac{a}{a^2-bc+3\lambda}\right)^K\geqslant\frac{3^{1-K}}{s^K} \tag{a_5}$$

当 $\alpha=2K,\beta=K$ 时,式(a_4)化为

$$\sum\left(\frac{a^2}{a^2-bc+3\lambda}\right)^K\geqslant 3^{1-K} \tag{a_6}$$

现在,我们只须证明当 $\alpha\geqslant\beta>0$ 时式(a_4)成立即可.

证明 注意到

$$\sum (a^3 - abc + 3\lambda a) = (\sum a)^3 = s^3$$

设

$$\theta = \frac{\alpha + \beta}{1 + \beta} \geqslant 1 \Rightarrow$$

$$\left[\frac{\sum a^\theta}{3}\right]^{\frac{1}{\theta}} \geqslant \frac{\sum a}{3} = \frac{s}{3} \Rightarrow$$

$$\sum a^\theta \geqslant 3\left(\frac{s}{3}\right)^\theta \Rightarrow$$

$$\sum \frac{a^\alpha}{(a^2 - bc + 3\lambda)^\beta} = \sum \frac{a^{\alpha+\beta}}{(a^3 - abc + 3\lambda a)^\beta} = $$

$$\sum \frac{(a^\theta)^{\alpha+\beta}}{(a^3 - abc + 3\lambda a)^\beta} \geqslant$$

（应用权方和不等式）

$$\frac{(\sum a^\theta)^{1+\beta}}{[\sum (a^3 - abc + 3\lambda a)]^\beta} = $$

$$\frac{(\sum a^\theta)^{\alpha+\beta}}{s^{3\beta}} \geqslant \frac{\left[3\left(\frac{s}{3}\right)^\theta\right]^{1+\beta}}{s^{3\beta}} = $$

$$\frac{3^{1+\beta} \cdot \left(\frac{s}{3}\right)^{\alpha+\beta}}{s^{3\beta}} = \frac{3^{1-\alpha}}{s^{2\beta-\alpha}} \Rightarrow$$

$$\sum \frac{a^\alpha}{(a^2 - bc + 3\lambda)^\beta} \geqslant \frac{3^{1-\alpha}}{s^{2\beta-\alpha}}$$

即式(a_4)成立. 等号成立当$\alpha = \beta = 0$或$a = b = c = \sqrt{\frac{\lambda}{3}}$.

如果应用切比雪夫不等式，我们就可将式(a_4)推广为

推广 3 设正数a_i, b_i, c_i满足$a_i b_i + b_i c_i + c_i a_i = \lambda (i = 1, 2, \cdots, n; 1 \leqslant n \in \mathbf{N})$，指数$\alpha \geqslant \beta \geqslant 0$，$\{a_n\}, \{b_n\}, \{c_n\}$同序，则有

$$\sum \prod_{i=1}^{n} \frac{a_i^\alpha}{(a_i^2 - b_i c_i + 3\lambda)^\beta} \geqslant \frac{3^{1-\alpha-2(n-1)\beta}}{(A+B+C)^{2\beta-\alpha}} \tag{a_7}$$

其中 $A = \prod_{i=1}^{n} a_i, B = \prod_{i=1}^{n} b_i, C = \prod_{i=1}^{n} c_i$.

证明 由$\{a_n\}, \{b_n\}, \{c_n\}$同序，应用切比雪夫不等式的推广有

$$\frac{1}{3}A + \frac{1}{3}B + \frac{1}{3}C \geqslant \prod_{i=1}^{n}\left(\frac{a_i + b_i + c_i}{3}\right) \Rightarrow$$

$$\prod_{i=1}^{n} s_i = \prod_{i=1}^{n}(a_i + b_i + c_i) \leqslant 3^{n-1}(A + B + C) \Rightarrow$$

$$\sum \prod_{i=1}^{n} \frac{a_i^\alpha}{(a_i^2 - b_i c_i + 3\lambda)^\beta} \geqslant$$

$$3\prod_{i=1}^{n}\left[\frac{1}{3}\sum\frac{a_i^{\alpha}}{(a_i^2-b_ic_i+3\lambda)^{\beta}}\right]\geqslant$$

$$3\prod_{i=1}^{n}\left(\frac{1}{3}\times\frac{3^{1-\alpha}}{s_i^{2\beta-\alpha}}\right)=\frac{3^{1-n\alpha}}{\left(\prod_{i=1}^{n}s_i\right)^{2\beta-\alpha}}\geqslant$$

$$\frac{3^{1-n\alpha}}{[3^{n-1}(A+B+C)]^{2\beta-\alpha}}=\frac{3^{1-\alpha-2(n-1)\beta}}{(A+B+C)^{2\beta-\alpha}}$$

即式(a_7)式成立,等号成立仅当 $a_i=b_i=c_i=\sqrt{\dfrac{\lambda}{3}}(i=1,2,\cdots,n)$.

对于正数 a,b,c,如果改变已知条件 $ab+bc+ca=\lambda$,就能将式(a_1)

$$\frac{a}{a^2-bc+3\lambda}+\frac{b}{b^2-ca+3\lambda}+\frac{c}{c^2-ab+3\lambda}\geqslant\frac{1}{a+b+c} \tag{a_1'}$$

"摇身一变"成

新题 设正数 a,b,c,K 满足
$$K>\max(a^2-bc,b^2-ca,c^2-ab)$$
则有
$$\frac{a}{bc-a^2+K}+\frac{b}{ca-b^2+K}+\frac{c}{ab-c^2+K}\geqslant\frac{a+b+c}{K} \tag{a_8}$$

并且,如果再添上指数 $\alpha\geqslant\beta>0$,式(a_8) 式又可再度推广为

推广4 设 $K>0$ 为常数,指数 $\alpha\geqslant\beta>0$,记 $G=a_1a_2\cdots\cdot a_n$,其中 $a_1,a_2,\cdots,a_n$ 均为正数,满足 $a_i^n-Ka_i<G(i=1,2,\cdots,n;3\leqslant n\in\mathbf{N})$,记 $G_i=G/a_i$,则有

$$\sum_{i=1}^{n}\frac{a_i^{\alpha}}{(G_i-a_i^{n-1}+K)^{\beta}}\geqslant n^{1-\alpha}\cdot\left(\frac{s}{K}\right)^{\beta} \tag{a_9}$$

其中 $s=\sum_{i=1}^{n}a_i$.

证明 注意到

$$\sum_{i=1}^{n}(a_iG_i-a_i^n+Ka_i)=\sum_{i=1}^{n}(G-a_i^n+Ka_i)=nG-\sum_{i=1}^{n}a_i^n+K\sum_{i=1}^{n}a_i\leqslant Ks$$

证 $\theta=\dfrac{\alpha+\beta}{1+\beta}\geqslant 1$,应用权方和不等式有

$$\sum_{i=1}^{n}\frac{a_i^{\alpha}}{(G_i-a_i^{n-1}+K)^{\beta}}=\sum_{i=1}^{n}\frac{a_i^{\alpha+\beta}}{(a_iG_i-a_i^n+Ka_i)^{\beta}}=$$

$$\sum_{i=1}^{n}\frac{(a_i^{\theta})^{1+\beta}}{(a_iG_i-a_i^n+Ka_i)^{\beta}}\geqslant$$

$$\frac{\left(\sum_{i=1}^{n}a_i^{\theta}\right)^{1+\beta}}{\sum_{i=1}^{n}(a_iG_i-a_i^n+Ka_i)^{\beta}}\geqslant$$

$$\frac{1}{(Ks)^{\beta}}\left(\sum_{i=1}^{n}a_i^{\theta}\right)^{1+\beta}\geqslant$$

$$\frac{1}{(Ks)^\beta} \cdot \left[n\left(\frac{\sum_{i=1}^{n} a_i}{n}\right)^\theta\right]^{1+\beta} =$$

$$\frac{1}{(Ks)^\beta} \cdot \left[n\left(\frac{s}{n}\right)^{\frac{\alpha+\beta}{1+\beta}}\right]^{1+\beta} = n^{1-\alpha} \cdot \left(\frac{s}{K}\right)^\beta$$

即式(a_9)成立,等号成立仅当 $a_1 = a_2 = \cdots = a_n$.

从外形结构上观察,式(a_9)是式(a_1)的配对式,只要我们有耐心,又能建立式(a_1)的最新配对式:

设正数 a, b, c, K 满足 $bc - a^2 + Kb > 0, ca - b^2 + Kc > 0, ab - c^2 + Ka > 0, \lambda, u, v$ 为正数,则有

$$\frac{(u+v)^2 a}{bc - a^2 + Kb} + \frac{(v+\lambda)^2 b}{ca - b^2 + Kc} + \frac{(\lambda+u)^2 c}{ab - c^2 + Ka} \geq \frac{4}{K}(uv + v\lambda + \lambda u) \quad (a_{10})$$

略证 注意到

$$\sum(abc - a^3 + Kab) = 3abc - \sum a^3 + K\sum ab \leq K\sum ab \Rightarrow$$

$$\sum \frac{(u+v)^2 a}{bc - a^2 + Kb} = \sum \frac{[(u+v)a]^2}{abc - a^3 + Kab} \geq$$

$$\frac{\left[\sum (u+v)a\right]^2}{\sum(abc - a^3 + Kab)} \geq$$

$$\frac{\left[\sum (u+v)a\right]^2}{K\sum bc} \geq \frac{4\left(\sum uv\right)\left(\sum bc\right)}{K\sum bc} =$$

$$\frac{4}{K}\left(\sum uv\right)$$

即式(a_{10})成立,等号成立仅当 $a = b = c$ 及 $\lambda = u = v$.

4

在前面的一章,我们下了很大的工夫,写了较长的篇幅,研究了不等式

$$\frac{(b+c-a)^2}{(b+c)^2 + a^2} + \frac{(c+a-b)^2}{(c+a)^2 + b^2} + \frac{(a+b-c)^2}{(a+b)^2 + c^2} \geq \frac{3}{5} \quad (A)$$

但终因式(A)太美妙,太迷人,太神秘,我仍未能研究透彻.

如果我们将它进行魔术变幻,就会演化成"新生一代":

设 x, y, z 是正实数,则有

$$\frac{xy}{x^2 + y^2 + 2z^2} + \frac{yz}{2x^2 + y^2 + z^2} + \frac{zx}{x^2 + 2y^2 + z^2} \leq \frac{3}{4} \quad (F_1)$$

这就是《全国高中数学联赛预测卷》第 7 页第二题(50 分). 如果我们记式(F_1)左边为 F,并将外形结构调整得更有规律:

$$F = \frac{yz}{y^2 + z^2 + 2x^2} + \frac{zx}{z^2 + x^2 + 2y^2} + \frac{xy}{x^2 + y^2 + 2z^2} \leq \frac{3}{4} \quad (F_1)$$

1° 显然,式(F_1)还是一个齐次循环分式和不等式.若令$xyz=1$,它被简化为

$$\frac{1}{x(y^2+z^2)+2x^3}+\frac{1}{y(z^2+x^2)+2y^3}+\frac{1}{z(x^2+y^2)+2z^3}\leqslant\frac{3}{4} \quad (1)$$

若令$x^2+y^2+z^2=3$,式(F_1)又被简化为

$$\frac{yz}{3+x^2}+\frac{zx}{3+y^2}+\frac{xy}{3+z^2}\leqslant\frac{3}{4} \quad (2)$$

若令

$$\begin{cases}3+x^2=4a\\3+y^2=4b\\3+z^2=4c\end{cases}\Rightarrow\begin{cases}x=\sqrt{4a-3}\\y=\sqrt{4b-3}\\z=\sqrt{4c-3}\end{cases}$$

其中$x^2+y^2+z^2=3\Rightarrow a+b+c=3$.

$$x,y,z\in(0,\sqrt{3})\Rightarrow a,b,c\in\left(\frac{3}{4},\frac{3}{2}\right)$$

这样,式(2)又变化为根式形不等式

$$\sum\frac{\sqrt{(4b-3)(4c-3)}}{4a}\leqslant\frac{3}{4}\Leftrightarrow$$

$$\sum bc\sqrt{(4b-3)(4c-3)}\leqslant3abc \quad (3)$$

设$\triangle ABC$的三内角为A,B,C,在式(2)中令

$$(x,y,z)=\left(\sqrt{3\tan\frac{B}{2}\tan\frac{C}{2}},\sqrt{3\tan\frac{C}{2}\tan\frac{A}{2}},\sqrt{3\tan\frac{A}{2}\tan\frac{B}{2}}\right)$$

得到一个新的三角不等式

$$\frac{\tan\frac{A}{2}}{1+\tan\frac{B}{2}\tan\frac{C}{2}}+\frac{\tan\frac{B}{2}}{1+\tan\frac{C}{2}\tan\frac{A}{2}}+\frac{\tan\frac{C}{2}}{1+\tan\frac{A}{2}\tan\frac{B}{2}}\leqslant$$

$$\frac{3}{4}\cot\frac{A}{2}\cot\frac{B}{2}\cot\frac{C}{2} \quad (4)$$

2° 对于式(F_1),我们怎样证明它呢?

分析 根据对称性,设$xyz=1$,于是有

$$F=\sum\frac{yz}{y^2+z^2+2x^2}\leqslant\sum\frac{yz}{2yz+2x^2}=\frac{1}{2}\left(\sum\frac{1}{1+x^3}\right)$$

欲证式(F_1),须证

$$\sum\frac{1}{1+x^3}\leqslant\frac{3}{2} \quad (?)$$

再设$A,B>0$为待定系数,构造不等式

$$\frac{1}{1+x^3}\leqslant B-Ax\Leftrightarrow \quad (?)'$$

$$f(x)=Ax^4-Bx^3+Ax+(1-B)\leqslant0$$

由于$A,x>0$,因此$f(x)$为增函数,在$(0,+\infty)$内无最大值0,即此思路行不通,且多项

式 $f(x)$ 也不可能分解为
$$f(x) = A(x-1)^2 g(x)$$
其中 $g(x) = x^2 + px + q < 0$, (p, q 为待定系数).

事实上, 即使联想到
$$\sum \frac{1}{1+x^3} \leqslant \sum \frac{1}{2x\sqrt{x}}$$
或
$$\sum \frac{1}{1+x^3} \leqslant \sum \frac{4}{(1+x)^3}$$
也无济于事.

如果记 $S = x^2 + y^2 + z^2$, 并设
$$x \geqslant y \geqslant z > 0 \Rightarrow \begin{cases} yz \leqslant zx \leqslant xy \\ \dfrac{1}{S+x^2} \leqslant \dfrac{1}{S+y^2} \leqslant \dfrac{1}{S+z^2} \end{cases} \Rightarrow$$
$$F = \sum \frac{yz}{y^2+z^2+2x^2} = \sum \frac{yz}{S+x^2} \geqslant$$
$$\frac{1}{3} \left(\sum yz \right) \left(\sum \frac{1}{S+x^2} \right) \geqslant$$
$$\frac{1}{3} \left(\sum yz \right) \cdot \frac{9}{\sum (S+x^2)} = \frac{3}{4} \frac{\sum yz}{S} \Rightarrow$$
$$F \geqslant \frac{3}{4} \cdot \frac{\sum yz}{\sum x^2}$$

虽然用此思路不能证明式 (F_1), 但我们却意外地得到
$$\frac{3}{4} \cdot \frac{\sum yz}{\sum x^2} \leqslant \sum \frac{yz}{y^2+z^2+2x^2} \leqslant \frac{3}{4} \tag{5}$$

此外, 虽然应用平均值不等式, 有
$$F = \sum \frac{yz}{y^2+z^2+2x^2} \leqslant \frac{1}{2} \sum \frac{y^2+z^2}{y^2+z^2+2x^2}$$
记 $S = \sum x^2 = x^2 + y^2 + z^2$ 有
$$\sum \frac{y^2+z^2}{y^2+z^2+2x^2} = \sum \frac{y^2+z^2}{S+x^2}$$
设
$$x \geqslant y \geqslant z > 0 \Rightarrow \begin{cases} y^2+z^2 \leqslant z^2+x^2 \leqslant x^2+y^2 \\ \dfrac{1}{S+x^2} \leqslant \dfrac{1}{S+y^2} \leqslant \dfrac{1}{S+z^2} \end{cases} \Rightarrow$$
$$\sum \frac{y^2+z^2}{S+x^2} \geqslant \frac{1}{3} \sum (y^2+z^2) \cdot \left(\sum \frac{1}{S+x^2} \right) =$$

$$\frac{2}{3}\left(\sum x^2\right)\cdot\left(\sum\frac{1}{S+x^2}\right)\geqslant$$

$$\frac{2}{3}S\cdot\frac{9}{\sum(S+x^2)}=\frac{2}{3}S\cdot\frac{9}{3S+\sum x^2}=\frac{2}{3}S\cdot\frac{9}{4S}=\frac{3}{2}\Rightarrow$$

$$\sum\frac{y^2+z^2}{y^2+z^2+2x^2}\geqslant\frac{3}{2}$$

可见,用此思路也不能证明式(F_1). 同理应用下述思路也徒然:

$$\begin{cases}yz\leqslant(\frac{1}{4}(y+z)^2\\ y^2+z^2+2x^2\geqslant\frac{1}{4}(y+z+2x)^2\end{cases}\Rightarrow$$

$$F\leqslant\sum\left(\frac{y+z}{y+z+2x}\right)^2$$

到现在,仔细统计起来,我们已提供了四条思路,却处处碰壁,式(F_1)仍然岿然不动,辜负了我们的良苦用心. 但是,我们通过上述分析,心血并未白费,并非做了无用功,而是意外地喜获丰收:

$$\frac{3}{4}\cdot\frac{\sum yz}{\sum x^2}\leqslant F\leqslant\frac{3}{4}\leqslant\begin{cases}\frac{1}{2}\sum\frac{y^2+z^2}{y^2+z^2+2x^2}\leqslant\\ \frac{1}{3}\left(\sum\frac{y+z}{y+z+2x}\right)^2\leqslant\end{cases} \quad (F_2)$$

$$\sum\left(\frac{y+z}{y+z+2x}\right)^2$$

并且,我们又新生了猜测

$$\sum\frac{y^2+z^2}{y^2+z^2+2x^2}\geqslant 2\sum\left(\frac{y+z}{y+z+2x}\right)^2 \quad (?_x)$$

3° 其实,式(F_1)是一只纸老虎,只要思路选对,证明它会很轻松.

证明 应用平均值不等式有

$$F=\sum\frac{yz}{y^2+z^2+2x^2}=\sum\frac{yz}{(x^2+y^2)+(x^2+z^2)}\leqslant$$

$$\frac{1}{2}\sum\frac{yz}{\sqrt{(x^2+y^2)(x^2+z^2)}}\leqslant$$

$$\frac{1}{4}\sum\left(\frac{y^2}{x^2+y^2}+\frac{z^2}{x^2+z^2}\right)=$$

$$\frac{1}{4}\sum\left(\frac{x^2}{x^2+y^2}+\frac{y^2}{x^2+y^2}\right)\Rightarrow$$

$$F\leqslant\frac{3}{4}$$

即式(F_1)成立,等号成立仅当 $x=y=z$.

如此简洁的轻松证明,真是智取威虎山. 这就是美妙的参考证法.

4° 式(F_1)的证明虽然不难,但欲建立它的系数推广却并非易事.

结论 1 设 x,y,z 均为正实数,λ,u,v 为正系数,则有

$$F_\lambda = \frac{\lambda yz}{x^2+y^2+2z^2} + \frac{uzx}{z^2+x^2+2y^2} + \frac{vxy}{x^2+y^2+2z^2} \leqslant$$
$$\frac{1}{4}\left(\frac{uv}{\lambda} + \frac{v\lambda}{u} + \frac{\lambda u}{v}\right) \tag{F_3}$$

显然,当 $\lambda = u = v$ 时,式(F_3) 化为式(F_1),当 $x = y = z$ 时,式(F_3) 化为不等式

$$\lambda + u + v \leqslant \frac{uv}{\lambda} + \frac{v\lambda}{u} + \frac{\lambda u}{v} \tag{6}$$

即式(F_3) 是式(F_1) 与式(6) 的巧妙结合.

证明 设 $\triangle ABC$ 的三边长为 a,b,c,半周长 $p = \frac{1}{2}(a+b+c)$,且

$$\begin{cases} b+c-a = 2x^2 \\ c+a-b = 2y^2 \\ a+b-c = 2z^2 \end{cases} \Rightarrow \begin{cases} x^2 = p-a \\ y^2 = p-b \\ z^2 = p-c \end{cases} \Rightarrow$$

$$\begin{cases} y^2+z^2 = a \\ z^2+x^2 = b \\ x^2+y^2 = c \end{cases} \Rightarrow$$

$$F_\lambda = \sum \frac{\lambda yz}{y^2+z^2+2x^2} = \sum \frac{\lambda yz}{(x^2+y^2)+(z^2+x^2)} =$$
$$\sum \frac{\lambda yz}{b+c} \leqslant \frac{1}{2} \sum \frac{\lambda yz}{\sqrt{bc}} =$$
$$\frac{1}{2} \sum \lambda \cdot \sqrt{\frac{(p-b)(p-c)}{bc}} =$$
$$\frac{1}{2} \sum \lambda \sin\frac{A}{2} = \frac{1}{2} \sum \lambda \cos\left(\frac{\pi}{2} - \frac{A}{2}\right)$$

注意到

$$\left(\frac{\pi}{2} - \frac{A}{2}\right) + \left(\frac{\pi}{2} - \frac{B}{2}\right) + \left(\frac{\pi}{2} - \frac{C}{2}\right) = \pi$$

应用三角母不等式有

$$F_\lambda \leqslant \frac{1}{2} \sum \lambda \cos\left(\frac{\pi}{2} - \frac{A}{2}\right) \leqslant \frac{1}{4} \sum \frac{uv}{\lambda}$$

即式(F_3) 成立,等号成立仅当 $x = y = z$ 及 $\lambda = u = v$.

有了结论 1 做坚实的基石,我们可以再建立

结论 2 设 $\lambda,u,v > 0, x_i,y_i,z_i > 0, \theta_i \in (0,1), (i = 1,2,\cdots,m; m \in \mathbf{N}^+)$,且 $\sum_{i=1}^m \theta_i = 1$,则有

$$\sum \lambda \prod_{i=1}^m \left(\frac{y_i z_i}{y_i^2+z_i^2+2x_i^2}\right)^{\theta_i} \leqslant \frac{1}{4}\left(\frac{uv}{\lambda} + \frac{v\lambda}{u} + \frac{\lambda u}{v}\right) \tag{F_4}$$

特别地,当 $m = 1$ 时,式(F_4) 与式(F_3) 等价.

证明 简记

$$A_i = \frac{y_i z_i}{y_i^2 + z_i^2 + 2x_i^2}, \quad B_i = \frac{z_i x_i}{z_i^2 + x_i^2 + 2y_i^2}, \quad C_i = \frac{x_i y_i}{x_i^2 + y_i^2 + 2z_i^2} \quad i = 1, 2, \cdots, m$$

注意到

$$\prod_{i=1}^{m} \lambda^{\theta_i} = \lambda^{\sum\limits_{i=1}^{m} \theta_i} = \lambda$$

应用赫尔德不等式有

$$\sum \lambda \Big(\prod_{i=1}^{m} A_i^{\theta_i}\Big) = \sum \prod_{i=1}^{m} (\lambda_i A_i)^{\theta_i} \leqslant$$

$$\prod_{i=1}^{m} \Big(\sum \lambda A_i\Big)^{\theta_i} \leqslant \prod_{i=1}^{m} \Big(\frac{1}{4} \sum \frac{uv}{\lambda}\Big)^{\theta_i} =$$

$$\Big(\frac{1}{4} \sum \frac{uv}{\lambda}\Big)^{\sum\limits_{i=1}^{m} \theta_i} = \frac{1}{4} \sum \frac{uv}{\lambda}$$

即式(F_4)成立,等号成立仅当 $\lambda = u = v$ 且 $x_i = y_i = z_i (i = 1, 2, \cdots, m)$.

5° 如果我们设 $x, y, z, m > 0$,并记

$$P = \sum \Big(\frac{y^2 + z^2 + mx^2}{yz}\Big) = \sum \Big(\frac{y^2 + z^2}{yz}\Big) + m \sum \frac{x^2}{yz}$$

显然,应用平均值不等式有

$$P \geqslant \sum \frac{2yz}{yz} + 3m \Big(\prod \frac{x^2}{yz}\Big)^{\frac{1}{3}} \Rightarrow$$

$$P = \sum \Big(\frac{y^2 + z^2 + mx^2}{yz}\Big) \geqslant 3(m+2) \tag{7}$$

而且,应用赫尔德不等式,式(7)还可加强为

$$\prod \Big(\frac{y^2 + z^2 + mx^2}{yz}\Big) \geqslant (m+2)^3 \tag{8}$$

从结构上讲,式(7) 的配对式也许是

$$F(m) = \sum \Big(\frac{yz}{y^2 + z^2 + mx^2}\Big) \leqslant \frac{3}{m+2} \tag{9}$$

显然,当 $m \geqslant 0$ 时,式(7)、式(8)恒成立,易验证当 $m = 0, 1$ 时,式(9)成立,我们在前面已证明了当 $m = 2$ 时式(9)成立. 今年,杨学枝老师证明了当 $m = 3$ 时式(9)成立(见《中国初等数学研究》2009年第1辑第12页),这只能说明当 $m = \{0, 1, 2, 3\}$ 时,式(9)成立,并不能表明当 $m \geqslant 0$ 时,式(9)成立.

从杨老师证明当 $m = 3$ 时式(9)成立的难度可知,欲从式(9)去分母、配方证明之,那将难于上青天. 但是,我们不要太失望,更不必悲观,通过努力,克服困难,我们仍然可建立相应较满意的

结论 3 设 $x, y, z > 0, k \geqslant m = \{0, 1, 2, 3\}$,系数 $\lambda, u, v > 0$,则有

$$F_\lambda^{(k)} = \frac{\lambda^{k-m} yz}{y^2 + z^2 + kx^2} + \frac{u^{k-m} zx}{z^2 + x^2 + ky^2} + \frac{v^{k-m} xy}{x^2 + y^2 + kz^2} \leqslant$$

$$\frac{3^{\frac{m+2}{k+2}}}{k+2}\Big(\frac{\lambda^{k+2}yz}{x^2}+\frac{u^{k+2}zx}{y^2}+\frac{v^{k+2}xy}{z^2}\Big)^{\frac{k-m}{k+2}} \qquad (F_5)$$

显然,当 $k = m = \{0,1,2,3\}$ 时(即当 $k = m = 0,1,2,3$ 时),式(F_3)化为

$$\sum \frac{yz}{y^2+z^2+mx^2} \leqslant \frac{3}{m+2} \quad m = 0,1,2,3 \qquad (9)$$

当 $\lambda = u = v$ 时,式(F_5)化为

$$\sum \Big(\frac{yz}{y^2+z^2+kx^2}\Big) \leqslant \frac{3^{\frac{m+2}{k+2}}}{k+2}\Big(\sum \frac{yz}{x^2}\Big)^{\frac{k-m}{k+2}} \qquad (10)$$

当 $x = y = z$ 时,式(F_5)化为

$$\sum \lambda^{k-m} \leqslant 3^{\frac{m+2}{k+2}}\Big(\sum \lambda^{k+2}\Big)^{\frac{k-m}{k+2}} \qquad (11)$$

可见,式(F_5)和谐地统一了式(9)~式(11),其实,式(F_5)共包括了 6 个不等式. 现在我们只须证明 $k > m$ 时式(F_5)成立即可.

证明 记

$$A = \frac{yz}{y^2+z^2+kx^2}, \quad B = \frac{zx}{z^2+x^2+ky^2}, \quad C = \frac{xy}{x^2+y^2+kz^2}$$

注意到

$$\frac{m+2}{k+2}, \frac{k-m}{k+2} \in (0,1)$$

且

$$\frac{m+2}{k+2}+\frac{k-m}{k+2} = 1$$

应用加权不等式有

$$y^2+z^2+kx^2 = (k+2)\Big[\frac{m+2}{k+2}\Big(\frac{y^2+z^2+mx^2}{m+2}\Big)+\Big(\frac{k-m}{k+2}\Big)\cdot x^2\Big] \geqslant$$

$$(k+2)\Big(\frac{y^2+z^2+mx^2}{m+2}\Big)^{\frac{m+2}{k+2}}\cdot (x^2)^{\frac{k-m}{k+2}} \Rightarrow$$

$$A \leqslant \frac{(m+2)^{\frac{m+2}{k+2}}}{k+2}\cdot \frac{yz}{(y^2+z^2+mx^2)^{\frac{m+2}{k+2}}}\cdot (x^2)^{\frac{k-m}{k+2}} =$$

$$\frac{(m+2)^{\frac{m+2}{k+2}}}{k+2}\cdot \Big(\frac{yz}{y^2+z^2+mx^2}\Big)^{\frac{m+2}{k+2}}\cdot \Big(\frac{yz}{x^2}\Big)^{\frac{k-m}{k+2}}$$

同理,B,C 也有类似结论,应用赫尔德不等式有

$$F_\lambda^{(k)} = \lambda^{k-m}\cdot A + u^{k-m}\cdot B + v^{k-m}\cdot C \leqslant$$

$$\frac{(m+2)^{\frac{m+2}{k+2}}}{k+2}\sum\Big[\Big(\frac{yz}{y^2+z^2+mx^2}\Big)^{\frac{m+2}{k+2}}\cdot \Big(\frac{\lambda^{k+2}yz}{x^2}\Big)^{\frac{k-m}{k+2}}\Big] \leqslant$$

$$\frac{(m+2)^{\frac{m+2}{k+2}}}{k+2}\cdot \Big[\sum\Big(\frac{yz}{y^2+z^2+mx^2}\Big)\Big]^{\frac{m+2}{k+2}}\cdot \Big(\sum \frac{\lambda^{k+2}yz}{x^2}\Big)^{\frac{k-m}{k+2}} \leqslant$$

(应用式(9))

$$\frac{(m+2)^{\frac{m+2}{k+2}}}{k+2}\cdot \Big(\frac{3}{m+2}\Big)^{\frac{m+2}{k+2}}\cdot \Big(\sum \frac{\lambda^{k+2}yz}{x^2}\Big)^{\frac{k-m}{k+2}} \Rightarrow$$

$$F_\lambda^{(k)} \leqslant \frac{3^{\frac{m+2}{k+2}}}{k+2}\Big(\sum \frac{\lambda^{k+2} yz}{x^2}\Big)^{\frac{k-m}{k+2}}$$

即式(F_5)成立,等号成立仅当 $x = y = z$ 及 $\lambda = u = v$.

结论 4 设 $x, y, z, \lambda, u, v > 0, k \in [0, 1)$(即 $0 \leqslant K < 1$),记

$$F_\lambda = \frac{\lambda yz}{y^2 + z^2 + kx^2} + \frac{uzx}{z^2 + x^2 + ky^2} + \frac{vxy}{x^2 + y^2 + kz^2}$$

则有

$$F_\lambda \leqslant \frac{2(\lambda + u + v) - 2k(\sqrt{uv} + \sqrt{v\lambda} + \sqrt{\lambda u})}{2(1-k)(k+2)} \tag{F_6}$$

证明 当 $k = 0$ 时,易证式(F_6)成立. 当 $k \in (0, 1)$ 时,记

$$P_\lambda = \sum \frac{\lambda x^2}{y^2 + z^2 + kx^2}$$

并令

$$\begin{cases} y^2 + z^2 + kx^2 = (k+2)a \\ z^2 + x^2 + ky^2 = (k+2)b \\ x^2 + y^2 + kz^2 = (k+2)c \end{cases} \Rightarrow \begin{cases} (k-1)x^2 = (k+1)a - b - c \\ (k-1)y^2 = (k+1)b - c - a \\ (k-1)z^2 = (k+1)c - a - b \end{cases} \Rightarrow$$

$$(1-k)(k+2)P_\lambda = \sum \frac{\lambda[b + c - (k+1)a]}{a} =$$

$$\sum \Big[\frac{\lambda b}{a} + \frac{\lambda c}{a} - (k+1)\lambda\Big] =$$

$$\sum \Big(\frac{\lambda b}{a} + \frac{\lambda c}{a}\Big) - (k+1)\sum \lambda =$$

$$\sum \Big(\frac{uc}{b} + \frac{vb}{c}\Big) - (k+1)\sum \lambda \geqslant$$

$$2\sum \sqrt{uv} - (k+1)\sum \lambda \Rightarrow$$

$$P_a \geqslant \frac{2\sum \sqrt{uv} - (k+1)\sum \lambda}{(1-k)(k+2)} \Rightarrow$$

$$\sum \lambda - 2F_\lambda = \sum \lambda - \sum \frac{2\lambda yz}{y^2 + z^2 + kx^2} =$$

$$\sum \lambda \Big(1 - \frac{2yz}{y^2 + z^2 + kx^2}\Big) =$$

$$\sum \lambda \Big[\frac{(y-z)^2 + kx^2}{y^2 + z^2 + kx^2}\Big] \geqslant$$

$$\sum \Big(\frac{k\lambda x^2}{y^2 + z^2 + kx^2}\Big) = kP_\lambda \geqslant$$

$$\frac{k[2\sum \sqrt{uv} - (k+1)\sum \lambda]}{(1-k)(k+2)} \Rightarrow$$

$$2F_\lambda \leqslant \sum \lambda - \frac{k[2\sum \sqrt{uv} - (k+1)\sum \lambda]}{(1-k)(k+2)} \Rightarrow$$

$$F_\lambda \leqslant \frac{2\sum\lambda - 2k\sum\sqrt{uv}}{2(1-k)(k+2)}$$

即式(F_6)成立,等号成立仅当 $x = y = z$ 及 $\lambda = u = v$.

特别地,当 $\lambda = u = v$ 时,式(F_6) 化为

$$\sum \frac{yz}{y^2 + z^2 + kx^2} \leqslant \frac{3}{k+2} \quad 0 \leqslant k < 1 \tag{12}$$

当 $x = y = z$ 时,式(F_6) 化为

$$\frac{1}{k+2}\sum\lambda \leqslant \frac{\sum\lambda - k\sum\sqrt{uv}}{(1-k)(k+2)} \Leftrightarrow$$

$$\sum\lambda \geqslant \sum\sqrt{uv} \tag{13}$$

结论 5 设 $x, y, z > 0$,且满足条件: $\frac{x+y+z}{k+2} > \max(x, y, z), k \in (0, 1)$,则有

$$F_\lambda = \sum\left(\frac{\lambda yz}{y^2 + z^2 + kx^2}\right) \leqslant \frac{\sum\lambda - kt}{2} \tag{F_7}$$

其中

$$t = \frac{\left\{\sum\sqrt{\lambda[(u+v)-(k+1)\lambda]}\right\}^2}{(1-k)(k+2)\sum\lambda}$$

证明 由已知条件有

$$y + z > (k+1)x, \quad z + x > (k+1)y, \quad x + y > (k+1)z$$

设 $x \geqslant y \geqslant z > 0 \Rightarrow$

$$\begin{cases} 0 < y+z-(k+1)x \leqslant z+x-(k+1)y \leqslant x+y-(k+1)z \\ 0 < \frac{1}{x} \leqslant \frac{1}{y} \leqslant \frac{1}{z} \end{cases} \Rightarrow$$

$(1-k)(k+2)(\sum\lambda)P_\lambda$(应用切比雪夫不等式的加权推广) $=$

$$(\sum\lambda)\sum\frac{\lambda[b+c-(k+1)a]}{a} \geqslant$$

$$\sum\lambda[b+c-(k+1)a] \Big/ \left(\sum\frac{\lambda}{a}\right) =$$

$$\sum[(u+v)-(k+1)\lambda]a \cdot \left(\sum\frac{\lambda}{a}\right) \geqslant$$

$$\left\{\sum\sqrt{\lambda[(u+v)-(k+1)\lambda]}\right\}^2 \Rightarrow$$

$$P_\lambda \geqslant t \Rightarrow$$

$$F_\lambda \leqslant \frac{1}{2}\left(\sum\lambda - kP_\lambda\right) \leqslant \frac{1}{2}\left(\sum\lambda - kt\right)$$

即式(F_7)成立.

6° 至今,对于前面的不等式(9)

$$\frac{yz}{y^2 + z^2 + mx^2} + \frac{zx}{z^2 + x^2 + my^2} + \frac{xy}{x^2 + y^2 + mz^2} \leqslant \frac{3}{2+m} \tag{9}$$

中的参数 m 的已知范围可以从 $\{0,1,2,3\}$ 扩大到 $M=\{[0,1],2,3\}$（即 $m\in[0,1]$ 外加 $m=2$ 与 3）. 现在,我们可以设参数 λ,u,v 构造不等式

$$\frac{yz}{\lambda x^2+uy^2+vz^2}+\frac{zx}{ux^2+vy^2+\lambda z^2}+\frac{xy}{vx^2+\lambda y^2+uz^2}\leqslant M(\lambda,u,v)$$

吗?如果能,参数 λ,u,v 应满足什么条件呢?显然,欲办到这点是很难的.

其次,如果我们能构造不等式

$$P_\lambda=\frac{x^2}{y^2+z^2+\lambda x^2}+\frac{y^2}{z^2+x^2+uy^2}+\frac{z^2}{x^2+y^2+vz^2}\geqslant f(\lambda,u,v)$$

其中 $f(\lambda,u,v)$ 是关于 λ,u,v 的代数表达式. 那么我们就可以建立不等式

$$\frac{yz}{y^2+z^2}+\frac{zx}{z^2+x^2}+\frac{xy}{x^2+y^2}\leqslant\frac{3}{2}$$

$$\frac{yz}{y^2+z^2+x^2}+\frac{zx}{z^2+x^2+y^2}+\frac{xy}{x^2+y^2+z^2}\leqslant 1$$

时新的参数推广,且它是式(9) 的一个推广.

为此,仿照前面的技巧,须作代换

$$\begin{cases}\lambda x^2+y^2+z^2=(\lambda+2)a\\x^2+uy^2+z^2=(u+2)b\\x^2+y^2+vz^2=(v+2)c\end{cases}\Rightarrow$$

$$\begin{cases}x^2=\dfrac{D_x}{D}\\y^2=\dfrac{D_x}{D}\\z^2=\dfrac{D_z}{D}\end{cases}$$

其中

$$D=\begin{vmatrix}\lambda&1&1\\1&u&1\\1&1&v\end{vmatrix},D_x=\begin{vmatrix}(\lambda+2)a&1&1\\(u+2)b&u&1\\(v+2)c&1&v\end{vmatrix}$$

$$D_y=\begin{vmatrix}\lambda&(\lambda+2)a&1\\1&(u+2)b&1\\1&(v+2)c&v\end{vmatrix},D_z=\begin{vmatrix}\lambda&1&(\lambda+2)a\\1&u&(u+2)b\\1&1&(v+2)c\end{vmatrix}$$

再求出使 $P_\lambda\geqslant f(\lambda,u,v)$ 成立的条件. 这样,其复杂程度是使人望而却步的.

"山重水复疑无路,柳暗花明又一村". 其实一个较美妙的结论"远在天边,近在眼前",正在向我们招手微笑呢?

结论6 设 $x,y,z\in\mathbf{R}^+,\lambda,u,v\in(0,1)\{\lambda,u,v\}$ 与 $\{x,y,z\}$ 反序,则有

$$\frac{uvyz}{y^2+z^2+\lambda x^2}+\frac{v\lambda zx}{z^2+x^2+uy^2}+\frac{\lambda uxy}{x^2+y^2+vz^2}\leqslant$$

$$\frac{1}{2}\left(uv+v\lambda+\lambda u-\frac{9\lambda uv}{\lambda+u+v+6}\right) \tag{F_8}$$

等号成立仅当 $x = y = z$ 及 $\lambda = u = v$.

事实上,当 $\lambda = u = v = m$ 时,式(F_8) 化为
$$\sum \left(\frac{yz}{y^2 + z^2 + mx^2} \right) \leqslant \frac{1}{2} \left(3 - \frac{9m}{3m+6} \right) = \frac{3}{m+2}$$

这正是式(9).

当 $x = y = z$ 时,式(F_8) 化为
$$\sum \frac{uv}{\lambda + 2} \leqslant \frac{1}{2} \left[\sum uv - \frac{9\lambda uv}{6 + \sum \lambda} \right] \Leftrightarrow$$

$$\sum \frac{2}{\lambda(\lambda + 2)} \leqslant \sum \frac{1}{\lambda} - \frac{9}{6 + \sum \lambda} \Leftrightarrow$$

$$\sum \frac{1}{\lambda} \left(1 - \frac{2}{\lambda + 2} \right) \geqslant \frac{9}{\sum (\lambda + 2)} \Leftrightarrow$$

$$\sum \frac{1}{\lambda + 2} \geqslant \frac{9}{\sum (\lambda + 2)} \Leftrightarrow$$

$$\sum (\lambda + 2) \cdot \left(\sum \frac{1}{\lambda + 2} \right) \geqslant 9$$

由柯西不等式知,上式显然成立.

证明 由已知有 $\lambda, u, v \in (0,1) \Rightarrow 1-\lambda, 1-u, 1-v \in (0,1)$,设 $S = x^2 + y^2 + z^2$,且

$$x \geqslant y \geqslant z \Rightarrow \begin{cases} x^2 \geqslant y^2 \geqslant z^2 \\ \dfrac{1}{S - (1-\lambda)x^2} \geqslant \dfrac{1}{S - (1-u)y^2} \geqslant \dfrac{1}{S - (1-v)z^2} \end{cases} \Rightarrow$$

$$\sum \left(\frac{x^2}{y^2 + z^2 + \lambda x^2} \right) = \sum \left(\frac{x^2}{S - (1-\lambda)x^2} \right)$$

(应用切比雪夫不等式)

$$\frac{1}{3} \left(\sum x^2 \right) \cdot \left(\sum \frac{1}{S - (1-\lambda)x^2} \right) = \frac{1}{3} \left(\sum x^2 \right) \cdot \left(\sum \frac{1}{y^2 + z^2 + \lambda x^2} \right) \tag{14}$$

又因为
$$\sum (y^2 + z^2 + \lambda x^2) = \sum (y^2 + z^2) + \sum \lambda x^2 = 2\sum x^2 + \sum \lambda x^2 \leqslant$$

$$2 \sum x^2 + \frac{1}{3} \left(\sum \lambda \right) \left(\sum x^2 \right) = \left(2 + \frac{1}{3} \sum \lambda \right) \left(\sum x^2 \right) \Rightarrow$$

$$\frac{1}{3} \sum x^2 \geqslant \frac{\sum (y^2 + z^2 + \lambda x^2)}{6 + \sum \lambda} \Rightarrow$$

(应用式(14))

$$\sum \frac{x^2}{y^2 + z^2 + \lambda x^2} \geqslant \frac{\sum (y^2 + z^2 + \lambda x^2)}{6 + \sum \lambda} \cdot \left(\sum \frac{1}{y^2 + z^2 + \lambda x^2} \right) \geqslant$$

（应用柯西不等式）

$$\frac{9}{6+\sum\lambda} = \frac{9}{6+\lambda+u+v} \Rightarrow$$

$$\sum\frac{1}{\lambda} - \sum\frac{2yz}{\lambda(y^2+z^2+\lambda x^2)} =$$

$$\sum\frac{1}{\lambda}\left(1 - \frac{2yz}{y^2+z^2+\lambda x^2}\right) =$$

$$\sum\left[\frac{1}{\lambda}\cdot\frac{(y-z)^2+\lambda x^2}{y^2+z^2+\lambda x^2}\right] \geqslant$$

$$\sum\left(\frac{x^2}{y^2+z^2+\lambda x^2}\right) \geqslant \frac{9}{6+\sum\lambda} \Rightarrow$$

$$\sum\frac{2yz}{\lambda(y^2+z^2+\lambda x^2)} \leqslant \sum\frac{1}{\lambda} - \frac{9}{6+\sum\lambda} \Rightarrow$$

$$\sum\frac{uvyz}{y^2+z^2+\lambda x^2} \leqslant \frac{1}{2}\lambda uv\left(\sum\frac{1}{\lambda} - \frac{9}{6+\sum\lambda}\right) =$$

$$\frac{1}{2}\left(\sum uv - \frac{9\lambda uv}{6+\sum\lambda}\right)$$

即式 (F_8) 成立，等号成立仅当 $x = y = z$ 且 $\lambda = u = v$.

如果我们作置换

$$(\lambda, u, v) = \left(\frac{1}{p}, \frac{1}{q}, \frac{1}{r}\right)$$

那么 $\lambda, u, v \in (0,1) \Rightarrow p, q, r > 1$，且式 (F_8) 化为

$$\sum\left(\frac{pyz}{y^2+z^2+\frac{1}{p}x^2}\right) \leqslant \frac{1}{2}\left(\sum p - \frac{9}{6+\sum\frac{1}{p}}\right) \Leftrightarrow$$

$$\sum\left(\frac{p^2 yz}{p(y^2+z^2)+x^2}\right) \leqslant \frac{1}{2}\left(\sum p - \frac{9pqr}{6+\sum qr}\right) \qquad (F'_8)$$

此式与式 (F_8) 等价.

7° "苍龙日暮还行雨，老树春深更著花". 为了探讨 (F_1) 式

$$\frac{yz}{y^2+z^2+2x^2} + \frac{zx}{z^2+x^2+2y^2} + \frac{xy}{x^2+y^2+2z^2} \leqslant \frac{3}{4} \qquad (F_1)$$

的元数推广，我们先将 3 个元数 x, y, z 推广到 4 个元数 a, b, c, d 的情形，希望从中发现推广规律和证明方法.

结论 7 设 $a, b, c, d \in \mathbf{R}^+$，记

$$P = \frac{bcd}{3a^3+b^3+c^3+d^3} + \frac{cda}{3b^3+c^3+d^3+a^3} + \frac{dab}{3c^3+d^3+a^3+b^3} + \frac{abc}{3d^3+a^3+b^3+c^3}$$

$$F = \frac{bcd}{3a^3+2(b^3+c^3+d^3)} + \frac{cda}{3b^3+2(c^3+d^3+a^3)} +$$

$$\frac{dab}{3c^3+2(d^3+a^3+b^3)}+\frac{abc}{3d^3+2(a^3+b^3+c^3)}$$

则有

$$\frac{2}{3} \geqslant P \geqslant \frac{(bcd)^2+(cda)^2+(dab)^2+(abc)^2}{(a^3+b^3+c^3+d^3)^2} \times \frac{8}{3} \qquad (F_9)$$

$$\frac{4}{9} \geqslant F \geqslant \frac{(\sqrt{bcd}+\sqrt{cda}+\sqrt{dab}+\sqrt{abc})^4}{36(a^3+b^3+c^3+d^3)^2} \qquad (F_{10})$$

证明 (i) 设

$$a_1 = \frac{bcd}{3a^3+b^3+c^3+d^3} =$$

$$\frac{bcd}{(a^3+b^3)+(a^3+c^3)+(a^3+d^3)} \leqslant$$

$$\frac{bcd}{3[(a^3+b^3)(a^3+c^3)(a^3+d^3)]^{1/3}} =$$

$$\frac{1}{3} \cdot \left[\left(\frac{b^3}{a^3+b^3}\right) \cdot \left(\frac{c^3}{a^3+c^3}\right) \cdot \left(\frac{d^3}{a^3+d^3}\right)\right]^{\frac{1}{3}} \leqslant$$

$$\frac{1}{9}\left(\frac{b^3}{a^3+b^3}+\frac{c^3}{a^3+c^3}+\frac{d^3}{a^3+d^3}\right)$$

同理可得

$$a_2 = \frac{cda}{3b^3+c^3+d^3+a^3} \leqslant$$

$$\frac{1}{9}\left(\frac{c^3}{b^3+c^3}+\frac{d^3}{b^3+d^3}+\frac{a^3}{b^3+a^3}\right)$$

$$a_3 = \frac{dab}{3c^3+d^3+a^3+b^3} \leqslant$$

$$\frac{1}{9}\left(\frac{d^3}{c^3+d^3}+\frac{a^3}{c^3+a^3}+\frac{b^3}{c^3+b^3}\right)$$

$$a_4 = \frac{abc}{3d^3+a^3+b^3+c^3} \leqslant$$

$$\frac{1}{9}\left(\frac{a^3}{d^3+a^3}+\frac{b^3}{d^3+b^3}+\frac{c^3}{d^3+c^3}\right)$$

故有

$$P = a_1+a_2+a_3+a_4 \leqslant \frac{6}{9} = \frac{2}{3}$$

又

$$3bcd \leqslant b^3+c^3+d^3 \Rightarrow$$
$$6bcd(3a^3+b^3+c^3+d^3) \leqslant$$
$$(2b^3+2c^3+2d^3)(3a^3+b^3+c^3+d^3) \leqslant$$
$$\frac{1}{4}(3a^3+3b^3+3c^3+3d^3)^2 =$$

$$\frac{9}{4}(a^3+b^3+c^3+d^3)^2 = \frac{9}{4}S^2 \Rightarrow$$

$$a_1 = \frac{(bcd)^2}{bcd(3a^3+b^3+c^3+d^3)} \geqslant \frac{8}{3}\frac{(bcd)^2}{S^2}$$

同理

$$a_2 \geqslant \frac{3}{8}\cdot\frac{(cda)^2}{S^2}, \quad a_3 \geqslant \frac{8}{3}\frac{(dab)^2}{S^2}$$

$$a_4 \geqslant \frac{8}{3}\frac{(abc)^2}{S^2}$$

因此有

$$P = a_1 + a_2 + a_3 + a_4 \geqslant \frac{8}{3}\frac{\sum(abc)^2}{(\sum a^3)^2}$$

(ii) 设

$$b_1 = \frac{bcd}{3a^3 + 2(b^3+c^3+d^3)} =$$

$$\frac{bcd}{(a^3+b^3+c^3)+(a^3+c^3+d^3)+(a^3+b^3+d^3)} \leqslant$$

$$\frac{bcd}{3[(a^3+b^3+c^3)(a^3+c^3+d^3)(a^3+b^3+d^3)]^{1/3}} =$$

$$\frac{1}{3}\left[\left(\frac{b^3}{a^3+b^3+c^3}\right)\cdot\left(\frac{c^3}{a^3+c^3+d^3}\right)\cdot\left(\frac{d^3}{a^3+b^3+d^3}\right)\right]^{\frac{1}{3}} \leqslant$$

$$\frac{1}{9}\left[\frac{b^3}{a^3+b^3+c^3} + \frac{c^3}{a^3+c^3+d^3} + \frac{d^3}{a^3+b^3+d^3}\right]$$

同理可得

$$b_2 = \frac{cda}{3b^3 + 2(c^3+d^3+a^3)} \leqslant$$

$$\frac{1}{9}\left[\frac{c^3}{b^3+c^3+d^3} + \frac{a^3}{b^3+c^3+a^3} + \frac{d^3}{b^3+d^3+a^3}\right]$$

$$b_3 = \frac{dab}{3c^3 + 2(d^3+a^3+b^3)} \leqslant$$

$$\frac{1}{9}\left[\frac{d^3}{c^3+d^3+a^3} + \frac{a^3}{c^3+a^3+b^3} + \frac{b^3}{c^3+d^3+b^3}\right]$$

$$b_4 = \frac{abc}{3d^3 + 2(a^3+b^3+c^3)} \leqslant$$

$$\frac{1}{9}\left[\frac{a^3}{d^3+a^3+b^3} + \frac{b^3}{d^3+b^3+c^3} + \frac{c^3}{d^3+a^3+c^3}\right]$$

故有

$$F = b_1 + b_2 + b_3 + b_4 \leqslant \frac{4}{9}$$

又因为

$$9bcd[3a^3 + 2(b^3 + c^3 + d^3)] \leqslant$$

$$(3b^3 + 3c^3 + 3d^3)[3a^3 + 2(b^3 + c^3 + d^3)] \leqslant$$

$$\frac{1}{4}[3a^3 + 5(b^3 + c^3 + d^3)]^2 =$$

$$\frac{1}{4}(5S - 2a^3)^2 (S = a^3 + b^3 + c^3 + d^3) \Rightarrow$$

$$F = \sum \frac{bcd}{3a^3 + 2(b^3 + c^3 + d^3)} =$$

$$\sum \frac{9(b^2 c^2 d^2)}{9bcd[3a^3 + 2(b^3 + c^3 + d^3)]} \geqslant$$

$$\sum \left[\frac{36(bcd)^2}{(5S - 2a^3)^2}\right] \geqslant$$

$$9\left(\sum \frac{bcd}{5S - 2a^3}\right)^2 \geqslant$$

$$9\left[\frac{(\sum \sqrt{bcd})^2}{\sum (5S - 2a^3)}\right]^2 =$$

$$9\left[\frac{(\sum \sqrt{bcd})^2}{20S - 2\sum a^3}\right]^2 = 9\frac{(\sum \sqrt{bcd})^4}{(18S)^2} \Rightarrow$$

$$F \geqslant \frac{(\sum \sqrt{bcd})^4}{36(\sum a^3)^2}$$

综合上述(i)和(ii),式(F_9)、式(F_{10})成立,等号成立仅当 $a = b = c = d$.

8° "欲穷千里目,更上一层楼." 通过建立结论7及其证明,启发我们,式(F_1)推广到 n 元 $a_1, a_2, \cdots, a_n (3 \leqslant n \in \mathbf{N})$,应当是

结论 8 设 $a_i > 0, s = \sum_{i=1}^{n} a_i^{n-1}, G_i = \frac{a_1 a_2 \cdots a_n}{a_i} (i = 1, 2, \cdots, n; 3 \leqslant n \in \mathbf{N})$
那么有

$$\sum_{i=1}^{n} \frac{G_i}{(n-2)s + a_i^{n-1}} \leqslant \frac{n}{(n-1)^2} \tag{F_{11}}$$

$$\sum_{i=1}^{n} \frac{G_i}{s + (n-2)a_i^{n-1}} \leqslant \frac{n}{2(n-1)} \tag{F_{12}}$$

经验证知,当取 $n = 3$ 时,式(F_{11})、式(F_{12})均等价于式(F_1),当 $n = 4$ 时,式(F_{12})等价于式(F_9),式(F_{11})等价于式(F_{10}).

证明 (i)首先注意到

$$\prod_{i \neq j}^{n} G_i = \prod_{j \neq i}^{n} G_j$$

记

$$A_j = s - a_j^{n-1} (1 \leqslant j \leqslant n, j \neq i) \Rightarrow$$

$$\sum_{j\neq i}^{n} A_j = \sum_{j\neq i}^{n}(s-a_j^{n-1}) =$$
$$(n-1)s - \sum_{j\neq i}^{n} a_j^{n-1} =$$
$$(n-1)s - (s-a_i^{n-1}) =$$
$$(n-2)s + a_i^{n-1}$$

再记
$$B_i = \frac{G_i}{(n-2)S + a_i^{n-1}} (i=1,2,\cdots,n) =$$
$$\frac{G_i}{\sum_{j\neq i}^{n} A_j} \leqslant \frac{G_i}{(n-1)(\prod_{j\neq i}^{n} A_j)^{\frac{1}{n-1}}} =$$
$$\frac{1}{n-1}\Big(\prod_{j\neq i}^{n} \frac{a_i^{n-1}}{A_j}\Big)^{\frac{1}{n-1}} \leqslant \frac{1}{(n-1)^2}\Big(\sum_{j\neq i}^{n} \frac{a_i^{n-1}}{A_j}\Big) \Rightarrow$$
$$\sum_{i=1}^{n} B_i \leqslant \frac{1}{(n-1)^2} \sum_{i=1}^{n} \Big(\sum_{j\neq i}^{n} \frac{a_i^{n-1}}{A_j}\Big) =$$
$$\frac{1}{(n-1)^2} \cdot \sum_{i=1}^{n} \Big(\frac{1}{A_j} \sum_{i\neq j}^{n} a_i^{n-1}\Big) =$$
$$\frac{1}{(n-1)^2} \cdot \sum_{i=1}^{n} \frac{1}{A_j}\Big[\Big(\sum_{i=1}^{n} a_i^{n-1}\Big) - a_j^{n-1}\Big] =$$
$$\frac{1}{(n-1)^2} \cdot \sum_{i=1}^{n} \Big(\frac{S - a_j^{n-1}}{A_j}\Big) = \frac{n}{(n-1)^2} \Rightarrow$$
$$\sum_{i=1}^{n} B_i \leqslant \frac{n}{(n-1)^2}$$

即式(F_{11})成立.

(ii) 再记 $C_i = \dfrac{G_i}{S + (n-2)a_i^{n-1}} (1 \leqslant i \leqslant n)$

那么
$$S + (n-2)a_1^{n-1} = \sum_{i=1}^{n} a_i^{n-1} + (n-2)a_1^{n-1} =$$
$$(n-1)a_1^{n-1} + (a_2^{n-1} + a_3^{n-1} + \cdots + a_n^{n-1}) =$$
$$(a_1^{n-1} + a_2^{n-1}) + (a_1^{n-1} + a_3^{n-1}) + \cdots + (a_1^{n-1} + a_n^{n-1}) \geqslant$$
$$(n-1)[(a_1^{n-1} + a_2^{n-1})(a_1^{n-1} + a_3^{n-1})\cdots(a_1^{n-1} + a_n^{n-1})]^{\frac{1}{n-1}} \Rightarrow$$
$$C_1 \leqslant \Big(\frac{1}{n-1}\Big)\Big[\Big(\frac{a_2^{n-1}}{a_1^{n-1} + a_2^{n-1}}\Big) \cdot \Big(\frac{a_3^{n-1}}{a_1^{n-1} + a_3^{n-1}}\Big) \cdots \Big(\frac{a_n^{n-1}}{a_1^{n-1} + a_n^{n-1}}\Big)\Big]^{\frac{1}{n-1}} \leqslant$$
$$\Big(\frac{1}{n-1}\Big)^2 \cdot \Big[\frac{a_2^{n-1}}{a_1^{n-1} + a_2^{n-1}} + \frac{a_3^{n-1}}{a_1^{n-1} + a_3^{n-1}} + \cdots + \frac{a_n^{n-1}}{a_1^{n-1} + a_n^{n-1}}\Big]$$

同理可得

$$C_2 \leqslant \left(\frac{1}{n-1}\right)^2 \left[\frac{a_1^{n-1}}{a_2^{n-1}+a_1^{n-1}} + \frac{a_3^{n-1}}{a_2^{n-1}+a_3^{n-1}} + \cdots + \frac{a_n^{n-1}}{a_2^{n-1}+a_n^{n-1}}\right]$$

$$\vdots$$

$$C_n \leqslant \left(\frac{1}{n-1}\right)^2 \left[\frac{a_1^{n-1}}{a_n^{n-1}+a_1^{n-1}} + \frac{a_2^{n-1}}{a_n^{n-1}+a_2^{n-1}} + \cdots + \frac{a_{n-1}^{n-1}}{a_n^{n-1}+a_{n-1}^{n-1}}\right]$$

故有

$$\sum_{i=1}^{n} C_i \leqslant \left(\frac{1}{n-1}\right)^2 \cdot \sum_{1 \leqslant i < j \leqslant n} \left(\frac{a_i^{n-1}}{a_i^{n-1}+a_j^{n-1}} + \frac{a_j^{n-1}}{a_j^{n-1}+a_i^{n-1}}\right) =$$

$$\left(\frac{1}{n-1}\right)^2 \cdot C_n^2 = \frac{1}{(n-1)^2} \cdot \frac{1}{2} n(n-1) \Rightarrow$$

$$\sum_{i=1}^{n} C_i \leqslant \frac{n}{2(n-1)}$$

即式(F_{12})成立. 等号成立仅当$a_1 = a_2 = \cdots = a_n$.

令人欣喜的是,如果我们记

$$A_i^{(K)} = C_{n-1}^K a_i^{n-1} + \frac{K C_{n-1}^K}{n-1}(S - a_i^{n-1}) =$$

$$\left(\frac{n-K-1}{n-1}\right) C_{n-1}^K a_i^{n-1} + \frac{K C_{n-1}^K}{n-1} S$$

其中 $S = \sum_{i=1}^{n} a_i^{n-1}, 3 \leqslant n \in \mathbf{N}, 1 \leqslant K \leqslant n-1$,那么,式$(F_{11})$与式$(F_{12})$可以统一为

$$\sum_{i=1}^{n} \frac{G_i}{A_i^{(K)}} \leqslant \frac{n}{(K+1) C_{n-1}^K} \quad (F_{13})$$

特别地,当$K = 1$时,$A_i(1) = (n-2)a_i^{n-1} + S$, $(K+1)C_{n-1}^K = 2(n-1)$,式(F_{13})化为式(F_{12});

当$K = n-2$时,$A_i^{(n-2)} = a_i^{n-1} + (n-2)S$, $(K+1)C_{n-1}^K = (n-1)^2$,式(F_{13})化为式(F_{11});

当$K = n-1$时,$A_i^{(n-1)} = S$,式(F_{13})化为

$$\frac{1}{S} \sum_{i=1}^{n} G_i \leqslant 1$$

关于式(F_{13})的证明,可以仿效式(F_{11})的证明,同时,我们猜想:

$$\sum_{i=1}^{n} \frac{G_i}{S + (n-1)a_i^{n-1}} \leqslant \frac{n}{2n-1}$$

其中当$n = 3$时即为式(F_2)已证.

此外,式(F_{13})还可以简化为

$$\sum_{i=1}^{n} \frac{G_i}{KS + (n-K-1)a_i^{n-1}} \leqslant \frac{n}{(K+1)(n-1)} \quad (F_{13})$$

并且,参数K的变化范围可以扩大到$K \in [0, n](K \in \mathbf{N})$,特别地,当$S = \sum_{i=1}^{n} a_i^{n-1} = n$时,式$(F_{14})$简化为

$$\sum_{i=1}^{n} \frac{G_i}{nK+(n-K-1)a_i^{n-1}} \leqslant \frac{n}{(K+1)(n-1)}$$

当 $\prod_{i=1}^{n} a_i = 1 \Rightarrow G_i = 1/a_i (1 \leqslant i \leqslant n)$ 时，式 (F_{14}) 简化为

$$\sum_{i=1}^{n} \left(\frac{1}{a_i[KS+(n-K-1)a_i^{n-1}]} \right) \leqslant \frac{n}{(K+1)(n-1)}$$

9° 最后，我们再建立几个小结论，以作总结。

结论 9 设参数 $K \in (0,1)$，元数 $a_i > 0$，系数 $\lambda_i > 0$，记 $S = \sum_{i=1}^{n} a_i^{n-1}$，$G = \prod_{i=1}^{n} a_i$，$G_i = G/a_i (i=1,2,\cdots,n; 3 \leqslant n \in \mathbf{N})$ 则有

$$\sum_{i=1}^{n} \frac{\lambda_i G_i}{S+(K-1)x_i^{n-1}} \leqslant \frac{(n+K-1)\left(\sum_{i=1}^{n}\lambda_i\right) - \left(K\sum_{i=1}^{n}\sqrt{\lambda_i}\right)^2}{(1-K)(n+K-1)} \quad (F_{15})$$

证明 首先注意到，应用平均值不等式有

$$(S - a_i^{n-1}) - (n-1)G_i \geqslant 0, \quad i=1,2,\cdots,n$$

设 $a_i > 0 (1 \leqslant i \leqslant n)$，且 $A = \sum_{i=1}^{n} a_i$，$\lambda = \sum_{i=1}^{n} \lambda_i$，

$$S + (K-1)x_i^{n-1} = (n+K-1)a_i (1 \leqslant i \leqslant n) \Rightarrow$$

$$\sum_{i=1}^{n} [S+(K-1)x_i^{n-1}] = (n+K-1)\sum_{i=1}^{n} a_i \Rightarrow$$

$$nS + (K-1)\sum_{i=1}^{n} x_i^{n-1} = (n+K-1)A \Rightarrow$$

$$nS + (K-1)S = (n+K-1) \Rightarrow$$

$$S = A = \sum_{i=1}^{n} a_i \Rightarrow$$

$$A + (K-1)x_i^{n-1} = (n+K-1)a_i \Rightarrow$$

$$(1-K)x_i^{n-1} = A - (n+K-1)a_i \Rightarrow$$

$$P_n(\lambda) = \sum_{i=1}^{n} \frac{\lambda_i x_i^{n-1}}{S+(K-1)x_i^{n-1}} = \sum_{i=1}^{n} \frac{\lambda_i x_i^{n-1}}{(n+K-1)a_i} \Rightarrow$$

$$(1-K)(n+K-1)P_n(\lambda) = \sum_{i=1}^{n} \frac{\lambda_i [A-(n+K-1)a_i]}{a_i}$$

$$\sum_{i=1}^{n} \left[A \frac{\lambda_i}{a_i} - (n+K-1)\lambda_i \right] =$$

$$A \sum_{i=1}^{n} \frac{\lambda_i}{a_i} - (n+K-1)\sum_{i=1}^{n} \lambda_i =$$

$$\left(\sum_{i=1}^{n} a_i \right) \left(\sum_{i=1}^{n} \frac{\lambda_i}{a_i} \right) - (n+K-1)\lambda \geqslant$$

$$\left(\sum_{i=1}^{n} \sqrt{\lambda_i} \right)^2 - (n+K-1)\lambda \Rightarrow$$

$$P_n(\lambda) \geqslant \frac{(\sum_{i=1}^{n}\sqrt{\lambda_i})^2 - (n+K-1)\lambda}{(1-K)(n+K-1)}$$

再记式(F_{15})左边为$T_n(\lambda)$,那么

$$\lambda - (n-1)T_n(\lambda) = \sum_{i=1}^{n}\lambda_i - (n-1)\sum_{i=1}^{n}\frac{\lambda_i G_i}{S+(K-1)x_i^{n-1}} =$$

$$\sum_{i=1}^{n}\lambda_i \left[1 - \frac{(n-1)G_i}{S+(K-1)x_i^{n-1}}\right] =$$

$$\sum_{i=1}^{n}\lambda_i \left\{\frac{[(S-x_i^{n-1}) - (n-1)G_i] + Kx_i^{n-1}}{S+(K-1)x_i^{n-1}}\right\} \geqslant$$

$$\sum_{i=1}^{n}\frac{K\lambda_i x_i^{n-1}}{S+(K-1)x_i^{n-1}} = KP_n(\lambda) \Rightarrow$$

$$(n-1)T_n(\lambda) \leqslant \lambda - KP_n(\lambda) \leqslant$$

$$\lambda - \frac{K[(\sum_{i=1}^{n}\sqrt{\lambda_i})^2 - (n+K-1)\lambda]}{(1-K)(n+K-1)} =$$

$$\frac{(n+K-1)\lambda - K(\sum_{i=1}^{n}\sqrt{\lambda_i})^2}{(1-K)(n+K-1)} \Rightarrow$$

$$T_n(x) \leqslant \frac{(n+K-1)(\sum_{i=1}^{n}\lambda_i) - K(\sum_{i=1}^{n}\sqrt{\lambda_i})^2}{(1-K)(n+K-1)}$$

即式(F_{15})成立,等号成立仅当$x_1 = x_2 = \cdots = x_n$且$\lambda_1 = \lambda_2 = \cdots = \lambda_n$.

结论 10 设$3 \leqslant n \in \mathbf{N}, x_i > 0, \lambda_i \in (0,1)(i=1,2,\cdots,n)(\lambda_1, \lambda_2, \cdots, \lambda_n)$与$(a_1, a_2, \cdots, a_n)$反序,则有

$$F_n(\lambda) = \sum_{i=1}^{n}\frac{G_i}{\lambda_i[S+(\lambda_i-1)x_i^{n-1}]} \leqslant \frac{1}{n-1}\left[\sum_{i=1}^{n}\frac{1}{\lambda_i} - \frac{n^2}{n(n-1)+\sum_{i=1}^{n}\lambda_i}\right] \quad (F_{16})$$

其中

$$S = \sum_{i=1}^{n}x_i^{n-1}, G_i = \frac{x_1 x_2 \cdot \cdots \cdot x_n}{x_i} \quad 1 \leqslant i \leqslant n$$

特别地,当取$\lambda_i = K \in (0,1)(1 \leqslant i \leqslant n)$时,式($F_{16}$)化为

$$\sum_{i=1}^{n}\frac{G_i}{S+(K-1)x_i^{n-1}} \leqslant \frac{K}{n-1}\left(\frac{n}{K} - \frac{n^2}{n(n-1)+nK}\right) = \frac{n}{n-1+K}$$

当$x_1 = x_2 = \cdots = x_n$时,式(F_{16})化为

$$\sum_{i=1}^{n}\frac{1}{\lambda_i(n-1+\lambda_i)} \leqslant \frac{1}{n-1}\left[\sum_{i=1}^{n}\frac{1}{\lambda_i} - \frac{n^2}{n(n-1)+\sum_{i=1}^{n}\lambda_i}\right] \Leftrightarrow$$

$$\frac{n^2}{n(n-1)+\sum_{i=1}^{n}\lambda_i} \leqslant \sum_{i=1}^{n}\frac{1}{\lambda_i}\Big(1-\frac{n-1}{n-1+\lambda_i}\Big) \Leftrightarrow$$

$$\frac{n^2}{\sum_{i=1}^{n}(n-1+\lambda_i)} \leqslant \sum_{i=1}^{n}\frac{1}{n-1+\lambda_i} \Leftrightarrow$$

$$\sum_{i=1}^{n}(n-1+\lambda_i) \cdot \Big(\sum_{i=1}^{n}\frac{1}{n-1+\lambda_i}\Big) \geqslant n^2$$

由柯西不等式知,上式显然成立.

证明 注意到

$$\lambda_i \in (0,1) \Rightarrow 1-\lambda_i \in (0,1) \quad 1 \leqslant i \leqslant n$$

设 $x_1 \geqslant x_2 \geqslant \cdots \geqslant x_n > 0 \Rightarrow$

$$\begin{cases} x_1^{n-1} \geqslant x_2^{n-1} \geqslant \cdots \geqslant x_n^{n-1} \\ \frac{1}{A_1} \geqslant \frac{1}{A_2} \cdots \geqslant \frac{1}{A_n} \end{cases} \Rightarrow$$

(其中 $A_i = S-(1-\lambda_i)x_i^{n-1}, 1 \leqslant i \leqslant n$)

$$P_n(\lambda) = \sum_{i=1}^{n}\frac{x_i^{n-1}}{A_i} \geqslant \frac{1}{n}\Big(\sum_{i=1}^{n}x_i^{n-1}\Big)\Big(\sum_{i=1}^{n}\frac{1}{A_i}\Big) \tag{1}$$

(应用切比雪夫不等式)

又因为(设 $\lambda = \sum_{i=1}^{n}\lambda_i$)

$$\sum_{i=1}^{n}A_i = \sum_{i=1}^{n}(S-x_i^{n-1}+\lambda_i x_i^{n-1}) =$$

$$nS - \sum_{i=1}^{n}x_i^{n-1} + \sum_{i=1}^{n}\lambda_i x_i^{n-1} =$$

$$nS - S + \sum_{i=1}^{n}\lambda_i x_i^{n-1} \leqslant$$

$$(n-1)S + \frac{1}{n}\Big(\sum_{i=1}^{n}\lambda_i\Big)\Big(\sum_{i=1}^{n}x_i^{n-1}\Big) =$$

$$(n-1)S + \frac{1}{n}\lambda S \Rightarrow$$

$$\frac{1}{n}S \geqslant \frac{\sum_{i=1}^{n}A_i}{n(n-1)+\lambda} \Rightarrow \tag{2}$$

(代入式(1))

$$P_n(\lambda) \geqslant \frac{1}{n}\Big(\sum_{i=1}^{n}\frac{1}{A_i}\Big) \geqslant$$

$$\frac{1}{n(n-1)+\lambda}\Big(\sum_{i=1}^{n}A_i\Big)\Big(\sum_{i=1}^{n}\frac{1}{A_i}\Big) \geqslant$$

$$\frac{n^2}{n(n-1)+\lambda} \Rightarrow$$

$$\sum_{i=1}^{n}\frac{1}{\lambda_i}-(n-1)F_n(\lambda)=$$

$$\sum_{i=1}^{n}\frac{1}{\lambda_i}-\sum_{i=1}^{n}\frac{(n-1)G_i}{\lambda_i[S-(1-\lambda_i)x_i^{n-1}]}=$$

$$\sum_{i=1}^{n}\frac{1}{\lambda_i}\Big[1-\frac{(n-1)G_i}{S-(1-\lambda_i)x_i^{n-1}}\Big]=$$

$$\sum_{i=1}^{n}\frac{1}{\lambda_i}\Big[\frac{(S-x_i^{n-1})-(n-1)G_i+\lambda_i x_i^{n-1}}{S-(1-\lambda_i)x_i^{n-1}}\Big]\geqslant$$

$$\sum_{i=1}^{n}\frac{1}{\lambda_i}\Big[\frac{\lambda_i x_i^{n-1}}{S-(1-\lambda_i)x_i^{n-1}}\Big]=$$

$$P_n(\lambda)\geqslant\frac{n^2}{n(n-1)+\lambda}\Rightarrow$$

$$(n-1)F_n(\lambda)\leqslant\sum_{i=1}^{n}\frac{1}{\lambda_i}-\frac{n^2}{n(n-1)+\lambda}\Rightarrow$$

$$F_n(\lambda)\leqslant\frac{1}{n-1}\Big[\sum_{i=1}^{n}\frac{1}{\lambda_i}-\frac{n^2}{n(n-1)+\sum_{i=1}^{n}\lambda_i}\Big]$$

即式(F_{16})成立,等号成立仅当 $x_1=x_2=\cdots=x_n$ 且 $\lambda_1=\lambda_2=\cdots=\lambda_n$.

结论 11 设 $m,K\in\mathbf{R}^+,3\leqslant n\leqslant\in\mathbf{N},a_i>0(i=1,2,\cdots,n)$,记 $G=\prod_{i=1}^{n}a_i, G_i=G/a_i(1\leqslant i\leqslant n), S=\sum_{i=1}^{n}a_i^{n-1}$,则有

$$\sum_{i=1}^{n}\Big(\frac{G_i}{KS+ma_i^{n-1}}\Big)\leqslant\frac{n}{nK+m}\Big(\frac{1}{n}\sum_{i=1}^{n}\frac{G_i}{a_i^{n-1}}\Big)^{\frac{K+m}{nK+m}} \tag{F_{17}}$$

如果设 $m=K\lambda$,那么式(F_{17})简化为

$$\sum_{i=1}^{n}\Big(\frac{G_i}{S+\lambda a_i^{n-1}}\Big)\leqslant\frac{n}{n+\lambda}\Big(\frac{1}{n}\sum_{i=1}^{n}\frac{G_i}{a_i^{n-1}}\Big)^{\frac{1+\lambda}{n+\lambda}} \quad \lambda>0 \tag{F'_{17}}$$

证明 我们记

$$A_i=KS+ma_i^{n-1}=nK\Big(\frac{S}{n}\Big)+ma_i^{n-1}\geqslant$$

$$(1\leqslant i\leqslant n)$$

$$(nK+m)\Big[\Big(\frac{S}{n}\Big)^{nK}\cdot a_i^{m(n-1)}\Big]^{\frac{1}{nK+m}}\geqslant$$

$$(nK+m)\big[(G^{\frac{n-1}{n}})^{nK}\cdot a_i^{m(n-1)}\big]^{\frac{1}{nK+m}}=$$

$$(nK+m)\big[G^{K(n-1)}\cdot a_i^{m(n-1)}\big]^{\frac{1}{nK+m}}\Rightarrow$$

$$\frac{G_i}{A_i}\leqslant\frac{\Big(\frac{G}{a_i}\Big)}{nK+m}\Big/\big[G^{K(n-1)}\cdot G_i^{m(n-1)}\big]^{\frac{1}{nK+m}}=$$

$$\frac{1}{nK+m}\left(\frac{G}{a_i^n}\right)^{\frac{K+m}{nK+m}} = \frac{1}{nK+m}\left(\frac{G_i}{a_i^{n-1}}\right)^{\frac{K+m}{nK+m}}$$

注意到 $\frac{K+m}{nK+m} \in (0,1)$,应用幂平均不等式,有

$$\sum_{i=1}^{n}\frac{G_i}{A_i} \leqslant \frac{1}{nK+m} \cdot \sum_{i=1}^{n}\left(\frac{G_i}{a_i^{n-1}}\right)^{\frac{K+m}{nK+m}} \leqslant \frac{n}{nK+m}\left(\sum_{i=1}^{n}\frac{G_i}{a_i^{n-1}}\right)^{\frac{K+m}{nK+m}}$$

即式(F_{17})成立,等号成立仅当 $a_1 = a_2 = \cdots = a_n$.

在上述推导中,设 $m = K\lambda(\lambda > 0)$ 有

$$\frac{G_i}{S + \lambda a_i^{n-1}} \leqslant \frac{1}{n+\lambda}\left(\frac{G_i}{G_i^{n-1}}\right)^{\frac{1+\lambda}{n+\lambda}}$$

再设系数 $u_i > 0 (i = 1, 2, \cdots, n)$ 有

$$\sum_{i=1}^{n}\frac{u_i G_i}{S + \lambda a_i^{n-1}} \leqslant \frac{1}{n+\lambda}\sum_{i=1}^{n}u_i\left(\frac{G_i}{a_i^{n-1}}\right)^{\frac{1+\lambda}{n+\lambda}} = \frac{1}{n+\lambda}\sum_{i=1}^{n}\left[(u_i^{\frac{n+\lambda}{n-1}})^{\frac{n-1}{n+\lambda}} \cdot \left(\frac{G_i}{a_i^{n-1}}\right)^{\frac{1+\lambda}{n+\lambda}}\right]$$

注意到 $\frac{n-1}{n+\lambda}, \frac{1+\lambda}{n+\lambda} \in (0,1)$,且 $\frac{n-1}{n+\lambda} + \frac{1+\lambda}{n+\lambda} = 1$

应用赫尔德不等式有

$$\sum_{i=1}^{n}\left(\frac{u_i G_i}{S + \lambda a_i^{n-1}}\right) \leqslant \frac{1}{n+\lambda}\left(\sum_{i=1}^{n}u_i^{\frac{n+\lambda}{n-1}}\right)^{\frac{n-1}{n+\lambda}} \cdot \left(\sum_{i=1}^{n}\frac{G_i}{a_i^{n-1}}\right)^{\frac{1+\lambda}{n+\lambda}} \tag{F_{18}}$$

显然,式(F_{18})是式(F_{17}')的系数推广.

6

2005 年全国联赛加试第二题是:

设正数 a, b, c, x, y, z 满足 $cy + bz = a, az + cx = b, bx + ay = c$,求函数

$$f(x, y, z) = \frac{x^2}{1+x} + \frac{y^2}{1+y} + \frac{z^2}{1+z}$$

的最小值.

本题的官方参考解答非常巧妙:先从已知条件求出 x, y, z,将复杂的代数问题转化为三角问题:

在 $\triangle ABC$ 中,求函数

$$f(A, B, C) = \frac{\cos^2 A}{1+\cos A} + \frac{\cos^2 B}{1+\cos B} + \frac{\cos^2 C}{1+\cos C}$$

的最小值.

然后又将三角问题转化为代数问题求得

$$f_{\min} = \frac{1}{2}$$

即有三角不等式

$$\frac{\cos^2 A}{1+\cos A} + \frac{\cos^2 B}{1+\cos B} + \frac{\cos^2 C}{1+\cos C} \geqslant \frac{1}{2} \tag{B_1}$$

即
$$\left[\frac{\cos A}{\cos \frac{A}{2}}\right]^2 + \left[\frac{\cos B}{\cos \frac{B}{2}}\right]^2 + \left[\frac{\cos C}{\cos \frac{C}{2}}\right]^2 \geqslant 1 \tag{B_2}$$

并且,(B_1)、(B_2) 式又等价于著名的(Garfunkel-Bankoff)不等式

$$\tan^2 \frac{A}{2} + \tan^2 \frac{B}{2} + \tan^2 \frac{C}{2} \geqslant 2 - 8\sin\frac{A}{2}\sin\frac{B}{2}\sin\frac{C}{2} \tag{B_3}$$

在 2008 年本刊的第二辑(文化卷)中,笔者系统地探讨了式$(B_1) \sim (B_3)$,并建立了式(B_3) 的几个推广. 2009 年春初,笔者又发现了式(B_1) 的"指数-系数"推广,并立即行成文投向了贵刊. 2009 年国庆节,主编刘培杰老师应我之求给我寄来了一批数学书籍,其中有一本《中国初等数学研究(2009 卷·第 1 辑)》,该书第 92 页有刘保乾先生的文章《100 个优美的三角形几何不等式问题》,其中的第 95 页有第 97、98 问题:

$$l_{97} : u^2 + v^2 + w^2 \geqslant 3\left(\frac{vw\cos A}{1+\cos A} + \frac{wu\cos B}{1+\cos B} + \frac{uv\cos C}{1+\cos C}\right) \tag{B_4}$$

$$l_{98} : 3\left(\frac{vw\cos A}{1+\cos A} + \frac{wu\cos B}{1+\cos B} + \frac{uv\cos C}{1+\cos C}\right) \geqslant 2(vw\cos A + wu\cos B + uv\cos C) \tag{B_5}$$

这里 u,v,w 均为正数,式(B_5) 的约束条件是 $\triangle ABC$ 为锐角三角形.

如果我们仔细观察式(B_5),发现若令 $(vw,wu,uv) = (\cos A, \cos B, \cos C)$,那么式$(B_5)$ 化为

$$\frac{\cos^2 A}{1+\cos A} + \frac{\cos^2 B}{1+\cos B} + \frac{\cos^2 C}{1+\cos C} \geqslant$$
$$\frac{2}{3}(\cos^2 A + \cos^2 B + \cos^2 C) \geqslant \frac{1}{2}$$

可见,颇具难度的式(B_1) 仅是式(B_5) 的一个特例. 其实,如果我们充分发挥式(B_5) 的应用价值,就会利用它建立式(B_1) 新的"指数-系数推广".

推广 设 $\triangle ABC$ 为锐角三角形,x,y,z 为正系数,指数 $m \geqslant 2, k \geqslant 1$,则有

(i) 当 $m \geqslant 2$ 时,
$$\frac{x(\cos A)^m}{(1+\cos A)^k} + \frac{y(\cos B)^m}{(1+\cos B)^k} + \frac{z(\cos C)^m}{(1+\cos C)^k} \geqslant$$
$$\left(\frac{2}{3}\right)^k (x+y+z)^{1-\frac{m}{2}} \cdot \left[\frac{1}{4}\left(2x+2y+2z - \frac{yz}{x} - \frac{zx}{y} - \frac{xy}{z}\right)\right]^{\frac{m}{2}} \tag{B_6}$$

(ii) 当 $m > 2$ 时,
$$\frac{x(\cos A)^m}{(1+\cos A)^k} + \frac{y(\cos B)^m}{(1+\cos B)^k} + \frac{z(\cos C)^m}{(1+\cos C)^k} \geqslant$$
$$\left(\frac{2}{3}\right)^k \cdot \left(\frac{3}{4}\right)^m (x^{\frac{2}{2-m}} + y^{\frac{2}{2-m}} + z^{\frac{2}{2-m}})^{2-m} \tag{B_7}$$

特别地,当取 $m=2, k=1$ 时,式(B_6) 化为式(B_1) 的系数推广:

$$\frac{x\cos^2 A}{1+\cos A} + \frac{y\cos^2 B}{1+\cos B} + \frac{z\cos^2 C}{1+\cos C} \geqslant \frac{1}{6}\left(2x+2y+2z - \frac{yz}{x} - \frac{zx}{y} - \frac{xy}{z}\right) \tag{B_8}$$

或

$$x\left[\dfrac{\cos A}{\cos\dfrac{A}{2}}\right]^2 + y\left[\dfrac{\cos B}{\cos\dfrac{B}{2}}\right]^2 + z\left[\dfrac{\cos C}{\cos\dfrac{C}{2}}\right]^2 \geqslant$$

$$\dfrac{1}{3}\left(2x+2y+2z - \dfrac{yz}{x} - \dfrac{zx}{y} - \dfrac{xy}{z}\right) \tag{B_8}'$$

证明 由已知有

$$\left.\begin{aligned} A,B,C \in \left(0,\dfrac{\pi}{2}\right) \\ A+B+C = \pi \end{aligned}\right\} \Rightarrow$$

$$\begin{cases} (\pi-2A),(\pi-2B),(\pi-2C) \in \left(0,\dfrac{\pi}{2}\right) \\ (\pi-2A)+(\pi-2B)+(\pi-2C) = \pi \end{cases}$$

(应用三角母不等式)

$$\sum x\cos(\pi-2A) \leqslant \dfrac{1}{2}\left(\dfrac{yz}{x}+\dfrac{zx}{y}+\dfrac{xy}{z}\right) \Rightarrow$$

$$-\sum x\cos 2A \leqslant \dfrac{1}{2}\sum \dfrac{yz}{x} \Rightarrow$$

$$-\sum x(2\cos^2 A - 1) \leqslant \dfrac{1}{2}\sum \dfrac{yz}{x} \Rightarrow$$

$$\sum x\cos^2 A \geqslant \dfrac{1}{2}\left(\sum x - \dfrac{1}{2}\sum \dfrac{yz}{x}\right) \Rightarrow$$

$$\sum x\cos^2 A \geqslant \dfrac{1}{4}\left(2\sum x - \sum \dfrac{yz}{x}\right) \tag{1}$$

在式(B_5)中令

$$(vw,uw,uv) =$$

$$\left(\dfrac{x(\cos A)^{m-1}}{(1+\cos A)^{k-1}}, \dfrac{y(\cos B)^{m-1}}{(1+\cos B)^{k-1}}, \dfrac{z(\cos C)^{m-1}}{(1+\cos C)^{k-1}}\right) \Rightarrow \tag{2}$$

$$3\sum \dfrac{x(\cos A)^m}{(1+\cos A)^k} \geqslant 2\sum \dfrac{x(\cos A)^m}{(1+\cos A)^{k-1}}$$

令

$$(vw,uw,uv) = \left(\dfrac{x(\cos A)^{m-1}}{(1+\cos A)^{k-2}}, \dfrac{x(\cos B)^{m-1}}{(1+\cos B)^{k-2}}, \dfrac{z(\cos C)^{m-1}}{(1+\cos C)^{k-2}}\right) \tag{3}$$

……

令

$$(vw,uw,uv) = \left(\dfrac{x(\cos A)^{m-1}}{1+\cos A}, \dfrac{y(\cos A)^{m-1}}{1+\cos A}, \dfrac{z(\cos A)^{m-1}}{1+\cos A}\right) \Rightarrow$$

$$3\sum \dfrac{x(\cos A)^m}{(1+\cos A)^2} \geqslant 2\sum \dfrac{x(\cos A)^m}{1+\cos A} \tag{$K-1$}$$

令

$$(vw, uw, uv) = (x(\cos A)^{m-1}, y(\cos B)^{m-1}, z(\cos A)^{m-1}) \Rightarrow$$

$$3\sum \frac{x(\cos A)^m}{1+\cos A} \geq 2\sum x(\cos A)^m \tag{K}$$

将以上$(1) \times (2) \times \cdots \times (k)$($k$ 个不等式相乘) 得

$$3^k \prod_{i=1}^{k}\left(\sum \frac{x(\cos A)^m}{(1+\cos A)^i}\right) \geq 2^k \prod_{i=1}^{k}\left(\sum \frac{x(\cos A)^m}{(1+\cos A)^{i-1}}\right) \Rightarrow$$

$$\left(\frac{3}{2}\right)^k \sum \frac{x(\cos A)^m}{(1+\cos A)^k} \geq \sum x(\cos A)^m \tag{K+1}$$

(i) 当 $m \geq 2$ 时,$\frac{m}{2} \geq 1$,应用加权幂平均不等式有

$$\left(\frac{3}{2}\right)^k \sum \frac{x(\cos A)^m}{(1+\cos A)^k} \geq \left(\sum x\right)\left[\frac{\sum x\cos^2 A}{\sum x}\right]^{\frac{m}{2}} =$$

$$\left(\sum x\right)^{1-\frac{m}{2}} \cdot \left(\sum x\cos^2 A\right)^{\frac{m}{2}} \geq$$

$$\left(\sum x\right)^{1-\frac{m}{2}} \cdot \left[\frac{1}{4}\left(2\sum x - \sum \frac{yz}{x}\right)\right]^{\frac{m}{2}} \Rightarrow$$

$$\sum \frac{x(\cos A)^m}{(1+\cos A)^k} \geq \left(\frac{2}{3}\right)^k \left(\sum x\right)^{1-\frac{m}{2}} \cdot \left[\frac{1}{4}\left(2\sum x - \sum \frac{yz}{x}\right)\right]^{\frac{m}{2}}$$

即式 (B_6) 成立.

(ii) 当 $m > 2$ 时,注意到

$$\frac{2}{m}, \frac{m-2}{m} \in (0,1)$$

且

$$\frac{2}{m} + \frac{m-2}{m} = 1$$

应用赫尔德不等式有

$$\left[\sum x(\cos A)^m\right]^{\frac{2}{m}} \cdot \left[\sum \left(\frac{1}{x}\right)^{\frac{2}{m-2}}\right]^{\frac{m-2}{m}} \geq \sum \cos^2 A \geq \frac{3}{4} \Rightarrow$$

$$\sum x(\cos A)^m \geq \left(\frac{3}{4}\right)^m \cdot \left(\sum x^{\frac{2}{2-m}}\right)^{2-m} \Rightarrow$$

$$\left(\frac{3}{2}\right)^k \sum \frac{x(\cos A)^m}{(1+\cos A)^k} \geq \sum x(\cos A)^m \geq \left(\frac{3}{4}\right)^m \cdot \left(\sum x^{\frac{2}{2-m}}\right)^{2-m} \Rightarrow$$

$$\sum \frac{x(\cos A)^m}{(1+\cos A)^k} \geq \left(\frac{2}{3}\right)^k \cdot \left(\frac{3}{4}\right)^m \cdot \left(\sum x^{\frac{2}{2-m}}\right)^{2-m}$$

即式 (B_7) 成立. 当 $\triangle ABC$ 为正三角形,且 $x = y = z$.

如果我们设 $\lambda, u, v > 0$,从赫尔德不等式知,有

$$\left[\sum x(\cos A)^m\right]^{\frac{2}{m}} \cdot \left[\sum \left(\frac{\lambda^m}{x^2}\right)^{\frac{1}{m-2}}\right]^{\frac{m-2}{m}} \geqslant$$

$$\sum \left\{\left[x(\cos A)^m\right]^{\frac{2}{m}} \cdot \left[\left(\frac{\lambda^m}{x^2}\right)^{\frac{1}{m-2}}\right]^{\frac{m-2}{m}}\right\} =$$

$$\sum \lambda \cos^2 A \geqslant M = \frac{1}{4}\left(2\sum \lambda - \sum \frac{uv}{\lambda}\right) \Rightarrow$$

$$\sum x(\cos A)^m \geqslant M^{\frac{m}{2}} \cdot \left[\sum \left(\frac{x^2}{\lambda^m}\right)^{\frac{1}{2-m}}\right]^{2-m} \Rightarrow$$

$$\left(\frac{3}{2}\right)^k \sum \frac{x(\cos A)^m}{(1+\cos A)^k} \geqslant \sum x(\cos A)^m \geqslant M^{\frac{m}{2}} \left[\sum \left(\frac{x^2}{\lambda^m}\right)^{\frac{1}{2-m}}\right]^{2-m} \Rightarrow$$

$$\sum \frac{x(\cos A)^m}{(1+\cos A)^k} \geqslant \left(\frac{2}{3}\right)^k M^{\frac{m}{2}} \cdot \left[\sum \left(\frac{x^2}{\lambda^m}\right)^{\frac{1}{2-m}}\right]^{2-m} \tag{B8}$$

此即为式(B_7)的参数推广.

7

在数学题库中观光,我们发现,有许多优美的传统型代数不等式,它们的已知条件有一个共同点——已知条件为 $abc = 1$ 或 $a+b+c = 1$ 或 $bc+ca+ab = 1$,而结论却光芒四射,各放异彩. 换言之,那些五彩缤纷的迷人妙题,其已知条件均有共同之处,即它们恰似同父同母的多个儿女,个个靓丽英姿.

虽然我们的数学功底不够深厚,但也跃跃欲试,尝试编制一点这类题目.

题1 设实数 $k \geqslant 2$,正数 a,b,c 满足
$$a^2 + b^2 + c^2 + abc = 4$$
求证:
$$a^k + b^k + c^k \geqslant a + b + c \tag{T_1}$$

证明 (i) 先证明
$$a + b + c \leqslant 3 \tag{1}$$

由已知条件易知 $a,b,c \in (0,2)$,且
$$a^2 + b^2 + c^2 + abc = 4 \Rightarrow$$
$$4 - c^2 = (a+b)^2 - 2ab + abc = (a+b)^2 - (2-c)ab \geqslant$$
$$(a+b)^2 - (2-c)\left(\frac{a+b}{2}\right)^2 = \frac{1}{4}(2+c)(a+b)^2 \Rightarrow$$
$$2 - c \geqslant \frac{1}{4}(a+b)^2$$

设 $x = \sqrt{2-c} \in (0, \sqrt{2}) \Rightarrow \begin{cases} c = 2 - x^2 \\ a+b \leqslant 2x \end{cases} \Rightarrow$

$$a + b + c \leqslant 2x + (2 - x^2) = 3 - (x-1)^2 \leqslant 3 \Rightarrow$$
$$a + b + c \leqslant 3$$

(ii) 再证 $a^2 + b^2 + c^2 \geqslant 3$ \hfill (2)

设 $a^2 + b^2 + c^2 = 3S^2$ $(S > 0) \Rightarrow$

$$4 = a^2 + b^2 + c^2 + abc = 3S^2 + abc \leqslant$$
$$3S^2 + \left(\frac{a^2 + b^2 + c^2}{3}\right)^{\frac{3}{2}} = 3S^2 + S^3 \Rightarrow$$
$$S^3 + 3S^2 - 4 \geqslant 0 \Rightarrow$$
$$(S-1)(S+2)^2 \geqslant 0 \Rightarrow$$
$$S \geqslant 1 \Rightarrow$$
$$a^2 + b^2 + c^2 = 3S^2 \geqslant 3$$

即式(1)、式(2)成立,等号成立仅当 $a = b = c = 1$.

(iii) 由式(1)和式(2)知,当 $k = 2$ 时,
$$a^2 + b^2 + c^2 \geqslant 3 \geqslant a + b + c$$

即式(T_1)成立,等号成立仅当 $a = b = c$.

当 $k > 2 \Rightarrow \frac{k}{2} > 1$ 时,应用幂平均不等式有

$$\left(\frac{a^k + b^k + c^k}{3}\right)^{\frac{1}{k}} \geqslant \left(\frac{a^2 + b^2 + c^2}{3}\right)^{\frac{1}{2}} \geqslant 1 \Rightarrow$$
$$a^k + b^k + c^k \geqslant 3 \geqslant a + b + c$$

此时式(T_1)成立.

综合上述,式(T_1)成立,等号成立仅当 $a = b = c = 1$.

从上述证法,我们有

$$\begin{cases} 2 - c \geqslant \left(\frac{a+b}{2}\right)^2 \\ 2 - a \geqslant \left(\frac{b+c}{2}\right)^2 \\ 2 - b \geqslant \left(\frac{c+a}{2}\right)^2 \end{cases} \Rightarrow \sum(2-a) \geqslant \sum\left(\frac{b+c}{2}\right)^2$$

$$\frac{1}{3}\left(\sum \frac{b+c}{2}\right)^2 = \frac{1}{3}\left(\sum a\right)^2 \Rightarrow$$
$$6 - \sum a \geqslant \frac{1}{3}\left(\sum a\right)^2 \Rightarrow$$
$$\left(\sum a\right)^2 + 3\sum a - 18 \leqslant 0 \Rightarrow$$
$$\left(\sum a - 3\right)\left(\sum a + 6\right) \leqslant 0 \Rightarrow$$
$$\sum a = a + b + c \leqslant 3$$

这即是不等式 $a + b + c \leqslant 3$ 的另一证明.

并且,应用3元对称不等式有
$$bc + ca + ab \leqslant \frac{1}{3}(a+b+c)^2 \leqslant \frac{1}{3} \times 3^2 \Rightarrow$$

$$bc + ca + ab \leqslant 3 \tag{3}$$

若应用柯西不等式,有

$$3\left(\frac{1}{a} + \frac{1}{b} + \frac{1}{c}\right) \geqslant (a+b+c)\left(\frac{1}{a} + \frac{1}{b} + \frac{1}{c}\right) \geqslant 9 \Rightarrow$$

$$\frac{1}{a} + \frac{1}{b} + \frac{1}{c} \geqslant 3 \tag{4}$$

总结上述,式(1)~(4)均是从已知条件

$$a^2 + b^2 + c^2 + abc = 4$$

新生出的小结论,而如果我们巧妙地利用好这四个小结论,进行"运筹帷幄,调兵遣将",就能绽放出新的花朵.

如:若设 $a = \max(a,b,c) \Rightarrow$

$$a \geqslant b \geqslant c > 0 \Rightarrow$$
$$4 = a^2 + b^2 + c^2 + abc \leqslant 3a^2 + a^3 \Rightarrow$$
$$(a-1)(a+2)^2 \geqslant 0 \Rightarrow a \geqslant 1 \Rightarrow$$
$$a+b+c > a \geqslant 1$$

因此式(1)可完善成双向不等式

$$3 \geqslant a+b+c > 1 \tag{5}$$

而事实上,如果 $a,b,c \in (0,1) \Rightarrow a^2+b^2+c^2+abc < 4$ 矛盾,因此,a,b,c 中至少有一个大于等于1,即有 $a+b+c > 1$.

再设 $k > 1, \lambda, u, v > 0$,应用赫尔德不等式有

$$\left(\sum \lambda a^k\right)^{\frac{1}{k}} \cdot \left[\sum \left(\frac{1}{\lambda}\right)^{\frac{1}{k-1}}\right]^{\frac{k-1}{k}} \geqslant \sum a \Rightarrow$$

$$\sum \lambda a^k \geqslant m\left(\sum a\right)^k > m \sum a \Rightarrow$$

$$\lambda a^k + u b^k + v c^k > m(a+b+c) \tag{T_2}$$

其中

$$k > 1$$
$$m = \left[\left(\frac{1}{\lambda}\right)^{\frac{1}{k-1}} + \left(\frac{1}{u}\right)^{\frac{1}{k-1}} + \left(\frac{1}{v}\right)^{\frac{1}{k-1}}\right]^{-(k-1)}$$

因此,我们可以将式(T_2)视为式(T_1)的系数推广.

题2 设 λ, u, v 为正系数,正数 a,b,c 满足 $a^2+b^2+c^2+abc = 4$. 则有

$$(u+v)\sqrt{2-a} + (v+\lambda)\sqrt{2-b} + (\lambda+u)\sqrt{2-c} \geqslant$$
$$2\sqrt{3(uv+v\lambda+\lambda u)} \cdot (abc) \tag{T_3}$$

特别地,当 $a=b=c=1$ 时,式(T_3)即为

$$\lambda + u + v \geqslant \sqrt{3(uv+v\lambda+\lambda u)}$$

证明 由已知条件有 $a,b,c \in (0,2)$,应用式(1)有

$$abc \leqslant \left(\frac{a+b+c}{3}\right)^3 \leqslant 1 \Rightarrow$$

$$(abc-1)(4abc+1) \leqslant 0 \Rightarrow$$
$$1+3abc \geqslant (2abc)^2$$

且
$$1+bc+ca+ab = 1+abc\left(\frac{1}{a}+\frac{1}{b}+\frac{1}{c}\right) \geqslant 1+3abc \geqslant (2abc)^2$$

应用杨克昌不等式,有
$$\begin{cases} 2\sqrt{2-a} \geqslant b+c \\ 2\sqrt{2-b} \geqslant c+a \\ 2\sqrt{2-c} \geqslant a+b \end{cases} \Rightarrow$$

$$2\sum(u+v)\sqrt{2-a} \geqslant \sum(u+v)(b+c) \geqslant$$
$$2\left[\left(\sum uv\right) \cdot \sum(a+b)(a+c)\right]^{\frac{1}{2}} =$$
$$2\left[\left(\sum uv\right) \cdot \left(\sum a^2 + 3\sum bc\right)\right]^{\frac{1}{2}} \geqslant$$
$$2\left[\left(\sum uv\right)(3+3\sum bc)\right]^{\frac{1}{2}} \geqslant$$
$$2\sqrt{3\sum uv} \cdot (2abc) \Rightarrow$$
$$\sum(u+v)\sqrt{2-a} \geqslant 2\sqrt{3\sum uv}(abc)$$

即式(T_3)成立,等号成立仅当$a=b=c=1$,且$\lambda=u=v$.

题 3 设$k \geqslant 2, \lambda > 0$,正数$a,b,c$满足$a^2+b^2+c^2+abc=4$,求证:
$$|\lambda a-b|^k + |\lambda b-c|^k + |\lambda c-a|^K \geqslant 3|\lambda-1|^k \tag{T_4}$$

显然,当$\lambda = 1$时,式(T_4)右边为0,显然成立.

证明 当$k=2$时,由于
$$\sum(\lambda a-b)^2 = \sum(\lambda^2 a^2 + b^2 - 2\lambda ab) =$$
$$\sum \lambda^2 a^2 + \sum b^2 - 2\lambda \sum ab =$$
$$\lambda^2 \sum a^2 + \sum a^2 - 2\lambda \sum bc =$$
$$(\lambda^2+1)\sum a^2 - 2\lambda \sum bc \geqslant$$
$$3(\lambda^2+1) - 6\lambda = 3(\lambda-1)^2 \Rightarrow$$
$$\sum(\lambda a-b)^2 \geqslant 3(\lambda-1)^2 \Rightarrow$$
$$\left[\frac{\sum|\lambda a-b|^k}{3}\right]^{\frac{1}{k}} \geqslant \left[\frac{\sum|\lambda a-b|^2}{3}\right]^{\frac{1}{2}} \geqslant |\lambda-1| \Rightarrow$$
$$\sum|\lambda a-b|^k \geqslant 3|\lambda-1|^k$$

即式(T_4)成立,等号成立仅当$a=b=c=1$.

题 4 设$k>0, \lambda,u,v>0$,正数a,b,c满足$a^2+b^2+c^2+abc=4$,求证:

$$\frac{(a^2-kbc)^2}{\sqrt{\lambda+b+c}}+\frac{(b^2-kca)^2}{\sqrt{u+c+a}}+\frac{(c^2-kab)^2}{\sqrt{v+a+b}}\geqslant\frac{9(k-1)^2}{\sqrt{3(\lambda+u+v+6)}} \tag{T_5}$$

证明 应用前面的结果有

$$\sum a^2\geqslant 3,\ \sum a\leqslant 3,\ \sum bc\leqslant 3.$$

应用柯西不等式有

$$\left(\sum\sqrt{\lambda+b+c}\right)^2\leqslant 3\sum(\sqrt{\lambda+b+c})^2=$$
$$3\Big[\sum\lambda+\sum(b+c)\Big]=3\Big(\sum\lambda+2\sum a\Big)\leqslant 3\Big(\sum\lambda+6\Big)\Rightarrow$$
$$\sqrt{3\big(\sum\lambda+6\big)}\geqslant\sum\sqrt{\lambda+b+c}\Rightarrow$$
$$\sqrt{3\big(\sum\lambda+6\big)}\cdot\sum\frac{(a^2-kbc)^2}{\sqrt{\lambda+b+c}}\geqslant$$
$$\Big(\sum\sqrt{\lambda+b+c}\Big)\cdot\sum\frac{(a^2-kbc)^2}{\sqrt{\lambda+b+c}}\geqslant$$
$$\Big(\sum|a^2-kbc|\Big)^2\geqslant\Big[\sum(a^2-kbc)\Big]^2=$$
$$\Big(\sum a^2-k\sum bc\Big)^2\geqslant(3-3k)^2\Rightarrow$$
$$\sum\frac{(a^2-kbc)^2}{\sqrt{\lambda+b+c}}\geqslant\frac{9(k-1)^2}{\sqrt{3\big(\sum\lambda+6\big)}}$$

即式(T_5)成立,等号成立仅当 $a=b=c=1$ 且 $\lambda=u=v$.

题 5 设 $\lambda,u,v\in\mathbf{R}^+$,正数 a,b,c 满足 $a^2+b^2+c^2+abc=4$,求证:

$$(u+v)\frac{bc}{a}+(v+\lambda)\frac{ca}{b}+(\lambda+u)\frac{ab}{c}\geqslant 2\sqrt{3(uv+v\lambda+\lambda u)} \tag{T_6}$$

证明 应用杨克昌不等式有

$$\sum(u+v)\frac{bc}{a}\geqslant 2\Big[\Big(\sum uv\Big)\cdot\Big(\frac{bc}{a}\cdot\frac{ca}{b}+\frac{ca}{b}\cdot\frac{ab}{c}+\frac{ab}{c}\cdot\frac{bc}{a}\Big)\Big]^{\frac{1}{2}}=$$
$$2\Big[\Big(\sum uv\Big)\Big(\sum a^2\Big)\Big]^{\frac{1}{2}}\geqslant 2\sqrt{3\sum uv}\Rightarrow$$
$$\sum(u+v)\frac{bc}{a}\geqslant 2\sqrt{3(uv+v\lambda+\lambda u)}$$

等号成立仅当 $a=b=c$ 且 $\lambda=u=v$.

题 6 设 $\alpha\geqslant 2+\beta\geqslant 2,k>0$,正数 a,b,c 满足 $a^2+b^2+c^2+abc=4$,求证:

$$\frac{a^\alpha}{(k+b+c)^\beta}+\frac{b^\alpha}{(k+c+a)^\beta}+\frac{c^\alpha}{(k+a+b)^\beta}\geqslant\frac{3}{(k+2)^\beta} \tag{T_7}$$

证明 当 $\beta=0$ 时,$\alpha\geqslant 2$,式(T_7)显然成立,当 $\beta>0$ 时,设

$$2\theta=\frac{\alpha+\beta}{1+\beta}\geqslant 2\Rightarrow\theta\geqslant 1$$

应用权方和不等式有

$$\sum\frac{a^\alpha}{(k+b+c)^\beta}=\sum\frac{a^{\alpha+\beta}}{(ka+ab+ca)^\beta}=$$

$$\sum \frac{(a^{2\theta})^{1+\beta}}{(ka+ab+ca)^{\beta}} \geqslant \frac{(\sum a^{2\theta})^{1+\beta}}{[\sum(ka+ab+ca)]^{\beta}}$$

又因为

$$\left[\frac{\sum a^{2\theta}}{3}\right]^{\frac{1}{\theta}} \geqslant \frac{\sum a^2}{3} \geqslant 1 \Rightarrow$$

$$\sum a^{2\theta} \geqslant 3$$

$$\sum(ka+ab+ca) = \sum ka + 2\sum bc \leqslant 3k+6 \Rightarrow$$

$$\sum \frac{(a^{2\theta})^{1+\beta}}{(ka+ab+ca)^{\beta}} \geqslant \frac{3^{1+\beta}}{(3k+6)^{\beta}} \Rightarrow$$

$$\sum \frac{a^{\alpha}}{(k+b+c)^{\beta}} \geqslant \frac{3}{(k+2)^{\beta}}$$

等号成立仅当 $a=b=c=1$.

题 7 设 $k>0, 0<\lambda \leqslant u \leqslant v, \alpha \geqslant 2, \beta \geqslant 0$，正数 a,b,c 满足 $a^2+b^2+c^2+abc=4$，求证：

$$\frac{a^{\alpha}}{(\lambda+kbc)^{\beta}} + \frac{b^{\alpha}}{(u+kca)^{\beta}} + \frac{c^{\alpha}}{(v+kab)^{\beta}} \geqslant 3\left(\frac{3}{\lambda+u+v+3k}\right)^{\beta} \quad (T_8)$$

证明 当 $\beta=0$ 时，式 (T_8) 化为

$$a^{\alpha}+b^{\alpha}+c^{\alpha} \geqslant 3$$

显然成立.

设 $a \geqslant b \geqslant c > 0 \Rightarrow$

$$\begin{cases} a^{\alpha} \geqslant b^{\alpha} \geqslant c^{\alpha} \\ bc \leqslant ca \leqslant ab \end{cases} \Rightarrow$$

$$\begin{cases} a^{\alpha} \geqslant b^{\alpha} \geqslant c^{\alpha} \\ \dfrac{1}{(\lambda+kbc)^{\beta}} \geqslant \dfrac{1}{(u+kca)^{\beta}} \geqslant \dfrac{1}{(v+kab)^{\beta}} \end{cases} \Rightarrow$$

（应用切比雪夫不等式）

$$P_{\lambda} = \sum \frac{a^{\alpha}}{(\lambda+kbc)^{\beta}} \geqslant \frac{1}{3}\left(\sum a^{\alpha}\right)\sum \frac{1}{(\lambda+bc)^{\beta}} \geqslant \sum \frac{1}{(\lambda+kbc)^{\beta}}$$

当 $0<\beta<1$ 时，

$$\left[\frac{\sum(\lambda+kbc)^{\beta}}{3}\right]^{\frac{1}{\beta}} \leqslant \frac{\sum(\lambda+kbc)}{3} =$$

$$\frac{1}{3}\left(\sum \lambda + k\sum bc\right) \leqslant \frac{1}{3}\left(\sum \lambda + 3k\right) \Rightarrow$$

$$\sum(\lambda+kbc)^{\beta} \leqslant 3\left(\frac{\sum \lambda+3k}{3}\right)^{\beta} \Rightarrow$$

$$P_{\lambda} \geqslant \sum \frac{1}{(\lambda+kbc)^{\beta}} \geqslant \frac{9}{\sum(\lambda+kbc)^{\beta}} \geqslant 3\left(\frac{3}{\sum \lambda+3k}\right)^{\beta}$$

当 $\beta \geqslant 1$ 时,
$$P_\lambda \geqslant \sum \frac{1}{(\lambda+kbc)^\beta} \geqslant 3\left[\frac{1}{3}\sum\left(\frac{1}{\lambda+kbc}\right)\right]^\beta \geqslant$$
$$3\left[\frac{3}{\sum(\lambda+kbc)}\right]^\beta \geqslant 3\left(\frac{3}{\sum\lambda+3k}\right)^\beta$$

因此,当 $\beta \geqslant 0$ 时,式(T_8) 总成立. 等号成立仅当 $\lambda = u = v$ 及 $a = b = c = 1$.

注:上述证法应用了幂平均不等式,柯西不等式,切比雪夫不等式,其实,当得到不等式
$$P_\lambda = \sum \frac{a^\alpha}{(\lambda+kbc)^\beta} \geqslant \sum \frac{1}{(\lambda+kbc)^\beta}$$
时,应用权方和不等式更简捷:
$$P_\lambda \geqslant \sum \frac{1^{1+\beta}}{(\lambda+kbc)^\beta} \geqslant \frac{(1+1+1)^{1+\beta}}{[\sum(\lambda+kbc)]^\beta} \geqslant$$
$$\frac{3^{1+\beta}}{(\sum\lambda+3k)^\beta} = 3\left(\frac{3}{\sum\lambda+3k}\right)^\beta$$

相应地,式(T_8) 的配对式之一为
$$\frac{a^\alpha}{[\lambda+k(b+c)]^\beta} + \frac{b^\alpha}{[u+k(c+a)]^\beta} + \frac{a^\alpha}{[v+k(a+b)]^\beta} \geqslant \frac{3^{1+\beta}}{(\lambda+u+v+6k)^\beta} \quad (T_9)$$

在前面的式(T_1) ~ 式(T_9) 中,其共同的已知条件是正数 a,b,c 满足条件
$$a^2 + b^2 + c^2 + abc = 4 \tag{1}$$
并以此推出结论之一
$$a^2 + b^2 + c^2 \geqslant 3 \tag{2}$$

最后,我们再推广这一结论.

设 $p,q > 0, n, k \in \mathbf{N}$,且 $2 \leqslant n \in \mathbf{N}$,正数 $a_1, a_2, \cdots, a_n$ 满足条件
$$p\sum_{i=1}^n a_i^K + q\prod_{i=1}^n a_i = np + q \tag{3}$$
则有
$$a_1^k + a_2^k + \cdots + a_n^k \geqslant n \tag{4}$$

证明 设 $\sum_{i=1}^n a_i^k = nt^k$,应用平均值不等式有
$$\prod_{i=1}^n a_i = \left(\prod_{i=1}^n a_i^k\right)^{\frac{1}{k}} \leqslant \left(\frac{\sum_{i=1}^n a_i^k}{n}\right)^{\frac{n}{k}} = t^n$$

于是,由式(3) 有
$$F(t) = qt^n + npt^k - (np+q) \geqslant 0 \tag{5}$$

(i) 当 $n = k$ 时,
$$F(t) = (np+q)(t^n - 1) \geqslant 0 \Rightarrow$$
$$t \geqslant 1 \Rightarrow$$

$$\sum_{i=1}^{n} a_i^k = nt^k \geqslant n$$

(ii) 当 $n > k(n,k \in \mathbf{N})$ 时，应用综合除法有

$$\begin{array}{r|rrrrrrrr} 1 & q,0,\cdots,0, & np, & 0, & \cdots, & 0, & -(np+q) \\ & q,\cdots,q, & q, & (np+q), & \cdots, & (np+q), & (np+q) \\ \hline & q,q,\cdots,q,(np+q),(np+q),\cdots,(np+q),(np+q) \end{array}$$

因此
$$F(t) = (t-1)f(t) \geqslant 0 \Rightarrow$$
$$t - 1 \geqslant 0 \Rightarrow \sum_{i=1}^{n} a_i^k = nt^k \geqslant n$$

其中
$$f(t) = q(t^{n-1} + \cdots + t^k) + (np+q)(t^{k-1} + \cdots + t + 1) > 0$$

当 $n < K$ 时，

$$\begin{array}{r|rrrrrrrr} 1 & np,0,\cdots, & 0, & q, & 0, & \cdots, & 0, & -(np+q) \\ & np,\cdots,np, & (np+q), & (np+q), & \cdots, & (np+q), & (np+q) \\ \hline & np,np,\cdots,np,(np+q),(np+q),\cdots,(np+q),0 \end{array}$$

因此
$$F(t) = (t-1)g(t) \geqslant 0 \Rightarrow t \geqslant 1 \Rightarrow$$
$$\sum_{i=1}^{n} a_i^k = nt^k \geqslant 1$$

其中
$$g(t) = np(t^{k-1} + \cdots + t^n) + (np+q)(t^{n-1} + \cdots + t + 1) > 0$$

综合上述，恒有 $\sum_{i=1}^{n} a_i^K \geqslant n$. 等号成立仅当 $a_1 = a_2 = \cdots = a_n = 1$.

对于该结论 $\sum_{i=1}^{n} a_i^k \geqslant n$ 的证明，也可以另觅新路.

（Ⅰ）如果 $t < 1 \Rightarrow qt^n + npt^k < q + np$ 矛盾，因此必有 $t \geqslant 1$；

（Ⅱ）由于
$$F(t) = qt^n + npt^k - (np+q)$$

求导得
$$F'(t) = nqt^{n-1} + nkpt^{k-1} > 0$$

无驻点，即此思路不通.

（Ⅲ）分解因式
$$F(t) = q(t^n - 1) + np(t^k - 1) = (t-1)T(t) \geqslant 0 \Rightarrow$$
$$t \geqslant 1 \Rightarrow \sum_{i=1}^{n} a_i^k \geqslant n$$

其中

$$T(t) = q(t^{n-1} + \cdots + t + 1) + np(t^{k-1} + \cdots + t + 1) > 0$$

现在,让我们回顾题 1,它的已知条件有:正数 a,b,c 满足
$$a^2 + b^2 + c^2 = 4$$
并由此得到
$$a^2 + b^2 + c^2 \geq 3 \geq a + b + c \geq bc + ca + ab \geq 3abc \tag{1}$$
再应用柯西不等式和 3 元对称不等式易得
$$\frac{1}{a} + \frac{1}{b} + \frac{1}{c} \geq 3 \geq a + b + c \tag{2}$$
且
$$\left(\frac{1}{bc} + \frac{1}{ca} + \frac{1}{ab}\right)^2 \geq 3\left(\frac{1}{bc} \cdot \frac{1}{ca} + \frac{1}{ca} \cdot \frac{1}{ab} + \frac{1}{ab} \cdot \frac{1}{bc}\right) =$$
$$\frac{3}{abc}\left(\frac{1}{a} + \frac{1}{b} + \frac{1}{c}\right) \geq \left(\frac{1}{a} + \frac{1}{b} + \frac{1}{c}\right) \times 3$$

即有不等式
$$\left(\frac{1}{bc} + \frac{1}{ca} + \frac{1}{ab}\right)^2 \geq 3\left(\frac{1}{a} + \frac{1}{b} + \frac{1}{c}\right)$$

再结合不等式
$$\left(\frac{1}{a} + \frac{1}{b} + \frac{1}{c}\right)^2 \geq 3\left(\frac{1}{bc} + \frac{1}{ca} + \frac{1}{ab}\right)$$

得到双向不等式
$$\left(\frac{1}{a} + \frac{1}{b} + \frac{1}{c}\right)^4 \geq 9\left(\frac{1}{bc} + \frac{1}{ca} + \frac{1}{ab}\right)^2 \geq 27\left(\frac{1}{a} + \frac{1}{b} + \frac{1}{c}\right) \tag{3}$$

如果设 $m \geq 1$,应用幂平均不等式并结合式(2)有
$$\left[\frac{\left(\frac{1}{a}\right)^m + \left(\frac{1}{b}\right)^m + \left(\frac{1}{c}\right)^m}{3}\right]^{\frac{1}{m}} \geq \frac{\frac{1}{a} + \frac{1}{b} + \frac{1}{c}}{3} \geq 1 \Rightarrow$$
$$a^{-m} + b^{-m} + c^{-m} \geq 3 \geq a + b + c \tag{4}$$

由于 $m \geq 1 \Rightarrow K = -m \leq -1$,这表明式(4) 可以"化妆"成
$$a^k + b^k + c^k \geq a + b + c \tag{5}$$
其中 $k \leq -1$.

再结合题 1 中的 $k \geq 2$,因此,我们可以将题 1 完善成:

题 8 设实数 k 满足 $(k+1)(k-2) \geq 0$,正数 a,b,c 满足条件
$$a^2 + b^2 + c^2 + abc = 4$$
则有
$$a^k + b^k + c^k \geq a + b + c \tag{T_{10}}$$

这一结果比较令人满意.

此外,我们如果再设系数 $\lambda, u, v > 0$,应用结论
$$\frac{1}{a} + \frac{1}{b} + \frac{1}{c} \geq 3, \quad \frac{1}{bc} + \frac{1}{ca} + \frac{1}{ab} \geq 3$$

与杨克昌不等式有

$$\frac{u+v}{a}+\frac{v+\lambda}{b}+\frac{\lambda+u}{c} \geqslant 2\sqrt{3(uv+v\lambda+\lambda u)} \quad (T_{11})$$

$$\frac{u+v}{bc}+\frac{v+\lambda}{ca}+\frac{\lambda+u}{ab} \geqslant 2\sqrt{3(uv+v\lambda+\lambda u)} \quad (T_{12})$$

可见,这两个结论一个"亭亭玉立",一个"楚楚动人".

在前面的结论中,有

$$abc \leqslant 1 \quad (※)$$

最后,我们将上式推广成优美的

题 9 设 $p,q,k,m>0,a_i>0(i=1,2,\cdots,n;2\leqslant n\in \mathbf{N}),\theta_i>mq(1\leqslant i\leqslant n)$.且满足条件

$$p\sum_{i=1}^{n}a_i^k+q\left(\prod_{i=1}^{n}a_i\right)^m=np+q$$

$$\sum_{i=1}^{n}\theta_i=n(kp+mq)$$

则有

$$\prod_{i=1}^{n}a_i^{\theta_i} \leqslant (kp)^{-np} \cdot \left[\prod_{i=1}^{n}(\theta_i-mq)^{\theta_i-mq}\right]^{\frac{1}{k}} \quad (T_{13})$$

特别地,当 $p=q=k=m=1$ 时,式 (T_{13}) 化为(此时 $\sum_{i=1}^{n}\theta_i=2n$)

$$\prod_{i=1}^{n}a_i^{\theta_i} \leqslant \prod_{i=1}^{n}(\theta_i-1)^{\theta_i-1} \quad (T_{13}')$$

证明 设 $\beta_i \in \left(0,\frac{n+1}{n}\right)(1\leqslant i\leqslant n)$.满足 $\sum_{i=1}^{n}\beta_i=n$,则 $n+1-n\beta_i>0$,记

$$S=p\sum_{i=1}^{n}(n+1-n\beta_i)+q=$$

$$p[n(n+1)-n\sum_{i=1}^{n}\beta_i]+q=p(n^2+n-n^2)+q\Rightarrow$$

$$S=np+q$$

应用加权平均不等式有

$$S=np+q=p\sum_{i=1}^{n}a_i^k+q\left(\prod_{i=1}^{n}a_i\right)^m=$$

$$\sum_{i=1}^{n}p(n+1-n\beta_i)\left(\frac{a_i^k}{n+1-n\beta_i}\right)+q\left(\prod_{i=1}^{n}a_i\right)^m\geqslant$$

$$S\left[\prod_{i=1}^{n}\left(\frac{a_i^k}{n+1-n\beta_i}\right)^{p(n+1-n\beta_i)}\cdot\left(\prod_{i=1}^{n}a_i\right)^{mq}\right]^{\frac{1}{S}}\Rightarrow$$

$$1\geqslant\prod_{i=1}^{n}\left(\frac{a_i^k}{n+1-n\beta_i}\right)^{p(n+1-n\beta_i)}\cdot\left(\prod_{i=1}^{n}a_i\right)^{mq}\Rightarrow$$

$$\left[\prod_{i=1}^{n}(n+1-n\beta_i)^{n+1-n\beta_i}\right]^p\leqslant\left[\prod_{i=1}^{n}a_i^{kp(n+1-n\beta_i)}\right]\cdot\left(\prod_{i=1}^{n}a_i^{mq}\right)=\prod_{i=1}^{n}a_i^{\theta_i}$$

令 $\theta_i = kp(n+1-n\beta_i) + mq > mq \ (1 \leqslant i \leqslant n) \Rightarrow$

$$\sum_{i=1}^n \theta_i = kp \sum_{i=1}^n (n+1-n\beta_i) + nmq = n(kp+mq)$$

且

$$n + 1 - n\beta_i = \frac{\theta_i - mq}{kp}$$

于是有

$$\prod_{i=1}^n a_i^{\theta_i} \leqslant \Big[\prod_{i=1}^n \Big(\frac{\theta_i - mq}{kp}\Big)^{\theta_i - mq}\Big]^{\frac{1}{k}} = \Big[\prod_{i=1}^n (\theta_i - mq)^{\theta_i - mq}\Big]^{\frac{1}{k}} \cdot t$$

其中

$$t = \Big[\prod_{i=1}^n \Big(\frac{1}{kp}\Big)^{\theta_i - mq}\Big]^{\frac{1}{k}} = \Big(\frac{1}{kp}\Big)^{\frac{1}{k}\sum_{i=1}^n (\theta_i - mq)} = \Big(\frac{1}{kp}\Big)^{np} \Rightarrow$$

$$\prod_{i=1}^n a_i^{\theta_i} \leqslant (kp)^{-np} \cdot \Big[\prod_{i=1}^n (\theta_i - mq)^{\theta_i - mq}\Big]^{\frac{1}{k}}$$

即式 (T_{13}) 成立,等号成立仅当 $a_i = 1$ 及 $\theta_i = kp + mq \ (1 \leqslant i \leqslant n)$.

在前面的题 1 ~ 题 7 中,它们共同的基本已知条件是:正数 a,b,c 满足

$$a^2 + b^2 + c^2 + abc = 4 \tag{1}$$

如果我们将之略加改变为

$$ab + bc + ca + abc = 4 \tag{2}$$

那情况又会怎样呢?其实,经焕然一新后,将有"仙女下凡":

题 10 设指数 $k > 1$,系数 $\lambda, u, v, x, y, z > 0$,正元素 a, b, c 满足

$$ab + bc + ca + abc = 4$$

那么有

$$xa^k + yb^k + zc^k \geqslant m\big[2\sqrt{3(uv + v\lambda + \lambda u)}\big]^k \tag{T_{14}}$$

其中

$$m = \Big[\frac{(u+v)^{\frac{k}{k-1}}}{x^{k-1}} + \frac{(v+\lambda)^{\frac{k}{k-1}}}{y^{k-1}} + \frac{(\lambda+u)^{\frac{k}{k-1}}}{z^{k-1}}\Big]^{1-k}$$

式 (T_{14}) 不仅有元素,指数,还有系数和参数,真是一个"热闹的大家庭". 特别地,当 $k = 2$ 时式 (T_{14}) 化为

$$xa^2 + yb^2 + zc^2 \geqslant 12m'(uv + v\lambda + \lambda u) \tag{T_{15}}$$

其中

$$m' = \Big[\frac{(u+v)^2}{x} + \frac{(v+\lambda)^2}{y} + \frac{(\lambda+u)^2}{z}\Big]^{-1}$$

可见,式 (T_{15}) 外观优雅,结构匀称,风采迷人.

证明 我们设 $t > 0$,且

$$3t^2 = bc + ca + ab \geqslant 3(abc)^{\frac{2}{3}} \Rightarrow$$

$$abc \leqslant t^3 \Rightarrow$$

$$4 = bc + ca + ab + abc = 3t^2 + abc \leqslant 3t^2 + t^3 \Rightarrow$$

$$t^3 + 3t^2 - 4 \geqslant 0 \Rightarrow$$

$$(t-1)(t+2)^2 \geqslant 0 \Rightarrow t \geqslant 1 \Rightarrow$$

$$(\sum xa^k)^{\frac{1}{k}} \cdot \left[\sum \frac{(u+v)^{\frac{k-1}{k}}}{x^{k-1}}\right]^{\frac{k-1}{k}} \geqslant \sum (u+v)a \geqslant$$

（应用赫尔德不等式）

$$2\sqrt{(\sum uv)(\sum bc)} = 2\sqrt{3t^2(\sum uv)} \geqslant$$

$$2\sqrt{3(\sum uv)} \Rightarrow$$

（应用杨克昌不等式）

$$\sum xa^k \geqslant m(2\sqrt{3\sum uv})^k$$

即式(T_{14})成立,等号成立仅当$a=b=c=1$及$x=y=z, \lambda=u=v$.

更令人神往的是,式(T_{14})还有两个漂亮的推广(综合成一个)：

推广 设指数$k>1$,系数$x_i>0$,参数$\lambda_i>0$,元数$a_i>0(i=1,2,\cdots,n, 2\leqslant n \in \mathbf{N})$且满足条件

$$\sum_{1\leqslant i<j\leqslant n} a_i a_j + \prod_{i=1}^n a_i = C_n^2 + 1$$

或

$$\sum_{i=1}^n \left(\frac{a_1 a_2 \cdots a_n}{a_i}\right) + \prod_{i=1}^n a_i = n+1$$

则有

$$\sum_{i=1}^n x_i a_i^k \geqslant M\left(\sqrt[2]{C_n^2 \sum_{1\leqslant i<j\leqslant n} \lambda_i \lambda_j}\right)^k \tag{T_{16}}$$

其中

$$M = \left[\sum_{i=1}^n \frac{(S-\lambda_i)^{\frac{k}{k-1}}}{x_i^{k-1}}\right]^{1-k}$$

$$S = \sum_{i=1}^n \lambda_i$$

提示 设$\sum_{1\leqslant i<j\leqslant n} a_i a_j = C_n^2 t^2$. 应用平均值不等式有

$$C_n^2 t^2 = \sum_{1\leqslant i<j\leqslant n} a_i a_j \geqslant C_n^2 \left(\prod_{1\leqslant i<j\leqslant n} a_i a_j\right)^{C_n^2} = C_n \left(\prod_{i=1}^n a_i\right)^{\frac{2}{n}} \Rightarrow$$

$$\prod_{i=1}^n a_i \leqslant t^n \Rightarrow$$

$$C_n^2 + 1 = \sum_{1\leqslant i<j\leqslant n} a_i a_j + \prod_{i=1}^n a_i \leqslant C_n^2 t^2 + t^n \Rightarrow$$

$$(t-1)P(t) \geqslant 0 \Rightarrow t \geqslant 1$$

其中

$$P(t) = t^{n-1} + \cdots + t + 1 + (t+1)C_n^2 > 0$$

应用赫尔德不等式和我们过去建立的引理有

$$\left(\sum_{i=1}^n x_i a_i^k\right)^{\frac{1}{k}} \cdot \left(\sum_{i=1}^n \frac{(S-\lambda_i)^{k/(k-1)}}{x_i^{k-1}}\right)^{\frac{k-1}{k}} \geqslant \sum_{i=1}^n (S-\lambda_i) a_i \geqslant$$

$$2\left[\left(\sum_{1\leqslant i<j\leqslant n}\lambda_i\lambda_j\right)\left(\sum_{1\leqslant i<j\leqslant n}a_ia_j\right)\right]^{\frac{1}{2}}=$$

$$2\left[t^2C_n^2\left(\sum_{1\leqslant i<j\leqslant n}\lambda_i\lambda_j\right)\right]^{\frac{1}{2}}\geqslant$$

$$2\left(C_n^2\sum_{1\leqslant i<j\leqslant n}\lambda_i\lambda_j\right)^{\frac{1}{2}}\Rightarrow$$

$$\sum_{i=1}^n x_i a_i^k \geqslant M\left[2\left(C_n^2\sum_{1\leqslant i<j\leqslant n}\lambda_i\lambda_j\right)^{\frac{1}{2}}\right]^k$$

再设

$$\sum_{i=1}^n\left(\frac{a_1a_2\cdots a_n}{a_i}\right)=ny^{n-1} \quad y>0$$

有

$$ny^{n-1}=\left(\prod_{i=1}^n a_i\right)\left(\sum_{i=1}^n\frac{1}{a_i}\right)\geqslant n\left(\prod_{i=1}^n a_i\right)\left(\prod_{i=1}^n\frac{1}{a_i}\right)^{\frac{1}{n}}=n\left(\prod_{i=1}^n a_i\right)^{\frac{n-1}{n}}\Rightarrow$$

$$\prod_{i=1}^n a_i \leqslant y^n \Rightarrow$$

$$n+1 \leqslant ny^{n-1}+y^n \Rightarrow$$

$$(y-1)T(y)\geqslant 0 \Rightarrow y\geqslant 1$$

其中

$$T(y)=y^{n-1}+\cdots+y+1+n(y^{n-2}+\cdots+y+1)>0$$

注意到

$$\left[\frac{\sum_{1\leqslant i<j\leqslant n}a_ia_j}{C_n^2}\right]^{\frac{1}{2}}\geqslant\left[\sum_{i=1}^n\left(\frac{a_1a_2\cdots a_n}{a_i}\right)\frac{1}{n}\right]^{\frac{1}{n-1}}=$$

$$y\geqslant 1\Rightarrow$$

$$\sum_{1\leqslant i<j\leqslant n}a_ia_j\geqslant C_n^2\Rightarrow$$

（应用前面的结论有）

$$\left(\sum_{i=1}^n x_ia_i^k\right)^{\frac{1}{k}}\cdot\left[\sum_{i=1}^n\frac{(S-\lambda_i)^{\frac{k}{k-1}}}{x_i^{k-1}}\right]^{\frac{k-1}{k}}\geqslant$$

$$2\left[\left(\sum_{1\leqslant i<j\leqslant n}\lambda_i\lambda_j\right)\cdot\left(\sum_{1\leqslant i<j\leqslant n}a_ia_j\right)\right]^{\frac{1}{2}}\geqslant$$

$$2\left(C_n^2\sum_{1\leqslant i<j\leqslant n}\lambda_i\lambda_j\right)^{\frac{1}{2}}$$

此时同样得到式(T_{16}).

在过去的讨论中，我们偏心地设正数 $a_1,a_2,\cdots,a_n$ 满足特殊条件

$$\sum_{i=1}^n a_i + \prod_{i=1}^n a_i = n+1$$

并推导出了有趣的结果

$$\sum_{i=1}^n a_i \geqslant n, \quad \prod_{i=1}^n a_i \leqslant 1$$

此时,飘飞的思绪问我们:"如果将特殊的已知条件

$$\sum_{i=1}^n a_i + \prod_{i=1}^n a_i = n+1$$

改进为

$$\sum_{i=1}^n a_i + \prod_{i=1}^n a_i = m \quad m>0$$

时,结论又会怎样呢?"

其实,上天可剪霞,下山可采花,我们有优美无穷的结论:

结论 P_1:设 $m > (n-1)\left(\dfrac{n-1}{n+1}\right)^{\frac{1}{n-1}}(2 \leqslant n \in \mathbf{N})$,正数 $a_1, a_2, \cdots, a_n$ 满足条件

$$\sum_{i=1}^n a_i + \prod_{i=1}^n a_i = m$$

那么有

$$\sum_{i=1}^n a_i \geqslant \left[\frac{\sqrt[n]{(n+1)m^{n-1}} - (n-1)}{2}\right]^{\frac{1}{n-1}} \cdot n \tag{P_1}$$

显然,当 $n \to +\infty$ 时

$$m > \lim_{n \to +\infty} (n-1)\left(\frac{n-1}{n+1}\right)^{\frac{1}{n-1}} = n-1$$

当 $n=3$ 时,$m > \sqrt{2}$,

$$a_1 + a_2 + a_3 \geqslant \left(\frac{\sqrt[3]{4m^2} - 2}{2}\right)^{\frac{1}{2}} \times 3$$

当取 $m = n+1$ 时,式 (P_1) 化为

$$\sum_{i=1}^n a_i \geqslant n$$

这正是我们在前面得到的结论.

当取 $m = n-1$ 时,有

$$\sum_{i=1}^n a_i \geqslant n(n-1)^{\frac{1}{n}}\left(\frac{\sqrt[n]{n+1} - \sqrt[n]{n-1}}{2}\right)^{\frac{1}{n-1}} \tag{P'_1}$$

这些都是较漂亮的结果.

证明 我们首先注意到

$$m > (n-1)\left(\frac{n-1}{n+1}\right)^{\frac{1}{n-1}} \Rightarrow \sqrt[n]{(n+1)m^{n-1}} - (n-1) > 0$$

设

$$\sum_{i=1}^n a_i = nt(t>0) \Rightarrow$$

$$\prod_{i=1}^n a_i \leqslant \left(\frac{\sum_{i=1}^n a_i}{n}\right)^n = t^n \Rightarrow$$

$$m = \sum_{i=1}^{n} a_i + \prod_{i=1}^{n} a_i \leqslant nt + t^n = t(n + t^{n-1}) \Rightarrow$$

$$(n+1)m^{n-1} \leqslant (n+1)t^{n-1} \cdot (n+t^{n-1})^{n-1} \leqslant$$

$$\left[\frac{(n+1)t^{n-1} + (n-1)(n+t^{n-1})}{1+(n-1)}\right]^{1+(n-1)} = (2t^{n-1} + n - 1)^n \Rightarrow$$

$$2t^{n-1} + n - 1 \geqslant \sqrt[n]{(n+1)m^{n-1}} \Rightarrow$$

$$t \geqslant \left[\frac{\sqrt[n]{(n+1)m^{n-1}} - (n-1)}{2}\right]^{\frac{1}{n-1}} \Rightarrow$$

$$\sum_{i=1}^{n} a_i = nt \geqslant n\left[\frac{\sqrt[n]{(n+1)m^{n-1}} - (n-1)}{2}\right]^{\frac{1}{n-1}}$$

即式(P_1)成立,等号成立仅当 $a_1 = a_2 = \cdots = a_n = 1$ 和 $m = n+1$.

进一步,我们设 $G = \left(\prod_{i=1}^{n} a_i\right)^{\frac{1}{n}}$,于是有

$$m = \sum_{i=1}^{n} a_i + \prod_{i=1}^{n} a_i \geqslant nG + G^n \geqslant$$

$$(n+1)(G^n \cdot G^n)^{\frac{1}{n+1}} = (n+1)G^{\frac{2n}{n+1}} =$$

$$(n+1)\left(\prod_{i=1}^{n} a_i\right)^{\frac{2}{n+1}} \Rightarrow$$

$$\prod_{i=1}^{n} a_i \leqslant \left(\frac{m}{n+1}\right)^{\frac{n+1}{2}}$$

等号成立的条件和前面一致.

结论 P_2 设 $\lambda, u, a, b > 0$,且满足条件

$$\lambda a + ub + ab = \lambda + u + 1$$

那么有

$$\lambda a + ub > \max\left(2\sqrt{\lambda u}, \frac{4\lambda u(\lambda + u + 1)}{\lambda + u + 4\lambda u}\right) \quad (P_3)$$

抬头一看,式(P_3)不失为一个有趣的结论.

证明 我们设

$$2t = \lambda a + ub \geqslant 2\sqrt{\lambda u a b} \Rightarrow$$

$$ab \leqslant \frac{t^2}{\lambda u} \Rightarrow$$

$$\lambda + u + 1 = \lambda a + ub + ab = 2t + ab \leqslant 2t + \frac{t^2}{\lambda u} \Rightarrow$$

$$t^2 + 2\lambda ut \geqslant \lambda u(\lambda + u + 1) \Rightarrow$$

$$(t + \lambda u)^2 \geqslant \lambda u(\lambda + 1)(u + 1) \Rightarrow$$

$$t \geqslant \sqrt{\lambda u(\lambda + 1)(u + 1)} - \lambda u = \sqrt{\lambda u}(\sqrt{\lambda u} + 1) - \lambda u = \sqrt{\lambda u} \Rightarrow$$

$$\lambda a + ub = 2t \geqslant 2\sqrt{\lambda u} \tag{1}$$

另一方面,

$$t \geqslant \sqrt{\lambda u(\lambda+1)(u+1)} - \lambda u =$$
$$\lambda u \left(\sqrt{\left(\frac{1}{\lambda}+1\right)\left(\frac{1}{u}+1\right)} - 1 \right) =$$
$$\frac{\lambda u}{m}\left[\left(\frac{1}{\lambda}+1\right)\left(\frac{1}{u}+1\right) - 1 \right] =$$
$$\frac{1}{m}(\lambda + u + 1)$$

其中
$$m = \sqrt{\left(\frac{1}{\lambda}+1\right)\left(\frac{1}{u}+1\right)} + 1 \leqslant$$
$$\frac{1}{2}\left[\left(\frac{1}{\lambda}+1\right) + \left(\frac{1}{u}+1\right)\right] + 1 = \frac{\lambda + u + 4\lambda u}{2\lambda u} \Rightarrow$$
$$t \geqslant \frac{2\lambda u(\lambda + u + 1)}{\lambda + u + 4\lambda u} \Rightarrow$$
$$\lambda a + ub = 2t \geqslant \frac{4\lambda u(\lambda + u + 1)}{\lambda + u + 4\lambda u} \tag{2}$$

由式(1)和式(2)知,式(P_3)成立.由于
$$2\sqrt{\lambda u} - \frac{4\lambda u(\lambda + u + 1)}{\lambda + u + 4\lambda u} = \frac{2\sqrt{\lambda u}(\lambda + u)(1 - 2\sqrt{\lambda u})}{\lambda + u + 4\lambda u} \tag{3}$$

因此,当 $\lambda u = \frac{1}{4}$ 时,
$$2\sqrt{\lambda u} = \frac{4\lambda u(\lambda + u + 1)}{\lambda + u + 4\lambda u}$$

当 $0 < \lambda u < \frac{1}{4}$ 时,
$$2\sqrt{\lambda u} > \frac{4\lambda u(\lambda + u + 1)}{\lambda + u + 4\lambda u}$$

当 $\lambda u > \frac{1}{4}$ 时,
$$2\sqrt{\lambda u} < \frac{4\lambda u(\lambda + u + 1)}{\lambda + u + 4\lambda u}$$

结论 P_3:设 $k > \frac{3}{4}, \lambda, u, v, a, b, c$ 均为正数,且满足条件
$$\lambda a + ub + vc + abc = k^2 \lambda uv$$
则有
$$\lambda a + ub + vc \geqslant 3(\sqrt{(4k-3)\lambda uv + 4} - 2) \tag{P_4}$$

特别地,当 $\lambda = u = v = 1$ 时,上式化为
$$a + b + c \geqslant 3(\sqrt{4k+1} - 2)$$

证明 设
$$3t = \lambda a + ub + vc \geqslant 3(\sqrt[3]{\lambda uvabc}) \Rightarrow$$

$$abc \leqslant \frac{t^3}{\lambda uv} \Rightarrow$$

$$k^2 \lambda uv = 3t + abc \leqslant 3t + \frac{t^3}{\lambda uv} \Rightarrow$$

$$(2\lambda uvk)^2 \leqslant 4t(t^2 + 3\lambda uv) \leqslant \left(\frac{(t^2 + 3\lambda uv) + 4t}{2}\right)^2 \Rightarrow$$

$$t^2 + 4t + 3\lambda uv \geqslant 4k\lambda uv \Rightarrow$$

$$(t+2)^2 \geqslant (4k-3)\lambda uv + 4 \Rightarrow$$

$$t + 2 \geqslant \sqrt{(4k-3)\lambda uv + 4} \Rightarrow$$

$$t \geqslant \sqrt{(4k-3)\lambda uv + 4} - 2 \Rightarrow$$

$$\lambda a + ub + vc = 3t \geqslant 3(\sqrt{(4k-3)\lambda uv + 4} - 2)$$

即式(P_4)成立,等号成立仅当 $a = b = c = \lambda = u = v = 1, k = 2$.

结论 P_4:设 λ, u, v, a, b, c 均为正数,且满足条件

$$\lambda a + ub + vc + abc = m$$

那么,(i) 当 $m > \sqrt{2}\left(\dfrac{\lambda^2 + u^2 + v^2}{3}\right)^{\frac{3}{4}}$ 时,

$$a^2 + b^2 + c^2 \geqslant \frac{3}{2}\left[(2m)^{\frac{2}{3}} - 2\left(\frac{\lambda^2 + u^2 + v^2}{3}\right)^{\frac{1}{2}}\right] \tag{P_5}$$

(ii) 当 $m > \dfrac{9}{16}(\lambda^2 + u^2 + v^2)$ 时,

$$a^2 + b^2 + c^2 \geqslant 3\left[(4\sqrt{m} - \sqrt{3(\lambda^2 + u^2 + v^2)} + 4)^{\frac{1}{2}} - 2\right]^2 \tag{P_6}$$

证明 (i) 我们首先注意到

$$m > \sqrt{2}\left(\frac{\lambda^2 + u^2 + v^2}{3}\right)^{\frac{3}{4}} \Rightarrow (2m)^{\frac{2}{3}} - 2\left(\frac{\sum \lambda^2}{3}\right)^{\frac{1}{2}} > 0$$

设

$$\lambda^2 + u^2 + v^2 = 3x^2$$

则

$$3S^2 = a^2 + b^2 + c^2 \geqslant 3(abc)^{\frac{2}{3}} \Rightarrow$$

$$abc \leqslant S^3$$

$$m = \sum \lambda a + abc \leqslant \sqrt{(\sum \lambda^2)(\sum a^2)} + abc = 3xS + abc \leqslant 3xS + S^3 \Rightarrow$$

$$4m^2 \leqslant (4S)^2(3x + S^2)^2 \leqslant \left[\frac{4S^2 + 2(3x + S^2)}{1+2}\right]^{1+2} = [2(S^2 + x)]^3 \Rightarrow$$

$$2(S^2 + x) \geqslant (2m)^{\frac{2}{3}} \Rightarrow$$

$$S^2 \geqslant \frac{1}{2}(2m)^{\frac{2}{3}} - x \Rightarrow$$

$$a^2 + b^2 + c^2 = 3S^2 \geqslant \frac{3}{2}\left[(2m)^{\frac{2}{3}} - 2x\right]$$

即式(P_5)成立.

(ii) 当 $m > \dfrac{9}{16}(\lambda^2 + u^2 + v^2)$ 时,

$$4m \leqslant (4S)(S^2 + 3x) \leqslant \left[\frac{4S + (S^2 + 3x)}{2}\right]^2 \Rightarrow$$

$$S^2 + 4S + 3x \geqslant 4\sqrt{m} \Rightarrow$$

$$(S+2)^2 \geqslant 4\sqrt{m} + 4 - 3x \Rightarrow$$

$$S + 2 \geqslant (4\sqrt{m} + 4 - 3x)^{\frac{1}{2}} \Rightarrow$$

$$S \geqslant (4\sqrt{m} + 4 - 3x)^{\frac{1}{2}} - 2 \Rightarrow$$

$$a^2 + b^2 + c^2 = 3S^2 \geqslant 3[(4\sqrt{m} + 4 - 3x)^{\frac{1}{2}} - 2]^2$$

即式(P_6)成立.

趣味奥数　　激发兴趣

邓寿才

众所周知,兴趣是最好的老师.即如果一个人对数学具有浓厚的兴趣,那么他(她)就会自觉地去思考数学、探讨数学,具有耐心,不怕失败,就会在数学探讨中持之以恒,锲而不舍,自然会日积月累,久炼成钢,取得令人欣喜的成绩.但是,人的兴趣是需要激发和培养的.对于数学基础较好的学生,用趣味数学题目启发他们,使他们以此为乐,自然会兴趣备增,不断地去欣赏和发现数学的美妙.

最近一年,笔者在一所民办中学(中山市东升求实学校)任教,还兼任 5～8 年级奥数辅导课程,每周 28 节课,又苦又累.但在奥数辅导课上,我尽量以趣味数学题目作为例题或习题,来培养他们的数学兴趣.本文略举数例进行赏析,与大家同乐.

例 1　请用 1～9 共 9 个数填空:

( )＋( )＝( )
( )＋( )＝( )
( )＋( )＝( )

学生粗略一看,觉得这是一道简单加法填空题,轻松得易如反掌.但等到第二天学生交作业时,却没有一人办到.而事实上,由于

$$1+2+\cdots+9 = \frac{9}{2}(9+1) = 45$$

假设本题填空能办到,那么这三个加法算式左边六个数之和等于右边三个数之和,都等于 $45 \div 2 = 22.5$,但 22.5 是小数不是整数,因此欲完成本题的加法填空,千年办不到,万年办不到.

评讲完此题后,学生如梦初醒,知道了本题是一道陷阱题,从而激发了他们的数学兴趣.

现在,让我们思考:怎样进一步推广本题呢?由于每个加法算式要用三个数字,因此 n 个加法算式需要连续的 $3n$ 个自然数,于是记

$$S = \frac{1}{2}(1+2+\cdots+3n) = \frac{3n}{4}(3n+1)$$

如果 $S \in \mathbf{N}$,那么 $4 \mid n$ 或 $4 \mid (3n+1)$.

当 $4 \mid (3n+1)$ 时,令

$$3n+1 = 4t(t \in \mathbf{N}) \Leftrightarrow n = t + \frac{t-1}{3}$$

再令 $t-1=3p \Rightarrow t=3p+1(p \in \mathbf{N}) \Rightarrow n=t+p=4p+1 \Rightarrow n \equiv 1 \pmod 4$

当 $4 \mid n \Leftrightarrow n \equiv 0 \pmod 4$.

所以,当 $n \equiv 0,1 \pmod 4$ 时,可将 $1,2,\cdots,3n$ 这 $3n$ 个连续自然数填写成 $n \geqslant 4$ 个加法算式,当 $n \equiv 2,3 \pmod 4 (3 \leqslant n \in \mathbf{N})$ 时则不能.

可见,这确实为一个趣味数学问题.

斯立尼瓦萨·拉马努金(Srinivasa Ramanujan,1887—1920) 是印度的国宝,20 世纪最伟大的数学家之一,他生于印度南部的一个贫苦之家,靠自学与刻苦钻研,硕果累累而受到英国数学家哈代(Hardy,1877—1947)的赏识与培养,成为蜚声国际数学界的名人. 只可惜他英年早逝,只活了 33 年. 印度政府为了纪念他诞生 75 周年,曾在 1962 年 12 月 22 日专门发行了一张纪念邮票.

有一天,拉马努金的恩师哈代到疗养所去看望他,在伦敦乘坐了车号为 1729 的出租汽车. 哈代对之颇不乐意,走进拉马努金的房间时,后者正躺在床上休息. 哈代连招呼也没来得及打,就脱口而出,发泄他对这个数字的不满. 哈代说:"这是一个毫无意义的数." 然后又补上一句,"我希望它不是一个恶兆".

"不,不对",病人在床上回答,"1 729 是一个非常有意思的数,在一切可以用两种不同方式表为两个立方之和的数中,它是最小的一个."

即
$$1\,729 = 12^3 + 1^3 = 9^3 + 10^3$$

现在,我们将这一趣味问题升华为

例 2 存在无数多个自然数 $N_k \in \mathbf{N}^+ (k=1,2,\cdots)$ 使得每个 N_k 均可用两种不同方式表示为两个之立方数之和.

证明 设
$$N_K = a^3 + b^3 = c^3 + d^3 \tag{1}$$

其中
$$a>c, d>b, a,b,c,d \in \mathbf{N}^+$$

且
$$(a,b)=(c,d)=1, \{a,b\} \neq \{c,d\}$$

于是再设
$$a=c+p, d=b+q (p,q \in \mathbf{N}^+)$$
$$a^3+b^3=c^3+d^3 \Rightarrow$$
$$a^3-c^3=d^3-b^3 \Rightarrow$$
$$(a-c)(a^2+ac+c^2)=(d-b)(d^2+db+b^2) \Rightarrow$$
$$p[(a-c)^2+3ac]=q[(d-b)^2+3db] \Rightarrow$$
$$p[p^2+3c(c+p)]=q[q^2+3b(b+q)] \Rightarrow$$
$$3(c^2+cp)p-3(b^2+bq)q=q^3-p^3 \Rightarrow$$
$$3(4b^2+4bq)q-3(4c^2+4cp)p=4(p^3-q^3) \Rightarrow$$
$$3(qx^2-py^2)=p^3-q^3 \tag{2}$$

其中
$$\begin{cases} x = 2b+q \\ y = 2c+p \end{cases} \tag{3}$$

再令 $p-q = 3t \in \mathbf{N}^+$,式(2) 化为
$$rx^2 - py^2 = m \tag{4}$$

其中
$$\begin{cases} r = p - 3t \\ m = t(p^2 + pq + q^2) \end{cases}$$

由于 $r,p,m \in \mathbf{N}^+$,因此方程(4)为推广了的佩尔方程,它有无数多组自然数解.对应地,方程(1)也有无数多组自然数解,而且每一组解对应一个 N_k,从而有无数个自然数 N_k,满足题意.

例2的证明有一定难度,它不亚于 IMO 试题,这正是它的诱人之处,也是它的趣味之处.

趣味数学不单指题意趣味,也包括解法趣味.也指对一道极普通题目,用一种不平常的方法解它.

例3 解方程组
$$\begin{cases} 2x + 5y = 16 \\ 7x - 10y = 1 \end{cases}$$

显然,这是一道极普通的二元一次方程组题目,初一数学教材上向学生介绍了代入消元法与加减消元法两种方法,在初二数学教材上又介绍了图像法,在大学高等代数中还有行列式法与矩阵法.据笔者初探,我们还可以用消去常数的方法来解答它,不妨将此法叫做消常法.

解
$$\begin{cases} 2x+5y=16 \\ 7x-10y=1 \end{cases} \Rightarrow 2x+5y = 16(7x-10y) \Rightarrow$$

$$110x = 165y \Rightarrow \frac{x}{y} = \frac{3}{2}$$

设
$$\begin{cases} x = 3t \\ y = 2t \end{cases} \Rightarrow$$

$$2 \times 3t + 5 \times 2t = 16 \Rightarrow t = 1 \Rightarrow \begin{cases} x = 3 \\ y = 2 \end{cases}$$

可见,此种解法出人意料,使人感到耳目一新.

例4 某班有54人,男生是女生的 $\frac{4}{5}$,问该班男、女生各有多少人?

这是一道非常普通的小学或初中应用题,下面我们用两种新异的方法解答.

解法1 设该班男生有 $4t$ 人,则女生有 $5t$ 人,依题意得
$$4t + 5t = 54, \quad t = 6$$

因此该班男生有 24 人,女生有 30 人.

解法 2 由于 $54 \div 2 = 27$.设该班男生有 $(27-x)$ 人,则女生有 $(27+x)$ 人,依题意有
$$\frac{27-x}{27+x} = \frac{4}{5} \Rightarrow x = 3$$
所以该班有男生 24 人,女生 30 人.

以两例,题目平凡,解法却不平凡.

例 5 将 $1,2,\cdots,9$ 这九个数组成大、中、小三个数,使得大数是小数的 3 倍,中数是小数的 2 倍.

分析 由于大数的百位数字最大为 9,因此小数的百位数最大数最大是 3,自然最小是 1,经推算,有如下四种情况:

	小数	中数	大数
(i)	192	384	576
(ii)	219	438	657
(iii)	273	546	819
(iv)	327	654	981

例 6 张三提着容量是 3 斤(1 斤 $= 500$ g)与 7 斤的酒壶上街去买酒,回来走到半路时,正巧碰着邻居李四提着一个容量是 10 斤的空壶上街买酒,于是李四厚着脸皮说:"张三哥,你分 5 斤酒给我吧,这样我就不用上街去了!"由于没有别的量酒器,你能帮他分酒吗?

这个问题确实有趣,分酒过程可列为简表:

3 斤壶:3,0,3,0,3,0,1,1,3,0

7 斤壶:7,7,4,4,1,1,0,7,5,5

10 斤壶:0,3,3,6,6,9,9,2,2,5

例 7 一百个和尚一百个馒头,大和尚一个人吃三个,小和尚三个人吃一个,问有几个大和尚,几个小和尚?

本趣题有多种解法:

解法 1 设小和尚有 $3x$ 人,则大和尚有 $(100-3x)$ 人,依题意列方程
$$3(100-3x) + \frac{1}{3} \times 3x = 100$$
解得 $x = 25$,因此小和尚有 $3 \times 25 = 75$(人),大和尚有 $100 - 25 = 75$(人).

解法 2 将每个大和尚"变"成 9 个小和尚,100 个馒头表明小和尚是 300 个,多出 200 个和尚,是由于每个大和尚变小和尚,多变出 8 个.从而 $200 \div 8 = 25$,即是大和尚人数,小和尚自然是 75 人.

解法 3 将 1 个大和尚和 3 个小和尚编成一组,平均每人吃 1 个馒头,恰好与总体的平均数相等,即大和尚是 $100 \div (3+1) = 25$(人).

例 8 设 $a > 0, 2 \leq n \in \mathbf{N}$,解方程
$$x^{x^{\cdot^{\cdot^{\cdot^{x^a}}}}} \ (n \text{ 个 } x) = a \tag{1}$$

这是一个高屹入云的天梯形指数方程,有点难于上青天的感觉.应从简单情况着手,寻找解题规律.

解 当 $n=2$ 时,原方程化为
$$x^{x^a} = a \tag{2}$$

作代换,令
$$x^a = y \Rightarrow x = \sqrt[a]{y}$$

代入式(2),得
$$(y^{\frac{1}{a}})^y = a \Rightarrow y^y = a^a \Rightarrow y = a \Rightarrow x = \sqrt[a]{a}$$

当 $n=3$ 时,由于
$$x^{x^{x^a}} = a \Rightarrow x^{(y^{\frac{1}{a}})^y} = a \Rightarrow$$
$$x^{y^{\frac{y}{a}}} = a \Rightarrow (y^{\frac{1}{a}})^{y^{\frac{y}{a}}} = a \Rightarrow$$
$$y = a \Rightarrow x = \sqrt[a]{a}$$

此时方程(1)的解仍然是 $x = \sqrt[a]{a}$.

假设当 $n = k \geqslant 2$ 时方程(1)的解是 $x = \sqrt[a]{a}$.

那么,当 $n = k+1$ 时,依据假设有
$$x^{x^{\cdots x^a}} = x^a = a \Rightarrow x = \sqrt[a]{a}$$

即这时 $x = \sqrt[a]{a}$ 仍然是方程(1)的解.

例9 在连续奇数 $1, 3, 5, \cdots, 147$ 中选取 k 个数,使得它们的和为 1 949,那么 k 的最大值是多少?

解法1 因为
$$1 + 3 + 5 + \cdots + 99 + 101 = (1+101) \times 2 \times 51 = 2\ 601$$
$$2\ 601 - 1\ 949 = 652$$

要求 k 最大,则
$$652 - 101 - 99 - 97 - 95 - 93 - 91 = 76 = 75 + 1$$

于是所求 k 的最大值是
$$k_{\max} = 51 - 8 = 43$$

解法2 设
$$a_k = 2k - 1$$
$$S_k = 1 + 3 + 5 + \cdots + (2k-1) = k^2$$

现在计算:
$$S_{45} = 2\ 025 > 1\ 949, \quad S_{44} = 1\ 936 < 1\ 949$$

但 $1\ 949 - 1\ 936 = 13$ 为奇数,不论将 13 加在哪项 a_i 其和均为偶数 $a_i + 13$.

现考察 $S_{43} = 1\ 849$,由于
$$1\ 949 - 1\ 849 = 100$$

因此必须 $100 + a_i \leqslant 147 \Rightarrow a_i \leqslant 47$,即将 100 任意加在项 $a_i (\leqslant 47)(1 \leqslant i \leqslant 24)$ 项均可,

且若再选 $a_{44} = 87$,那么还差
$$100 - 87 = 13$$
故所选 k 的最大数为 $k_{max} = 43$ 项,所选 43 项数为
$$1, 3, 5, \cdots, 45, 49, 51, \cdots, 85, 147$$

例 10 为了促销,一家冷饮店规定:在本店购买汽水喝完后,每 3 个空瓶可以换原装汽水 1 瓶,小张一行买了 21 瓶汽水,之后又用空瓶换汽水喝,他们一共最多可以喝多少瓶汽水?

分析 本题虽然不难,却很有趣,学生也很喜欢.答案自然是
$$\frac{21}{3} + \frac{6}{3} + \frac{1+2}{3} + 21 = 31(瓶)$$

例 11 在大于 2 009 的自然数中,被 57 除后,商与余数相等的数共有多少个?

解 设商与余数均为 x,则 $x \leqslant 56$
且
$$57x + x > 2\,009 \Rightarrow x > 34\frac{37}{58} \Rightarrow$$
$$\left.\begin{array}{r} x \geqslant 35 \\ x \leqslant 56 \end{array}\right\} \Rightarrow 35 \leqslant x \leqslant 56 \Rightarrow$$
$$S(x) = 56 - 35 + 1 = 22(个)$$

例 12 在区间 $[0, 2\,009]$ 中,既不是完全平方数,也不是完全立方数的数,有多少个?

解 在 $[0, 2\,009]$ 内是完全平方数的有
$$0^2, 1^2, 2^2, 3^2, \cdots, 44^2 (共 45 个)$$
是完全方数的有
$$0^3, 1^3, 2^3, 3^3, \cdots, 12^3 (共 13 个)$$
其中既是完全平方数,又是完全立方数的有
$$0^3, 1^3, 4^3, 9^3 (共 4 个)$$
因此,所求答案为
$$45 + 13 - 4 = 54$$
$$2\,009 - 54 = 1\,955(个)$$

我国第二届希望杯试题 21 是一道妙题:

例 13 已知两个正数的立方和是最小的质数,求证:这两个数之和不大于 2.

由于最小的质数是 2,因此,本题可"翻译"改写为

已知正数 a, b 满足 $a^3 + b^3 = 2$,求证
$$a + b \leqslant 2 \qquad\qquad (A)$$

本题是考查初中参赛者对质数的基本概念的了解,以及对简单不等式的证法技巧的灵活掌握与熟练应用.对于高中数学参赛者,一看便知本题趣味简单,但对于知识面有限的初中选手,解答本题只能用"刀耕火种"的原始而又初等的方法,就有一定的难度了.本题的官方参考解答是:

证法 1 若 $a+b>2$,由于 $a^3+b^3=2$ 那么 a,b 中必有一个 $\leqslant 1$,不妨设
$$a>2-b>0 \Rightarrow a^3>(2-b)^3 \Rightarrow$$
$$a^3>8-12b+6b^2-b^3 \Rightarrow$$
$$a^3+b^3>8-12b+6b^2 \Rightarrow$$
$$2>8-12b+6b^2 \Rightarrow$$
$$b^2-2b+1<0 \Rightarrow (b-1)^2<0(矛盾)$$

因此,假设不成立,从而本题结论成立.

对于初中选手,上述证法通俗易懂,简洁优美.为了培养他们的数学兴趣,启发他们的数学思维,丰富他们的解题技巧,笔者在辅导班上向他们增加了如下几种解法.

解法 2 设 $a+b=x$,应用立方和公式有
$$8=4(a^3+b^3)=4(a+b)(a^2-ab+b^2)=$$
$$x[(a^2+2ab+b^2)+3(a^2-2ab+b^2)]=$$
$$x[(a+b)^2+3(a-b)^2]=x[x^2+3(a-b)^2] \geqslant$$
$$x \times x^2=x^3 \Rightarrow$$
$$x^3 \leqslant 8 \Rightarrow a+b=x \leqslant 2$$

解法 3 设 $a+b=x>0$,于是
$$x^3=(a+b)^3=a^3+b^3+3ab(a+b)=2+3abx \Rightarrow$$
$$x^3=2+3abx$$

又
$$x^2=(a+b)^2=4ab+(a-b)^2 \geqslant 4ab \Rightarrow$$
$$ab \leqslant \frac{1}{4}x^2 \Rightarrow$$
$$x^3 \leqslant 2+\frac{3}{4}x^3 \Rightarrow$$
$$x^3 \leqslant 8 \Rightarrow a+b=x \leqslant 2$$

解法 4 设 $a+b=x$.由上述解法有
$$x^3=2+3abx \Rightarrow ab=\frac{x^3-2}{3x}$$

因此 a,b 为方程
$$t^2=xt+\frac{x^3-2}{3x}=0$$

的两正根,由韦达定理有
$$\Delta_t=x^2-\frac{4}{3}\left(\frac{x^2-2}{x}\right) \geqslant 0 \Rightarrow 8-x^3 \geqslant 0 \Rightarrow x=a+b \leqslant 2$$

解法 5 我们先证明
$$\frac{a^3+b^3}{2} \geqslant \left(\frac{a+b}{2}\right)^3 \Leftrightarrow \qquad (*)$$
$$4(a^3+b^3) \geqslant (a+b)^3=a^3+b^3+3ab(a+b) \Leftrightarrow$$
$$a^3+b^3-ab(a+b) \geqslant 0 \Leftrightarrow$$

$$a^2(a-b) - b^2(a-b) \geqslant 0 \Leftrightarrow$$
$$(a-b)(a^2-b^2) \geqslant 0 \Leftrightarrow$$
$$(a-b)^2(a+b) \geqslant 0$$

上式显然成立,逆推之式(*)成立,从而
$$\left(\frac{a+b}{2}\right)^3 \leqslant \frac{a^3+b^3}{2} = 1 \Rightarrow a+b \leqslant 2$$

解法 6 应用公式
$$a^3 + b^3 + c^3 - 3abc = (a+b+c)(a^2+b^2+c^2 - ab - bc - ca)$$
令 $c = 1, a+b = S$,注意到 $a^3 + b^3 = 2$,有
$$3 - 3ab = (S+1)[(a+b)^2 + 1 - (a+b) - 3ab] = (S+1)(S^2 + 1 - S - 3ab) \Rightarrow$$
$$S^3 - 2 = 3Sab \leqslant \frac{3}{4}S^3 \Rightarrow$$
$$S^3 \leqslant 8 \Rightarrow a+b = S \leqslant 2$$

解法 7 从 $a^3 + b^3 = 2$ 可设 $0 < a \leqslant b < 2$ 且 $a = S-t, b = S+t, a+b = 2S$(其中 $0 \leqslant t < S < 2$) $\Rightarrow$
$$2 = a^3 + b^3 = (S-t)^3 + (S+t)^3 = 2(S^3 + 3St^2) \geqslant 2S^3 \Rightarrow$$
$$S^3 \leqslant 1 \Rightarrow S \leqslant 1 \Rightarrow a+b = 2S \leqslant 2$$

解法 8 设 $m > 0, \theta \in \left(0, \frac{\pi}{2}\right)$,且 $a = m\cos^2\theta, b = m\sin^2\theta$,那么
$$a + b = m(\cos^2\theta + \sin^2\theta) = m$$
且
$$(\sin\theta - \cos\theta)^2 \geqslant 0 \Rightarrow \sin\theta\cos\theta \leqslant \frac{1}{2}(\sin^2\theta + \cos^2\theta) = \frac{1}{2}$$
于是
$$2 = a^3 + b^3 = m^3(\cos^6\theta + \sin^6\theta) =$$
$$m^3(\cos^2\theta + \sin^2\theta)(\cos^4\theta - \cos^2\theta\sin^2\theta + \sin^4\theta) =$$
$$m^3[(\cos^2\theta + \sin^2\theta)^2 - 3(\sin\theta\cos\theta)] =$$
$$m^3[1 - 3(\sin\theta\cos\theta)^2] \geqslant m^3\left(1 - \frac{3}{4}\right) \Rightarrow$$
$$m^3 \leqslant 8 \Rightarrow a+b = m \leqslant 2$$

解法 9 从已知 $a^3 + b^3 = 2$ 可设 $0 < a^3 \leqslant 1 \leqslant b^3 < 2$,且 $a^3 = 1-t, b^3 = 1+t$,其中 $0 \leqslant t < 1$,再设
$$x = a+b = \sqrt[3]{1-t} + \sqrt[3]{1+t}$$
从公式
$$(a+b)^3 = a^3 + b^3 + 3ab(a+b) \Rightarrow$$
$$x^3 = 2 + 3x\sqrt[3]{(1-t)(1+t)} = 2 + 3x\sqrt[3]{1-t^2} \leqslant 2 + 3x \Rightarrow$$
$$x^3 - 3x - 2 \leqslant 0 \Rightarrow$$
$$(x-2)(x+1)^2 \leqslant 0 \Rightarrow$$

$$x \leqslant 2 \Rightarrow a+b = x \leqslant 2$$

解法 10 设
$$\left.\begin{array}{l} a+b = S > 0 \\ a^3+b^3 = 2 \end{array}\right\} \Rightarrow a^3+(S-a)^3 = 2 \Rightarrow$$
$$S^3 - 3S^2 a + 3Sa^2 = 2 \Rightarrow$$
$$3Sa^2 - 3S^2 a + (S^3-2) = 0 \Rightarrow$$
$$\Delta a = (-3S^2)^2 - 4 \times 3S(S^3-2) \geqslant 0 \Rightarrow$$
$$3S(8-S^3) \geqslant 0 \Rightarrow$$
$$8-S^3 \leqslant 0 \Rightarrow S \leqslant 2 \Rightarrow a+b = S \leqslant 2$$

以上 10 种解法均未超出初中数学知识的内容,因此普遍适合初中数奥选手学习,以期获得美的享受和有益的启迪.

题 14 求四个不同的三位数,使它们的和恰好是 1 111.

解析 本题初看起来似乎已知条件不足难于下手.其实,只要将 1 111 质因分解为
$$1\ 111 = 101 \times 11$$
便找到了突破口 —— 所求四个不同的质因数均有质因数 101,不妨设为
$$a0a, b0b, c0c, d0d$$
其中 $1 \leqslant a \leqslant b < c \leqslant d \leqslant q$,满足 $a+b+c+d = 11$,即
$$(a,b,c,d) = (1,2,3,5)$$
所以,所求四个三位数为 101,202,303,505.

注 如果将本题中的"四个不同的三位数"改为"三个不同的三位数"时,那么
$$1 \leqslant a < b < c < 9$$
$$\begin{cases} a = 1,1,1,2 \\ b = 2,3,4,3 \\ c = 8,7,6,6 \end{cases}$$

这样,所求的结果不唯一,有五种情况:

(i) 101,202,808;

(ii) 101,303,707;

(iii) 101,404,606;

(iv) 202,303,606;

(v) 202,404,505.

题 15 设自然数 $N = 11\cdots11$(共有 2 009 个 1),求 N 除以 7 的余数.

解析 显然,自然数 N 的各位数字均为 1,相同,且有 2 009 位,位数太多,但是,只要注意到六位数
$$m = 111\ 111 = 7 \times 15\ 873$$
是 7 的倍数,且
$$2\ 009 = 6 \times 334 + 5$$
可将自然数 N 分为 335 段,最后一段是五位数 $11\ 111 \equiv 2 \bmod 7$,其余 334 段均是 7 的倍

数,因此 N 除以 7 的余数就是 2.

注 本题将 m 作为转折点给予了巧妙的解法. 如果设 $1 \leqslant a \leqslant 9$,将 N 改写为
$$N = \overline{aa\cdots a} \quad (2\,009 \uparrow a)$$
那么所求结论为 $\overline{aaaaa}$ 除以 7 的余数,即 $2a$ 除以 7 的余数.

题 16 设多位数 $N = 12\cdots 91011\cdots 2009$,求 N 除以 9 的余数.

解析 N 的位数确实太多,必须找到关键突破口进行智取. 我们记 N 的各位数的总和为 $S(N)$,联想到"如果一个数的各位数字之和是 9 的倍数,那么该数是 9 的倍数". 于是,我们设法求出 $S(N)$,以期找到突破口,方能"云开雾散见日出". 为此,我们先求 $1,2,\cdots,1\,999$ 的各位数字之和,并巧妙配对.
$$(0, 1\,999), (1, 1\,998) \cdots, (999, 1\,000)$$
共计 1 000 对,每对的各位数字之和为 28,共计为 28 000.

再计算 $2\,000,\cdots,2\,009$ 这十个数的各位数字之和为 65,故 $S(M) = 28\,065$,但
$$2+8+0+6+5 = 21 \equiv 3 \bmod 9$$
于是
$$N = 12\cdots 91011\cdots 20082006 + 3$$
于是 N 除以 9 的余数是 3.

题 17 某班期中语文考试,得 90 分、80 分、70 分以上的恰好分别占全班总数的 $\frac{1}{3}$、$\frac{1}{2}$、$\frac{1}{7}$,问 70 分以下的有几人?

解析 从恰好是 $\frac{1}{3}, \frac{1}{2}, \frac{1}{7}$ 这三个分数,就知道总人数能被 $2,3,7$ 整除,即总人数是 $2,3,7$ 的公倍数,而这三个数的最小公倍数是 42,这即为该班总人数. 因此 70 分以下的人数自然是
$$42 \times \left(1 - \frac{1}{2} - \frac{1}{3} - \frac{1}{7}\right) = 1 (人)$$
一般地,有通式
$$a = pqrt\left(1 - \frac{1}{p} - \frac{1}{q} - \frac{1}{r}\right)$$

题 18 怎样将 5 个苹果均分给 6 个小朋友?

提示 从 $\frac{5}{6} = \frac{1}{2} + \frac{1}{3}$ 知,苹果的分法是:

3 个苹果,每个对半切,得到 6 个 $\frac{1}{2}$;2 个苹果按三等分的办法切,得到 6 个 $\frac{1}{3}$;

类似地,如果 $(p,q) = 1$,设 $m = p+q < pq$,那么从等式
$$\frac{m}{pq} = \frac{1}{p} + \frac{1}{q}$$
即可得到将 m 个苹果分给 pq 个小朋友的分法. 比如取 $p = 3, q = 4, m = 7$ 时有
$$\frac{7}{12} = \frac{1}{3} + \frac{1}{4}$$

题 18 在 $1,2,\cdots,2\,008,2\,009$ 这 2009 个自然之间添上 2008 个"$+$"或"$-$",使所得结果(是正整数)尽可能地小,这个计算结果是多少?

解析 注意到连续四个自然数中,首尾两数之和等于中间两数之和,于是可将首尾两数之前添上"$+$"号,中间两数之和添上"$-$"号,这样,四个连续自然数之代数和恰好是 0,如 $2\,006-2\,007-2\,008+2\,009=0$. 为了使所得结果最小,我们应从末尾数 2009 开始按照上述规律添上"$+$"与"$-$"号,这样每 4 个连续递减的自然数为 1 个"节",共有 $[2\,009\div 4]=502$ 节,其代数和为 0,最后余下最小的数,即为我们希望要求的最小结果.

题 19 设正整数 x,y 满足

$$\frac{1}{x}-\frac{1}{y}=\frac{1}{10} \tag{1}$$

求 y 的最大值.

解析 为了寻求更一般的结论,我们将问题推广为

设 $x,y,p,q,m\in\mathbf{N}$,且 $(p,x)=1,(q,y)=1$,满足

$$\frac{p}{x}-\frac{q}{y}=1 \tag{2}$$

求 y 的最大值 $y_{\max}$.

我们对式(2)变形

$$\frac{p}{x}-\frac{q}{y}=\frac{1}{m}\Rightarrow$$

$$\frac{q}{y}=\frac{p}{x}-\frac{1}{m}=\frac{pm-1}{mx}\Rightarrow$$

$$y=\frac{qmx}{pm-x}=\frac{pqm^2-(pm-x)qm}{pm-x}=\frac{pqm^2}{pm-x}-qm \tag{3}$$

由于 $y\in\mathbf{N}$,因此必须

$$y\in\mathbf{N}\Rightarrow(pm-x)\mid pqm^2$$

为了使 y 达到最大值,必须使分母 $pm-x$ 取最小值 1,即 $x=pm-1$,从而

$$y_{\max}=qmx=qm(pm-1)$$

当取 $p=q=1$ 时,$y=m(m-1)$. 再取 $m=10$ 时,$y_{\max}=90$,这就是本题的结果.

例 20 从 $A=\{1,2,\cdots,n\}(2\leqslant n\in\mathbf{N})$ 中选出两个不同的数,使这两个数之和大于 n,共有多少种选法?

解析 当取 $n=2\,009$ 时本题化为一道小学六年级赛题. 分两种情况讨论:

(i) 当 $n=2k(1\leqslant k\in\mathbf{N})$ 时(为偶数),考虑较大数:$2k,2k-1\cdots,k+2,k+1$. 发现与 $2k$ 之和大于 $2k$ 的有 $1,2,\cdots,2k-1$ 共 $2k-1$ 个数;与 $2k-1$ 之和大于 $2k$ 的有 $2,3,\cdots,2k-2$ 共 $2k-3$ 个数,$\cdots\cdots$,与 $k+1$ 之和大于 $2k$ 的数只有 k 这 1 个数,所以这时共有选法

$$S(n)=S(2k)=1+3+\cdots+(2k-1)=k^2=\frac{1}{4}n^2$$

(ii) 当 $n=2k+1(1\leqslant k\in\mathbf{N})$ 为奇数时,同理可得共有选法

$$S(n) = S(2k+1) = 2 + 4 + \cdots + 2k =$$
$$k(k+1) = \left(\frac{n-1}{2}\right)\left(\frac{n+1}{2}\right) = \frac{1}{4}(n^2-1)$$

(iii) 综合上述,我们有选法总数

$$S(n) = \begin{cases} \dfrac{1}{4}n^2 & n \text{ 为偶数} \\ \dfrac{1}{4}(n^2-1) & n \text{ 为奇数} \end{cases}$$

即

$$S(n) = \frac{1}{4}\left[n^2 + \frac{(-1)^n - 1}{2}\right]$$

或

$$S(n) = \frac{1}{4}\left(n^2 - \left|\sin\frac{n\pi}{2}\right|\right)$$

这是一个有趣的结果.

例 21 将 12 个棱长为 1 dm 的正方体积木堆成一个长方体,使其表面积最小.

解 这一有趣的问题就像儿童在玩游戏,设堆成的长方体的三条棱长为 x,y,z,表面积为 S,则有

$$xyz = 12 = 1 \times 2 \times 6$$
$$S = 2(xy + yz + zx)$$
$$1 \leqslant x \leqslant y \leqslant z \leqslant 12$$

列简表:

x:	1,	1,	1,	2
y:	1,	2,	3,	2
z:	12,	6,	4,	3
S:	50,	40,	38,	32

于是

$$S_{\min} = 32$$

例 22 有一个六位数,其首位数字是 1,若将 1 移到末尾又得到一个新的六位数,且新数是原数的 3 倍,求原数是多少?

解法 1 应用乘法原理,设原数为 1ABCDE,

```
      1 4 2 8 5 7
      1 A B C D E
  ×             3
  ─────────────
      A B C D E 1
      4 2 8 5 7 1
```

因此,原数是 142 857.

解法 2 设原数为 $\overline{1ABCDE}$,且 $x = \overline{ABCDE}$,列方程

$$3(1\,000+x) = 10x+1$$
$$7x = 299\,999, x = 42\,857$$

故原数为 142 857.

上述解法 2 有利于推广本题:

某 $n(2 \leqslant n \in \mathbf{N})$ 位数的首位数字是 $a(1 \leqslant a < 9)$,将 a 移至末尾后得到新数是原数的 k 倍,求原数.

设原数为 $\overline{aa_1a_2\cdots a_{n-1}} = N_n$,且 $x = \overline{a_1a_2\cdots a_{n-1}}$,则
$$k(10_a^n + x) = 10x + a \Rightarrow$$
$$x = \frac{ak \cdot 10^{n-1} - a}{10 - k} \Rightarrow$$
$$N_n = a10^{n-1} + x = \frac{a(10^n - 1)}{10 - k}$$

例 23 求两个正整数,使它们的和为 2 009,它们的最大公因数与最小公倍数之和也恰好为 2 009.

解 由于 $2\,009 = 7^2 \times 41$,但
$$7^2 \times 41 = \begin{cases} 49 \times (40+1) \\ 41 \times (48+1) \\ 7 \times 41 \times (6+1) \end{cases}$$

因此所求的两个自然数只能是
$$(49, 49 \times 40), 或 (41, 41 \times 48) 或 (41 \times 42, 41 \times 7)$$

例 24 枯井深 h m,有一只笨蛙从井底白天上爬 a m,夜晚下滑 b m$(0 < b < a < h)$,该笨蛙多少时间爬上井口?(注:一日指一个白天加一个夜晚,即 24 小时)

解析 我在教学时,取其特例 $h = 20$ m,$a = 7$ m,$b = 2$ m,许多学生粗心大意,算成 $20 \div (7-2) = 4$(日),导致错误,而正确的算法应当是
$$3 \times (7-2) + \frac{5}{7 \times 2} = 3\frac{5}{15}(日)$$

所求时间为
$$t = \left[\frac{h}{a-b}\right] - 1 + \frac{h - (a-b)\left(\left[\frac{h}{a-b}\right] - 1\right)}{2a} = \frac{(a+b)\left(\left[\frac{h}{a-b}\right] - 1\right) + h}{2a}(日)$$

其中 $\left[\frac{h}{a-b}\right]$ 表示 $\frac{h}{a-b}$ 的整数部分.

例 25 某班分别有 80%,75%,60% 的学生订阅了 A,B,C 三种杂志,问三种杂志都订阅了的同学最多能占全班的百分之几?

解析 本题是我校六年级一次单元测试的附加题,有几位科任老师的答案是 60%,如果此答案正确,那么订阅了两种杂志的学生百分比是
$$100\% - (80\% - 60\%) - (75\% - 60\%) - 60\% = 5\%$$

这样的结果不能最多.

而只有当没有人订阅两种杂志,只有又订阅一种或三种杂志时,那么三种杂志都订

阅的才最多,设为 $x\%$,列方程
$$(80-x)+(75-x)+(60-x)+x=100$$
$$x=57.5$$
因此该班三种杂志都订阅的人数占全班总人数的 57.5%.

例 26 如图 1 所示,一梯形的上底长为 a,下底长为 b,线段 $MN \parallel AB \parallel DC$,且分两梯形 $ABMN$ 与 $NMCD$ 的面积之比为 $p:q$,求线段 MN 的长?

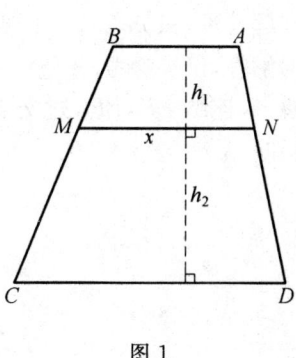

图 1

解 设梯形 $ABCD$、$ABMN$、$NMCD$ 的高依次为 h, $h_1, h_2, MN=x$,则有
$$h_1+h_2=h$$
$$S_{ABMN}:S_{MCDN}=p:q \Rightarrow$$
$$\begin{cases} S_{ABMN}=pS/(p+q) \\ S_{MCDN}=qS/(p+q) \end{cases}$$
(其中 S 表示 $ABCD$ 的面积)

又因为 $S=\frac{1}{2}(a+b)h$
$$\begin{cases} S_{ABMN}=\frac{1}{2}(a+x)h_1=\frac{p(a+b)}{2(p+q)}h \\ S_{MCDN}=\frac{1}{2}(b+x)h_2=\frac{q(a+b)}{2(p+q)}h \end{cases}$$
$$h_1=\frac{p(a+b)h}{(p+q)(a+x)}, h_2=\frac{q(a+b)h}{(p+q)(b+x)}$$

代入 $h_1+h_2=h$ 得
$$\frac{p(a+b)h}{(p+q)(a+x)}+\frac{q(a+b)h}{(p+q)(b+x)}=h$$
$$(a+b)[p(x+b)+q(x+a)]=(p+q)[x^2+(a+b)x+ab]$$
$$(a+b)(aq+bp)=(p+q)x^2+ab(p+q)$$
$$(p+q)x^2=qa^2+pb^2$$
$$x=\sqrt{\frac{qa^2+pb^2}{p+q}}$$

特别地,当 $p=q=1$ 时,$x=\sqrt{\frac{a^2+b^2}{2}}$.

这是一个有趣的公式,由于 $a<b \Rightarrow a^2<b^2$,由切比雪夫不等式知
当 $q<p$ 时,
$$x>\sqrt{\frac{a^2+b^2}{2}} \quad q<p$$
当 $q>p$ 时,
$$x<\sqrt{\frac{a^2+b^2}{2}} \quad q>p$$

例 27 （2009 年八年级华杯赛题）如图 2 所示，□ABCD 的面积为 1，E,F 分别是 AB,CD 上的点，DE 与 AF 交于 G，已知 $DF/FC = b/a, AE/EB = d/c$，求 △AEG 的面积.

本题较难，只知答案，不见解答，下面是笔者提供的解答，仅供参考.

解 连结 EF, BF，过交点 G 作 □ABCD 的高，易知

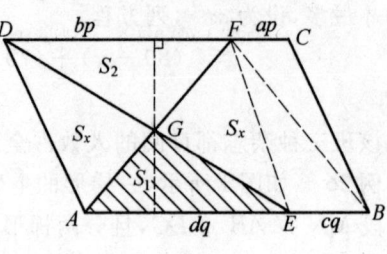

图 2

$$\begin{cases} S_{\triangle ABF} = \frac{1}{2} S_{\square} = \frac{1}{2} \\ \dfrac{S_{\triangle AEF}}{S_{\triangle ABF}} = \dfrac{AE}{AB} = \dfrac{d}{c+d} \end{cases} \Rightarrow$$

$$\left. \begin{array}{l} S_{\triangle AEF} = \dfrac{d}{2(c+d)} \\ \text{同理}: S_{\triangle ADF} = \dfrac{b}{2(a+b)} \end{array} \right\} \Rightarrow$$

$$S_{AEFD} = S_{\triangle AEF} + S_{\triangle ADF} = \frac{1}{2}\left(\frac{d}{c+d} + \frac{b}{a+b}\right) \tag{1}$$

记 $S_1 = S_{\triangle AEG}, S_2 = S_{\triangle DGF}$，由于

$$AB \parallel CD \Rightarrow \frac{DG}{GE} = \frac{S_x}{S_1} = \frac{S_2}{S_x} \Rightarrow$$

$$S_x = \sqrt{S_1 S_2} \tag{2}$$

又式(1)即为

$$S_1 + 2S_x + S_2 = \frac{1}{2}\left(\frac{d}{c+d} + \frac{b}{a+b}\right) \Rightarrow$$

$$(\sqrt{S_1} + \sqrt{S_2})^2 = \frac{1}{2}\left(\frac{b}{a+b} + \frac{d}{c+d}\right) \Rightarrow$$

$$\sqrt{S_1} + \sqrt{S_2} = \sqrt{\frac{1}{2}\left(\frac{b}{a+b} + \frac{d}{c+d}\right)}$$

又设

$$p(a+b) = q(c+d) \Rightarrow \frac{q}{p} = \frac{a+b}{c+d} \tag{3}$$

又

$$\triangle AEG \backsim \triangle FDG \Rightarrow$$

$$\sqrt{\frac{S_1}{S_2}} = \frac{dq}{bp} = \frac{d(a+b)}{b(c+d)} \Rightarrow \tag{4}$$

$$\frac{\sqrt{S_1} + \sqrt{S_2}}{\sqrt{S_1}} = \frac{b(c+d) + d(a+b)}{d(a+b)} \Rightarrow$$

$$\sqrt{S_1}[b(c+d) + d(a+b)] = d(a+b)\sqrt{\frac{1}{2}\left(\frac{b}{a+b} + \frac{d}{c+d}\right)} \Rightarrow$$

$$S_1 = \frac{d^2(a+b)}{2(c+d)(bc+ad+2bd)}$$

例28 解方程(2009年八年级华杯赛题)
$$[2x] + [3x] = 95$$

解 显然 $x > 0$,下面分两种情况讨论:

(i) 当 $x \in \mathbf{N}^+$ 时,原方程化为
$$2x + 3x = 95$$
解得
$$x = 19$$

(ii) 当 $x \in \mathbf{R}^+$ 时,原方程化为
$$2x + 3x - \{2x\} - \{3x\} = 95 \Rightarrow$$
$$5(x-19) = \{2x\} + \{3x\} \in (0, 2) \Rightarrow$$
$$0 < 5(x-19) < 2 \Rightarrow 19 < x < 19\frac{2}{5}$$

① 当 $19 < x < 19\frac{1}{3}$ 时,设 $x = 19 + \theta$ 其中 $0 < \theta < \frac{1}{3} \Rightarrow 0 < 2\theta < 3\theta < 1 \Rightarrow$
$$[2x] + [3x] = [38 + 2\theta] + [57 + 3\theta] = 38 + 57 = 95$$

② 当 $19\frac{1}{3} \leqslant x < 19\frac{2}{5}$ 时,设
$$\begin{cases} x = 19 + \beta \\ \frac{1}{3} \leqslant \beta < \frac{2}{5} \end{cases} \Rightarrow \begin{cases} \frac{2}{3} < 2\beta < \frac{4}{5} \\ 1 \leqslant 3\beta < \frac{6}{5} \end{cases} \Rightarrow$$

$$[2x] + [3x] = [38 + 2\beta] + [57 + 3\beta] = 38 + 57 + 1 = 96 > 95$$

综合上述,原方程的解为
$$19 \leqslant x < 19\frac{1}{3}$$

许多参赛学生不能解答此题,少数做了的也只得到 $19 < x < 19\frac{2}{5}$ 这一错误结果. 而参考答案 $19 \leqslant x \leqslant 19\frac{1}{3}$ 也有误. 如果将本题进行推广,便可得到一道高中级别的数奥题.

推广 设 $t, k_i \in \mathbf{R}^+, m_i \in \mathbf{N}^+$,满足 $1 \leqslant m_1 < m_2 < \cdots < m_n (2 \leqslant n \in \mathbf{N})$,记 $S = \sum_{i=1}^n k_i m_i$,解方程

$$\sum_{i=1}^n k_i [m_i x] = St \tag{1}$$

解 显然 $x > 0$,分两种情况讨论:

(i) 当 $x \in \mathbf{N}^+$ 时,式(1)为

$$\sum_{i=1}^{n} k_i m_i x = St \Rightarrow Sx = St \Rightarrow x = t \in \mathbf{N}^+$$

(ii) 当 $x \in \mathbf{R}^+$ 时,由 $[a] = a - \{a\}$ 有

$$\sum_{i=1}^{n} k_i m_i x - \sum_{i=1}^{n} k_i \{m_i x\} = St \Rightarrow$$

$$(x-t)S' = \sum_{i=1}^{n} k_i \{m_i x\} \in (0, k) \Rightarrow$$

$$0 < (x-t)S < n \Rightarrow t < x < t + \frac{k}{S}$$

其中

$$k = \sum_{i=1}^{n} k_i$$

① 当 $t \leqslant x < t + \dfrac{1}{m_n}$ 时

设

$$x = t + \theta, 0 \leqslant \theta < 1/m_n \Rightarrow$$
$$0 \leqslant m_n \theta < 1 \Rightarrow$$
$$0 \leqslant m_1 \theta \leqslant m_2 \theta \leqslant \cdots \leqslant m_n \theta < 1 \Rightarrow$$
$$\sum_{i=1}^{n} k_i [m_i x] = \sum_{i=1}^{n} k_i [m_i t + m_i \theta] = \sum_{i=1}^{n} k_i m_i t = St$$

即 $x = t + \theta$ 是原方程的根;

因 $km_n = \left(\sum_{i=1}^{n} k_i\right) m_n = \sum_{i=1}^{n} k_i m_n > \sum_{i=1}^{n} k_i m_i = S \Rightarrow$

$$\frac{1}{m_n} < \frac{k}{S}$$

② 当 $t + \dfrac{1}{m_n} \leqslant x < t + \dfrac{k}{S}$ 时,注意到 $1 \leqslant m_1 < m_2 < \cdots < m_n \in \mathbf{N}$ 有

$$m_n x \geqslant tm_n + 1 \Rightarrow$$
$$m_i x \geqslant m_i t + \frac{m_i}{m_n} \Rightarrow$$
$$(1 \leqslant i \leqslant n-1)$$
$$\sum_{i=1}^{n} k_i [m_i x] \geqslant \sum_{i=1}^{n} k_i \left[m_i t + \frac{m_i}{m_n} \right] =$$
$$\sum_{i=1}^{n-1} k_i \left[m_i t + \frac{m_i}{m_n} \right] + k_n (tm_n + 1) =$$
$$\sum_{i=1}^{n-1} k_i m_i t + k_n (tm_n + 1) = St + k_n > St$$

与原方程矛盾,此时无解.

综合上述,原方程的解为

$$t \leqslant x < t + \frac{1}{m_n}$$

特别地，当取 $n=2, k_1=k_2=1, m_1=2, m_2=3$ 时，$S=k_1m_1+k_2m_2=5, t=19$ 时，方程(1)为

$$[2x]+[3x]=95$$

其解为 $t \leqslant x < t + \frac{1}{m_2} \Rightarrow 19 \leqslant x < 19 + \frac{1}{3}$，即 $19 \leqslant x < 19\frac{1}{3}$.

例 29 求一个完全平方数，使它加上 5 或减去 5 之后，所得结果仍然是完全平方数.

解 （i）设所求完全平方数为 x^2，如果 x 为整数，不妨设

$$\begin{cases} x^2+5=y^2 \\ x^2-5=z^2 \end{cases} \Rightarrow y^2-z^2=10 \Rightarrow$$

$$(y+z)(y-z)=1\times 2\times 5 \Rightarrow$$

$$\begin{cases} y-z=1,2 \\ y+z=10,5 \end{cases} \Rightarrow y,z \notin \mathbf{N}(\text{矛盾}) \Rightarrow$$

$$x \notin \mathbf{N}$$

（ii）设所求完全平方数为 $\left(\dfrac{y}{x}\right)^2$，依题意得

$$\left(\frac{y}{x}\right)^2 \pm 5 = \left(\frac{p\pm q}{x}\right)^2 (p>q, p,q \in N) \Rightarrow \qquad (1)$$

$$y^2+5x^2=(p\pm q)^2 \Rightarrow \qquad (2)$$

（注意上式两边同奇偶）

$$\begin{cases} y^2+5x^2=(p+q)^2 \\ y^2-5x^2=(p-q)^2 \end{cases} \Rightarrow \qquad (3)$$

$$\begin{cases} 2y^2=(p+q)^2+(p-q)^2 \\ 10x^2=(p+q)^2-(p-q)^2 \end{cases} \Rightarrow$$

$$\begin{cases} y^2=p^2+q^2 & (4) \\ 5x^2=2pq & (5) \end{cases}$$

因此 x 为偶数，设

$$x=2t_1t_2(1\leqslant t_1\leqslant t_2 \in \mathbf{N}^+) \Rightarrow \qquad (6)$$

$$10t_1^2t_2^2=pq(p>q) \Rightarrow \qquad (7)$$

$$\begin{cases} p=10t_1^2, 10t_2^2, 10, 10t_1, t_1t_2 \\ q=t_2^2, t_1^2, t_1^2t_2^2, t_1t_2^2, 10t_1t_1 \end{cases}$$

$$t_2^2, \qquad t_1^2, \qquad 10t_1, \qquad t_1^2t_2^2$$
$$10t_1^2, \qquad 10t_2^2, \qquad t_1t_2^2, \qquad 10$$

（iii）我们暂时不妨设

$$\begin{cases} p=10t_1^2 \\ q=t_2^2 \end{cases}$$

代入式(4)得

$$\begin{cases} y^2 = p^2 + q^2 = 100t_1^4 + t_2^4 \\ x = 2t_1t_2 \end{cases} \Rightarrow$$

$$\left(\frac{y}{x}\right)^2 = \frac{100t_1^4 + t_2^4}{(2t_1t_2)^2}$$

如取 $t_1 = 2, t_3 = 3$ 时,

$$y^2 = 1\,681 = 41^2, \quad x = 12, \quad \frac{y}{x} = \frac{41}{12}$$

$$\begin{cases} p = 40 \\ q = 9 \end{cases} \Rightarrow \begin{cases} p + q = 49 \\ p - q = 31 \end{cases} \Rightarrow$$

$$\left(\frac{41}{12}\right)^2 \pm 5 = \left(\frac{40 \pm 9}{12}\right)^2 \Rightarrow$$

$$\begin{cases} \left(\frac{41}{12}\right)^2 + 5 = \left(\frac{49}{12}\right)^2 \\ \left(\frac{41}{12}\right)^2 - 5 = \left(\frac{31}{12}\right)^2 \end{cases}$$

如果要深探此趣题,则颇有难度.

例 30 李家和王家共养牛 521 头,李家牛群中有 67% 是母牛,而王家的牛群中仅有 $\frac{1}{13}$ 是母牛,问李家和王家各养牛多少头?

解析 本题的已知条件较特殊,必须巧设巧解,注意到 67 和 13 是质数,故可设李家养牛 $100x$ 头,王家养牛 $13y$ 头,则有

$$100x + 13y = 521 \Rightarrow \tag{1}$$

$$100x < 521 \Rightarrow x \leqslant 5 \Rightarrow$$

$$\begin{cases} x = 1, 2, 3, 4, 5 \\ y = \times, \times, 17, \times, \times \end{cases}$$

即不定方程(1)只有整数解 $(x, y) = (3, 17)$ 因此李家养牛 300 头,王家养牛 221 头.

例 31 某偶数 N 的各位数字之和是 50,求 N 的最小值.

解析 由已知 N 的个位数字应最大取 8,十位、百位、千位等应最大取 9,且使 N 的位数最少,因此

$$50 - 8 = 42, \quad 42 \div 9 = 4 \cdots 6$$
$$4 \times 9 + 8 = 44, \quad 50 - 44 = 6$$

即所求 N 的最小值为 699 998.

如果 N 为奇数,那么 $N_{\min} = 599\,999$.

例 32 已知十三个自然数的平均值为 12.4□(保留两位小数),那么 □ 里应填几?

解 设这十三个自然数的和为 $S \in \mathbf{N}$. 那么 $12.395 \times 13 \leqslant S \leqslant 12.494 \times 13 \Rightarrow$
$161.135 \leqslant S \leqslant 162.422 \Rightarrow S = 162 \Rightarrow S \div 13 = 12.46 \Rightarrow □ = 6$

例 33 一个三位数 N 是完全平方数,它的三位数的和也正好是完全平方数,求 N.

解 设 $N = \overline{abc}, S = a + b + c$,

$$\left.\begin{array}{l}1 \leqslant a \leqslant 9 \\ 0 \leqslant b \leqslant 9 \\ 0 \leqslant c \leqslant 9\end{array}\right\} \Rightarrow 1 \leqslant S \leqslant 27 \Rightarrow S \in \{1,4,9,16,25\}$$

下面分情况讨论：

(1) $S=1, N=100$；

(2) $S=4, N=400, 121$；

(3) $S=9, N=900, 441, 144, 324, 225$；

(4) $S=16, N=961, 169, 196, 484, 529$.

因此，所求三位 N 共有 18 个之多.

例34 有一群小孩，他们中任意 5 个孩子的年龄之和比 50 少，所有孩子的年龄之和是 202，这群孩子至少有多少人？

解 10 岁孩子的个数最多有

$$50 \div 10 - 1 = 4(人)$$

为使小孩人数最少，其小孩岁数应尽可能大，即为 9 岁，有

$$(202 - 4 \times 10) \div 9 = 18(人)$$

故这群孩子总人数至少有

$$4 + 18 = 22(人)$$

例35 两辆同一型号的汽车从同一地点同时出发，沿同一方向同速直线前进，每车最多能带 20 桶汽油（包括油箱内的油），每桶汽油可以使一辆车前进 60 km，两车都必须返回出发地点，两车均可以借用对方的油. 为了使一辆车尽可能远离出发点，那么此辆车最远可到达离出发点多远的地方？

解析 如图 3 所示，设甲乙两人从 A 点出发到 B 点时，甲将油借给乙，使乙装足 20 桶汽油再出发到最远点 C，然后返回到 B 点时油刚好用完，因此

```
出发    甲乙 →    分开        乙 →              乙
●─────────────●─────────────────────────────● 最远点
A      300      B        600
```

图 3

$$BC = (20 \div 2) \times 60 = 600(\text{km})$$

然后甲乙同行返回到出发点 A 时油已用尽，共用 20 桶油.

$$AB = (20 \div 2 \div 2) \times 60 = 300(\text{km})$$

故

$$AC = AB + BC = 300 + 600 = 900(\text{km})$$

例36 有三个连续的四位数之和被 15 整除，中间一个为完全平方数，求中间数的最小值.

解 设中间数为 x^2，则

$$(x^2 - 1) + x^2 + (x^2 + 1) = 3x^2$$

由于 $15 \mid 3x^2 \Rightarrow 5 \mid x^2 \Rightarrow 5 \mid x$，当 $x = 35$ 时，$x^2 = 1\ 225$ 为所求最小中间数.

例 37 自然数 N 的 9 倍的最后四位数是 2 009,求 N 的最小值.

解法 1 设 $9N = \overline{a2\,009}$,即
$$9N = 10\,000a + 2\,009 \Rightarrow$$
$$N = 1\,111a + 223 + \frac{a+2}{9}$$

由于 $1 \leqslant a \leqslant 9$,故取 $a = 7, 9N = 72\,009 \Rightarrow N = 8\,001$ 为最小.

解法 2 由乘法原理有

$$\begin{array}{r} \cdots\boxed{8}\ \boxed{0}\ \boxed{0}\ \boxed{1} \\ \times\ \ \ \ \ \ \ \ \ \ \ \ \ 9 \\ \hline \cdots 2\ \ \ 0\ \ \ 0\ \ \ 9 \end{array}$$

故 $M_{\min} = 8\,001$.

例 38 长度相等、粗细不同的两支蜡烛,其中一支可燃 3 小时,另一支可燃 4 小时,将它俩同时点多少小时后,一支余下的长度是另一支的 3 倍?

解 设两支蜡烛原来长度为 h,t 小时后
$$3\left(h - \frac{h}{3}t\right) = h - \frac{h}{4}t \Rightarrow t = \frac{8}{3}(\text{小时})$$

例 39 有两支蜡烛共长 38 cm,第一支燃烧 $\frac{1}{3}$ 后与第二支燃烧 $\frac{2}{5}$ 后,剩下的长度相等,求原来两支蜡烛的长度.

解 设原来第一支长 x cm,第二支长 y cm 依题意有
$$\left(1 - \frac{1}{3}\right)x = \left(1 - \frac{2}{5}\right)y \Rightarrow$$
$$\frac{x}{y} = \frac{9}{10} \Rightarrow \begin{cases} x = 9t \\ y = 10t \end{cases} \Rightarrow$$
$$9t + 10t = 38 \Rightarrow t = 2 \Rightarrow \begin{cases} x = 18 \\ y = 20 \end{cases}$$

例 40 求两个自然数,使其和为一个十位数与个位数相同的两位数,其积是一个各位数相同的三位数.

解 设所求的两个自然数为 x, y,由已知有
$$xy = \overline{aaa} = 111a = 3 \times 37a$$

不妨设 $x = 37t(t = 1, 2)$.

当 $x = 37$ 时,$y = 3, 6, 9, 18, 36, 72$(当 $y \geqslant 73$ 时不合题意),只有当 $(x, y) = (37, 18)$ 时,$x + y = 37 + 18 = 55$ 符合题意.

同理当 $x = 74$ 时,$y = 3, 6, 9, 18$,只有当 $(x, y) = (74, 3)$ 时,$x + y = 74 + 3 = 77$ 符合题意.

总括上述,所求两个自然数为 $(37, 18)$ 或 $(74, 3)$.

例 41 下列乘法算式中,每个不同的汉字,表示不同的数字,求每个汉字表示的数

字.

$$\begin{array}{r} 客上天然居 \\ \times \qquad 4 \\ \hline 居然天上客 \end{array}$$

解

$$\begin{array}{r} 2\ 1\ 9\ 7\ 8 \\ \times \qquad 4 \\ \hline 8\ 7\ 9\ 1\ 2 \end{array}$$

本题构思美妙,答案有趣,欣赏完毕使我们产生联想:是否可将本题推广为设 n 位数 $P_n = \overline{a_1 a_2 \cdots a_n}(2 \leqslant n \in \mathbf{N}).2 \leqslant k \leqslant 9$ 为一位数,是否有
$$kP_n = \overline{a_n a_{n-1} \cdots a_1}$$

显然,当 $n=5$ 时,$k=4$,$P_5 = 21978$,那么,对于其他的 n,还有 k, P_n 存在吗?

我们先从最简单的情况入手,当 $n=2$ 时,设 $P_2 = \overline{ab} = 10a + b$,如果有
$$k \times \overline{ab} = \overline{ba} \Rightarrow$$
$$10b + a = k(10a + b) \Rightarrow$$
$$\frac{a}{b} = \frac{10-k}{10k-1} \tag{1}$$

由于
$$\left.\begin{array}{l} 1 \leqslant a \leqslant 9 \\ 1 \leqslant b \leqslant 9 \end{array}\right\} \Rightarrow \frac{1}{9} \leqslant \frac{a}{b} \leqslant 9 \Rightarrow$$
$$\frac{1}{9} \leqslant \frac{10k-1}{10-k} \leqslant 9 \Rightarrow$$
$$\left.\begin{array}{l} \frac{19}{91} \leqslant k \leqslant \frac{91}{19} \\ 2 \leqslant k \leqslant 9 \end{array}\right\} \Rightarrow k = 2, 3, 4. \Rightarrow \frac{a}{b} = \frac{19}{8}, \frac{29}{7}, \frac{13}{2} \tag{2}$$

由于 $1 \leqslant a, b \leqslant 9$,即(2)式不存在.

故当 $n=2$ 时,P_2 不存在.

至于当 $n=3,4,6,7,\cdots,$ 时的情况.大家可用计算机"大海捞针".

例 42 一个四位数是它去掉首位数字得到的三位数的 9 倍,这样的四位数有哪几个?

解析 设有 $n+1$ 位数 N_{n+1},它的首位数字是 x,去掉 x 后,得到的 n 位数是 a,且 $k \in \mathbf{N}$
$$10^n x + a = ka \Rightarrow$$
$$10^n x = (k-1)a \quad 1 \leqslant x \leqslant 9$$

因此,只要使 $(k-1) \mid 10^n$,且使 a 为 n 位数方可.

对于本题而言:$n=3, k=9$,有

$$2^3 \times 5^3 x = 8a \Rightarrow a = 125x$$

列简表求 $N_4 = 1\,000x + a = 1\,125x$,当 $x = 1,2,4,5,6,7$ 时 N_4 均为四位数,符合题意. 因此所求四位数共有 7 个:1 125,2 250,3 375,4 500,5 625,6 750,7 875.

从另一个角度看,本题的等价叙述是:

有哪些三位数,它乘以 9 之后得到一个四位数,且该四位数的后三位数不变?

这种数的后三位有趣之处在于,它"海枯石烂不变心". 在趣味数学上,有趣的"无限数"正有此特性.

例 43 求一个三位数,它的任意次幂的最后三位数仍然是原三位数.

分析 我们记具有此不变性的趣味 n 位数为 N_n,那么 $N_n^k - N_n \equiv 0 (\bmod\ 10^n)$ ($k \in \mathbf{N}$),因此我们只须考虑 $k = 2$ 即可. 显然 $N_1 = 1,5,6$,那么

$$N_2 = \overline{a5},\overline{b6},\overline{c1}(a,b,c \in [1,9])$$

经验证只有 $N_2 = 25,76$.

那么设 $N_3 = \overline{x25},\overline{y76}(x,y \in [1,9])$ 经计算只有 $N_3 = 625,376$.

即只有 625,376 为满足题意的三位趣味数无限数.

顺便指出:如果允许首位数字为 0,那么无限数是成对的,如

$$(5,6),(25,76),(625,376),(0\,625,9\,376),(80\,625,19\,376),\cdots\cdots$$

再设 (a_n,b_n) 为一对 n 位无限数,那么它们的首位数字之和恰好为 9,且

$$a_n + b_n = 10^n + 1$$

自然数中还有许多妙趣无穷的数,如水仙花数,完全数,亲和数 ……,此处不一一介绍.

例 44 一个数被 55 或 56 除,余数都是 41,这个数被 35 除,余数是多少?

解 设这个数是 x,由于 55,56 的最小公倍数是

$$[55,56] = 35 \times 88 \Rightarrow x - 41 = 35 \times 88t \Rightarrow$$
$$x = 35(88t + 1) + 6 \Rightarrow x \equiv 6(\bmod\ 35)$$

即所求余数是 6.

例 45 求三个连续的自然数,使它们从小到大依次是 15,17,19 的倍数.

解法 1 设这三个连续自然数依次为

$$(A_t,B_t,C_t) = (15x,17y,19z)$$

(其中 $x,y,z \in \mathbf{N}$),于是

$$A_t + 1 = B_t = C_t - 1 \Leftrightarrow \tag{1}$$
$$15x + 1 = 17y = 19z - 1 \tag{2}$$

由

$$15x + 1 = 17y \Leftrightarrow$$
$$15(x - y) = 2y - 1$$

令

$$2y - 1 = 15t_1 \Rightarrow y = 7t_1 + \frac{1}{2}(t_1 + 1)$$

令
$$t_1 = 2t_2 - 1 \Rightarrow$$
$$y = 7(2t_2 - 1) + t_2 = 15t_2 - 7 \Rightarrow (\text{代入式}(2))$$
$$15x + 1 = 17y = 17(15t_2 - 7) \Rightarrow$$
$$x = 17t_2 - 8 \Rightarrow$$
$$\begin{cases} x = 17t_2 - 8 \\ y = 15t_2 - 7 \end{cases} \tag{4}$$

代入
$$17y = 19z - 1 \Rightarrow$$
$$19z - 1 = 17(15t_2 - 7) \Rightarrow$$
$$z = 13t_2 - 6 + \frac{4}{19}(2t_2 - 1) \tag{5}$$

令
$$2t_2 - 1 = 19t_3 \Rightarrow$$
$$t_2 = 9t_3 + \frac{1}{2}(t_3 + 1) \tag{6}$$

令
$$t_3 = 2t - 1 \Rightarrow$$
$$t_2 = 9(2t - 1) + t = 19t - 9 \Rightarrow \tag{7}$$
$$z = 13(19t - 9) - 6 + 4(2t - 1) = 255t - 127 \Rightarrow$$
(代入式(4))
$$\begin{cases} x = 17t_2 - 8 = 323t - 161 \\ y = 15t_2 - 7 = 285t - 142 \end{cases} \Rightarrow$$
$$\begin{cases} At = 15x = 15(323t - 161) \\ Bt = 17y = 17(285t - 142) \quad t = 1, 2, 3, \cdots \\ Ct = 19z = 19(255t - 127) \end{cases}$$

如果我们取 $t = 1$,得
$$\begin{cases} A_1 = 15 \times (323 - 161) = 2\,430 \\ B_1 = 17 \times (285 - 142) = 2\,431 \\ C_1 = 19 \times (255 - 127) = 2\,432 \end{cases}$$

取 $t = 2$ 得
$$\begin{cases} A_2 = 15 \times (323 \times 2 - 161) = 7\,275 \\ B_2 = 17 \times (285 \times 2 - 142) = 7\,276 \\ C_2 = 19 \times (255 \times 2 - 127) = 7\,277 \end{cases}$$

当取 $t = 3$ 时,得
$$(A_3, B_3, C_3) = (12\,120, 12\,121, 121\,222)$$

满足题意的连续三个自然数有无限多组.

解法 2 设所求三个连续自然数为
$$(a,b,c) = (15x, 17y, 19z) \qquad (1)$$
且
$$a+2 = b+1 = c \qquad (2)$$

注意到 $15 \mid a, 17 \mid b, 19 \mid c$,因此当 z 的个位数为 3 时,$c = 19z$ 的个位数是 7,$a = 15x = c - 2$ 的个位数为 5,才有可能 $15 \mid a$.

现列简表分析:取 $z = 3, 13, 23, \cdots$ 得
$$\begin{cases} a = 55, 245, 435, \cdots \\ b = 56, 246, 436, \cdots \\ c = 57, 247, 437, \cdots \end{cases}$$

即只有当 $(a,c) = (435, 437)$ 时,已初步满足题意.

由于 $[15, 19] = 285$,列表考查
$$\begin{cases} a = 285t + 435 \\ b = 285t + 436 \\ c = 285t + 437 \end{cases} \qquad (3)$$

由
$$\frac{b}{17} = 16t + 25 + \frac{13t+11}{17} = 17t + 26 - \frac{2(2t+3)}{17} \qquad (4)$$

又由于
$$17 \mid b \Rightarrow 17 \mid (2t+3) \Rightarrow t = 7 \Rightarrow$$
(代入式(3))
$$\left.\begin{array}{l}(a,b,c) = (2\,430, 2\,431, 2\,432) \\ [15, 17, 19] = 4\,845\end{array}\right\} \Rightarrow$$
$$\begin{cases} a_n = 4\,845n + 2\,430 \\ b_n = 4\,845n + 2\,431 \\ c_n = 4\,845n + 2\,432 \end{cases} \Rightarrow$$
$$(n = 0, 1, 2, \cdots)$$
$$\begin{cases} (a_0, b_0, c_0) = (2\,430, 2\,431, 2\,432) \\ (a_1, b_1, c_1) = (7\,275, 7\,276, 7\,277) \\ (a_2, b_2, c_2) = (12\,120, 12\,121, 12\,122) \end{cases}$$

本趣题是我国的一道华杯赛试题,具有一定难度,解答时需要技巧,原因是 15, 17, 19 这三个数的最小公倍数较大.如果将其改为较小数,如 5, 7, 9 则要简单得多:

设三个连续自然数依次为 a, b, c,先让较大数 c 取 9 的倍数,有
$$\begin{cases} a = 7, 16, 25 \\ b = 8, 17, 26 \\ c = 9, 18, 27 \end{cases}$$

可见当 $(a,c) = (25, 27)$ 时,a, c 初步满足题意;由 $[5, 9] = 45$,因此再取值

$$\begin{cases} a = 25, 70, 115, 160 \\ b = 26, 71, 116, 161 \\ c = 27, 72, 117, 162 \end{cases}$$

由于
$$5 \mid 160, 7 \mid 161, 9 \mid 162$$
因此所求的最小的一组三个连续自然数为
$$(a, b, c) = (160, 161, 162)$$

此外,由于 $[5, 7, 9] = 315$,因此满足所有三位数组的递推公式为
$$\begin{cases} a_n = 315n + 160 \\ b_n = 315n + 161 \quad n = 0, 1, 2, \cdots \\ c_n = 315n + 162 \end{cases}$$

如果我们再用 $(3, 5, 7)$ 代替 $(5, 7, 9)$,仿照上述简便方法,又可得递推公式:
$$\begin{cases} a_n = 105n + 54 \\ b_n = 105n + 55 \quad n = 0, 1, 2, \cdots \\ c_n = 105n + 56 \end{cases}$$

介于难度,笔者在教学时向学生介绍的即是上述简便方法.

顺便讲一下:

去年(2008)冬初,我校物理老师邱海俊的朋友向他发短信,介绍了上述例 45 题,并要求邱老师解答.当晚邱老师用计算花了两个多小时未寻出结果,于第二天早上求助于我,在当天中午向邱老师提供了前两种解法,被邱老师复印后给他朋友邮寄去了.这表明爱好数学不仅可以以此为乐,还可以帮助别人解燃眉之急.

例 46 若 $1 \times 2 \times 3 \times \cdots \times n = M \times 10^{31}$,其中 $n, M \in \mathbf{N}$,且 $10n \nmid M$,求 n 的最大值.

解 设 $P_n = n!$,则 P_n 的质因数 2 多于质因数 5,因此我们只需求 P_n 中质数 5 的个数,使之达到 31 个,再与 31 个质因数 2 配对,就有 $(2 \times 5)^{31} = 10^{31}$,由于 $\frac{100}{5} + \frac{100}{25} = 24$,$31 - 24 = 7$,而 $110, 105, 115, 120, 125$ 这 5 个数刚好有 7 个,因此 $1 \sim 125$ 共有 31 对 (2×5),故所求 $n_{\max} = 129$.

例 47 从数列 $1, 5, 9, 13, \cdots, 993$ 中共取出 199 个数,其乘积的个位数是几?

解 此数列是公差为 4 的奇数列,若取出的 199 个数中只有个位为 5 的数,则乘积 P 的个位数 $S(P) = 5$.

又此数列的项数为 $(993 - 1) \div 4 + 1 = 249$(个数)

其中个位为 5 的数有 $(985 - 1) \div 20 + 1 = 50$(个)

那么个位不为 5 的数有 $249 - 50 = 199$(个)

因此取出的 199 个数有可能个位全不为 5.

又此数列中个位为 $1, 3, 9$ 的各有 50 个,个位为 7 的有 49 个,刚好

$50 + 50 + 50 + 49 = 199$(个)

因 $S(P)$ 还可能与 $1^{50} \times 3^{50} \times 7^{49} \times 9^{50}$ 的个位相同,即为 3.

综合上述, $S(P) = 5$ 或 3.

例 48 野生动物园推出优惠团体购买门票的办法是:20~50 人每人 14 元,51~100 人每人 10 元,100 人以上每人 6 元,现有甲、乙两个旅游团买门票,若单独买,两团合计要付 1 188 元;若两团合并成一个大团去买门票,只需付 636 元. 已知甲团人数比乙团多,那么甲、乙两团各多少人?

解 这是一个比较实际的问题,两团共有 $636 \div 6 = 106$(人),由于 $10 \nmid 1088$,因此两团人数 $\notin (51,100)$,所以甲团人数在 51~100 之间,乙团人数在 20~50 人之间.

现设甲团有 x 人,则乙团有 $(100-x)$ 人,

$$10x + 14(106-x) = 1\,188$$
$$x = 74, 106 - x = 32$$

即甲团有 74 人,乙团有 32 人.

例 49 从任意 n 个不同的整数中,一定可以找出两个数,它们的差是 2 009 的倍数,那么 n 的最小值是多少?

解 因为 2 009 个不同的整数,除以 2 009 的余数各不相同,依次为 $0, 1, 2, \cdots, 2\,008$,因此当 n 最小取 2 010 时,才有两个数的余数相同,其差为 2 009 的倍数.

例 50 能表示成 $1+2+\cdots+K$ 的形式的自然数,叫做三角数,有一个四位数 N,它既是三角形,又是完全平方数,求 N.

解 由题设
$$2N = 1 + 2 + \cdots + K = 2n^2 \Rightarrow$$
$$2N = K(K+1) = 2n^2$$

显然 n 为合数,设 $N = n^2 = (xy)^2$,有 $2x^2 \cdot y^2 = K(K+1)$

1° 当 $\begin{cases} 2x^2 = K+1 \\ y^2 = K \end{cases} \Rightarrow 2x^2 - y^2 = 1 \Rightarrow (x_0, y_0) = (5, 7)$(初始解) (1)

2° 当 $\begin{cases} 2x^2 = K \\ y^2 = K+1 \end{cases} \Rightarrow y^2 = 2x^2 = 1 \Rightarrow (x_0, y_0) = (2, 3)$ (2)

因此 $N = (x_0 y_0)^2 = \begin{cases} 1225 \\ 36 \end{cases}$

即 N 为 1 225 或 36.

注 由于方程(1)和(2)均为佩尔方程,它们有无数多组自然数解,因此满足题意的 N 有无数多个,如由方程(2)得通解

$$\begin{cases} x_n = \dfrac{1}{2\sqrt{2}}((\sqrt{2}+1)^{2n} - (\sqrt{2}-1)^{2n}) \\ y_n = \dfrac{1}{2}((\sqrt{2}+1)^{2n} + (\sqrt{2}-1)^{2n}) \end{cases}$$

$$N_n = (x_n y_n)^2 = \frac{1}{32}((\sqrt{2}+1)^{4n} - (\sqrt{2}-1)^{4n}) \quad n = 1, 2, \cdots$$

例 51 今年祖父年龄是小江年龄的 6 倍,若干年后,祖父年龄将是小江年龄的 5 倍,

再过若干年后,祖父年龄是小江年龄的 4 倍,那么,他们祖孙俩今年各多少岁?

解法 1　设小江今年 x 岁,祖父今年 $6x$ 岁,再过 a 年后,有
$$6x + a = 5(x + a) \tag{1}$$
又过 b 年后,
$$6x + a + b = 4(x + a + b) \tag{2}$$
由式(1)和式(2)得
$$\begin{cases} x = 4a \\ 5a = 3b \end{cases} \Rightarrow x = \frac{12}{5}b$$
$$x \in \mathbf{N} \Rightarrow 5 \mid b$$
当 $b = 5$ 时,$x = 12$(岁),$6x = 72$(岁).

解法 2　祖孙俩的年龄差之比为
$$(6-1) : (5-1) : (4-1) = 5 : 4 : 3$$
而 $[5, 4, 3] = 60$.

这表明祖孙的年龄之差是 60 的倍数,根据实际情况,应为 60 岁.设小江今年年龄 x 岁,那么祖父今年 $6x$ 岁,则有 $6x - x = 60$,$x = 12$(岁),$6x = 72$(岁),即祖父今年 72 岁,小江今年 12 岁.

例 52　如果 $1, 2, 3, \cdots, n$ 经过重排,使得每个数加上它的序号的和都是平方数,那么 n 就称为"迎春数",那么在 $6 \sim 11$ 中哪几个数是"迎春数"?

分析　列简表
序号:1,2,3,4,5,6,7,8,9,10,
3:3,2,1
5:3,2,1,5,4
8:8,7,6,5,4,3,2,1
9:8,2,6,5,4,3,9,1,7
10:3,2,1,5,4,10,9,8,7,6
因此,只有 3,5,8,9,10 才是"迎春数",$6 \sim 11$ 中具有 8,9,10 是"迎春数".

例 53　甲、乙、丙三人乘坐火车,因行李超重而分别支付 6 元,10 元,14 元,三人行李共重 90 kg,如果这些行李由一人携带,则要支付行李超重费 70 元,问丙的行李重多少?

解　一人准许免费
$$(70 - 6 - 10 - 14) \div (3 - 1) = 20(\text{元}/\text{人})$$
三人共有
$$20 \times 3 + 6 + 10 + 14 = 90(\text{元})$$
每 kg 行李应付
$$90 \div 90 = 1(\text{元}/\text{kg})$$
丙行李重
$$20 + 14 = 34(\text{kg})$$

例 54　如图 4 所示,自然数按规律排成

三角数阵,则 2009 是第( )行左起第( )个数.

分析 第 1 行到第 n 行所有数字之和为

$$S_n = 1 + 2 + \cdots + n = \frac{1}{2}n(n+1) \Rightarrow$$

$$\begin{cases} S_{62} = 1\,953 < 2\,009 \\ S_{63} = 2\,016 > 2\,009 \end{cases} \Rightarrow$$

$$k = 2\,009 - 1\,953 = 56$$

```
       1
      2 3
     4 5 6
    7 8 9 10
   ...........
```
图 4

因此 2009 是第 63 行左起第 56 个数.

例 55 从 1 至 9 这九个数字中取出三个,用这三个数可以组成六个不同的三位数,其和是 3 330,这六个三位数中最大数比最小数大多少?

解 设 $1 \leqslant a < b < c \leqslant 9$,六个三位数依次为

$$(A_1, A_2, A_3, A_4, A_5, A_6) = (\overline{abc}, \overline{acb}, \overline{bac}, \overline{bca}, \overline{cab}, \overline{cba})$$

依题意有

$$S = A_1 + A_2 + \cdots + A_6 = 222(a+b+c) = 3\,330 \Rightarrow$$

$$a + b + c = 15 \Rightarrow$$

$$\begin{cases} A_{\max} = A_6 = \overline{cba} = 951 \\ A_{\min} = A_1 = \overline{abc} = 159 \end{cases} \Rightarrow$$

$$A_{\max} - A_{\min} = 951 - 159 = 792$$

例 56 有一个自然数,用它去除 63,90,130 都有余数,且三个余数之和为 25,求最小的余数.

解 三个余数中最大者 $> \frac{25}{3} > 8$,因此除数 $9 < x < 63$,又因为

$$\left. \begin{array}{r} \dfrac{63}{x} + \dfrac{90}{x} + \dfrac{130}{x} - \dfrac{25}{x} = \dfrac{258}{x} = \dfrac{2 \times 3 \times 43}{x} \in \mathbf{N} \\ 9 < x < 63 \end{array} \right\} \Rightarrow x = 43$$

又因为 63,90,130 除以 43 的余数依次为 20,4,1,故所求最小余数为 1.

例 57 已知 $1 + 2 + 3 + \cdots + n(n > 2)$ 的和的个位数是 3,十位数是 0,则 n 的最小值是多少?

解法 1 设

$$1 + 2 + \cdots + n = 100a + 3 \Rightarrow$$

$$n(n+1) = 2(100a + 3) \Rightarrow$$

$$(n-2)(n+3) = 2^3 \times 5^2 a \geqslant 2^3 \times 5^2 \Rightarrow$$

$$n_{\min} = 37 \Rightarrow \frac{1}{2}n(n+1) = 703$$

即 n 的最小值为 37.

解法 2 由于

$$1 + 2 + \cdots + n = \frac{1}{2}n(n+1) = \overline{\cdots\cdots 03}$$

因此$(n+1)$与$\dfrac{n}{2}$均为奇数,或者$\left(\dfrac{n+1}{2}\right)$与$n$均为奇数,因此这两个数的个位数为 7 和 9,或 1 和 3(相乘个位才得 3).

当这两个数的个位数为 7 和 9 时,经试算,$37\times19=703$,此时$n=37$;

当这两个数的个位为 1 和 3 时,同样有$21\times43=903$,此时$n=42$.

所以,n的最小值是 37(其次是 42).

注 对于方程
$$(n-2)(n+3)=2\,000 \tag{1}$$

令$x=n-2$,化为
$$x(x+5)=200a\Rightarrow$$
$$x^2+5x-200a=0\Rightarrow \tag{2}$$
$$\Delta_x=25+800a=5^2\times(32a+1)\Rightarrow$$
$$x=\dfrac{5}{2}(\sqrt{1+32a}-1)\Rightarrow$$
$$n=x+2=\dfrac{5}{2}(\sqrt{1+32a}-1)+2 \tag{3}$$

由于$a\geqslant1$,因此只有当$a=7$时,$\sqrt{1+32a}=15$最小,此时
$$n=\dfrac{5}{2}(15-1)+2=37$$

即为所求的最小值. 这相当于本题的第三种解法.

另一方面,如果我们记
$$S_n=\dfrac{n}{2}(n+1)$$
$$t=\sqrt{1+32a}\in\mathbf{N}\quad(t\text{ 为奇数})$$

我们可求出一些值来:

a: 7, 9, 30, 34, 124

t: 15, 17, 31, 33, 63

n: 37, 42, 77, 82, 157

S_n: 703, 903, 3 003, 3 403, 12 403

均满足题意,且n的取值 37,42,77,82 是首项为 37,公差为 5 的等差数列,但 157 却搭不上关系.

其实,不定方程
$$1+32a=t^2 \tag{4}$$

中,如果令
$$a=m(32m\pm2)\quad(m\in\mathbf{N}) \tag{5}$$

那么
$$t^2=1+32m(32m\pm2)=(32m\pm1)^2\Rightarrow$$
$$t=32m\pm1\Rightarrow$$

$$n = \frac{5}{2}(t-1) + 2 = \begin{cases} 16m \\ 16m-1 \end{cases}$$

一般地,不定方程

$$1 + px = y^2 \quad (p \in \mathbf{N}) \tag{6}$$

有自然数解

$$\begin{cases} x_m = m(pm \pm 2) \\ y_m = pm \pm 1 \end{cases}$$

其中 $p, m \in \mathbf{N}$,且 $pm \not> 2$.

例58 在区间 $[100, 1\,000]$ 内,既不是完全平方数,也不是完全立方数的数有多少个?

解 在 $[100, 1\,000]$ 内是完全平方数的有

$$10^2, 11^2, \cdots, 31^2 (共 22 个)$$

是完全立方数的有

$$5^3, 6^3, 7^3, 8^3, 9^3, 10^3 (共 6 个)$$

但其中 $729 = 9^3 = 27^2$ 既是完全平方数,又是完全立方数,故所求结果为

$$(1\,000 - 100 + 1) - (22 + 6 - 1) = 874(个)$$

例59 有一漏酒坛从坛底漏酒,装满酒时,3人饮之6日而尽,5人饮之4日而尽,问1人饮之几日而尽?

分析 本题奇趣迷人,学生也有兴趣,但题中已知条件似乎不足:第一,酒坛装满酒有多少没告诉;第二,酒坛每天漏酒多少没告诉;第三,平均每人每天饮酒多少没告诉.真是"一问三不知".但是,如果我们设平均每人每天饮酒1个单位,便找到了突破口,这样就有了转机.

解法1 设平均每人每天饮酒1个单位,那么酒坛每天漏酒

$$(5 \times 4 - 3 \times 6) \div (6 - 4) = 1(单位)$$

酒坛能装酒

$$5 \times 4 + 4 \times 1 = 24(单位)$$

1人可饮时间

$$24 \div (1 + 1) = 12(天)$$

解法2 设酒坛能漏1个单位,人不饮,满坛酒 y 天漏干,假设坛不漏酒,1人专饮 x 天饮完,根据题意,布列方程

$$\begin{cases} 6\left(\dfrac{3}{x} + \dfrac{1}{y}\right) = 1 \\ 4\left(\dfrac{5}{x} + \dfrac{1}{y}\right) = 1 \end{cases} \Rightarrow \begin{cases} x = 24 \\ y = 24 \end{cases} \Rightarrow$$

$$1 \div \left(\frac{1}{x} + \frac{1}{y}\right) = 12(天)$$

解法3 设酒坛每天漏酒1个单位,平均每人每天饮酒 x 个单位,得方程

$$6(3x + 1) = 4(5x + 1)$$

解得
$$x = 1(单位)$$
于是酒坛能装
$$6 \times (3 \times 1 + 1) = 24(单位)$$
1人能饮时间
$$24 \div (1 + 1) = 12(天)$$
与本题意义相关的便是著名的

例60(牛顿问题) 有一块草场,可供15头牛吃8天,或可供8头牛吃18天.如果一群牛28天将这块草场的草吃完,那么,这群牛有多少头?

这就是典型问题——牛吃草问题,又称为"牛顿问题",是科学家牛顿在1707年提出并亲自解的.

这类问题的特点是:牛在吃草,草也在不断地生;草地上原有的草量及草的生长速度始终不变.

若仿效前例的方法,本例也有三种解法,但在教学时,为了降低难度,让学生便于理解和掌握,我通常介绍如下两种方法:

解法1 设平均每头牛每天吃草量为1个单位,那么草平均每天生长
$$(8 \times 18 - 8 \times 15) \div (18 - 8) = 2.4(个单位)$$
草场原有草量
$$15 \times 8 - 2.4 \times 8 = 100.8(个单位)$$
这群牛共有头数
$$100.8 \div 28 + 2.4 = 6(头)$$

解法2 设草平均每天长1个单位,平均每头牛一天吃草 x 个单位,得方程
$$8(15x - 1) = 18(8x - 1)$$
解得
$$x = \frac{5}{12}(个单位)$$
草场原有草量
$$8 \times (15 \times \frac{5}{12} - 1) = 42(个单位)$$
这群牛共有头数
$$(42 \div 28 + 1) \div \frac{5}{12} = 6(头)$$

记得今年(2009)春季《南方日报》上有记者报道:对于小学五年级的参赛选手,牛顿问题太难了,其实,只要教师引导有方,让学生多想多练,困难是能克服的.其实,对于"牛顿问题",为了让学生真正理解掌握,消除他们的畏惧心理,也可采如下解法:

解法3 设平均每头牛一天吃草量为1个单位,草地的草每天生长 x 个单位,得方程
$$8(15 - x) = 18(8 - x)$$
解得

$$x = 2.4(单位)$$

草场原有的草量
$$8 \times (15 - 2.4) = 100.8(单位)$$

再设这群牛的总数是 y 头,列方程
$$28(y - 2.4) = 100.8$$

解得
$$y = 6(头)$$

此解法虽然要列两次方程,但思路要简单清晰一些,显得"步步为营,各个击破".

从数奥题型上分类,车票问题,牛吃草问题,船漏水问题,环保问题,电梯问题,都属于同一类问题,解题方法自然一致.

例 61 分解因式
$$f(x, y) = 6x^2 - xy - 2y^2 - x - 11y - 15$$

当我在初二奥数班的黑板上写好此题目,并让学生思考十分钟,寻求解题思路.十分钟过后,没有哪位学生分解成功,原因在于他们未能找到本题的解题思路与方法技巧.其实,本题是典型的二元二次多项式
$$S(x, y) = ax^2 + bxy + cy^2 + dx + ey + f$$

的因式分解问题,对付这类多项式,至少可用四种方法分解它.

解法 1 如果设 x_1, x_2 是关于 x 的方程
$$f(x, y) = 6x^2 - (y+1)x - (2y^2 + 11y + 15) = 0 \quad (1)$$

的两个根,那么 $f(x, y)$ 可以分解为
$$f(x, y) = 6(x - x_1)(x - x_2) \quad (2)$$

关于 x 的判别式为
$$\Delta_x = (y+1)^2 + 4 \times 6 \times (2y^2 + 11y + 15) = (7y + 19)^2$$

方程(1)的两个根为
$$\begin{cases} x_1 = \frac{1}{12}[(y+1) + (7y+19)] = \frac{1}{3}(2y+5) \\ x_2 = \frac{1}{12}[(y+1) - (7y+19)] = -\frac{1}{2}(y+3) \end{cases}$$

因此多项式 $f(x, y)$ 可分解为
$$f(x, y) = 6(x - x_1)(x - x_2) =$$
$$6\left(x - \frac{2y+5}{3}\right)\left(x + \frac{y+3}{2}\right) =$$
$$(3x - 2y - 5)(2x + y + 3)$$

解法 2 将原多项式整理成
$$f(x, y) = 6x^2 - (y+1)x - (2y^2 + 11y + 15)$$

先用十字相乘法将 $(2y^2 + 11y + 15)$ 分解因式得
$$f(x, y) = 6x^2 - (y+1)x - (y+3)(2y+5)$$

$$3(y+3)-2(2y+5)=-(y+1)$$

再将 x 视为字母，y 看成常数，进行第二次十字相乘法，得到
$$f(x,y)=(3x-2y-5)(2x+y+3)$$

解法 3 设 A,B 是 x^2 项系数 6 的因数，即 $AB=6$，A,B 取值情况列表为

$$A:1,6,2,3$$
$$B:6,1,3,2$$

由解法 2 有
$$f(x,y)=6x^2-(y+1)x-(y+3)(2y+5) \qquad (1)$$

于是可设
$$f(x,y)=(Ax-2y-5)(Bx+y+3) \qquad (2)$$

或
$$f(x,y)=(Ax+2y+5)(Bx-y-3) \qquad (3)$$

注意到当取 $x=y=1$ 时，有
$$(A-7)(B+4)=f(1,1)=-24 \qquad (4)$$

或
$$(A+7)(B-4)=f(1,1)=-24 \qquad (5)$$

经验算，只有当 $A=3,B=6$ 时，式(4)成立，即式(2)成立.
$$f(x,y)=(3x-2y-5)(2x+y+3)$$

解法 4 将原多项式分成三个组
$$f(x,y)=(6x^2-xy-2y^2)-(x+11y)-15$$

先将第一组用十字相乘法分解因式，有
$$f(x,y)=(2x+y)(3x-2y)-(x+11y)-15$$

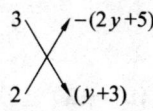

$$3(3x-2y)-5(2x+y)=-(x+11y)$$

再进行第二次十字相乘法分解得
$$f(x,y)=(2x+y+3)(3x-2y-5)$$

将以上四种方法相比较，解法 4 最简洁.

例 62 分解因式
$$(x+1)(x+2)(x+3)(x+4)-3$$

有一次奥数教导班快下课时，我向学生布置了这道家庭作业，在第二天开课时，我抽

问他们的结果,没人做对此题,其中有位女生发言:"老师你出的这道题有点奇怪,明明
$$(x+1)(x+2)(x+3)(x+4)$$
是分解得好好的因式,却为何偏偏要在它的后面加上一个"-3",叫我们分解它,这岂不是有意刁难我们吗?"

当然,这正是本题的奇异之处,在评讲时先向学生介绍两种方法:

解法1 记原式为 $S(x)$,进行巧妙组合得
$$S(x) = [(x+1)(x+4)][(x+2)(x+3)] - 3 = [(x^2+5x)+4][(x^2+5x)+6] - 3$$
记 $x^2+5x = y$,得
$$S(x) = (y+4)(y+6) - 3 = y^2 + 10y + 21 = (y+3)(y+7)$$
即
$$S(x) = (x^2+5x+3)(x^2+5x+7)$$

解法2 由于
$$\begin{aligned}S(x) &= [(x+1)(x+4)][(x+2)(x+3)] - 3 = \\ &= [(x^2+5x+5)-1][(x^2+5x+5)+1] - 3 = \\ &= (x^2+5x+5)^2 - 1 - 3 = \\ &= (x^2+5x+5)^2 - 2^2 = \\ &= (x^2+5x+5+2)(x^2+5x+5-2) = \\ &= (x^2+5x+7)(x^2+5x+3)\end{aligned}$$

当学生听完上述两种解法后,终于恍然大悟.接着,我再教学生怎样编这类因式分解题.

设 d 为整数.记
$$S(x) = (x+d)(x+2d)(x+3d)(x+4d) + \lambda$$
其中 λ 为待定常数,于是
$$\begin{aligned}S(x) &= [(x+d)(x+4d)][(x+2d)(x+3d)] + \lambda = \\ &= (x^2+5dx+4d^2)(x^2+5dx+6d^2) + \lambda = \\ &= [(x^2+5dx+5d^2)-d^2][(x^2+5dx+5d^2)+d^2] + \lambda\end{aligned}$$
设 $x^2+5dx+5d^2 = y$,则有
$$\begin{aligned}S(x) &= (y-d^2)(y+d^2) + \lambda = \\ &= y^2 - d^4 + \lambda = y^2 - (d^4 - \lambda)\end{aligned}$$
观察便知,欲使
$$S(x) = y^2 - (d^4 - \lambda)$$
能分解因式,只须 $d^4 - \lambda = k^2$ 为完全平方数,即只须 $\lambda = d^4 - k^2$.如当取 $d=1, k=0$ 时, $\lambda = 1$;当取 $d=2, k=1$ 时, $\lambda = 15$……

关于因式分解题目,有许多传统的名题、趣题,如:

(1) $a^4 + 4$;

(2) $x^4 + x^2 + 1$;

(3) $a^3 + b^3 + c^3 - 3abc$;

(4) $2b^2c^2 + 2c^2a^2 + 2a^2b^2 - a^4 - b^4 - c^4$;

例 63 设 a,b,c 为 $\triangle ABC$ 的三边长,求方程组

$$\begin{cases} x(y+z-x) = a \\ y(z+x-y) = b \\ z(x+y-z) = c \end{cases}$$

的正数解.

此方程的结构轮换对称,富有情趣,只要代换得巧,自然轻松地解答得妙.

解 依题意可设

$$\begin{cases} y+z-x = p > 0 \\ z+x-y = q > 0 \\ x+y-z = r > 0 \end{cases} \Rightarrow \begin{cases} x = (q+r)/2 \\ y = (r+p)/2 \\ z = (p+q)/2 \end{cases} \Rightarrow$$

(反代回原方程组)

$$\begin{cases} p(q+r) = 2a \\ q(r+p) = 2b \\ r(p+q) = 2c \end{cases} \Rightarrow \begin{cases} qr = b+c-a \\ rp = c+a-b \\ pq = a+b-c \end{cases} \Rightarrow$$

$$(pqr)^2 = (b+c-a)(c+a-b)(a+b-c) = m^2 (m > 0) \Rightarrow$$

$$pqr = m \Rightarrow$$

$$\begin{cases} p = m/(b+c-a) \\ q = m/(c+a-b) \\ r = m/(a+b-c) \end{cases} \Rightarrow$$

$$\begin{cases} x = am/(c+a-b)(a+b-c) \\ y = bm/(a+b-c)(b+c-a) \\ z = cm/(b+c-a)(c+a-b) \end{cases}$$

从外形上看,原方程的解够庞大复杂的. 其实,本题还可推广为

设 x_i 与 $a_i (i=1,2,\cdots,n; 3 \leqslant n \in \mathbf{N})$ 均为正数,解方程组

$$\begin{cases} x_1[x_2+x_3+\cdots+x_n-(n-2)x_1] = a_1 \\ x_2[x_3+\cdots+x_n+x_1-(n-2)x_2] = a_2 \\ \qquad \vdots \\ x_n[x_1+x_2+\cdots+x_{n-1}-(n-2)x_n] = a_n \end{cases}$$

提示 设 $S = \dfrac{1}{2}\sum\limits_{i=1}^{n} x_i$, $y_i = 2S - (n-1)x_i (1 \leqslant i \leqslant n)$. 则有

$$\sum_{i=1}^{n} y_i = \sum_{i=1}^{n} [2S - (n-1)x_i] \Rightarrow$$

$$\sum_{i=1}^{n} y_i = 2nS - 2(n-1)S = 2S \Rightarrow$$

$$y_i = \sum_{i=1}^{n} y_i - (n-1)x_i \Rightarrow (n-1)x_i = \left(\sum_{i=1}^{n} y_i\right) - y_i$$

这样,原方程组转化为

$$\begin{cases} y_1(y_2+y_3+\cdots+y_n) = \dfrac{a_1}{n-1} \\ y_2(y_3+\cdots+y_n+y_1) = \dfrac{a_2}{n-1} \\ \qquad\qquad\vdots \\ y_n(y_1+y_2+\cdots+y_{n-1}) = \dfrac{a_n}{n-1} \end{cases}$$

例 64 设 $\theta>0, \theta\neq 1, 0<a<2^\theta-1$，求出方程
$$x^\theta - [x] = a \tag{1}$$
的一个解.

从表面上看,此方程好像很难,无从下手,按照常规思路,从 $[x] = x - \{x\}$ 先将原方程转化为
$$x^\theta - (x - \{x\}) = a$$
即
$$a - x^\theta + x = \{x\} \tag{2}$$
应用 $0 \leqslant \{x\} < 1$ 有
$$0 \leqslant a - x^\theta + x < 1 \tag{3}$$
因此不等式(3)的解集即为方程(1)的全部解. 但是,欲求出不等式(3)的解集谈何容易,不过,本题只要求求出方程(1)的一个解.

事实上,由已知有 $0 < a < 2^\theta - 1 \Rightarrow 1 < \sqrt[\theta]{a+1} < 2 \Rightarrow [\sqrt[\theta]{a+1}] = 1$,所以 $x = \sqrt[\theta]{a+1}$ 即为原方程的一个解.

比如,当 $\theta = 3, a = 3$ 时,方程(1)即为
$$x^3 - [x] = 3 \tag{4}$$
$\sqrt[3]{4}$ 即为方程(4)的一个解.

例 65 求方程
$$x + y + z = xyz \tag{T_1}$$
的自然数解.

当我在黑板上写下此题时,奥数辅导班的初二学生颇感惊奇,认为方程(T_1)既奇又巧;奇在此方程有三个未知数,巧在这三个未知数之和恰好等于之积.

观察式(T_1)知, $(x,y,z)=(1,2,3)$ 显然是一组自然数解.

事实上,我们可以设 $1 \leqslant x \leqslant y \leqslant z \leqslant 3$,当 $x = 1$ 时,式(T_1)化为
$$1 + y + z = yz$$
即
$$(y-1)(z-1) = 2$$
因此只能 $y - 1 = 1, z - 1 = 2$,即 $y = 2, z = 3$.

如果方程(T_1)还有其他自然数解,那么必有 $x \geqslant 1, y \geqslant 2, z \geqslant 3$,故可设 $x = 1 + x_1$, $y = 2 + y_1, z = 3 + z_1$,其中 $x_1, y_1, z_1 \geqslant 0$,代入方程($T_1$)得

$$6 + x_1 + y_1 + z_1 = (1+x_1)(2+y_1)(3+z_1)$$

即
$$x_1 y_1 z_1 + 5x_1 + 2y_1 + z_1 + 3x_1 y_1 + y_1 z_1 + 2z_1 x_1 = 0$$

因此,只能 $x_1 = y_1 = z_1 = 0$,即表明方程(T_1)只有唯一的一组自然数解.

现在,我们将方程(T_1)拓展为

求方程(其中 $3 \leqslant n \in \mathbf{N}$)
$$x_1 + x_2 + \cdots + x_n = x_1 x_2 \cdots x_n \tag{T_2}$$
的一组自然数解.

提示 设 $x_1 = x_2 = \cdots = x_{n-2} = 1$,式$(T_2)$化为
$$n - 2 + x_{n-1} + x_n = x_{n-1} x_n \tag{T_3}$$

即
$$(x_{n-1} - 1)(x_n - 1) = n - 1 \tag{T_3}$$

再设
$$x_{n-1} \leqslant x_n, \quad n - 1 = pq, \quad 1 \leqslant p \leqslant q \leqslant n - 1$$

可取
$$x_{n-1} - 1 = p, \quad x_n - 1 = q$$

即方程(T_2)有一组自然数解:
$$x_1 = x_2 = \cdots = x_{n-2} = 1, \quad x_{n-1} = p, \quad x_n = q$$

特别地,当 $n = 3$ 时,只能 $p = 1, q = 2$.
方程
$$x_1 + x_2 + x_3 = x_1 x_2 x_3 \text{ 有自然数解}$$
$$(x_1, x_2, x_3) = (1, 2, 3).$$

当 $n = 4$ 时,$pq = 3$,只能 $p = 1, q = 3$.方程 $x_1 + x_2 + x_3 + x_4 = x_1 x_2 x_3 x_4$ 有自然数解 $(x_1, x_2, x_3, x_4) = (1, 1, 2, 4)$

当 $n = 5$ 时,$pq = 4$,于是 $p = 1, q = 4$ 或 $p = 2, q = 2$.
方程 $x_1 + x_2 + x_3 + x_4 + x_5 = x_1 x_2 x_3 x_4 x_5$ 有自然数解 $(1,1,1,2,5)$ 及 $(1,1,1,3,3)$.

例66 设 a, b, c 为正奇数,证明方程
$$ax^2 + bx + c = 0 \tag{1}$$
无有理数解.

证法1 (i) 当 $x \in \mathbf{N}$ 时,如果 x 为奇数,那么 $ax^2 + bx + c = $ 奇+奇+奇 = 奇 $\neq 0$. 当 x 为偶数,那么 $ax^2 + bx + c = $ 偶+偶+奇 = 奇 $\neq 0$. 所以 $x \notin \mathbf{N}$.

(ii) 当 $x \in \mathbf{Q}$ 时,可设 $x = \dfrac{p}{q}$,其中 $(p, q) = 1$,因此 p, q 的奇偶性有三种情况:$(p, q) \to $(奇,奇),(奇,偶),(偶,奇)均使
$$ap^2 + bpq + cq^2 = \text{奇数} \Rightarrow$$
$$a\left(\frac{p}{q}\right)^2 + b\left(\frac{p}{q}\right) + c \neq 0 \Rightarrow$$
$$ax^2 + bx + c \neq 0 \Rightarrow$$

$$x \notin \mathbf{Q}$$

综合上述(i)和(ii)知,方程(1)没有有理数根.

证法 2 设 $m = 2k+1(k \in \mathbf{N})$ 为正奇数,那么 $m^2 = 4k(k+1)+1 \equiv 1 \pmod{8}$(因为 $2 \mid k(k+1)$).

假设原方程

$$ax^2 + bx + c = 0 \qquad (1)$$

有有理根,那么其判别式 $b^2 - 4ac$ 必为某奇数的平方,设为

$$b^2 - 4ac = m^2(b > m > 0) \Rightarrow 4ac = b^2 - m^2 \equiv 0 \pmod{8} \text{ 但 } 4ac \equiv 4 \pmod{8} \text{ 矛盾.}$$

因此原方程无有理数根.

证法 3 如果原方程有有理根,那么判别式 $\Delta_x = b^2 - 4ac$ 必为某奇数的平方,设为

$$b^2 - 4ac = m^2 \Rightarrow$$

$$ac = \left(\frac{b+m}{2}\right) \cdot \left(\frac{b-m}{2}\right)$$

设

$$a = \frac{b+m}{2}, \quad c = \frac{b-m}{2}$$

代入原方程得

$$(b+m)x^2 + 2bx + (b-m) = 0 \Rightarrow \qquad (2)$$

$$(x+1)[(b+m)x + (b-m)] = 0 \Rightarrow \qquad (3)$$

$$x_1 = -1, \quad x_2 = \frac{b-m}{b+m}$$

但 $x_2 < 1$,当 $x = -1$ 时,代入原方程左边得 $a - b + c =$ 奇数 $\neq 0$,因此 -1 不是原方程的根.

当 $x = \frac{b-m}{b+m} \in (0,1)$ 时,代入方程得

$$ax^2 + bx + c = 0$$

$$a\left(\frac{b-m}{b+m}\right)^2 + b\left(\frac{b-m}{b+m}\right) + c = 0 \Rightarrow$$

$$\left(\frac{b+m}{2}\right)\left(\frac{b-m}{b+m}\right)^2 + b\left(\frac{b-m}{b+m}\right) + \left(\frac{b-m}{2}\right) = 0 \Rightarrow$$

$$(b-m) + 2b + (b+m) = 0 \Rightarrow 4b = 0, \text{矛盾}$$

综合上述,x_1, x_2 均不是原方程的有理根,因此原方程无有理根.

本题是一道传统趣题,初略一看,许多学生不知如何下手,但如果按照证法 1 的策略,不难将方程(1)推广为

设 $a_1, a_2, \cdots, a_{2n+1}(1 \leqslant n \in \mathbf{N})$ 均为奇数,那么方程

$$a_1 x^{2n} + a_2 x^{2n-1} + \cdots + a_{2n} x + a_{2n+1} = 0 \qquad (!)$$

无有理根.

例 67 设非零实数 x, y, z 互不相等,且满足

$$x + \frac{1}{y} = y + \frac{1}{z} = z + \frac{1}{x} \tag{1}$$

求证

$$x^2 y^2 z^2 = 1 \tag{2}$$

证明 由已知有

$$\left. \begin{aligned} x + \frac{1}{y} &= y + \frac{1}{z} \Rightarrow x - y = \frac{y-z}{yz} \\ y + \frac{1}{z} &= z + \frac{1}{x} \Rightarrow y - z = \frac{z-x}{zx} \\ z + \frac{1}{x} &= x + \frac{1}{y} \Rightarrow z - x = \frac{x-y}{xy} \end{aligned} \right\} \Rightarrow$$

$$(x-y)(y-z)(z-x) = (x-y)(y-z)(z-x)/(xyz)^2 \Rightarrow x^2 y^2 z^2 = 1$$

这是一道传统的趣题：

(1) 如果我们先将字母 x, y, z 换写为 a, b, c，并设

$$x = a + \frac{1}{b} = b + \frac{1}{c} = c + \frac{1}{a} \tag{3}$$

若 a, b, c 为任意正数，那么有

$$x \geqslant 2\sqrt{\frac{a}{b}}, \quad x \geqslant 2\sqrt{\frac{b}{c}}, \quad x \geqslant 2\sqrt{\frac{c}{a}}$$

因此

$$x^3 \geqslant 8 \Rightarrow x \geqslant 2$$

(2) 如果依照本题的条件，那么

$$a + \frac{1}{b} = x \Rightarrow b = \frac{1}{x-a} \Rightarrow \frac{1}{x-a} + \frac{1}{c} = x \Rightarrow$$

$$cx^2 - (ca+1)x + (a-c) \tag{4}$$

又由

$$c + \frac{1}{a} = x \Rightarrow ac + 1 = ax \Rightarrow$$

（代入式(4)）

$$cx^2 - ax^2 + (a-c) = 0 \Rightarrow$$

$$(a-c)(x^2 - 1) = 0 \Rightarrow$$

$$x^2 = 1 \Rightarrow$$

（因 $a \neq c$）$x = \pm 1$

(3) 对于多个非零且互不相等的实数 $a_1, a_2, \cdots, a_n (3 \leqslant n \in \mathbf{N})$，满足

$$x = a_1 + \frac{1}{a_2} = a_2 + \frac{1}{a_3} = \cdots = a_n + \frac{1}{a_1} \tag{5}$$

显然易证明有趣味结论

$$a_1^2 a_2^2 \cdots a_n^2 = 1 \tag{6}$$

当 $n = 3$ 时，我们刚才已经求得 $x = \pm 1$，那么对于 $n \geqslant 4$ 时，x 又为何值呢？此问提得

好!奇巧的是,2003 年全国初中数学联赛第二试(A)第三题即为

(4) 已知实数 a,b,c,d 互不相等,且
$$a+\frac{1}{b}=b+\frac{1}{c}=c+\frac{1}{d}=d+\frac{1}{a}=x \tag{7}$$
试求 x 的值.

解 由已知有
$$a+\frac{1}{b}=x \qquad ①$$
$$b+\frac{1}{c}=x \qquad ②$$
$$c+\frac{1}{d}=x \qquad ③$$
$$d+\frac{1}{a}=x \qquad ④$$

由式 ① 解出
$$b=\frac{1}{x-a} \qquad ⑤$$

代入式 ② 得
$$c=\frac{x-a}{x^2-ax-1} \qquad ⑥$$

代入式 ③ 得
$$\frac{x-a}{x^2-ax-1}+\frac{1}{d}=x$$

即
$$dx^3-(ad+1)x^2-(2d-a)x+(ad+1)=0 \qquad ⑦$$

又由式 ④ 得 $ad+1=ax$,代入式 ⑦ 得
$$(d-a)(x^3-2x)=0$$

由已知 $d-a\neq 0$,故 $x^3-2x=0$,若 $x=0$,则由式 ⑥ 得 $a=c$,矛盾,故有 $x^3-2x=0$,$x=\pm\sqrt{2}$.

这表明当 $n=4$ 时,$x=\pm\sqrt{2}$.

(5) 对于 5 个互不相等的非零实数 a,b,c,d,e,且满足
$$x=a+\frac{1}{b}=b+\frac{1}{c}=c+\frac{1}{d}=d+\frac{1}{e}=e+\frac{1}{a} \tag{8}$$

由
$$e+\frac{1}{a}=x \Rightarrow ae+1=ax$$

及
$$c=\frac{x-a}{x^2-ax-1}$$

代入

$$c + \frac{1}{d} = x \Rightarrow d = \frac{x^2 - ax - 1}{x^3 - ax^2 - 2x + a}$$

再代入

$$d + \frac{1}{e} = x \Rightarrow$$
$$ex^4 - (ae+1)x^3 - (3e-a)x^2 + 2(ae+1)x + (e-a) = 0 \Rightarrow$$
$$ex^4 - ax^4 - (3e-a)x^2 + 2ax^2 + (e-a) = 0 \Rightarrow$$
$$(e-a)x^4 - 3(e-a)x^2 + (e-a) = 0 \Rightarrow$$
$$x^4 - 3x^2 + 1 = 0 \Rightarrow$$
$$(\text{因 } e \neq a)$$
$$(x^2 - 1)^2 - x^2 = 0 \Rightarrow$$
$$(x^2 + x - 1)(x^2 - x - 1) = 0 \Rightarrow$$
$$x = \frac{1 \pm \sqrt{5}}{2}, \frac{-1 \pm \sqrt{5}}{2}$$

这表明当 $n = 5$ 时，$|x| = \left|\frac{1 \pm \sqrt{5}}{2}\right|$.

(6) 对 6 个互不相等的非零实数 a, b, c, d, e, f，且满足

$$x = a + \frac{1}{b} = b + \frac{1}{c} = c + \frac{1}{d} = d + \frac{1}{e} = e + \frac{1}{f} = f + \frac{1}{a} \tag{9}$$

首先由

$$x = f + \frac{1}{a} \Rightarrow af + 1 = af$$

及

$$d = \frac{x^2 - ax - 1}{x^3 - ax^2 - 2x + a}$$

代入

$$d + \frac{1}{e} = x \Rightarrow \frac{x^3 - ax^2 - 2x + a}{x^4 - ax^3 - 3x^2 + 2ax + 1} = e$$

再将 e 代入 $e + \frac{1}{f} = x$ 得

$$fx^5 - (af+1)x^4 + (a-4f)x^3 + 3(af+1)x^2 + (3f-a)x - (af+1) = 0 \Rightarrow$$
$$fx^5 - ax^5 + 4(a-f)x^3 + 3(f-a)x = 0 \Rightarrow$$
$$(f-a)x(x^4 - 4x^2 + 3) = 0$$

因 $f \neq a$ 且 $x \neq 0$，否则有 $e = a$ 矛盾. 于是
$$x^4 - 4x^2 + 3 = 0, \quad (x^2 - 2)^2 - 1 = 0, \quad (x^2 - 1)(x^2 - 3) = 0$$
$$x = \pm 1, \pm\sqrt{3}$$

(7) 对 n 个互不相等的非零实数 $a_1, a_2, \cdots, a_n (3 \leqslant n \in \mathbf{N})$ 且记
$$a_1 = k \neq 0$$
$$X(n) = a_1 + \frac{1}{a_2} = a_2 + \frac{1}{a_3} = \cdots = a_n + \frac{1}{a_1}$$

有
$$X(n) = a_{n-1} + \frac{1}{a_n} \tag{10}$$

递推公式
$$a_n = \frac{1}{X(n) - a_{n-1}}$$

且
$$a_n = \frac{kX(n) - 1}{k} \tag{11}$$

于是
$$\frac{kX(n) - 1}{k} = \frac{1}{X(n) - a_{n-1}} \tag{12}$$

(8) 虽然有以上两个递推公式,但对具体的 n 及确定的 $a_1 = k$,欲求出相应的 $x = X(n)$,也是随着 n 的增加,难度也随之增加. 如,当 $n = 7$ 时,对于互不相等的非零实数 a, b,c,d,e,f,t. 从关系式

$$x = a + \frac{1}{b} = b + \frac{1}{c} = c + \frac{1}{d} = d + \frac{1}{e} = e + \frac{1}{f} = f + \frac{1}{t} = t + \frac{1}{a} \tag{13}$$

首先从
$$t + \frac{1}{a} = x \Rightarrow at + 1 = ax$$

将
$$e = \frac{x^3 - ax^2 - 2x + a}{x^4 - ax^3 - 3x^2 + 2ax + 1}$$

代入
$$x = e + \frac{1}{f}$$

求得
$$f = \frac{x^4 - ax^3 - 3x^2 + 2ax + 1}{x^5 - ax^4 - 4x^3 + 3ax^2 + 3x - a} \tag{14}$$

再代入
$$f + \frac{1}{t} = x$$

得到
$$tx^6 - (at+1)x^5 + (a-5t)x^4 + 4(at+1)x^3 + 3(2t-a)x^2 - 3(at+1)x + (a-t) = 0 \Rightarrow$$
$$tx^6 - ax^6 + (a-5t)x^4 + 4ax^4 + (6t-3a)x^2 - 3ax^2 + (a-t) = 0 \Rightarrow$$
$$(t-a)x^6 + 5(a-t)x^4 + 6x^2(t-a) - (t-a) = 0 \Rightarrow$$
$$(t-a)(x^6 - 5x^4 + 6x^2 - 1) = 0$$

因为 $t \neq a$,所以
$$x^6 - 5x^4 + 6x^2 - 1 = 0 \tag{15}$$

由于 ±1 显然不是方程(15)的根,因此方程(15)没有有理根,只有无理根,即这样的方程

之根是难求的.

(9) 现在,我们总结前面的讨论:

如果设 $a_1, a_2, \cdots, a_n (3 \leqslant n \in \mathbf{N})$ 为互不相等的非零实数,且满足条件

$$T_n = a_1 + \frac{1}{a_2} = a_2 + \frac{1}{a_3} = \cdots = a_{n-1} + \frac{1}{a_n} = a_n + \frac{1}{a_1} \tag{16}$$

那么有

$$a_1^2 a_2^2 \cdots a_n^2 = 1 \tag{17}$$

当 $n = 3$ 时,$T_3 = \pm 1$.

当 $n = 6$ 时,$T_6 = \pm 1, \pm \sqrt{3}$.

这启发我们设问:对于哪些自然数 $n(3 \leqslant n \in \mathbf{N})$ 才有 $T_n = \pm 1$?

关于两个不等式的补记

邓寿才

1. 简 介

本刊 2008 年·第二辑(文化卷)第 245 页,笔者建立了基本三角不等式

结论 1 对于任意锐角 $\triangle ABC$ 有
$$(\sec A - 1)(\sec B - 1)(\sec C - 1) \geqslant 1 \tag{A}$$

接着,笔者首先用五种方法证明了式(A),接着再用两种方法证明了式(A)的第一个指数推广

$$(\sec^k A - 1)(\sec^k B - 1)(\sec^k C - 1) \geqslant (2^k - 1)^3 \tag{B}$$

其中 $1 \leqslant k \in \mathbf{N}$.

进一步地,又建立了式(A)的第二个指数推广

$$\begin{aligned}&(\sec A - 1)^\alpha \cdot (\sec B - 1)^\beta \cdot (\sec C - 1)^\gamma \geqslant \\ &m[(\cos A)^{1-\alpha} \cdot (\cos B)^{1-\beta} \cdot (\cos C)^{1-\gamma}]^3\end{aligned} \tag{C}$$

并用两种方法证明式(C).

其中 $\alpha, \beta, \gamma \in (0, 3/2)$,且 $\alpha + \beta + \gamma = 3, m = 9^3 \prod (3 - 2\alpha)^{2\alpha-3} \cdot \left(6 + \sum \dfrac{\beta\gamma}{\alpha}\right)^{-3}$.

至于式(A)的其他一系列推广,请参考该书第 248 ~ 258 页,此处不再复述.

2. 新 证

我们先新补充式(A)的第六种证法.

证明 我们设

$$(x, y, z) = \left(\tan \frac{A}{2}, \tan \frac{B}{2}, \tan \frac{C}{2}\right) \Rightarrow$$
$$xy + yz + zx = 1$$

由于

$$A, B, C \in \left(0, \frac{\pi}{2}\right) \Rightarrow$$
$$x, y, z \in (0, 1)$$

$$4x^2yz = x^2[(y+z)^2 - (y-z)^2] =$$
$$(xy+zx)^2 - x^2(y-z)^2 =$$
$$(1-yz)^2 - x^2(y-z)^2 =$$
$$(1-2yz+y^2z^2) - x^2(y-z)^2 =$$
$$(1-y^2-z^2+y^2z^2) + (y^2-2yz+z^2) - x^2(y-z)^2 \Rightarrow$$

$$4x^2yz = (1-y^2)(1-z^2) + (y-z)^2 - x^2 \cdot (y-z)^2 = \tag{1}$$
$$(1-y^2)(1-z^2) + (1-x^2)(y-z)^2 \Rightarrow \tag{2}$$

$$4x^2yz \geqslant (1-y^2)(1-z^2)$$

同理 $\begin{cases} 4y^2zx \geqslant (1-z^2)(1-x^2) \\ 4z^2xy \geqslant (1-x^2)(1-y^2) \end{cases} \Rightarrow \tag{3}$

$$4^3(x^2y^2z^2)^2 \geqslant [(1-x^2)(1-y^2)(1-z^2)]^2 \Rightarrow$$
$$8x^2y^2z^2 \geqslant (1-x^2)(1-y^2)(1-z^2) \Rightarrow$$
$$\left(\frac{2x^2}{1-x^2}\right) \cdot \left(\frac{2y^2}{1-y^2}\right) \cdot \left(\frac{2z^2}{1-z^2}\right) \geqslant 1 \Rightarrow$$

$$\prod \left\{\frac{2\tan^2\frac{A}{2}}{1-\tan^2\frac{A}{2}}\right\} \geqslant 1 \Rightarrow$$

$$\prod \left\{\frac{2\sin^2\frac{A}{2}}{\cos^2\frac{A}{2} - \sin^2\frac{A}{2}}\right\} \geqslant 1 \Rightarrow$$

$$\left(\frac{1-\cos A}{\cos A}\right) \cdot \left(\frac{1-\cos B}{\cos B}\right) \cdot \left(\frac{1-\cos C}{\cos C}\right) \geqslant 1 \Rightarrow$$

$$(\sec A - 1)(\sec B - 1)(\sec C - 1) \geqslant 1$$

即式(A)成立. 等号成立仅当
$$(1-x^2)(y-z)^2 = (1-y^2)(z-x)^2 = (1-z^2)(x-y)^2 = 0 \Rightarrow$$
$$x = y = z \Rightarrow$$
$$\tan\frac{A}{2} = \tan\frac{B}{2} = \tan\frac{C}{2} \Rightarrow$$
$$A = B = C \Rightarrow \triangle ABC \text{ 为正三角形}$$

3. 新 推 广

现在,我们再建立式(A)的第二个指数推广.

结论2 $\triangle ABC$ 为锐角三角形,指数 $\alpha, \beta, \gamma \in (0,3)$ 且 $\alpha + \beta + \gamma = 3$,则有

$$(\sec A - 1)^\alpha \cdot (\sec B - 1)^\beta \cdot (\sec C - 1)^\gamma \geqslant$$
$$\left[\left(1-\tan^2\frac{A}{2}\right)^{1-\alpha} \cdot \left(1-\tan^2\frac{B}{2}\right)^{1-\beta} \cdot \left(1-\tan^2\frac{C}{2}\right)^{1-\gamma}\right]^3 \tag{D}$$

等号成立仅当且 $\triangle ABC$ 为正三角形.

证明 设 $p,q,r>0$，由前面的式(3)有

$$\left.\begin{array}{r}(4x^2yz)^p \geqslant [(1-y^2)(1-z^2)]^p \\ (4xy^2z)^q \geqslant [(1-z^2)(1-x^2)]^q \\ (4xyz^2)^r \geqslant [(1-x^2)(1-y^2)]^r\end{array}\right\} \Rightarrow$$

$$(4^{p+q+r}) \cdot (x^{2p+q+r}) \cdot (y^{2q+r+p}) \cdot (z^{2r+p+q}) \geqslant$$
$$(1-x^2)^{q+r} \cdot (1-y^2)^{r+p} \cdot (1-z^2)^{p+q} \Rightarrow$$

$$2^{4(p+q+r)} \cdot \prod x^{2(2p+q+r)} \geqslant \prod (1-x^2)^{2(q+r)} \Rightarrow$$

$$\prod \left(\frac{2x^2}{1-x^2}\right)^{2p+q+r} \geqslant \prod (1-x^2)^{q+r-2p} \Rightarrow$$

$$\prod \left[\frac{2\tan^2 \frac{A}{2}}{1-\tan^2 \frac{A}{2}}\right]^{2p+q+r} \geqslant \prod \left(1-\tan^2 \frac{A}{2}\right)^{q+r-2p} \Rightarrow$$

$$\prod \left[\frac{2\sin^2 \frac{A}{2}}{\cos^2 \frac{A}{2}-\sin^2 \frac{A}{2}}\right]^{2p+q+r} \geqslant \prod \left(1-\tan^2 \frac{A}{2}\right)^{q+r-2p} \Rightarrow$$

$$\prod \left(\frac{1-\cos A}{\cos A}\right)^{2p+q+r} \geqslant \prod \left(1-\tan^2 \frac{A}{2}\right)^{q+r-2p} \Rightarrow$$

$$\prod (\sec A - 1)^{2p+q+r} \geqslant \prod \left(1-\tan^2 \frac{A}{2}\right)^{q+r-2p} \tag{4}$$

令

$$\begin{cases} 2p+q+r = 4\alpha \\ 2q+r+p = 4\beta \\ 2\gamma+p+q = 4\gamma \end{cases} \Rightarrow \begin{cases} p = 3\alpha - \beta - \gamma \\ q = 3\beta - \gamma - \alpha \\ r = 3r - \alpha - \beta \end{cases} \Rightarrow$$

$$\begin{cases} q+r-2p = 4(\beta+\gamma-2\alpha) = 12(1-\alpha) \\ r+p-2q = 4(\gamma+\alpha-2\beta) = 12(1-\beta) \\ p+q-2r = 4(\alpha+\beta-2\gamma) = 12(1-\gamma) \end{cases} \Rightarrow$$

$$\prod (\sec A - 1)^{4\alpha} \geqslant \prod \left(1-\tan^2 \frac{A}{2}\right)^{12(1-\alpha)} \Rightarrow$$

$$\prod (\sec A - 1)^{\alpha} \geqslant \left[\prod \left(1-\tan^2 \frac{A}{2}\right)^{1-\alpha}\right]^3$$

即式(D)成立，等号成立仅当 $\triangle ABC$ 为正三角形．

4. 加 强

现在，我们建立式(A)的一个加强形式：

结论3 对锐角 $\triangle ABC$ 有

$$(\sec A - 1)(\sec B - 1)(\sec C - 1) \geqslant (1+Q)^{\frac{3}{2}} \tag{E}$$

其中

$$Q = \frac{8}{3}\left[\prod \sin\left(\frac{B-C}{2}\right)\right]^{\frac{2}{3}} \geqslant 0 \tag{5}$$

证明 由前面的式(2)有

$$\begin{cases} 4x^2yz = (1-y^2)(1-z^2) + (1-x^2)(y-z)^2 \\ 4y^2zx = (1-z^2)(1-x^2) + (1-y^2)(z-x)^2 \\ 4z^2xy = (1-x^2)(1-y^2) + (1-z^2)(x-y)^2 \end{cases} \Rightarrow$$

$$\prod(4x^2yz) = \prod[(1-y^2)(1-z^2) + (1-x^2)(y-z)^2] =$$

$$\prod\left\{(1-y^2)(1-z^2)\left[1 + \frac{(1-x^2)(y-z)^2}{(1-y^2)(1-z^2)}\right]\right\} =$$

$$\prod(1-y^2)(1-z^2)\prod\left[1 + \frac{(1-x^2)(y-z)^2}{(1-y^2)(1-z^2)}\right] \Rightarrow$$

$$\left(\prod 2x^2\right)^2 = \left[\prod(1-x^2)\right]^2 \prod\left[1 + \frac{(1-x^2)(y-z)^2}{(1-y^2)(1-z^2)}\right] \Rightarrow$$

$$\left[\prod\left(\frac{2x^2}{1-x^2}\right)\right]^2 = \prod\left[1 + \frac{(1-x^2)(y-z)^2}{(1-y^2)(1-z^2)}\right] \geqslant$$

（应用赫尔德不等式）

$$\left\{1 + \left[\prod\frac{(1-x^2)(y-z)^2}{(1-y^2)(1-z^2)}\right]^{\frac{1}{3}}\right\}^3 =$$

$$\left\{1 + \left[\prod\frac{(y-z)^2}{1-x^2}\right]^{\frac{1}{3}}\right\}^3 =$$

$$\left\{1 + \left[\prod\frac{\left(\tan\frac{B}{2} - \tan\frac{C}{2}\right)^2}{1-\tan^2\frac{A}{2}}\right]^{\frac{1}{3}}\right\}^3 =$$

$$\left\{1 + \left[\frac{\prod\sin^2\left(\frac{B-C}{2}\right)}{\prod\left(\cos A\cos^2\frac{A}{2}\right)}\right]^{\frac{1}{3}}\right\}^3 \tag{6}$$

易证

$$\prod\left(\cos A\cos^2\frac{A}{2}\right) = \left(\prod\cos A\right)\left(\prod\cos\frac{A}{2}\right)^2 \leqslant$$

$$\left[\frac{\sum\cos A}{3}\right]^3 \cdot \left[\frac{\sum\cos\frac{A}{2}}{3}\right]^6 \leqslant$$

$$\left[\cos\frac{\sum A}{3}\right]^3 \cdot \left[\cos\frac{\sum A}{6}\right]^6 =$$

$$\left(\cos\frac{\pi}{3}\right)^3 \cdot \left(\cos\frac{\pi}{6}\right)^6 = \left(\frac{1}{2}\right)^3 \cdot \left(\frac{\sqrt{3}}{2}\right)^6 = \left(\frac{3}{8}\right)^3 \Rightarrow$$

$$\left(\prod \frac{2x^2}{1-x^2}\right)^2 = \left[\prod (\sec A - 1)\right]^2 \geqslant \left[1 + \frac{8}{3}\left(\prod \sin \frac{B-C}{2}\right)^{\frac{2}{3}}\right]^3 \Rightarrow$$

$$\prod (\sec A - 1) \geqslant (1+Q)^{\frac{3}{2}}$$

即式(E)成立,等号成立仅当 $\triangle ABC$ 为正三角形.

5. 完　善

有些美妙的不等式,不仅有推广,有加强,也有完善,式(A)也不例外.

结论 4　对任意锐角 $\triangle ABC$ 有

$$(\sec A - 1)(\sec B - 1)(\sec C - 1) \leqslant (1+M)^{\frac{3}{2}} \tag{F}$$

其中

$$M = \frac{1}{3}\sum \frac{\sin^2\left(\frac{B-C}{2}\right)}{\cos B \cos C} \geqslant 0 \tag{7}$$

证明　由前面的式(1)有

$$4x^2 yz = (1-y^2)(1-z^2) + (y-z)^2 - x^2(y-z)^2 \Rightarrow$$

$$\left.\begin{array}{l} 4x^2 yz \leqslant (1-y^2)(1-z^2) + (y-z)^2 \\ 4y^2 zx \leqslant (1-z^2)(1-x^2) + (z-x)^2 \\ 4z^2 xy \leqslant (1-x^2)(1-y^2) + (x-y)^2 \end{array}\right\} \Rightarrow$$

$$\prod (4x^2 yz) \leqslant \prod [(1-y^2)(1-z^2) + (y-z)^2] \Rightarrow$$

$$\left(\prod \frac{2x^2}{1-x^2}\right)^2 \leqslant \prod \left[1 + \frac{(y-z)^2}{(1-y^2)(1-z^2)}\right] \leqslant$$

$$\left[1 + \frac{1}{3}\sum \frac{(y-z)^2}{(1-y^2)(1-z^2)}\right]^3 =$$

$$\left[1 + \frac{1}{3}\sum \frac{\left(\tan \frac{B}{2} - \tan \frac{C}{2}\right)^2}{\left(1 - \tan^2 \frac{B}{2}\right)\left(1 - \tan^2 \frac{C}{2}\right)}\right]^3 =$$

$$\left[1 + \frac{1}{3}\sum \frac{\sin^2\left(\frac{B-C}{2}\right)}{\cos B \cos C}\right]^3 \Rightarrow$$

$$\left[\prod (\sec A - 1)\right]^2 \leqslant (1+M)^3 \Rightarrow$$

$$\prod (\sec A - 1) \leqslant (1+M)^{\frac{3}{2}}$$

即式(F)成立.等号成立仅当 $\triangle ABC$ 为正三角形.

其实,应用平均值不等式,易得

$$\prod (\sec A - 1) \leqslant \left[\frac{1}{3}\sum (\sec B - 1)(\sec C - 1)\right]^{\frac{3}{2}} \leqslant \left[\frac{1}{3}\sum (\sec A - 1)\right]^3 \tag{G}$$

如果将式(G)式视为式(A)的第二个完善式,那么式(A)还有第三个完善式

$$\prod (\sec A - 1) \leqslant \frac{1}{3} \sum (\sec A - 1) \qquad (H)$$

证明 根据对称性,不妨设

$$0 < A \leqslant B \leqslant C < \frac{\pi}{2} \Rightarrow$$

$$\begin{cases} \cos A \geqslant \cos B \geqslant \cos C \\ \tan \dfrac{A}{2} \leqslant \tan \dfrac{B}{2} \leqslant \tan \dfrac{C}{2} \end{cases} \Rightarrow$$

$$\begin{cases} \sec A \leqslant \sec B \leqslant \sec C \\ \tan \dfrac{B}{2} \tan \dfrac{C}{2} \geqslant \tan \dfrac{C}{2} \tan \dfrac{A}{2} \geqslant \tan \dfrac{A}{2} \tan \dfrac{B}{2} \end{cases}$$

应用三角恒等式有

$$\tan A \tan B \tan C = \tan A + \tan B + \tan C \Rightarrow$$

$$\prod \left(\frac{2\tan \dfrac{A}{2}}{1 - \tan^2 \dfrac{A}{2}} \right) = \sum \left(\frac{2\tan \dfrac{A}{2}}{1 - \tan^2 \dfrac{A}{2}} \right) \Rightarrow$$

$$\prod \left(\frac{2\tan^2 \dfrac{A}{2}}{1 - \tan^2 \dfrac{A}{2}} \right) = \sum \left[\left(\frac{2\tan^2 \dfrac{A}{2}}{1 - \tan^2 \dfrac{A}{2}} \right) \tan \dfrac{B}{2} \tan \dfrac{C}{2} \right] \Rightarrow$$

$$\prod \left(\frac{2\sin^2 \dfrac{A}{2}}{\cos^2 \dfrac{A}{2} - \sin^2 \dfrac{A}{2}} \right) = \sum \left(\frac{2\sin^2 \dfrac{A}{2}}{\cos^2 \dfrac{A}{2} - \sin^2 \dfrac{A}{2}} \right) \tan \dfrac{B}{2} \tan \dfrac{C}{2} \Rightarrow$$

$$\sum \left(\frac{1 - \cos A}{\cos A} \right) \tan \dfrac{B}{2} \tan \dfrac{C}{2} = \prod \left(\frac{1 - \cos A}{\cos A} \right) \Rightarrow$$

$$\sum (\sec A - 1) \tan \dfrac{B}{2} \tan \dfrac{C}{2} = \prod (\sec A - 1) \Rightarrow \qquad (8)$$

$$\sum \sec A \tan \dfrac{B}{2} \tan \dfrac{C}{2} - \sum \tan \dfrac{B}{2} \tan \dfrac{C}{2} = \prod (\sec A - 1) \Rightarrow$$

$$\prod (\sec A - 1) + 1 = \sum \sec A \tan \dfrac{B}{2} \tan \dfrac{C}{2} \leqslant$$

(应用切比雪夫不等式)

$$\frac{1}{3} \left(\sum \sec A \right) \cdot \left(\sum \tan \dfrac{B}{2} \tan \dfrac{C}{2} \right) = \frac{1}{3} \sum \sec A \Rightarrow$$

$$\prod (\sec A - 1) \leqslant \frac{1}{3} \left(\sum \sec A - 3 \right) = \frac{1}{3} \sum (\sec A - 1)$$

即式(H)成立.等号成立仅当 $\triangle ABC$ 为正三角形.

6. 等价形式

有些命题,表达形式或外观结构不同,而本质却是一样的.式(A)的等价形式便是

$$\frac{\tan\frac{B}{2}\tan\frac{C}{2}}{\cos A} + \frac{\tan\frac{C}{2}\tan\frac{A}{2}}{\cos B} + \frac{\tan\frac{A}{2}\tan\frac{B}{2}}{\cos C} \geqslant 2 \tag{I}$$

证明 应用上面的式(8)和式(A)有

$$\sum(\sec A - 1)\tan\frac{B}{2}\tan\frac{C}{2} = \prod(\sec A - 1) \geqslant 1 \Rightarrow$$

$$\sum \sec A\tan\frac{B}{2}\tan\frac{C}{2} - \sum \tan\frac{B}{2}\tan\frac{C}{2} \geqslant 1 \Rightarrow$$

$$\sum \sec A\tan\frac{B}{2}\tan\frac{C}{2} - 1 \geqslant 1 \Rightarrow$$

$$\sum\left[\frac{\tan\frac{B}{2}\tan\frac{C}{2}}{\cos A}\right] \geqslant 2$$

这即为式(I).

最后指出:

(i) 式(E)与式(F)结合,可以"鸳鸯并举"成一个漂亮的双向不等式:

$$(1+M)^{\frac{3}{2}} \geqslant \prod(\sec A - 1) \geqslant (1+Q)^{\frac{3}{2}} \tag{J}$$

仿照前文的证法. 可将式(B)再从指数方面推广成:

结论5 设 $\triangle ABC$ 为锐角三角形,指数 $k \in \mathbf{N}^+, \alpha, \beta, \gamma \in (0,3)$,且 $\alpha + \beta + \gamma = 3$,则有

$$\prod(\sec^k A - 1)^\alpha \geqslant \left[\frac{e^k - 1}{e - 1}\prod\left(1 - \tan^2\frac{A}{2}\right)^{1-\alpha}\right]^3 \tag{J}$$

其中

$$e = 2(\alpha^\alpha \beta^\beta \gamma^\gamma)^{-1}$$

特别地,当 $\alpha = \beta = \gamma = 1$ 时,$e = 2$,式(J)化为式(B).

从结构形态上讲,式(D)比式(C)简洁,式(J)比本刊2008年·第二辑(文化卷)P254推广23中的式(P_{12})简洁.

如果我们在式(A)中运用余弦定理,有

$$\prod\left(\frac{2bc}{b^2 + c^2 - a^2} - 1\right) \geqslant 1 \Rightarrow$$

$$\prod[a^2 - (b-c)^2] \geqslant \prod(b^2 + c^2 - a^2) \Rightarrow$$

$$[\prod(b+c-a)]^2 \geqslant \prod(b^2 + c^2 - a^2) \tag{K}$$

这即为式(A)的变形式,与式(A)等价. 如果我们能证明式(K)成立,那么至今式(A)共计已有了七种证法,那岂不大快人心.

证明 设 $x, y, z > 0$,那么

$$x^2(y-z)^2 + y^2(z-x)^2 + z^2(x-y)^2 \geqslant 0 \Rightarrow$$

$$(xy)^2 + (yz)^2 + (zx)^2 \geqslant xyz(x+y+z) \Rightarrow$$

$$(xy + yz + zx)^2 \geqslant 3xyz(x+y+z) \tag{1}$$

设 $\triangle A_1B_1C_1$ 的三边长为 a_1, b_1, c_1,面积为 Δ_1,且令

$$\begin{cases} b_1 + c_1 - a_1 = 2x \\ c_1 + a_1 - b_1 = 2y \\ a_1 + b_1 - c_1 = 2z \end{cases} \Rightarrow \begin{cases} a_1 = y + z \\ b_1 = z + x \\ c_1 = x + y \end{cases} \Rightarrow$$

$$16\Delta_1^2 = (a_1 + b_1 + c_1)\prod(b_1 + c_1 - a_1) = 16xyz(x + y + z) \Rightarrow$$

(代入式(1))

$$\left[\sum (c_1 + a_1 - b_1)(a_1 + b_1 - c_1)\right]^2 \geqslant 3(4\Delta_1)^2 \tag{2}$$

由于

$$\sum (c_1 + a_1 - b_1)(a_1 + b_1 - c_1) =$$
$$2\sum b_1 c_1 - \sum a_1^2 =$$
$$(2\sqrt{b_1 c_1})^2 - (b_1 + c_1 - a_1)^2 =$$
$$\left[(\sqrt{b_1} + \sqrt{c_1})^2 - (\sqrt{a_1})^2\right] \cdot \left[(\sqrt{a_1})^2 - (\sqrt{b_1} - \sqrt{c_1})^2\right] =$$
$$(\sqrt{a_1} + \sqrt{b_1} + \sqrt{c_1})\prod(\sqrt{b_1} + \sqrt{c_1} - \sqrt{a_1})$$

代入式(2)得

$$\left[(\sqrt{a_1} + \sqrt{b_1} + \sqrt{c_1})\prod(\sqrt{b_1} + \sqrt{c_1} - \sqrt{a_1})\right]^2 \geqslant 3(4\Delta_1)^2 =$$
$$3\left[(a_1 + b_1 + c_1)\prod(b_1 + c_1 - a_1)\right] \tag{3}$$

由于 $\triangle ABC$ 为锐角三角形,因此以 a^2, b^2, c^2 为边可以构成新 $\triangle A_1B_1C_1$. 即我们可以在式(3)中作置换

$$(a_1, b_1, c_1) = (a^2, b^2, c^2) \Rightarrow$$
$$\left[(a + b + c)\prod(b + c - a)\right]^2 \geqslant$$
$$3(a^2 + b^2 + c^2)\prod(b^2 + c^2 - a^2) \geqslant \tag{4}$$
$$(a + b + c)^2\prod(b^2 + c^2 - a^2) \Rightarrow$$
$$\left[\prod(b + c - a)\right]^2 \geqslant \prod(b^2 + c^2 - a^2)$$

这正好是式(K),逆推之,式(A)成立,等号成立仅当

$$\left.\begin{array}{l} x = y = z \\ a = b = c \end{array}\right\} \Rightarrow \triangle ABC \text{ 是正三角形}$$

如果我们再细心一点,从上面的式(4)变形

$$\prod(\sec A - 1) = \frac{\left[\prod(b + c - a)\right]^2}{\prod(b^2 + c^2 - a^2)} \geqslant$$

$$\frac{3(a^2 + b^2 + c^2)}{(a + b + c)^2} = 1 + \frac{\sum(b - c)^2}{(\sum a)^2} =$$

$$1 + \frac{\sum(\sin B - \sin C)^2}{(\sum \sin A)^2} \Rightarrow$$

$$\prod(\sec A - 1) \geqslant 1 + \frac{\sum(\sin B - \sin C)^2}{(\sum \sin A)^2} \tag{L}$$

这是式(A)的第二个加强,我们的意外收获.

如果我们设 $\lambda, u, v > 0$,并记

$$M = \sum \frac{(b+c-a)(c+a-b)}{\sqrt{(b^2+c^2-a^2)(c^2+a^2-b^2)}}$$

应用平均值不等式和式(K)有

$$M \geqslant 3\left[\prod \frac{(b+c-a)(c+a-b)}{\sqrt{(b^2+c^2-a^2)(c^2+a^2-b^2)}}\right]^{\frac{1}{3}} = 3\left[\prod \frac{(b+c-a)^2}{b^2+c^2-a^2}\right]^{\frac{1}{3}} \geqslant 3$$

应用我们常用的杨克昌不等式有

$$P_\lambda = \sum \left[(u+v) \frac{b+c-a}{\sqrt{b^2+c^2-a^2}}\right] \geqslant$$

$$2\sqrt{(\sum uv)M} \geqslant 2\sqrt{3\sum uv} \Rightarrow$$

$$\sum \left[(u+v) \frac{b+c-a}{\sqrt{b^2+c^2-a^2}}\right] \geqslant 2\sqrt{3\sum uv} \tag{M}$$

这是式(K)或式(A)的一个漂亮的推论.如果在不知有式(K)时欲直接证明式(M)都是很难的.

7. 加强性推广

先让我们回首反顾式(B)、式(D)、式(E)、式(L):

$$(\sec^k A - 1)(\sec^k B - 1)(\sec^k C - 1) \geqslant (2^k - 1)^3 \quad 1 \leqslant k \in \mathbf{N} \tag{B}$$

$$(\sec A - 1)^\alpha \cdot (\sec B - 1)^\beta \cdot (\sec C - 1)^\gamma \geqslant$$
$$\left[(1 - \tan^2 \frac{A}{2})^{1-\alpha} \cdot (1 - \tan^2 \frac{B}{2})^{1-\beta} \cdot (1 - \tan^2 \frac{C}{2})^{1-\gamma}\right]^3 \tag{D}$$

其中 $\alpha, \beta, \gamma \in (0, 3)$, $\alpha + \beta + \gamma = 3$

$$(\sec A - 1)(\sec B - 1)(\sec C - 1) \geqslant (1 + Q)^{\frac{3}{2}} \tag{E}$$

其中

$$Q = \frac{8}{3} \left[\prod \sin\left(\frac{B-C}{2}\right)\right]^{\frac{2}{3}} \geqslant 0 \tag{a}$$

$$(\sec A - 1)(\sec B - 1)(\sec C - 1) \geqslant 1 + R \tag{L}$$

其中

$$R = \frac{\sum(\sin B - \sin C)^2}{(\sum \sin A)^2} \tag{b}$$

如果我们将以上几式有机巧妙地组合,就会开放鲜艳的花朵.

结论 6 设 $1 \leqslant k \in \mathbf{N}$,$\triangle ABC$ 为锐角三角形,则有

$$(\sec^k A - 1)(\sec^k B - 1)(\sec^k C - 1) \geqslant \begin{cases} (1+Q)^{\frac{3}{2}}(2^k-1) \\ (1+R)(2^k-1) \end{cases} \quad (M)$$

证明 我们注意到

$$\prod \sec A = \sec A \sec B \sec C \geqslant 2^3$$

记

$$\prod = \prod [(\sec A)^{k-1} + (\sec A)^{k-2} + \cdots + \sec A + 1] \geqslant$$

（应用赫尔德不等式）

$$\left[\left(\prod \sec A\right)^{\frac{k-1}{3}} + \left(\prod \sec A\right)^{\frac{k-2}{3}} + \cdots + \left(\prod \sec A\right)^{\frac{1}{3}} + 1\right]^3 \geqslant$$

$$(2^{k-1} + 2^{k-2} + \cdots + 2 + 1)^3 = (2^k - 1)^3 \Rightarrow$$

$$\prod (\sec^k A - 1) = H \prod (\sec A - 1) \geqslant (2^k - 1)^3 \prod (\sec A - 1) \geqslant$$

（应用式(E) 和式(L)）

$$\begin{cases} (1+Q)^{\frac{3}{2}} \cdot (2^k-1)^3 \\ (1+R)(2^k-1) \end{cases}$$

即式(M) 成立,等号成立仅当 $\triangle ABC$ 为正三角形.

显然,式(M) 既是式(B) 的两个加强,又是式(E)、式(L) 的一个指数推广,即它起到了"三国归晋"的统一效果.

无独有偶,式(D) 也可以加强成:

结论 7 设 $\triangle ABC$ 为锐角三角形,指数 $\alpha, \beta, \gamma > 0$,且 $\alpha + \beta + \gamma = 3$,则有

$$\prod (\sec A - 1)^\alpha \geqslant t^2 \left[\prod \left(1 - \tan^2 \frac{A}{2}\right)^{1-\alpha}\right]^3 \quad (N)$$

其中

$$t = \left\{1 + \left[\prod \frac{\left(\tan \frac{B}{2} - \tan \frac{C}{2}\right)^{\alpha-6}}{\left(1 - \tan^2 \frac{A}{2}\right)^{9-8\alpha}}\right]^{\frac{1}{3}}\right\}^3$$

略证 设 $p, q, r > 0$,令

$$\begin{cases} 2p + q + r = 4\alpha \\ 2q + r + p = 4\beta \\ 2r + p + q = 4\gamma \end{cases} \Rightarrow \begin{cases} p = 3\alpha - \beta - \gamma \\ q = 3\beta - \gamma - \alpha \\ r = 3\gamma - \alpha - \beta \end{cases}$$

再记

$$(x, y, z) = \left(\tan \frac{A}{2}, \tan \frac{B}{2}, \tan \frac{C}{2}\right)$$

先仔细阅读式(D) 的证明,

$$\prod (4x^2 yz)^p = \prod [(1-y^2)(1-z^2) + (1-x^2)(y-z)^2]^p =$$

$$X \cdot \prod (1-x^2)^{q+r} = X \cdot \prod [(1-y^2)(1-z^2)]^p \quad (1)$$

其中
$$X = \prod\left[1 + \frac{(1-x^2)(y-z)^2}{(1-y^2)(1-z^2)}\right]^p \tag{2}$$

再设 $s = p+q+r$,应用赫尔德不等式有
$$X \geqslant \left\{1 + \prod\left[\frac{(1-x^2)(y-z)^2}{(1-y^2)(1-z^2)}\right]^{\frac{p}{s}}\right\}^s =$$
$$\left\{1 + \left[\prod\frac{(y-z)^{2p}}{(1-x^2)^{q+r-p}}\right]^{\frac{1}{s}}\right\}^s =$$
$$\left\{1 + \left[\prod\frac{(y-z)^{2(4\alpha-3)}}{(1-x^2)^{9-8\alpha}}\right]^{\frac{1}{3}}\right\}^3 = t \Rightarrow \tag{3}$$
$$X \geqslant t$$

又从式(1)有
$$4^s \cdot \prod(x^{2p+q+r}) \geqslant X \cdot \prod(1-x^2)^{q+r} \Rightarrow$$
$$(2^{4s}) \cdot \left(\prod x^{2(2p+q+r)}\right) \geqslant X^2 \cdot \prod(1-x^2)^{2(q+r)} \Rightarrow$$
$$\prod\left(\frac{2x^2}{1-x^2}\right)^{2p+q+r} \geqslant X^2 \cdot \prod(1-x^2)^{q+r-2p} \Rightarrow$$
$$\prod(\sec A - 1)^{2p+q+r} \geqslant X^2 \cdot \prod(1-x^2)^{q+r-2p} \Rightarrow$$
$$\prod(\sec A - 1)^{\alpha} \geqslant X^2 \cdot \left[\prod(1-x^2)^{1-\alpha}\right]^3 \geqslant t^2 \cdot \left[\prod(1-x^2)^{1-\alpha}\right]^3$$

这即为式(N).等号成立仅当 $\triangle ABC$ 为正三角形.

进一步地,应用式(N)和结论5中的式(J),不难将式(J)加强成:

结论8 设 $\triangle ABC$ 为锐角三角形,指数 $k \in \mathbf{N}, \alpha, \beta, \gamma > 0$ 且 $\alpha + \beta + \gamma = 3$,则有
$$\prod(\sec^k A - 1)^{\alpha} \geqslant t^2 m^3 \left[\prod\left(1-\tan^2\frac{A}{2}\right)^{1-\alpha}\right]^3. \tag{P}$$

其中
$$m = \frac{e^k - 1}{e - 1}, \quad e = 2(\alpha^{\alpha}\beta^{\beta}\gamma^{\gamma})^{-1}$$

8

本刊2008年·第二辑(竞赛卷)第4~12页,有笔者的细文《关于一道IMO妙题的探讨》,探讨了第41届IMO第2题(美国提供):

设 a, b, c 是正数,且满足 $abc = 1$,证明
$$\left(a - 1 + \frac{1}{b}\right)\left(b - 1 + \frac{1}{c}\right)\left(c - 1 + \frac{1}{a}\right) \leqslant 1 \tag{a}$$

在此文中,笔者建立了式(a)的一系列加强、完善、推广,其中,有一个指数推广是:

推广1 设正数 a, b, c 满足 $abc = 1$,指数 $\alpha, \beta, \gamma \in \left(0, \frac{4}{3}\right)$,满足 $\alpha + \beta + \gamma = 3, a -$

$1+\frac{1}{b}>0, b-1+\frac{1}{c}>0, c-1+\frac{1}{a}>0$,则

$$\left(a-1+\frac{1}{b}\right)^{\alpha} \cdot \left(b-1+\frac{1}{c}\right)^{\beta} \cdot \left(c-1+\frac{1}{a}\right)^{\gamma} \leqslant (p^p q^q r^r)^{\frac{1}{3}} \qquad (b)$$

其中 $p=4-3\alpha>0, q=4-3\beta>0, \gamma=4-3\gamma>0$.

显然,当 $\alpha=\beta=\gamma=1 \Rightarrow p=q=r=1$ 时,式(b) 化为式(a).

推广 2 设正数 a,b,c 满足 $abc=1$,参数 λ,u,v 满足 $0<\lambda<a+\frac{1}{b}, 0<u<b+\frac{1}{c}$, $0<v<c+\frac{1}{a}$,则有

$$\left(a-\lambda+\frac{1}{b}\right)\left(b-u+\frac{1}{c}\right)\left(c-v+\frac{1}{a}\right) \leqslant (1+Q)^3 \qquad (c)$$

其中

$$Q=\frac{1}{6}\left[\sum(1-\lambda)^2 \cdot \sum\left(b+\frac{1}{a}\right)^2\right]^{\frac{1}{2}}$$

特别地,当取 $\lambda=u=v=1$ 时, $Q=0$,式(c) 化为式(a). 因此式(c) 是式(a) 的一个参数推广.

推广 3 设 $x_i>0, S=\sum_{i=1}^{n} x_i$,且满足条件 $S>(n-1)x_i (i=1,2,\cdots,n, 3\leqslant n \in \mathbf{N})$,则有

$$\prod_{i=1}^{n}[S-(n-1)x_i] \leqslant \prod_{i=1}^{n} x_i \qquad (d)$$

推广 4 设 $a_i>0$,约定 $a_{n+i}\equiv a_i (i=1,2,\cdots,n; 3\leqslant n \in \mathbf{N})$,满足 $a_1 \cdot a_2 \cdots a_n=1, a_i+\frac{1}{a_{i+1}}>1$ 则有

$$\prod_{i=1}^{n}\left(a_i+\frac{1}{a_{i+1}}-1\right) \leqslant \frac{1}{2^n}\prod_{i=1}^{n}(1+a_i a_{i+1} a_{i+2}) \qquad (e)$$

我们先将式(b) 从参数上推广它:

推广 5 设 a,b,c 均为正数,满足 $abc=1$,参数 λ,u,v 满足 $a+\frac{1}{b}>\lambda \geqslant 1, b+\frac{1}{c}>u \geqslant 1, c+\frac{1}{a}>v \geqslant 1$,指数 α,β,γ 满足 $\alpha,\beta,\gamma \in \left(0,\frac{4}{3}\right), \alpha+\beta+\gamma=3$,则有

$$\left(a+\frac{1}{b}-\lambda\right)^{\alpha} \cdot \left(b+\frac{1}{c}-u\right)^{\beta} \cdot \left(c+\frac{1}{a}-v\right)^{\gamma} \leqslant (M-N)^3 \qquad (f)$$

其中

$$M=(p^p q^q r^r)^{\frac{1}{q}}$$
$$p=4-3\alpha, q=4-3\beta, \gamma=4-3\gamma$$
$$N=[(\lambda-1)^{\alpha}(u-1)^{\beta}(v-1)^{\gamma}]^{\frac{1}{3}}$$

特别地,当 $\lambda=u=v=1$ 时, $N=0$,此时式(f) 化为式(b).

当 $\alpha = \beta = \gamma = 1$ 时,
$$M = 1$$
$$N = [(\lambda-1)(u-1)(v-1)]^{\frac{1}{3}}$$

此时式(f)化为式(a)的一个新的参数推广:
$$\left(a-\lambda+\frac{1}{b}\right)\left(b-u+\frac{1}{c}\right)\left(c-v+\frac{1}{a}\right) \leqslant [1-\sqrt[3]{(\lambda-1)(u-1)(v-1)}]^3 \quad (g)$$

为了证明式(f),以及建立(d)、(e)两式的参数推广,须建立颇有用途的

引理 设 $a_i > b_i > 0, \alpha_i \in (0,1)(i=1,2,\cdots,n; n \in \mathbf{N})$,且 $\sum_{i=1}^{n} \alpha_i = 1$,则有
$$\prod_{i=1}^{n}(a_i-b_i)^{\alpha_i} \leqslant \prod_{i=1}^{n} a_i^{\alpha_i} - \prod_{i=1}^{n} b_i^{\alpha_i} \quad (※)$$

等号成立仅当
$$\frac{a_1}{b_1} = \frac{a_2}{b_2} = \cdots = \frac{a_n}{b_n}$$

证明 当 $n=1$ 时,式(※)化为等式
$$a_1 - b_1 = a_1 - b_1$$
显然成立.

当 $2 \leqslant n \leqslant \in \mathbf{N}$ 时,设 $x_i > 0, y_i > 0 (i=1,2,\cdots,n)$,应用赫尔德不等式有
$$\prod_{i=1}^{n}(x_i+y_i)^{\alpha_i} \geqslant \prod_{i=1}^{n} x_i^{\alpha_i} + \prod_{i=1}^{n} y_i^{\alpha_i} \quad (1)$$

等号成立仅当
$$\frac{x_1}{y_1} = \frac{x_2}{y_2} = \cdots = \frac{x_n}{y_n}$$

在式(1)中令
$$\begin{cases} x_i + y_i = a_i \\ y_i = b_i \end{cases} (i=1,2,\cdots,n) \Rightarrow$$
$$x_i = a_i - b_i (1 \leqslant i \leqslant n) \Rightarrow$$
$$\prod_{i=1}^{n}(x_i+y_i)^{\alpha_i} - \prod_{i=1}^{n} y_i^{\alpha_i} \geqslant \prod_{i=1}^{n} x_i^{\alpha_i} \Rightarrow$$
$$\prod_{i=1}^{n} a_i^{\alpha_i} - \prod_{i=1}^{n} b_i^{\alpha_i} \geqslant \prod_{i=1}^{n}(a_i-b_i)^{\alpha_i}$$

即式(※)成立,等号成立仅当
$$\frac{x_1}{y_1} = \frac{x_2}{y_2} = \cdots = \frac{x_n}{y_n} \Rightarrow$$
$$\frac{a_1-b_1}{b_1} = \frac{a_2-b_2}{b_2} = \cdots = \frac{a_n-b_n}{b_n} \Rightarrow$$
$$\frac{a_1}{b_1} = \frac{a_2}{b_2} = \cdots = \frac{a_n}{b_n}$$

其实,从外形结构上讲,式(1)与式(※)日月交辉,天生配对.

现在,我们首先应用引理证明式(f).

证明 在式(※)中取 $n=3$ 有
$$(a_1-b_1)^{a_1} \cdot (a_2-b_2)^{a_2} \cdot (a_3-b_3)^{a_3} \leqslant a_1{}^{a_1}a_2{}^{a_2}a_3{}^{a_3} - b_1{}^{a_1}b_2{}^{a_2}b_3{}^{a_3} \qquad (2)$$

令
$$\begin{cases} (\alpha_1,\alpha_2,\alpha_3) = \left(\dfrac{\alpha}{3}, \dfrac{\beta}{3}, \dfrac{\gamma}{3}\right) \\ (b_1,b_2,b_3) = (\lambda-1, u-1, v-1) \\ (a_1,a_2,a_3) = \left(a-1+\dfrac{1}{b}, b-1+\dfrac{1}{c}, c-1+\dfrac{1}{a}\right) \end{cases} \Rightarrow$$

$$\left(a+\dfrac{1}{b}-\lambda\right)^{\alpha} \cdot \left(b+\dfrac{1}{c}-u\right)^{\beta} \cdot \left(c+\dfrac{1}{a}-v\right)^{\gamma} =$$
$$(a_1-b_1)^{\alpha}(a_2-b_2)^{\beta}(a_3-b_3)^{\gamma} \leqslant$$
$$(a_1^{\frac{\alpha}{3}}a_2^{\frac{\beta}{3}}a_3^{\frac{\gamma}{3}} - b_1^{\frac{\alpha}{3}} \cdot b_2^{\frac{\beta}{3}} \cdot b_3^{\frac{\gamma}{3}})^3 =$$
(应用(b)式)$[(a_1{}^{\alpha}a_2{}^{\beta}a_3{}^{\gamma})^{\frac{1}{3}} - (b_1{}^{\alpha}b_2{}^{\beta}b_3{}^{\gamma})^{\frac{1}{3}}]^3 \leqslant$
$$(M-N)^3$$

即式(f)成立.

现在,我们将式(d)推广成:

推广6 设 $x_i > 0, S = \sum_{i=1}^{r_1} x_i > \lambda_i x_i \geqslant (n-1)x_i (i=1,2,\cdots,n; 3 \leqslant n \in \mathbf{N})$,则有
$$\prod_{i=1}^{n}(S-\lambda_i x_i) \leqslant (1-Q')^n \left(\prod_{i=1}^{n} x_i\right) \qquad (g)$$

其中
$$Q' \equiv \prod_{i=1}^{n}[\lambda_i-(n-1)]^{\frac{1}{n}}$$

证明 在式(※)中取 $\alpha_1 = \alpha_2 = \cdots = \alpha_n = 1$,得
$$\prod_{i=1}^{n}(a_i-b_i) \leqslant \left[\left(\prod_{i=1}^{n} a_i\right)^{\frac{1}{n}} - \left(\prod_{i=1}^{n} b_i\right)^{\frac{1}{n}}\right]^n$$

令
$$\begin{cases} a_i = S-(n-1)x_i \\ b_i = [\lambda_i-(n-1)]x_i \end{cases} (1 \leqslant i \leqslant n) \Rightarrow$$
$$a_i - b_i = S - \lambda_i x_i \Rightarrow$$

$$\prod_{i=1}^{n}(S-\lambda_i x_i) = \prod_{i=1}^{n}(a_i-b_i) \leqslant \left[\left(\prod_{i=1}^{n} a_i\right)^{\frac{1}{n}} - \left(\prod_{i=1}^{n} b_i\right)^{\frac{1}{n}}\right]^n \leqslant$$

(应用式(d))
$$\left[\left(\prod_{i=1}^{n} x_i\right)^{\frac{1}{n}} - Q'\left(\prod_{i=1}^{n} x_i\right)^{\frac{1}{n}}\right]^n = (1-Q')\left(\prod_{i=1}^{n} x_i\right)^{\frac{1}{n}} \Rightarrow$$
$$\prod_{i=1}^{n}(S-\lambda_i x_i) \leqslant (1-Q') \cdot \left(\prod_{i=1}^{n} x_i\right)$$

即式(g)成立.

相应地,应用引理不难建立式(e)的参数推广.

推广 7 设正数 $a_1, a_2, \cdots, a_n$ 满足 $a_1 \cdot a_2 \cdot \cdots \cdot a_n = 1$，参数 $\lambda_1, \lambda_2, \cdots, \lambda_n$ 满足
$$a_i + \frac{1}{a_{i+1}} > \lambda_i \geqslant 1 \quad 1 \leqslant i \leqslant n$$

（约定 $a_{n+i} = a_i, 1 \leqslant i \leqslant n, 3 \leqslant n \in \mathbf{N}$）则有

$$\prod_{i=1}^{n} \left(a_i + \frac{1}{a_{i+1}} - \lambda_i \right) \leqslant (m - n_a)^n \tag{h}$$

其中

$$m = \frac{1}{2} \Big[\prod_{i=1}^{n} (1 + a_i a_{i+1} a_{i+2}) \Big]^{\frac{1}{n}}$$

$$n_a = \Big[\prod_{i=1}^{n} (\lambda_i - 1) \Big]^{\frac{1}{n}}$$

9

最后，我们再建立一个新的结论：

设 a, b, c 表示锐角三角形 $\triangle ABC$ 的三边长，系数 $\lambda, u, v \in (0, 3)$，那么有

$$\frac{\lambda}{\sqrt{b^2 + c^2 - a^2}} + \frac{u}{\sqrt{c^2 + a^2 - b^2}} + \frac{v}{\sqrt{a^2 + b^2 - c^2}} \geqslant \frac{m}{\lambda a + ub + vc} \tag{1}$$

其中

$$m = \frac{9}{2} [\lambda u v (3 - \lambda)(3 - u)(3 - v)]^{\frac{1}{3}} \tag{2}$$

分析 观察式(1)左边的分式结构特征，联想到应用柯西不等式有

$$\sum \sqrt{b^2 + c^2 - a^2} \leqslant \sqrt{3} \Big[\sum (b^2 + c^2 - a^2) \Big]^{\frac{1}{2}} = \sqrt{3}(a^2 + b^2 + c^2)^{\frac{1}{2}} \Rightarrow$$

$$\sqrt{3}(a^2 + b^2 + c^2)^{\frac{1}{2}} \Big(\sum \frac{\lambda}{\sqrt{b^2 + c^2 - a^2}} \Big) \geqslant$$

$$\Big(\sum \sqrt{b^2 + c^2 - a^2} \Big) \cdot \Big(\sum \frac{\lambda}{\sqrt{b^2 + c^2 - a^2}} \Big) \geqslant \Big(\sum \sqrt{\lambda} \Big)^2 \Rightarrow$$

$$\sum \frac{\lambda}{\sqrt{b^2 + c^2 - a^2}} \geqslant \frac{(\sqrt{\lambda} + \sqrt{u} + \sqrt{v})^2}{\sqrt{3(a^2 + b^2 + c^2)}} \tag{3}$$

这样得到的式(3)并非我们要证明的式(1)．

另一方面，如果应用权方和不等式，有

$$\sum \frac{\lambda}{\sqrt{b^2 + c^2 - a^2}} = \sum \frac{(\lambda^{\frac{2}{3}})^{1+\frac{1}{2}}}{(b^2 + c^2 - a^2)^{\frac{1}{2}}} \geqslant$$

$$\frac{(\sum \lambda^{\frac{2}{3}})^{\frac{3}{2}}}{[\sum (b^2 + c^2 - a^2)]^{\frac{1}{2}}} = \frac{(\lambda^{\frac{2}{3}} + u^{\frac{2}{3}} + v^{\frac{2}{3}})^{\frac{3}{2}}}{\sqrt{a^2 + b^2 + c^2}} \tag{4}$$

从不等式

$$\Big(\frac{\lambda^{\frac{2}{3}} + u^{\frac{2}{3}} + v^{\frac{2}{3}}}{3} \Big)^{\frac{3}{2}} \geqslant \Big(\frac{\sqrt{\lambda} + \sqrt{u} + \sqrt{v}}{3} \Big)^2$$

知,虽然式(4)比式(3)强,但也不是我们要证明的式(1).

特别地,当我们取特殊值 $\lambda = u = v = 1$ 时,式(3)和式(4)均化为

$$\sum \frac{1}{\sqrt{b^2+c^2-a^2}} \geqslant \frac{9}{\sqrt{3(a^2+b^2+c^2)}} \tag{5}$$

而式(1)化为

$$\sum \frac{1}{\sqrt{b^2+c^2-a^2}} \geqslant \frac{9}{a+b+c} \tag{6}$$

从基本不等式

$$\sqrt{3(a^2+b^2+c^2)} \geqslant a+b+c$$

知,式(6)比式(5)强.

综合上述分析,为证明新结论式(1),必须另寻新路.

证明 应用前面的式(K)有

$$\prod (b+c-a)^2 \geqslant \prod (b^2+c^2-a^2) \Rightarrow$$

$$\prod (b+c-a) \geqslant \prod (b^2+c^2-a^2)^{\frac{1}{2}} \Rightarrow$$

$$pqr \prod (b^2+c^2-a^2)^{\frac{1}{2}} \leqslant \prod p(b+c-a) \tag{7}$$

$$\begin{cases} q+r-p = \lambda \in (0,3) \\ r+p-q = u \in (0,3) \\ p+q-r = v \in (0,3) \end{cases} \Rightarrow$$

$$\begin{cases} p = \frac{1}{2}(u+v) = \frac{1}{2}(3-\lambda) \\ q = \frac{1}{2}(v+\lambda) = \frac{1}{2}(3-u) \Rightarrow \\ r = \frac{1}{2}(\lambda+u) = \frac{1}{2}(3-v) \end{cases}$$

$$\left(\frac{1}{2}\right)^3 \prod (3-\lambda) \cdot \prod (b^2+c^2-a^2)^{\frac{1}{2}} \leqslant \left(\frac{1}{3}\sum \lambda a\right)^3 \Rightarrow$$

$$\left(\frac{3}{2}\right)^3 \prod \lambda(3-\lambda) \Big/ \left(\sum \lambda a\right)^3 \leqslant \prod \frac{\lambda}{\sqrt{b^2+c^2-a^2}} \leqslant \left(\frac{1}{3}\sum \frac{\lambda}{\sqrt{b^2+c^2-a^2}}\right)^3 \Rightarrow$$

$$\sum \frac{\lambda}{\sqrt{b^2+c^2-a^2}} \geqslant \frac{m}{\lambda a + ub + vc}$$

即式(1)得证,等号成立仅当 $\lambda = u = v = 1$,且 $\triangle ABC$ 为正三角形.

刚才,我们巧妙地应用式(K)建立了新结论,现在,我们再次应用式(K)建立一个更新奇的结论:

设锐角 $\triangle ABC$ 的三边长为 a,b,c.则有

$$(a^3+b^3+c^3-2abc)^2 \geqslant 4(abc)^2 - (a^6+b^6+c^6) \tag{8}$$

证明 应用式(K)有

$$\prod (b+c-a)^2 \geqslant \prod (b^2+c^2-a^2) \tag{K}$$

由于
$$(b+c-a)(c+a-b)(a+b-c) =$$
$$(2ab-a^2-b^2+c^2)(a+b-c) =$$
$$\sum(a^2b+ab^2) - \sum a^3 - 2abc \leqslant$$
$$\sum(a^3+b^3) - \sum a^3 - 2abc =$$
$$2\sum a^3 - \sum a^3 - 2abc =$$
$$a^3+b^3+c^3-2abc \tag{9}$$

同理
$$\prod(b^2+c^2-a^2) =$$
$$\sum a^2b^2(a^2+b^2) - 2(abc)^2 - \sum a^6 \geqslant$$
$$2\sum(ab)^3 - 2(abc)^2 - \sum a^6 \geqslant$$
$$6(ab \cdot bc \cdot ca) - 2(abc)^2 - \sum a^6 =$$
$$4(abc)^2 - \sum a^6 \tag{10}$$

从(9)、(10) 两式及式(K) 得
$$(a^3+b^3+c^3-2abc)^2 \geqslant \prod(b+c-a)^2 \geqslant$$
$$\prod(b^2+c^2-a^2) \geqslant 4(abc)^2 - (a^6+b^6+c^6) \Rightarrow$$
$$(a^3+b^3+c^3-2abc)^2 \geqslant 4(abc)^2 - (a^6+b^6+c^6)$$

通过上述推导,我们提出猜想:
$$(a^3+b^3+c^3-2abc)^2 \geqslant (a^6+b^6+c_i^6) - 2(abc)^2 \tag{?}$$

此式展开整理得:
$$a^3b^3+b^3c^3+c^3a^3+3(abc)^2 \geqslant 2abc(a^3+b^3+c^3) \tag{1}'$$

如果作代换
$$\begin{cases} x=bc \\ y=ca \\ z=ab \end{cases} \Rightarrow \begin{cases} abc=\sqrt{xyz} \\ a=\sqrt{xyz}/x \\ b=\sqrt{xyz}/y \\ c=\sqrt{xyz}/z \end{cases}$$

这样,式(1)′又转换为
$$x^3+y^3+z^3+3xyz \geqslant 2(xyz)^2\left(\frac{1}{x^3}+\frac{1}{y^3}+\frac{1}{z^3}\right) \tag{2}'$$

看来,欲证明或否定式(?),还得努力!

此外,如果我们记 $S=\frac{1}{2}(a+b+c)$,那么有
$$(b+c-a)(c+a-b)(a+b-c) =$$
$$(2S-2a)(2S-2b)(2S-2c) =$$

$$8(S-a)(S-b)(S-c) \leqslant$$
$$8(S-\sqrt[3]{abc})^3 = (a+b+c-2\sqrt[3]{abc})^3$$

同理,有
$$(b^2+c^2-a^2)(c^2+a^2-b^2)(a^2+b^2-c^2) \leqslant (a^2+b^2+c^2-2\sqrt[3]{a^2b^2c^2})^3$$

结合式(K),对于锐角 $\triangle ABC$,是否有
$$(a+b+c-2\sqrt[3]{abc})^2 \geqslant a^2+b^2+c^2-2\sqrt[3]{a^2b^2c^2} \qquad (?)'$$

即
$$2(bc+ca+ab)+6\sqrt[3]{(abc)^2} \geqslant 4(a+b+c)\sqrt[3]{abc} \qquad (1)$$

作代换
$$(a,b,c) = (x^3, y^3, z^3)$$

得
$$2(y^3z^3+z^3x^3+x^3y^3)+6(xyz)^2 \geqslant 4(x^3+y^3+z^3) \cdot xyz \qquad (2)$$

10

1961 年在匈牙利举行的第 3 届 IMO,第 2 题即是:

已知 a,b,c 是三角形三边的长度,Δ 是该三角形的面积,求证
$$a^2+b^2+c^2 \geqslant 4\sqrt{3}\Delta \qquad (A_1)$$

在刘培杰老师主编的红色巨著《历届 IMO(1959~2005)试题集(多解、推广、加强)》不仅用 26 种方法证明了式(A_1),还介绍了式(A_1)的一个推广.

其实,在 20 世纪八九十年代,在我国数学界就有许多人士研究了外观简洁优美的式(A_1),并取得了一系列喜人的成就. 笔者对式(A_1)的探讨也是偏爱有加、情有独钟.

我们知道,式(A_1)不仅有多个加强,还有一个非常漂亮的加权推广:

设 $\triangle ABC$ 的三边长为 a,b,c,面积为 Δ,实数 λ,u,v 至少有两个是正数,且满足条件
$$\lambda u + uv + v\lambda > 0 \qquad (1)$$

则有
$$\lambda a^2 + ub^2 + vc^2 \geqslant 4\sqrt{\lambda u + uv + v\lambda}\Delta \qquad (A_2)$$

如果设 $\theta_1, \theta_2, \theta_3 \in (0, \pi)$,且令
$$(\lambda, u, v) = (\cot\theta_1, \cot\theta_2, \cot\theta_3)$$

则有 $\lambda u + uv + v\lambda = 1$. 这样,式($A_2$)"瘦身"成一个"婀娜苗条"的"妙龄少女":
$$a^2 \cdot \cot\theta_1 + b^2 \cdot \cot\theta_2 + c^2 \cdot \cot\theta_3 \geqslant 4\Delta \qquad (A_3)$$

现在,我们补充式(A_1)的几条新的加强与推广.

结论 I 记 $\triangle ABC$ 的三边长为 a,b,c,面积为 Δ,参数 $\lambda,u,v \in (0,1)$,满足 $\lambda + u + v = 1$,则有
$$a^2+b^2+c^2 \geqslant 4\sqrt{3}\Delta + Q \qquad (A_4)$$
$$a^2+b^2+c^2 \geqslant 4\sqrt{3}\Delta(1+k)^{\frac{1}{2}} \qquad (A_5)$$

其中

$$Q = \frac{1}{2S}[\lambda(2a^2-b^2-c^2)^2 + u(2b^2-c^2-a^2)^2 + v(2c^2-a^2-b^2)^2] \qquad (2)$$

$$K = \frac{1}{S^2}[\lambda(2a^2-b^2-c^2)^2 + u(2b^2-c^2-a^2)^2 + v(2c^2-a^2-b^2)^2] \qquad (3)$$

$$S = \sum a^2 = a^2 + b^2 + c^2 \qquad (4)$$

证明 设 $\triangle ABC$ 的三边上的中线长为 m_a, m_b, m_c，则有（三条高线为 h_a, h_b, h_c）

$$\begin{cases} 4m_a^2 = 2b^2 + 2c^2 - a^2 \\ 4m_b^2 = 2c^2 + 2a^2 - b^2 \\ 4m_c^2 = 2a^2 + 2b^2 - c^2 \end{cases}$$

再设

$$\begin{cases} x = 3a^2 \\ y = 2b^2 + 2c^2 - a^2 \end{cases} \Rightarrow \begin{cases} x + y = 2(a^2+b^2+c^2) \\ x - y = 2(2a^2-b^2-c^2) \end{cases}$$

应用恒等式

$$xy = \left(\frac{x+y}{2}\right)^2 - \left(\frac{x-y}{2}\right)^2$$

有

$$4\sqrt{3}\Delta = 2\sqrt{3} \cdot ah_a \leqslant 2\sqrt{3} \cdot am_a \Rightarrow$$

$$(4\sqrt{3}\Delta)^2 \leqslant (2\sqrt{3} \cdot am_a)^2 = xy =$$

$$(a^2+b^2+c^2)^2 - (2a^2-b^2-c^2)^2 \Rightarrow$$

同理 $\begin{cases} \lambda(4\sqrt{3}\Delta)^2 \leqslant \lambda S^2 - \lambda(2a^2-b^2-c^2)^2 \\ u(4\sqrt{3}\Delta)^2 \leqslant uS^2 - u(2b^2-c^2-a^2)^2 \\ v(4\sqrt{3}\Delta)^2 \leqslant vS^2 - v(2c^2-a^2-b^2)^2 \end{cases} \Rightarrow$

$$(\lambda+u+v)(4\sqrt{3}\Delta)^2 \leqslant (\lambda+u+v)S^2 - \sum\lambda(2a^2-b^2-c^2)^2 \Rightarrow$$

$$(4\sqrt{3}\Delta)^2 \leqslant S^2 - \sum\lambda(2a^2-b^2-c^2)^2 \Rightarrow$$

$$\sum\lambda(2a^2-b^2-c^2) \leqslant (S+4\sqrt{3}\Delta)(S-4\sqrt{3}\Delta) \leqslant 2S(S-4\sqrt{3}\Delta) \Rightarrow$$

$$Q \leqslant S - 4\sqrt{3}\Delta \Rightarrow$$

$$S \geqslant 4\sqrt{3}\Delta + Q$$

即式 (A_4) 成立. 等号成立仅当 $\triangle ABC$ 为正三角形，且 $\lambda = u = v = \frac{1}{3}$.

此外，由于

$$S^2 \geqslant (4\sqrt{3}\Delta)^2 + \sum\lambda(2a^2-b^2-c^2)^2 \Rightarrow$$

$$\frac{S^2}{(4\sqrt{3}\Delta)^2} \geqslant 1 + \frac{\sum\lambda(2a^2-b^2-c^2)^2}{(4\sqrt{3}\Delta)^2} \geqslant$$

$$1 + \frac{1}{S^2}\sum\lambda(2a^2-b^2-c^2)^2 = 1 + k \Rightarrow$$

$$S \geqslant 4\sqrt{3}\Delta(1+k)^{\frac{1}{2}}$$

即式(A_5)成立.

天空有彩云星月点缀,山水有红花绿叶芳草装扮,一个优美的不等式,往往有系数、参数、指数、元数、维数为它锦上添花. 如式(A_1)的第一个新的系数推广为

结论 II 设 $\triangle ABC$ 的三边长为 a,b,c,面积为 Δ,α,β,γ 为正系数,则有

$$\alpha \cdot a^2 + \beta \cdot b^2 + \gamma \cdot c^2 \geqslant \frac{4}{\sqrt{3}}(\sqrt{uv} + \sqrt{v\lambda} + \sqrt{\lambda u})\Delta \tag{A_6}$$

其中

$$\begin{cases} \lambda = (\alpha - \beta + 3\gamma)/3 \\ u = (\beta - \gamma + 3\alpha)/3 \\ v = (\gamma - \alpha + 3\beta)/3 \end{cases}$$

显然,当 $\alpha = \beta = \gamma \Rightarrow \lambda = u = v$ 时,式(A_6)化为式(A_1).

证明 从前面的结论有

$$4\sqrt{3}\Delta \leqslant [3a^2(2b^2 + 2c^2 - a^2)]^{\frac{1}{2}} \Rightarrow$$

$$4\sqrt{3uv}\Delta \leqslant [3ua^2 \cdot (2vb^2 + 2vc^2 - va^2)]^{\frac{1}{2}} \leqslant \frac{1}{2}[3ua^2 + (2vb^2 + 2vc^2 - va^2)] \Rightarrow$$

$$8\sqrt{3uv}\Delta \leqslant (3u-v)a^2 + 2vb^2 + 2vc^2$$

同理 $\begin{cases} 8\sqrt{3v\lambda}\Delta \leqslant (3v-\lambda)b^2 + 2\lambda c^2 + 2\lambda a^2 \\ 8\sqrt{3\lambda u}\Delta \leqslant (3\lambda-u)c^2 + 2ua^2 + 2ub^2 \end{cases} \Rightarrow$

$$8\sqrt{3}(\sum \sqrt{uv})\Delta \leqslant (2\lambda + 5u - v)a^2 + (2u + 5v - \lambda)b^2 + (2v + 5\lambda - u)c^2 \tag{1}$$

令

$$\begin{cases} 2\lambda + 5u - v = 6\alpha \\ 2u + 5v - \lambda = 6\beta \Rightarrow \\ 2v + 5\lambda - u = 6\gamma \end{cases}$$

$$\begin{cases} \lambda = (\alpha - \beta + 3\gamma)/3 \\ u = (\beta - \gamma + 3\alpha)/3 \Rightarrow \\ v = (\gamma - \alpha + 3\beta)/3 \end{cases}$$

$$\sum \alpha \cdot a^2 \geqslant \frac{4}{\sqrt{3}}(\sum \sqrt{uv})\Delta$$

即式(A_6)成立,等号成立仅当 $\triangle ABC$ 为正三角形,且 $\alpha = \beta = \gamma$.

式(A_1)的第二个新的系数推广为:

结论 III 设 $\triangle ABC$ 的三边长为 a,b,c,面积为 Δ;正系数 x,y,z 满足

$$\min(x,y,z) > t > 0$$

则有

$$xa^2 + yb^2 + zc^2 \geqslant 8\sqrt{3t}[(x-t)(y-t)(z-t)]^{\frac{1}{6}} \cdot \Delta \tag{A_7}$$

特别地,当 $x = y = z = 2t$ 时,式(A_7)化为式(A_1).

证明 应用不等式,并设 $\lambda, u, v > 0$

$$4\Delta \leqslant [a^2(2b^2+2c^2-a^2)]^{\frac{1}{2}} \Rightarrow$$

$$\left.\begin{array}{l}(4\Delta)^2 \leqslant a^2(2b^2+2c^2-a^2) \\ (4\Delta)^2 \leqslant b^2(2c^2+2a^2-b^2) \\ (4\Delta)^2 \leqslant c^2(2a^2+2b^2-c^2)\end{array}\right\} \Rightarrow$$

$$(4\Delta)^6 \leqslant a^2b^2c^2 \cdot \prod(2b^2+2c^2-a^2) \leqslant$$
$$a^2b^2c^2 \cdot \left[\frac{1}{3}\sum(2b^2+2c^2-a^2)\right]^3 =$$
$$a^2b^2c^2(a^2+b^2+c^2)^3 \Rightarrow$$
$$\lambda uvt^3 \cdot (4\Delta)^6 \leqslant (\lambda a^2)(ub^2)(vc^2) \cdot (ta^2+tb^2+tc^2)^3 \leqslant$$
$$\left(\frac{\lambda a^2+ub^2+vc^2}{3}\right)^3 \cdot (ta^2+tb^2+tc^2)^3 \Rightarrow$$
$$3t(4\Delta)^2 \cdot \sqrt[3]{\lambda uv} \leqslant$$
$$(\lambda a^2+ub^2+vc^2)(ta^2+tb^2+tc^2) \leqslant$$
$$\frac{1}{4}[(\lambda+t)a^2+(u+t)b^2+(v+t)c^2]^2 \Rightarrow$$

$$(\lambda+t)a^2+(u+t)b^2+(v+t)c^2 \geqslant 8\sqrt{3t}(\sqrt[6]{\lambda uv}) \cdot \Delta \tag{1}$$

令 $\begin{cases}\lambda+t=x \\ u+t=y \\ v+t=z\end{cases} \Rightarrow \begin{cases}\lambda=x-t>0 \\ u=y-t>0 \\ v=z-t>0\end{cases}$

代入式(1)即得式(A_7). 等号成立仅当 $\triangle ABC$ 为正三角形,且 $x=y=z=2t$.

如果我们设 $\lambda uv \geqslant 1$,那么式(1)简化为

$$(\lambda+t)a^2+(u+t)b^2+(v+t)c^2 \geqslant 8\sqrt{3t}\Delta \tag{A_8}$$

式(A_8)显得更简洁紧凑.

我们能否换个思路,从指数方面着手,来建立式(A_1)的新系数推广呢?我们不妨一试.

设指数 $\alpha, \beta, \gamma \in (0,1)$ 满足 $\alpha+\beta+\gamma=1$. 那么有

$$\begin{cases}(4\Delta)^{2\alpha} \leqslant a^{2\alpha} \cdot (2b^2+2c^2-a^2)^\alpha \\ (4\Delta)^{2\beta} \leqslant b^{2\beta} \cdot (2c^2+2a^2-b^2)^\beta \\ (4\Delta)^{2\gamma} \leqslant c^{2\gamma} \cdot (2a^2+2b^2-c^2)^\gamma\end{cases} \Rightarrow$$

$$(4\Delta)^{2(\alpha+\beta+\gamma)} \leqslant a^{2\alpha} \cdot b^{2\beta} \cdot c^{2\gamma} \cdot M \leqslant \tag{1}$$

其中 $M = \prod(2b^2+2c^2-a^2)^\alpha$(应用加权不等式)

$$\sum \alpha(2b^2+2c^2-a^2) = \sum(2\beta+2\gamma-\alpha)a^2 \tag{2}$$

又

$$a^{2\alpha} \cdot b^{2\beta} \cdot c^{2\gamma} \leqslant \sum \alpha a^2 \tag{3}$$

于是

$$3a^{2\alpha} \cdot b^{2\beta} \cdot c^{2\gamma} \leqslant \sum 3\alpha \cdot a^2 \Rightarrow$$

$$3a^{2\alpha} \cdot b^{2\beta} \cdot c^{2\gamma} \cdot M \leqslant \left(\sum 3\alpha \cdot a^2\right) \sum (2\beta + 2\gamma - \alpha) a^2 \Rightarrow$$

$$\frac{1}{4}\left[\left(\sum 3\alpha \cdot a^2\right) + \sum (2\beta + 2\gamma - \alpha) a^2\right]^2 = \left[\sum (\alpha + \beta + \gamma) a^2\right]^2 = \left(\sum a^2\right)^2 \Rightarrow$$

$$\left(\sum a^2\right)^2 \geqslant 3(4\Delta)^{2(\alpha+\beta+\gamma)} = 3(4\Delta)^2 \Rightarrow$$

$$a^2 + b^2 + c^2 \geqslant 4\sqrt{3}\Delta$$

可见,从指数方面着手建立式(A_1)的新的系数推广难凑数.但是,西方不亮东方亮,水路不通行山路.

结论 Ⅳ 设 $\triangle ABC$ 的三边长为 a, b, c,面积为 Δ,x, y, z 为正系数,则有

$$xa^2 + yb^2 + zc^2 \geqslant K\Delta \tag{A_9}$$

其中

$$K = 12\sqrt{3}\, xyz / (yz + zx + xy)$$

证明 设 λ, u, v 为实数,由于

$$(\pi - 2A) + (\pi - 2B) + (\pi - 2C) = \pi$$

有三角母不等式

$$2uv\cos(\pi - 2A) + 2v\lambda\cos(\pi - 2B) + 2\lambda u\cos(\pi - 2C) \leqslant \lambda^2 + u^2 + v^2 \Rightarrow$$

$$-2(uv\cos 2A + v\lambda\cos 2B + \lambda u\cos 2C) \leqslant \lambda^2 + u^2 + v^2 \Rightarrow$$

$$2[uv(2\sin^2 A - 1) + v\lambda(2\sin^2 B - 1) + \lambda u(2\sin^2 C - 1)] \leqslant \lambda^2 + u^2 + v^2 \Rightarrow$$

$$4(uv\sin^2 A + v\lambda\sin^2 B + \lambda u\sin^2 C) \leqslant$$

$$\lambda^2 + u^2 + v^2 + 2(uv + v\lambda + \lambda u) = (\lambda + u + v)^2 \Rightarrow$$

$$uv\sin^2 A + v\lambda\sin^2 B + \lambda u\sin^2 C \leqslant \frac{1}{4}(\lambda + u + v)^2 \tag{1}$$

令

$$\begin{cases} uv = x \\ v\lambda = y \\ \lambda u = z \end{cases} \Rightarrow \begin{cases} \lambda = \sqrt{xyz}/x \\ u = \sqrt{xyz}/y \\ v = \sqrt{xyz}/z \end{cases} \Rightarrow$$

$$x\sin^2 A + y\sin^2 B + z\sin^2 C \leqslant \frac{1}{4} xyz \left(\frac{1}{x} + \frac{1}{y} + \frac{1}{z}\right)^2 \Rightarrow$$

$$xa^2 + yb^2 + zc^2 \leqslant \frac{(yz + zx + xy)^2}{xyz} R^2 = \frac{(yz + zx + xy)^2}{xyz} \cdot \left(\frac{abc}{4\Delta}\right)^2 \Rightarrow$$

$$(4xyz\Delta)^2 (xa^2 + yb^2 + zc^2) \leqslant (yz + zx + xy)^2 \cdot (xa^2 \cdot yb^2 \cdot zc^2) \leqslant$$

$$\frac{1}{27}(yz + zx + xy)^2 \cdot (xa^2 + yb^2 + zc^2)^3 \Rightarrow$$

$$27(4xyz\Delta)^2 \leqslant (yz + zx + xy)^2 \cdot (xa^2 + yb^2 + zc^2)^3 \Rightarrow$$

$$\frac{12\sqrt{3}\,\Delta xyz}{yz + zx + xy} \leqslant xa^2 + yb^2 + zc^2$$

即式(A_9)成立,等号成立仅当 $\triangle ABC$ 为正三角形,且 $x = y = z$.

显然,当 $x = y = z$ 时,式(A_9) 化为式(A_1). 其实,当 $xy + yz + zx \leqslant 1$ 时,式(A_9) 简化为
$$xa^2 + yb^2 + zc^2 \geqslant 12\sqrt{3} xyz \cdot \Delta \tag{A_{10}}$$
现在,我们用更简洁的方法证明式(A_{10}).

另证 设 $a + b + c = 2S$,由三角形面积的海伦公式有
$$\Delta^2 = S(S-a)(S-b)(S-c) \leqslant$$
$$S\left\{\frac{1}{3}[(S-a)+(S-b)+(S-c)]\right\}^3 =$$
$$S \cdot \left[\frac{1}{3}(3S-2S)\right]^3 = \frac{1}{3^3}S^4 \Rightarrow$$
$$S \geqslant \sqrt[4]{27} \cdot \sqrt{\Delta} \Rightarrow$$
$$(xa^2 + yb^2 + zc^2)\left(\frac{1}{x} + \frac{1}{y} + \frac{1}{z}\right) \geqslant$$
$$(a+b+c)^2 = (2S)^2 \geqslant 12\sqrt{3}\Delta \Rightarrow$$
$$xa^2 + yb^2 + zc^2 \geqslant k\Delta \geqslant 12\sqrt{3} xyz\Delta$$

现在,我们更新思路,再建立式(A_1) 的一个新推广.

结论 V 设 $\triangle ABC$ 的三边长为 a, b, c,面积为 Δ;系数 $\alpha, \beta, \gamma \in (0,1)$ 满足 $\alpha + \beta + \gamma = 1$;参数 $x, y, z \in (0,4)$,满足 $x + y + z = 4$. 那么有
$$\alpha a^2 + \beta b^2 + \gamma c^2 \geqslant M\Delta \tag{A_{11}}$$
其中
$$M = \left[\left(\frac{yz}{4\alpha - 1}\right)^{4\alpha - 1} \cdot \left(\frac{zx}{4\beta - 1}\right)^{4\beta - 1} \cdot \left(\frac{xy}{4\gamma - 1}\right)^{4\gamma - 1}\right]^{\frac{1}{2}}$$

特别地,当 $\alpha = \beta = \gamma = \frac{1}{3}$,$x = y = z = \frac{4}{3}$ 时,$M = \frac{4}{\sqrt{3}}$,式(A_{11}) 化为式(A_1).

证明 由三角母不等式有
$$2\sum yz \cos A \leqslant \sum x^2 \Rightarrow$$
$$2\sum yz \left(2\cos^2 \frac{A}{2} - 1\right) \leqslant \sum x^2 \Rightarrow$$
$$4\sum yz \cos^2 \frac{A}{2} - 2\sum yz \leqslant \sum x^2 \Rightarrow$$
$$4\sum yz \cos^2 \frac{A}{2} \leqslant \left(\sum x\right)^2 \tag{1}$$

又设 $\lambda, u, v \in (0,1)$ 满足 $\lambda + u + v = 1$,应用加权不等式有
$$\sum yz \cos^2 \frac{A}{2} = \sum \lambda \left(\frac{yz}{\lambda} \cos^2 \frac{A}{2}\right) \geqslant$$
$$\prod \left(\frac{yz}{\lambda} \cos^2 \frac{A}{2}\right)^{\lambda} = \prod \left(\frac{yz}{\lambda}\right)^{\lambda} \cdot \prod \left(\cos^2 \frac{A}{2}\right)^{\lambda} \Rightarrow$$
$$\left(\sum x\right)^2 \geqslant 4\prod \left(\frac{yz}{\lambda}\right)^{\lambda} \cdot \prod \left(\cos^2 \frac{A}{2}\right)^{\lambda} \Rightarrow$$

$$\prod\left(\cos\frac{A}{2}\right)^\lambda \leqslant \left[\frac{\sum x}{2}\right]\cdot\prod\left(\frac{\lambda}{yz}\right)^{\frac{\lambda}{2}} = 2\prod\left(\frac{\lambda}{yz}\right)^{\frac{\lambda}{2}} \tag{2}$$

设 $\triangle ABC$ 的 a,b,c 的三边上的高线长为 h_a,h_b,h_c，那么有

$$\Delta = \frac{1}{2}ah_a \leqslant \frac{1}{2}at_a = \frac{abc}{b+c}\cos\frac{A}{2} \leqslant \frac{1}{2}\sqrt{abc}\cdot\sqrt{a}\cos\frac{A}{2} \Rightarrow$$

$$(2\Delta)^\lambda \leqslant (\sqrt{abc})^\lambda\cdot(\sqrt{a})^\lambda\cdot\left(\cos\frac{A}{2}\right)^\lambda$$

同理 $\begin{cases}(2\Delta)^u \leqslant (\sqrt{abc})^u\cdot(\sqrt{b})^u\cdot\left(\cos\frac{B}{2}\right)^u \\ (2\Delta)^v \leqslant (\sqrt{abc})^v\cdot(\sqrt{c})^v\cdot\left(\cos\frac{C}{2}\right)^v\end{cases} \Rightarrow$

$$(2\Delta) \leqslant \sqrt{abc}\prod(\sqrt{a})^\lambda\cdot\prod\left(\cos\frac{A}{2}\right)^\lambda \leqslant$$

（注意 $\lambda + u + v = 1$）

$$\prod(\sqrt{a})^{1+\lambda}\cdot 2\prod\left(\frac{\lambda}{yz}\right)^{\frac{\lambda}{2}} \Rightarrow$$

$$2\Delta \leqslant \prod(a^2)^{\frac{1+\lambda}{4}}\cdot 2\prod\left(\frac{\lambda}{yz}\right)^{\frac{\lambda}{2}} \tag{3}$$

令

$$(\lambda,u,v) = (4\alpha-1, 4\beta-1, 4\gamma-1) \Rightarrow$$

$$(\alpha,\beta,\gamma) = \left(\frac{1+\lambda}{4},\frac{1+u}{4},\frac{1+v}{4}\right)$$

$$(\alpha+\beta+\gamma = 1 \Leftrightarrow \lambda+u+v = 1) \Rightarrow$$

$$2\Delta \leqslant \left(\sum\alpha a^2\right)\cdot 2\prod\left(\frac{\lambda}{yz}\right)^{\frac{\lambda}{2}} \Rightarrow$$

$$\sum\alpha a^2 \geqslant \left[\prod\left(\frac{yz}{\lambda}\right)^\lambda\right]^{\frac{1}{2}}\cdot\Delta$$

即式(A_{11})成立.等号成立仅当 $\triangle ABC$ 为正三角形,且 $\alpha = \beta = \gamma = \frac{1}{3}$ 及 $x = y = z = \frac{4}{3}$.

顺便指出,从式(3)得

$$2\Delta \leqslant \left(\prod a^{2\alpha}\right)\cdot 2\prod\left(\frac{\lambda}{yz}\right)^{\frac{\lambda}{2}} \Rightarrow$$

$$a^\alpha\cdot b^\beta\cdot c^\gamma \geqslant \left(\frac{yz}{\lambda}\right)^{\frac{\lambda}{4}}\cdot\left(\frac{zx}{u}\right)^{\frac{\lambda}{4}}\cdot\left(\frac{xy}{v}\right)^{\frac{v}{4}}\cdot\sqrt{\Delta}$$

这即是著名的"波利亚-舍贵"不等式

$$abc \geqslant \left(\frac{4}{\sqrt{3}}\Delta\right)^{\frac{3}{2}}$$

的指数推广,是我们的意外收获.

11

众所周知,著名的切比雪夫不等式指的是:

设正数序列$\{x_n\}$与$\{y_n\}$大小关系同序,则有

$$\frac{\sum_{i=1}^{n} x_i y_i}{n} \geqslant \left(\frac{\sum_{i=1}^{n} x_i}{n}\right)\left(\frac{\sum_{i=1}^{n} y_i}{n}\right) \tag{B_1}$$

本刊 2008 年第二辑(文化卷)第 180 页,笔者将式(B_1)从权系数和元数两个方面推广为:

定理 设$\{x_{m1}\},\{x_{m2}\},\cdots,\{x_{mm}\}$均为非负同序列,权系数 $p_i \in (0,1)(1 \leqslant i \leqslant n, 2 \leqslant n \in \mathbf{N}; 1 \leqslant j \leqslant m, 2 \leqslant m \in \mathbf{N})$,且$\sum_{i=1}^{n} p_i = 1$,则

$$\sum_{i=1}^{n}\left(p_i \prod_{j=1}^{m} x_{ij}\right) \geqslant \prod_{j=1}^{m} \sum_{i=1}^{n} p_i x_{ij} \tag{B_2}$$

等号成立仅当 $x_{1j} = x_{2j} = \cdots = x_{nj}(j = 1, 2, \cdots, m)$.

我有位上过大学的朋友,看完了我对式(B_2)的证明后认为:证法新奇独特(应用加权幂平均不等式),显得天马行空,似有神灵指点.若能用更初等的方法证明,那就更好了,数奥选手们也会更喜欢.故今特用新的初等方法证式(B_2).

新证 1 对 m 用归纳法.

(i) 当 $m = 2$ 时,作代换 $x_{i1} = a_i, x_{i2} = b_i, S = \sum_{i=1}^{n} q_i, p_i = q_i/S(i = 1, 2, \cdots, n)$,注意$\{a_n\}$与$\{b_n\}$同序,此时式($B_2$)化为

$$\sum_{i=1}^{n} q_i a_i b_i \geqslant \frac{1}{S}\left(\sum_{i=1}^{n} q_i a_i\right) \cdot \left(\sum_{i=1}^{n} q_i b_i\right) \tag{1}$$

(1°) 当 $q_i \in \mathbf{N}(i = 1, 2, \cdots, n)$ 时,意识到

$$q_i a_i b_i = a_i b_i + \cdots + a_i b_i (q_i \text{ 个 } a_i b_i)$$
$$q_i a_i = a_i + \cdots + a_i (q_i \text{ 个 } a_i)$$
$$q_i b_i = b_i + \cdots + b_i (q_i \text{ 个 } b_i)$$

应用切比雪夫不等式知式(1)成立.

(2°) 当 $q_i \in \mathbf{Q}^+(i = 1, 2, \cdots, n)$ 不全为自然数时,设 $q_i = x_i/y_i$,其中 $x_i, y_i \in \mathbf{N}, (x_i, y_i) = 1$,再记 $Y = \prod_{i=1}^{n} y_i, t_i = x_i Y/y_i \in \mathbf{N}(1 \leqslant i \leqslant n), SY = \left(\sum_{i=1}^{n} q_i\right)Y = \sum_{i=1}^{n}\left(\frac{x_i}{y_i}Y\right) = \sum_{i=1}^{n} t_i = T \in \mathbf{N}$,于是

$$\sum_{i=1}^{n} q_i a_i b_i \geqslant \frac{1}{S}\left(\sum_{i=1}^{n} q_i a_i\right)\left(\sum_{i=1}^{n} q_i b_i\right) \Leftrightarrow$$

$$\sum_{i=1}^{n}\left(\frac{x_i}{y_i}a_ib_i\right) \geqslant \frac{1}{S}\left(\sum_{i=1}^{n}\frac{x_i}{y_i}a_i\right)\left(\sum_{i=1}^{n}\frac{x_i}{y_i}b_i\right) \Leftrightarrow$$

$$\frac{1}{Y}\sum_{i=1}^{n}t_ia_ib_i \geqslant \frac{1}{S}\left(\frac{1}{T}\sum_{i=1}^{n}t_ia_i\right)\left(\frac{1}{Y}\sum_{i=1}^{n}t_ib_i\right) \Leftrightarrow$$

$$\sum_{i=1}^{n}t_ia_ib_i \geqslant \frac{1}{SY}\left(\sum_{i=1}^{n}t_ia_i\right)\cdot\left(\sum_{i=1}^{n}t_ib_i\right) \Leftrightarrow$$

$$\sum_{i=1}^{n}t_ia_ib_i \geqslant \frac{1}{T}\left(\sum_{i=1}^{n}t_ia_i\right)\left(\sum_{i=1}^{n}t_ib_i\right) \tag{2}$$

从式(1)知式(2)成立,即此时式(1)成立.

(3°) 当 $\{q_n\}$ 中有无理数时,应用无理数 $q_i^{(n)}$ 逼近有理数 $q_i(1 \leqslant i \leqslant n)$ 原理,
$$\lim_{n\to\infty}q_i^{(n)} = q_i \quad i = 1,2,\cdots,n$$
知,对于所有正实数 $q_i(1 \leqslant i \leqslant n)$,式(1)成立.

(ii) 假设当 $m = k$ 时式(B_2)成立,即

$$\prod_{i=1}^{n}\left(p_i\prod_{j=1}^{k}x_{ij}\right) \geqslant \prod_{j=1}^{k}\left(\sum_{i=1}^{n}p_ix_{ij}\right) \tag{3}$$

简记
$$\begin{cases} c_i = \prod_{j=1}^{k}x_{ij} \\ d_i = x_{i(k+1)} \end{cases} \Rightarrow c_id_i = \prod_{j=1}^{k+1}x_{ij}$$

因此 $\{c_n\}$ 与 $\{d_n\}$ 是同序列,于是应用切比雪夫不等式有

$$\sum_{i=1}^{n}(p_ic_id_i) \geqslant \left(\sum_{i=1}^{n}p_ic_i\right)\cdot\left(\sum_{i=1}^{n}p_id_i\right) =$$
(应用式(3))
$$\sum_{i=1}^{n}\left(p_i\prod_{j=1}^{k}x_{ij}\right)\cdot\left(\sum_{i=1}^{n}p_ix_{i(k+1)}\right) \geqslant$$
$$\prod_{j=1}^{k}\left(\sum_{i=1}^{n}p_ix_{ij}\right)\cdot\left(\sum_{i=1}^{n}p_ix_{i(k+1)}\right) = \prod_{j=1}^{k+1}\left(\sum_{i=1}^{n}p_ix_{ij}\right) \Rightarrow$$
$$\sum_{i=1}^{n}\left(p_i\cdot\prod_{j=1}^{k+1}x_{ij}\right) \geqslant \prod_{j=1}^{k+1}\left(\sum_{i=1}^{n}p_ix_{ij}\right) \tag{4}$$

这表明当 $m = k + 1$ 时,式(B_2)仍然成立.

综合(i)和(ii)知,对所有 $2 \leqslant m \in \mathbf{N}$,式($B_2$)成立.

由于当时我对自己建立的式(B_2)认识不够全面深刻,因此只有单一的证法.现在我们再提供一种新证法,以作弥补.

新证 2 对 n 施行归纳法.

(i) 易证当 $n = 2$ 时式(B_2)成立(证明略);

(ii) 假设当 $n = k \geqslant 2$ 时式(B_2)成立,那么当 $n = k+1$ 时,注意到 $\sum_{i=1}^{k+1}p_i = 1$,设

$$S = \sum_{i=1}^{k}p_i = 1 - p_{k+1} \Rightarrow p_{k+1} = 1 - S$$

注意到 $\sum_{i=1}^{k} \frac{p_i}{S} = 1$,由归纳假设得

$$\sum_{i=1}^{k}\left(p_i \prod_{j=1}^{m} x_{ij}\right) = S \sum_{i=1}^{k}\left(\frac{p_i}{S} \prod_{j=1}^{m} x_{ij}\right) \geqslant S \prod_{j=1}^{m}\left(\sum_{i=1}^{k} \frac{p_i}{S} x_{ij}\right) \Rightarrow$$

$$\sum_{i=1}^{k+1}\left(p_i \prod_{j=1}^{m} x_{ij}\right) = \sum_{i=1}^{k}\left(p_i \prod_{j=1}^{m} x_{ij}\right) + p_{k+1} \prod_{j=1}^{m} x_{(k+1)j} \geqslant$$

$$S \prod_{j=1}^{m}\left(\sum_{i=1}^{k} \frac{p_i}{S} x_{ij}\right) + (1-S) \prod_{j=1}^{m} x_{(k+1)j} \tag{5}$$

如果记 $A_j = \sum_{i=1}^{k} \frac{p_i}{S} x_{ij}, B_j = x_{(k+1)j} (j=1,2,\cdots,m)$,那么序列 $\{A_m\}$ 与 $\{B_m\}$ 同序,再注意到 $S + (1-S) = S$,有

$$S \prod_{j=1}^{m}\left(\sum_{i=1}^{k} \frac{p_i}{S} x_{ij}\right) + (1-S) \prod_{j=1}^{m} x_{(k+1)j} \geqslant$$

$$\prod_{j=1}^{m}\left[\sum_{i=1}^{k} S\left(\frac{p_i}{S} x_{ij}\right) + (1-S) x_{(k+1)j}\right] =$$

$$\prod_{j=1}^{m}\left[\sum_{i=1}^{k}(p_i x_{ij}) + p_{k+1} x_{(k+1)j}\right] = \prod_{j=1}^{m}\left(\sum_{i=1}^{k+1} p_i x_{ij}\right) \Rightarrow$$

$$\sum_{i=1}^{k+1}\left(p_i \prod_{j=1}^{m} x_{ij}\right) \geqslant \prod_{j=1}^{m}\left(\sum_{i=1}^{k+1} p_i x_{ij}\right) \tag{6}$$

这表明当 $n = k+1$ 时,式 (B_2) 仍然成立.

综合(i)和(ii)知,对所有 $2 \leqslant n \in \mathbf{N}$,式 (B_3) 成立.

此外,如果我们再增设指数 $\theta_j \geqslant 1 (j=1,2,\cdots,m)$,那么应用式 (B_2) 和加权幂平均不等式有

$$\sum_{i=1}^{n}\left(p_i \prod_{j=1}^{m} x_{ij}^{\theta_j}\right) \geqslant \prod_{j=1}^{m}\left(\sum_{i=1}^{n} p_i x_{ij}^{\theta_j}\right) \geqslant \prod_{j=1}^{m}\left(\sum_{i=1}^{n} p_i x_{ij}\right)^{\theta_j} \Rightarrow$$

$$\sum_{i=1}^{n}\left(p_i \prod_{j=1}^{m} x_{ij}^{\theta_j}\right) \geqslant \prod_{j=1}^{m}\left(\sum_{i=1}^{n} p_i x_{ij}\right)^{\theta_j} \tag{B_3}$$

如果我们再记 $\theta = \sum_{j=1}^{m} \theta_j$,应用赫尔德不等式有

$$\prod_{j=1}^{m}\left(\sum_{i=1}^{n} p_i x_{ij}\right)^{\theta_j} = \left[\prod_{j=1}^{m}\left(\sum_{i=1}^{n} p_i x_{ij}^{\frac{\theta_j}{\theta}}\right)\right]^{\theta^m} \geqslant$$

$$\left[\sum_{i=1}^{n} \prod_{j=1}^{m}(p_i x_{ij})^{\frac{\theta_j}{\theta}}\right]^{\theta^m} =$$

$$\left[\sum_{i=1}^{n}\left(p_i^{\sum_{j=1}^{m} \frac{\theta_j}{\theta}} \cdot \prod_{j=1}^{m} x_{ij}^{\frac{\theta_j}{\theta}}\right)\right]^{\theta^m} =$$

$$\left[\sum_{i=1}^{n}\left(p_i \prod_{j=1}^{m} x_{ij}^{\frac{\theta_j}{\theta}}\right)\right]^{\theta^m} \Rightarrow$$

$$\sum_{i=1}^{n}\left(p_i \prod_{j=1}^{m} x_{ij}^{\theta_j}\right) \geqslant \left[\sum_{i=1}^{n}\left(p_i \prod_{j=1}^{m} x_{ij}^{\frac{\theta_j}{\theta}}\right)\right]^{\theta^m} \tag{B_4}$$

仔细思量,式(B_2)的证明也可以采用如下思路:

(i) 先证明当 $m = 2$ 时式(B_2) 成立;

(ii) 再证明当 $m = 2^k (1 \leqslant k \in \mathbf{N})$ 时式(B_2) 成立;

(iii) 如果 $m \neq 2^k (1 \leqslant k \in \mathbf{N})$,则总存在自然数 r,使得 $m+r = 2^k$,记 $G = \left(\prod\limits_{j=1}^{m} x_{ij}\right)^{\frac{1}{m}}$,那么有

$$\sum_{i=1}^{n}\left[p_i\left(\prod_{j=1}^{m}x_{ij}\right)\cdot G^r\right] \geqslant \prod_{j=1}^{m}\left(\sum_{i=1}^{n}p_ix_{ij}\right)\cdot\left(\sum_{i=1}^{n}p_iG\right)^r \Rightarrow$$

$$G^r\cdot\sum_{i=1}^{n}\left(p_i\prod_{j=1}^{m}x_{ij}\right) \geqslant G^r\left(\sum_{i=1}^{n}p_i\right)^r\cdot\sum_{j=1}^{m}\left(\sum_{i=1}^{n}p_ix_{ij}\right) \Rightarrow$$

$$\sum_{i=1}^{n}\left(p_i\prod_{j=1}^{m}x_i\right) \geqslant \sum_{j=1}^{m}\left(\sum_{i=1}^{n}p_ix_{ij}\right)$$

这样,对任意 $2 \leqslant m \in \mathbf{N}$,式($B_2$) 恒成立.

爱尔特希(Erdös)不等式与数奥文化

邓寿才

1. 起源诞生

我们知道,对于任意一个 $\triangle ABC$,一个显著的特点是,它有重心 G,内心 I,外心 O,垂心 H,Fermat 点 P,Brocard 点 N.关于这几个点的系统研究,历来是人们关注的重点.

(i) 如图 1 所示如果我们设 AG、BG、CG 依次交 BC、CA、AB 于 A_1、B_1、C_1,重心 G 到此三边的垂足依次为 D,E,F,则有

$$\begin{cases} GA:GA_1 = 1:2 \\ GB:GB_1 = 1:2 \\ GC:GC_1 = 1:2 \end{cases} \Rightarrow$$

$$\left.\begin{array}{l} GA + GB + GC = 2(GA_1 + GB_1 + GC_1) \\ GA_1 \geqslant GD, GB_1 \geqslant GE, GC_1 \geqslant GF \\ GA + GB + GC \geqslant 2(GD + GE + GF) \end{array}\right\} \Rightarrow \quad \text{(a)}$$

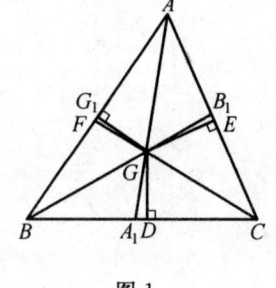

图 1

这样,我们轻松地得到了一个结构匀称、外观漂亮的线性几何不等式(a).

(ii) 对于 I 而言,设 $ID = IE = IF = r$,则易得

$$IA + IB + IC = r\left(\csc\frac{A}{2} + \csc\frac{B}{2} + \csc\frac{C}{2}\right) \geqslant$$

(应用柯西不等式)

$$9r\left(\sin\frac{A}{2} + \sin\frac{B}{2} + \sin\frac{C}{2}\right)^{-1} \geqslant$$

$$9r\left[3\sin\left(\frac{A+B+C}{6}\right)\right]^{-1} = 3r/\sin\frac{\pi}{6} \Rightarrow$$

$$IA + IB + IC \geqslant 6r \Rightarrow IA + IB + IC \geqslant 2(ID + IE + IF) \quad \text{(b)}$$

(iii) 对于垂心 H 而言,如图 1 所示,由于

$$HA = AF/\cos\theta = \frac{AC \cdot \cos A}{\cos\left(\frac{\pi}{2} - B\right)} = \frac{2R\sin B\cos A}{\sin B} \Rightarrow$$

同理 $\begin{cases} HA = 2R\cos A \\ HB = 2R\cos B \\ HC = 2R\cos C \end{cases} \Rightarrow$

$$\sum HA = 2R \sum \cos A \qquad (1)$$

又

$$HD = HC\sin\omega = HC\sin\left(\frac{\pi}{2} - B\right) \Rightarrow$$

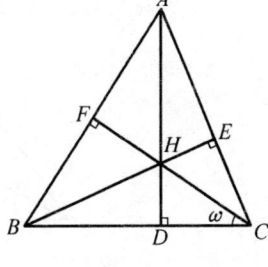

图 2

同理 $\begin{cases} HD = 2R\cos B\cos C \\ HE = 2R\cos C\cos A \\ HF = 2R\cos A\cos B \end{cases} \Rightarrow$

$$\sum HD = 2R \sum \cos B \cos C \leqslant \frac{2}{3} R \left(\sum \cos A \right)^2 =$$

$$\left.\begin{matrix} \frac{2}{3} R \left(\sum \cos A \right) \cdot \left(\sum \cos A \right) \\ \sum \cos A \leqslant \frac{3}{2} \end{matrix}\right\} \Rightarrow$$

$$\left.\begin{matrix} \sum HD \leqslant R \sum \cos A \\ \sum HA = 2R \sum \cos A \end{matrix}\right\} \Rightarrow \sum HA \geqslant 2 \sum HD \Rightarrow$$

$$HA + HB + HC \geqslant 2(HD + HE + HF) \qquad (c)$$

(iv) 对于外心 O 而言,如图 3 所示,设

$$\left.\begin{matrix} \angle BOD = \angle COD = \alpha \\ \angle COE = \angle AOE = \beta \\ \angle AOF = \angle BOF = \gamma \end{matrix}\right\} \Rightarrow \begin{cases} \alpha, \beta, \gamma \in \left(0, \frac{\pi}{2}\right) \\ \alpha + \beta + \gamma = \pi \end{cases}$$

注意到 $OA = OB = OC = R$,有

$$\begin{cases} OD = R\cos\alpha \\ OE = R\cos\beta \\ OF = R\cos\gamma \end{cases} \Rightarrow \sum OD = R \sum \cos\alpha \leqslant \frac{3}{2} R \Rightarrow$$

$$OA + OB + OC \geqslant 2(OD + OE + OF) \qquad (d)$$

(v) 如图 4 所示,对于 $\triangle ABC$ 的 Brocard 点 N,设 $\angle NAB = \angle NBC = \angle NCA = \omega \leqslant 30°$ 为 Brocard 角,则有

$$\sum NA = \sum (NF\csc\omega) = \left(\sum NF\right)\csc\omega =$$

$$\left(\sum ND\right)\csc\omega \geqslant \left(\sum ND\right)\csc 30° = 2\sum ND \Rightarrow$$

$$NA + NB + NC \geqslant 2(ND + NE + NF) \qquad (e)$$

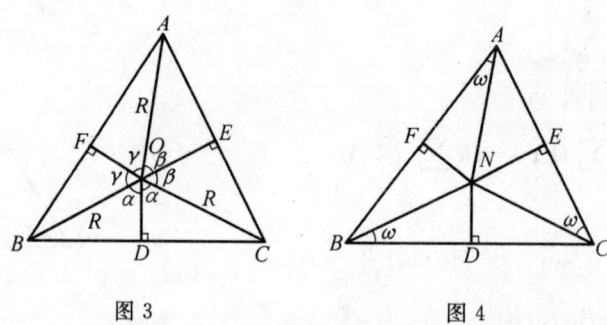

图 3　　　　　　　图 4

(vi) 如图 5 所示，对于 △ABC 内的 Fermat 点 P，有 ∠BPC = ∠CPA = ∠APB = 120°，现作 PW 平分 ∠BPC 交 BC 于 W，则
$$\angle BPW = \angle CPW = 60°$$
从而由
$$S_{\triangle BPC} = S_{\triangle BPW} + S_{\triangle PWC} =$$
$$\frac{1}{2} yz \sin 120° = \frac{1}{2} y \cdot PW \sin 60° + \frac{1}{2} z \cdot PW \sin 60° \Rightarrow$$
$$PW = \frac{yz}{y+z} \leqslant \frac{yz}{2\sqrt{yz}} = \frac{1}{2}\sqrt{yz} \Rightarrow$$

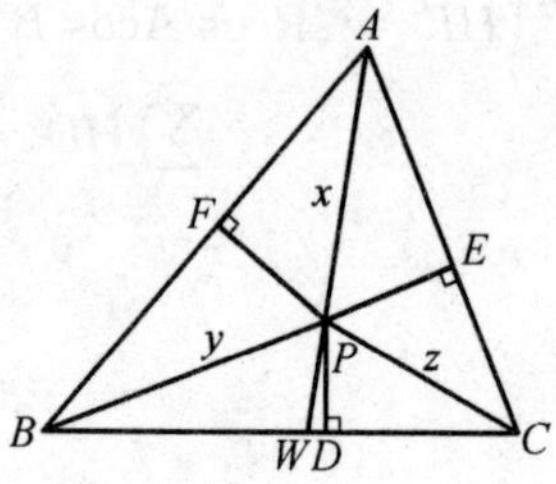

图 5

$$\left.\begin{array}{l} 2PD \leqslant 2PW \leqslant \sqrt{yz} \\ 同理 \begin{cases} 2PE \leqslant \sqrt{zx} \\ 2PF \leqslant \sqrt{xy} \end{cases} \end{array}\right\} \Rightarrow$$

$$2\sum PD \leqslant \sum \sqrt{yz} \leqslant \sum x = \sum PA \Rightarrow$$
$$PA + PB + PC \geqslant 2(PD + PE + PF) \qquad (f)$$

综合上述(i)～(vi)知，如果我们说锐角 △ABC 内有特殊点 M，那么有不等式：
$$MA + MB + MC \geqslant 2(MD + ME + MF) \qquad (g)$$
强烈的好奇心促使我们发问："对于 △ABC 内任意一点 P，有不等式
$$PA + PB + PC \geqslant 2(PD + PE + PF) \qquad (?)$$
吗？"

其实，上述猜测式(?)是成立的，故从上起源，旭日东升，名题诞生：

Erdös-Mordell 不等式：设 P 为任意 △ABC 内任意一点，P 到三边的垂足依次为 D，E，F，则
$$PA + PB + PC \geqslant 2(PD + PE + PF) \qquad (A)$$

本名题题意简单(已知很少)，容易被人们理解，永记心间；结构简洁对称，外观优雅漂亮；趣味无穷，魅力无限. 式(A)确为一个优美的线性几何不等式，足具美的三要素. 它的普遍意义是：三角形内任意一点到三顶点的距离之和，不小于它到三边的距离之和.

不等式(A)是爱尔特希(Erdös)在 1935 年首先提出的，1937 年莫德尔(Mordell)又

首次提供了一种漂亮的三角证法(见后文).于是,后来人们干脆把式(A)美称为"Erdös-Mordell 不等式",也可以简称为"Erdös"不等式,许多数奥书籍上都有它美丽的身影.

可喜的是,就在 1937 年,DavidF·Barrow 又将 Erdös 不等式(A)加强为优美的:

加强一(DavidF·Barrow) 设 P 为 $\triangle ABC$ 内部或边上任意一点,$\angle BPC$、$\angle CPA$、$\angle APB$ 的平分线分别与边 BC、CA、AB 交于 U、V、W,则

$$PA + PB + PC \geqslant 2(PU + PV + PW) \tag{B}$$

一看便知,(A)、(B)两式不仅同美同妙,而且式(B)分明是式(A)的一个间接加强,这是因为

$$PU \geqslant PD, PV \geqslant PE, PW \geqslant PF \Rightarrow \sum PA \geqslant 2\sum PU \geqslant 2\sum PD$$

即从式(B)可以推出式(A),而反之从式(A)则不能推出式(B)来.此外,(A)、(B)两式的共同点是:等号成立的条件相同:均为仅当 $\triangle ABC$ 为正三角形,且 P 为其中心.故我们可以将(A)、(B)两式视为一对并行的结果,不分高低,不分彼此.

2. 优美证明

由于 Erdös 不等式(A)趣味无穷,美妙非凡,自然深受人们的喜爱,因此产生了许多优美新奇的证法.

证法 1(肖振纲) 如图 6 所示,设 M 为 BC 中点,连 AM,则 B 关于 AM 的对称点 B' 在 AC 上,C 关于 AM 的对称点 C' 在 AB 上,连 $B'C'$,再作 $IJ \parallel B'C'$,则

$$\left.\begin{array}{l}\triangle AIJ \backsim \triangle AB'C' \\ \triangle AB'C' \cong \triangle ABC\end{array}\right\} \Rightarrow \triangle AIJ \backsim \triangle ABC \Rightarrow$$

$$\begin{cases} AI/IJ = c/a \\ AJ/IJ = b/a \end{cases} (a,b,c \text{ 为 } \triangle ABC \text{ 三边长})$$

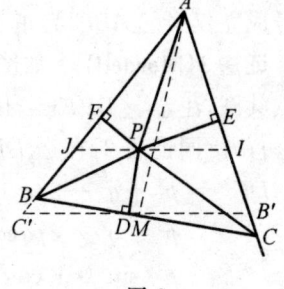

图 6

又

$$PA \cdot IJ \geqslant 2S_{\triangle AIJ} = 2(S_{\triangle API} + S_{\triangle APJ}) = AI \cdot PE + AJ \cdot PF \Rightarrow$$

$$PA \geqslant \left(\frac{AI}{IJ}\right)PE + \left(\frac{AJ}{IJ}\right)PF \Rightarrow$$

$$PA \geqslant \frac{c}{a}PE + \frac{b}{a}PF$$

同理 $\begin{cases} PB \geqslant \frac{a}{b}PF + \frac{c}{b}PD \\ PC \geqslant \frac{b}{c}PD + \frac{a}{c}PE \end{cases} \Rightarrow$

$$\sum PA \geqslant \sum \left(\frac{c}{a}PE + \frac{b}{a}PF\right) = \sum \left(\frac{b}{c} + \frac{c}{b}\right)PD \geqslant 2\sum PD \Rightarrow$$

$$PA + PB + PC \geqslant 2(PD + PE + PF)$$

即式(A)成立,等号成立仅当 $\triangle ABC$ 为正三角形,且 P 为其中心.

证法 2(冷岗松) 如图 7 所示,设 $BC, CA, AB, PA, PB, PC, PD, PE, PF$ 依次为 $a, b, c, x, y, z, p, q, r$,过 P 作直线 MN,使得 $\angle AMN = \angle ACB \Rightarrow \triangle AMN \sim \triangle ACB \Rightarrow$

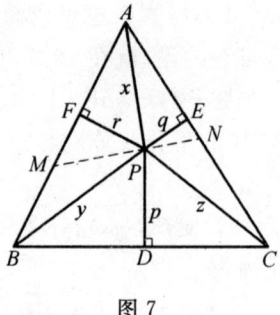

图 7

$$\begin{cases} AN/MN = c/a \\ AM/MN = b/a \\ S_{\triangle AMN} = S_{\triangle AMP} + S_{\triangle ANP} \end{cases} \Rightarrow$$

$PA \cdot MN \geqslant q \cdot AN + r \cdot AM \Rightarrow$

$x = PA \geqslant q \cdot \dfrac{AN}{MN} + r \cdot \dfrac{AM}{MN} \Rightarrow$

$$\left. \begin{matrix} x \geqslant \dfrac{c}{a} \cdot q + \dfrac{b}{a} \cdot r \\ \text{同理} \begin{cases} y \geqslant \dfrac{c}{b} \cdot p + \dfrac{a}{b} \cdot r \\ z \geqslant \dfrac{b}{c} \cdot p + \dfrac{a}{c} \cdot q \end{cases} \end{matrix} \right\} \Rightarrow$$

$\sum x \geqslant \sum \left(\dfrac{c}{a} \cdot q + \dfrac{b}{a} \cdot r \right) = \sum \left(\dfrac{c}{b} + \dfrac{b}{c} \right) p \geqslant 2 \sum p \Rightarrow$

$PA + PB + PC \geqslant 2(PD + PE + PF)$

等号成立仅当 $\triangle ABC$ 为正三角形,且 P 为其中心.

证法 3(Mordell) 如图 8 所示,连 DE,由于 P, D, C, E 四点共圆,注意 $\angle DPE = 180° - \angle C$. 记号意义 $x, y, z, p, q, r, a, b, c$ 同证法 2,在 $\triangle DPE$ 中应用余弦定理有

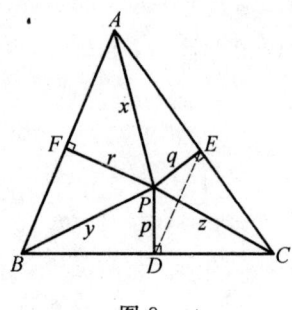

图 8

$DE^2 = p^2 + q^2 - 2pq\cos(180° - \angle C) =$
$p^2 + q^2 - 2pq\cos(A + B) =$
$p^2(\sin^2 B + \cos^2 B) + q^2(\sin^2 A + \cos^2 A) +$
$2pq\sin A \sin B - 2pq\cos A \cos B =$
$(p\sin B + q\sin A)^2 + (p\cos B - q\cos A)^2 \geqslant$
$(p\sin B + q\sin A)^2 \Rightarrow$

$DE \geqslant p\sin B + q\sin A \Rightarrow$

$$z = \dfrac{DE}{\sin C} \geqslant \left(\dfrac{\sin B}{\sin C} \right) p + \left(\dfrac{\sin A}{\sin C} \right) q$$

$$\text{同理} \begin{cases} x \geqslant \left(\dfrac{\sin B}{\sin A} \right) r + \left(\dfrac{\sin C}{\sin A} \right) q \\ y \geqslant \left(\dfrac{\sin A}{\sin B} \right) r + \left(\dfrac{\sin C}{\sin B} \right) p \end{cases} \Rightarrow$$

$\sum x \geqslant \sum \left[\left(\dfrac{\sin B}{\sin A} \right) r + \left(\dfrac{\sin C}{\sin A} \right) q \right] = \sum \left(\dfrac{\sin B}{\sin C} + \dfrac{\sin C}{\sin B} \right) p \geqslant 2 \sum p \Rightarrow$

$\sum x \geqslant 2 \sum p \Rightarrow$

$$PA + PB + PC \geq 2(PD + PE + PF)$$

证法 4(冷岗松) 如图 9 所示,作点 P 关于 $\angle A$ 平分线的对称点 P',则易知 P' 到 CA, AB 的距离分别为 r, q,且 $P'A = PA = x$. 设 A, P' 到 BC' 的距离分别为 h, r_1',则

$$P'A + r_1' = PA + r_1' \geq h \Rightarrow$$
$$a \cdot PA + ar_1' \geq ah = 2S_{\triangle ABC} = ar_1' + cq + br \Rightarrow$$

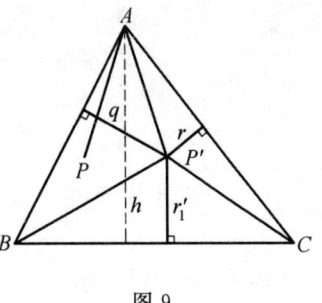

图 9

$$x \geq \frac{c}{a} \cdot q + \frac{b}{a} \cdot r$$

同理 $\begin{cases} y \geq \frac{a}{b} \cdot r + \frac{c}{b} \cdot p \\ z \geq \frac{a}{c} \cdot q + \frac{b}{c} \cdot p \end{cases} \Rightarrow$

$$\sum x \geq \sum \left(\frac{c}{a} \cdot q + \frac{b}{a} \cdot r\right) = \sum \left(\frac{c}{b} + \frac{b}{c}\right) p \geq \sum 2p \Rightarrow$$

$$\sum x \geq 2 \sum p \Rightarrow$$

$$PA + PB + PC \geq 2(PD + PE + PF)$$

证法 5(康嘉) 如图 10 所示,过 D, E 作 $DT_1 \perp FP$ 于 $T_1, ET_2 \perp FP$ 于 T_2,则

$$\begin{matrix} \angle DPT_1 = \angle B \\ \angle EPT_2 = \angle A \end{matrix} \Rightarrow \begin{cases} DT_1 = PD\sin B = p\sin B \\ ET_2 = PE\sin A = q\sin A \end{cases} \Rightarrow$$

$$DE \geq DT_1 + ET_2 = p\sin B + q\sin A \Rightarrow$$

$$z = PC = \frac{DE}{\sin C} \geq p\left(\frac{\sin B}{\sin C}\right) + q\left(\frac{\sin A}{\sin C}\right) \Rightarrow$$

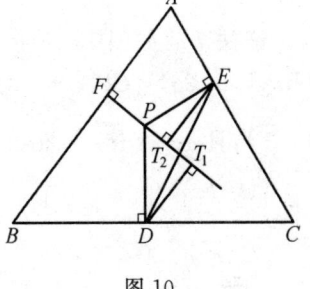

图 10

$$\sum z \geq \sum \left[p\left(\frac{\sin B}{\sin C}\right) + q\left(\frac{\sin A}{\sin C}\right)\right] =$$

$$\sum p\left(\frac{\sin B}{\sin C} + \frac{\sin C}{\sin B}\right) \geq \sum 2p \Rightarrow$$

$$\sum x = \sum z \geq 2 \sum p \Rightarrow$$

$$PA + PB + PC \geq 2(PD + PE + PF)$$

以上五种优美奇妙的证法,均出自名家,我们仿佛看到了他们闪光的智慧,照亮了我们的心灵,让我们获得了美的享受和有益的启迪.

下面,笔者给大家提供三种证法,且均不添辅助线.

证法 6 如图 11 所示,再增设 $\angle BAP = \alpha, \angle CBP = \beta, \angle ACP = \gamma$,则 $\alpha, \beta, \gamma \in \left(0, \frac{\pi}{2}\right)$,且

图 11

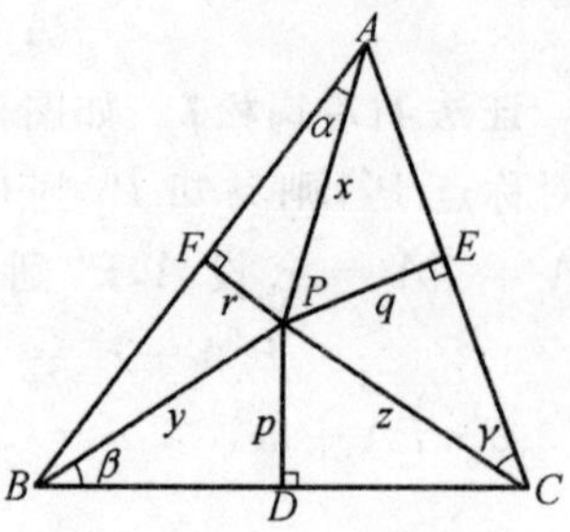

$$\begin{cases}\theta_1=\frac{1}{2}[\pi-(B+\alpha-\beta)]\in\left(0,\frac{\pi}{2}\right)\\ \theta_2=\frac{1}{2}[\pi-(C+\beta-\gamma)]\in\left(0,\frac{\pi}{2}\right)\\ \theta_3=\frac{1}{2}[\pi-(A+\gamma-\alpha)]\in\left(0,\frac{\pi}{2}\right)\\ \theta_1+\theta_2+\theta_3=\pi\end{cases}$$

$$r=x\sin\alpha=y\sin(B-\beta)\Rightarrow$$

$$r^2=xy\sin\alpha\sin(B-\beta)\leqslant$$

$$xy\left(\frac{\sin\alpha+\sin(B-\beta)}{2}\right)^2\leqslant xy\left(\sin\frac{B+\alpha-\beta}{2}\right)^2=xy\cos^2\theta_1\Rightarrow$$

$$\left.\begin{matrix}r\leqslant\sqrt{xy}\cos\theta_1\\ \text{同理}\begin{cases}q\leqslant\sqrt{zx}\cos\theta_3\\ p\leqslant\sqrt{yz}\cos\theta_2\end{cases}\end{matrix}\right\}\Rightarrow$$

$$p+q+r\leqslant\sqrt{xy}\cos\theta_1+\sqrt{yz}\cos\theta_2+\sqrt{zx}\cos\theta_3\leqslant\frac{1}{2}(x+y+z)\Rightarrow$$

$$x+y+z\geqslant 2(p+q+r)$$

证法 7　如图 12 所示，设 $\triangle ABC$ 的三边长为 a,b,c，$\angle BPC=2\alpha$，$\angle CPA=2\beta$，$\angle APB=2\gamma$，则 $\alpha,\beta,\gamma\in\left(0,\frac{\pi}{2}\right)$，且 $\alpha+\beta+\gamma=\pi$. 于是

图 12

$$S_{\triangle BPC}=\frac{1}{2}pa=\frac{1}{2}yz\sin 2\alpha\Rightarrow$$

$$p=\frac{yz}{a}\sin 2\alpha$$

在 $\triangle BPC$ 中，由余弦定理得

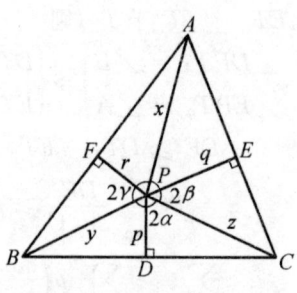

$$a^2=y^2+z^2-2yz\cos 2\alpha\geqslant 2yz-2yz\cos 2\alpha=4yz\sin^2\alpha\Rightarrow$$

$$a\geqslant 2\sqrt{yz}\sin\alpha\Rightarrow$$

$$p\leqslant\frac{yz\sin 2\alpha}{2\sqrt{yz}\sin\alpha}=\sqrt{yz}\cos\alpha$$

同理可得

$$q\leqslant\sqrt{zx}\cos\beta,\quad r\leqslant\sqrt{xy}\cos\gamma$$

应用三角母不等式有

$$p+q+r\leqslant\sum\sqrt{yz}\cos\alpha\leqslant\frac{1}{2}\sum x\Rightarrow$$

$$x+y+z\geqslant 2(p+q+r)$$

由于式(B) 是式(A) 的几何加强. 只要证明了式(B)，就等于证明了式(A)，因此我们将式(B) 的证明列为证法 8.

证法 8　如图 13 所示，设 PA,PB,PC 为 x,y,z；PU,PV,PW 为 m_1,m_2,m_3，$\angle BPU=$

$\angle CPU = \alpha, \angle CPV = \angle APV = \beta, \angle APW = \angle BPW = \gamma$,则 $\alpha, \beta, \gamma \in \left(0, \frac{\pi}{2}\right)$,且 $\alpha + \beta + \gamma = \pi$,由

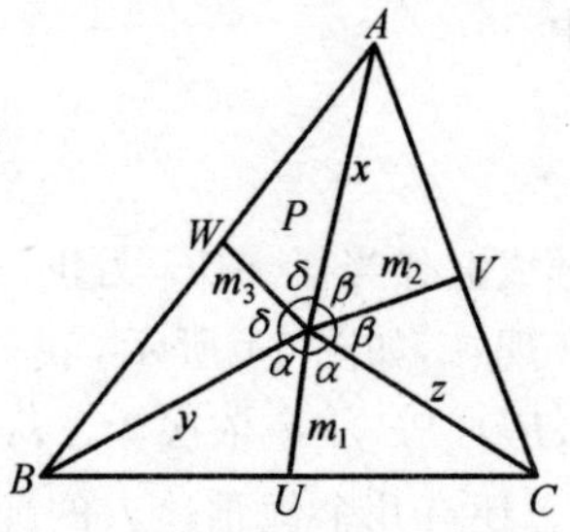

$$S_{\triangle BPU} + S_{\triangle CPU} = S_{\triangle BPC} \Rightarrow$$

$$\frac{1}{2} m_1 y \sin\alpha + \frac{1}{2} m_1 z \sin\alpha = \frac{1}{2} yz \sin 2\alpha \Rightarrow$$

$$m_1 = \frac{yz}{y+z} \cdot \frac{\sin 2\alpha}{\sin\alpha} = \frac{2yz\cos\alpha}{y+z} \leqslant \frac{2yz}{2\sqrt{yz}} \cos\alpha \Rightarrow$$

同理 $\begin{cases} m_1 \leqslant \sqrt{yz}\cos\alpha \\ m_2 \leqslant \sqrt{zx}\cos\beta \\ m_3 \leqslant \sqrt{xy}\cos\gamma \end{cases} \Rightarrow$

图 13

$$m_1 + m_2 + m_3 \leqslant \sum \sqrt{yz}\cos\alpha \leqslant \frac{1}{2}\sum x \Rightarrow$$

$$x + y + z \geqslant 2(m_1 + m_2 + m_3)$$

易推得等号成立仅当

$$\begin{cases} y = z, z = x, x = y \\ \dfrac{\sin\alpha}{\sqrt{x}} = \dfrac{\sin\beta}{\sqrt{y}} = \dfrac{\sin\gamma}{\sqrt{z}} \end{cases} \Rightarrow$$

$$\begin{cases} x = y = z \\ \alpha = \beta = \gamma = \dfrac{\pi}{3} \end{cases}$$

即 $\triangle ABC$ 为正三角形,且 P 为其中心.

3. 加强与配对

我们明白,许多优美的不等式都有几个加强式,那么,也许有人要问:"除了式(B)以外,式(A)还有加强式吗?"

这个问题提得好,它激励我们去寻觅式(A)新的加强式.其实,这个新的加强式远在天边,近在眼前,请回首反顾前面的证法 2 有

$$\sum x \geqslant \sum \left(\frac{c}{b} + \frac{b}{c}\right) p$$

于是

$$\sum x \geqslant 2\sum p + \sum \left(\frac{c}{b} - 2 + \frac{b}{c}\right) p = 2\sum p + \sum \left(\sqrt{\frac{c}{b}} - \sqrt{\frac{b}{c}}\right)^2 p$$

这样,我们又得到了式(A)的第二个加强:

加强 2 设 P 为 $\triangle ABC$ 内任意一点,P 到三边 BC, CA, AB 的垂足依次为 D, E, F,则

$$PA + PB + PC \geqslant 2(PD + PE + PF) + Q \tag{C}$$

其中
$$Q = \sum \left(\sqrt{\frac{c}{b}} - \sqrt{\frac{b}{c}}\right)^2 \cdot PD$$

等号成立仅当 $\triangle ABC$ 为正三角形，且 P 为其中心．

现在，如图 14 所示，我们依然记 $\triangle ABC$ 的三边 BC, CA, AB 长为 $a, b, c, PA, PB, PC, PD, PE, PF$ 依次为 x, y, z, p, q, r，那么，美妙趣味的 Erdös 不等式(A) 不仅有加强式，它还有几个优雅迷人的配对式．

如果我们将式(A) 简写为
$$x + y + z \geqslant 2(p + q + r) \tag{A}$$

那么式(A) 左、右两边均为连加形式的线性结构，我们能否将其配对成连积的结构形式
$$xyz \geqslant 8pqr$$

呢？其实，通过探讨可知不仅可以实现，还可将式(A) 改写成
$$x + y + z \geqslant (p + q) + (q + r) + (r + p) \tag{A}$$

也有相应的配对式

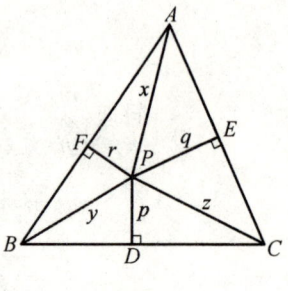

图 14

配对 1
$$xyz \geqslant (p+q)(q+r)(r+p) \geqslant 8pqr \tag{D}$$

证明 设 $\angle PCB = \alpha, \angle PCA = \beta, \alpha, \beta \in \left(0, \dfrac{\pi}{2}\right)$，且 $\alpha + \beta = \angle C$．无论 $\angle C$ 是何角，均有

$$p + q = z(\sin\alpha + \sin\beta) = 2z\sin\left(\frac{\alpha+\beta}{2}\right)\cos\left(\frac{\alpha-\beta}{2}\right) \leqslant 2z\sin\left(\frac{\alpha+\beta}{2}\right) = 2z\sin\frac{C}{2} \Rightarrow$$

$$p + q \leqslant 2z\sin\frac{C}{2}$$

同理 $\begin{cases} q + r \leqslant 2x\sin\dfrac{A}{2} \\ r + p \leqslant 2y\sin\dfrac{B}{2} \end{cases} \Rightarrow$

$$\prod (q+r) \leqslant 8xyz \prod \sin\frac{A}{2} \leqslant xyz \Rightarrow$$

$$xyz \geqslant \prod (q+r) \geqslant 8pqr$$

易推得等号成立的条件与式(A) 一致．

如果我们设 $k_1, k_2, k_3 > 0, \lambda, u, v \in (0, 1)$，且 $\lambda + u + v = 2$，则不等式
$$xyz \geqslant 8pqr \tag{1}$$

可指数推广为
$$x^\lambda \cdot y^u \cdot z^v \geqslant m \cdot p^{2(1-\lambda)} \cdot q^{2(1-u)} \cdot r^{2(1-v)} \tag{E}$$

其中

$$m = \frac{4\left(\dfrac{k_2 k_3}{1-\lambda}\right)^{2(1-\lambda)} \cdot \left(\dfrac{k_3 k_1}{1-u}\right)^{2(1-u)} \cdot \left(\dfrac{k_1 k_2}{1-v}\right)^{2(1-v)}}{(k_1^2 + k_2^2 + k_3^2)^2} \tag{2}$$

特别地,当取 $k_1 = k_2 = k_3, \lambda = u = v = \dfrac{2}{3}$ 时,式(E) 化为式(1).

提示 设 $\angle BPC = 2\alpha, \angle CPA = 2\beta, \angle APB = 2\gamma$,由前面的证法 7 有

$$p \leqslant \sqrt{yz}\cos\alpha, \quad q \leqslant \sqrt{zx}\cos\beta, \quad r \leqslant \sqrt{xy}\cos\gamma$$

应用三角母不等式和加权不等式,并设

$$(\lambda_1, u_1, v_1) = (1-\lambda, 1-u, 1-v) \Rightarrow$$
$$\lambda_1 + u_1 + v_1 = 1$$
$$\sum k_1^2 \geqslant 2\sum k_2 k_3 \cos\alpha = 2\sum \lambda_1 \left(\frac{k_2 k_3}{\lambda_1}\cos\alpha\right) \geqslant 2\prod\left(\frac{k_2 k_3}{\lambda_1}\cos\alpha\right)^{\lambda_1} =$$
$$2\prod\left(\frac{k_2 k_3}{\lambda_1}\right)^{\lambda_1} \cdot \prod(\cos\alpha)^{\lambda_1} \Rightarrow$$
$$\prod(\cos\alpha)^{\lambda_1} \leqslant \frac{1}{2}\left(\sum k_1^2\right)\prod\left(\frac{\lambda_1}{k_2 k_3}\right)^{\lambda_1} \Rightarrow$$
$$\prod p^{\lambda_1} \leqslant \prod(\sqrt{yz}\cos\alpha)^{\lambda_1} =$$
$$\left[\prod x^{\frac{1}{2}(u_1+v_1)}\right] \cdot \prod(\cos\alpha)^{\lambda_1} =$$
$$\left[\prod x^{\frac{1}{2}(1-\lambda_1)}\right] \cdot \prod(\cos\alpha)^{\lambda_1} \Rightarrow$$
$$\prod x^{1-\lambda_1} \geqslant \left(\prod p^{\lambda_1}\right)^2 / \prod(\cos\alpha)^{2\lambda_1} \Rightarrow$$
$$\prod x^{\lambda} \geqslant \left(\prod p^{\lambda_1}\right)^2 / \prod(\cos\alpha)^{2\lambda_1} \geqslant m\prod p^{2(1-\lambda)}$$

式(A) 的第二个配对式便是

$$\sqrt{yz} + \sqrt{zx} + \sqrt{xy} \geqslant 2(\sqrt{qr} + \sqrt{rp} + \sqrt{pq}) \tag{G'}$$
$$yz + zx + xy \geqslant 4(qr + rp + pq) \tag{H'}$$

它俩又可加权推广为

配对 2

$$(uv)^2\sqrt{yz} + (v\lambda)^2\sqrt{zx} + (\lambda u)^2\sqrt{xy} \geqslant$$
$$2\lambda uv(\lambda\sqrt{qr} + u\sqrt{rp} + v\sqrt{pq}) \tag{G}$$
$$\lambda yz + uzx + vxy \geqslant 4(\sqrt{uv}\,qr + \sqrt{v\lambda}\,rp + \sqrt{\lambda u}\,pq) \tag{H}$$

其中 $\lambda, u, v > 0$,且当 $\lambda = u = v$ 时,式(G) 化为式(G'),式(H) 化为式(H').

证明 (ⅰ) 我们先证明式(G).

由前面的证法 7 有

$$p \leqslant \sqrt{yz}\cos\alpha, \quad q \leqslant \sqrt{zx}\cos\beta, \quad r \leqslant \sqrt{xy}\cos\gamma$$

其中 $\alpha, \beta, \gamma \in \left(0, \dfrac{\pi}{2}\right)$,且 $\alpha + \beta + \gamma = \pi$,设 $(\theta_1, \theta_2, \theta_3) = \left(\dfrac{\beta+\gamma}{2}, \dfrac{\gamma+\alpha}{2}, \dfrac{\alpha+\beta}{2}\right) \Rightarrow$

$$\begin{cases} \theta_1, \theta_2, \theta_3 \in \left(0, \dfrac{\pi}{2}\right) \\ \theta_1 + \theta_2 + \theta_3 = \pi \end{cases}$$

再记 $m = \sqrt[4]{xyz}$,则有

$$\sqrt{\cos\beta\cos\gamma} \leqslant \cos\dfrac{\beta+\gamma}{2} = \cos\theta_1 \Rightarrow$$

$$\lambda\sqrt{qr} \leqslant \lambda m \sqrt{\sqrt{x}\cos\beta\cos\gamma} \leqslant \lambda m \sqrt[4]{x}\cos\theta_1 \Rightarrow$$

$$\left.\begin{aligned}\lambda\sqrt{qr} &\leqslant m\lambda\sqrt[4]{x}\cos\theta_1 \\ \text{同理}\begin{cases} u\sqrt{rp} \leqslant mu\sqrt[4]{y}\cos\theta_2 \\ v\sqrt{pq} \leqslant mv\sqrt[4]{z}\cos\theta_3 \end{cases}\end{aligned}\right\} \Rightarrow$$

$$\sum \lambda\sqrt{qr} \leqslant m\sum \lambda\sqrt[4]{x}\cos\theta_1 \leqslant$$

（应用三角母不等式）

$$\dfrac{m}{2} \cdot \dfrac{\sum(u\sqrt[4]{y} \cdot v\sqrt[4]{z})^2}{\prod(\lambda\sqrt[4]{x})} = \dfrac{m}{2} \cdot \dfrac{\sum(uv)^2\sqrt{yz}}{m\lambda uv} \Rightarrow$$

$$\sum(uv)^2\sqrt{yz} \geqslant 2\lambda uv\sum \lambda\sqrt{qr}$$

（ii）再证式（H）.

应用前面证法 2 中的结论有

$$\begin{cases} x \geqslant \dfrac{c}{a}q + \dfrac{b}{a}r \\ y \geqslant \dfrac{c}{b}p + \dfrac{a}{b}r \\ z \geqslant \dfrac{b}{c}p + \dfrac{a}{c}q \end{cases}$$

$$\sum \lambda yz \geqslant \sum\left[\lambda\left(\dfrac{c}{b}p + \dfrac{a}{b}r\right)\left(\dfrac{b}{c}p + \dfrac{a}{c}q\right)\right] =$$

$$\sum \lambda p^2 + \sum\left(u\dfrac{b}{c} + v\dfrac{c}{b}\right)qr + \sum\left(\dfrac{\lambda a^2}{bc}qr\right) \geqslant$$

$$\sum \lambda p^2 + 2\sum \sqrt{uv}\,qr + 3\left(\prod \dfrac{\lambda a^2}{bc}qr\right)^{1/3} =$$

$$\sum(\sqrt{\lambda}p)^2 + 3\left[\prod(\sqrt{\lambda}p)^2\right]^{\frac{1}{3}} + 2\sum \sqrt{uv}\,qr \geqslant$$

$$2\sum \sqrt{uv}\,qr + 2\sum \sqrt{uv}\,qr \Rightarrow$$

$$\sum \lambda yz \geqslant 4\sum \sqrt{uv}\,qr$$

其中上面最后一步应用了我们过去建立的漂亮结论：

$$x + y + z + 3\sqrt[3]{xyz} \geqslant 2(\sqrt{yz} + \sqrt{zx} + \sqrt{xy})$$

当 $\triangle ABC$ 为正三角形,且 P 为其中心及 $\lambda = u = v$ 时（G）、（H）等号成立.

式（A）的第三个配对式为

$$\frac{1}{x}+\frac{1}{y}+\frac{1}{z} \leqslant \frac{1}{2}\left(\frac{1}{p}+\frac{1}{q}+\frac{1}{r}\right) \tag{I$'$}$$

它也可以推广为

配对 3 设 $\lambda, u, v \in (0,1)$ 且 $\lambda + u + v = 2$，则有

$$\frac{\lambda}{x}+\frac{u}{y}+\frac{v}{z} \leqslant K\left(\frac{1-\lambda}{p}+\frac{1-u}{q}+\frac{1-v}{r}\right) \tag{I}$$

其中

$$K = \frac{(1-u)(1-v)}{1-\lambda} + \frac{(1-v)(1-\lambda)}{1-u} + \frac{(1-\lambda)(1-u)}{1-v}$$

显然，当取 $\lambda = u = v = \frac{2}{3}$ 时，式（I）化为式（I$'$）.

略证 由式（A）的证法 8 有

$$m_1 = \left(\frac{2yz}{y+z}\right)\cos\alpha, \quad m_2 = \left(\frac{2zx}{z+x}\right)\cos\beta, \quad m_3 = \left(\frac{2xy}{x+y}\right)\cos\gamma$$

因此，当 x, y, z 固定时，m_1 与 $\cos\alpha$、m_2 与 $\cos\beta$、m_3 与 $\cos\gamma$ 均成正比，于是 (m_1, m_2, m_3) 与 $(\cos\alpha, \cos\beta, \cos\gamma)$ 同序，从而 $\left(\frac{1}{m_1}, \frac{1}{m_2}, \frac{1}{m_3}\right)$ 与 $(\cos\alpha, \cos\beta, \cos\gamma)$ 反序，现令

$$(\lambda_1, u_1, v_1) = (1-\lambda, 1-u, 1-v) \Rightarrow$$

$$\begin{cases} \lambda_1, u_1, v_1 \in (0,1) \\ \lambda_1 + u_1 + v_1 = 1 \end{cases}$$

因此应用三角母不等式和切比雪夫不等式的加权推广有

$$\frac{1}{y} + \frac{1}{z} = \frac{2\cos\alpha}{m_1} \Rightarrow$$

$$\sum \lambda_1 \left(\frac{1}{y} + \frac{1}{z}\right) = 2\sum \frac{\lambda_1 \cos\alpha}{m_1} \leqslant$$

$$2\left(\sum \frac{\lambda_1}{m_1}\right)\left(\sum \lambda_1 \cos\alpha\right) \leqslant$$

$$\left(\sum \frac{\lambda_1}{m_1}\right)\left(\sum \frac{\lambda_2 \lambda_3}{\lambda_1}\right) \leqslant$$

$$\left(\sum \frac{\lambda_1}{p}\right) \cdot \left(\sum \frac{\lambda_2 \lambda_3}{\lambda_1}\right) \Rightarrow$$

$$\sum \left(\frac{\lambda_2 + \lambda_3}{x}\right) \leqslant \left(\sum \frac{\lambda_1}{p}\right) \cdot \left(\sum \frac{\lambda_2 \lambda_3}{\lambda_1}\right) \Rightarrow$$

$$\sum \frac{1-\lambda_1}{x} \leqslant \left(\sum \frac{\lambda_1}{p}\right)\left(\sum \frac{\lambda_2 \lambda_3}{\lambda_1}\right) \Rightarrow$$

$$\sum \frac{\lambda}{x} \leqslant K \sum \left(\frac{1-\lambda}{p}\right)$$

相应地，我们还有一系列相关结论：

$$(xyz)^2 \geqslant pqr(y+z)(z+x)(x+y) \tag{a_1}$$

$$2(x+y+z) \leqslant \frac{yz}{p} + \frac{zx}{q} + \frac{xy}{r} \tag{a_2}$$

在运算结构上讲，式(a_1)与式(a_2)互为共轭配对.

证明 由式(A)的证法6有

$$r = x\sin\alpha = y\sin(B-\beta) \Rightarrow$$

$$r\left(\frac{1}{x} + \frac{1}{y}\right) = \sin\alpha + \sin(B-\beta)$$

$$\sum r\left(\frac{1}{x} + \frac{1}{y}\right) = \sum \sin\alpha + \sum \sin(B-\beta) =$$

$$\sum \sin\alpha + \sum \sin(A-\alpha) = \sum[\sin\alpha + \sin(A-\alpha)] \leqslant$$

$$2\sum \sin\left[\frac{\alpha+(A-\alpha)}{2}\right] = 2\sum \sin\frac{A}{2} \leqslant 3 \Rightarrow$$

$$3 \geqslant \sum r\left(\frac{1}{x} + \frac{1}{y}\right) \geqslant 3\left[\prod r\left(\frac{1}{x} + \frac{1}{y}\right)\right]^{\frac{1}{3}} =$$

$$3\left[pqr\prod\left(\frac{x+y}{xy}\right)\right]^{\frac{1}{3}} \Rightarrow$$

$$1 \geqslant pqr\prod\left(\frac{x+y}{xy}\right) \Rightarrow$$

$$(xyz)^2 \geqslant pqr(y+z)(z+x)(x+y)$$

即式(a_1)成立. 此外

$$3 \geqslant \sum r\left(\frac{1}{x} + \frac{1}{y}\right) = \sum \frac{r(x+y)}{xy} \Rightarrow$$

$$3\sum \frac{xy}{r}(x+y) \geqslant \left[\sum \frac{r(x+y)}{xy}\right]\left[\sum \frac{xy}{r}(x+y)\right] \geqslant$$

$$\left[\sum(x+y)\right]^2 = 4\left(\sum x\right)^2 \Rightarrow$$

$$4\left(\sum x\right)^2 \leqslant 3\sum \frac{xy}{r}(x+y) \leqslant$$

$$\left(\sum \frac{xy}{r}\right)\sum(x+y) = \left(\sum \frac{zy}{p}\right) \cdot 2\sum x \Rightarrow$$

$$2\sum x \leqslant \sum \frac{xy}{p}$$

以下各结论供大家练习：

$$px + qy + rz \geqslant 2(qr + rp + pq) \tag{a_3}$$

$$\frac{1}{qr} + \frac{1}{rp} + \frac{1}{rz} \geqslant 4\left(\frac{1}{yz} + \frac{1}{zx} + \frac{1}{xy}\right) \tag{a_4}$$

$$\frac{1}{px} + \frac{1}{qy} + \frac{1}{rz} \geqslant 2\left(\frac{1}{yz} + \frac{1}{zx} + \frac{1}{xy}\right) \tag{a_5}$$

$$\sqrt{\frac{qr}{yz}} + \sqrt{\frac{rp}{zx}} + \sqrt{\frac{xy}{pq}} \geqslant 6 \tag{a_6}$$

$$\sqrt{\frac{yz}{qr}} + \sqrt{\frac{zx}{rp}} + \sqrt{\frac{xy}{pq}} \geqslant 6 \tag{a_7}$$

4. 加权——推广

由于式(B)是式(A)的几何加强,因此,如能建立式(B)的加权推广,再取其推论,就得到了式(A)的加权推广,这是一举两得、一箭双雕的好事.

推广 1 设 $\lambda, u, v > 0$,P 为 $\triangle ABC$ 的任意一点,$\angle BPC$、$\angle CPA$、$\angle APB$ 的平分线与边 BC、CA、AB 相交于 U、V、W,则

$$\lambda PA + uPB + vPC \geqslant$$
$$2\left[\frac{uv(y+z)}{uy+vz}PU + \frac{v\lambda(z+x)}{vz+\lambda x}PV + \frac{\lambda u(x+y)}{\lambda x+uy}PW\right] \tag{J}$$

其中 $x = PA, y = PB, z = PC$.

显然,当 $\lambda = u = v$ 时,式(J)立即化为式(B). 当 $\triangle ABC$ 为正三角形,P 为其中心时,式(J) 化为代数不等式

$$\lambda + u + v \geqslant 2\left(\frac{uv}{u+v} + \frac{v\lambda}{v+\lambda} + \frac{\lambda u}{\lambda+u}\right) \tag{1}$$

略证:由式(A)的证法 8 有

$$m_1 = \frac{2yz}{y+z}\cos\alpha, \quad m_2 = \frac{2zx}{z+x}\cos\beta, \quad m_3 = \frac{2xy}{x+y}\cos\gamma$$

其中 $\alpha, \beta, \gamma \in \left(0, \frac{\pi}{2}\right)$,且 $\alpha + \beta + \gamma = \pi$. 应用三角母不等式有

$$\sum \lambda x \geqslant 2\sum(\sqrt{uvyz}\cos\alpha) = \sum\left[\frac{uv(y+z)}{\sqrt{uvyz}}m_1\right] \geqslant 2\sum\left[\frac{uv(y+z)}{uy+vz}m_1\right]$$

即式(J)成立,等号成立仅当

$$\begin{cases}\lambda x = uy = vz \\ \dfrac{\sin\alpha}{\sqrt{\lambda x}} = \dfrac{\sin\beta}{\sqrt{uy}} = \dfrac{\sin\gamma}{\sqrt{vz}}\end{cases} \Rightarrow$$

$$\begin{cases}\lambda x = uy = vz \\ \alpha = \beta = \gamma = 60°\end{cases}$$

(i) 显然,在式(J)中取推论,即得式(A)的加权推广:

$$\sum \lambda PA \geqslant 2\sum\left[\frac{uv(y+z)}{uy+vz}PD\right] \tag{J_1}$$

(ii) 式(A)还有如下两个加权推广,它们是式(J_1)的配对式:

$$\sum \lambda PA \geqslant \sum\left[(u+v)\left(\frac{c}{b}\right)^\theta \cdot PD\right] \tag{J_2}$$

其中 $\theta = (u-v)/(u+v)$.

$$\sum \lambda PA \geqslant 4\sum\left[\left(\frac{uc+vb}{c+b}\right)^2 \cdot \frac{PD}{u+v}\right] \tag{J_3}$$

其中 $a = BC, b = CA, c = AB$.

而且,当 $\lambda = u = v$ 时,上面的三式均化为式(A).

(iii) 如果应用叶军老师建立的三角母不等式的推广结论,那么又可建立式(B)的一个最漂亮的加权推广:

$$(PB+PC)\cot\theta_1 + (PC+PA)\cot\theta_2 + (PA+PB)\cot\theta_3 \geqslant 2\left(\frac{PU}{\sin\theta_1} + \frac{PV}{\sin\theta_2} + \frac{PW}{\sin\theta_3}\right) \tag{K}$$

其中 $\theta_1,\theta_2,\theta_3 \in \left(0,\frac{\pi}{2}\right)$,且 $\theta_1+\theta_2+\theta_3=\pi$.

5. 指数推广

在本节,我们考虑不等式(A)、(B)的指数推广.

结合系数 $\lambda,u,v>0$,定义 $k\geqslant 1$ 为指数,由式(A)的证法 7 有

$$\left.\begin{array}{l} p\leqslant\sqrt{yz}\cos\alpha \\ \alpha\in\left(0,\frac{\pi}{2}\right),k\geqslant 1 \end{array}\right\} \Rightarrow p^k\leqslant\sqrt{y^kz^k}(\cos\alpha)^k\leqslant\sqrt{y^kz^k}\cos\alpha \Rightarrow$$

$$\text{同理}\left\{\begin{array}{l}\sqrt{uv}\,p^k\leqslant\sqrt{(uy^k)(vz^k)}\cos\alpha \\ \sqrt{v\lambda}\,q^k\leqslant\sqrt{(vz^k)(\lambda x^k)}\cos\beta \\ \sqrt{\lambda u}\,r^k\leqslant\sqrt{(\lambda x^k)(uy^k)}\cos\gamma\end{array}\right\} \Rightarrow$$

$$\sum\sqrt{uv}\,p^k \leqslant \sum\sqrt{(uy^k)(vz^k)}\cos\alpha \leqslant \frac{1}{2}\sum\lambda x^k \Rightarrow$$

$$\sum\lambda x^k \geqslant 2\sum\sqrt{uv}\,p^k \tag{1}$$

式(1)式推导得轻松、流畅、自然,可作为一道奥赛习题练习. 但是,其等号成立的条件是:

$\triangle ABC$ 为正三角形,P 为其中心;$k=1,\lambda=u=v$.

显然,这个要求条件太多,因此式(1)显得单一粗糙,故我们另建更优的结论:

推广 2 设 P 为 $\triangle ABC$ 内一点,P 到三边的垂足为 D,E,F,系数 $\lambda,u,v>0$,指数 $0<k\leqslant 1$,则

$$\lambda PA^k + uPB^k + vPC^k \geqslant 2^k(\sqrt{uv}\,PD^k + \sqrt{v\lambda}\,PE^k + \sqrt{\lambda u}\,PF^k) \tag{L}$$

证明 由于

$$p\leqslant\sqrt{yz}\cos\alpha,\quad q\leqslant\sqrt{zx}\cos\beta,\quad r\leqslant\sqrt{xy}\cos\gamma$$

其中 $\alpha,\beta,\gamma\in\left(0,\frac{\pi}{2}\right)$,且 $\alpha+\beta+\gamma=\pi$.

$$p\leqslant\sqrt{yz}\cos\alpha \Rightarrow \sqrt{uv}\,p^k \leqslant \sqrt{uv}\,(\sqrt{yz})^k\cos^k\alpha \Rightarrow$$

$$S = \sum\sqrt{uv}\,p^k \leqslant \sum\sqrt{uv}\,(\sqrt{yz})^k(\cos\alpha)^k \Rightarrow$$

$$\left[\frac{S}{\sum\sqrt{uv}(yz)^k}\right]^{\frac{1}{k}} \leqslant \left[\frac{\sum\sqrt{uv}(yz)^k(\cos\alpha)^k}{\sum\sqrt{uv}(yz)^k}\right]^{\frac{1}{k}} \leqslant$$

（应用加权幂平均不等式）

$$\frac{\sum \sqrt{uv(yz)^k} \cos \alpha}{\sum \sqrt{uv(yz)^k}} =$$

$$\frac{\sum [(\sqrt{uy^k})(\sqrt{vz^k})\cos \alpha]}{\sum \sqrt{uv(yz)^k}} \leqslant$$

（应用三角母不等式）

$$\frac{\sum (\sqrt{\lambda x^k})^2}{2\sum \sqrt{uv(yz)^k}} \Rightarrow$$

$$2^k S \leqslant \left(\sum \lambda x^k\right)^k \left[\sum (\sqrt{uy^k})(\sqrt{vz^k})\right]^{1-k} \leqslant \left(\sum \lambda x^k\right)^k \left(\sum \lambda x^k\right)^{1-k} \Rightarrow$$

$$\sum \lambda x^k \geqslant 2^k \sum \sqrt{uv}\, p^k$$

即式(L)成立,等号成立仅当 $\triangle ABC$ 为正三角形,且 P 为其中心, $\lambda = u = v$ (与 k 无关).

前面的指数 $k \in (0,1)$,如 $k \geqslant 1$ 时,结论还成立吗?让我们来试探吧.

$$p \leqslant \sqrt{yz} \cos \alpha \Rightarrow (p\sec \alpha)^k \leqslant (\sqrt{yz})^k \Rightarrow$$

$$\sum (p\sec \alpha)^k \leqslant \sum \sqrt{(yz)^k} \leqslant \sum x^k \Rightarrow$$

$$\left[\frac{\sum x^k}{\sum p^k}\right]^{\frac{1}{k}} \geqslant \left[\frac{\sum p^k(\sec \alpha)^k}{\sum p^k}\right]^{\frac{1}{k}} \geqslant \frac{\sum p^k \sec \alpha}{\sum p^k} \Rightarrow$$

$$\left.\begin{array}{c}\left(\sum x^k\right)\left(\sum p^k\right)^{k-1} \geqslant \left(\sum p^k \sec \alpha\right)^k \\ \text{结合}\left[\frac{1}{2}\sum\left(\frac{qr}{p}\right)^k\right]^k \geqslant \left(\sum p^k \cos \alpha\right)^k\end{array}\right\} \Rightarrow$$

$$\left[\frac{1}{2}\sum\left(\frac{qr}{p}\right)^k\right]^k \left(\sum x^k\right)\left(\sum p^k\right)^{k-1} \geqslant$$

$$\left[\left(\sum p^k \cos \alpha\right)\left(\sum p^k \sec \alpha\right)\right]^k \geqslant \left(\sum p^k\right)^{2k} \Rightarrow$$

$$\sum x^k \geqslant 2^k \left(\sum p^k\right)^{k+1} \left[\sum \left(\frac{qr}{p}\right)^k\right]^{-k} \tag{2}$$

注意到

$$\sum \left(\frac{qr}{p}\right)^k = \frac{\sum (qr)^{2k}}{(pqr)^k} \leqslant \frac{\left(\sum p^{2k}\right)^2}{3(pqr)^k}$$

知,我们得不到期望的结果

$$\sum x^k \geqslant 2^k \sum p^k \tag{?}$$

不过,我们别灰心,在 20 世纪 80 年代陈计老师就为我们建立了令人欣慰的:

推广 3(陈计)   设 P 为 $\triangle ABC$ 内任意一点,P 到三边的垂足为 D, E, F,则

(i) 当 $|k| \leqslant 1$ 时

$$PA^k + PB^k + PC^k \geqslant 2^k(PD^k + PE^k + PF^k) \tag{M}$$

(ii) 当 $|k| > 1$ 时

$$PA^k + PB^k + PC^k > 2^{\frac{k}{|k|}}(PD^k + PE^k + PF^k) \qquad (M')$$

特别地,当取 $k = -1$ 时,便得到:
$$\frac{1}{PA} + \frac{1}{PB} + \frac{1}{PC} \leqslant \frac{1}{2}\left(\frac{1}{PD} + \frac{1}{PE} + \frac{1}{PF}\right)$$

当指数 $k = n \in \mathbf{N}$ 时,我们可建立无限美妙的:

推广 4 设 $n \in \mathbf{N}$ 为自然数,P 为 $\triangle ABC$ 内任意一点,P 到三边的距离为 p,q,r,到三顶点的距离为 x,y,z,系数 λ, u, v 为正数,则
$$\lambda x^n + u y^n + v z^n \geqslant$$
$$2(\sqrt{uv}\, p^n + \sqrt{v\lambda}\, q^n + \sqrt{\lambda u}\, r^n) + 6(2^{n-1} - 1)\sqrt[3]{\lambda u v}\, (\sqrt[3]{pqr})^n \qquad (N)$$

特别地,当 $\lambda = u = v$ 时,式(N)简化为
$$x^n + y^n + z^n \geqslant 2(p^n + q^n + r^n) + 6(2^{n-1} - 1)(\sqrt[3]{pqr})^n \qquad (N')$$

这正好是 20 世纪田隆岗先生建立的漂亮结论.

当 $n = 1$ 时,式(N)化为
$$\lambda x + u y + v z \geqslant 2(\sqrt{uv}\, p + \sqrt{v\lambda}\, q + \sqrt{\lambda u}\, r)$$

当 $n = 3$ 时,取 $\lambda = u = v$ 得
$$x^3 + y^3 + z^3 \geqslant 2(p^3 + q^3 + r^3) + 18 pqr \qquad (1)$$

这是一个非常漂亮的结果.

证明 根据式(A)的证法 2 有
$$x^n \geqslant \left(\frac{c}{a}q + \frac{b}{a}r\right)^n = \left(\frac{c}{a}\right)^n q^n + \left(\frac{b}{a}\right)^n r^n + \sum_{i=1}^{n-1}\left[C_n^i \left(\frac{c}{a}\right)^{n-i}\left(\frac{b}{a}\right)^i q^{n-i} r^i\right]$$

同理可得
$$y^n \geqslant \left(\frac{a}{b}\right)^n r^n + \left(\frac{c}{b}\right)^n p^n + \sum_{i=1}^{n-1}\left[C_n^i \left(\frac{a}{b}\right)^{n-i}\left(\frac{c}{b}\right)^i r^{n-i} \cdot p^i\right]$$
$$z^n \geqslant \left(\frac{b}{c}\right)^n p^n + \left(\frac{a}{c}\right)^n q^n + \sum_{i=1}^{n-1}\left[C_n^i \left(\frac{b}{c}\right)^{n-i}\left(\frac{a}{c}\right)^i p^{n-i} \cdot q^i\right]$$

于是
$$\lambda x^n + u y^n + v z^n \geqslant \alpha + \beta \qquad (2)$$

其中
$$\alpha = \left[u\left(\frac{c}{b}\right)^n + v\left(\frac{b}{c}\right)^n\right] p^n + \left[\lambda\left(\frac{c}{a}\right)^n + v\left(\frac{a}{c}\right)^n\right] q^n + \left[\lambda\left(\frac{b}{a}\right)^n + u\left(\frac{a}{b}\right)^n\right] r^n \geqslant$$
$$2(\sqrt{uv}\, p^n + \sqrt{v\lambda}\, q^n + \sqrt{\lambda u}\, r^n) \qquad (3)$$

$$\beta = \sum_{i=1}^{n-1} C_n^i \left[\lambda\left(\frac{c}{a}\right)^{n-i}\left(\frac{b}{a}\right)^i q^{n-1} r^i + u\left(\frac{a}{b}\right)^{n-i}\left(\frac{c}{b}\right)^i r^{n-i} p^i + v\left(\frac{b}{c}\right)^{n-i}\left(\frac{a}{c}\right)^i p^{n-i} q^i\right] \geqslant$$
$$\sum_{i=1}^{n-1} C_n^i \left[3 \sqrt[3]{\lambda u v}\, \sqrt[3]{(pqr)^n}\right] =$$
$$3(\lambda u v)^{\frac{1}{3}} (pqr)^{\frac{n}{3}} \sum_{i=1}^{n-1} C_n^i =$$
$$3(\lambda u v)^{\frac{1}{3}} (pqr)^{\frac{n}{3}} (2^n - 2) =$$

$$6(2^{n-1}-1)(\lambda u v)^{\frac{1}{3}}(pqr)^{\frac{n}{3}} \tag{4}$$

式(3)、式(4) 代式(2) 即得式(N). 等号成立仅当 △ABC 为正三角形，P 为其中心，$\lambda = u = v$(与幂指数 n 无关).

6. 魔术分身

神话《西游记》中的人物孙悟空，传说他变化多端，具有分身之术，这是众所周知的. 大千世界，无奇不有. 在五彩缤纷、风光迷人的数学世界里，也有一位孙悟空，它就是我们偏爱的 Erdös 不等式，它具有分身术，将自身点 P，分身成另外两个新的点 X 和 Y，即

$$X \underset{\text{向左}}{\longleftarrow} P \underset{\text{向右}}{\longrightarrow} Y$$

从而变化成今非昔比，焕然一新的容颜：

$$XA + XB + XC \geqslant 2(YD + YE + YF) \tag{!}$$

我们仍然记 △ABC 的外心为 O，内心为 I，重心为 G，垂心为 H，Fermat 点为 F_1，那么，我们在《数学奥林匹克与数学文化·第二辑（竞赛卷）》第 181 页的《神灵相助　魔术分身》一文中，揭示出了它至少有 9 种分身术：

$$OA + OB + OC \geqslant 2(ID + IE + EF)$$
$$OA + OB + OC \geqslant 2(GD + GE + GF)$$
$$OA + OB + OC \geqslant 2(HD + HE + HF)$$
$$OA + OB + OC \geqslant 2(F_1 D + F_1 E + F_1 F)$$
$$HA + HB + HC \geqslant 2(OD + OE + OF)$$
$$IA + IB + IC \geqslant 2(GD + GE + GF)$$
$$HA + HB + HC \geqslant 2(GD + GE + GF)$$
$$GA + GB + GC \geqslant 2(HD + HE + HF)$$
$$IA + IB + IC \geqslant 2(HD + HE + HF)$$

而且，我们又在此文中建立了两个相当漂亮的推广结论：

$$t_1 IA + t_2 IB + t_3 IC \geqslant 3[(t_1-1)GD + (t_2-1)GE + (t_3-1)GF] \tag{O}$$

其中

$$t_1, t_2, t_3 \in (1,7), \quad t_1 + t_2 + t_3 \leqslant 9$$
$$IA^n + IB^n + IC^n \geqslant 2^n (GD^n + GE^n + GF^n) \tag{P}$$

其中 $1 \leqslant n \in \mathbf{N}$.

如果我们将著名的欧拉（Euler）不等式 $R \geqslant 2r$ 乔装巧扮成

$$\lambda OA^n + uOB^n + vOC^n \geqslant 2^n (\lambda ID^n + uIE^n + vIF^n) \tag{O'}$$

许配与式(O) 做"新娘"，那简直是一件妙趣喜事.

7. 多边形推广

Erdös 不等式是一个妙趣横生的几何不等式，为了将它从三角形推广到任意凸多边

形,20世纪,人们通过不懈的努力,付出了艰辛的劳动,取得了一系列可歌可泣的成果。如陈计老师就建立了一个无比简洁美妙的:

推广5(陈计)   设 P 为凸 n 边形 $A_1A_2\cdots A_n$ 内任意一点,P 到各边的垂足依次为 D_1,D_2,$\cdots$,$D_n (3 \leqslant n \in \mathbf{N})$,指数 $k \in [0,1]$ 则

$$\sum_{i=1}^n PA_i^k \geqslant \left(\sec \frac{\pi}{n}\right)^k \sum_{i=1}^n PD_i^k \tag{P}$$

显然,当 $k=0$ 时,式(P)化为等式 $n=n$,当 $k\to 0$ 时,式(P)两边取极限,有

$$\lim_{k\to 0}\left[\frac{\sum_{i=1}^n PA_i^k}{n}\right]^{\frac{1}{k}} \geqslant \left(\sec \frac{\pi}{n}\right)\lim_{k\to 0}\left[\frac{\sum_{i=1}^n PD_i^k}{n}\right]^{\frac{1}{k}} \Rightarrow$$

$$\left(\prod_{i=1}^n PA_i\right)^{\frac{1}{n}} \geqslant \left(\sec \frac{\pi}{n}\right)\left(\prod_{i=1}^n PD_i^k\right)^{\frac{1}{n}} \Rightarrow$$

$$\prod_{i=1}^n PA_i \geqslant \left(\sec \frac{\pi}{n}\right)^n \cdot \prod_{i=1}^n PD_i \tag{P'}$$

其实,式(P)还可以再加强和推广:

推广6   如图15所示,设 P 为凸 n 边形 $A_1A_2\cdots A_n$ 内任意一点,$\angle A_iPA_{i+1}$ 的平分线交 A_iA_{i+1} 边于 $W_i(i=1,2,\cdots,n; 3\leqslant n \in \mathbf{N};$ 约定 $A_{n+1}\equiv A_1)$,指数 $0\leqslant k \leqslant 1$,系数 $\lambda_i > 0$ $(1\leqslant i \leqslant n)$,则有

$$\sum_{i=1}^n \lambda_i PA_i^k \geqslant \left(\sec \frac{\pi}{n}\right)^k \sum_{i=1}^n \sqrt{\lambda_i \lambda_{i+1}} PW_i^k \tag{Q}$$

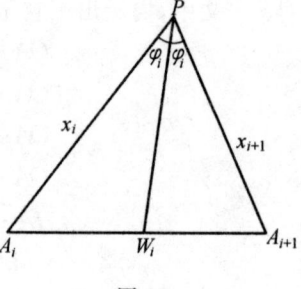

图15

证明   设 $PA_i = x_i$,$PW_i = t_i$,$\angle A_iPW_i = \angle A_{i+1}PW_i = \varphi_i (1\leqslant i \leqslant n)$,应用角平分线长公式有

$$t_i = \frac{2x_i x_{i+1}}{x_i + x_{i+1}}\cos\varphi_i \leqslant \sqrt{x_i x_{i+1}}\cos\varphi_i \Rightarrow$$

$$\sqrt{\lambda_i \lambda_{i+1}}\, t_i^k \leqslant (\sqrt{\lambda_i x_i^k})(\sqrt{\lambda_{i+1} x_{i+1}^k})\cdot \cos^k\varphi_i$$

注意到 $\varphi_i \in \left(0, \frac{\pi}{2}\right)(i=1,2,\cdots,n)$ 及 $\varphi_1 + \varphi_2 + \cdots + \varphi_n = \pi$。

应用三角母不等式的推广有

$$\sum_{i=1}^n \sqrt{\lambda_i \lambda_{i+1}}\, t_i^k \leqslant \sum_{i=1}^n \left[(\sqrt{\lambda_i x_i^k})(\sqrt{\lambda_{i+1} x_{i+1}^k})\cos^k\varphi_i\right] \leqslant \left(\sum_{i=1}^n \lambda_i x_i^k\right)\left(\cos\frac{\pi}{n}\right)^k \Rightarrow$$

$$\sum_{i=1}^n \lambda_i x_i^k \geqslant \left(\sec \frac{\pi}{n}\right)^k \sum_{i=1}^n \sqrt{\lambda_i \lambda_{i+1}}\, t_i^k$$

即式(Q)成立,等号成立仅当 $A_1A_2\cdots A_n$ 为正 n 边形,P 为其中心,系数 $\lambda_1 = \lambda_2 = \cdots = \lambda_n$(与指数 k 无关)。

8. 元数推广

我们在前面介绍了 Erdös 不等式(A)与式(B)的一系列推广,使本身就妙趣优美的

式(A)更加锦上添花,打开了我们的眼界,拓宽了我们的视野.此时,我们那活跃奔放的思绪,正在数学的天空随彩云飘飞.

在前面,我们只探讨了一个三角形中的 Erdös 不等式,我们能同时探讨多个三角形吗?即我们能将 Erdös 不等式推广到多个三角形的情形吗?其实,事在人为,通过努力,没有攀不上的高峰.

推广 7 设 $1 \leqslant n \in \mathbf{N}$,$P_i$ 为 $\triangle A_i B_i C_i$ 内任意一点,P_i 到三边的垂足为 D_i, E_i, F_i ($1 \leqslant i \leqslant n$),指数 $0 \leqslant k \leqslant 1$,系数 $\lambda, u, v > 0$,则

$$\lambda \Big(\prod_{i=1}^{n} P_i A_i\Big)^{\frac{k}{n}} + u \Big(\prod_{i=1}^{n} P_i B_i\Big)^{\frac{k}{n}} + v \Big(\prod_{i=1}^{n} P_i C_i\Big)^{\frac{k}{n}} \geqslant$$

$$2^k \Big[\sqrt{uv} \Big(\prod_{i=1}^{n} P_i D_i\Big)^{\frac{k}{n}} + \sqrt{v\lambda} \Big(\prod_{i=1}^{n} P_i E_i\Big)^{\frac{k}{n}} + \sqrt{\lambda u} \Big(\prod_{i=1}^{n} P_i F_i\Big)^{\frac{k}{n}} \Big] \quad (R)$$

提示 设 $P_i A_i, P_i B_i, P_i C_i, P_i D_i, P_i E_i, P_i F_i$ 依次为 $x_i, y_i, z_i, p_i, q_i, r_i$ ($1 \leqslant i \leqslant n$) 并记

$$x = \Big(\prod_{i=1}^{n} x_i\Big)^{\frac{1}{n}}, \quad y = \Big(\prod_{i=1}^{n} y_i\Big)^{\frac{1}{n}}, \quad z = \Big(\prod_{i=1}^{n} z_i\Big)^{\frac{1}{n}}$$

$$p = \Big(\prod_{i=1}^{n} p_i\Big)^{\frac{1}{n}}, \quad q = \Big(\prod_{i=1}^{n} q_i\Big)^{\frac{1}{n}}, \quad r = \Big(\prod_{i=1}^{n} r_i\Big)^{\frac{1}{n}}$$

再记 $\angle B_i P_i C_i = 2\alpha_i$, $\angle C_i P_i A_i = 2\beta_i$, $\angle A_i P_i B_i = 2\gamma_i$,则 $\alpha_i, \beta_i, \gamma_i \in \Big(0, \frac{\pi}{2}\Big)$,且 $\alpha_i + \beta_i + \gamma_i = \pi$,又记 $\alpha = \dfrac{\sum_{i=1}^{n} \alpha_i}{n}$, $\beta = \dfrac{\sum_{i=1}^{n} \beta_i}{n}$, $\gamma = \dfrac{\sum_{i=1}^{n} \gamma_i}{n}$,

$$\begin{cases} \alpha_i, \beta_i, \gamma_i \in \Big(0, \dfrac{\pi}{2}\Big) \\ \alpha_i + \beta_i + \gamma_i = \pi \end{cases} \Rightarrow \begin{cases} \alpha, \beta, \gamma \in \Big(0, \dfrac{\pi}{2}\Big) \\ \alpha + \beta + \gamma = \pi \end{cases}$$

注意到

$$\Big(\prod_{i=1}^{n} \cos \alpha_i\Big)^{\frac{1}{n}} \leqslant \frac{\sum_{i=1}^{n} \cos \alpha_i}{n} \leqslant \cos\Bigg(\frac{\sum_{i=1}^{n} \alpha_i}{n}\Bigg) = \cos \alpha$$

应用结论:

$$p_i \leqslant \sqrt{y_i z_i} \cos \alpha_i, \quad q_i \leqslant \sqrt{z_i x_i} \cos \beta_i$$
$$r_i \leqslant \sqrt{x_i y_i} \cos \gamma_i \ (1 \leqslant i \leqslant n)$$

有

$$\Big(\prod_{i=1}^{n} p_i\Big)^{\frac{1}{n}} \leqslant \Big(\prod_{i=1}^{n} \sqrt{y_i z_i}\Big)^{\frac{1}{n}} \cdot \Big(\prod_{i=1}^{n} \cos \alpha_i\Big)^{\frac{1}{n}} \leqslant \Big(\prod_{i=1}^{n} \sqrt{y_i z_i}\Big)^{\frac{1}{n}} \cos \alpha \Rightarrow$$

$$p \leqslant \sqrt{yz} \cos \alpha$$

同理可得

$$q \leqslant \sqrt{zx} \cos \beta, \quad r \leqslant \sqrt{xy} \cos \gamma$$

于是

$$\sum \sqrt{uv}\, p^k \leqslant \sum [(\sqrt{u} y^k)(\sqrt{v} z^k)\cos^k\alpha] \leqslant \left(\cos\frac{\pi}{3}\right)^k \sum \lambda x^k \Rightarrow$$

$$\sum \lambda x^k \geqslant 2^k \sum \sqrt{uv}\, p^k$$

即式(R)成立.

如果让我们那飘飞的思绪更加活跃：假设 $\triangle A_1B_1C_1 \cong \triangle A_2B_2C_2 \cong \cdots \cong \triangle A_nB_nC_n \cong \triangle ABC$.

这样，我们又得到一个无比生动的：

推广 8 设 $P_1, P_2, \cdots, P_n$ 为 $\triangle ABC$ 内的任意 $n(1 \leqslant n \in \mathbf{N})$ 个点，P_i 到三边 BC, CA, AB 的垂足为 $D_i, E_i, F_i (1 \leqslant i \leqslant n)$，指数 $0 \leqslant k \leqslant 1$，系数 $\lambda, u, v > 0$，则有

$$\lambda\left(\prod_{i=1}^{n} P_iA\right)^{\frac{k}{n}} + u\left(\prod_{i=1}^{n} P_iB\right)^{\frac{k}{n}} + v\left(\prod_{i=1}^{n} P_iC\right)^{\frac{k}{n}} \geqslant$$
$$2^k\left[\sqrt{uv}\left(\prod_{i=1}^{n} P_iD_i\right)^{\frac{k}{n}} + \sqrt{v\lambda}\left(\prod_{i=1}^{n} P_iE_i\right)^{\frac{k}{n}} + \sqrt{\lambda u}\left(\prod_{i=1}^{n} P_iF_i\right)^{\frac{k}{n}}\right] \quad (S)$$

一看便知，上面的两个推广式还可推广到多个凸 n 边中去：

推广 9 设 $1 \leqslant m \leqslant \in \mathbf{N}, 3 \leqslant n \in \mathbf{N}, P_j$ 为凸 n 边形 $A_{1j}A_{2j}\cdots A_{nj}$ 内任意一点，P_j 到各边的垂足为 $D_{ij}(1 \leqslant i \leqslant n, 1 \leqslant j \leqslant m)$，指数 $0 \leqslant k \leqslant 1$，系数 $\lambda_i > 0$，则

$$\sum_{i=1}^{n} \lambda_i\left(\prod_{j=1}^{m} P_jA_{ij}\right)^{\frac{k}{m}} \geqslant \left(\sec\frac{\pi}{n}\right)^k \sum_{i=1}^{n}\left[\sqrt{\lambda_i\lambda_{i+1}}\left(\prod_{j=1}^{m} P_jD_{ij}\right)^{\frac{k}{m}}\right] \quad (T)$$

推广 10 设 $1 \leqslant m \in \mathbf{N}, 3 \leqslant n \in \mathbf{N}, P_1, P_2, \cdots, P_m$ 为凸 n 边形 $A_1A_2\cdots A_n$ 内任意 m 个点，它们到边 A_iA_{i+1} 的垂足为 $D_{ij}(1 \leqslant i \leqslant n; 1 \leqslant j \leqslant m)$，指数 $0 \leqslant k \leqslant 1$，系数 $\lambda_i > 0$，则有

$$\sum_{i=1}^{n} \lambda_i\left(\prod_{j=1}^{m} P_jA_i\right)^{\frac{k}{m}} \geqslant \left(\sec\frac{\pi}{2}\right)^k \sum_{i=1}^{n}\left[\sqrt{\lambda_i\lambda_{i+1}}\left(\prod_{j=1}^{m} P_jD_{ij}\right)^{\frac{k}{m}}\right] \quad (U)$$

最后，请大家思考如下猜想：

设 P 为四面体 $A_1A_2A_3-A_4$ 内部任意一点，P 到各个面的垂足点为 D_1, D_2, D_3, D_4，那么，是否有

$$\sum_{i=1}^{4} PA_i \geqslant 3 \sum_{i=1}^{4} PD_i \quad (?)$$

应用贝努利不等式解高考题两例

武瑞新[①]

试题1(2007年湖北省高考压轴题) 已知m,n为正整数：

(1) 用数学归纳法证明：当$x>-1$时$(1+x)^m\geqslant 1+mx$；

(2) 对于$n\geqslant 6$,已知$\left(1-\dfrac{1}{n+3}\right)^n<\dfrac{1}{2}$,求证$\left(1-\dfrac{m}{n+3}\right)^n<\left(\dfrac{1}{2}\right)^m,m=1,2,\cdots,n$；

(3) 求出满足等式$3^n+4^n+\cdots+(n+2)^n=(n+3)^n$的所有正整数$n$.

试题2(2007年四川省高考压轴题) 设函数$f(x)=\left(1+\dfrac{1}{n}\right)^x(n\in\mathbf{N},$且$n>1,x\in\mathbf{R})$：

(1) 当$x=6$时,求$\left(1+\dfrac{1}{n}\right)^x$的展开式中二项式系数最大的项；

(2) 对任意的实数$x\in\mathbf{R}$,证明$\dfrac{f(2x)+f(2)}{2}>f'(x)(f'(x)$是$f(x)$的导函数)；

(3) 是否存在$a\in\mathbf{N}$使得$an<\sum\limits_{k=1}^{n}\left(1+\dfrac{1}{k}\right)^k<(a+1)n$恒成立？若存在,试证明你的结论并求出其值；若不存在,请说明理由.

贝努利(Bernoulli)不等式是指：设$x>-1,\alpha\in\mathbf{R}$,则

(1) $0<\alpha<1$时, $(1+x)^\alpha\leqslant 1+\alpha x$；

(2) $\alpha<0$或$\alpha>1$时, $(1+x)^\alpha\geqslant 1+\alpha x$；

等号成立的充要条件是$x=0$.

这里我们只就α为正整数时贝努利不等式的证明和应用进行讨论.

试题1尽管值得称道,但笔者认为尚有美中不足之处：首先不应限制必须用数学归纳法证明当$x>-1$时$(1+x)^m\geqslant 1+mx$,据说作出这种限制是为了防止参加过竞赛培训的考生占到优势,保证试题的公平性,此说之谬不值一驳. 其次,$n\geqslant 6$时, $\left(1-\dfrac{1}{n+3}\right)^n<\dfrac{1}{2}$不应作为已知条件给出,因为这样一来,第(2)问变得过于容易,降低了题目的价值.

因此笔者建议将试题1修改为

[①] 武瑞新,武汉市公安局永丰派出所.

已知 m,n 为正整数:

(1) 证明:当 $x>-1$ 时 $(1+x)^m \geqslant 1+mx$;

(2) 当 $n \geqslant 6$ 时,求证 $\left(1-\dfrac{1}{n+3}\right)^n < \dfrac{1}{2}$;

(3) 求出满足等式 $3^n+4^n+\cdots+(n+2)^n=(n+3)^n$ 的所有正整数 n.

试题 1 解 (1) 设 $a_m=\dfrac{1+mx}{(1+x)^m}$, $x>-1$, $x\neq 0$ 时

$$a_{m+1}-a_m=\dfrac{1+(m+1)x}{(1+x)^{m+1}}-\dfrac{1+mx}{(1+x)^m}=\dfrac{-mx^2}{(1+x)^{m+1}}<0$$

故 $\{a_m\}$ 为减数列.

所以 $m\geqslant 1$ 时, $a_m \leqslant a_1=1$.

所以

$$(1+x)^m \geqslant 1+mx$$

(2) 设

$$b_n=\left(1-\dfrac{1}{n+3}\right)^n$$

$$\dfrac{b_n}{b_{n+1}}=\dfrac{\left(1-\dfrac{1}{n+3}\right)^n}{\left(1-\dfrac{1}{n+4}\right)^{n+1}}=\left(1-\dfrac{1}{(n+3)^2}\right)^n\cdot\left(1+\dfrac{1}{n+3}\right)$$

因为 $-\dfrac{1}{(n+3)^2}>-1$, 由(1)得

$$\dfrac{b_n}{b_{n+1}}\geqslant \left(1-\dfrac{n}{(n+3)^2}\right)\cdot\left(1+\dfrac{1}{n+3}\right)=1+\dfrac{2n+9}{(n+3)^3}>1$$

所以 $\{b_n\}$ 为减数列.

所以 $n\geqslant 6$ 时,

$$b_n \leqslant b_6=\dfrac{8^6}{9^6}<\dfrac{1}{2}$$

(3) 由(1)、(2)可知, $n\geqslant 6$ 时,对 $m=1,2,\cdots,n$

$$\left(1-\dfrac{m}{n+3}\right)^n \leqslant \left[\left(1-\dfrac{1}{n+3}\right)^m\right]^n=\left[\left(1-\dfrac{1}{n+3}\right)^n\right]^m<\left(\dfrac{1}{2}\right)^m$$

即

$$\left(1-\dfrac{1}{n+3}\right)^n+\left(1-\dfrac{2}{n+3}\right)^n+\cdots+\left(1-\dfrac{n}{n+3}\right)^n<\dfrac{1}{2}+\dfrac{1}{2^2}+\cdots+\dfrac{1}{2^n}=1-\dfrac{1}{2^n}<1$$

所以, $n\geqslant 6$ 时

$$3^n+4^n+\cdots+(n+2)^n<(n+3)^n$$

故只需考虑 $n\leqslant 5$ 的情形,容易验证,满足条件的正整数只有 $n=2$ 或 $n=3$.

试题 2 解 (1)、(2) 从略

Ⅲ. 设

$$a_n=\left(1+\dfrac{1}{n}\right)^n, \quad b_n=\left(1+\dfrac{1}{n}\right)^{n+1}$$

由 Bernoulli 不等式得

$$\frac{a_{n+1}}{a_n} = \frac{\left(1+\frac{1}{n+1}\right)^{n+1}}{\left(1+\frac{1}{n}\right)^n} =$$

$$\left(1-\frac{1}{(n+1)^2}\right)^n \cdot \left(1+\frac{1}{n+1}\right) \geqslant$$

$$\left(1-\frac{n}{(n+1)^2}\right) \cdot \left(1+\frac{1}{n+1}\right) = 1 + \frac{1}{(n+1)^3} > 1$$

$$\frac{b_n}{b_{n+1}} = \frac{\left(1+\frac{1}{n}\right)^{n+1}}{\left(1+\frac{1}{n+1}\right)^{n+2}} =$$

$$\left[1+\frac{1}{n(n+2)}\right]^{n+1} \cdot \left[1-\frac{1}{n+2}\right] \geqslant$$

$$\left[1+\frac{n+1}{n(n+2)}\right] \cdot \left(1-\frac{1}{n+2}\right) = 1 + \frac{1}{n(n+2)^2} > 1$$

所以 $\{a_n\}$ 为单调增数列,$\{b_n\}$ 为单调减数列,$a_n \geqslant a_1 = 2$.

易验证 $n \leqslant 4$ 时,$a_n < 3$,又当 $n \geqslant 5$ 时,$a_n \leqslant b_n \leqslant b_5 = \frac{6^6}{5^6} < 3$,故

$$2n < \sum_{k=1}^n \left(1+\frac{1}{k}\right)^k < 3n$$

所以存在 $a = 2$ 使 $an < \sum_{k=1}^n \left(1+\frac{1}{k}\right)^k < (a+1)n$ 恒成立.

如用二项式定理解答本题则显得繁琐.

一个条件不等式的再推广及其他

蒋明斌[①]

1 引 言

文献[1](2002年10月)给出了如下条件不等式:设 $x,y,z>0$ 且 $x+y+z=1$,则

$$\left(\frac{1}{x}-x\right)\left(\frac{1}{y}-y\right)\left(\frac{1}{z}-z\right)\geqslant \left(\frac{8}{3}\right)^3 \tag{1}$$

并在文末提出了如下猜想不等式:设 $x_i>0(i=1,2,\cdots,n), n\geqslant 3, \sum_{i=1}^{n}x_i=1$,则

$$\left(\frac{1}{x_1}-x_1\right)\left(\frac{1}{x_2}-x_2\right)\cdots\left(\frac{1}{x_n}-x_n\right)\geqslant \left(n-\frac{1}{n}\right)^n \tag{2}$$

文献[2](2002年12月)、文献[3](2003年10月)用不同方法证明了上述猜想不等式(2)是成立的,文献[3]还将式(2)推广为(2006年2月,文献[4]也得到这一结论):设 $x_i>0(i=1,2,\cdots,n), n\geqslant 3, \sum_{i=1}^{n}x_i=s\leqslant 1$,则

$$\left(\frac{1}{x_1}-x_1\right)\left(\frac{1}{x_2}-x_2\right)\cdots\left(\frac{1}{x_n}-x_n\right)\geqslant \left(\frac{n}{s}-\frac{s}{n}\right)^n \tag{3}$$

本文作者在文献[5](2004年9月)给出了式(2)的另一个证明,并提出猜想:设 $x_i>0(i=1,2,\cdots,n), n\geqslant 3, \sum_{i=1}^{n}x_i=1, k\in \mathbf{N}$,则

$$\left(\frac{1}{x_1^k}-x_1^k\right)\left(\frac{1}{x_2^k}-x_2^k\right)\cdots\left(\frac{1}{x_n^k}-x_n^k\right)\geqslant \left(n^k-\frac{1}{n^k}\right)^n \tag{4}$$

并在文献[6](2005年3月)证明了猜想不等式(4)是成立的,在文献[7](2005年5月)将式(4)推广为

设 $x_i\in \mathbf{R}^+(i=1,2,\cdots,n), n\geqslant 3, \sum_{i=1}^{n}x_i=s\leqslant 1, k\in \mathbf{N}$,则

$$\left(\frac{1}{x_1^k}-x_1^k\right)\left(\frac{1}{x_2^k}-x_2^k\right)\cdots\left(\frac{1}{x_n^k}-x_n^k\right)\geqslant \left[\left(\frac{n}{s}\right)^k-\left(\frac{s}{n}\right)^k\right]^n \tag{5}$$

最近(2010年1月)文献[8]称式(4)还未得证,给出了一个证明.本文将进一步推广

[①] 蒋明斌,四川省蓬安县蓬安中学.

式(5)并给出几个相关问题的推广.

2 推广及证明

定理 1 设 $x_1, x_2, \cdots, x_n > 0, y_1, y_2, \cdots, y_n$ 是 $x_1, x_2, \cdots, x_n$ 的一个排列, 且 $x_1 + x_2 + \cdots + x_n = s, k, m \in \mathbf{N}$ 且 $k \geqslant m \geqslant 1$, 当 $n \geqslant 3, s \leqslant 1$ 时, 有

$$\left[\frac{1}{(\sqrt{x_1})^k} - (\sqrt{y_1})^m\right]\left[\frac{1}{(\sqrt{x_2})^k} - (\sqrt{y_2})^m\right]\cdots\left[\frac{1}{(\sqrt{x_n})^k} - (\sqrt{y_n})^m\right] \geqslant \left[\left(\sqrt{\frac{n}{s}}\right)^k - \left(\sqrt{\frac{s}{n}}\right)^m\right]^n \quad (6)$$

注 在定理 1 中取 $(y_1, y_2, \cdots, y_n) = (x_2, x_3, \cdots, x_1), s = 1, k = m \to 2k$, 由式(6)即得式(5).

为证明定理 1, 先证如下

引理 设 $a_{ij} > 0 (i = 1, 2, \cdots, n; j = 1, 2, \cdots, m)$, 则

$$(a_{11} + a_{12} + \cdots + a_{1m})(a_{21} + a_{22} + \cdots + a_{2m})\cdots(a_{n1} + a_{n2} + \cdots + a_{nm}) \geqslant (\sqrt[n]{a_{11}a_{21}\cdots a_{n1}} + \sqrt[n]{a_{12}a_{22}\cdots a_{n2}} + \cdots + \sqrt[n]{a_{1m}a_{2m}\cdots a_{nm}})^n \quad (7)$$

证明 令 $T_i = (a_{i1} + a_{i2} + \cdots + a_{im}), i = 1, 2, \cdots, n$,

$T = (a_{11} + a_{12} + \cdots + a_{1m})(a_{21} + a_{22} + \cdots + a_{2m})\cdots(a_{n1} + a_{n2} + \cdots + a_{nm}) = T_1 T_2 \cdots T_n$

由算术-几何平均值不等式, 有

$$\sqrt[n]{\frac{a_{11}a_{21}\cdots a_{n1}}{T}} = \sqrt[n]{\frac{a_{11}}{T_1}\frac{a_{21}}{T_2}\cdots\frac{a_{n1}}{T_n}} \leqslant \frac{1}{n}\left(\frac{a_{11}}{T_1} + \frac{a_{21}}{T_2} + \cdots + \frac{a_{n1}}{T_n}\right)$$

$$\sqrt[n]{\frac{a_{12}a_{22}\cdots a_{n2}}{T}} = \sqrt[n]{\frac{a_{12}}{T_1}\frac{a_{22}}{T_2}\cdots\frac{a_{n2}}{T_n}} \leqslant \frac{1}{n}\left(\frac{a_{12}}{T_1} + \frac{a_{22}}{T_2} + \cdots + \frac{a_{n2}}{T_n}\right)$$

$\cdots$

$$\sqrt[n]{\frac{a_{1m}a_{2m}\cdots a_{nm}}{T}} = \sqrt[n]{\frac{a_{1m}}{T_1}\frac{a_{2m}}{T_2}\cdots\frac{a_{nm}}{T_n}} \leqslant \frac{1}{n}\left(\frac{a_{1m}}{T_1} + \frac{a_{2m}}{T_2} + \cdots + \frac{a_{nm}}{T_n}\right)$$

将这 m 个不等式相加得

$$\sqrt[n]{\frac{a_{11}a_{21}\cdots a_{n1}}{T}} + \sqrt[n]{\frac{a_{12}a_{22}\cdots a_{n2}}{T}} + \cdots + \sqrt[n]{\frac{a_{1m}a_{2m}\cdots a_{nm}}{T}} \leqslant$$

$$\frac{1}{n}\left(\frac{a_{11} + a_{12} + \cdots + a_{1m}}{T_1} + \frac{a_{21} + a_{22} + \cdots + a_{2m}}{T_2} + \cdots + \frac{a_{n1} + a_{n2} + \cdots + a_{nm}}{T_n}\right) =$$

$$\frac{1}{n}\left(\frac{T_1}{T_1} + \frac{T_2}{T_2} + \cdots + \frac{T_n}{T_n}\right) = 1$$

$$(\sqrt[n]{a_{11}a_{21}\cdots a_{n1}} + \sqrt[n]{a_{12}a_{22}\cdots a_{n2}} + \cdots + \sqrt[n]{a_{1m}a_{2m}\cdots a_{nm}})^n \leqslant$$

$$T = (a_{11} + a_{12} + \cdots + a_{1m})(a_{21} + a_{22} + \cdots + a_{2m})\cdots(a_{n1} + a_{n2} + \cdots + a_{nm})$$

即不等式(7)成立.

定理 1 的证明:

(1) 先证当 $(y_1, y_2, \cdots, y_n) = (x_1, x_2, \cdots, x_n)$,式(6)成立.

① 当 $k = m = 1$ 时,需证:当 $x_i > 0 (i = 1,2,\cdots,n)$, $n \geqslant 3$, $\sum_{i=1}^{n} x_i = s \leqslant 1$ 时,有

$$\left(\frac{1}{\sqrt{x_1}} - \sqrt{x_1}\right)\left(\frac{1}{\sqrt{x_2}} - \sqrt{x_2}\right)\cdots\left(\frac{1}{\sqrt{x_n}} - \sqrt{x_n}\right) \geqslant \left(\sqrt{\frac{n}{s}} - \sqrt{\frac{s}{n}}\right)^n \tag{8}$$

下面用数学归纳法证明式(8).

1° 当 $n = 3$ 时,由熟知的不等式:$(a + b + c)^2 \geqslant 3(ab + bc + ca)(a,b,c \in \mathbf{R}^+)$,易得

$$x_1 x_2 + x_2 x_3 + x_3 x_1 \geqslant \sqrt{3(x_1 x_2^2 x_3 + x_1 x_2 x_3^2 + x_1^2 x_2 x_3)} =$$
$$\sqrt{3 x_1 x_2 x_3 (x_1 + x_2 + x_3)} = \sqrt{3 x_1 x_2 x_3 s}$$

则

$$\left(\frac{1}{\sqrt{x_1}} - \sqrt{x_1}\right)\left(\frac{1}{\sqrt{x_2}} - \sqrt{x_2}\right)\left(\frac{1}{\sqrt{x_3}} - \sqrt{x_3}\right) = \frac{1}{\sqrt{x_1 x_2 x_3}}(1 - x_1)(1 - x_2)(1 - x_3) =$$

$$\frac{1}{\sqrt{x_1 x_2 x_3}}[1 - (x_1 + x_2 + x_3) + (x_1 x_2 + x_2 x_3 + x_3 x_1) - x_1 x_2 x_3] \geqslant$$

$$\frac{1}{\sqrt{x_1 x_2 x_3}}(1 - s + \sqrt{3 s x_1 x_2 x_3} - x_1 x_2 x_3) = -\sqrt{x_1 x_2 x_3} + \frac{1-s}{\sqrt{x_1 x_2 x_3}} + \sqrt{3s}$$

因为 $0 < s \leqslant 1$,所以 $f(t) = -t + \frac{1-s}{t} + \sqrt{3s}$ 在 $(0, +\infty)$ 上是减函数,而

$$0 < \sqrt{x_1 x_2 x_3} \leqslant \sqrt{\left(\frac{x_1 + x_2 + x_3}{3}\right)^3} = \sqrt{\left(\frac{s}{3}\right)^3} \Rightarrow f(\sqrt{x_1 x_2 x_3}) \geqslant f\left(\sqrt{\left(\frac{s}{3}\right)^3}\right)$$

即

$$-\sqrt{x_1 x_2 x_3} + \frac{1-s}{\sqrt{x_1 x_2 x_3}} + \sqrt{3s} \geqslant -\sqrt{\left(\frac{s}{3}\right)^3} + \frac{1-s}{\sqrt{(s/3)^3}} + \sqrt{3s} = \left(\sqrt{\frac{3}{s}} - \sqrt{\frac{s}{3}}\right)^3$$

因此

$$\left(\frac{1}{\sqrt{x_1}} - \sqrt{x_1}\right)\left(\frac{1}{\sqrt{x_2}} - \sqrt{x_2}\right)\left(\frac{1}{\sqrt{x_3}} - \sqrt{x_3}\right) \geqslant \left(\sqrt{\frac{3}{s}} - \sqrt{\frac{s}{3}}\right)^3 \tag{9}$$

即当 $n = 3$ 时,式(8)成立.

2° 假设当 $n = k(k \geqslant 3)$ 时,式(8)成立,那么当 $n = k + 1$ 时,记 $A = s - x_{k+1}$,显然 $A < s \leqslant 1$,即 $\sum_{i=1}^{k} x_i = A \leqslant 1$,对数组 $(x_1, x_2, \cdots, x_k)$ 应用归纳假设有

$$\prod_{i=1}^{k}\left(\frac{1}{\sqrt{x_i}} - \sqrt{x_i}\right) \geqslant \left(\sqrt{\frac{k}{A}} - \sqrt{\frac{A}{k}}\right)^k \tag{10}$$

不妨设 $x_{k+1} \leqslant x_i (i = 1,2,\cdots,k)$,记 $B = x_{k+1} + \underbrace{\frac{s}{k+1} + \cdots + \frac{s}{k+1}}_{k-1 \text{个}} = x_{k+1} + \frac{(k-1)s}{k+1}$,由 $\sum_{i=1}^{k+1} x_i = s$ 知 $x_{k+1} \leqslant \frac{s}{k+1}$,所以 $B \leqslant \frac{s}{k+1} + \frac{(k-1)s}{k+1} < s \leqslant 1$,因此对数组

$(x_{k+1}, \underbrace{\frac{s}{k+1}, \cdots, \frac{s}{k+1}}_{k-1 \text{个}})$ 应用归纳假设有

$$\left(\frac{1}{\sqrt{x_{k+1}}} - \sqrt{x_{k+1}}\right) \underbrace{\left(\sqrt{\frac{k+1}{s}} - \sqrt{\frac{s}{k+1}}\right) \cdots \left(\sqrt{\frac{k+1}{s}} - \sqrt{\frac{s}{k+1}}\right)}_{(k-1) \text{个}} \geqslant \left(\sqrt{\frac{k}{B}} - \sqrt{\frac{B}{k}}\right)^k$$

即

$$\left(\frac{1}{\sqrt{x_{k+1}}} - \sqrt{x_{k+1}}\right) \geqslant \left(\sqrt{\frac{k}{B}} - \sqrt{\frac{B}{k}}\right)^k \left(\sqrt{\frac{k+1}{s}} - \sqrt{\frac{s}{k+1}}\right)^{-(k-1)} \tag{11}$$

由式(10)、式(11) 得

$$\prod_{i=1}^{k+1} \left(\frac{1}{\sqrt{x_i}} - \sqrt{x_i}\right) \geqslant \left(\sqrt{\frac{k}{A}} - \sqrt{\frac{A}{k}}\right)^k \cdot \left(\sqrt{\frac{k}{B}} - \sqrt{\frac{B}{k}}\right)^k \cdot \left(\sqrt{\frac{k+1}{s}} - \sqrt{\frac{s}{k+1}}\right)^{-(k-1)} \tag{12}$$

又

$$\frac{A}{k} + \frac{B}{k} + \frac{s}{k+1} = \frac{s - x_{k+1}}{k} + \frac{1}{k}\left(x_{k+1} + \frac{k-1}{k+1}s\right) + \frac{s}{k+1} = \frac{3s}{k+1} < s \leqslant 1$$

对数组 $\left(\frac{A}{k}, \frac{B}{k}, \frac{s}{k+1}\right)$ 应用式(9) 有

$$\left(\sqrt{\frac{k}{A}} - \sqrt{\frac{A}{k}}\right)\left(\sqrt{\frac{k}{B}} - \sqrt{\frac{B}{k}}\right)\left(\sqrt{\frac{k+1}{s}} - \sqrt{\frac{s}{k+1}}\right) \geqslant \left[\sqrt{\frac{3}{\frac{3s}{k+1}}} - \sqrt{\frac{3s}{k+1}}\right]^3 =$$

$$\left(\sqrt{\frac{k+1}{s}} - \sqrt{\frac{s}{k+1}}\right)^3$$

即

$$\left(\sqrt{\frac{k}{A}} - \sqrt{\frac{A}{k}}\right)\left(\sqrt{\frac{k}{B}} - \sqrt{\frac{B}{k}}\right) \geqslant \left(\sqrt{\frac{k+1}{s}} - \sqrt{\frac{s}{k+1}}\right)^2 \tag{13}$$

由式(11)、式(13) 得

$$\prod_{i=1}^{k+1}\left(\frac{1}{\sqrt{x_i}} - \sqrt{x_i}\right) \geqslant \left(\sqrt{\frac{k+1}{s}} - \sqrt{\frac{s}{k+1}}\right)^{2k} \cdot \left(\sqrt{\frac{k+1}{s}} - \sqrt{\frac{s}{k+1}}\right)^{-(k-1)} =$$

$$\left(\sqrt{\frac{k+1}{s}} - \sqrt{\frac{s}{k+1}}\right)^{k+1}$$

这表明,当 $n = k+1$ 时,式(8) 也成立.

综合 1°,2°,知式(8) 成立.

② 当 $k, m \in \mathbf{N}, k = m, k \geqslant 2$ 时,若 k 为奇数,应用引理及式(8) 有

$$\prod_{i=1}^n \left(\frac{1}{(\sqrt{x_i})^k} - (\sqrt{x_i})^k\right) = \left[\prod_{i=1}^n \left(\frac{1}{\sqrt{x_i}} - \sqrt{x_i}\right)\right] \cdot \prod_{i=1}^n \left[\frac{1}{(\sqrt{x_i})^{k-1}} + \frac{1}{(\sqrt{x_i})^{k-3}} + \cdots + \frac{1}{(\sqrt{x_i})^4} + \frac{1}{(\sqrt{x_i})^2} + 1 + \frac{(\sqrt{x_i})^2 + (\sqrt{x_i})^4 + \cdots +}{(\sqrt{x_i})^{k-3} + (\sqrt{x_i})^{k-1}}\right] =$$

$$\left[\prod_{i=1}^{n}\left(\frac{1}{\sqrt{x_i}}-\sqrt{x_i}\right)\right]\cdot\prod_{i=1}^{n}\left[\sum_{j=1}^{\frac{k-1}{2}}\left((\sqrt{x_i})^{2j}+\frac{1}{(\sqrt{x_i})^{2j}}\right)+1\right]\geqslant$$

$$\left(\sqrt{\frac{n}{s}}-\sqrt{\frac{s}{n}}\right)^n\left\{\sum_{j=1}^{\frac{k-1}{2}}\left[\left(\prod_{i=1}^{n}\sqrt{x_i}\right)^{\frac{2j}{n}}+\left(\prod_{i=1}^{n}\sqrt{x_i}\right)^{-\frac{2j}{n}}\right]+1\right\}^n$$

而 $f(x)=x+\dfrac{1}{x}$ 在 $(0,1]$ 上都是减函数,且

$$0<\left(\prod_{i=1}^{n}\sqrt{x_i}\right)^{\frac{2j}{n}}\leqslant\left(\frac{1}{n}\sum_{i=1}^{n}x_i\right)^{\frac{2j}{2}}=\left(\sqrt{\frac{s}{n}}\right)^{2j}\leqslant 1$$

所以

$$f\left(\left(\prod_{i=1}^{n}\sqrt{x_i}\right)^{\frac{2j}{n}}\right)\geqslant f\left(\left(\sqrt{\frac{s}{n}}\right)^{2j}\right)$$

即

$$\left(\prod_{i=1}^{n}\sqrt{x_i}\right)^{\frac{2j}{n}}+\left(\prod_{i=1}^{n}\sqrt{x_i}\right)^{-\frac{2j}{n}}\geqslant\left(\sqrt{\frac{s}{n}}\right)^{2j}+\left(\sqrt{\frac{s}{n}}\right)^{-2j}\,(j\in\mathbf{N})$$

因此

$$\prod_{i=1}^{n}\left(\frac{1}{(\sqrt{x_i})^k}-(\sqrt{x_i})^k\right)\geqslant\left(\sqrt{\frac{n}{s}}-\sqrt{\frac{s}{n}}\right)^n\left\{\sum_{j=1}^{\frac{k-1}{2}}\left[\left(\sqrt{\frac{s}{n}}\right)^{2j}+\left(\sqrt{\frac{s}{n}}\right)^{-2j}\right]+1\right\}^n=$$

$$\left[\left(\sqrt{\frac{n}{s}}\right)^k-\left(\sqrt{\frac{s}{n}}\right)^k\right]^n$$

若 k 为偶数,应用引理及式(8) 有

$$\prod_{i=1}^{n}\left(\frac{1}{(\sqrt{x_i})^k}-(\sqrt{x_i})^k\right)=$$

$$\left[\prod_{i=1}^{n}\left(\frac{1}{\sqrt{x_i}}-\sqrt{x_i}\right)\right]\prod_{i=1}^{n}\left[\frac{1}{(\sqrt{x_i})^{k-1}}+\frac{1}{(\sqrt{x_i})^{k-3}}+\cdots+\frac{1}{(\sqrt{x_i})^3}+\frac{1}{\sqrt{x_i}}+$$

$$\sqrt{x_i}+(\sqrt{x_i})^3+\cdots+(\sqrt{x_i})^{k-3}+(\sqrt{x_i})^{k-1}\right]=$$

$$\left[\prod_{i=1}^{n}\left(\frac{1}{\sqrt{x_i}}-\sqrt{x_i}\right)\right]\prod_{i=1}^{n}\left[\sum_{j=1}^{\frac{k}{2}}\left((\sqrt{x_i})^{2j-1}+(\sqrt{x_i})^{-(2j-1)}\right)\right]\geqslant$$

$$\left(\sqrt{\frac{n}{s}}-\sqrt{\frac{s}{n}}\right)^n\left\{\sum_{j=1}^{k/2}\left[\left(\prod_{i=1}^{n}\sqrt{x_i}\right)^{\frac{2j-1}{n}}+\left(\prod_{i=1}^{n}\sqrt{x_i}\right)^{-\frac{2j-1}{n}}\right]\right\}^n$$

应用 $f(x)=x+\dfrac{1}{x}$ 在 $(0,1]$ 上都是减函数,且

$$0<\left(\prod_{i=1}^{n}\sqrt{x_i}\right)^{\frac{2j-1}{n}}\leqslant\left(\sqrt{\frac{s}{n}}\right)^{2j-1}\leqslant 1$$

易得

$$\left(\prod_{i=1}^{n}\sqrt{x_i}\right)^{\frac{2j-1}{n}}+\left(\prod_{i=1}^{n}\sqrt{x_i}\right)^{-\frac{2j-1}{n}}\geqslant\left(\sqrt{\frac{s}{n}}\right)^{2j-1}+\left(\sqrt{\frac{s}{n}}\right)^{-(2j-1)}\,(j\in\mathbf{N})$$

因此

$$\prod_{i=1}^{n}\left(\frac{1}{(\sqrt{x_i})^k}-(\sqrt{x_i})^k\right) \geqslant \left(\sqrt{\frac{n}{s}}-\sqrt{\frac{s}{n}}\right)^n \left\{\sum_{j=1}^{k/2}\left[\left(\sqrt{\frac{n}{s}}\right)^{2j-1}+\left(\sqrt{\frac{n}{s}}\right)^{2j-1}\right]\right\}^n =$$
$$\left[\left(\sqrt{\frac{n}{s}}\right)^k-\left(\sqrt{\frac{s}{n}}\right)^k\right]^n.$$

③ 当 $k, m \in \mathbf{N}, k > m \geqslant 1$ 时，则 $k \geqslant m+1$
$$\prod_{i=1}^{n}\left(\frac{1}{(\sqrt{x_i})^k}-(\sqrt{x_i})^m\right) = \prod_{i=1}^{n}\frac{1-(\sqrt{x_i})^{m+k}}{(\sqrt{x_i})^k} =$$
$$\prod_{i=1}^{n}\left\{\frac{(1-\sqrt{x_i})}{\sqrt{x_i}}\left[\frac{1+\sqrt{x_i}+(\sqrt{x_i})^2+\cdots+(\sqrt{x_i})^{m+k-1}}{(\sqrt{x_i})^{k-1}}\right]\right\} =$$
$$\left(\prod_{i=1}^{n}\frac{1-x_i}{\sqrt{x_i}}\right)\left(\prod_{i=1}^{n}\frac{1}{1+\sqrt{x_i}}\right)\prod_{i=1}^{n}\left[\sum_{j=1}^{m+k}(\sqrt{x_i})^{m+1-j}\right]$$

注意到 $k \geqslant m+1$，由引理有
$$\prod_{i=1}^{n}\left[\sum_{j=1}^{m+k}(\sqrt{x_i})^{m+1-j}\right] = \prod_{i=1}^{n}\left\{\sum_{j=1}^{m}\left[(\sqrt{x_i})^j+(\sqrt{x_i})^{-j}\right]+\sum_{j=m+1}^{k-1}(\sqrt{x_i})^{-j}+1\right\} \geqslant$$
$$\left\{\sum_{j=1}^{m}\left[\left(\prod_{i=1}^{n}\sqrt{x_i}\right)^{\frac{j}{n}}+\left(\prod_{i=1}^{n}\sqrt{x_i}\right)^{-\frac{j}{n}}\right]+\sum_{j=m+1}^{k-1}\left(\prod_{i=1}^{n}\sqrt{x_i}\right)^{-\frac{j}{n}}+1\right\}^n$$

而 $f(x) = x+x^{-1}, g(x) = x^{-1}$ 在 $(0,1]$ 上都是减函数，且
$$0 < \left(\prod_{i=1}^{n}\sqrt{x_i}\right)^{\frac{j}{n}} \leqslant \left(\frac{1}{n}\sum_{i=1}^{n}x_i\right)^{\frac{j}{2}} = \left(\sqrt{\frac{s}{n}}\right)^j \leqslant 1$$

所以
$$\left(\prod_{i=1}^{n}\sqrt{x_i}\right)^{\frac{j}{n}}+\left(\prod_{i=1}^{n}\sqrt{x_i}\right)^{-\frac{j}{n}} = f\left(\prod_{i=1}^{n}(\sqrt{x_i})^{\frac{j}{n}}\right) \geqslant f\left(\left(\sqrt{\frac{s}{n}}\right)^j\right) = \left(\sqrt{\frac{s}{n}}\right)^j+\left(\sqrt{\frac{s}{n}}\right)^{-j} \ (j \in \mathbf{N})$$
$$\left(\prod_{i=1}^{n}\sqrt{x_i}\right)^{-\frac{j}{n}} = g\left(\left(\prod_{i=1}^{n}\sqrt{x_i}\right)^{\frac{j}{n}}\right) \geqslant g\left(\left(\sqrt{\frac{s}{n}}\right)^j\right) = \left(\sqrt{\frac{s}{n}}\right)^{-j} \ (j=m+1,\cdots,k-1)$$

于是
$$\sum_{j=1}^{m}\left[\left(\prod_{i=1}^{n}\sqrt{x_i}\right)^{\frac{j}{n}}+\left(\prod_{i=1}^{n}\sqrt{x_i}\right)^{-\frac{j}{n}}\right]+\sum_{j=m+1}^{k-1}\left(\prod_{i=1}^{n}\sqrt{x_i}\right)^{-\frac{j}{n}}+1 \geqslant$$
$$\sum_{j=1}^{m}\left[\left(\sqrt{\frac{s}{n}}\right)^j+\left(\sqrt{\frac{s}{n}}\right)^{-j}\right]+\sum_{j=m+1}^{k-1}\left(\sqrt{\frac{s}{n}}\right)^{-j}+1 =$$
$$\sum_{j=1}^{m}\left(\sqrt{\frac{s}{n}}\right)^j+\sum_{j=0}^{k-1}\left(\sqrt{\frac{s}{n}}\right)^{-j} = \sum_{j=1}^{k+m}\left(\sqrt{\frac{s}{n}}\right)^{m+1-j} =$$

（由等比数列前 n 项和公式）
$$\frac{\left(\sqrt{\frac{s}{n}}\right)^m\left[\left(\sqrt{\frac{s}{n}}\right)^{k+m}-1\right]}{\sqrt{\frac{n}{s}}-1} = \frac{\left(\sqrt{\frac{s}{n}}\right)^k-\left(\sqrt{\frac{s}{n}}\right)^m}{\sqrt{\frac{n}{s}}-1} =$$
$$\sqrt{s} \cdot \frac{\left(\sqrt{\frac{s}{n}}\right)^k-\left(\sqrt{\frac{s}{n}}\right)^m}{\sqrt{n}-\sqrt{s}}$$

所以
$$\prod_{i=1}^{n}\Big[\sum_{j=1}^{m+k}(\sqrt{x_i})^{m+1-j}\Big] \geqslant \Big[\sqrt{s}\cdot\frac{\left(\sqrt{\frac{s}{n}}\right)^k-\left(\sqrt{\frac{s}{n}}\right)^m}{\sqrt{n}-\sqrt{s}}\Big]^n \tag{14}$$

又由
$$\prod_{i=1}^{n}(1+\sqrt{x_i}) \leqslant \left(\frac{n+\sum_{i=1}^{n}\sqrt{x_i}}{n}\right)^n = \left(\frac{n+\sqrt{n\sum_{i=1}^{n}x_i}}{n}\right)^n = \left(\frac{\sqrt{n}+\sqrt{s}}{\sqrt{n}}\right)^n$$

有
$$\prod_{i=1}^{n}\frac{1}{1+\sqrt{x_i}} \geqslant \left(\frac{\sqrt{n}}{\sqrt{n}+\sqrt{s}}\right)^n \tag{15}$$

由前面已证结果(15)有
$$\Big(\prod_{i=1}^{n}\frac{1-x_i}{\sqrt{x_i}}\Big) = \prod_{i=1}^{n}\Big(\frac{1}{\sqrt{x_i}}-\sqrt{x_i}\Big) \geqslant \Big(\sqrt{\frac{n}{s}}-\sqrt{\frac{s}{n}}\Big)^n = \Big(\frac{n-s}{\sqrt{sn}}\Big)^n \tag{16}$$

将式(14)、式(15)、式(16)两边相乘,得
$$\prod_{i=1}^{n}\Big(\frac{1}{(\sqrt{x_i})^k}-(\sqrt{x_i})^m\Big) = \Big(\prod_{i=1}^{n}\frac{1-x_i}{\sqrt{x_i}}\Big)\Big(\prod_{i=1}^{n}\frac{1}{1+\sqrt{x_i}}\Big)\prod_{i=1}^{n}\Big(\sum_{j=1}^{m+k}(\sqrt{x_i})^{m+1-j}\Big) \geqslant$$
$$\Big(\frac{n-s}{\sqrt{sn}}\Big)^n \Big[\frac{\sqrt{n}}{\sqrt{n}+\sqrt{s}}\Big]^n \Big[\sqrt{s}\cdot\frac{\left(\sqrt{\frac{s}{n}}\right)^k-\left(\sqrt{\frac{s}{n}}\right)^m}{\sqrt{n}-\sqrt{s}}\Big]^n = \Big[\left(\sqrt{\frac{n}{s}}\right)^k - \left(\sqrt{\frac{n}{s}}\right)^m\Big]^n$$

(2) 当 $(y_1,y_2,\cdots,y_n)$ 是 $(x_1,x_2,\cdots,x_n)$ 的一个排列时,注意到 $x_1+x_2+\cdots+x_n = y_1+y_2+\cdots+y_n$,及 $x_1x_2\cdots x_n = y_1y_2\cdots y_n$,记 $z_i = \sqrt[k+m]{x_i^k y_i^m}$,$z_1+z_2+\cdots+z_n = k(>0)$,则由引理有
$$k^{k+m} = (z_1+z_2+\cdots+z_n)^{k+m} = (\sqrt[k+m]{x_1^k y_1^m} + \sqrt[k+m]{x_2^k y_2^m} + \cdots + \sqrt[k+m]{x_2^k y_2^m})^{k+m} \leqslant$$
$$(x_1+x_2+\cdots+x_n)^k (y_1+y_2+\cdots+y_n)^m =$$
$$(x_1+x_2+\cdots+x_n)^{k+m} = s^{k+m}$$

即 $k \leqslant s \leqslant 1$,又
$$z_1 z_2 \cdots z_n = \sqrt[k+m]{(x_1x_2\cdots x_n)^k (y_1y_2\cdots y_n)^m} = x_1x_2\cdots x_n$$

由前面(1)中所证的结论有
$$\prod_{i=1}^{n}\Big(\frac{1}{(\sqrt{x_i})^k}-(\sqrt{y_i})^m\Big) = \prod_{i=1}^{n}\Big[\frac{1-(\sqrt{x_i})^k(\sqrt{y_i})^m}{(\sqrt{x_i})^k}\Big] =$$
$$\frac{\prod_{i=1}^{n}[1-(\sqrt{x_i})^k(\sqrt{y_i})^m]}{\prod_{i=1}^{n}(\sqrt{x_i})^k} =$$

$$\frac{\prod_{i=1}^{n}\left[1-(\sqrt{z_i})^{k+m}\right]}{\prod_{i=1}^{n}(\sqrt{z_i})^k} = \prod_{i=1}^{n}\left[\frac{1}{(\sqrt{z_i})^k} - (\sqrt{z_i})^m\right] \geqslant \left[\left(\sqrt{\frac{n}{k}}\right)^k - \left(\sqrt{\frac{k}{n}}\right)^m\right]^n$$

而 $f(x) = \frac{1}{x^k} - x^m$ 在 $(0, +\infty)$ 是减函数,由 $k \leqslant s \leqslant 1$ 有 $\sqrt{\frac{k}{n}} \leqslant \sqrt{\frac{s}{n}} < 1$,所以

$$f\left(\sqrt{\frac{k}{n}}\right) \geqslant f\left(\sqrt{\frac{s}{n}}\right) > f(1)$$

即

$$\left(\sqrt{\frac{n}{k}}\right)^k - \left(\sqrt{\frac{k}{n}}\right)^m \geqslant \left(\sqrt{\frac{n}{s}}\right)^k - \left(\sqrt{\frac{s}{n}}\right)^m > 0$$

故

$$\prod_{i=1}^{n}\left(\frac{1}{(\sqrt{x_i})^k} - (\sqrt{y_i})^m\right) \geqslant \left[\left(\sqrt{\frac{n}{s}}\right)^k - \left(\sqrt{\frac{s}{n}}\right)^m\right]^n$$

注记 1 当 $k, m \in \mathbf{R}$ 且 $k \geqslant m \geqslant 1$ 时,不等式(6)是否成立是一个值得研究的问题.

注记 2 当 $n = 2$ 时,对一定范围内的 k, m,式(6)有可能成立,我们猜测:对 $k, m \in \mathbf{N}$,当 $k > m \geqslant 1$,且 $k \geqslant 3$,或 $k = m \geqslant 3$ 时,不等式(5)成立,但未能给出证明. 对于 $k = m$ 的情形,笔者在文献[9]证明了当 $s = 1, k = 2m, \frac{3m}{2}, \frac{5m}{2}, \frac{7m}{2}, \frac{11m}{2}(m \in \mathbf{N}), m \geqslant 1$ 时式(6)成立.

注记 3 当 $k, m \in \mathbf{N}$ 且 $k < m$ 时,不等式(6)有可能成立,对于一般情形,定理 1 的证法失效,下面证明,当 $k = 2, m = 4$ 时,式(6)成立,即有

定理 2 设 $x_1, x_2, \cdots, x_n > 0, y_1, y_2, \cdots, y_n$ 是 $x_1, x_2, \cdots, x_n$ 的一个排列,且 $x_1 + x_2 + \cdots + x_n = s$,则

$$\left(\frac{1}{x_1} - y_1^2\right)\left(\frac{1}{x_2} - y_2^2\right)\cdots\left(\frac{1}{x_n} - y_n^2\right) \geqslant \left[\frac{n}{s} - \left(\frac{s}{n}\right)^2\right]^n \tag{17}$$

证明 (1) 当 $(y_1, y_2, \cdots, y_n) = (x_1, x_2, \cdots, x_n)$ 时

$$\left(\frac{1}{x_1} - x_1^2\right)\left(\frac{1}{x_2} - x_2^2\right)\cdots\left(\frac{1}{x_n} - x_n^2\right) = \prod_{i=1}^{n}\frac{1-x_i^3}{x_i} = \prod_{i=1}^{n}\left(\frac{1-x_i}{\sqrt{x_i}} \cdot \frac{1+x_i+x_i^2}{\sqrt{x_i}}\right) =$$

$$\prod_{i=1}^{n}\left(\frac{1}{\sqrt{x_i}} - \sqrt{x_i}\right)$$

$$\prod_{i=1}^{n}\left[\frac{1}{\sqrt{x_i}} + \sqrt{x_i} + (\sqrt{x_i})^3\right]$$

由引理,有

$$\prod_{i=1}^{n}\left(\frac{1}{\sqrt{x_i}}+\sqrt{x_i}+(\sqrt{x_i})^3\right)\geqslant\left[\frac{1}{\sqrt{x_1x_2\cdots x_n}}+\sqrt{x_1x_2\cdots x_n}+(\sqrt{x_1x_2\cdots x_n})^3\right]^n$$

设 $f(x)=\dfrac{1}{x}+x+x^3, x\in(0,+\infty), f'(x)=-\dfrac{1}{x^2}+1+3x^2=\dfrac{1}{x^2}(3x^4+x^2-1)$

$f'(x)=0, x=\sqrt{\dfrac{\sqrt{13}-1}{6}}$,当 $0<x<\sqrt{\dfrac{\sqrt{13}-1}{6}}$ 时,$f'(x)<0$,所以 $f(x)$ 在 $\left[0,\sqrt{\dfrac{\sqrt{13}-1}{6}}\right]$ 是减函数,而 $0<\sqrt[n]{\sqrt{x_1x_2\cdots x_n}}\leqslant\sqrt{\dfrac{x_1+x_2+\cdots+x_n}{n}}=\sqrt{\dfrac{s}{n}}\leqslant\sqrt{\dfrac{1}{3}}<\sqrt{\dfrac{\sqrt{13}-1}{6}}$,所以

$$f\left(\sqrt[n]{\sqrt{x_1x_2\cdots x_n}}\right)\geqslant f\left(\sqrt{\dfrac{s}{n}}\right)$$

即
$$\frac{1}{\sqrt{x_1x_2\cdots x_n}}+\sqrt{x_1x_2\cdots x_n}+(\sqrt{x_1x_2\cdots x_n})^3\geqslant\sqrt{\dfrac{n}{s}}+\sqrt{\dfrac{s}{n}}+\left(\sqrt{\dfrac{s}{n}}\right)^3$$

即
$$\prod_{i=1}^{n}\left(\frac{1}{\sqrt{x_i}}+\sqrt{x_i}+(\sqrt{x_i})^3\right)\geqslant\left[\sqrt{\dfrac{n}{s}}+\sqrt{\dfrac{s}{n}}+\left(\sqrt{\dfrac{s}{n}}\right)^3\right]^n$$

又
$$\prod_{i=1}^{n}\left(\frac{1}{\sqrt{x_i}}-\sqrt{x_i}\right)\geqslant\left[\sqrt{\dfrac{n}{s}}-\sqrt{\dfrac{s}{n}}\right]^n$$

故
$$\left(\frac{1}{x_1}-x_1^2\right)\left(\frac{1}{x_2}-x_2^2\right)\cdots\left(\frac{1}{x_n}-x_n^2\right)\geqslant\left[\sqrt{\dfrac{n}{s}}-\sqrt{\dfrac{s}{n}}\right]^n\cdot\left[\sqrt{\dfrac{n}{s}}+\sqrt{\dfrac{s}{n}}+\left(\sqrt{\dfrac{s}{n}}\right)^3\right]^n=$$
$$\left[\dfrac{n}{s}-\left(\dfrac{s}{n}\right)^2\right]^n$$

(2)当 $y_1,y_2,\cdots,y_n$ 是 $x_1,x_2,\cdots,x_n$ 的一个排列时,注意到 $x_1+x_2+\cdots+x_n=y_1+y_2+\cdots+y_n$,及 $x_1x_2\cdots x_n=y_1y_2\cdots y_n$,记 $z_i=\sqrt[3]{x_iy_i^2}$,记 $z_1+z_2+\cdots+z_n=k(>0)$,则由引理有
$$k^3=(z_1+z_2+\cdots+z_n)^3=(\sqrt[3]{x_1y_1^2}+\sqrt[3]{x_2y_2^2}+\cdots+\sqrt[3]{x_ny_n^2})^3\leqslant$$
$$(x_1+x_2+\cdots+x_n)(y_1+y_2+\cdots+y_n)^2=(x_1+x_2+\cdots+x_n)^3=s^3$$

即 $k\leqslant s\leqslant 1$,又 $z_1z_2\cdots z_n=\sqrt[3]{x_1x_2\cdots x_n(y_1y_2\cdots y_n)^2}=x_1x_2\cdots x_n$,应用(1)中所证结论,有
$$\left(\frac{1}{x_1}-y_1^2\right)\left(\frac{1}{x_2}-y_2^2\right)\cdots\left(\frac{1}{x_n}-y_n^2\right)=\prod_{i=1}^{n}\frac{1-x_iy_i^2}{x_i}=\frac{\prod_{i=1}^{n}(1-z_i^3)}{\prod_{i=1}^{n}x_i}=$$

$$\frac{\prod_{i=1}^{n}(1-z_i^3)}{\prod_{i=1}^{n}z_i} = \prod_{i=1}^{n}\left(\frac{1}{z_i}-z_i^2\right) \geqslant \left[\frac{n}{k}-\left(\frac{k}{n}\right)^2\right]^n \geqslant \left[\frac{n}{s}-\left(\frac{s}{n}\right)^2\right]^n$$

(最后一步应用了 $g(x)=\frac{1}{x}-x^2$ 在 $(0,+\infty)$ 内是减函数,及 $0<\frac{k}{n}\leqslant\frac{S}{n}$,有 $g\left(\frac{k}{n}\right)\geqslant g\left(\frac{S}{n}\right)\Rightarrow\frac{n}{k}-\left(\frac{k}{n}\right)^2\geqslant\frac{n}{s}-\left(\frac{s}{n}\right)^2>0$).

3 几个相关不等式的推广

文献[10]给出了如下一些不等式的证明:设 $x_i>0(i=1,2,\cdots,n),n\geqslant 3,k\in\mathbf{N}^*$, $\sum_{i=1}^{n}x_i\leqslant 1$,则

$$\left(\frac{1}{x_1}+x_1\right)\left(\frac{1}{x_2}+x_2\right)\cdots\left(\frac{1}{x_n}+x_n\right)\geqslant\left(n-\frac{1}{n}\right)^n \tag{18}$$

$$\left(\frac{1}{x_1^k}+1\right)\left(\frac{1}{x_2^k}+1\right)\cdots\left(\frac{1}{x_n^k}+1\right)\geqslant(n^k+1)^n \tag{19}$$

$$\left(\frac{1}{x_1^k}+x_1^k\right)\left(\frac{1}{x_2^k}+x_2^k\right)\cdots\left(\frac{1}{x_n^k}+x_n^k\right)\geqslant\left(n^k+\frac{1}{n^k}\right)^n \tag{20}$$

$$\left(\frac{1}{x_1^k}-1\right)\left(\frac{1}{x_2^k}-1\right)\cdots\left(\frac{1}{x_n^k}-1\right)\geqslant(n^k-1)^n \tag{21}$$

下面来推广这几个不等式.

定理 3 设 $x_1,x_2,\cdots,x_n>0$,且 $x_1+x_2+\cdots+x_n=s$,

(i) 若 $y_1,y_2,\cdots,y_n$ 是 $x_1,x_2,\cdots,x_n$ 的一个排列,$\alpha,\beta>0,\lambda,\mu\geqslant 0$,当 $s\leqslant n\left(\frac{\alpha}{\lambda\beta}\right)^{\frac{1}{\alpha+\beta}}$ 时,有

$$\left(\frac{1}{x_1^\alpha}+\lambda y_1^\beta+\mu\right)\left(\frac{1}{x_2^\alpha}+\lambda y_2^\beta+\mu\right)\cdots\left(\frac{1}{x_n^\alpha}+\lambda y_n^\beta+\mu\right)\geqslant\left(\left(\frac{n}{s}\right)^\alpha+\lambda\left(\frac{s}{n}\right)^\beta+\mu\right)^n \tag{22}$$

(ii) 当 $k\in\mathbf{N}^*,n\geqslant 3,s\leqslant 1$ 时,有

$$\left(\frac{1}{x_1^k}-1\right)\left(\frac{1}{x_2^k}-1\right)\cdots\left(\frac{1}{x_n^k}-1\right)\geqslant\left[\left(\frac{n}{s}\right)^k-1\right]^n \tag{23}$$

注 在定理式 3(i) 中取 $(y_1,y_2,\cdots,y_n)=(x_2,x_3,\cdots,x_1),s=1$,当 $\alpha=\beta=1,\lambda=1,\mu=0$ 时,由式(22)即得式(18);当 $\alpha=k\in\mathbf{N}^*,\lambda=0,\mu=1$ 时,由式(22)即得式(19);当 $\alpha=\beta=k\in\mathbf{N}^*,\lambda=1,\mu=0$ 时,由式(22)即得式(20),即式(22)是式(18)~式(20)的统一推广.在定理 3(ii) 中,取 $s=1$ 由式(23)即得式(21).

证明 (i) 注意到 $y_1y_2\cdots y_n=x_1x_2\cdots x_n$,由引理有

$$\left(\frac{1}{x_1^\alpha}+\lambda y_1^\beta+\mu\right)\left(\frac{1}{x_2^\alpha}+\lambda y_2^\beta+\mu\right)\cdots\left(\frac{1}{x_n^\alpha}+\lambda y_n^\beta+\mu\right)\geqslant\left(\frac{1}{(\sqrt[n]{x_1x_2\cdots x_n})^\alpha}+\lambda(\sqrt[n]{x_1x_2\cdots x_n})^\beta+\mu\right)^n$$

令 $f(x) = \dfrac{1}{x^\alpha} + \lambda x^\beta + \mu$，$f'(x) = -\dfrac{\alpha}{x^{\alpha+1}} + \lambda\beta x^{\beta-1} = \dfrac{\lambda\beta}{x^{\alpha+1}}\left(x^{\alpha+\beta} - \dfrac{\alpha}{\lambda\beta}\right)$，当 $0 < x < \left(\dfrac{\alpha}{\lambda\beta}\right)^{\frac{1}{\alpha+\beta}}$ 时，$f'(x) < 0$，所以 $f(x)$ 在 $\left(0, \left(\dfrac{\alpha}{\lambda\beta}\right)^{\frac{1}{\alpha+\beta}}\right]$ 上是减函数，而当 $s \leqslant n\left(\dfrac{\alpha}{\lambda\beta}\right)^{\frac{1}{\alpha+\beta}}$ 时，$0 < \sqrt[n]{x_1 x_2 \cdots x_n} \leqslant \dfrac{x_1 + x_2 + \cdots + x_n}{n} = \dfrac{s}{n} \leqslant \left(\dfrac{\alpha}{\lambda\beta}\right)^{\frac{1}{\alpha+\beta}}$，则

$$f(\sqrt[n]{x_1 x_2 \cdots x_n}) \geqslant f\left(\dfrac{s}{n}\right)$$

即

$$\dfrac{1}{(\sqrt[n]{x_1 x_2 \cdots x_n})^\alpha} + \lambda(\sqrt[n]{x_1 x_2 \cdots x_n})^\beta + \mu \geqslant \dfrac{1}{\left(\dfrac{s}{n}\right)^\alpha} + \lambda\left(\dfrac{s}{n}\right)^\beta + \mu$$

故

$$\left(\dfrac{1}{x_1^\alpha} + \lambda y_1^\beta + \mu\right)\left(\dfrac{1}{x_2^\alpha} + \lambda y_2^\beta + \mu\right) \cdots \left(\dfrac{1}{x_n^\alpha} + \lambda y_n^\beta + \mu\right) \geqslant \left[\left(\dfrac{n}{s}\right)^\alpha + \lambda\left(\dfrac{s}{n}\right)^\beta + \mu\right]^n$$

即式 (22) 成立.

(ii) 当 $k \in \mathbf{N}^*$，$n \geqslant 3$，$s \leqslant 1$ 时，

$$\left(\dfrac{1}{x_1^k} - 1\right)\left(\dfrac{1}{x_2^k} - 1\right) \cdots \left(\dfrac{1}{x_n^k} - 1\right) = \dfrac{1 - x_1^k}{\sqrt{x_1^k}} \dfrac{1 - x_2^k}{\sqrt{x_2^k}} \cdots \dfrac{1 - x_n^k}{\sqrt{x_n^k}} \dfrac{1}{(\sqrt{x_1 x_2 \cdots x_n})^k} =$$

$$\left[\dfrac{1}{(\sqrt{x_1})^k} - (\sqrt{x_1})^k\right]\left[\dfrac{1}{(\sqrt{x_2})^k} - (\sqrt{x_2})^k\right] \cdots \left[\dfrac{1}{(\sqrt{x_n})^k} - (\sqrt{x_n})^k\right] \dfrac{1}{(\sqrt{x_1 x_2 \cdots x_n})^k}$$

由定理 1，有

$$\left[\dfrac{1}{(\sqrt{x_1})^k} - (\sqrt{x_1})^k\right]\left[\dfrac{1}{(\sqrt{x_2})^k} - (\sqrt{x_2})^k\right] \cdots \left[\dfrac{1}{(\sqrt{x_n})^k} - (\sqrt{x_n})^k\right] \geqslant \left[\left(\sqrt{\dfrac{n}{s}}\right)^k - \left(\sqrt{\dfrac{s}{n}}\right)^k\right]^n$$

又 $(\sqrt{x_1 x_2 \cdots x_n})^k \leqslant \left(\sqrt{\dfrac{x_1 + x_2 + \cdots + x_n}{n}}\right)^{nk} = \left(\sqrt{\dfrac{s}{n}}\right)^{nk} \Rightarrow \dfrac{1}{(\sqrt{x_1 x_2 \cdots x_n})^k} \geqslant \left(\sqrt{\dfrac{n}{s}}\right)^{nk}$

所以

$$\left(\dfrac{1}{x_1^k} - 1\right)\left(\dfrac{1}{x_2^k} - 1\right) \cdots \left(\dfrac{1}{x_n^k} - 1\right) \geqslant \left[\left(\sqrt{\dfrac{n}{s}}\right)^k - \left(\sqrt{\dfrac{s}{n}}\right)^k\right]^n \left(\sqrt{\dfrac{n}{s}}\right)^{nk} = \left[\left(\dfrac{n}{s}\right)^k - 1\right]^n$$

参考文献

[1] 杨先义. 一个不等式的推广[J]. 数学通讯, 2002(19).

[2] 戴承鸿, 刘天兵. 一个猜想的证明[J]. 数学通讯 2002(23).

[3] 吴善和. 一个猜想不等式的加细与推广[J]. 中学数学, 2003(10).

[4] 宋庆. 一个猜想不等式的推广及其简证. 数学通报, 2006(2).

[5] 蒋明斌. 用"零件不等式"证明一类积式不等式[J]. 数学通讯, 2004(17).

[6] 蒋明斌. 一个不等式的推广及应用[J]. 数学通讯, 2005(5).

[7] 蒋明斌. 一个猜想不等式的推广[J]. 中学数学, 2005(5).

[8] 张郿. 一个"猜想"不等式的证明及其他[M] // 数学奥林匹克与数学: 第三辑(竞赛卷). 哈尔滨: 哈尔滨工业大学出版社, 2010.

[9] 蒋明斌. 一个猜想不等式的二元情形[J]. 不等式研究通讯, 2005(1).
[10] 张郃. 关于几个不等式的的证明[M] // 数学奥林匹克与数学: 第三辑(竞赛卷). 哈尔滨: 哈尔滨工业大学出版社, 2010.

从一道莫斯科数学奥林匹克试题谈 Clarkson 不等式

刘培杰数学工作室

1 引 子

1952 年举行的第 15 届莫斯科数学奥林匹克有如下试题.

试题 对 $|x|<1$ 和整数 $n \geqslant 2$. 求证
$$(1-x)^n + (1+x)^n < 2^n$$

证明 此题可用数学归纳法证明.

当 $n=2$ 时,显然有
$$(1-x)^n + (1+x)^n = 2 + 2x^2 < 2^2$$

设当 $n=k-1$ 时. 结论成立,其中 $k \geqslant 3$.

当 $n=k$ 时有
$$(1-x)^k + (1+x)^k = (1-x)^{k-1} + (1+x)^{k-1} + x[(1+x)^{k-1} - (1-x)^{k-1}]$$

由归纳假设
$$(1-x)^{k-1} + (1+x)^{k-1} < 2^{k-1}$$

又由 $|x|<1$ 可知
$$|x[(1+x)^{k-1} - (1-x)^{k-1}]| < (1+x)^{k-1} + (1-x)^{k-1} < 2^{k-1}$$

所以
$$(1-x)^k + (1+x)^k < 2^k$$

即当 $n=k$ 时,要证的不等式也成立.

莫斯科数学竞赛试题多数学名家供题,所以背景深刻. 此题的背景为泛函分析中要用到的一个重要不等式 —— Clarkson 不等式.

2 Clarkson 不等式

为了引出 Clarkson 不等式. 我们先证几个引理:

引理 1 设 $\lambda \geqslant 1, 0 < x < 1$,则
$$\varphi(x) = (1+x)^\lambda + (1-x)^\lambda - 2^\lambda \leqslant 0 \tag{1}$$

证明 $\varphi'(x) = \lambda(1+x)^{\lambda-1} - \lambda(1-x)^{\lambda-1} \geqslant 0$ 且 $\varphi(1) = 0$. 也就是说, $\varphi(x)$ 在 $[0,1]$

内是不减的函数,而且在区间右端等于零,因此,当 $x<1$ 时 $\varphi(x)\leqslant 0$.故引理 1 成立.

引理 2 设 $p\geqslant 2, 0<x<1$,则
$$\left(\frac{1+x}{2}\right)^p+\left(\frac{1-x}{2}\right)^p\leqslant \frac{1}{2}(1+x^p) \tag{2}$$

证明 我们来考虑
$$F(x)=\left(\frac{1+x}{2}\right)^p+\left(\frac{1-x}{2}\right)^p-\frac{1}{2}(1+x^p)$$
与
$$\varphi(x)=\frac{2^p}{x^p}F(x)=\left(\frac{1}{x}+1\right)^p+\left(\frac{1}{x}-1\right)^p-2^{p-1}\left(\frac{1}{x^p}+1\right)$$
$$\varphi'(x)=-\frac{p}{x^2}\left[\left(\frac{1}{x}+1\right)^{p-1}+\left(\frac{1}{x}-1\right)^{p-1}\right]+\frac{p2^{p-1}}{x^{p+1}}=$$
$$-\frac{p}{x^{p+1}}[(1+x)^{p-1}+(1-x)^{p-1}-2^{p-1}]$$

由引理 1 知 $\varphi'(x)\geqslant 0, \varphi(1)=0$,所以 $\varphi(x)\leqslant 0$;于是即知 $F(x)\leqslant 0$.定理得证.

下面我们来证明 Clarkson 第一不等式.

考虑 $\left|\frac{\varphi+\psi}{2}\right|^p+\left|\frac{\varphi-\psi}{2}\right|^p$,例如,设在给定点处 $|\psi|\leqslant|\varphi|$;令 $\left|\frac{\psi}{\varphi}\right|=x$,则由引理 2 即知

$$\left|\frac{\varphi+\psi}{2}\right|^p+\left|\frac{\varphi-\psi}{2}\right|^p=|\varphi|^p\left[\left(\frac{1+x}{2}\right)^p+\left(\frac{1-x}{2}\right)^p\right]\leqslant$$
$$\frac{|\varphi|^p}{2}(1+x^p)=\frac{1}{2}(|\varphi|^p+|\psi|^p) \tag{3}$$

将此式积分. 便得到 Clarkson 第一不等式
$$\int\left|\frac{\varphi+\psi}{2}\right|^p dv+\int\left|\frac{\varphi-\psi}{2}\right|^p dv\leqslant \frac{1}{2}\int|\varphi|^p dv+\frac{1}{2}\int|\psi|^p dv, \quad p\geqslant 2 \tag{4}$$

为了证明所谓的 Clarkson 第二不等式. 我们还需以下的引理 3.

引理 3 当 $p>1, \frac{1}{2}<z<1$ 时
$$\omega(p)=[z^p+(1-z)^p]^{\frac{1}{p-1}} \tag{5}$$
是 p 的增函数.

证明 考虑辅助函数
$$\lambda(p)=\log[z^p+(1-z)^p]$$
亦即
$$\log \omega(p)=\frac{\lambda(p)}{p-1}$$
此时有
$$\lambda'(p)=\frac{z^p\log z+(1-z)^p\log(1-z)}{z^p+(1-z)^p}$$

往证 $\lambda'(p)$ 为 p 的增函数. 即 $\lambda(p)$ 为凸函数事实上, $\dfrac{z}{1-z} > 1$. 所以

$$\log \frac{z}{1-z} > 0$$

此外

$$\mu(p) = \frac{z^p}{z^p + (1-z)^p} = \frac{1}{1 + \left(\dfrac{1-z}{z}\right)^p}$$

是 p 的增函数. 因为 $\dfrac{1-z}{z} < 1$, 于是

$$\lambda'(p) = \mu(p)\log z + [1-\mu(p)]\log(1-z) = \mu(p)\log\frac{z}{1-z} + \log(1-z)$$

也是 p 的增函数. 即所欲证.

因此, $\lambda(p)(p>1)$ 便是凸曲线. 又由 $\lambda'(p)$ 的单调性可知
$$\lambda''(p) > 0 \quad p > 0$$

考虑 $\dfrac{\lambda(p)}{p-1} = y(p) = \log\omega(p)$ 的导数. 则得

$$y'(p) = \frac{1}{(p-1)^2}[\lambda'(p)(p-1) - \lambda(p)] \tag{6}$$

中括号中的表达式恒为正. 事实上

$$[\lambda'(p)(p-1) - \lambda(p)]' = (p-1)\lambda''(p)$$

由上面的结果可知, 此式大于零, 所以 $[\lambda'(p)(p-1) - \lambda(p)]$ 便是增函数, 但 $p=1$ 时它等于零. 因为 $\lambda(1) = 0$, 所以函数 $y'(p)$ 恒为正. 也就是说, $y(p)$ 为增函数. 即所欲证.

注 我们指出, 函数 $\omega(p,\alpha) = [z^p + (1-z)^p]^{\frac{1}{p-\alpha}}$, 当 $\alpha > 1$ 时是增的(当 $p = \alpha$ 时有奇点), 而 $\alpha < 0$ 时是减的; 又当 $0 < \alpha < 1$ 时, 它有一个极小值. 这个结论用几何的方法证明最方便. 我们有

$$\log\omega(p,\alpha) = \frac{\lambda(p)}{p-\alpha}$$

曲线 $\lambda(p)(p>1)$ 的形状如图 1 所示.

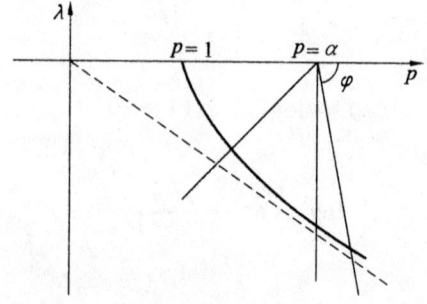

图 1

当 $p>1$ 时它是凸曲线,因为 $\lambda''(p)>0$.

又它与 p 轴相交于 $p=1$ 处,曲线有渐近线 $\lambda = p\log z$. 因为

$$y(p) = p\log z + \log\left[1+\left(\frac{1-z}{z}\right)^p\right]$$

从而式 $\lambda(p) - p\log z$ 当 $p \to \infty$ 时趋于零. 又任何直线至多与此曲线相交于二点. 在几何上 $\dfrac{\lambda(p)}{p-\alpha}$ 显然是 φ 角的正切. 但 φ 为通过曲线上的给定点与 p 轴上的点 $p=\alpha, \lambda=0$ 的直线与 p 轴的交角, 如果 $\alpha > 1$, 则 φ 角由 $-\pi$ 增到 $\arctan\log z$. 故此, 当 $\alpha \leqslant 0$ 时, φ 角减到 $\arctan\log z$. 最后, 如果 $0 < \alpha < 1$, 则由 $p=\alpha, \lambda=0$ 点可引曲线的一条切线. 因此, φ 角首先减到某个极小值, 然后增到值 $\arctan\log z$. 因为 $\omega(p,\alpha) = e^{\tan\varphi}$, 所以由此便得到关于 $\omega(p,\alpha)$ 的结论.

下面我们来推导 Clarkson 第二不等式. 为了明确起见, 设 $\varphi > \psi > 0$ 并考虑函数

$$F(\varphi) = \left[\left(\frac{\varphi+\psi}{2}\right)^{\frac{p}{p-1}} + \left(\frac{\varphi-\psi}{2}\right)^{\frac{p}{p-1}}\right]^{p-1} - \frac{1}{2}(\varphi^p + \psi^p) \quad 1 < p \leqslant 2$$

如果 $\varphi = \psi$, 则显然有 $F(\varphi) = 0$. 此外又有

$$\frac{\partial F}{\partial \varphi} = \left[\left(\frac{\varphi+\psi}{2}\right)^{\frac{p}{p-1}} + \left(\frac{\varphi-\psi}{2}\right)^{\frac{p}{p-1}}\right]^{p-1} \times \frac{1}{2}p\left[\left(\frac{\varphi+\psi}{2}\right)^{\frac{p}{p-1}-1} + \left(\frac{\varphi-\psi}{2}\right)^{\frac{p}{p-1}-1}\right] - \frac{p}{2}\varphi^{p-1} =$$

$$\frac{p}{2}\varphi^{p-1}\left\{\left[\left(\frac{\varphi+\psi}{2\varphi}\right)^{\frac{p}{p-1}} + \left(\frac{\varphi-\psi}{2\varphi}\right)^{\frac{p}{p-1}}\right]^{p-2}\left[\left(\frac{\varphi+\psi}{2\varphi}\right)^{\frac{1}{p-1}} + \left(\frac{\varphi-\psi}{2\varphi}\right)^{\frac{1}{p-1}}\right] - 1\right\} \tag{7}$$

令

$$\frac{\varphi+\psi}{2\varphi} = z > \frac{1}{2}, \quad \frac{p}{p-1} = p' \geqslant 2$$

则

$$\frac{\varphi-\psi}{2\varphi} = 1-z, \quad \frac{1}{p-1} = p'-1, \quad p-2 = -\frac{p'-2}{p'-1}$$

因此

$$\frac{\partial F}{\partial \varphi} = \frac{p}{2}\varphi^{p-1}\left\{\left[\frac{(z^{p'-1} + (1-z)^{p'-1})^{\frac{1}{p'-2}}}{(z^{p'} + (1-z)^{p'})^{\frac{1}{p'-1}}}\right]^{p'-2} - 1\right\} =$$

$$\frac{p}{2}\varphi^{p-1}\left\{\left[\frac{\omega(p'-1)}{\omega(p')}\right]^{p'-2} - 1\right\} \leqslant 0 \tag{8}$$

因为按引理 3 有

$$\frac{\omega(p'-1)}{\omega(p')} < 1, p'-2 \geqslant 0$$

于是 $F(\varphi)$ 便是减函数; 又因为 $\varphi = \psi$ 时, $F(\varphi) = 0$, 所以当 $\varphi > \psi$ 时, $F(\varphi) \leqslant 0$. 显然, 当 $1 < p \leqslant 2$ 时, 对 $\forall \varphi, \varphi$ 不等式

$$\left[\left|\frac{\varphi+\psi}{2}\right|^{\frac{p}{p-1}} + \left|\frac{\varphi-\psi}{2}\right|^{\frac{p}{p-1}}\right]^{p-1} - \frac{1}{2}[|\varphi|^p + |\psi|^p] \leqslant 0 \tag{9}$$

成立.

为了导出 Clarkson 第二不等式. 我们应用闵可夫斯基不等式

$$\left[\int(|x|+|y|)^q dv\right]^{\frac{1}{q}} \geqslant \left(\int|x|^q dv\right)^{\frac{1}{q}} + \left(\int|y|^q dv\right)^{\frac{1}{q}} \quad 0 > q > 1$$

在式(10)中,令

$$x = \left|\frac{\varphi+\psi}{2}\right|^{\frac{p}{p-1}}, \quad y = \left|\frac{\varphi-\psi}{2}\right|^{\frac{p}{p-1}}, \quad q = p-1 \tag{10}$$

则得

$$\left[\int_\Omega \left(\left|\frac{\varphi+\psi}{2}\right|^{\frac{p}{p-1}} + \left|\frac{\varphi-\psi}{2}\right|^{\frac{p}{p-1}}\right)^{p-1} dv\right]^{\frac{1}{p-1}} \geqslant \left[\int_\Omega \left|\frac{\varphi+\psi}{2}\right|^p dv\right]^{\frac{1}{p-1}} + \left[\int_\Omega \left|\frac{\varphi-\psi}{2}\right|^p dv\right]^{\frac{1}{p-1}}$$

再利用式(9),便得到 Clarkson 第二不等式如下:

$$\left[\int_\Omega \left|\frac{\varphi+\psi}{2}\right|^p dv\right]^{\frac{1}{p-1}} + \left[\int_\Omega \left|\frac{\varphi-\psi}{2}\right|^p dv\right]^{\frac{1}{p-1}} \leqslant \left[\frac{1}{2}\int_\Omega |\varphi|^p dv + \frac{1}{2}\int_\Omega |\psi|^p dv\right]^{\frac{1}{p-1}}$$
$$1 < p \leqslant 2 \tag{11}$$

设 φ, ψ 为两个单位矢量,则其平均和 $\frac{\varphi+\psi}{2}$ 是联结它们的弦的中点矢,此时弦长等于 $\|\varphi-\psi\|$.

由 Clarkson 第二不等式可知,有有限长度 δ 的任何弦,其中点矢的范数严格小于某数 $\eta(\delta) < 1$. 也就是说,它在单位球内相当深处,这种性质可以叫做单位球的均匀凸性.

3 两个复不等式

引理 4 设 z, w 是两个复数,假定 $p \geqslant 2$. 则有

$$\left|\frac{z+w}{2}\right|^p + \left|\frac{z-w}{2}\right|^p \leqslant \frac{|z|^p}{2} + \frac{|w|^p}{2} \tag{12}$$

证明 当 $w = 0$ 时,不等式(12)成为

$$\frac{|z|^p}{2^{p-1}} \leqslant \frac{|z|^p}{2}$$

即然 $p - 1 \geqslant 1$, 这一不等式是成立的.

因此不妨假设 $|z| \geqslant |w| > 0$, 不等式(12) 等价于

$$\left|\frac{1}{2}\left(1+\frac{w}{z}\right)\right|^p + \left|\frac{1}{2}\left(1-\frac{w}{z}\right)\right|^p \leqslant \left|\frac{1}{2}\left(1+\frac{w}{z}\right)\right|^p \tag{13}$$

现在证明式(13). 不等式(13) 可以写成以下形式

$$\left|\frac{1+r\exp(i\theta)}{2}\right|^p + \left|\frac{1-r\exp(i\theta)}{2}\right|^p \leqslant \frac{1}{2}(1+r)^p \tag{14}$$

其中 $0 < r \leqslant 1, 0 \leqslant \theta < 2\pi$.

当 $\theta = 0$ 时,不等式(14)恰为引理 2,如果能证得式(14) 左边对于固定的 r,当 $\theta = 0$ 时取极大值,那就完成了引理 4 的证明. 显然,可以只考虑适合 $0 \leqslant \theta \leqslant \frac{\pi}{2}$ 的 θ 值. 因此须证由

$$g(\theta) = |1+r\exp(i\theta)|^p + |1-r\exp(i\theta)|^p$$

定义的函数 g 在 $\left[0,\dfrac{\pi}{2}\right]$ 上当 $\theta=0$ 时有极大值. 我们有

$$g(\theta)=(1+r^2+2r\cos\theta)^{\frac{p}{2}}+(1+r^2-2r\cos\theta)^{\frac{p}{2}}$$

从而

$$g'(\theta)=\frac{p}{2}(1+r^2+2r\cos\theta)^{\frac{p}{2}-1}(-2r\sin\theta)+\frac{p}{2}(1+r^2-2r\cos\theta)^{\frac{p}{2}-1}(-2r\sin\theta)=$$
$$-pr\sin\theta[(1+r^2+2r\cos\theta)^{\frac{p}{2}-1}-(1+r^2-2r\cos\theta)^{\frac{p}{2}-1}] \tag{15}$$

即然 $p\geqslant 2$,由式(15)显然可知,当 $\theta\in\left[0,\dfrac{\pi}{2}\right]$ 时,$g'(\theta)\leqslant 0$. 因而函数 g 在 $\left[0,\dfrac{\pi}{2}\right]$ 内非增. 这就是说,g 在 0 处必取极大值.

引理 5 设 $1<p\leqslant 2$,则对于任意 $x\in[0,1]$ 成立不等式

$$(1+x)^p+(1-x)^p\leqslant 2(1+x^p)^{\frac{1}{p-1}} \tag{16}$$

证明 当 $p=2$ 时,式(16)显然成立.因此设 $1<p<2$,对于 $x=0$ 及 $x=1$,式(1) 成为等式.当 u 从 0 到 1 取值时,函数 $\dfrac{1-u}{1+u}$ 从 1(严格)递减到 0.于是要证的不等式(16)等价于

$$\left(1+\frac{1-u}{1+u}\right)^p+\left(1-\frac{1-u}{1+u}\right)^p\leqslant 2\left[1+\left(\frac{1-u}{1+u}\right)^p\right]^{\frac{1}{p-1}}\quad 0<u<1 \tag{17}$$

用 $(1+u)^p$ 乘式(16)两边,得到

$$2^p(1+u^p)\leqslant 2[(1+u)^p+(1-u)^p]^{\frac{1}{p-1}} \tag{18}$$

将式(18)两边 $(p-1)$ 次方,得出

$$(1+u^p)^{p-1}\leqslant \frac{1}{2}[(1+u)^p+(1-u)^p]\quad 0<u<1 \tag{19}$$

显而易见,从式(16)到式(19)的每步都是可逆的.因此只要证明式(19)即可.通过展成幂级数,得

$$\begin{aligned}
&\frac{1}{2}[(1+u)^p+(1-u)^p]-(1+u^p)^{p-1}=\\
&\frac{1}{2}\left[\sum_{k=0}^{+\infty}\binom{p}{k}u^k+\sum_{k=0}^{+\infty}\binom{p}{k}(-1)^k u^k\right]-\sum_{k=0}^{+\infty}\binom{p-1}{k}u^{pk}=\\
&\sum_{k=0}^{\infty}\left[\binom{p}{2k}u^{2k}-\binom{p-1}{k}u^{pk}\right]=\\
&\sum_{k=1}^{+\infty}\left[\binom{p}{2k}u^{2k}-\binom{p-1}{2k-1}u^{p(2k-1)}-\binom{p-1}{2k}u^{p(2k)}\right]
\end{aligned} \tag{20}$$

式(5)末尾的级数对于 $u\in[0,1]$ 绝对收敛,并且一致收敛.我们只要证这个级数的各项非负即可.

级数的第 k 项为

$$\frac{p(p-1)(p-2)\cdots[p-(2k-1)]}{(2k)!}u^{2k}-$$

$$\frac{p(p-1)(p-2)\cdots[p-(2k-1)]}{(2k-1)!}u^{p(2k-1)}-$$

$$\frac{(p-1)(p-2)\cdots[(p-2k)]}{(2k)!}u^{p(2k)}=$$

$$\frac{p(p-1)(2-p)\cdots[(2k-1-p)]}{(2k)!}u^{2k}-$$

$$\frac{(p-1)(2-p)(3-p)\cdots[2k-1-p]}{(2k-1)!}u^{p(2k-1)}+$$

$$\frac{p(p-1)(2-p)\cdots(2k-p)}{(2k)!}u^{p(2k)}=$$

$$u^{2k}\frac{(2-p)(3-p)\cdots(2k-p)}{(2k-1)!}\left[\frac{p(p-1)}{(2k)(2k-p)}-\frac{p-1}{2k-p}u^{p(2k-1)-2k}+\frac{p-1}{(2k)}u^{p(2k)-2k}\right]$$

上式第一个因子显然为正,正括号内的表达式可改写为

$$\left[\frac{1}{\frac{2k-p}{p-1}}-\frac{1}{\frac{2k}{p-1}}-\frac{1}{\frac{2k-p}{p-1}}u^{\frac{2k}{p-1}}+\frac{1}{\frac{2k}{p-1}}u^{\frac{2k}{p-1}}\right]=\left[\frac{1-u^{\frac{2k-p}{p-1}}}{\frac{2k-p}{p-1}}-\frac{1-u^{\frac{2k}{p-1}}}{\frac{2k}{p-1}}\right] \quad (21)$$

显然,对于任意 $u>0$,有值为 $\frac{1-u}{t}(0<t<+\infty)$ 的函数,它作为 t 的函数是递减的. 由于 $\frac{2k-p}{p-1}<\frac{2k}{p-1}$ 可见式(21)为正. 利用引理5我们还可以证明如下的

定理 设 z,ω 是两个复数. 并假定 $1<p\leqslant 2$. 则有

$$|z+\omega|^p+|z-\omega|^p\leqslant 2(|z|^p+|\omega|^p)^{\frac{1}{p-1}} \quad (22)$$

证明 当 $z=0$ 或 $w=0$ 时,式(22)显然成立. 否则不妨设 $0<|z|\leqslant|w|$,要证的不等式等价于不等式

$$\left|1+\frac{z}{w}\right|^p+\left|-1+\frac{z}{w}\right|^p\leqslant 2\left(\left|\frac{z}{w}\right|^p+1\right) \quad (23)$$

把式(23)写成以下形式

$$|1+r\exp(i\theta)|^p+|-1+r\exp(i\theta)|^p\leqslant 2(r^p+1)^{\frac{1}{p-1}} \quad (24)$$

其中 $\frac{z}{w}=r\exp(i\theta),0<r\leqslant 1,0\leqslant\theta<2\pi$.

当 $\theta=0$ 时,不等式恰为引理1. 可以证明式(24)左边的表达式在$[0,\frac{\pi}{2}]$上当 $\theta=0$ 时达到极大值. 这样式(24)对于任意 θ 都成立.

4 Clarkson不等式在线性泛函分析中的应用

在线性泛函分析中有一个一般形式的定理

定理 l_p 中的任何线性泛函都可以写成如下的形式

$$l_\varphi = \int_\Omega \varphi\psi \mathrm{d}v$$

其中

$$\psi \in l_{p'} \quad \left(\frac{1}{p} + \frac{1}{p'} = 1\right)$$

证明 设 $\sup |l_\varphi| = g$. 这就表示存在着如此的序列 $\{\varphi_k\}$，$\|\varphi_k\| = 1$. 使 $\lim\limits_{k\to\infty} l_{\varphi_k} = g$. 兹证 $\{\varphi_k\}$ 强收敛.

假定不然，便有如此的数 $\varepsilon_0 > 0$ 存在，使得我们能找到数偶 n_k、m_k（当 $k \to \infty$ 时，$n_k \to \infty$，$m_k \to \infty$），而使 $\|\varphi_{m_k} - \varphi_{n_k}\| > \varepsilon_0$. 对于函数 φ_{m_k} 和 φ_{n_k}，当 $p \geqslant 2$ 时，应用 Clarkson 第一不等式. 当 $p \geqslant 2$ 时. 应用 Clarkson 第二不等式，则得

$$\left|\frac{\varphi_{m_k} + \varphi_{n_k}}{2}\right|^p + \left|\frac{\varphi_{m_k} - \varphi_{n_k}}{2}\right|^p \leqslant 1 \quad p \geqslant 2$$

$$\left|\frac{\varphi_{m_k} + \varphi_{n_k}}{2}\right|^{\frac{p}{p-1}} + \left|\frac{\varphi_{m_k} - \varphi_{n_k}}{2}\right|^{\frac{p}{p-1}} \leqslant 1 \quad 1 < p \geqslant 2$$

由此即知

$$\frac{\varphi_{m_k} + \varphi_{n_k}}{2} < 1 - \eta$$

其中 $\eta > 0$ 且与 k 无关.

考虑 $\chi_k = \dfrac{\varphi_{m_k} + \varphi_{n_k}}{\|\varphi_{m_k} + \varphi_{n_k}\|}$. 我们有 $\|\chi_k\| = 1$ 又由泛函的分配性可得

$$l_{\chi_k} = \frac{1}{2}(l_{\varphi_{m_k}} + l_{\varphi_{n_k}}) \frac{1}{\left\|\frac{\varphi_{m_k} + \varphi_{n_k}}{2}\right\|} > \frac{\frac{1}{2}(l_{\varphi_{m_k}} + l_{\varphi_{n_k}})}{1 - \eta}$$

但当 $k \to \infty$ 时，$l_{\varphi_{m_k}} \to g$、$l_{\varphi_{m_k}} \to g$. 所以当 k 充分大时，即有

$$l_{\chi_k} > \frac{g - \varepsilon_k}{1 - \eta} > g$$

此与 $\sup\limits_{\|\varphi\|=1} l_\varphi = g$ 矛盾.

于是 $\{\varphi_k\}$ 强收敛. 从而由 l_p 的完备性可知极限元素 $\varphi_0 \in l_p$ 存在. 显然 $\|\varphi\| = 1$.

（注：由上述证法可知，只有一个 $\varphi_0 \in l_p$ 存在，使得 $\|\varphi_0\| = 1$、$l_{\varphi_0} = g$；如不然我们便可作出一个发散序列使 $\lim l_{\varphi_k} = g$，而这是不可能的）

现在我们证明

$$l_\varphi = g\int_\Omega (|\varphi_0|^{p-1} \mathrm{sign}\, \varphi_0)\varphi \mathrm{d}v$$

或令 $g|\varphi_0|^{p-1} \mathrm{sign}\, \varphi_0 = \varphi$. 则有

$$l_\varphi = g\int_\Omega \psi\varphi \mathrm{d}v$$

另外 Clarkson 不等式在希尔伯特空间中也有应用.

定义 一个复向量空间 H 称为内积空间. 如果 H 中每一对向量 x、y 的序对有复数

(x,y) 对应. 称为 x 和 y 的内积或标量积. 使得下列规则成立:

(1) $(x,y) = \overline{(x,y)}$ (复共轭);

(2) $(x+y,z) = (x,z) + (y,z)$;

(3) $(ax,y) = a(x,y)$,若 $x,y \in H, a \in C$;

(4) 对于所有 $x \in H, (x,x) \geqslant 0$;

(5) 仅当 $x = 0$ 时, $(x,x) = 0$.

因此,固定 y, (x,y) 是 x 的线性函数;固定 x,它是 y 的共轭线性函数. 两个变量的这种函数有时称为一个半线性的.

若 $(x,y) = 0$,称 x 正交于 y. 有时记为 $x \perp y$. 因为 $(x,y) = 0$,意味着 $(x,y) = 0$,垂直关系是对称的. 若 $E \subset H, F \subset H$,记号 $E \perp F$ 指的任何 $x \in E, y \in F, x \perp y$. 还有 $E^\perp$ 是与每个 $x \in E$ 正交的所有元素 $y \in H$ 的集合.

每个内积空间可以通过定义 $\|x\| = (x,x)^{\frac{1}{2}}$ 而赋范. 如果得到赋范空间是完备的称它为希尔伯特空间.

设 x 是一致凸 Banach 空间,由定义,这是指
$$\|x_n\| \leqslant 1, \quad \|y_n\| \leqslant 1, \quad \|x_n + y_n\| \to 2$$
时 $\|x_n - y_n\| \to 0$. 每个 Hilbert 空间是一致凸的.

1936 年 Clarkson 利用 Clarkson 第一、第二不等式证明了每个 $\Lambda \in X^*$ 在 X 的闭单位球上达到它的最大值.

参考文献

[1] WALTER R. 泛函分析[M]. 刘培德,译. 北京:机械工业出版社,2004.

[2] HEWITTV E,STROMBERG K R. 实分析与抽象分析[M]. 徐利治,巩宪文,校. 孙广润,译. 天津:天津大学出版社,1994.

[3] 伯杰 M S. 非线性及泛函分析——数学分析中的非线性问题讲义[M]. 罗亮生,林鹏,译. 北京:科学出版社,2005.

[4] PETER,D. 泛函分析(影印版)[M]. LAX,译. 北京:高等教育出版社,2007.

[5] ALBRECHT P. History of Banach Spaces and Linear Operators[M]. Boston:Birkhäser,2007.

卡塔兰(Каталан) 假设

马菊红　译

我们依次列出自然数,这些自然数都是自然数的幂(大于一阶).可以得到数列:1,4,8,9,16,25,27,32,36,49,64,81,…,分出数字8和9并不是偶然的——这是相邻的自然数.产生一个问题:是否还存在相邻的自然数的幂?

首次提出这个问题的人是比利时数学家卡塔兰(Э. Каталан):在1844年他提出了一个假设,方程

$$x^y - z^t = 1 \tag{1}$$

有唯一的大于1的自然数解 $x=3, y=2, z=2, t=3$.这个假设维持了近160年,尽管很多著名的数学家都极力想找到它的证明方法.

2003年罗马尼亚数学家米哈依列斯库(П. Михайлеску)证明了卡塔兰假设的正确性.米哈依列斯库的证明相当复杂、相当难,所以不能用《量子》的几页纸来阐述.但结果本身与很多可以在初等数学框架内研究的数学事实及数学问题有关.例如,由米哈依列斯库所证明的定理可以立即得出对问题M2032第 a) 项的答案(《量子》2007年第1期;解答刊登在本期杂志中).

问题的来历

早在14世纪,像 Лео Гебракус 一样著名的 Леви бен Гершон 就证明了方程 $3^x - 2^y = \pm 1$ 具有唯一的大于1的自然数解 $x=2, y=3$.

在1657年 Френикль де Бесси 求解了方程 $x^2 - p^y = 1$(这里 $y>1, p$ 是素数)的自然数解.

在1738年 Л. 欧拉证明了方程 $x^3 + 1 = y^2$ 有唯一的自然数解 $(2;3)$(关于该方程的解答及其应用参见《量子》2007年第3期中M2025问题的解答).

在1850年列别格(В. А. Лебег)证明了在 $y \neq 3$ 的条件下求方程 $x^y - z^2 = 1$ 大于1整数解的不可解性.而在1921年那杰里(Т. Нагель)在 $y \neq 2$ 的条件下全面研究了方程 $x^3 - z^t = 1$ 和方程 $x^y - z^3 = 1$.

结果,在具体指数值情况下研究了卡塔兰一般方程(1)的三种情况:

(1) $x^3 - z^t = 1$;

(2) $x^y - z^3 = 1$;

(3) $x^y - z^2 = 1$.

其中最重要的是第三种情况:在求解广义问题时有特殊作用的是当一个指数为偶数

的情况.

我们还要指出的是借助于所谓的高斯整数可以对第三种情况进行全面的研究. 在 B. Сендерова 和 A. Спивака 的文章《平方和与高斯整数》(《量子》1999 年第 3 期) 中含有对此足够的信息. 顺便说一下, 这个问题远不是那么简单.

在偶数 y 的情况下的情形要比前面复杂得多. 对于方程 $x^4 - z^t = 1$ 问题已由 C. Сельберг 在 1932 年解决, 而方程 $x^2 - z^t = 1$ 的最终解决只是在 1960 年由中国数学家高桥 (柯召) 得到.

下面我们研究一下卡塔兰方程的一些特殊情况 (主要是当两个幂指数为奇数的情况). 细心的读者可以发现, 在数学奥林匹克竞赛中有时遇到的问题是卡塔兰方程的特殊情况, 所以在我们这种情况中了解求解这些问题的基本方法是有益的. 先试着解决下面的练习.

练习 1 求方程大于 1 的整数解
① $3^x - 2^y = -1$,
② $3^x - 2^y = 1$,
③ $z^x - 2^y = 1$,
④ $z^x - 2^y = -1$.

练习 2 找出所有三元组 (a, b, y), 这里 $a, y \in \mathbf{N}, ab$ 是素数, 且 $a^2 - b^y = 1$.

一些初步结果

要完全证明卡塔兰假设, 只要对于方程

$$x^p - y^q = 1 \tag{2}$$

(这里两个自然数 x 和 y 大于 1, 而 p 和 q 是不同的素数) 证明之即可.

练习 3 ① 证明之.
②* 设 $x^y - z^t = 1$ (这里 $x, z \in \mathbf{N}, y, t \in \mathbf{N} \setminus \{1\}, y, t$ 是奇数). 证明, 数 x 和 z 是合 (成) 数.

我们提请注意一些符号. 我们通过 (a, b) 表示自然数 a 和 b 的最大公约数. $a \mid b$ 表示 a 是 b 的约数 (读作 a 可以除尽 b).

我们需要以下命题.

若 x 和 y 互为自然素数, 则 ① 在任何奇自然数 n 情况下, 有 $\left(\dfrac{x^n + y^n}{x + y}, x + y \right) \mid n$;

② 在任何奇自然数 n, 且 $x > y$ 情况下, 有 $\left(\dfrac{x^n - y^n}{x - y}, x - y \right) \mid n$.

练习 4 证明之.

这些普通的命题可以把满足方程 (2) 的所有四元组集合分成两组.

情况 1 若 $\left(p, \dfrac{x^p - 1}{x - 1} \right) = 1$, 则 $x - 1 = r^q, \dfrac{x^p - 1}{x - 1} = s^q, y = rs$, 这里 r 和 s 是某些自然数.

情况 2 若 $\left(p, \dfrac{x^p - 1}{x - 1} \right) = p$, 则 $x - 1 = p^{q-1} a^q, \dfrac{x^p - 1}{x - 1} = p v^q, y = pqv$, 这里 a 和 v 是某些自然数.

练习 5 证明这些等式.

在奇数 q 的情况中,研究表达式 $\dfrac{y^q+1}{y+1}$,可以得到类似的等式.

练习 6 求解方程:

① $3^x = y^z + 1$;

② $3^x = y^z - 1$.

这里 $x, y, z \in \mathbf{N}, z > 1$.

练习 7 ① 求解方程 $(x+1)^y + 1 = x^z$,这里 $x, y, z \in \mathbf{N}, y > 1$.

② 求解方程 $(x+1)^y = 1 + x^z$,这里 $x, y, z \in \mathbf{N}, y > 1$.

③ (М. Хампел, А. Шинцедь) 对于幂的底数相差 1 的情况,证明卡塔兰假设.

卡歇尔斯-那杰里 (Касселс - Нагедь) 定理

在 20 世纪中叶,从问题提出过了一百多年以后,在证明卡塔兰假设中发生了巨大突破:卡歇尔斯 (Касселс) 在情况 1 完全证明了它. 也就是,对于奇指数,卡歇尔斯证明了下列命题.

定理,假设 p 和 q 是素数;$p > q \geqslant 2$;$a^p - b^q = \pm 1$,这里 a 和 b 是大于 1 的整数. 那么, a 能被 q 除尽, b 能被 q 除尽.

情况 $q = 2$ 与方程 $a^p - b^q = -1$ 有关:当表述并证明了定理时,已经最终确定了方程 $a^p - b^2 = 1$ 的不可解性. 并且命题 $q \mid a$ 是在 1953 年的著作中证明的,而复杂得多的 $p \mid b$ 是过了 7 年后得到证明的. 对于情况 $q = 2$, 那杰里 (Нагель) 在 1921 年和 1934 年的著作中证明了定理.

练习 8 由卡歇尔斯定理推断出情况 1 的不可能性.

这样,如果 (x, y, p, q) 是方程 (2) 的解, p, q 是奇素数,那么,在 a, v, b, u 为某些自然数的情况下,下列等式正确:

$$x - 1 = p^{q-1}a^q \text{ 和 } \dfrac{x^p - 1}{x - 1} = pv^q, \quad y = pav$$

$$y + 1 = q^{p-1}b^p \text{ 和 } \dfrac{y^q + 1}{y + 1} = qu^p, \quad x = qbu \tag{3}$$

要指出的是,卡歇尔斯定理与某些较早的结果一起,已经能够断定只是在相当大的幂底数情况下卡塔兰假设有可能不正确.

练习 9* (А. Роткевич) 设 $x, y \in \mathbf{N} \setminus \{1\}$; $z, t \in \mathbf{P} \setminus \{2\}$; $x^z - y^t = 1$; $(x, y, z, t) \neq (3, 2, 2, 3)$. 那么, $x, y > 10^6$. 证明之.

这样,卡歇尔斯定理只是对于数 $x^z > (10^6)^5, y^t > (10^6)^5$ 的问题悬而未决. 要指出的是甚至借助于计算机操作阶数超过 2^{32} 的数在不久前也是相当复杂的.

根据等式 (3),并运用现代强有力的代数方法和解析方法,米哈依列斯库 (Михайлеску) 得以自己绝妙地证明.

关于问题 M2032

问题 M2032 的第 ① 项命题是卡塔兰假设的弱变式. 但用一个这样的弱化诱导出第 ② 项命题.

1956 年在 B. Ж. Левека 的数论教程中曾指出:"甚至没能证明,三个连续整数不可能都是幂……"在 1960 年杰出波兰数学家 B. Серпинсккий 在关于算术的未解决问题的文章中曾提出了下面问题:"是否存在三个连续的自然数,其中每一个都是具有大于 1 的自然指数的自然数的幂?"在回答这个问题之前,我们先讲几个关于自然数三元组 $(n, n+1, n+2)$ 的基本命题.

把 $a^b (a, b \in \mathbf{N} \setminus \{1\})$ 形式的数叫做正幂.

练习 10 设 $n, n+2$ 是正幂. 证明 $(n, n+2) = 1$.

练习 11 设 $(2k)^2 - z^m = 1$,这里 $k, z, m \in \mathbf{N}$. 证明 $m = 1$.

练习 12 设 $x^m - (2k-1)^2 = 1$,这里 $x, m, k \in \mathbf{N}$. 证明 $m = 1$.

练习 13 设 $n, n+1, n+2$ 是正幂. 证明:

① $n + 1 \neq t^2$;

② $n \neq t^2$;

这里 $t \in \mathbf{N}$.

我们返回到 B. Серпинсккий 问题. 在 1961 年波兰数学家 A. Маковский 对它给出了否定的回答. 我们列出他的证明. 不失共性地可以认为,在问题中所提到的幂指数是素数. 我们来证明,方程组:

$$\begin{cases} x^p - y^q = 1 \\ y^q - z^r = 1 \end{cases}$$

不存在自然数 x, y, z 和素数 p, q, r 的解.

假设 x, y, z, p, q, r 满足这一方程组. 根据卡歇尔斯定理有 $q \mid x, q \mid z$. 由此 $q \mid x^p - z^r = 2$,且 $q = 2$. 第一个方程的形式为 $x^p = y^2 + 1$. 但是正像列别格(Лебег)所证明的,这个方程没有 y 为正数的整数解. 由此可以立即得出对 B. Серпинсккий 问题的回答.

要指出的是,不运用列别格-那杰里(Лебег - Нагель)的结果也可以进行证明:由练习 13 立即可以得出 q 和 r 的奇性,而 $q \mid x, q \mid z$ 立即可以导致与练习 10 相矛盾.

还要指出的是,两个正幂仍然可以包含在一个三元组 $(n, n+1, n+2)$ 中:$(5^2, 26, 3^3)$. 作者不知道,是否存在其他具有这种性质的三元组. 在 $n \leqslant 2\ 147\ 483\ 645$ 的情况下在任何情况中都不存在这样的三元组.

关于反素数

最后,我们要提及一下反素数 —— 自然概括卡塔兰问题中提到的正幂. 如果自然数的每一个素因子都包含在指数大于 1 的展开式中,那么,把这个自然数叫做反素数. 很容易发现,在一个自然数列中不能接连包含四个反素数.

练习 14 证明之.

在求解问题 M2032 中我们研究了自然数的三元组 $(n-1, n, n+1)$,其中在每一个三元组中都有两个反素数. 我们证明了,这些三元组中有无限多个三元组中 $n-1$ 和 $n+1$ 是反素数,有无限多个三元组中 n 是一个反素数. 所有这三个数 $n-1, n, n+1$ 是否都能是反素数呢?对作者的回答尚无人知晓. 在 $2\ 000\ 000$ 以前的数中间,在任何情况中都不会有这样的三元组.

卡塔兰猜想

B. 冼杰罗夫(CEHREPOB), Б. 弗棱金(ФPEKПH)

(原载俄罗斯《量子》2007 年 4 期)

谢彦麟[①] *译*

按顺序写出自然数的大于 1 次幂, 得出数列 1,4,8,9,16,25,27,32,36,49,64,81,…, 绝非偶然, 特别提出其中的数 8,9——两相连的自然数, 这就出现一个问题: 数列中还存在自然数的相连的幂吗？

这问题最先由比利时数学家卡塔兰(E. Catalan) 提出, 1844 年他发表猜想, 方程
$$x^y - z^t = 1 \tag{1}$$
在大于 1 的自然数中只有唯一解 $x=3, y=2, z=2, t=3$.

这个猜想延续了几乎 160 年, 许多有名数学家致力求出它的证明未能成功.

在 2003 年罗马尼亚数学家米哈尔列斯库证明了卡塔兰猜想的正确性. 米哈尔列斯库的证明很复杂且为非初等的, 因此不能在我们的刊物上叙述. 然而其结果与许多初等数学的结论与问题有联系, 例如从定理的米哈尔列斯库的证明, 立刻得到问题 M2032a) 项(《量子》2007 年 1 期; 本刊发表其解) 的答案.

1. 问题的历史

早在 14 世纪, 列维·本·赫尔桑与著名的列奥·赫勃拉库斯同时证明了方程 $3^x - 2^y = \pm 1$ 在大于 1 的自然数中有唯一解 $x=2, y=3$. 1657 年, 比萨的弗伦尼克尔得解自然数方程
$$x^2 - p^y = 1$$
其中 $y > 1$, p 为素数.

1738 年欧拉(L. Euler) 证明了方程 $x^3 + 1 = y^2$ 在自然数中有唯一解(关于这方程的解及其应用, 参看《量子》2007 年 3 期问题 M2025 的解).

1850 年 V. A. 勒贝格(Lebesgue) 证明了方程 $x^y - z^2 = 1$ 在大于 1 的整数中及条件

[①] 谢彦麟, 华南师范大学数学系.

$y \neq 3$ 下无解. 在 1921 年 T. 纳赫尔完成了对方程 $x^3 - z^t = 1$ 及 $x^y - z^3 = 1 (y \neq 2)$ 的研究.

结果研究了一般卡塔兰方程(1)有具体指数值的三种情况:

① $x^3 - z^t = 1$;
② $x^y - z^3 = 1$;
③ $x^y - z^2 = 1$.

此外, 完全审查第三情况, 可借助所谓"高斯(Gauss)整数", 对此充足的信息包含于 B. 冼杰罗夫与 A. 斯皮瓦克的论文《平方和与高斯整数》(《量子》1999 年 3 期) 中, 但这问题十分不简单.

在 y 是偶数的情况出现许多复杂性. 对方程 $x^4 - z^t = 1$, C. 谢尔伯尔格在 1932 年已给出解答. 而方程 $x^2 - z^t = 1$ 由中国数学家柯召在 1960 年得到最后的解.

我们再考虑卡塔兰方程的某些特殊情况(以出现两个奇数次幂为基础). 细心的读者会注意到, 在数学奥林匹克中有时遇到卡塔兰方程的特殊情况的问题, 在这种情形下熟练地用初等方法解之显然是有益的. 现先试解下列问题.

练习 1 在大于 1 的整数中解下列方程

(a) $3^x - 2^y = -1$;
(b) $3^x - 2^y = 1$;
(c) $z^x - 2^y = 1$;
(d) $z^x - 2^y = -1$.

练习 2 求出所有三数组 (a, b, y), 其中 $a, y \in \mathbf{N}$, b 为素数, 使 $a^2 - b^y = 1$.

2. 某些预备结论

为了证明卡塔兰猜想, 只要对方程
$$x^p - y^q = 1 \tag{2}$$
(其中两自然数 x, y 大于 1, p, q 为不同素数)证之.

练习 3

(a) 证上述断言;

(b*) 设 $x^y - z^t = 1$, 其中 $x, z \in \mathbf{N}$, $y, t \in \mathbf{N} \setminus \{1\}$, y, t 为奇数. 证 x 与 z 为合数①.

现提出几个记号. 用 (a, b) 表示自然数 a 与 b 的最大公约数. 用 $a \mid b$ 表示 a 是 b 的约数(读作 a 整除 b).

我们需要下列论断:

如果 x 与 y 为互质的自然数, 那么

(a) 对任何奇自然数 n 有 $\left(\dfrac{x^n + y^n}{x + y}, x + y \right) \Big| n$;

---

① 由已证卡塔兰猜想成立, 知练习 3b*)命题条件不可能成立, 但按数理逻辑规定. 条件不可能成立时命题总认为是正确的, 然而命题实际上无意义.

(b) 对任何自然数 n 与 $x > y$ 有 $\left(\dfrac{x^n - y^n}{x - y}, x - y\right) \Big| n$.

练习 4　证上述断言.

这个简单的断言允许把所有适合方程(2)的四数组的集分成两组.

情况 1　如果 $\left(p, \dfrac{x^p - 1}{x - 1}\right) = 1$,则
$$x - 1 = r^q, \quad \dfrac{x^p - 1}{x - 1} = S^q, \quad y = rS$$

其中 r, S 为某自然数;

情况 2　如果 $\left(p, \dfrac{x^p - 1}{x - 1}\right) = p$,则
$$x - 1 = p^{q-1}a^q, \quad \dfrac{x^p - 1}{x - 1} = pv^q, \quad y = pav$$

其中 a, v 为某自然数.

练习 5　证上述等式.

在奇数 q 的情形,考察表示式 $\dfrac{y^q + 1}{y + 1}$ 可得类似的等式.

练习 6　解方程

(a) $3^x = y^z + 1$;

(b) $3^x = y^z - 1$,其中 $x, y, z \in \mathbf{N}, z > 1$.

练习 7　(a) 解方程 $(x+1)^y + 1 = x^z$,其中 $x, y, z \in \mathbf{N}, y > 1$;

(b) 解方程 $(x+1)^y = 1 + x^z$,其中 $x, y, z \in \mathbf{N}, y > 1$;

(c) (M. 抗彼尔,A. 石策尔) 对所有幂的底不是 1 的情况,证卡塔兰猜想.

3. 卡赛尔斯——纳格尔定理

证明卡塔兰猜想的基础问题发生于 20 世纪中叶,提出问题已超过一百年.卡赛尔斯完成了情况 1 的证明.即对奇数指数,卡赛尔斯证明了下列断言:

定理　设 p, q 为素数,$p > q \geqslant 2$,$a^p - b^q = \pm 1$,其中 a, b 为大于 1 的整数.则 a 被 q 整除,b 被 p 整除.

对于方程 $a^p - b^q = -1$ 的 $q = 2$ 的情形,当陈述与证明定理时,不可解的方程 $a^p - b^2 = 1$ 被最后确定,这时断言 $q | a$ 已在 1953 年的著作中证明,而复杂得多的 $p | b$ 要再过 7 年才解决.对定理在 $q = 2$ 的情形在纳格尔 1921 年及 1934 年的著作中证明.

练习 8　从卡赛尔斯定理判断情况 1 的不可能性.

因如果 (x, y, p, q) 是方程(2)的解,p, q 为素数,那么等式

$$x - 1 = p^{q-1}a^q, \quad \dfrac{x^p - 1}{x - 1} = pv^q, \quad y = pav \tag{3}$$

$$y + 1 = q^{p-1}b^p, \quad \dfrac{y^q + 1}{y + 1} = qu^p, \quad x = qbu$$

对某些自然数 a,v,b,u 成立.

注意,卡赛尔斯定理,除了某些最早的结论,允许断言,对很大的幂的底卡塔兰猜想可以显示不正确.

练习 9[*] (A. 罗特喀维奇) 设 $x,y \in \mathbf{N}\setminus\{1\}, z,t \in P\setminus\{2\}, x^z - y^t = 1$, $(x,y,z,t) \neq (3,2,2,3)$. 则 $x, y > 10^6$.

证上述断言.

这样一来,卡赛尔斯定理留下的问题,只是对于数 $x^z > (10^6)^5, y^t > (10^6)^5$ 弄清定理是否成立. 注意,不久运用了其等级超过 2^{32} 的数,已变得很复杂.

依靠等式(3)且同时利用有效的代数与分析方法,米哈尔列斯库得出卓越的证明.

4. 论问题 M2032

问题 M2032 a)项提出了一些减弱卡塔兰猜想的方案,从其中之一导出 b)项.

1956 年在 B. Ж. 列维克的数论教程中指出:"还不能证明,三个接连的整数不能是幂 …". 1960 年在杰出的波兰数学家希尔宾斯基(W. Sierpinski)关于算术不可解性的论文中陈述下列问题:"是否存在三个接连的自然数,其中每个是自然数的大于 1 的自然数次幂?" 对这问题我们宁愿给出关于三自然数组 $(n, n+1, n+2)$ 的一些初步断言.

正则幂是形式为 a^b 的数,其中 $a,b \in \mathbf{N}\setminus\{1\}$.

练习 10 设 $n, n+2$ 是正则幂. 证 $(n, n+2) = 1$.

练习 11 设 $(2k)^2 - z^m = 1$,其中 $k, z, m \in \mathbf{N}$. 证 $m = 1$.

练习 12 设 $x^m - (2k-1)^2 = 1$,其中 $x, m, k \in \mathbf{N}$. 证 $m = 1$.

练习 13 设 $n, n+1, n+2$ 为正则幂. 证

(a) $n+1 \neq t^2$,

(b) $n \neq t^2$,其中 $t \in \mathbf{N}$.

对于希尔宾斯基问题,相反的答案已在 1961 年由波兰数学家 A. 马可夫斯基给出. 现引述他的证明:不失一般性,可认为上述问题中幂的指数是素数,证方程组

$$\begin{cases} x^p - y^q = 1 \\ y^q - z^r = 1 \end{cases}$$

在自然数 x, y, z 与 p, q, r 中无解.

设 x, y, z, p, q, r 适合方程组,但由卡赛尔斯定理有 $q \mid x, q \mid z$,因此 $q \mid x^p - z^r = 2$,故 $q = 2$,第一方程形如 $x^p = y^2 + 1$. 但正如勒贝格所证,这方程对 y 没有整数解. 由此马上推出希尔宾斯基问题的答案.

注意,所提出的证明可以不利用勒贝格及纳格尔的结果:q 与 r 的奇数性可从练习 13 立即推出,而 $q \mid x, q \mid z$ 立即与练习 10 导出矛盾.

再注意,在三数组 $(n, n+1, n+2)$ 中可以有两个正则幂:$(5^2, 26, 3^3)$. 作者不知道是否还存在别的有这种特性的三数组. 在所有情况,当 $n \leqslant 2\,147\,483\,645$ 时,没有这样的三数组.

5. 论反素数

最后讲到反素数——在正则幂的卡塔兰问题自然会提出. 所谓反素数, 如果它的每个素因数进入分解式中有大于 1 的指数. 易见在自然数序列中不会有四个反素数序列.

练习 14 证上述断言.

解问题 M2032 时考察三自然数组 $(n-1, n, n+1)$, 其中每一个有两个反素数. 我们证明了, 在这些三数组中有无穷多个, 其中 $n-1$ 与 $n+1$ 是反素数; 也有无穷多个, 其中数 n 为反素数. 全部三个数都可以是反素数吗? 作者不知道答案. 在所有情况, 在 2 000 000 以内的数中, 没有这样的三数组.

"一个判别 F_n 是否为素数的方程"一文的问题

武瑞新[①]

《数学奥林匹克与数学文化·第二辑(竞赛卷)》载周宗奇"一个判别 F_n 是否为素数的方程"一文,细读该文觉周君所得定理不能成立. 该文很简短,为方便阅读,特将有关部分摘录于下(原文因排印造成的错误已订正):

定理 1 设 $F_n = 2^{2^n} + 1, n \in \mathbf{N}$,若方程
$$x^2 - 2^{2^{n-1}-r}x + 2^{2r}y^2 \pm y = 0 \qquad ①$$
(x,y 均为正奇数,$r \geqslant 1$ 为整数)有整数解,则 F_n 为合数,若无整数解则 F_n 为素数.

在证明定理 1 之前先证明以下定理:

定理 2 方程
$$x^2 + 1 = y^2 + z^2 \qquad ②$$
(x 为偶数,y 为奇数且 $y \neq 1$)的参数通解为
$$x = 2^{R-r}k(2^R k \pm 1)/q + 2^r q$$
$$y = 2^{R+1} k \pm 1$$
$$z = 2^{R-r}k(2^R k \pm 1)/q - 2^r q$$

其中 $r \geqslant 1, R > r, q \mid k(2^R k \pm 1), k$ 为任意奇数.

证明 设 $x = a+b$,因 y 为奇数且 $y \neq 1$,那么原方程可化为
$$(a+b)^2 + 1 = y^2 + (a+b-s)^2 \quad 0 < s < a+b$$
那么有
$$y^2 - 2s(a+b) + s^2 = 0$$
$$s_{1,2} = a+b \pm \sqrt{(a+b)^2 - y^2 + 1}$$
因为 $y > 1$,只能有 $y^2 = 4ab + 1$,得
$$ab = \frac{y+1}{2} \cdot \frac{y-1}{2}$$
设
$$\frac{y+1}{2} = t$$
则

[①] 武瑞新,武汉市公安局永丰派出所.

$$\frac{y-1}{2} = t-1, ab = t(t-1) \text{(此为两连续整数之积)}$$

那么 a,b 应均为偶数，若 a,b 一奇一偶，则 $a+b=$ 奇，与 x 为偶矛盾，若 a,b 均奇，a,b 之积不为连续整数之积，故只能有 a,b 均偶．有
$$s_{1,2} = a+b \pm (a-b)$$
$s_1 = 2a, s_2 = 2b$，故方程 ② 的解应为
$$x = a+b, \quad y = \sqrt{4ab+1}, \quad z = \pm(a-b)$$

若设 $a = 2^r q, r \geqslant 1, q$ 为奇数，则
$b = 2^{R-r} k(2^R k \pm 1)/q, R > r, q \mid k(2^R k \pm 1), k$ 为任意奇数

则方程 ② 的通解形式为
$$x = 2^{R-r} k(2^R k \pm 1)/q + 2^r q$$
$$y = 2^{R+1} k \pm 1$$
$$z = 2^{R-r} k(2^R k \pm 1)/q - 2^r q$$

定理 1 的证明：
$F_n = 2^{2^n} + 1 = (2^{2^{n-1}})^2 + 1$，若 F_n 为合数，则必有
$2^{2^{n-1}} = 2^{R-r} k(2^R k \pm 1)/q + 2^r q$ 且 $R = 2r$ 即有
$$2^{2^{n-1}-r} = k(2^{2r} k \pm 1)/q + q \qquad \text{③}$$
我们将 ③ 看做 q 为未知数的方程，并设 $x = q, y = k$ 则有
$$x^2 - x^{2^{n-1}-r} x + 2^{2r} y^2 \pm y = 0 \qquad \text{④}$$
显然，如果 ④ 中有一个方程有整数解，则 F_n 为合数，否则 F_n 为素数．定理 1 证毕．
（以下为原文猜想部分此略）

我们指出：

(1) 若 F_n 为素数，则其必为 $4m+1$ 形式 $(m \in \mathbf{N}^+)$ 根据熟知的定理："若 p 为 $4m+1$ 形式素数，则其必可表为两个正整数的平方和．"因此 $F_n = 2^{2^n} + 1$ 为素数时才能有
$$2^{2^{n-1}} = 2^{R-r} k(2^R k \pm 1)/q + 2^r q$$
因此方程 ④ 中必有一方程有整数解．(反之由方程 ④ 有整数解并不能断定 F_n 为素数或合数，只能得出 F_n 为两正整数之平方和)．若方程 ④ 中没有一方程有整数解，则 F_n 为合数．

(2) 在求方程 ② 的通解时作者由 $s_{1,2} = a+b \pm \sqrt{(a+b)^2 - y^2 + 1}$ 及 $y > 1$ 断定只能有 $y^2 = 4ab+1$ 也是错误的，事实上 $y^2 = 4ab+1$ 只是 $\sqrt{(a+b)^2 - y^2 + 1}$ 为整数的充分条件，而非必要条件．（例如，取 $a = 6, b = 26$ 则当 $y = 31$ 时有 $\sqrt{(a+b)^2 - y^2 + 1} = 8$，而当 $y^2 = 4ab+1 = 4 \times 6 \times 26 + 1 = 625$ 时，$\sqrt{(a+b)^2 - y^2 + 1} = 20$）因此作者得出的是方程 ② 的特解而非通解．

综合上述可知该文的推导过程和结论均是错误的．

关于"一道数学竞赛试题的注记"的注记

武瑞新[①]   武鹏程

试题   如图 1 所示,设在 $\triangle ABC$ 中,P、Q、R 分别在 AB、BC、CA 上,且将其周长三等分,则有 $\dfrac{S_{\triangle PQR}}{S_{\triangle ABC}} > \dfrac{2}{9}$.

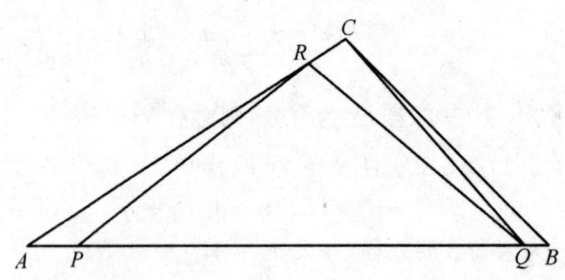

图 1

本题系 1988 年全国高中数学联赛的第二试试题二的推广.为降低试题难度,原题限制 P,Q 在 AB 边上.刘培杰在文献[1]中给出了本题的两种解法.本文将给出原题及本题的一种能为初中同学理解的证法.

1. 原题的证明

如图 1 所示,设在 $\triangle ABC$ 中,P、Q、R 将其周长三等分,且 P、Q 在 AB 边上,则有

$$\dfrac{S_{\triangle PQR}}{S_{\triangle ABC}} > \dfrac{2}{9}.$$

设 $AB = c, BC = a, CA = b, AP = x$,则

$$x = AP = AB - PQ - BQ \leqslant AB - PQ = c - \dfrac{a+b+c}{3} < \dfrac{a+b+c}{2} - \dfrac{a+b+c}{3} = \dfrac{a+b+c}{6}$$

$$BQ = \dfrac{2c - a - b}{3} - x$$

$$CR = \dfrac{2b - a - c}{3} + x$$

$$AQ = \dfrac{a+b+c}{3} + x$$

[①]   武瑞新,武汉市公安局永丰派出所.

$$AR = \frac{a+b+c}{3} - x$$

且易得

$$\frac{S_{\triangle BQC}}{S_{\triangle ABC}} = \frac{2c - a - b - 3x}{3c}$$

$$\frac{S_{\triangle RCQ}}{S_{\triangle ABC}} = \frac{S_{\triangle RCQ}}{S_{\triangle ACQ}} \cdot \frac{S_{\triangle ACQ}}{S_{\triangle ABC}} = \frac{(3x + a + b + c)(3x + 2b - a - c)}{9bc}$$

$$\frac{S_{\triangle ARP}}{S_{\triangle ABC}} = \frac{S_{\triangle ARP}}{S_{\triangle ARQ}} \cdot \frac{S_{\triangle ARQ}}{S_{\triangle ABC}} = \frac{x(a+b+c-3x)}{3bc}$$

故

$$\frac{S_{\triangle PQR}}{S_{\triangle ABC}} = 1 - \left[\frac{x(a+b+c-3x)}{3bc} + \frac{(3x+a+b+c)(3x+2b-a-c)}{9bc} + \frac{2c-a-b-3x}{3c}\right] =$$

$$\frac{(a+b+c)^2 - 3(a+b+c)x}{9bc} > \frac{(a+b+c)^2}{18bc} > \frac{(b+c)^2}{18bc} \geqslant \frac{2}{9}$$

2. 本题的证明

如图 2 所示，设 $AP = z, BP = x$，$CR = y$，则易得

$$\frac{S_{\triangle BQP}}{S_{\triangle ABC}} = \frac{(c-z)x}{ca}$$

$$\frac{S_{\triangle QCR}}{S_{\triangle ABC}} = \frac{(a-x)y}{ab}$$

$$\frac{S_{\triangle APR}}{S_{\triangle ABC}} = \frac{(b-y)z}{bc}$$

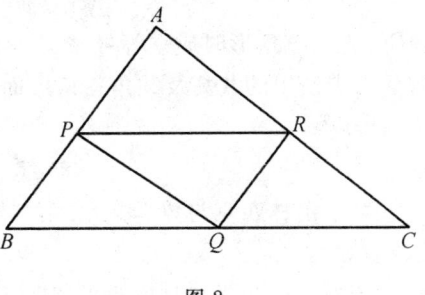

图 2

故

$$\frac{S_{\triangle PQR}}{S_{\triangle ABC}} = 1 - \left[\frac{(a-x)y}{ab} + \frac{(b-y)z}{bc} + \frac{(c-z)x}{ca}\right] \quad (*)$$

由

$$x + c - z = y + a - x = z + b - y = \frac{a+b+c}{3}$$

得

$$x = z + \frac{a+b-2c}{3}$$

$$y = z - \frac{a+c-2b}{3}$$

代入式 $(*)$ 得

$$\frac{S_{\triangle PQR}}{S_{\triangle ABC}} = \frac{a+b+c}{abc} \cdot z^2 - \frac{(a+b+c)(a-b+3c)}{3abc} \cdot z + \frac{(a+b+c)(2a-b+2c)}{9ab}$$

所以，当 $z = \frac{a-b+3c}{6} = \frac{c}{3} + \frac{a-b+c}{6}$ 时，

$$\left\{\frac{S_{\triangle PQR}}{S_{\triangle ABC}}\right\}_{\min} = \frac{(a+b+c)(2ab+2bc+2ca-a^2-b^2-c^2)}{36abc} =$$

$$\frac{8abc+[a^2(b+c)+b^2(c+a)+c^2(a+b)-a^3-b^3-c^3-2abc]}{36abc}=$$

$$\frac{2}{9}+\frac{(a+b-c)(b+c-a)(c+a-b)}{36abc}>\frac{2}{9}$$

此时

$$x=\frac{b-c+3a}{6}=\frac{a}{3}+\frac{a+b-c}{6}$$

$$y=\frac{c-a+3b}{6}=\frac{b}{3}+\frac{c-a+b}{6}$$

易知此时

$$\frac{a}{3}<x<\frac{2a}{3},\quad \frac{b}{3}<y<\frac{2b}{3},\quad \frac{c}{3}<z<\frac{2c}{3}$$

不难证明

$$\left\{\frac{S_{\triangle PQR}}{S_{\triangle ABC}}\right\}_{\min}\leqslant\frac{1}{4}$$

且当 $\triangle ABC$ 为正三角形时成立等号.

本题证明中使用的共高及共角三角形面积比并不需要高中三角知识,实际上是小学数学竞赛内容.

参考文献

[1] 刘培杰. 数学奥林匹克与数学文化. 第二辑(竞赛卷)[M]. 哈尔滨:哈尔滨工业大学出版社,2008.

[2] 沈文选. 走向国际数学奥林匹克的平面几何试题诠释(全国高中数学联赛平面几何一解)[M]. 哈尔滨:哈尔滨工业大学出版社,2007.

附录

刘老师:

您的《一道数学竞赛试题的铭记》一文仔细读了. 获益匪浅,谢谢.

如图 3 所示,这问题实际是求

$$\frac{(a-q)r}{ab}+\frac{(b-r)p}{bc}+\frac{(c-p)q}{ca}$$

$\left(\text{其中 } a-q+r=b-r+p=c-p+q=\frac{a+b+c}{3}\right)$ 的取值范围.

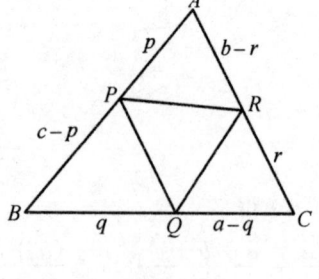

图 3

用拉格朗日乘子法不难处理. 您通过引入参数 θ 和 t,给出了两个巧妙的初等解法,可喜.

指出两个小问题:

(1) 文章中两处排印错误

引理中,α,β,γ 的取值应是

$$\alpha=\frac{1}{6}(x-y+z),\quad \beta=\frac{1}{6}(x+y-z),\quad \gamma=\frac{1}{6}(y+z-x)$$

P 53 倒数第四行

$(2\alpha+\beta)(2\gamma+\beta)(\alpha+\gamma)+(2\beta+\gamma)(2\alpha+\gamma)(\alpha+\beta)+(2\beta+\alpha)(2\gamma+\alpha)(\beta+\gamma)$ 的化简未与 $(\alpha+\beta)(\beta+\gamma)(\gamma+\alpha)$ 的化简结果分开. 造成阅读困难.

P 53 倒数第 8 行分式的分子中 $(2\beta+\gamma)(2\alpha+\gamma)(\beta+\alpha)$ 中 2β 误为 $\alpha\beta$. 及 $(2\beta+\gamma)(2\alpha+\gamma)(\beta+\alpha)$ 与 $(2\beta+\alpha)(2\gamma+\alpha)(\beta+\gamma)$ 间遗漏加号 "+".

(2) 应当给出

$$\min\left\{\frac{S_{\triangle PQR}}{S_{\triangle ABC}}\right\} 的上界$$

事实上

$$\min\left\{\frac{S_{\triangle PQR}}{S_{\triangle ABC}}\right\} = \frac{2}{9} + \frac{(x+y-z)(y+z-x)(z+x-y)}{36xyz} \leqslant \frac{1}{4}$$

祝编安

武瑞新

5.17 于武汉

读者来信(1)

谢彦麟[①]

近读《走向国际奥林匹克的平面几何试题诠释(下)》,《数学奥林匹克与数学文化·第二辑》,前书 P398 登载 2005~2006 年度东南赛试题 1,422~425 页论述上题背景(35 届 IMO 预选题,用三角解法)与引申;后书 P480~482"读者来信"中对此预选题提出又一种三角解法并再作引申. 上述各文所提出的问题及结论可综合为:

如图 1 所示,定 $\odot O$ 及定直线 l 相离或相交,O 到 l 的射影为 E,在 l 上取 $\odot O$ 外的动点 M(除 E 点外),过 M 作 $\odot O$ 的切线 MA、MB,切点为 A、B,E 在直线 MA、MB 的射影分别为 C、D,直线 AB 与直线 OE,l 分别交于 Q、N,直线 CD 与直线 OE、OM 分别交于 F、P,直线 OE 与 $\odot O$ 交于 H、G,直线 OE 与直线 MB、MA 分别交于 S、T. 证:(i) F,Q 为定点,F 为 EQ 中点,FP,$EM \cdot EN$ 为定值;(ii) $EF^2 = FH \cdot FG = FS \cdot FT$.
H,G,C,D 四点共圆,S,T,C,D 四点共圆.

当 l 与 $\odot O$ 相离时
$$\frac{1}{EF} = \frac{1}{EG} + \frac{1}{EH} = \frac{1}{ES} + \frac{1}{ET}$$

当 l 与 $\odot O$ 相交时
$$\frac{1}{EF} = \frac{1}{EH} - \frac{1}{EG} = \frac{1}{ES} - \frac{1}{ET}$$

(原文对 l 与 $\odot O$ 相交情形只有结论"F 为定点")

我认为上述各文的三角解法尚可改进简化——据我在《中学数学研究》2007 年 7,12 期提出的用"基本量"把证明题化为三角、解几计算题,这样更易想出求解过程.

先证 $\odot O$ 与 l 相离情形:

设(常量)$\odot O$ 半径为 R,$OE = a$ 及(变量)$\angle EMO = \alpha$ 为基本量(互相独立,它们确定后题目图即确定,用它们可表示图中其余数量),又设 $\angle BMO = \angle AMO = \beta$,则
$$\sin \beta = \frac{R}{OM} = \frac{R\sin \alpha}{a}$$

而
$$\angle EDF = \angle DEC + \angle ECD = 2\beta + (\alpha - \beta) = \alpha + \beta$$
$$\angle FED = \alpha - \beta$$

[①] 谢彦麟,华南师范大学数学系.

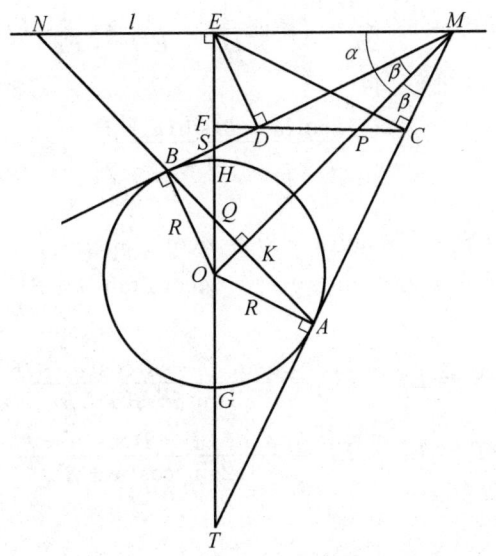

图 1

$$\angle OFD = \angle EDF + \angle FED = 2\alpha$$

$$EF = \frac{ED\sin(\alpha+\beta)}{\sin 2\alpha} = \frac{a\cot\alpha\sin(\alpha-\beta)\cdot\sin(\alpha+\beta)}{\sin 2\alpha} =$$

$$\frac{a\sin(\alpha-\beta)\sin(\alpha+\beta)}{2\sin^2\alpha} = \frac{a(\cos 2\beta - \cos 2\alpha)}{4\sin^2\alpha} =$$

$$\frac{a(\sin^2\alpha - \sin^2\beta)}{2\sin^2\alpha} = \frac{a\left[\sin^2\alpha - \left(\frac{R\sin\alpha}{a}\right)^2\right]}{2\sin^2\alpha} =$$

$$\frac{a^2 - R^2}{2a}(定值).$$

又

$$OQ = \frac{OK}{\sin\alpha} = \frac{R^2}{OM\cdot\sin\alpha} = \frac{R^2}{a}(定值)$$

$$EQ = a - \frac{R^2}{a} = \frac{a^2 - R^2}{a}$$

故 F,Q 为定点,$EQ = 2EF$,F 为 EQ 中点.

易证 $EM\cdot EN = EQ\cdot EO$(定值).

$$\angle FPO = 180° - \angle FOP - \angle OFP =$$
$$180° - (90° - \alpha) - 2\alpha =$$
$$90° - \alpha = \angle FOP$$

故

$$FP = FO(定值)$$

由已得 $EF = \dfrac{a^2 - R^2}{2a}$,而 $EG = a + R, EH = a - R$,从而 $FH = EH - EF =$

$\dfrac{(a-R)^2}{2a}$, $FG = EG - EF = \dfrac{(a+R)^2}{2a}$,易证 $\dfrac{1}{EG} + \dfrac{1}{EH} = \dfrac{1}{EF}$, $FH \cdot FG = EF^2$.

而(改取 a,α,β 为基本量)已得
$$EF = \dfrac{a\sin(\alpha-\beta)\sin(\alpha+\beta)}{2\sin^2\alpha}$$

又
$$ES = EM\tan(\alpha-\beta) = a\cot\alpha\tan(\alpha-\beta)$$
$$ET = EM\tan(\alpha+\beta) = a\cot\alpha\tan(\alpha+\beta)$$

再求得
$$FS = ES - EF = \dfrac{a\sin^2(\alpha-\beta)\cos(\alpha+\beta)}{2\sin^2\alpha\cos(\alpha-\beta)}$$
$$FT = ET - EF = \dfrac{a\sin^2(\alpha+\beta)\cos(\alpha-\beta)}{2\sin^2\alpha\cos(\alpha+\beta)}$$

于是易证
$$\dfrac{1}{ES} + \dfrac{1}{ET} = \dfrac{1}{EF}$$
$$FS \cdot FT = EF^2$$

易见 $FC \cdot FD = EF^2$,从而
$$FC \cdot FD = FH \cdot FG = FS \cdot FT$$

于是 C,D,H,G 共圆,C,D,S,T 共圆.

再证 $\odot O$ 与 l 相交情形(用类似过程):

设 R,a,α,β 同上,得 $\sin\beta$ 同上述,但
$$\angle EDF = (180° - 2\beta) + (\beta - \alpha) = 180° - \alpha - \beta,\ \angle FED = \beta - \alpha$$
$$\angle OFD = 180° - (\angle EDF + \angle FED) = 2\alpha$$
$$EF = \dfrac{ED\sin(\alpha+\beta)}{\sin 2\alpha} = \dfrac{a\cot\alpha\sin(\beta-\alpha)\sin(\alpha+\beta)}{\sin 2\alpha} =$$
$$\dfrac{a(\cos 2\alpha - \cos 2\beta)}{4\sin^2\alpha} = \dfrac{a(\sin^2\beta - \sin^2\alpha)}{2\sin^2\alpha} =$$
$$\dfrac{a\left[\left(\dfrac{R\sin\alpha}{a}\right)^2 - \sin^2\alpha\right]}{2\sin^2\alpha} = \dfrac{R^2 - a^2}{2a}$$

OQ 同上述
$$EQ = \dfrac{R^2}{a} - a = \dfrac{R^2 - a^2}{a} = 2EF$$

同样证 $EM \cdot EN$ 及 FP 为定值.

由已得 $EF = \dfrac{R^2 - a^2}{2a}$,而 $EG = a + R, EH = R - a$,从而 $FH = EF - EH = \dfrac{(R-a)^2}{2a}$, $FG = EG + EF = \dfrac{(a+R)^2}{2a}$,亦可证 $\dfrac{1}{EF} = \dfrac{1}{EH} - \dfrac{1}{EG}$, $EF^2 = FH \cdot FG$.

又由已得 $EF = \dfrac{a\sin(\beta-\alpha)\sin(\alpha+\beta)}{2\sin^2\alpha}$,而

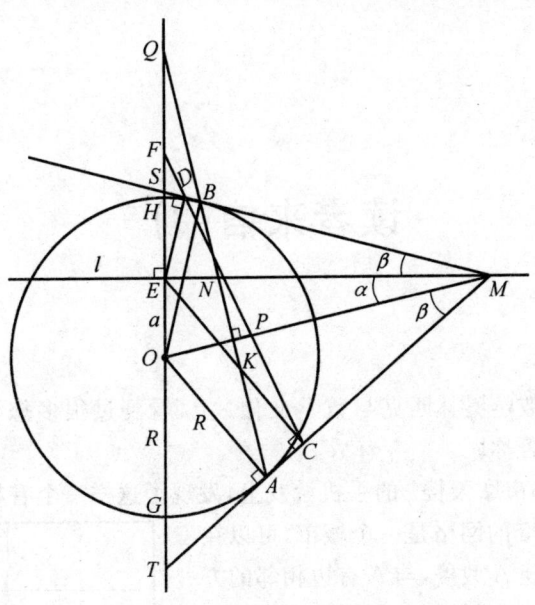

图 2

$$ES = EM\tan(\beta-\alpha) = a\cot\alpha\tan(\beta-\alpha)$$

ET 同上述,再求得

$$FS = EF - ES = \frac{a\sin^2(\beta-\alpha)\cos(\alpha+\beta)}{2\sin^2\alpha\cos(\alpha-\beta)}$$

$$FT = ET + EF = \frac{a\sin^2(\alpha+\beta)\cos(\beta-\alpha)}{2\sin^2\alpha\cos(\alpha+\beta)}$$

可证

$$\frac{1}{EF} = \frac{1}{ES} - \frac{1}{ET}, \quad EF^2 = FS \cdot FT$$

同样证 C,D,H,G 共圆,C,D,S,T 共圆.

读者来信(2)

刘培杰老师:

您好!

在《中等数学》《数学奥林匹克与数学文化》上,看到过很多您写的文章,深知您以研究问题背景的深刻著称.

我在一款名为《都市摩天楼》的手机游戏上,发现了这样一个有趣的问题.

如右图所示,5×5 的网格是一个城市,可以在网格的任何一个位置建 A 型楼,与 A 有边相邻的方格内可以放入 B 型楼,与 A、B 同时有边相邻的方格可以放入 C 型楼,与 A、B、C 同时有边相邻的位置可以放入 D 型楼.且已建成的楼是可以改变的(例如某个方格已放入 B 型楼,但满足了放入 D 的条件,那么可以把这个位置直接放入 D 型楼).如果 A 型楼可住 10 人,B 型楼可住 100 人,C 型楼可住 1 000 人,D 型楼可住 10 000 人,问这个城市最多可住多少人.

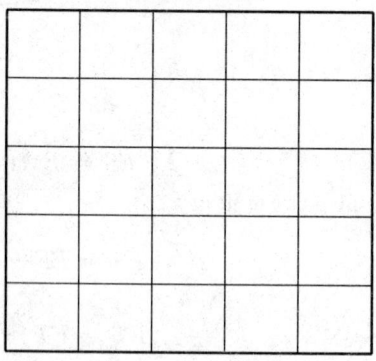

这个问题的答案是建 1 个 A 型楼,5 个 B 型楼,6 个 C 型楼,13 个 D 型楼.

当然,我们不能只局限于研究这个特殊化的问题,因为这个特殊化问题在计算机上可以很容易被解决.

我们考虑更一般的问题.

于是就有这样一个组合模型:

向网格中放入 A、B、C、D 的操作规则不变,记 $g(i)$ 为最终网络中 i 的个数($i =$ A、B、C、D),向每个 A_k 赋一个随机的值 $f(A_k)$($k = 1, 2, \cdots, g(A)$,$f(A_k)$ 是正实数,$f(A_k) \in [0, x_1]$);向每个 B_k 赋一个随机的值 $f(B_k)$($k = 1, 2, \cdots, g(B)$,$f(B_k)$ 是正实数,$f(B_k) \in [x_2, x_3]$);向每个 C_k 赋一个随机的值 $f(C_k)$($k = 1, 2, \cdots, g(C)$,$f(C_k)$ 是正实数,$f(C_k) \in [x_4, x_5]$).向每个 D_k 赋一个随机的值 $f(D_k)$($k = 1, 2, \cdots, g(D)$,$f(D_k)$ 是正实数,$f(D_k) \in [x_6, +\infty)$.

到目前为止,我得到了如下结论:

若 $x_6 - x_5 > 2(x_5 - x_2)$,则当 $g(A) = 1, g(B) = 5, g(C) = 6, g(D) = 13$ 时,网格中所赋值之和 $\sum_{i=A}^{D} \sum_{k=1}^{g(i)} f(i_k)$ 取到最大值.网格最终状态如右图所示,这个构造是可能取到

的.

这个结论已得到证明,但限于能力,我的证明只使用初等方法,且过程有些复杂.

如果您有兴趣,恳请您从您的观点来审视这个问题,我相信您能找到这个问题丰富的背景. 目前最大的问题是:即便考虑特殊化问题对 A、B、C、D 赋确定的值,当 5×5 的网格变为 7×7、9×9 或更大之后,问题将出现惊人的复杂性. 如果您能在百忙中研究这个问题,我将感激不已.

C	D	C	D	B
D	B	D	A	D
C	D	D	D	C
D	B	D	B	D
B	D	C	D	C

河北省石家庄二中09级七班(南校区)

曹鹤阳

E-mail:710609197@qq.com

读者来信(3)

刘先生:

您好!

偶尔到书店看了你工作室出版的数学书籍,这些书籍如果在几十年前就有,我估计也走数学这条路了.说来惭愧呀,我已经50多岁了,还看什么数学,其实没有什么,就是觉得好玩.数学就是游戏,给你几个简单的规则比如定义一个概念等等.有了概念后,就开始变换了,所以就有题出来了.呵呵,小时候也喜欢数学,但就是买不到书,我真是羡慕现在的孩子.我记得"文革"(1970年)读初中,实在是无聊,有个老师就说,给你一个趣味题做吧,有12个球,其中有一个是次品,不知道是轻还是重,用天平称3次称出来.我当时在学打乒乓球,自己编上号,折腾半天,终于称3次称出来了.那个时候没有数学抽象的概念,现在用数组就好理解了.

后来下放农村,有一次在农村书店看到一本数学书,是美国人写的,叫应用数学.很可惜我没有带钱,非常的懊悔,其实也就是几毛钱.回到知青点后,第2天,走了20多里路把那本书买回来了.里面有向量,初等微积分的内容,觉得真是过瘾,因为"文革"的时候,几乎没有数学书卖.中学也完全排除了几何内容.

从农村回来后,已经20多岁了,有一次看了英国数学家哈代说的一句话,大概意思是学数学的人,如果25岁之前还没有出成绩,那就不要走这条路了.呵呵,数学大家已经判了我死刑了,就别去折腾数学了.我想这位大家肯定有道理的.不过这句话也害了我,我放弃了继续折腾数学,我也没有上什么大学,还学什么数学.1977年我不能参加高考,参加高考的话估计上个什么名牌大学没有问题的,但是,我现在理解那些农村的孩子,我即使考上了,我也读不起,我的家庭实在是太穷了,我6岁父亲就去世了,妈妈没有工作,读什么书呀,虽然我住在城市里面.后来,我有机会看数学系的那些书,我觉得大学也就那么回事,自己学也是可以的.我不知道很多学生为什么不好好学.

我结婚后,每天就是小孩了,我想,教小孩数学也可以呀,谁知道,我孩子的逻辑链太短,做数学只能一步一步,不是学理工科的料.好在他有一点音乐天赋,后来走了弹钢琴的路,现在在欧洲学习音乐.

我这个年龄主要注意身体了,我每天打乒乓球,我乒乓球水平还过得去,不过现在只是锻炼身体.打了球之后,精神特好,就想看书了.看书只有看数学了.再看数学觉得又落伍了.那些奥数的数学太有意思,我和别人想法不一样,不是怎样做出奥数的题,而是在想,这些题怎样"创造"出来的呀,"创造"题的人真是天才.我的几何知识几乎是空白,我老婆是学医的,说动脑和锻炼身体差不多,有时间就去思考,推理一下.家里面的"单位领导"的话还是有用的,况且她也不反对我这个年龄做这个"无聊"的事情,后来在书店看到了那本《初等数学复习及研究(平面几何)》的书,是你的工作室主编的,就买下了,没有别的意思,是好玩.买了后,锻炼思维吧,反正不能让大脑闲着.看了引言部分太感叹,就是几个公理就构建了几何大厦.这种思想不是一个逻辑问题,而是思维问题,说欧几里得几何销量仅次于圣经,这可不得了,推理思维对欧洲人的整个思维习惯肯定会产生影响.所以源头的严格定义和构建是极其重要的.集合论的悖论出现了问题,后来开始集合的公理化,集合的公理的建立也和欧几里得几何是一样的.这种思维导致欧美人认为"制度"的重要,美国当年建立一个制度就好比欧几里得公理,集合论公理的建立一样,没有摸着石头过河这种思维.

我学了一点计算机,有一次和朋友一起为一个医院编写数据库的软件.设计的时候,觉得对于数据的处理不能有太多"冗余"的东西,所以最重要的是建立最基础的数据.然后其他的数据都是根据这些基础数据"算"出来的.当时,正好在看一本书《计算机,逻辑和集合论》(徐书润,胡国定编著).里面有一个原始递归函数集的概念,我和我朋友就是以这个思路为基础,做了软件.软件就是算法的集成,当然是用一种语言去实现算法,而算法的实质就是数学的东西.

你的工作室工作实在是太有意义了,数学我觉得不是一个做题的问题,而是一个抽象能力的锻炼,还买了一本《初等数论难题集(第一卷)》,初等数论我觉得也是一个怪物,规则无比简单,但是可以折腾出完全不能解决的问题."黎曼猜想"简直遥不可及.世界的不可知和人类的认识能力是成正比的.苏格拉底说的很好,"除了我的无知,我什么都不懂".在大自然面前,人太渺小了.

呵呵,给你写E-mail没有别的意思,只是有感而发,不要笑话我这个半百之人的胡言乱语呀,我从内心希望你的工作室越办越好.

欧阳治钢
于武汉

哈尔滨工业大学出版社刘培杰数学工作室
已出版(即将出版)图书目录

书　　名	出版时间	定　价	编号
新编中学数学解题方法全书(高中版)上卷	2007—09	38.00	7
新编中学数学解题方法全书(高中版)中卷	2007—09	48.00	8
新编中学数学解题方法全书(高中版)下卷(一)	2007—09	42.00	17
新编中学数学解题方法全书(高中版)下卷(二)	2007—09	38.00	18
新编中学数学解题方法全书(高中版)下卷(三)	2010—06	58.00	73
新编中学数学解题方法全书(初中版)上卷	2008—01	28.00	29
新编中学数学解题方法全书(初中版)中卷	2010—07	38.00	75
新编平面解析几何解题方法全书(专题讲座卷)	2010—01	18.00	61
数学眼光透视	2008—01	38.00	24
数学思想领悟	2008—01	38.00	25
数学应用展观	2008—01	38.00	26
数学建模导引	2008—01	28.00	23
数学方法溯源	2008—01	38.00	27
数学史话览胜	2008—01	28.00	28
从毕达哥拉斯到怀尔斯	2007—10	48.00	9
从迪利克雷到维斯卡尔迪	2008—01	48.00	21
从哥德巴赫到陈景润	2008—05	98.00	35
从庞加莱到佩雷尔曼	即将出版	98.00	
数学解题中的物理方法	2011—03	28.00	114
数学解题的特殊方法	即将出版	38.00	115
中学数学计算技巧	即将出版	38.00	116
中学数学证明方法	即将出版	48.00	117
历届 IMO 试题集(1959—2005)	2006—05	58.00	5
历届 CMO 试题集	2008—09	28.00	40
全国大学生数学夏令营数学竞赛试题及解答	2007—03	28.00	15
历届美国大学生数学竞赛试题集	2009—03	88.00	43
历届俄罗斯大学生数学竞赛试题及解答	即将出版	68.00	

哈尔滨工业大学出版社刘培杰数学工作室
已出版(即将出版)图书目录

书　名	出版时间	定　价	编号
数学奥林匹克与数学文化(第一辑)	2006—05	48.00	4
数学奥林匹克与数学文化(第二辑)(竞赛卷)	2008—01	48.00	19
数学奥林匹克与数学文化(第二辑)(文化卷)	2008—07	58.00	36
数学奥林匹克与数学文化(第三辑)(竞赛卷)	2010—01	48.00	59
数学奥林匹克与数学文化(第四辑)(竞赛卷)	2011—03	48.00	87
发展空间想象力	2010—01	38.00	57
走向国际数学奥林匹克的平面几何试题诠释(上、下)(第2版)	2010—02	98.00	63,64
平面几何证明方法全书	2007—08	35.00	1
平面几何证明方法全书习题解答(第2版)	2006—12	18.00	10
最新世界各国数学奥林匹克中的平面几何试题	2007—09	38.00	14
数学竞赛平面几何典型题及新颖解	2010—07	48.00	74
初等数学复习及研究(平面几何)	2008—09	58.00	38
初等数学复习及研究(立体几何)	2010—06	38.00	71
初等数学复习及研究(平面几何)习题解答	2009—01	48.00	42
世界著名平面几何经典著作钩沉——几何作图专题卷(上)	2009—06	48.00	49
世界著名平面几何经典著作钩沉——几何作图专题卷(下)	2011—01	88.00	80
世界著名平面几何经典著作钩沉(民国平面几何老课本)	2011—03	38.00	113
世界著名数学经典著作钩沉——立体几何卷	2011—02	28.00	88
世界著名三角学经典著作钩沉(平面三角卷Ⅰ)	2010—06	28.00	69
世界著名三角学经典著作钩沉(平面三角卷Ⅱ)	2011—01	28.00	78
几何学教程(平面几何卷)	2011—03	68.00	90
几何变换与几何证题	2010—06	88.00	70
几何瑰宝——平面几何500名题暨1000条定理(上、下)	2010—07	138.00	76,77
三角形的五心	2009—06	28.00	51
俄罗斯平面几何问题集	2009—08	88.00	55
俄罗斯平面几何5000题	2011—03	58.00	89
500个最新世界著名数学智力趣题	2008—06	48.00	3
400个最新世界著名数学最值问题	2008—09	48.00	36
500个世界著名数学征解问题	2009—06	48.00	52
400个中国最佳初等数学征解老问题	2010—01	48.00	60
500个俄罗斯数学经典老题	2011—01	28.00	81

哈尔滨工业大学出版社刘培杰数学工作室
已出版(即将出版)图书目录

书 名	出版时间	定 价	编号
超越吉米多维奇——数列的极限	2009—11	48.00	58
初等数论难题集(第一卷)	2009—05	68.00	44
初等数论难题集(第二卷)(上、下)	2011—02	128.00	82,83
谈谈素数	2011—03	18.00	91
平方和	2011—03	18.00	92
数论概貌	2011—03	18.00	93
代数数论	2011—03	48.00	94
初等数论的知识与问题	2011—02	28.00	95
超越数论基础	2011—03	28.00	96
数论初等教程	2011—03	28.00	97
数论基础	2011—03	18.00	98
数论入门	2011—03	38.00	99
解析数论引论	2011—03	48.00	100
基础数论	2011—03	28.00	101
超越数	2011—03	18.00	109
三角和方法	2011—03	18.00	112
俄罗斯函数问题集	2011—03	38.00	103
俄罗斯组合分析问题集	2011—01	48.00	79
博弈论精粹	2008—03	58.00	30
多项式和无理数	2008—01	68.00	22
模糊数据统计学	2008—03	48.00	31
解析不等式新论	2009—06	68.00	48
建立不等式的方法	2011—03	98.00	104
数学奥林匹克不等式研究	2009—08	68.00	56
初等数学研究(Ⅰ)	2008—09	68.00	37
初等数学研究(Ⅱ)(上、下)	2009—05	118.00	46,47
中国初等数学研究 2009卷(第1辑)	2009—05	20.00	45
中国初等数学研究 2010卷(第2辑)	2010—05	30.00	68
数学奥林匹克超级题库(初中卷上)	2010—01	58.00	66

哈尔滨工业大学出版社刘培杰数学工作室
已出版(即将出版)图书目录

书 名	出版时间	定 价	编号
中等数学英语阅读文选	2006—12	38.00	13
统计学专业英语	2007—03	28.00	16
数学 我爱你	2008—01	28.00	20
精神的圣徒 别样的人生——60位中国数学家成长的历程	2008—09	48.00	39
数学史概论	2009—06	78.00	50
斐波那契数列	2010—02	28.00	65
数学拼盘和斐波那契魔方	2010—07	38.00	72
数学的创造	2011—02	48.00	85
数学中的美	2011—02	38.00	84
最新全国及各省市高考数学试卷解法研究及点拨评析	2009—02	38.00	41
高考数学的理论与实践	2009—08	38.00	53
中考数学专题总复习	2007—04	28.00	6
向量法巧解数学高考题	2009—08	28.00	54
新编中学数学解题方法全书(高考复习卷)	2010—01	48.00	67
新编中学数学解题方法全书(高考真题卷)	2010—01	38.00	62
新编中学数学解题方法全书(高考精华卷)	2011—03	68.00	118
高考数学核心题型解题方法与技巧	2010—01	28.00	86
方程式论	2011—03	38.00	105
初级方程式论	2011—03	28.00	106
Galois 理论	2011—03	18.00	107
代数方程的根式解及伽罗瓦理论	2011—03	28.00	108
线性偏微分方程讲义	2011—03	18.00	110
N体问题的周期解	2011—03	28.00	111
闵嗣鹤文集	2011—03	98.00	102
吴从炘数学活动三十年(1951～1980)	2010—07	99.00	32

联系地址:哈尔滨市南岗区复华四道街 10 号哈尔滨工业大学出版社刘培杰数学工作室
邮 编:150006
联系电话:0451—86281378   13904613167
E-mail:lpj1378@yahoo.com.cn